# LES PREMIÈRES NATIONS

Olive Patricia Dickason

# LES PREMIÈRE NATIONS

*Traduit de l'anglais par Jude Des Chênes*

Pour effectuer une recherche libre par mot-clé à l'intérieur de cet ouvrage,
rendez-vous sur notre site Internet au www.septentrion.qc.ca

Les éditions du Septentrion remercient le Conseil des Arts du Canada et la Société de
développement des entreprises culturelles du Québec (SODEC) pour le soutien accordé
à leur programme d'édition, ainsi que le gouvernement du Québec pour son Programme
de crédit d'impôt pour l'édition de livres. Nous reconnaissons également l'aide financière
du gouvernement du Canada par l'entremise du Programme d'aide au développement
de l'industrie de l'édition (PADIÉ) pour nos activités d'édition.

Cet ouvrage a été publié grâce à une subvention de la Fédération canadienne des sciences
sociales, dont les fonds proviennent du Conseil de recherches en sciences humaines du
Canada.

Illustrations de la couverture : William Armstrong, *Nepigon. N. End of Pechaunigun Rapids*,
aquarelle, A.N.C. ; *Indiens huron vers 1835*, lithographie coloriée à la main, A.N.C. ; Mary
Chaplin, *Indians*, aquarelle, A.N.C.

Coordination éditoriale : Marcelle Cinq-Mars

Traduction : Jude Des Chênes

Révision : Solange Deschênes

Si vous désirez être tenu au courant des publications
des ÉDITIONS DU SEPTENTRION
vous pouvez nous écrire par courrier,
par courriel à sept@septentrion.qc.ca,
par télécopieur au 418 527-4978
ou consulter notre catalogue sur Internet :
www.septentrion.qc.ca

Édition anglaise : © McClelland & Stewart, 1992

© Les éditions du Septentrion
1300, av. Maguire
Québec (Québec)
G1T 1Z3

Dépôt légal :
Bibliothèque et Archives
nationales du Québec, 1996
ISBN papier : 978-2-89448-052-6
ISBN PDF : 978-2-89664-125-3

Diffusion au Canada :
Diffusion Dimedia
539, boul. Lebeau
Saint-Laurent (Québec)
H4N 1S2

Ventes en Europe :
Distribution du Nouveau Monde
30, rue Gay-Lussac
75005 Paris

*Je suis Indien.*
*Je suis fier de savoir qui je suis et d'où je viens.*
*Je suis fier d'être une création unique du Grand Esprit.*
*Nous faisons partie de notre Mère la Terre [...].*
*Nous avons survécu, mais pourtant, en soi, survivre ne suffit pas.*
*Un peuple doit croître et prospérer.*

Chef JOHN SNOW,
*These Mountains Are Our Sacred Places,*
Toronto, Samuel Stevens, 1977.

# Remerciements

Une bourse de perfectionnement Senior Rockefeller Fellowship m'a permis de travailler une année à la bibliothèque Newberry, à Chicago, où j'ai pu poursuivre mes recherches et entreprendre la rédaction de ce livre. À cet égard, je dois énormément à Frederick Hoxie, directeur du D'Arcy McNickle Center for the History of the American Indian, affilié à la bibliothèque. Pour sa part, le directeur adjoint du centre, Jay Miller, a toujours montré une remarquable générosité en partageant sa connaissance des Amérindiens, suggérant parfois des pistes qui auraient pu m'échapper et venant à ma rescousse lors de mes nombreux accidents de parcours avec l'ordinateur. J'ai pris plaisir à travailler avec le personnel de la bibliothèque Newberry, particulièrement John Aubrey, qui connaissait à fond les extraordinaires collections de la bibliothèque, et Helen Hornbeck Tanner, qui m'a guidée avec une remarquable assurance à travers le labyrinthe de l'histoire amérindienne. Ma participation au programme de Rencontres transatlantiques, organisé par David Buisseret, du Hermon Dunlap Smith Center for the History of Cartography, affilié à la bibliothèque, s'est avérée une expérience stimulante.

En outre, le personnel de la bibliothèque de l'Université d'Alberta a fait preuve d'une collaboration inépuisable dans la recherche détaillée et apparemment interminable que ce projet a entraînée; il en a été de même des employés des Archives nationales et de la Bibliothèque nationale du Canada, de la Metropolitan Toronto Reference Library, du Musée royal de l'Ontario, du Woodland Indian Cultural Education Centre, des Hudson's Bay Company Archives, à Winnipeg, des Alberta Provincial Archives, du Musée Glenbow, du Royal British Columbia Museum et des B.C. Provincial Archives. Trois réunions auxquelles j'ai assisté ont aussi été très précieuses: le Symposium sur l'autodétermination organisé en 1990 par l'Assemblée des Premières Nations et l'Université de Toronto; le Congrès sur le gouvernement autonome des Premières Nations, en 1991, au Nakoda Lodge, à Morley, en Alberta; et le Symposium sur la justice autochtone, une rencontre organisée par les Autochtones et tenue à leur propre intention à Edmonton, en 1991.

Bon nombre de personnes ont répondu à mes fréquents appels à l'aide, m'ouvrant les yeux sur plus d'avenues d'exploration que je n'avais le temps d'en exploiter. Je remercie avec gratitude Alice B. Kehoe, Catharine McClellan, Joseph L. Peyser, Frank Lestringant, Vicente Cortés Alonso, Philippe Jacquin, Charles Schweger, Milton Freeman, Gurston Dacks, Denys Delâge, Walter Moser, Ron Whistance-Smith, William Phipps, Tom Hill, Sam et Linda Bull, John David Hamilton, John S. Long, Malcolm Davidson, Trudy Nicks, Margaret Carter, Nancy Gibson, Marge Friedel, Muriel Stanley-Venne, Edna Deranger, George Lang, Desmond Brown, Rod Macleod, Bob Beal, Sheila Hayes, Doreen L'Hirondelle, Eugene Olson, Edward Trzeciak, John et Lennie Honsacker, Francis Jennings et Jack Douglas. Quand la dimension du manuscrit a mis en péril la capacité de mon ordinateur, Fern Ness, des services informatiques de l'Université d'Alberta, a eu réponse à tout. La liste reste incomplète, mais que tous ceux dont je n'ai pas évoqué le nom sachent que je me souviens de leur contribution et que je l'apprécierai toujours.

Certains, qui ont pris le temps de lire, d'un oeil expert, l'ensemble ou une partie du manuscrit, ont permis d'en accroître l'ampleur et l'envergure, sans parler de la précision; je retiens entre autres Donald B. Smith, Jennifer S.H. Brown, Alan Bryan, Ruth Gruhn, Stuart Mackinnon, Clifford Hickey, Carl Urion et Nicholas Wickenden. J'adresse des remerciements particuliers au professeur Smith qui m'a donné accès à ses fichiers d'illustrations.

Tout en remerciant ceux dont les noms précèdent et ceux qui ne sont pas nommés ici pour leur inestimable contribution, je souligne que je reste seule responsable du contenu et de l'orientation de ce livre.

# INTRODUCTION

Le Canada, comme le disaient mi-figue mi-raisin des non-Indiens, est un pays de beaucoup de géographie et de peu d'histoire[1]. Les Amérindiens ont d'abord été perplexes, et même embarrassés, par l'ethnocentrisme d'une telle assertion, mais ce n'est que récemment qu'elle a commencé à les mettre en colère. Comment peut-on affirmer une telle chose, pour dire le moins, alors que leurs peuples ont vécu là durant des milliers d'années? Pour eux, le Canada compte cinquante-cinq peuples fondateurs au lieu des deux seuls qui ont été officiellement reconnus. Pourtant, les études amérindiennes au sens occidental du terme ne sont pas nouvelles: déjà en 1613, un érudit du début de la période des contacts, l'Amérindien Huaman Poma (Felipe de Ayala), écrivait une histoire des Incas du Pérou intitulée *Nueva Crónica y Buen Gobierno*.

L'histoire, quant à elle, a été décrite comme une discipline de documentation. Si ce n'était pas écrit, de préférence dans un document officiel, ce n'était pas «historique». Toute société qui ne connaissait pas l'écriture était du coup exclue de l'histoire et appelée préhistorique, ou peut-être protohistorique. Elle pouvait, au mieux, souhaiter accéder à l'histoire par extension, si elle était venue en contact avec des sociétés sachant lire et écrire. En d'autres termes, l'histoire du Canada commençait avec l'arrivée des Européens.

Et comme si cela n'était pas suffisamment restrictif, une autre limitation s'est ajoutée: la présentation habituelle de l'histoire du Canada la fait commencer non pas avec les premiers Européens, les Norois, arrivés ici vers l'an 1000, mais plutôt avec les Français, qui sont d'abord venus comme pêcheurs, puis comme explorateurs au XVIe siècle, avant de s'établir au siècle suivant. L'arbitraire de ce point de vue est évident lorsqu'on constate que les Anglais ont talonné de près les Français et les ont même précédés lors de voyages de découvertes; au moins un d'entre eux, celui de Giovanni Caboto (m. en 1498?; un Italien aussi connu sous les noms anglais de John Cabot et français de Jean Cabot) qui naviguait sous pavillon anglais, a été effectué à la fin du XVe siècle. Les Portugais, aussi venus avant les Français pour exploiter les riches ressources halieutiques de l'Atlantique Nord, ainsi que les Basques (habituellement appelés Espagnols) qui, à la poursuite des baleines, pourraient bien avoir précédé tous les autres Européens de cette période sont tous deux relégués au second plan. Pendant le XVIᵉ siècle, les Basques transforment la chasse à la baleine du détroit de Belle Isle en une industrie lucrative fournissant l'huile nécessaire aux besoins énergétiques des Européens et s'aventurent aussi loin au nord que le détroit de Davis. Lors de sa visite à Hochelaga en 1535, Jacques Cartier note des mots, employés par les Iroquoiens, qui semblent d'origine basque. La liste des Européens ne s'arrête pas là: les Hollandais, principaux entrepreneurs, financent à la fois des expéditions de traite et de chasse à la baleine, même quand ils n'y participent pas toujours; ils seront plus tard associés à Champlain. Vers les années 1600, les eaux de la côte nord-atlantique sont le théâtre d'une intense activité internationale, et les traversées de Cartier ne sont qu'une sorte de confirmation officielle d'une situation déjà bien connue.

Quel rôle les Amérindiens et les Inuits ont-ils joué dans ces événements? Loin de se comporter, comme on les a habituellement dépeints, en associés passifs dans les entreprises européennes, ils y participent activement. De fait, cette participation s'avère essentielle au succès européen: les baleiniers basques profitent des connaissances inuites en harponnage pour améliorer grandement l'efficacité de leurs propres techniques; les chasseurs marins micmacs mettent au service des Européens leur habileté à poursuivre les morses dont ils convoitent l'ivoire, la peau et l'huile; plus tard, les Amérindiens feront de même pour se procurer ces fourrures tant recherchées dans le commerce des objets de luxe, compte tenu que les Européens, soucieux de leur condition, se servent des fourrures (entre autres articles) comme symboles de leur rang dans la société. On estime que, vers l'an 1600, jusqu'à un millier de navires européens peuvent être engagés chaque année dans des activités commerciales dans les eaux riveraines du Nord-Est canadien. Ce négoce n'aurait pas été possible sans la collaboration et la participation des premiers habitants du pays. Lorsqu'il s'agit de pénétrer à l'intérieur du continent, les Amérindiens servent de guides aux «explorateurs» européens; ils les approvisionnent en vêtements et en matériel de transport dont ils ont besoin, en plus de leur fournir de la nourriture. Uniquement sur le plan économique, leurs contributions sont considérables et resteront probablement impossibles à mesurer à leur juste valeur. Au sens premier du terme, ce sont eux les peuples fondateurs du Canada.

Parce que ces peuples possèdent des cultures orales et non pas littéraires — même la sorte d'écriture employée par certains ne représente pas une forme de communication partagée par tous —, la reconstitution de leur histoire avant l'arrivée des Européens, au sens occidental du terme, reste une tâche intimidante. Par le passé, les historiens canadiens ont trouvé beaucoup plus pratique de faire abstraction de cette période, créant ainsi une vision étroite du Canada, perçu comme un «jeune» pays.

Les Amériques où sont arrivés les Européens sont habitées par diverses populations qui, au sens large du terme, partagent une même civilisation, tout comme les nouveaux arrivants en partagent une au delà de leurs pays d'origine. Il existe dans ce grand ensemble américain un riche éventail de manifestations culturelles: l'empire centralisé des Incas péruviens; l'«empire» décentralisé des Aztèques; la ville-État de Cahokia sur le haut Mississippi, plus grande concentration démographique au nord du Rio Grande; un certain nombre de confédérations telles que celles des Powhatans, de l'actuelle Virginie, des Cinq-Nations dans le nord de l'État de New York et des Hurons dans le sud de l'Ontario; un assemblage de chefferies aux caractéristiques diverses comprenant celles des Timucuans de l'actuelle Floride, les Natchez, les Creeks, les Cherokees, et d'autres du sud des États-Unis, les Haïdas, les Kwagiulths (Kwakiutls) et d'autres de la côte du Pacifique Nord; et enfin des bandes relativement isolées de chasseurs-cueilleurs nomades. L'éblouissante diversité des variations culturelles a tendance à masquer l'unité profonde de la vision amérindienne du monde où les êtres humains appartiennent à un ordre cosmologique qui repose sur un équilibre de forces en alternance permettant le maintien d'un fonctionnement harmonieux de l'univers. Cela contraste avec la vision judéo-chrétienne du cosmos dominé par un Dieu à l'image de l'homme. Selon cette optique, l'homme se trouve dans une situation privilégiée puisqu'il peut, jusqu'à un certain point, dominer la nature pour son propre profit. Ces perspectives idéologiques de l'univers se reflètent dans leurs technologies respectives: tandis que les Européens utilisent les métaux pour la fabrication d'outils et d'armes, les Amérindiens s'en servent principalement pour exprimer leur sentiment d'un ordre cosmologique. Les matériaux de tous les jours en Amérique sont la pierre, les os, le bois et les fibres, bien que le cuivre et des alliages cuivreux soient aussi en usage dans certaines régions[2]. Tous sont travaillés avec un grand raffinement.

Le récit de la rencontre de ces civilisations dissemblables commence dans cet ouvrage avec la première apparition des êtres humains dans les Amériques. Puisqu'on possède peu de certitudes sur ces événements lointains, diverses théories sont décrites sans que nous ayons tenté de déterminer «la» vérité. Ceci vaut également pour le développement de l'agriculture et l'émergence des villes-États, objets des chapitres II et III. Comme l'a fait observer l'archéologue britannique Ian Hodder, sans certitude «nous n'avons pas le droit d'imposer nos propres propositions universelles aux données et de les présenter ensuite comme la vérité[3]». Un des défis de l'histoire ancienne de notre pays est qu'il reste encore tellement à découvrir.

Le chapitre IV présente les premières nations canadiennes telles que les Européens les ont trouvées, fixant le décor (du moins partiellement) du récit des interactions qui suivront et qui constituent le coeur de cet ouvrage.

La première période de contacts (chapitres V à XI) s'amorce avec la présence, brève, des Norois, mais se rapporte principalement aux interactions entre Français et Amérindiens et à la façon dont ils s'y sont pris pour créer des relations durables. La réaction initiale de mise en place de liens commerciaux est vite compliquée par la campagne française d'évangélisation et de remodelage des Amérindiens selon le code culturel européen, des caractéristiques partagées aussi par les autres puissances coloniales. En général, les Européens dénient la validité des civilisations amérindiennes, les classent parmi les «sauvages» et nient leur droit à la souveraineté ou encore les droits à la propriété foncière pour ces populations vivant dans des sociétés sans État, comme c'est le cas au Canada. Ce dernier point soulève cependant bientôt quelques ambiguïtés, précisément parce qu'on persiste à soutenir que les chrétiens ont des droits de priorité sur les païens, qu'ils soient constitués en État ou non. Compte tenu de la petitesse des populations et de l'importance du commerce des fourrures, la terre n'est pas source de problèmes entre Français et Amérindiens dans le Nord, comme ce fut le cas avec les Anglais et les Espagnols dans le Sud. Les Français n'admettent pourtant jamais le droit autochtone, et, lorsqu'ils cherchent à s'établir sous des latitudes méridionales, ils font à cet égard face aux mêmes difficultés que les autres puissances colonisatrices. Quoi qu'il en soit, dans le Nord aussi de violentes confrontations surviennent: les guerres franco-iroquoises sont parmi les plus longues au nord du Rio Grande, n'étant égalées, pour la durée, que par le conflit opposant les Britanniques aux Micmacs et aux Abénaquis sur la côte est.

La conquête de 1763 par les Anglais et l'ouverture de l'Ouest à la traite des fourrures puis à la colonisation par les Blancs (chapitres XII à XIV) sont de dures périodes pour les Amérindiens dont l'univers traditionnel souffre d'une incertitude constante sous la pression croissante de la colonisation. Des tentatives destinées à contrer ce mouvement par des alliances panamérindiennes (amorcées durant le régime français et réprimées par la suite avec vigueur) s'avèrent des échecs sur le champ de bataille. La dernière des guerres coloniales, celle de 1812, constitue, avec l'affermissement de la puissance impériale britannique, un événement décisif qui marque le début d'un nouveau mode de vie pour les Amérindiens (chapitres XV à XIX). L'effort d'assimilation des Amérindiens atteint une nouvelle intensité; cette époque donne naissance aux premiers grands traités de cession des terres par lesquels les Britanniques visent l'extinction des droits fonciers déjà restreints qu'ils reconnaissent aux Amérindiens et par lesquels ces derniers cherchent à s'assurer des meilleurs arrangements possibles, en vue de s'accommoder à un nouvel ordre des choses. On assiste aussi au cours de cette période à l'émergence des Métis, la «Nouvelle Nation» issue des Indiens et des Blancs qui, en 1869-1870, s'élèvera pour la première fois afin de revendiquer sa place dans l'ordre impérial britannique.

La rapide disparition des hardes de bisons dans les plaines de l'Ouest, sous le feu des chasseurs commerciaux (les colons européens les ont exterminés depuis longtemps à l'est du Mississippi), hâte une résistance encore plus héroïque de la part des Métis, tout comme des Cris. Cela pousse le Canada à instaurer une campagne législative visant à nier l'existence des cultures autochtones (chapitres XX à XXVII). Le Grand Nord, jusqu'alors le domaine de baleiniers et de piégeurs qui ne se sont jamais attaqués au mode de vie indigène, attire soudain l'attention des gens du Sud avec la découverte de gisements aurifères. La ruée vers le Klondike devient une légende canadienne, et l'isolement qui a protégé les modes de vie traditionnels se rompt brutalement; il n'est toutefois pas anéanti avant la fin de la seconde guerre mondiale, quand les nouveaux moyens techniques rendent l'exploitation des ressources nordiques faisable économiquement. L'ère de l'électronique donne ensuite une nouvelle signification aux traditions orales, et les populations d'origine du Canada — amérindiennes et inuites, aussi bien que métisses — commencent à militer pour leurs droits. Dès lors, aucun développement industriel n'est autorisé à fouler aux pieds les droits ancestraux, du moins sans que des voix s'élèvent. L'Enquête sur l'oléoduc de la vallée du Mackenzie annonce un changement d'attitudes, tandis que la Convention de la Baie James et du Nord québécois marque un changement dans les manières d'agir. Pourtant, les vieilles façons de faire et de penser ont la peau dure, comme l'illustrent si spectaculairement l'«Été indien» de 1990, le jugement des Wetsuwetens en 1991, et les incessantes confrontations sur la seconde phase du projet Grande-Baleine, à la baie James.

Sur le plan politique, les groupes indigènes raffinent leurs méthodes afin de récupérer le plus possible de leurs territoires et de sauvegarder leurs valeurs traditionnelles; l'expression «droit ancestral», qui s'appliquait à l'origine uniquement à la terre, englobe aujourd'hui l'autonomie gouvernementale. Le Canada tarde à reconnaître le droit des Autochtones à une propriété foncière ininterrompue sur leurs terres et continue d'insister sur l'extinction des droits ancestraux en retour d'avantages déterminés, pour la plupart de nature économique, mais comprenant aussi des concessions politiques mineures. Tant les Amérindiens que les Inuits deviennent au fur et à mesure moins enclins à accepter de telles ententes, et dans certains cas (notamment les Mohawks et les Dènès) ils les rejettent simplement, y voyant une violation de leurs droits fondamentaux. À moins que le gouvernement ne négocie leur autonomie gouvernementale, les Amérindiens pourraient s'installer dans un mécontentement permanent, comme ce fut le cas pour les Irlandais en Grande-Bretagne. C'est ce que dit l'anthropologue Michael Asch lorsqu'il fait observer que nier aux minorités le droit de négocier leurs revendications avec ceux qui détiennent le pouvoir conduit pratiquement à susciter la violence[4]. Le Canada a eu à une époque une réputation de gardien de la paix sur la scène internationale, une renommée qu'il maintient avec peine, s'il ne l'a pas déjà perdue, sur son propre territoire.

## Subtilités d'interprétation

Des précisions au sujet des classifications tribales amérindiennes s'imposent. Les noms «Cri» (ou «Kristinau»), «Huron», «Castor», «Haïda» ont été imposés par les Européens et n'ont rien à voir avec ceux que se donnaient elles-mêmes ces tribus, du moins à l'origine. Dans certains cas, des appellations génériques comme «Cri», «Abénaquis» ou «Outaouais» désignaient des groupes distincts plus ou moins apparentés par la langue. Ces trois derniers appartiennent tous à la famille linguistique algonquienne. Ainsi, dans cet ouvrage, le mot «algonquien» a trait à la langue, tandis qu'«algonquin» se rapporte à une tribu particulière vivant dans les régions boisées de l'Est, qui parle une langue algonquienne et était alliée aux Hurons lors des premiers contacts avec les Européens. Alors que plusieurs tribus amérindiennes ont conservé leur appellation à l'européenne, certaines l'ont rejetée. Par exemple, les habitants de la toundra arctique se sont objectés à l'emploi du terme «esquimau» sous prétexte qu'il est péjoratif, la croyance populaire en ayant fait un terme ojibwé signifiant «mangeurs de viande crue»; leur décision allait à l'encontre de l'avis de linguistes selon lesquels il s'agit bel et bien d'un terme montagnais se traduisant par «elle tresse une raquette[5]». Leur revendication a été accueillie, et c'est aujourd'hui le mot «Inuits» («les gens»; et, au singulier, un «Inuit») qui est officiellement accepté. De la même façon, les Nootkas de la côte ouest préfèrent l'appellation «Nuuchahnulths», et les Kwakiutls considèrent que «Kwagiulths» traduit mieux la désignation de leur propre tribu. Il existe d'autres cas: «Micmacs» (en français) et *Mi'kmaq* (en anglais) pour *«Mi'kmaq»* (en langue micmaque) «Nisgaas» pour les Nishgas; «Gwichins» pour les Kutchins; et «Wetsuwetens» pour les Porteurs (ou Carriers). Ceci nous amène au problème d'une appellation générale pour les peuples du Nouveau Monde. Bien qu'on admette que le terme «Indien» soit le résultat d'une erreur d'identification, il a tout de même été largement accepté, en particulier par les peuples autochtones eux-mêmes. L'ennui, avec ce terme, c'est qu'on s'en sert aussi pour les habitants de l'Inde qui revendiquent, avec quelque raison, un droit d'antériorité. L'ambiguïté devient particulièrement évidente au Canada, dont une certaine tranche de la population est originaire de l'Inde. Les francophones ont résolu le problème en utilisant «Amérindien», appellation propre aux Amériques, ou «Autochtone», qui équivaut à *Aboriginal* en anglais. Les anglophones ne sont jamais parvenus à une telle unité; au Canada, la préférence est allée à *«Native»* (en français, «Indigène»), mais ce n'est pas le cas aux États-Unis où l'on considère que quiconque est né dans ce pays est un *«Native»* (natif), sans égard à son origine raciale. *«Aboriginal»* est moins employé, mais il a été accepté dans une certaine mesure par des Indiens et des non-Indiens. *«Amerindian»* n'a jamais reçu la faveur populaire au Canada anglais, et encore moins aux États-Unis. Pourtant, c'est le terme que je préfère puisqu'il évite les ambiguïtés d'*«Indian»* et de *«Native»* et est plus précis qu'*«Aboriginal»*. (Note: les nombreuses références historiques m'ont malgré tout amenée à utiliser occasionnellement le terme «Indien», dont l'usage est encore bien vivant au Canada.)

Il est bien connu que les problèmes de traduction des concepts et même des mots d'une langue à l'autre sont de nature à induire en erreur ceux qui ne s'en méfient pas. Le mot «père» en est un bon exemple; chez les Européens du XVIe et du XVIIe siècle, les connotations du terme incluent l'autorité et la direction de la famille. Dans les langues amérindiennes, le mot sous-entendait un protecteur et un pourvoyeur qui pouvait user de son influence, mais qui était dépourvu d'autorité au sens européen du mot, en particulier dans les sociétés matrilinéaires, où les mères avaient droit au chapitre à propos des enfants. Dans ces sociétés, le représentant de l'autorité était l'oncle maternel; quand les Iroquois, par exemple, traitaient le roi des Français de «père», ils ne se plaçaient pas sous son autorité; si telle avait été leur intention, ils l'auraient appelé «oncle», ce qu'ils ne firent jamais[6].

Les noms propres amérindiens peuvent causer des difficultés aux non-Indiens. Puisqu'il n'y a pas eu, dans la plupart des cas, de normalisation des orthographes, un grand choix s'offre à nous. Nous en avons mentionné certaines, mais il n'était pas possible, ni même souhaitable, de tenter de toutes les présenter. Nous avons plutôt essayé de signaler les variations probables. Les versions françaises de ces noms entraînent une autre difficulté; le plus souvent, le mieux qu'on puisse espérer est une approximation effleurant un aspect partiel d'un éventail de significations possibles. Vous trouverez un bon exemple des circonlocutions qui peuvent en résulter dans la tentative de translittération du nom de Nescambiouit, au chapitre VII. Dans un autre cas, celui de Neolin (chapitre XII), la version française de son nom, «Celui qui est quatre», est donnée sans explication. Il s'agit d'une double allusion aux Quatre Directions ainsi qu'à la connaissance et au pouvoir spirituels, quatre étant un chiffre sacré pour les Amérindiens. Le nom «Celui qui éclaire», une traduction française fréquente, reste, au mieux, une approximation partielle. Dans plusieurs cas, les noms ont subi de telles transformations lors des translittérations que leur sens premier s'est obscurci.

Les problèmes d'interprétation changent totalement de perspective lorsqu'on examine attentivement les premiers récits européens traitant des Amériques. D'abord, comme l'a souligné Ian S. MacLaren, érudit spécialiste des récits de découvertes, les connotations de mots peuvent varier suivant l'époque (XVIe siècle, XVIIIe siècle ou bien de nos jours). Ensuite, dans le cas des récits publiés, le texte imprimé pouvait être remarquablement différent du manuscrit de l'auteur, les éditeurs étant parfois plus préoccupés par le chiffre des ventes que par la véracité. Cela est vérifiable quand le manuscrit original n'a pas été détruit, mais c'est rarement le cas des premiers imprimés[7]. Puisqu'il ne peut à première vue prêter foi automatiquement à un mot imprimé, le chercheur se voit dans l'obligation de le contre-vérifier à l'aide d'autres sources disponibles. Celles-ci sont habituellement peu nombreuses et parfois inexistantes.

La datation est un autre domaine qui exige de la prudence. Deux systèmes sont employés dans cet ouvrage: le calendrier grégorien normal avec lequel nous sommes tous familiers dans le cas de la période historique et qui se sert des abréviations «av. J.-C.» (avant Jésus-Christ) et «ap. J.-C.» (après Jésus-Christ); et, pour la période préhistorique, le calendrier scientifique qui repose sur la datation au carbone radioactif et renvoie à des dates en «années avant maintenant». Alors que le calendrier grégorien se sert de la naissance du Christ comme date charnière, la datation au radiocarbone utilise l'année 1950. La radiochronologie est fondée sur une réaction physique: l'isotope de carbone radioactif $C^{14}$ se dégrade en isotope stable $C^{12}$ à une vitesse constante et connue; de ce fait, la mesure du résidu de $C^{14}$ dans des restes organiques indique le nombre d'années passées depuis la mort de cet organisme. Toutefois, l'année ainsi mesurée ne correspond pas nécessairement à l'année civile, compte tenu de la variation du contenu en $C^{14}$ de l'atmosphère. Dans les publications techniques, cette variation statistique est habituellement comprise dans la date.

J'ajoute un dernier point: la *Loi sur les Indiens* ne s'applique qu'à ceux qui possèdent le statut d'Indien, soit ceux qui sont inscrits au registre des Indiens et qui sont membres d'une bande officielle. Les Indiens non inscrits et les Métis sont, légalement, des citoyens à part entière. Pour des motifs de simplicité et de facilité de lecture, nous ne ferons pas mention de ces distinctions dans le texte, sauf dans les cas précis où la clarté le requérera.

L'appellation «Métis» est employée dans son sens français, «mélange, croisement», qui qualifie habituellement le croisement de races humaines, sans préciser lesquelles. Sur la côte du Labrador, les sang-mêlé s'appellent en anglais «*settlers*» (littéralement «colons»).

# Note du traducteur

Les tribus amérindiennes ont subi des changements d'appellations au fil des ans et des traductions. Des usages sont disparus depuis longtemps (il serait aussi illogique d'appeler «Mohawks» les Agniers du régime français que de traiter de «Canadiens» les Québécois d'aujourd'hui); des appellations doubles (Beavers/ Castors) ou même triples (Carriers/Porteurs/Wetsuwetens) existent encore aujourd'hui; et les sources terminologiques fiables (*Dictionnaire biographique du Canada*; *Atlas historique du Canada*; *Les Noms de groupes amérindiens et esquimaux*) se contredisent parfois. En résumé, nous avons cru bon d'aligner sur l'usage français l'orthographe employée pour désigner ces groupes ou tribus, et cela pour répondre d'abord aux avis de normalisation de l'Office de la langue française et ensuite à deux recommandations du Conseil supérieur de la langue française qui dit: a) «On renforcera l'intégration des mots empruntés en leur appliquant les règles du pluriel du français, ce qui implique dans certains cas la fixation d'une forme de singulier»; et b) «Le processus d'intégration des mots empruntés conduit à la régularisation de leur graphie, conformément aux règles générales du français. Cela implique qu'ils perdent certains signes distinctifs «exotiques» et qu'ils entrent dans les régularités de la graphie française». Cette orientation orthographique a entraîné la disparition de formes graphiques souhaitées par les tribus amérindiennes elles-mêmes (ex.: «Gwich'ins, Nisga'as, Nuu'chah'nulths, Wet'suwet'ens» ont été orthographiées «Gwichins, Nisgaas, Nuuchahnulths, Wetsuwetens»). Le cas du mot «Inuit» est encore plus complexe, l'Office de la langue française ayant révisé en 1993 sa position à ce sujet. Ainsi, les termes «Inuit», devenu en français nom propre masculin singulier, et «inuit», adjectif masculin singulier, prendront les formes suivantes: un Inuit, une Inuite; des Inuits, des Inuites, l'art inuit, des vêtements inuits, une coutume inuite, des danses inuites; et cela, nonobstant l'existence en inuktitut d'un singulier (*Inuk* («homme»)) et d'un pluriel (*Inuit* («les hommes»)) lexicalisés.

Si, dans cet ouvrage, la forme française a prévalu, il nous a pourtant paru nécessaire d'ajouter, à l'occasion, une seconde appellation, ou même la forme anglaise, afin de lever toute ambiguïté dans l'esprit du lecteur.

Dans le même ordre d'idées, le mot «indigène» a parfois été employé dans cet ouvrage comme un synonyme parfait d'«autochtone», dénué de toute connotation négative. «Indien», lui, a généralement été réservé à un contexte juridique, puisque c'est le terme qui est employé dans la *Loi sur les Indiens*; lui aussi est exempt de toute valeur affective.

Première partie

# AU COMMENCEMENT
# ÉTAIT LE NOUVEAU MONDE

## CHAPITRE PREMIER

# ET VINRENT LES HOMMES

Plus personne ne conteste le fait que des êtres humains ont vécu en Amérique durant les dernières périodes de glaciation; ce sur quoi les avis divergent, c'est l'époque du début de la migration de l'Ancien Monde vers le Nouveau. Après son apparition sur la terre au début de la glaciation du wisconsinien, 10 000 à 50 000 années avant maintenant[1], l'homme actuel (*Homo sapiens sapiens* ou homme intelligent intelligent) connaît une évolution relativement rapide, s'épanouissant et se diversifiant rapidement en Europe et à travers l'Asie[2]. Son arrivée dans le Nouveau Monde soulève plus d'interrogations, puisque la conservation des os s'est mal faite dans les sols et que l'identification des outils et des premiers lieux de campement se révèle difficile. Les Amériques constituent le seul continent où la preuve d'une lointaine présence humaine a été établie d'après des artéfacts et non pas des restes de squelettes[3]. Dans l'état actuel des choses, les plus anciennes dates attribuées à des habitations humaines ont trait à des vestiges sud-américains épargnés par la glaciation, et les plus récentes dates attribuées à une migration avant les contacts viennent des glaces permanentes de l'Arctique. Lorsqu'ils abordent les îles de la Caraïbe, à la fin du XVᵉ siècle, les Européens découvrent des Amérindiens qui, selon eux, n'ont pas dépassé le stade de l'enfance culturelle, et ils supposent qu'il s'agit d'une nation jeune dont l'arrivée à cet endroit ne date que de quelques centaines d'années. Quelques observateurs, parmi lesquels le dominicain Bartolomé de Las Casas (1484-1566), ont reconnu des vestiges d'habitations dont la végétation s'était emparée et constaté que cela n'a pu se produire qu'après de longues périodes de temps[4]. Les premières impressions de la majorité se révèlent toutefois persistantes et ce n'est qu'assez récemment qu'on a accepté l'idée d'une longue période d'occupation dans les Amériques, situation qui soulève des interrogations sur le lieu d'origine de l'*Homo sapiens sapiens*. Jamais les tentatives exaltées visant à prouver l'origine américaine des Amérindiens modernes ne sont parvenues à établir une preuve convaincante[5]. Des galets fracturés, découverts à

Calico Hills, en Californie, et identifiés par Louis Leakey (1903-1972) comme étant des outils vieux de 100 000 à 200 000 ans, auraient confirmé la présence d'humains pré-modernes — peut-être même d'*Homo erectus* —, si l'archéologue avait pu justifier ses arguments, ce à quoi ni lui ni d'autres ne sont parvenus.

Plusieurs Indiens croient que c'est leur terre originelle, et leurs mythes, avec leurs descriptions métaphoriques de la genèse de l'homme et du monde actuel, sont nombreux et diversifiés. Leurs différentes perceptions du temps et de la nature mettent leurs récits à un autre niveau de réalité que celui de cet ouvrage[6]. Les mythes mettent en valeur et confirment l'attachement fondamental des gens à la terre. Les Nass-Gitksans du nord de la Colombie-Britannique maintiennent que la haute vallée de la rivière Skeena est leur Éden; plusieurs groupes, comme les Salishs de la rivière Thompson et les Ojibwés croient que leurs premiers ancêtres sont nés de la terre[7]. Les Castors athapascans soutiennent que les hommes ont rampé à l'intérieur d'un tronc d'arbre creux pour atteindre la Terre, une analogie évidente avec la naissance[8]; les Iroquoiens (y compris les Hurons) affirment qu'Aataentsic, mère du genre humain, est tombée d'un trou dans le ciel et a atterri sur une tortue au dos couvert de terre[9]. À un autre niveau, certaines légendes des Tsimshians ont pour thème la migration[10].

C'est le jésuite José de Acosta (v. 1539-1600), dans l'*Historia Natural y Moral de las Indias*, parue en 1590[11], qui le premier a proposé la théorie anthropologique, soutenue d'une manière générale et établie sur des données observables, selon laquelle l'*Homo sapiens sapiens* est venu d'Asie par le détroit de Béring. Il est aujourd'hui admis partout par les anthropologues et les archéologues que les Indiens ont traversé à pied pendant des périodes où l'intensification des glaciations a entraîné le recul des eaux, faisant du détroit de Béring une steppe herbeuse et souvent marécageuse appelée «Béringie». Les géologues nous révèlent que cet isthme a émergé à de nombreuses reprises vers la fin du Pléistocène (le wisconsinien), la première période identifiable datant d'environ 75 000 ans avant maintenant, et la dernière se terminant il y a quelque 14 000 ans[12]. Cette étendue d'herbages et de toundra, qui atteint à l'occasion plus de 2 000 km de large, tient alors plus du continent que de l'isthme. Elle fournit du fourrage pour des animaux tels que le mammouth, le mastodonte, le bison géant, la saïga et leurs prédateurs. On peut supposer que des chasseurs suivent les troupeaux, raisonnement que viennent appuyer des découvertes archéologiques des deux côtés du détroit de Béring, entre autres des pointes en pierre taillées sur les deux faces et des couteaux vieux de 11 000 ans, ainsi que, à l'occasion, des microlames, petits éclats de pierre minces, étroits et très tranchants comme il s'en faisait il y a 15 000 à 4 500 ans. Leur fabrication exigeait une dextérité remarquable. Si les hommes sont venus par cette voie, c'est que la Sibérie est déjà habitée. Des archéologues soviétiques ont signalé des preuves du peuplement de la Yakoutie, en Sibérie centrale, remontant à quelque 300 000 ans, longtemps avant l'apparition de l'*Homo sapiens sapiens*[13]. On a attribué une date de 35 000 ans avant maintenant à Tchoukotskaïa, à

**1.1 Route terrestre possible pour la pénétration des premiers humains dans les Amériques, en plus de quelques sites archéologiques.**

Source: Alvin M. Josephry Jr., *The Indian Heritage of America*, New York, Knopf, 1969: 36.

l'extrême nord-est de la Sibérie, moment qui se situe à l'intérieur de l'époque de l'homme moderne[14].

Puisque le gibier abonde, pouvons-nous supposer que les premiers *Homo sapiens sapiens* des Amériques sont principalement des chasseurs de gros gibier? Oui, aussi longtemps qu'il s'agit du Canada; mais, pour le Nouveau Monde dans son ensemble, cela peut avoir été différent. À mesure que se raffinent les techniques d'archéologie et que la recherche prend de l'expansion, les preuves qui s'offrent à nous en Amérique du Sud laissent croire que les premiers humains dans ces régions peuvent bien avoir été principalement des fourrageurs (la pêche étant une forme de cueillette) et des chasseurs de petit gibier[15]. Qui plus est, selon les apparences, ils sont plutôt portés à rester là où se trouvent leurs ressources alimentaires, habituellement sur les bords de la mer, des lacs ou des rivières. Ils exploitent ces ressources tant sur mer que sur terre, ce qui laisse deviner qu'ils utilisent des embarcations[16]. L'archéologue Peter Schledermann, qui a travaillé dans l'Arctique Est, parvient à la conclusion que les mammifères marins constituaient la principale source d'alimentation pour les peuples de la Tradition microlithique de l'Arctique (3000 à 1200 av. J.-C.)[17]. Même les derniers chasseurs, plus mobiles, qui poursuivaient le gros gibier à l'intérieur des terres, préféraient camper près d'un point d'eau, probablement pour au moins une des mêmes raisons: la facilité de voyager sur l'eau.

## La possibilité d'une venue par la mer

Pour revenir à la façon dont sont arrivés les hommes dans les Amériques, notons que, même si la Béringie permet une traversée commode à pied, rien ne nous autorise à conclure qu'elle constitue la seule voie praticable ou utilisée. Pas plus qu'il n'y en a de croire que les habitants de Béringie sont confinés à terre et se désintéressent de la riche vie marine côtière ou hauturière. La mer aussi offre des choix; dans le Pacifique, le Kuro-Shio (ou fleuve Noir), courant qui remonte la côte asiatique vers l'est en direction des Amériques, fournit une voie navigable et naturelle qui ne présente pas des difficultés insurmontables. L'argument selon lequel les humains de cette lointaine période n'ont pas encore mis au point des techniques leur permettant d'entreprendre une traversée sous des cieux arctiques incléments est, en mettant les choses au mieux, ténu, tout particulièrement à la lumière des voyages en mer qui ont eu lieu sous d'autres latitudes. On peut aussi faire valoir que la navigation en haute mer est à maints égards moins périlleuse que le cabotage, et que l'une et l'autre sont moins fatigants que la marche! D'ailleurs, l'archéologue Knut Fladmark maintient depuis longtemps que naviguer peut avoir été beaucoup plus pratique que voyager sur terre[18]. Comme il l'a souligné, des humains sont parvenus à franchir des mers au moins aussi vastes que le détroit de Béring depuis 30 000 ans ou plus; à cela s'ajoute le fait que la majeure partie de la côte ouest n'a pas subi de glaciation durant une période tempérée

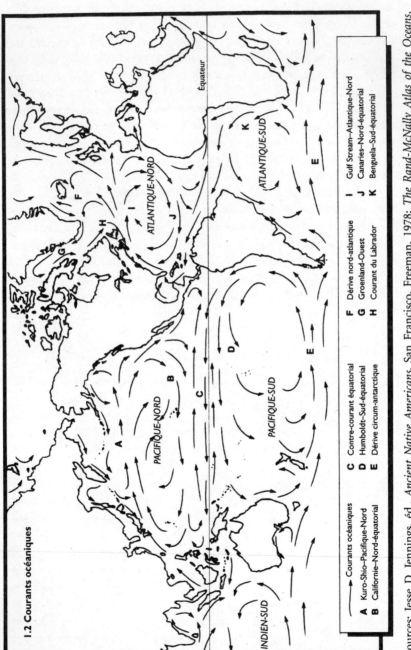

**1.2 Courants océaniques**

| Courants océaniques | **C** Contre-courant équatorial | **F** Dérive nord-atlantique | **I** Gulf Stream–Atlantique-Nord |
|---|---|---|---|
| **A** Kuro-Shio–Pacifique-Nord | **D** Humboldt-Sud-équatorial | **G** Groenland-Ouest | **J** Canaries-Nord-équatorial |
| **B** Californie-Nord-équatorial | **E** Dérive circum-antarctique | **H** Courant du Labrador | **K** Benguela-Sud-équatorial |

Sources: Jesse D. Jennings, éd., *Ancient Native Americans*, San Francisco, Freeman, 1978; *The Rand-McNally Atlas of the Oceans*, New York, Chicago, San Francisco, 1979: 33.

allant des années 60 000 à 25 000 du Pléistocène supérieur. La situation peut avoir
été la même dans le sud-ouest de l'Alberta[19]. Des hommes ont peuplé l'Australie
quelque 50 000 ans avant maintenant et ils n'ont pu y arriver que par la mer, bien
que cette région ne connaissait pas, tous en conviennent, des conditions glaciales,
et que les distances en jeu n'étaient pas énormes, le niveau des mers devant être
plus bas à cette époque qu'aujourd'hui. Pour sauter d'île en île depuis l'archipel
malaysien jusqu'à l'Australie, il aurait fallu affronter des obstacles marins de
moindre envergure, mais tout de même formidables[20].

En Amérique du Nord, les déplacements côtiers peuvent bien avoir été un
facteur dans la forte prolifération des langues sur la côte pacifique des deux Amériques, une région parmi les plus complexes du monde sur le plan linguistique (au
XVIe siècle, on estimait à 2 200 le nombre de langues américaines). Des recherches
récentes de l'anthropologue Richard A. Rogers démontrent qu'en Amérique du
Nord les régions épargnées par la glaciation renfermaient de loin le plus grand
nombre de langues, 93 pour cent, ainsi qu'un plus haut degré de différenciation
par rapport à celles qui l'ont subie. Il s'agit d'un principe reconnu en linguistique
que la diversification des langues s'opère très lentement et est proportionnelle à la
durée de l'occupation humaine; quand la diversification a atteint un point tel
qu'elle masque les rapports linguistiques originaux, cela révèle une durée considérable. L'archéologue Ruth Gruhn a attiré l'attention sur le fait qu'en Amérique
du Nord la diversification maximale dans les familles linguistiques se trouvait en
Californie et sur le pourtour du golfe du Mexique et qu'en Amérique du Sud on
parlait plus de 1 500 langues dont les structures grammaticales et les vocabulaires
différaient grandement. Du point de vue de Gruhn, toutes ces langues des deux
sous-continents appartiennent en fin de compte à trois familles principales. Elle
croit qu'une série de migrations ne peut à elle seule expliquer une si grande prolifération, mais que les langues ont plutôt évolué localement sur une très longue
période, atteignant peut-être près de 50 000 ans[21]. Elle est d'accord avec l'anthropologue Joseph H. Greenberg, qui croit possible que toutes les langues amérindiennes, à l'exception du na-dènè (athapascan) et de l'eskimo-aléoute, soient
issues d'un prototype unique appelé «amérind». Cette théorie très controversée
pose comme principe un minimum de trois vagues migratoires fondatrices dont
la première amena l'amérind, de loin le plus grand, le plus répandu et le plus
diversifié des trois groupes de base suggérés[22].

À Monte Verde, au Chili, et à Tocado Boqueirão do Pedra Furada, au Brésil,
des découvertes archéologiques récentes, qui révèlent que des humains ont pu se
trouver dans les Amériques il y a déjà 32 000 ans, sont venues appuyer des signes
linguistiques évidents laissant entendre une colonisation hâtive de l'Amérique du
Sud[23]. Il est aussi terriblement tentant de soupçonner une antiquité exceptionnelle
des humains en Amérique du Nord, pouvant remonter aussi loin que 22 000 ans
avant J.-C.[24]. Des sites en Pennsylvanie, en Californie, au Texas et au Mexique ont
tous laissé entrevoir une présence qui remonte dans le temps à mesure qu'on
descend vers le sud; des découvertes dans le centre méridional du Nouveau-

Mexique, communiquées par l'archéologue Richard MacNeish, proviennent de lieux de campement vieux, d'après la datation au radiocarbone, de 36 000 ans[25]. La partie du Yukon qui n'a pas subi de glaciation constitue la seule exception possible à cette théorie; l'archéologue William N. Irving a plaidé en faveur d'une occupation humaine vieille de 40 000 ans. Si elle était fondée, elle viendrait corroborer la primauté de la route du détroit de Béring[26]. Jusqu'ici, les témoignages les plus probants de présence humaine au Yukon sont venus des grottes du Poisson-Bleu, au sud d'Old Crow. On y a trouvé des débris laissés par des chasseurs passés là entre 24 000 et 12 000 ans plus tôt. Les ossements d'animaux dépecés provenaient principalement de mammifères terrestres. Les lieux ne comportaient cependant ni foyer ni restes humains[27]. On croit aujourd'hui que ce fameux écharnoir en os de caribou découvert en 1966 par un Gwichin, Peter Lord, à proximité d'Old Crow, qui a déjà été daté de 27 000 ans avant maintenant, n'est vieux en réalité que d'un millier d'années[28]. Même si la préférence pour l'arrivée des humains en Amérique du Nord va plutôt à des dates plus sûres se situant entre 16 000 et 13 000 av. J.-C., il restait encore amplement de temps pour que s'épanouisse cette plénitude de langues sur les rives du Pacifique. C'est la navigation côtière qui explique le mieux ce modèle de colonisation.

## Un corridor exempt de glaces

Une telle voie pourrait expliquer pourquoi le corridor exempt de glaces situé sur le versant est des Rocheuses, qu'on a supposé être le couloir migratoire le plus vraisemblable, n'a pas fourni les sites archéologiques, ni même les artéfacts attendus, à l'inverse de la route bien documentée située entre les Andes et le Pacifique en Amérique du Sud[29]. Des données géologiques révèlent que ce corridor, au Canada, était un passage inhospitalier, couvert de rochers instables, de lacs glaciaires aux rivages changeants et de versants accidentés: aucuns restes fauniques révélateurs datant de la fin de la glaciation wisconsinienne n'ont été trouvés dans les portions centrales et septentrionales. Il est possible que le plateau de l'intérieur ait servi, mais là encore les preuves manquent. Pour ce qui est des déplacements à pied à l'intérieur du pays, la plupart des mouvements semblent s'être faits du sud au nord. Par exemple, les algonquiens qui occupent complètement la forêt subarctique canadienne, la taïga, se sont déployés vers le nord à partir des Grands Lacs, et les chasseurs de bisons des plaines du Nord-Ouest, eux, sont venus de deux directions, le sud et l'est. Deux exceptions: les Athapascans qui, après avoir habité le Grand Nord depuis quelque 9 000 ans, ont amorcé un déplacement vers le sud à la suite d'une éruption volcanique près de White River[30]; et les Inuits qui, venus de Sibérie, ont progressé vers l'est à travers l'Arctique. Quant aux autres, l'état actuel de nos connaissances nous permet de savoir que certaines populations sont venues contourner la calotte glaciaire au sud avant de remonter vers le nord en suivant le retrait des glaces.

L'absence de sites archéologiques visibles sur la côte nord-ouest du Pacifique s'explique plus facilement: ils ont été submergés par la hausse du niveau des océans, causée par la fonte des glaciers. À pied ou sur l'eau, ou des deux façons, les Amérindiens ont atteint, il y a de cela au moins 11 000 ans avant maintenant, l'extrémité méridionale de l'Amérique du Sud. La dernière région à être peuplée a été le Grand Arctique canadien, vers l'an 3000 av. J.-C., à la suite, peu auparavant, de certains déplacements dans les régions du Bas-Arctique. L'arrivée des humains dans les Amériques semble s'être effectuée petit à petit, sans doute par vagues — les hypothèses font actuellement état de trois, peut-être quatre vagues principales — s'étalant sur de très longues périodes. Tandis que de tels mouvements sont toujours examinés en rapport avec la Béringie et le Pacifique, ils auraient aussi été possibles à certaines époques par l'Atlantique, le long du front glaciaire intermittent, jusque dans l'Est nord-américain. Toutefois, les preuves biologiques révélant les origines asiatiques des Amérindiens semblent être bien établies[31].

## Les densités démographiques

Comme dans le cas des langues, la plus forte densité de population avant les contacts, estimée à environ 10 pour cent du total des deux Amériques, se trouvait sur les côtes du Pacifique. Les évaluations de la population de l'hémisphère ont été constamment corrigées à la hausse ces dernières années et ont atteint un sommet de 112,5 millions d'habitants au XVe siècle, juste avant l'arrivée des Européens[32]. En Amérique du Nord, au nord du Rio Grande, les chiffres font état au début du XVIe siècle d'un improbable 18 millions et même plus[33]. Leur augmentation provient d'une meilleure connaissance des bases de l'alimentation amérindienne et d'une compréhension plus approfondie des répercussions des maladies importées durant le XVIe siècle; dans certains cas, elles se sont répandues très loin au delà des lieux où se sont réellement trouvés les Européens, décimant jusqu'à 93 pour cent des populations indigènes. D'ailleurs, les récits du Nouveau Monde faits par les premiers Européens font tous mention de «grandes multitudes» d'habitants. Ce n'est que plus tard, quand la colonisation s'est accélérée, qu'on a découvert de vastes portions de territoire inhabitées et que la notion de «continent vide» s'est accréditée[34]. Les témoignages archéologiques atteignent un point tel qu'on peut aujourd'hui soutenir, avec une conviction croissante sinon avec une certitude absolue, que les Amériques précolombiennes étaient habitées dans une large mesure, au point d'atteindre les capacités de charge utile de la terre, compte tenu des moeurs en usage et des préférences alimentaires.

Les migrations originelles ont probablement mis en cause de très petits groupes. De récentes études génétiques laissent entrevoir quatre filiations maternelles primitives d'où descendraient tous les Amérindiens, des conclusions que les partisans d'une multiplicité de migrations contestent avec vigueur[35]. Les techniques de recherche ont maintenant atteint un tel raffinement qu'on estime possible de reconstituer les migrations à l'aide de preuves génétiques, plus particulièrement lorsqu'il est possible de les associer à des caractéristiques dentaires et à des affiliations linguistiques[36]. On a calculé que 25 personnes pourraient avoir engendré, en 500 ans, 10 millions de descendants, si la population avait doublé à chaque génération (environ 30 ans). Il s'agit là du taux de croissance dans les colonies d'Européens durant leurs premières années en Amérique du Nord (toutefois, les colonies avaient beaucoup plus d'enfants que les populations autochtones de l'époque et se trouvaient renforcées par un apport constant d'immigrants en provenance d'Europe). Quoi qu'il en soit, ce taux de croissance pourrait avoir été plus rapide en raccourcissant chaque génération à 20 ans, auquel cas le point de saturation des populations de chasseurs et de cueilleurs aurait été atteint en moins de 1 000 ans; mais ce n'est vraisemblablement pas ce qui s'est réellement produit[37].

Il y a 11 000 ans, à l'époque où sont abattus les derniers mammouths et mastodontes connus, des campements de populations aux adaptations économiques et aux traditions culturelles diverses émaillent en long et en large les deux sous-continents. Durant cette période, ainsi qu'au cours des quelque 3 000 années qui suivront, environ 200 espèces représentant 60 genres ou plus de grands animaux sont disparues des Amériques. Nous ne savons pas plus ce qui a causé ces extinctions que nous n'en savons sur la disparition des dinosaures; on suppose toutefois que, dans le premier cas, les chasseurs de gros gibier pourraient avoir détruit cet équilibre à mesure que leur population prenait de l'expansion en raison de l'abondance du gibier. Dans de récents travaux, Schledermann a démontré comment un petit groupe de chasseurs pouvait facilement amener le boeuf musqué et le caribou au bord de l'extinction dans l'Arctique[38]. Le paléontologue Paul S. Martin a fait ressortir l'analogie entre l'arrivée des Polynésiens en Nouvelle-Zélande et l'extinction consécutive du moa (dinornis)[39]. En Amérique du Nord, le grand pingouin et le pigeon voyageur ont connu des sorts semblables après l'arrivée des Européens. D'un autre côté, il y a ceux qui soutiennent que les tueries de mammouths étaient probablement rares[40]; jusqu'ici, les preuves archéologiques n'ont révélé qu'une douzaine de lieux de chasse, tous à l'ouest du Mississippi. Il y a 8 000 à 5 000 ans, lorsque les terres, le climat et le niveau des océans se sont stabilisés approximativement sous la forme que nous connaissons aujourd'hui, les humains ont franchi un seuil démographique et culturel, s'il faut en juger par le grand nombre et la complexité croissante des sites archéologiques.

La disparition de la mégafaune ne paraît pas avoir comporté de changement radical dans les façons de chasser, puisque des gibiers comme le bison et le caribou continuaient, comme toujours, d'être importants. Si la population a baissé, ainsi que la rareté des sites datant de cette période a pu le faire croire à certains archéologues, ce fut de brève durée. Les gens ont survécu pour la même raison qu'auparavant, parce qu'ils pouvaient s'adapter. Le mode de vie qui est apparu, appelé «Archaïque» et fondé sur l'exploitation d'un large éventail de sources alimentaires, était destiné à survivre dans certaines régions du Canada longtemps après l'arrivée des Européens. Vers 9200 à 8500 av. J.-C., le façonnage de pointes cannelées a remplacé des formes antérieures de fabrications et s'est propagé à travers le Canada à une vitesse extraordinaire, un phénomène sans égal dans l'histoire ancienne du pays. Cela pourrait avoir fait partie d'un développement à la grandeur du continent, puisque des pointes cannelées ont été découvertes de l'Alaska jusqu'au nord du Mexique[41]. Au Canada, on en a trouvé à Debert, en Nouvelle-Écosse, dans la caverne de Charlie Lake, en Colombie-Britannique, et aux lacs Vermilion, en Alberta. Les chasseurs qui fabriquaient ces pièces de projectiles poursuivaient principalement le bison ou le caribou, selon les régions; par après, vers 8000 à 6000 av. J.-C., leurs descendants des plaines de l'Ouest, qui avaient abandonné la pointe cannelée pour la pointe lancéolée (planoenne), aux écailles ondulantes caractéristiques, chassaient le bison en organisant des battues. C'est un usage qui est devenu courant au Canada vers l'an 3000 av. J.-C. À la même époque que le Planoen, l'Archaïque ancien se développe dans les forêts de l'Est, représenté par l'encochage latéral caractéristique des pointes pour l'emmanchement. L'archéologue James V. Wright affirme que vers 6000 av. J.-C. les Archaïques anciens de l'Est ont émigré vers les plaines de l'Ouest, où ils sont venus en contact avec les Planoens. L'épanouissement de la culture de la Plaine est une suite de cette interaction[42]. Encore un autre mode de vie, reposant sur la pêche au saumon et la chasse en mer et possédant sa propre tradition lithique de pointes foliiformes de projectiles, était entretemps apparu (à partir de 7000 av. J.-C. environ) sur la côte du Nord-Ouest. La réceptivité aux idées nouvelles et la volonté d'expérimenter caractérisaient ces artisans de l'âge de pierre. À l'arrivée des Européens, non seulement l'ensemble du Nouveau Monde était-il habité dans toutes ses différentes étendues et à divers degrés de densité, mais il recelait un riche éventail de cultures appartenant à 2 000 sociétés différentes ou plus[43].

## Les caractères physiques distinctifs des Amérindiens

En dépit de certains traits physiques partagés par la majorité des individus (pilosité inexistante ou faible, et habituellement noire), les Amérindiens sont biologiquement hétérogènes. Certains groupes, par exemple, en particulier sur la côte pacifique ou dans le Grand Bassin, portent une barbe parfois dense. Comme chez les Philippins, il se trouve très peu d'Amérindiens des groupes sanguins A ou B. Pourtant, il y a des exceptions remarquables: le groupe A se retrouve chez les populations de la côte du Nord-Ouest (à des fréquences semblables aux Hawaïens), ainsi que chez les Castors, les Esclaves et les Assiniboines à l'intérieur du pays; le fait que les Pieds-Noirs, les Gens-du-Sang (ou Kainahs) et les Piégans des plaines du Nord-Ouest possèdent les plus forts pourcentages de groupe A connus dans le monde est encore plus remarquable. Les Inuits ont une forte fréquence de groupe B. Les premiers rapports au sujet d'une concentration du groupe B chez les Yahgans de la Terre de Feu n'ont cependant pas été confirmées[44]. En Amérique centrale et du Sud, la prédominance chez les Amérindiens va au type O, alors que la proportion est quelque peu plus basse en Amérique du Nord. Une telle concentration excède toutes les autres connues dans l'Ancien Monde, à l'inclusion des populations du nord de la Sibérie qu'on croit avoir été le réservoir des migrations béringiennes; en réalité, des études génétiques ont révélé que les liens des Amérindiens avec les populations mongoliques modernes ne sont pas aussi rapprochés qu'on l'a généralement cru[45]. Ces données biologiques ont amené à supposer l'appartenance des Amérindiens à des populations souches plus anciennes que celles qui habitent la Sibérie[46]. Des recherches dentaires, qui font ressortir une souche raciale originelle ayant vécu il y a 20 000 ans, viennent appuyer cette hypothèse[47]. Partant de ces témoignages, l'anthropologue Christy G. Turner II a élaboré une théorie selon laquelle la plupart des Amérindiens descendent des chasseurs de mammouths de la culture de Clovis. D'autre part, les Inuits sont, sur le plan génétique, différents de la plupart des Amérindiens, à l'exception des athapascanophones du Nord-Ouest[48].

## *L'évolution technologique*[49]

C'est dans les Amériques que la technologie de l'âge de pierre a atteint le sommet de son évolution, d'abord avec le façonnage raffiné des pointes de jet et, plus tard, dans les constructions massives des Mayas, des Aztèques et des Incas. Ces derniers ont créé le plus grand empire de l'âge de pierre dans le monde[50], le «royaume des Quatre Quarts», qui a incorporé plus de 200 groupes ethniques. L'archéologue Alan Bryan soutient que plusieurs traditions paléolithiques différentes ont vu le jour dans diverses régions des Amériques, une gamme qui s'étend des pointes «en queue de poisson» vieilles de 11 000 ans trouvées aux abords du détroit de Magellan, à celles en forme de feuille de saule d'El Jobo, vieilles de 13 000 ans, découvertes dans le nord du Venezuela et aux pointes à cannelure de Clovis, datant de 11 000 ans et dont l'usage s'est répandu à toute l'Amérique du Nord exempte de glace[51]. Les outils employés pour le façonnage de ces élégantes pointes ont été identifiés; une récente tentative d'utilisation de ces outils a donné des résultats en deux heures environ, puis d'autres casseurs-tailleurs de pierres ont raccourci ce délai à quarante minutes. Le taux de rejets était élevé, environ 10 pour cent; d'ailleurs, l'importante masse de débris abandonnés est une des raisons qui ont permis de redécouvrir un si grand nombre de techniques de l'âge de pierre.

L'évolution des outils de pierre et d'os a représenté l'un des plus grands progrès de l'humanité vers le perfectionnement technologique; et alors que de telles techniques peuvent, dans une certaine mesure, être perçues comme «simples», elles n'étaient viables qu'en raison d'une observation fine et attentive de la nature — une exigence fondamentale encore de nos jours. La technologie de l'âge de pierre a été efficace dans la mesure où elle reposait sur une observation détaillée et précise, d'une part, et était soutenue par une organisation sociale pratique, d'autre part. Les technologies, qu'elles fussent de l'âge de pierre ou autres, sont le produit d'un bagage de connaissances et restent un indicateur de la façon dont une population envisage l'univers et sa propre société. La logique symbolique semble avoir influencé extrêmement tôt la conception des outils; par exemple, certains émettent l'hypothèse que la main de l'homme a servi de modèle à la hachette biface[52]. L'utilisation intelligente des ressources de la nature, doublée d'une structure sociale favorable à l'intégration, a rendu la survie possible dans des conditions terriblement difficiles. Le processus est dynamique: bien que la vitesse des changements puisse varier et, effectivement, varie même entre les divers éléments d'une société donnée, aucune culture vivante n'est statique. Les technologies, y compris celles de l'âge de pierre, évoluent plus aisément que les idéologies. Un bon technicien de l'âge de pierre devait connaître ses matériaux de base, l'endroit où il pouvait les trouver, comment ils se travaillaient, leurs réactions dans diverses conditions et leurs usages potentiels. On a déjà pensé que nombre d'œuvres architecturales et sculpturales américaines d'avant les contacts n'avaient pu être réalisées avec des techniques de l'âge de pierre et qu'elles étaient le fait de races disparues ou encore d'êtres venus de l'espace; nous savons maintenant qu'elles étaient matériellement possibles. Par exemple, quels outils de l'âge de pierre pouvaient entamer la pierre la plus dure, le jade? Réponse: les abrasifs et l'eau. Il s'agissait évidemment d'un procédé lent et laborieux; à cette époque, les techniques exigeaient toujours beaucoup de temps et de travail, parfois de matériaux aussi (pensons à ces énormes constructions qui laissaient comparativement peu d'espace utile), un résultat toutefois attribuable davantage à l'idéologie qu'aux technologies elles-mêmes.

## Une efficacité archaïque

À certains égards, ces techniques anciennes étaient en réalité très efficaces. Les tranchants, par exemple, pouvaient être plus acérés que les lames de métal. Le casse-tête (massue de guerre) des Aztèques, aux arêtes en dents de scie faites d'une rangée de lames d'obsidienne incrustées dans le bois, était une arme mortelle capable de décapiter un homme d'un seul coup. Un casseur-tailleur de pierres d'aujourd'hui, Don E. Crabtree, avant de subir une chirurgie cardiaque, a insisté pour fabriquer les outils nécessaires en obsidienne. Il en est résulté une guérison plus rapide et moins de cicatrices que celles qu'auraient pu causer des instruments en métal. Même de simples dépeçoirs en pierre convenaient très bien pour ce travail. La grande qualité du métal était sa durabilité; parce que la pierre se brisait aisément, les premiers fabricants d'outils et d'armes étaient perpétuellement occupés à s'approvisionner en matière première. L'un des effets de cette activité incessante a été la grande variété d'artéfacts et de styles qui se sont multipliés; on a même pu constater dans certains endroits le travail d'un artisan en particulier.

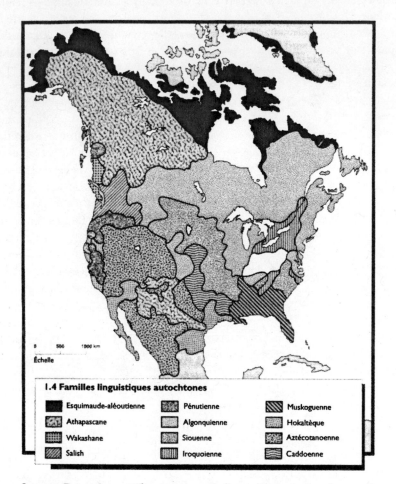

Source: Dean Snow, *The American Indians: Their Archaeology and Prehistory*, Londres, Thames and Hudson, 1976.

Le «style», pourtant, peut avoir été simplement la conséquence d'un nouvel aiguisage et d'un refaçonnage ultérieur, qui a ou aurait pu donner lieu à diverses modifications comme le raccourcissement de la lame ou son passage d'une forme à une autre (d'une pointe de lance en couteau, par exemple). Ce ne sont pas toutes les populations des Amériques qui avaient le même type d'outillage, même si leurs modes de vie étaient semblables; par exemple, des artéfacts associés à la mouture des grains ont connu une distribution restreinte en Amérique du Sud, mais générale dans le sud et l'ouest de l'Amérique du Nord. De la même manière, la pose de pointes en pierre sur des manches en os ou en bois n'a pas été adoptée par tous. L'arc et la flèche, qui sont associés à une consommation plus grande de mammifères terrestres, sont apparus relativement tard dans les Amériques; les premiers témoignages de leur emploi en Amérique du Nord sont venus des sites d'Aishihik, au Yukon, qui datent d'environ 250 ap. J.-C.[53] D'un autre côté, la fabrication de cordes et de filets ainsi que la vannerie sont apparues très tôt, au Pléistocène supérieur[54].

On se pose aujourd'hui des questions sur l'utilisation qui était faite des outils anciens. Les archéologues ont concentré leur attention sur la chasse; mais qu'en était-il de la cueillette et de la préparation des aliments? Le géographe Carl Sauer (1889-1975) avait constaté que l'outillage de l'âge de pierre était tout aussi utile pour couper et préparer le bois, l'écorce et la teille, pour cueillir et préparer des aliments comme les racines et les fruits, que pour apprêter la viande et les peaux. Si nous connaissons peu de chose sur ces premiers instruments servant à la cueillette et au broyage, c'est en grande partie parce qu'il s'agissait de produits périssables tendant à disparaître sans laisser de traces; ils ont donc été négligés vu que l'attention s'est portée sur la chasse qui, elle, laissait des débris reconnaissables. L'évolution des instruments de broyage a mis à la disposition des humains un assortiment plus vaste de graines comestibles comme les petites graines de graminées et d'amarantes. Les gens qui comptaient sur de telles ressources avaient tendance à rester au même endroit, là où ils avaient aisément des provisions sous la main. En d'autres termes, il est impossible d'affirmer l'universalité, à quelque période que ce soit, d'une vie nomade, toujours à la poursuite des diverses ressources alimentaires; et, même quand il a été pratiqué, ce genre de vie suivait un cycle saisonnier à l'intérieur d'une région donnée. L'image de premiers-humains-errant-sans-but-en-quête-de-nourriture ne cadre pas avec les preuves que nous avons. De fait, tout indique le contraire, c'est-à-dire qu'ils ont toujours vécu dans des agglomérations qui restaient aussi stables que le permettaient les ressources alimentaires[55].

En conclusion, on s'accorde aujourd'hui à dire que des humains étaient parvenus dans les Amériques au moins 15 000 av. J.-C., un événement que certains font remonter jusqu'à 50 000 ans av. J.-C.; les conditions environnementales auraient même permis leur arrivée avant cette époque[56]. Le fait qu'au moins une partie des premières migrations se sont faites à pied par le détroit de Béring apparaît somme toute évident[57]; la migration en bateau semble une question plus controversée. À mesure que les témoignages sur les premiers cadres de résidence des humains dans les Amériques s'accumulent peu à peu, il apparaît de plus en plus probable que les déplacements sur l'eau ont joué un rôle autant, sinon même plus important que ceux par terre. Dès les années 11000 avant maintenant, des humains peuplent les Amériques en long et en large, la plus forte concentration démographique se situant sur la côte pacifique des deux sous-continents. Phénomène encore inexpliqué de façon satisfaisante, quelque 1 000 ans plus tard, plusieurs espèces animales ont disparu du paysage américain. S'il faut établir une analogie avec les exterminations d'animaux qui se sont produites à la suite de l'arrivée des Européens dans les Amériques, alors, c'est vrai, les humains y sont pour quelque chose. Quoi qu'il en soit, des gens sont fermement établis dans tout l'hémisphère, et, dans diverses zones de l'Amérique centrale et du Sud, certains se sont mis à faire des expériences de domestication des plantes peut-être même aussi tôt qu'il y a 9 000 ans.

# CHAPITRE II

# LE PEUPLEMENT

L'agriculture semble avoir évolué de façon indépendante, durant une période de quelques milliers d'années à la fin de la dernière glaciation du Pléistocène, dans plusieurs régions du globe très éloignées l'une de l'autre: au Proche-Orient, dans les pays de la mousson du Sud-Est asiatique, en Chine, en Amérique centrale, au Pérou et en Amazonie. Toutes ces régions ont été mises en relation, dans d'autres contextes, par des partisans d'une diffusion culturelle; toutefois, la vieille croyance générale selon laquelle l'agriculture s'est répandue autour du monde à partir d'un point d'origine unique possède aujourd'hui peu de défenseurs. Une autre hypothèse en vogue à une époque, qui voulait que l'agriculture dans les Amériques fût née dans des régions arides avec l'aide de l'irrigation, a été rejetée avec plus de conviction encore, puisqu'il a été démontré que, à une ou deux exceptions près, tous les cultigènes (plantes sans congénère sauvage ou cultivé) les plus primitifs connus ont été créés à partir de prototypes nécessitant des pluies saisonnières.

Alors que personne ne peut fournir de réponse nette sur les motifs qui ont amené les humains à abandonner la cueillette pour la culture des plantes dans diverses régions et non dans d'autres paraissant tout aussi propices, il est aujourd'hui admis que le changement de style de vie n'a jamais été aussi soudain ni aussi complet qu'on l'a tout d'abord pensé. La «Révolution néolithique» évoquée par l'archéologue australien V. Gordon Childe (1892-1957) semble avoir été un processus graduel et, en aucun cas, uniforme. Il n'existe aucune preuve que la poussée démographique croissante a obligé les chasseurs à se tourner vers l'agriculture, bien que l'hypothèse soit fréquemment proposée comme la plus probable des explications. La cueillette plutôt que la chasse comme moyen de subsistance peut avoir encouragé une prédisposition culturelle à l'acclimatation des plantes; comme l'a fait remarquer Carl Sauer, creuser pour ramasser des racines peut être perçu comme une sorte de labourage[1]. La pêche, une forme de cueillette, paraît avoir joué un rôle dans ces premières tentatives de gestion des ressources; les agriculteurs mayas classiques, par exemple, étaient aussi pisciculteurs, comme l'étaient les bâtisseurs de temples tumulus mississippiens et les villageois andins de l'empire inca. Même les chasseurs des plaines du Nord-Ouest, sans être agriculteurs, devaient observer attentivement les plantes qu'ils récoltaient, comme la picotiane (*Psoralea esculenta* ou psoralier comestible) et déterminer le moment propice à l'arrachage, afin de la sécher et de la réduire en poudre en vue d'une consommation hivernale[2]; quelques indices tendent aussi à démontrer qu'ils déplaçaient certains végétaux d'un lieu à un autre. Les cultivateurs des pueblos de l'actuelle région du sud-ouest des États-Unis retournaient à la cueillette d'aliments à l'état sauvage lorsque des catastrophes naturelles comme les inondations et les sécheresses les frappaient. Ils connaissaient parfois des sécheresses de plusieurs années. Les cultivateurs et les chasseurs du Nouveau Monde dirigeaient aussi le gibier dans une surprenante mesure en se servant du feu. Ils ne l'utilisaient pas seulement pour orienter le déplacement des animaux sur le terrain, comme celui des bisons dans les plaines, mais aussi pour modifier la végétation, ce qui, par ricochet, avait une influence sur les habitudes alimentaires des animaux; par exemple, au XVIe siècle, les populations d'agriculteurs des forêts du nord-est de l'Amérique du Nord avaient transformé leur habitat en un milieu particulièrement propice au cerf de Virginie — les prétendus «enclos à chevreuils[3]». Des Californiens qui ne pratiquaient pas l'agriculture employaient la même technique pour les mêmes raisons: avoir sous la main les cerfs nécessaires au remplissage du garde-manger.

## Les plus anciennes cultures

Les gourdes (*Lagenaria siceraria*), dites aussi «bouteilles» ou «gougourdes», pourraient avoir été parmi les premiers produits agricoles domestiqués dans les Amériques; on les cultivait au Mexique dès l'an 7000 av. J.-C., et sur les côtes du Pérou dès l'an 6000 av. J.-C.[4] Elles posent un problème, puisqu'on les croit originaires de l'Ancien Monde; s'il a existé une variété sauvage de gourdes d'origine américaine, elle était disparue depuis longtemps. Le coton lui aussi, qui était cultivé au Mexique et au Pérou avant 2500 av. J.-C., paraît avoir de la parenté dans l'Ancien Monde. Les cotonniers mexicains et péruviens sont des espèces distinctes (respectivement *Gossypium hirsutum*, dite American upland, et *Gossypium barbadense*, dite Sea island), mais leurs structures génétiques semblent ne pouvoir s'expliquer que par une hybridation avec le cotonnier de l'Ancien Monde, domestiqué originellement en Inde. Alors que certains défendent la possibilité d'un croisement naturel, les botanistes la considèrent comme fort improbable et tiennent les hybrides «sauvages» trouvés du Yucatan aux îles Galapagos pour des espèces domestiquées échappées[5]. L'étude qui fait le plus autorité jusqu'à maintenant sur l'évolution du coton soutient qu'une intervention humaine est en cause dans l'hybridation et que la culture des plantes domestiquées dans le Nouveau Monde a commencé dans le nord-ouest de l'Amérique du Sud, probablement au Pérou[6]. Il n'est pas surprenant que les défenseurs d'un contact antérieur entre les deux mondes se soient empressés de se servir de ces deux exemples. Puisqu'il y a de fortes réticences à l'égard de cette hypothèse, surtout à cause d'une connaissance insuffisante de la navigation au long cours à une époque aussi ancienne, et vu que les autres explications ne font pas vraiment consensus, l'origine et l'évolution des gourdes et du coton comme produits agricoles restent des problèmes irrésolus. Le Nouveau et l'Ancien Monde partageaient aussi les noix de coco et certaines variétés d'ignames.

Exception faite de celles qui ont été citées précédemment, les plantes domestiquées du Nouveau Monde qui ont apporté leur contribution à l'agriculture mondiale étaient toutes indiscutablement d'origine américaine et ont été mises en valeur par des cultivateurs amérindiens. Les plus célèbres cas sont le maïs (*Zea mays*, appelé couramment «blé d'Inde») et la pomme de terre (*Solanum tuberosum*), bien qu'il ne faille pas négliger l'importance de plantes comme la tomate (*Lycopersicon esculentum*), l'arachide (*Arachis hypogaea*), l'ananas (*Ananas comosus*) et le cacaoyer (*Theobroma cacao*, dont le fruit donne le chocolat). Les Amérindiens faisaient pousser plus d'une centaine de plantes couramment cultivées aujourd'hui. Le maïs et la pomme de terre constituent deux des quatre cultures vivrières de base dans le monde; les deux autres sont le blé (*Triticum*), amélioré en Mésopotamie, et le riz (*Oryza sativa*), domestiqué dans la vallée de l'Indus[7]. La plus célèbre des cultures amérindiennes, le tabac (*Nicotiana*), était cultivée pour des utilisations diplomatiques, rituelles et parfois médicinales.

## Le problème du maïs et d'autres cultigènes

Comme les gourdes et le coton, le maïs pose quelques problèmes dans la recherche sur les toutes premières tentatives des hommes du Nouveau Monde en matière d'agriculture; dans son cas, le débat tourne autour de l'intervention humaine dans l'évolution de sa culture. Au XVIe siècle, il se cultivait, à la grandeur des Amériques, au moins 150 variétés de maïs adaptées à une vaste gamme de conditions différentes; il était toutefois remplacé, au-dessus de 3 900 mètres dans les Andes, par le quinoa (*Chenopodium quinoa*)[8]. Ce qui fait problème, c'est que jamais on n'a retrouvé l'ancêtre sauvage du maïs; deux graminées sauvages, la teosinte et le tripsacum, apparentées au maïs, poussent encore sur les hautes terres du Mexique. La teosinte (mot mexicain qui signifie «mère du maïs») est une proche parente génétique de la plante domestiquée avec laquelle elle peut être croisée; de plus, elle exige des conditions climatiques très précises: une durée d'ensoleillement d'environ 12 heures et des températures chaudes, ce qui limite effectivement son aire de croissance; par opposition, le maïs était cultivé, à l'arrivée des Européens, de la Huronie, dans les régions centrales ontariennes du Canada, jusque dans le sud du Chili. Le plus vieil emplacement connu où le maïs a pu être cultivé est la vallée de

Tehuacan, au centre du Mexique, près de la ville actuelle de Puebla, où des épis de la grosseur d'un filtre de cigarette ont été découverts par MacNeish; ils ont été datés de l'an 5000 av. J.-C. Des instruments de pierre servant à la mouture du maïs (une *metate*, mot nahuatl désignant une meule gisante en pierre légèrement concave, et un *mano*, sorte de cylindre en pierre), une adaptation possible des tout premiers moulins à graines, sont apparus il y a environ 5 000 ans et sont encore en usage de nos jours. Le pilon et le mortier servaient aussi aux mêmes fins. On a calculé qu'il a fallu près d'un millier d'années de croisements sélectifs pour obtenir toutes les variétés de maïs qu'ont connues les Européens à leur arrivée; la principale modification depuis ce temps a consisté en un grossissement des épis. Le maïs ne peut survivre sans intervention humaine, étant donné qu'il reste incapable de se reproduire seul. En tant que culture, son rendement la situe parmi les plus efficaces du monde[9], et son évolution la range au nombre des plus grandes réussites mondiales en phytobiologie[10]. Pour les cultivateurs amérindiens, le maïs est un être sensible, doué de sentiments et capable de pleurer.

Ainsi que nous l'avons vu précédemment, les gourdes ont été domestiquées avant le maïs, comme d'ailleurs la courge (*Cucurbita*) et l'avocat (*Persea americana*) qui, eux, remontent aux alentours de 6700 av. J.-C. Divers haricots (*Phaseolus*), les poivrons (*Capsicum frutescens*)[11] et l'amarante (*Amaranthus hypochondriacus*) sont au moins aussi anciens; en réalité, il est possible que les deux premiers aient été cultivés avant 8600 av. J.-C. dans la région des Andes. Si cela se vérifiait, nous saurions que les premières tentatives d'agriculture dans les Amériques ont eu lieu dans ces forêts mésophytes (l'attention s'est à cet égard récemment portée du côté de la Colombie et du haut Amazone). Il apparaît de plus en plus vraisemblable que la domestication des plantes a débuté en maints endroits différents et avec diverses plantes. Dans les forêts du nord-est de l'Amérique du Nord, où l'agriculture naît avec la culture de la courge vers 2300 av. J.-C., probablement grâce au commerce avec le sud, il a fallu attendre l'an 1000 av. J.-C. environ pour que la première plante locale, le tournesol (*Helianthus annus*), fût domestiquée. Wright attire l'attention sur un processus différent dans l'Ontario méridional: le premier produit agricole cultivé à parvenir dans cette région — un événement qui n'est pas survenu après l'an 500 ap. J.-C. — a été le maïs, qui a constitué l'unique culture durant cinq siècles. Le tabac a fait son apparition vers l'an 1000 et a été suivi un peu plus tard par les haricots. La courge, qui (avec le tournesol) n'a pas atteint la région avant le XIIIe siècle, est venue compléter la triade des célèbres «trois sœurs» à la limite septentrionale de son aire de croissance. Les siècles écoulés correspondent peut-être au temps nécessaire à l'adaptation des plantes à une saison de croissance végétative plus courte. Au XVIe siècle, la triade (maïs, haricots et courge) était cultivée à la grandeur de l'Amérique agricole. Les trois sœurs, plantées ensemble, étaient bénéfiques pour les sols, ce qui signifie qu'elles possédaient une viabilité et une permanence qui font défaut à l'agriculture moderne[12]. En tant qu'aliments, elles se renforçaient l'une l'autre sur le plan nutritionnel lors de leur combinaison.

Les premiers agriculteurs cultivaient autant en sol humide qu'en sol sec, ce qu'ont démontré les Mayas dans les basses terres du Mexique et du Guatemala, les Waris des montagnes du Pérou et les Hohokams des déserts du sud-ouest des États-Unis. Vers 850 av. J.-C., on construisait des canaux d'irrigation, ce qui correspondait, dans les terres humides, à butter le sol et la végétation au-dessus du niveau de l'eau et à planter les graines au sommet de la butte. Les Waris et, plus tard, les Incas faisaient non seulement face à des conditions de sécheresse, mais aussi à des terrains montagneux; leurs méthodes de canalisation et de régularisation des débits d'eau à différents niveaux sont toujours en usage.

## Les débuts de l'agriculture

La domestication des plantes n'aurait pu s'effectuer sans l'existence d'une profonde connaissance de la botanique; ce n'est pas par hasard que le développement de l'agriculture se soit produit d'abord sous des climats chauds et moyennement pluvieux, là où la diversité végétale était la plus grande et où les conditions écologiques offraient la liberté nécessaire à l'expérimentation avec une technologie relativement simple. Les gens du Nord étaient tout aussi habiles et aptes à poursuivre des expériences de mise en valeur de leurs ressources, mais les restrictions de leur milieu de vie, combinées à leurs techniques de l'âge de pierre, en dépit de leur ingéniosité, imposaient des limites à leurs possibilités. Le passage à l'agriculture n'a pas été un bienfait absolu pour tous, s'il faut en juger par les témoignages archéologiques actuels. D'une part, le recours à une plus grande consommation de féculents s'est traduit par une augmentation des problèmes dentaires. D'autre part, un régime alimentaire reposant trop exclusivement sur le maïs, sans ajout d'un supplément protéinique adéquat, pouvait entraîner une réduction de la taille des individus par rapport à celle de leurs ancêtres chasseurs-cueilleurs et un abrégement de leur vie. Ce phénomène a affecté les constructeurs de tumulus mississippiens et pourrait avoir joué un rôle dans le déclin de Cahokia. Dans le sud-est, des ossements font ressortir que la culture du maïs requérait plus d'efforts physiques que la chasse et la cueillette[13].

Par le passé, les historiens nord-américains ont eu tendance à minimiser et même à passer outre la compétence amérindienne en phytotechnie, tout concentrés qu'ils étaient sur l'absence d'animaux de ferme à l'époque précolombienne et la dépendance correspondante sur la chasse pour se procurer de la viande. L'agriculture a évolué conjointement avec la chasse: au Canada, cela a été le cas chez les agriculteurs iroquoiens de l'Ontario méridional, et cela s'est aussi produit dans la forêt boréale[14]; dans le Grand Bassin du sud-ouest des États-Unis, les numicophones campaient là où ils pouvaient chasser et récolter; en Amérique du Sud, la très vaste majorité des populations combinaient les deux activités, faisant ainsi usage d'un large éventail de ressources naturelles dans leurs migrations saisonnières, de telle sorte qu'elles avaient toujours quelque chose à se mettre sous la dent. L'agriculture amérindienne n'exigeait nullement une coupe totale des arbres des champs: les arbres fruitiers utiles (fruits charnus, secs ou complexes) étaient laissés debout[15]. Dans l'ensemble des deux sous-continents, les Amérindiens étaient donc des agriculteurs-chasseurs à l'arrivée des Européens. Les terres qui ont paru «vides» aux yeux des nouveaux arrivants étaient soit des territoires de chasse, soit des zones dépeuplées en raison des épidémies nouvellement introduites. À l'autre extrémité de la gamme, les grands jardins botaniques du Mexique étaient des foyers d'apprentissage et d'expérimentation qui surpassaient tout ce que l'Europe a connu de comparable durant les XVe et XVIe siècles.

## La domestication des animaux par les Amérindiens

Même s'il est incontestable que, à l'opposé de la coutume européenne, l'agriculture amérindienne se concentrait sur les végétaux plutôt que sur les animaux, elle ne les négligeait pourtant pas. Le Nouveau Monde, cependant, ne possédait que peu de candidats destinés à la basse-cour. Les Péruviens ont domestiqué le lama et le cochon d'Inde; le premier servait principalement de bête de somme, mais il était aussi apprécié pour sa peau, sa laine et, évidemment, sa viande. La présence des chiens, largement répandus (mais pas partout), daterait, en Amérique du Nord, de 6500 ans av. J.-C. (Incidemment, une théorie veut que l'absence de chiens dans certaines tribus brésiliennes signifie un peuplement de ces régions antérieur à sa domestication[16]). À certains endroits, les chiens constituaient des aliments sacrés; ailleurs, ils servaient d'animaux de travail; dans l'Arctique, ils tiraient les traîneaux des Inuits (à Iqaluit, on élevait pour sa viande une race de moindre importance[17]); dans les Plaines, on les employait comme bêtes de somme ainsi que pour le transport sur travois des produits de la chasse et du matériel de campement. Sur la côte du Nord-Ouest, une variété au pelage blanc et laineux fournissait une fibre tissable. Bien qu'on ne s'en servît pas partout pour la chasse, ils étaient dressés à cet effet dans les forêts du nord. Chez les Salishs de la Côte et les Tsimshians, la propriété d'un chien de chasse constituait un privilège jalousement gardé par les classes supérieures. Les dindes ont été domestiquées (ou, comme l'a fait remarquer un observateur, elles se sont domestiquées elles-mêmes, tant elles appréciaient la nourriture à leur disposition dans les villages), tout comme d'autres types d'oiseaux, de basse-cour ou autres. Dans l'ensemble, pour s'alimenter en protéines, les Amérindiens ont continué de compter sur la chasse et la pêche, même pendant leur sédentarisation.

Durant la période des protocontacts, les végétaux ont été, règle générale et malgré certaines exceptions régionales, la plus importante source de nourriture. En matière de médicaments toutefois, les plantes ont toujours été et restent la principale source d'approvisionnement (selon les Cherokees, les animaux apportaient la maladie et les plantes fournissaient les remèdes). Le missionnaire récollet Chrestien Le Clercq (v. 1641-après 1700) allait rapporter, d'Acadie où il séjourna de 1675 à 1686, que les «Indiens sont tous par nature médecins, apothicaires et docteurs, en vertu de la connaissance et de la pratique qu'ils ont de certaines herbes dont ils se servent avec bonheur pour soigner des maladies qui nous paraissent incurables[18]». Personne ne remet en question le fait que les sources de cette connaissance plongeaient dans le passé le plus lointain; et si on comprend difficilement le processus d'acquisition des usages médicinaux des plantes, leur emploi, lui, ne fait absolument aucun doute. Plus de 500 médicaments de la pharmacopée actuelle étaient à l'origine utilisés par les Amérindiens[19].

## Les établissements permanents

Malgré son étroite association avec la création des premiers établissements permanents, en particulier à mesure que la population croissait, l'agriculture n'a pas constitué un élément essentiel au processus de sédentarisation. Non seulement dans certains cas des établissements permanents ont-ils précédé de loin l'agriculture, mais dans d'autres c'est l'inverse qui s'est produit, l'expérimentation agricole débutant longtemps avant l'adoption de la vie sédentaire. Certaines preuves archéologiques actuelles révèlent la présence, dans les Amériques, de villages permanents remontant entre 13 000 et 15 000 ans, soit bien avant la domestication des plantes. Ces dates ont été attestées dans le cas de Monte Verde, dans le sud du Chili. Au Canada aussi, une récente découverte a révélé un établissement permanent beaucoup plus vieux qu'on l'avait cru; une maison longue découverte près de Mission (Colombie-Britannique) a été datée de 9 000 ans[20].

Déterminer le début des premières expériences humaines sur les plantes reste beaucoup plus compliqué qu'établir la présence de la domestication. L'essentiel, pour un mode de vie sédentaire, c'est un approvisionnement assuré en vivres en un endroit, une situation qui ne repose pas nécessairement sur l'agriculture, du moins durant cette lointaine période qui nous occupe, alors que les populations étaient d'habitude restreintes. Les ressources en aliments sauvages limitaient la dimension des établissements permanents au lieu d'y faire obstacle. Les habitants de Koster, sur le cours supérieur du Mississippi (vers 4000 av. J.-C., malgré une occupation saisonnière durant plusieurs milliers d'années auparavant), n'ont jamais envisagé la nécessité d'abandonner les ressources alimentaires sauvages au profit de ressources domestiquées, sauf dans une certaine limite; l'abondance des animaux et des végétaux, tant terrestres qu'aquatiques, était telle qu'ils voyaient peu la nécessité de se mettre à cultiver. De même, les constructeurs de tumulus funéraires de la culture adéna (vers 600-100 av. J.-C.), en Ohio, et ceux de la culture hopewellienne (vers 300 av. J.-C.-400 ap. J.-C.), apparentée, plus récente et beaucoup plus étendue, ont élaboré des chefferies sédentaires complexes dans des plaines inondables aux riches alluvions constamment renouvelés tout en ne faisant que bien peu appel à l'agriculture. Le limon que déposaient chaque printemps le Mississippi et ses tributaires assurait l'abondance; rien n'obligeait donc à changer l'emplacement des villages de temps à autre parce que les ressources s'amenuisaient.

Ces deux dernières cultures pratiquaient des rites funéraires élaborés. Selon Wright, divers aspects de ces cultures se sont répandus vers le nord jusqu'en Ontario et en aval du Saint-Laurent aussi loin qu'au Nouveau-Brunswick[21]. Sous une forme moins marquée, elles ont aussi atteint, vers l'ouest, le Manitoba et la Saskatchewan; des objets de céramique d'inspiration hopewellienne ont été découverts en Alberta[22]. Des facteurs culturels de ce type peuvent avoir encouragé la vie en petites agglomérations dans les Plaines, ce dont Cluny Earth Lodge, à Blackfoot Crossing, quelque 113 km à l'est de Calgary, pourrait avoir été la manifestation la plus septentrionale. Une légende pied-noir attribue sa construction aux Corbeaux, ce qui la ferait remonter aux proto-contacts[23]. Des sécheresses répétées, particulièrement dures entre les années 500 et 1300, ont découragé les habitants de ces plaines, au point que les villages sont disparus pendant le XVIe siècle, à l'exception de ceux du bassin du Missouri (Mandans, Hidatsas (Sioux), Arikaras, et autres). Les populations de bisons se sont relevées beaucoup plus rapidement que celles des hommes, et la présence de hardes en croissance a empêché le retour de l'agriculture dans les Grandes Plaines.

Le long des côtes du Pacifique, des collectivités stables se sont implantées à bon nombre d'endroits principalement à cause des ressources marines, la terre fournissant un supplément de nourriture. C'est ce que démontrent les villages de la côte nord-ouest du Canada; par contre, sur la côte équatorienne, en Amérique du Sud, la riche et élégante Chan Chan, ville des rois divinisés de l'empire chimú, tombée aux mains des Incas durant le XIIIe siècle, a dû son opulence aux ressources de la mer. Ici toutefois, des produits agricoles extraits des fertiles vallées fluviales qui coupent à intervalles réguliers le désert côtier ont servi d'appoint. Ostra, un ouvrage défensif pré-agricole vieux de 5 000 ans situé sur la côte, dans le centre-ouest du Pérou, témoigne du rôle que tenait la guerre dans ces sociétés primitives; guerre et civilisation sont jusqu'alors toujours allées de pair[24]. L'établissement à demeure ouvrait ainsi la voie à l'élaboration des complexités de la société.

## Égalitarisme et hiérarchie

Le passage de la société égalitaire des populations nomades à la chefferie hiérarchisée sédentaire ou semi-sédentaire, puis en fin de compte à la structure sociale complexe des villes-États, constitue un problème intrigant pour les historiens[25]. Les sociétés égalitaires ne séparaient pas l'autorité du groupe dans son ensemble et, à l'occasion, elles sont allées très loin pour s'assurer qu'une telle séparation ne surviendrait pas. Dans ces sociétés, tous avaient droit aux ressources disponibles, et les qualités d'un individu se traduisaient sous forme d'influence plutôt que de pouvoir coercitif[26]. La liberté de partage garantissait que l'habileté supérieure d'un chasseur par exemple profiterait au groupe plutôt qu'à un individu. Le pouvoir d'un chef reposait sur sa capacité à approvisionner ses partisans, ainsi que sur son pouvoir de persuasion; et, peut-être plus important encore, on attendait de lui qu'il serve d'exemple à la population. Plutôt que d'acquérir une certaine richesse grâce à leur rang social, les chefs pouvaient devenir les plus pauvres parmi les leurs parce que leurs ressources étaient sollicitées de manière incessante[27]. Le Clercq a décrit ainsi la situation chez les Micmacs: un chef pouvait attirer à lui des partisans, mais ceux-ci faisaient ce qu'ils voulaient et n'étaient pas soumis à sa volonté[28], à l'exception peut-être, jusqu'à un certain point, en temps de guerre.

L'absence généralisée de querelles ou de conflits personnels dans les collectivités amérindiennes a impressionné les Européens qui se sont demandé comment des rapports pacifiques pouvaient exister sans menace coercitive sous-jacente. De leur côté, les Amérindiens n'ont été nullement impressionnés à la vue des Européens qui craignaient leurs chefs, «tandis qu'ils [les Amérindiens] riaient des leurs et les tournaient en ridicule[29]». Des remarques de ce genre montrent comment les Blancs ont facilement pu ne rien saisir aux subtilités de l'ordre social amérindien: le respect y tenait une importance capitale, et à l'intérieur de leurs sphères d'attribution les chefs possédaient une autorité[30]. Thomas Jefferys (m. en 1771), géographe du prince de Galles (futur George III), a rapporté que certains chefs suscitaient habilement l'obéissance en sachant «comment confiner leurs ordres à l'intérieur des limites de leurs pouvoirs[31]». La situation différait grandement dans les chefferies (on en trouvait au Canada sur la côte du Nord-Ouest), où les chefs détenaient un vrai pouvoir atteignant même celui de vie ou de mort dans certains cas.

Pourtant, l'organisation du pouvoir variait d'une société égalitaire à l'autre: celles des Plaines, par exemple, accordaient plus d'importance à des stratégies concertées de chasse et de guerre que celles des régions boisées de l'Est. Règle générale, le choix d'un dirigeant se faisait en fonction de sa valeur, même si les fils de chef désireux de succéder à leur père jouissaient d'une position favorable. Un mode de consensus social permettait de choisir, à part le chef attitré, divers individus qui, en vertu de leurs talents particuliers et de leur autorité morale, organisaient des activités collectives telles que la chasse au bison, un raid ou un déplacement saisonnier à la recherche de nourriture. L'autorité conférée par ces positions se maintenait aussi longtemps que l'exigeait la réalisation de l'activité ou de l'objectif. L'arrivée d'un chef rival, ou la présence de factions à tendance scissionniste, pouvait toujours entraîner le départ d'un groupe de dissidents et son établissement autre part. Le guerrier et le soldat pourraient symboliser la différence entre la société égalitaire et la société étatique. Dans les régions boisées de l'Est, le guerrier — en iroquoien, celui qui porte les os de la nation, une responsabilité qui incluait le devoir de combattre pour elle — ne dépend que de lui-même, au point de pouvoir abandonner une troupe de combattants sans être humilié s'il estime que les circonstances l'y enjoignent[32]. Les jeunes guerriers, résolus à faire leurs preuves, se sentaient davantage obligés de rester avec le groupe et d'obéir au chef[33]. Par contre, un soldat aux ordres d'un officier supérieur pouvait, pour le même acte, être tué ou à tout le moins être traduit en cour martiale; de toute façon, il allait être dégradé. Pour un Européen, la discipline avait fini par signifier l'acceptation d'une autorité supérieure et la capacité d'agir en étroite collaboration avec d'autres; pour l'Amérindien, la discipline était dans une large mesure une affaire individuelle, bien qu'il y eût des exceptions[34]. Cela incluait: la possibilité de partir pour de longues périodes avec peu ou pas de vivres; une calme endurance des désagréments, des privations et des souffrances; la capacité de résister à la fatigue et de penser à soi-même au combat. Le code de bravoure amérindien en temps de guerre n'exigeait pas tant de mourir pour ne pas perdre une position intenable — ce que réclamait si souvent celui des Blancs — que de se comporter (du moins dans les régions boisées de l'Est) de la façon adéquate sous la torture, une qualité que les Blancs ne s'attendaient pas à devoir démontrer[35]. Il faut tout de même souligner que la torture est un aspect de la guerre qui n'a jamais été, d'aucune façon, une pratique universelle chez les Amérindiens.

On peut voir la différence d'une autre manière: le rôle des autorités dans l'établissement d'un campement ou la construction d'un village mobile, par rapport à la discipline nécessaire pour ériger les grandes constructions des centres cérémoniels et des villes-États mexicains et péruviens. Tandis qu'un effort de coopération était requis dans les deux activités, la deuxième exigeait nécessairement un degré très supérieur d'autorité centralisée. Un aspect du processus d'acceptation d'une telle autorité semble évident: dans le cas des Amériques du moins, l'autorité l'emportait sur l'emploi de la force[36] et était associée au besoin perceptible de se maintenir en harmonie avec le cosmos. En d'autres termes, les temples tumulus et les pueblos d'Amérique du Nord, les pyramides à gradins de Mésoamérique, les constructions mégalithiques des Andes, du moins dans leurs premières manifestations, ont été construites par des gens poussés par le sentiment d'une mission ou celui d'une obligation. Par toutes sortes de moyens, ils avaient été persuadés d'accorder une somme considérable de temps et d'efforts à de telles réalisations. On avait assisté à un phénomène semblable en Europe, pour la construction des grandes cathédrales du Moyen Âge. L'emploi de la force a évolué en parallèle avec le développement des sociétés; les Incas, par exemple, ont inventé la *mit'a*, un impôt sur le travail, pour combler les besoins en main-d'œuvre de leurs grands œuvres impériaux. Il s'agissait de toute évidence d'un phénomène complexe; mais qu'importe ses particularités, au début de l'ère chrétienne dans l'Ancien Monde, des villes ou des centres cérémoniels, avec leur ceinture de champs, parsemaient çà et là le paysage américain, de la vallée du Mississippi au golfe du Mexique, vers l'ouest jusqu'à la côte du Pacifique et au sud jusque dans les montagnes de la Bolivie.

## Les rapports avec le cosmos

L'intérêt pour le maintien de bons rapports avec le cosmos paraît avoir pris un nouveau tournant avec l'évolution de l'agriculture et le besoin de faire les plantations et les semis à la bonne époque pour que la moisson se fasse à temps. Les récoltes exigeaient du soleil et de l'eau; les agriculteurs-constructeurs de tumulus mississippiens (500-1500 ap. J.-C.), dont l'empire s'étendait d'Azatlan (Lake Mills, au Wisconsin) jusqu'à Ocmulgee (Géorgie), accordaient une grande importance au soleil, au point de l'élever au rang de déité, une caractéristique visiblement absente chez les premiers hopewelliens, qui ne cultivaient pas. Il en allait de même chez les Hurons — et les Micmacs de la côte atlantique qui, au XVIe siècle, chassaient et cueillaient sur terre et sur mer, mais qui, suivant la tradition, avaient déjà été un peuple d'agriculteurs. En Amérique centrale, les dieux de la pluie recevaient beaucoup d'attention: pour les Aztèques, c'était Tlaloc, avec ses yeux globuleux et ses longues dents; pour les Mayas, Chac au long nez. On croit aujourd'hui que le personnage de l'art olmèque qui était précédemment censé représenter uniquement le jaguar, un dieu terrestre, possédait aussi les caractérisques d'un dieu de la pluie dont le culte a fini par s'étendre à toute l'Amérique centrale et du Sud. Suivant cette nouvelle identité, le visage de jaguar du personnage est formé par la convergence de deux serpents dont les corps joints forment le nez; ses yeux et ses crochets sont ceux du serpent. Cette combinaison pourrait avoir signifié que la déité détenait des pouvoirs suprêmes.

## Les modèles de développement

Manifestement, les sociétés ne sont pas partout passées exactement par les mêmes étapes de développement. Dans les grandes lignes toutefois, on s'accorde généralement à dire que, dans les Amériques, l'établissement à demeure a constitué un préliminaire essentiel à l'apparition des chefferies qui, à leur tour, se sont parfois transformées en États. Le vieux concept des chasseurs-cueilleurs trop affairés à trouver de la nourriture pour se consacrer à des questions culturelles est de façon évidente sans valeur, puisque des chefferies se sont muées en sociétés non agricoles, comme dans le cas de celles de la côte du Nord-Ouest, et d'autres en sociétés agricoles, comme les constructeurs de tumulus du Mississippi, les Natchez et d'autres populations agricoles du golfe du Mexique, de la côte sud-atlantique et d'autres régions entre les deux. La complexité sociale et la centralisation du pouvoir de ces chefferies variaient considérablement, mais toutes se souciaient de maintenir un rang social établi en fonction de la lignée, au moyen de laquelle fonctionnaient leurs économies de redistribution. Elles ont aussi créé des traditions artistiques raffinées, chacune dans un domaine différent: la vannerie chez les Californiens; le travail du bois sur la côte nord-ouest; la sculpture sur pierre ainsi que le travail des coquillages et du cuivre chez les peuples du Mississippi et de l'Ohio; les parures de plumes et la peinture des peaux sur la côte est[37].

Cependant, comme l'a fait observer Stuart J. Fiedel, seules les chefferies adéno-hopewello-mississippiennes ont érigé des monuments en terre toujours visibles en Ohio, le long du Mississippi, ainsi que vers l'est, avec quelques manifestations de moindre importance au nord, en Ontario. Pour les constructeurs adénas et hopewells, la mort avait de l'importance; chez les Mississippiens, c'était le maintien de l'ordre cosmique par le lignage; les nations de la côte nord-ouest, elles, s'intéressaient à l'initiation et à la validation du lignage. Fiedel se sert de l'appellation «Archaïque évolué[38]», pour qualifier les chefferies non agricoles dont certaines ont survécu jusqu'à l'arrivée des Européens. Celles qui disposaient d'un fondement agricole pouvaient faire vivre une population plus dense; là où elles avaient atteint des proportions relativement plus fortes, comme à Cahokia, en Illinois, dont la population à son apogée (1050-1250 ap. J.-C., bien qu'elle se fût étalée sur quelque 500 ans) a tourné autour de 30 000 à 40 000 habitants, la distinction entre la chefferie et l'État s'estompe. Avant les contacts, la population de Cahokia était la plus forte et la plus dense au nord du Rio Grande; elle dépassait celle de Londres à la même époque, alors qu'elle couvrait 13 kilomètres carrés dans la plaine alluviale du Mississippi. Hormis l'écriture, elle possédait tous les caractères d'une ville-État[39].

Pour bon nombre de raisons, dont certaines restent encore très obscures, il y avait des illogismes dans l'évolution sociale à travers les Amériques, certaines sociétés de chasseurs-cueilleurs n'abandonnant pas leur structure traditionnelle, alors que d'autres adoptaient divers aspects des cultures agricoles. Cela s'est produit même chez des peuples liés par des motifs guerriers ou commerciaux; par exemple, les chasseurs de bisons des Plaines du nord faisaient des affaires avec les agriculteurs mandans, tandis que ceux des Plaines du sud commerçaient activement avec les pueblos agricoles. Ces échanges enrichissaient le mode de vie de chaque groupe qui gardait toutefois son caractère particulier. De façon semblable, des populations agricoles ont conservé leur forme archaïque même quand des populations voisines se sont transformées en villes-États ou, dans un ou deux cas, en empires.

Le mystère des trois tertres funéraires rituels vieux de 7 000 ans, découverts sur la côte méridionale du Labrador, là où des chasseurs et des cueilleurs ont vécu depuis 9 000 ans, intrigue encore les archéologues. Ces constructions soignées sont les plus vieilles d'une telle ampleur et d'une telle complexité dans le monde entier. Les sépultures rituelles sont normalement associées à des populations agricoles stables possédant les ressources et la main-d'oeuvre nécessaires à leur mise en œuvre. À cet endroit, on a estimé que la réalisation de la plus détaillée des sépultures devait avoir exigé la collaboration d'une vingtaine d'individus durant une semaine; le fait qu'il s'agisse de la tombe d'un adolescent trop jeune dans la pratique pour de tels honneurs complique encore plus le mystère. On peut seulement supposer qu'un événement inhabituel, d'une signification spirituelle hors du commun, a précipité un tel débordement d'activité[40]. Par leur présence dans un lieu aussi improbable, ces tertres nous rappellent combien notre connaissance des pratiques religieuses préhistoriques et de leurs effets sur les manifestations culturelles reste fragmentaire.

En résumé, dès l'apparition des premiers êtres humains, on a assisté dans les Amériques à une éclosion richement diversifiée de cultures. Très tôt, les Amérindiens ont excellé en biologie végétale, obtenant un succès remarquable avec la création du maïs, une des plantes cultivées les plus universelles et au rendement le plus élevé qui soient dans le monde. Cette plante, a-t-on dit, a été l'«invention collective» de populations innombrables sur des milliers d'années[41]. L'agriculture a servi de fondement à l'essor de villes-États et d'empires dans un épanouissement culturel que d'aucuns ont comparé à celui de l'antiquité classique dans l'Ancien Monde.

CHAPITRE III

# MÉTROPOLES ET CONTACTS
# ENTRE LES CULTURES

Il y a un débat sur la façon dont sont arrivés les êtres humains dans les Amériques; mais c'est une controverse passionnée qui entoure la manière dont s'est faite leur urbanisation. Quels facteurs ont mené à l'émergence des villes-États? Les grandes métropoles d'Amérique centrale et méridionale ont-elles connu des développements complètement autonomes, ou ont-elles été influencées en cours d'évolution par d'autres cultures? Et s'il y a eu influence, quelles autres cultures étaient en cause et quand les contacts ont-ils eu lieu? Posée aussi abruptement, la question prend un air d'alternative qui ne correspond probablement pas à la réalité. Aucun argument sérieux ne vient s'opposer à des contacts et à une diffusion culturelle ou autre entre les diverses capitales du Nouveau Monde; de fait, on en a retracé un si grand nombre (la propagation de l'usage du tabac, par exemple, ou encore la culture du maïs) que l'existence de ces phénomènes est admise de façon incontestable. Dans un cas au moins, à partir de l'an 1000 av. J.-C. jusqu'à 500 ap. J.-C., au Canada, la diffusion des idées est perçue comme plus importante en matière de changements culturels que les migrations elles-mêmes. L'archéologue James V. Wright fait cette observation à l'égard de la propagation de la poterie et du couple arc-flèche[1]. Encore là, il ne faut pas perdre de vue certaines interrogations sur les contacts entre les cultures. Quelles en étaient la nature et l'importance? Quelle était leur action réciproque sur les cultures indigènes déjà présentes? Les questions prennent une autre tournure (et les esprits s'enflamment!) à l'évocation de la possibilité d'un contact outre-mer entre les Amériques et l'Ancien Monde. Les réponses, telles qu'elles sont formulées dans l'état actuel de nos connaissances, doivent être considérées comme provisoires — à l'image de frontières qu'on repousserait —, mais nullement comme des solutions définitives.

La difficulté provient principalement de notre compréhension imparfaite des causes premières de la naissance des civilisations[2]. Dans l'Ancien Monde, on croit généralement que le processus s'est amorcé au Moyen-Orient, mais que les civilisations n'ont pas mis longtemps (en termes d'archéologie) pour se manifester en d'autres lieux, dont l'Extrême-Orient. Il est non seulement indéniable qu'il y a eu échange, pas uniquement entre des populations apparentées mais encore avec d'autres races et cultures, et que cela a stimulé fortement des développements inégaux; pourtant un tel partage n'est même pas perçu comme ayant diminué l'originalité de réalisations culturelles particulières. On reconnaît encore que ces interactions ont pu survenir sur des distances considérables, exigeant des déplacements par terre et par mer. Personne ne soutient que les civilisations de l'Ancien Monde ont constitué des phénomènes d'autonomie individuelle parfaite. En réalité, les preuves que nous possédons indiquent que l'isolement ininterrompu ne mène pas du tout à l'innovation. Tout au contraire, il encourage la prudence; l'attachement à la tradition est un gage de sécurité, et à l'inverse l'innovation peut apparaître menaçante. La provenance, interne ou externe, des nouvelles idées importe très peu; une menace reste une menace, de quelque côté qu'elle vienne. Rien ne permet de connaître avec précision, par exemple, les circonstances qui amèneront une population à permettre la substitution de la sécurité familiale par un pouvoir centralisé. Ne pas s'engager dans l'innovation peut maintenir une culture dans un état d'adaptation constante de base, comme l'illustre la situation des aborigènes d'Australie et de Papouasie — Nouvelle-Guinée; en Amérique, il y a des exemples chez des populations de Patagonie, de Basse-Californie et de régions montagneuses du Brésil. Toutes vivaient dans des zones où les communications avec le monde extérieur étaient difficiles au point d'être en réalité coupées. Dans le cas, bien documenté, de la Papouasie — Nouvelle-Guinée, les premières rencontres avec l'extérieur, dans les années 1930, ont entraîné instantanément un renforcement et une efflorescence de la culture indigène[3].

La première difficulté, dans le cas des interactions possibles entre les civilisations de l'Ancien et du Nouveau Monde, a trait à la distance et aux difficultés de communication. Il est aisé de soutenir que le peuplement des Amériques s'est effectué à pied, comme nous l'avons vu précédemment; mais le même raisonnement peut difficilement être étendu à l'importation des concepts techniques employés lors de la construction des ouvrages routiers et hydrauliques andins, aux orientations astronomiques des pyramides à gradins de Mésoamérique ou aux alignements des pueblos de Chaco, avec leurs villages périphériques[4]. Si des influences autres qu'amérindiennes ont joué un rôle dans ces réalisations, elles n'ont pu venir que par la mer.

### La navigation au long cours

La navigation de haute mer se pratique depuis des milliers d'années, et ses premières manifestations sont habituellement attribuées au Sud-Est asiatique.

L'archéologue Thor Heyerdahl lui ajoute un autre lieu d'origine, soutenant que l'Est méditerranéen peut aussi lui avoir donné naissance. Il maintient que les tout premiers vaisseaux à naviguer en pleine mer étaient des radeaux dotés de voiles et de quilles de dérive mobiles (invention du Sud-Est asiatique) et des embarcations de roseau (Est méditerranéen)[5]. Aucun ne possédait de coque pour rester hors de l'eau; sur un pont surélevé, une cabine permettait aux navigateurs de rester au sec. Heyerdahl, de même que d'autres, en a démontré les capacités en haute mer, allant jusqu'à naviguer vent debout et à contre-courant; de fait, sous certains rapports, ils sont plus sûrs que les embarcations à coque et sont quasi insubmersibles. Les deux types étaient encore en usage en des temps historiques, le premier en Orient ainsi qu'au large des côtes équatoriennes et péruviennes, et le second dans l'Est méditerranéen, dans diverses régions d'Afrique, en Basse-Californie, en Amérique du Sud et dans l'île de Pâques.

Heyerdahl ne s'arrête pas là et soutient que la coque à membrures et à planches découle du bateau de roseau, toujours dans l'Est méditerranéen, et que, pour une raison commune, soit la disponibilité des matériaux de construction, les bateaux de roseau ont été créés là en premier lieu. Les types de roseaux nécessaires (entre autres, le papyrus d'Égypte et le *totora* d'Amérique) existaient localement, tout comme le cèdre indispensable à la fabrication des planches. Malgré leur bon état de navigabilité et leur capacité de transport (excédant proportionnellement celle des bâtiments à coque), la vie des bateaux de roseau restait courte: d'après les estimations, environ deux années de navigation seulement. Les bateaux en bois les ont remplacés pour la même raison que le métal a pris la place de la pierre: la résistance à la fatigue. Des épaves de coques à membrures en mer Méditerranée ont été datées de 1200 av. J.-C.; la jonque du sud-est de la Chine, classée par certains comme l'embarcation la plus efficace de l'histoire de la navigation à voile[6], constitue à elle seule un exemple plus ancien encore de ce type d'embarcation. Durant l'âge de bronze en Europe, la coque à membrures est apparue sous la forme de l'unique type d'embarcation de haute mer à avoir été inventé en Occident: le «nao». Heyerdahl ne perçoit pas la pirogue, dont les plus gros spécimens ont été creusés sur la côte nord-occidentale du Canada, comme un ancêtre des coques à membrures, mais plutôt comme une embarcation ayant subi une évolution parallèle, à l'instar de ces pirogues à balancier qu'employaient en haute mer les Indonésiens. La forme des canots des Béothuks de Terre-Neuve changeait suivant les eaux où ils évoluaient[7]. La quille de la version fluviale était droite, et celle de la version océanique courbée comme un pied de berceuse; les deux avaient des sections transversales en V; enfin, pour les empêcher de gîter, il fallait obligatoirement les lester de pierres[8]. Selon l'archéologue Ingeborg Marshall, les canots béothuks sont apparentés plus étroitement à ceux des Athapascans du Nord-Ouest qu'à tous ceux des ethnies qui les séparent, en plus de posséder certaines caractéristiques des kayaks inuits[9]. On a aussi supposé que, par sa forme, la membrure permettait de placer sur l'avant une capote amovible en peaux servant d'abri à l'équipage. Sous sa forme océanique, l'embarcation était très bien adaptée à la navigation à travers les bancs de glace[10]. Pourtant, quel que fût le type d'ouvrage flottant, des gens «pouvaient avoir fait le voyage n'importe quand durant les 40 000 dernières années», d'après l'archéologue David Kelley. «Ils pourraient l'avoir fait intentionnellement et être revenus n'importe quand durant les 5 000 dernières années[11].» À son avis, le «problème de la navigation est un argument bidon».

Les anciens habitants du Sud-Est de la Chine ont porté, longtemps avant l'ère chrétienne, le nom de «Pai-Yueh», les Navigateurs. On ne peut que s'interroger sur les destinations atteintes par ces premiers marins; pourtant, on a rapporté, sur deux sites des côtes de Chine datant d'environ 3300 à 2800 av. J.-C.[12], la présence d'une plante américaine, l'arachide; et deux variétés de poulets considérées comme originaires de l'Orient picoraient avec ardeur en Amérique à l'arrivée des Espagnols[13]. Des archives chinoises mentionnent qu'on a recherché, de par le Grand Océan (Pacifique), des îles où devaient exister des médicaments sources d'éternelle jeunesse, ainsi que des «êtres magiques et des choses étranges». Une de ces expéditions, en 219 av. J.-C., a entraîné le départ de 3 000 jeunes hommes et femmes quelques années plus tard, avec pour mission la mise en place d'un commerce de médicaments; personne n'a toutefois plus jamais entendu parler d'eux. Les médicaments magiques évoquent bien sûr l'Amérique du Sud, mais ce lien ne sera probablement jamais établi avec la moindre certitude. En l'an de grâce 458, disent les documents d'archives chinoises, le moine Hwui Shan et ses quatre compagnons ont navigué vers l'est jusqu'à la terre de Fou-Sang; en l'an 499, après un séjour de 40 ans, le moine est revenu en Chine[14]. Il a relaté que les habitants de cette lointaine contrée vivaient dans des maisons dépourvues de fortifications, n'appréciaient ni l'or ni l'argent et buvaient du lait de biche, une description qui fait penser aux éleveurs de rennes de Sibérie, auprès desquels il pourrait s'être rendu, en bateau, en passant par la péninsule du Kamchatka. Étrangement, Pierre Martyr d'Anghiera (1455-1526), cet Italien qui a vécu à la cour de Ferdinand et d'Isabelle et dont les *Décades* constituent une des premières relations des voyages de Colomb, a écrit que les Indiens n'appréciaient ni l'or ni l'argent, élevaient des troupeaux de cerfs, buvaient leur lait et faisaient du fromage[15]. (Le lait n'est pas reconnu comme un élément du régime alimentaire amérindien, et certaines populations du Nouveau Monde ne possèdent pas l'enzyme nécessaire à sa digestion.) En l'an 507, un bateau du Fu-Kien, poussé au large du Pacifique par une tempête, s'est retrouvé au milieu d'étranges îles. Il semble n'y avoir eu aucune suite à ce voyage.

## Les technologies transocéaniques

En 1956, des objets en céramique datant de 3200 à 2800 av. J.-C. et constituant à l'époque de loin les plus vieux artéfacts des Amériques ont été découverts à Valdivia, dans le sud-ouest de l'Équateur. Leur ressemblance frappante avec la poterie

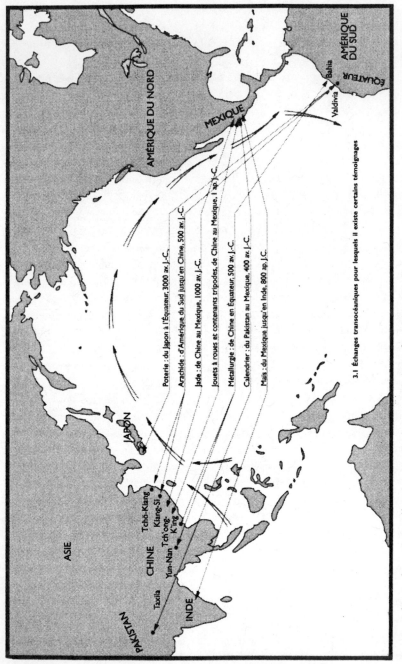

Poterie : du Japon à l'Équateur, 3000 av. J.-C.,

Arachide : d'Amérique du Sud jusqu'en Chine, 500 av. J.-C.

Jade : de Chine au Mexique, 1000 av. J.-C.

Jouets à roues et conteneurs tripodes, de Chine au Mexique, I ap. J.-C.

Métallurgie : de Chine en Équateur, 500 av. J.-C.

Calendrier : du Pakistan au Mexique, 400 av. J.-C.

Maïs : du Mexique jusqu'en Inde, 800 ap. J.-C.

3.1 Échanges transocéaniques pour lesquels il existe certains témoignages

Source: John Barber, «Oriental Enigma», *Equinox*, n° 49, janv.-févr. 1990, 83-95.

du Moyen Jômon au Japon a créé une vague de conjectures sur l'introduction possible de la poterie par les Japonais dans les Amériques. Pourtant, on a découvert d'autres poteries du Nouveau Monde datant de la même époque et ne possédant pas toujours les caractéristiques du Jômon. En fin de compte, la découverte d'objets en céramique plus vieux encore, sans ressemblance avec les articles de Valdivia, a mis un terme à ce sujet de débat — sans résoudre pour autant la question des origines de la poterie du Nouveau Monde, dont les plus vieilles découvertes, de datation antérieure à 3600 av. J.-C. et n'ayant aucun rapport avec Valdivia, révèlent déjà un art consommé qui paraît avoir été introduit d'ailleurs[16]. Si le tressage de paniers est un préliminaire à la fabrication de poteries, alors on pourrait s'attendre à ce que les régions où la vannerie est devenue du grand art, comme en Californie et sur la côte nord-occidentale, fournissent des indications sur l'évolution de la poterie. Mais rien de tout cela; en fait, les objets en céramique étaient remarquablement absents de ces deux régions. Dans le nord-est de l'Amérique du Nord, un type de poterie ayant atteint sa pleine maturité, appelé Vinette I, est apparu vers l'an 1000 av. J.-C., sans antécédents. La ressemblance de ces jarres en grès recuit décorées d'impressions de cordes avec les fonds convoïdes des céramiques de l'Ancien Monde avait été observée par l'anthropologue Alice B. Kehoe[17]. Fiedel, d'autre part, soutient qu'elles pourraient être le résultat d'expériences locales consécutives à une divulgation de la poterie en stéatite recuite de la région centre-atlantique. Sinon, on évoque deux sources potentielles — toutes deux remontant à plus de 3 000 ans — pour l'introduction de la poterie au Canada: de l'Asie, par l'Alaska et le Yukon; et du Sud jusque dans l'Est[18].

Le cas de la poterie aurait plutôt eu pour effet d'alimenter la controverse sur les liens transocéaniques en général et sur leur rôle dans la diffusion culturelle en particulier. La question du contact japonais reste très vivante, vu qu'un type particulier de macis, tenu pour n'exister qu'au Japon et daté d'un peu avant 500 ap. J.-C., a refait surface en Équateur (il est assez intéressant d'observer que, dans le Grand Nord, l'arc et la flèche sont apparus vers la même époque, ou peu auparavant, et se sont vite répandus en direction sud). Les Japonais et les Amérindiens sont les seuls peuples à chanter des chants funèbres. Ceux qui plaident en faveur des influences culturelles venues d'outre-mer attirent l'attention sur l'existence de techniques similaires des deux côtés du Pacifique: ponts suspendus, travaux hydrauliques, sarbacanes, pour n'en nommer que quelques-unes[19].

Le géographe Stephen Jett (et d'autres, dont Paul Shao et R.A. Jairazbhoy) a compilé toutes ces ressemblances culturelles qui font que les probabilités de coïncidence sont un peu trop tirées par les cheveux pour être crédibles. Il a donc répertorié les concordances avec la Chine de la dynastie des Shang (XVIᵉ siècle av. J.-C.) jusqu'à celle des Han (206 av. J.-C.-220 ap. J.-C.). Les Shang de Chine et les Olmèques d'Amérique centrale (v. 1200 av. J.-C.-début de notre ère) affectionnaient les motifs félins (parfois sans la mâchoire inférieure), les dragons, les serpents, et attachaient une importance particulière aux montagnes. Les deux érigeaient des constructions en plate-forme orientées nord-sud, plaçaient des articles en jade dans la bouche de leurs morts et s'y connaissaient en magnétisme. À la fin de l'époque Shang, il existait des chiens d'appartement en Chine et dans les Amériques (Pérou et Mexique); de plus, on mangeait du chien à l'occasion de cérémonies des deux côtés de l'océan. De la fin des Shang jusqu'aux Chou, puis aux Ch'in (700-220 av. J.-C.), on trouve des dragons bicéphales et des *sisiutls* de part et d'autre du Pacifique, en particulier sur la côte nord-ouest du Canada. Pendant les dynasties Chou ancien et Dongson (début de l'ère chrétienne), la métallurgie est apparue dans la région centrale des Andes et le long de la côte de l'Équateur jusqu'au Costa Rica, mais principalement dans la région de Bahía, en Équateur, qu'on tient généralement pour le théâtre des plus anciens travaux métallurgiques du Nouveau Monde (v. 500 av. J.-C.-500 ap. J.-C.). Son style est remarquablement semblable à celui des Chinois de cette période.

Même si des rapports ont existé, les Amérindiens ont rapidement fait leurs propres expériences, puisqu'ils ont été les premiers à posséder la métallurgie du platine. Les métallurgistes andins ont fait un usage ingénieux des alliages; les Péruviens aimaient travailler en feuilles «la sueur du Soleil» (l'or) et «les larmes de la Lune» (l'argent), qu'ils remodelaient à leur gré, en en soignant particulièrement les surfaces et la couleur. Leur style de métallurgie a été qualifié de «transformation des surfaces[20]». Le martelage des métaux, lui, remonte beaucoup plus tôt en Amérique; la culture ancienne du Cuivre, dans la région du lac Supérieur et vers le sud, date de 4 000 ans av. J.-C. (Les cultures adéna, hopewellienne et mississipienne, toutes plus récentes, vont porter le cuivre battu au rang de grand art.) Chose intéressante, les peuples de la culture aishihik (750-1800 ap. J.-C.), dans le sud-ouest du Yukon, ont travaillé du cuivre, extrait des sources de la rivière White, sous forme de pointes, de poinçons et de pendants (cônes). Leurs descendants actuels, les Tutchonis du Sud, se transmettent de génération en génération le traitement du cuivre par la chaleur et sa trempe dans l'eau froide avant le battage[21]. La Chine des Han (206 av. J.-C.-220 ap. J.-C.) et le Mexique possédaient en commun les vases tripodes, les jouets à roues et la laque. Les efforts faits en vue d'établir des rapports linguistiques entre la Chine et l'Amérique n'ont abouti à rien, sauf en toponymie; d'après Jett, 130 noms de lieux péruviens, principalement au nord de Lima, correspondent à des noms chinois, et 95 lieux géographiques péruviens possèdent une signification en chinois, mais pas dans les régions du Nouveau Monde où ils se trouvent. Après les Han, les témoignages d'influences culturelles chinoises sont encore plus ténus; aucune thèse ne soutient un contact post-Han avec le Nouveau Monde[22].

## Les échanges transocéaniques

L'action se déplace maintenant en Asie du Sud-Est, principalement au Kampuchea, en Inde méridionale et dans les Maldives[23]. La thèse retenue ici est celle d'un contact commercial, surtout avec les Khmers kamputchéens, aux environs de 400 à 1000 ap. J.-C. On a attiré l'attention sur le fait que les vents et les courants dominants rendaient possible un tel commerce; mais même ses partisans les plus enthousiastes s'entendent à dire qu'il ne peut s'être prolongé au-delà du XIIIe siècle. Des preuves botaniques révèlent un ancien lien indo-américain: le coton hybride du Nouveau Monde, mentionné au chapitre précédent, laisse supposer la même chose, d'autant plus que les métiers à filer et à tisser sont semblables des deux côtés du Pacifique[24]. Ajoutons au puzzle botanique le maïs qui semble être apparu extraordinairement vite au Moyen-Orient et dans le Sud-Est asiatique, si son introduction est réellement postcolombienne. À cet égard, les preuves linguistiques abondent; des récits du XVIe siècle le mentionnent sous les divers noms suivants: blé de Turquie, blé de Guinée et sorgho de Syrie (ainsi que, en anglais, «*Roman corn, Sicilian corn, Egyptian corn*»; litt.: blé de Rome, de Sicile, d'Égypte), entre autres. Cela ne nous dit évidemment rien sur le moment de son introduction dans ces régions; le jésuite Joseph François Lafitau (1681-1746) a écrit que Pline (23/24-79 ap. J.-C.) avait mentionné l'introduction du maïs à Rome et sa mauvaise réception qui l'a fait disparaître jusqu'à sa réintroduction au XVIe siècle. Une sculpture indienne datant du XIIe siècle, à Halebid (Mysore), en Inde, montre un personnage tenant un épi de maïs[25]. D'autres plantes du Nouveau Monde sont apparues dans des milieux précolombiens d'outre-Pacifique: l'amarante, qui pourrait avoir fait le voyage avant le maïs (un document chinois du Xe siècle le mentionne comme une culture szu-ch'uanaise[26]), la patate douce (*Ipomoea batatas*), l'arachide (*Arachis hypogæa*) et le cocotier (*Cocos nucifera*). L'inverse semble aussi possible dans le cas d'un type de riz asiatique, l'*Oryza latifolia*, cultivé partout en Amérique du Sud.

Kelley a exposé en détail une corrélation partielle entre le calendrier des Aztèques et un ancien zodiaque hindou, ainsi qu'entre le calendrier maya et l'alphabet. Il considère qu'ils sont trop ressemblants pour être le résultat du hasard; il laisse supposer aussi que les idées qui sous-tendent le calendrier maya ont pris naissance à Taxila (aujourd'hui au Pakistan), un ancien foyer de culture fréquenté par des érudits venus de lointains pays. La corrélation entre le calendrier et le zodiaque contient une séquence de quatre des vingt noms de jours aztèques qui correspondent à des déités du zodiaque hindou. Lorsque les deux séquences sont placées en parallèle, le jour aztèque de la Mort correspond à Yama, dieu hindou de la Mort; le jour aztèque du Cerf à Prajâpati, dieu hindou en forme de cerf; le jour aztèque du Lapin (associé au Mexique à la Lune et à l'Ivresse) à Soma, dieu hindou de l'Ivresse qui gouverne aussi la Lune; et enfin le dieu aztèque de l'Eau à Roudra, dieu hindou des Ouragans[27].

## Des liens avec l'Afrique du Nord

Encore plus à l'ouest, Égyptiens et Phéniciens pourraient revendiquer l'honneur d'avoir atteint le Nouveau Monde. Thor Heyerdahl soutient que ces deux peuples ont construit des longs-courriers en roseau; quand il s'est mis à la recherche d'hommes capables de construire une embarcation de ce type, il en a trouvé au lac Tchad, en Afrique du Nord, et au lac Titicaca, sur les hauts plateaux andins. Ce sont les Andins qui ont contruit le *Ra II*, avec lequel Heyerdahl a franchi l'Atlantique en 1970, un an après un premier échec. Non seulement la traversée est-elle beaucoup plus courte que celle du Pacifique, mais le courant des Canaries, qui porte vers l'ouest, est plus puissant que celui du Kuro-Shio. Heyerdahl prétend qu'un contact s'est produit entre la Méditerranée et le Nouveau Monde, peut-être aussi tôt que vers 3000 av. J.-C., et certainement dès 1200 av. J.-C., au moment où s'éteignait la civilisation minoenne, par suite de ce qui semble avoir été un désastre naturel, et où les villes phéniciennes subissaient des coups d'une nature mal définie. Il adopte le raisonnement d'un marin: l'homme n'était pas moins aventureux en ces temps anciens qu'aux XVe et XVIe siècles, et sur le plan technologique aucune limite ne différencie fondamentalement ces périodes. Aux deux époques, les navigateurs, malgré tout leur talent, ont dû composer avec des forces naturelles comme les vents et les courants; de l'avis de Heyerdahl, ce qui était faisable par les Espagnols l'était aussi par les Phéniciens[28].

Le très controversé zoologiste et linguiste amateur Barry Fell se fait aussi le champion des liens nord-africains et européens, prétendant que des marques et des inscriptions faites sur des pierres en Nouvelle-Angleterre, en Iowa et en Oklahoma sont d'origine punico-ibérique. Il pousse l'argumentation jusqu'à envisager que les Zunis ont des ancêtres lybiens (apparentés aux anciens Égyptiens); que les idéogrammes micmacs sont une forme modifiée des hiéroglyphes égyptiens; et que la psalmodie de la création, chez les Pimas d'Arizona, a des racines linguistiques sémitiques[29]. On a même perçu des liens entre la Grèce antique ou Rome et, en particulier, la région bolivienne de Tiahuanaco et les montagnes des Andes péruviennes, avec leurs villes au tracé géométrique, leurs systèmes hydrauliques, leurs réseaux routiers. La fréquence du motif en forme de «clé grecque», dans l'art de ces régions, a amené de l'eau au moulin de ces suppositions; dans le désert côtier, des ressemblances de style ont été observées entre la poterie des Mochicas péruviens et celle de l'Attique et de Corinthe, en Grèce. Le plus fascinant de tout, ce sont peut-être ces plantes, peintes sur une mosaïque à Pompéi, qu'on a identifiées comme étant des ananas et des corossols (guanábanas, *Annona muricata*); l'éruption volcanique qui a préservé la murale a eu lieu en l'an 79.

## Comment naît une civilisation?

Tout ce qui précède laisse deviner des choses mais ne prouve rien. Derrière ces thèses se profilent deux grandes visions de l'émergence et de l'évolution des civilisations: l'une qui accorde la primauté à des motivations internes; l'autre qui tient la stimulation externe pour essentielle. La plupart des experts s'entendent sur ce point: il est fortement improbable que la civilisation ait pu être apportée en bloc à une population en attente de l'illumination. Les preuves amassées à ce jour révèlent que les civilisations du Nouveau Monde ont, fondamentalement, pris naissance sur ce même continent. S'il s'est produit une forme de croisement, ce qui est non seulement de l'ordre du possible mais dans certains cas du probable, elle n'a pu qu'encourager des processus déjà en branle. Par exemple, comme le souligne Kelley, les correspondances entre le calendrier aztèque et le zodiaque hindou, ainsi qu'entre le calendrier maya et l'alphabet moyen-oriental, pourraient avoir résulté de contacts *postérieurs* à l'emploi de systèmes de mesure du temps dans le Nouveau Monde. Dans des conditions favorables, les idées importées pouvaient très bien avoir mené à un nouveau sens de la direction[30], ainsi que le sous-entendent aussi les récits de Quetzalcoatl, transmis aux Aztèques et aux Mayas par les Toltèques, et ceux de Viracocha, chez les Péruviens. Dans tous ces récits, une prophétie prévoyait le retour, un jour, des héros civilisateurs de ces peuples.

Une telle position de compromis ne fait certes pas l'unanimité, et il en est qui, comme l'auteur anglais Nigel Davies, nient la vraisemblance de tout facteur externe assez puissant pour avoir causé un véritable impact[31]. Même contraint d'admettre l'importance profonde du contact colombien, il nie catégoriquement pareille éventualité pour des événements antérieurs. À de trop nombreuses reprises, affirme-t-il, les chronologies manquent tellement de synchronisme que des corrélations apparentes entre les phénomènes culturels de l'Ancien et du Nouveau Monde doivent être accidentelles. Il appartient au groupe qui plaide plutôt en faveur de la prééminence du subconscient dans l'évolution des humains et qui cite Carl Jung (1875-1961), de l'avis de qui les formes presque identiques de nombreuses religions n'ont jamais été «inventées», mais sont plutôt «nées» d'un patrimoine commun de l'esprit humain. Davies étend cette thèse à l'art et aux autres aspects créatifs de la culture. Il y a par exemple l'extraordinaire ressemblance entre les motifs complexes des tatouages et des peintures corporelles portés par les Maoris néo-zélandais et par les Cadouvés, perdus dans l'immense Brésil, aux abords de la frontière paraguayenne. L'anthropologue Claude Lévi-Strauss, qui soulignait ce phénomène, faisait aussi observer que l'élimination de la possibilité d'un contact nous obligeait à envisager l'action éventuelle, dans l'apparition de telles coïncidences, de «liens internes de nature psychologique» dépassant vraisemblablement la chance pure et simple[32]. D'aucuns ont aussi soutenu que des cas singuliers comme ce dernier ou celui de la poterie jômone n'ont en eux-mêmes que peu de signification d'une manière ou d'une autre; c'est le modèle des complexes culturels dans leur ensemble qui importe. L'archéologue John Howland Rowe a dressé une liste de 60 caractéristiques particulières à diffusion restreinte et partagées par la région andine et le monde méditerranéen avant le moyen âge[33]. Tenace opposant au diffusionnisme, il cherche à démontrer l'ampleur que pouvait atteindre une évolution parallèle indépendante. Évidemment, ses preuves ont facilement pu servir à étayer la thèse opposée.

S'ajoute au raisonnement précédent la réponse préconisée par Heyerdahl, qui améliore nos connaissances actuelles sur les possibilités technologiques de l'homme primitif. Le navigateur souligne que Colomb a atteint l'Amérique en suivant la route océanique que trace le courant des Canaries, dont les vents dominants l'ont poussé franc ouest jusque dans la mer des Caraïbes. Par la suite, les Espagnols ont navigué plus loin encore à l'ouest, pour atteindre le golfe du Mexique, où florissaient des civilisations complexes. C'est dans cette zone qu'a vu le jour la «mère» des civilisations américaines, que nous appelons olmèque d'après les habitants d'Olman, le «Pays du Caoutchouc» (nous ne savons ni le nom qu'ils se donnaient eux-mêmes ni quelle langue ils parlaient). Cette civilisation est apparue soudainement, vers 1500 av. J.-C., dans un territoire bien peuplé et, d'après ce que nous savons aujourd'hui, sans période d'évolution préalable. Elle s'est maintenue jusqu'au début de notre ère, malgré un déclin à partir de 650 av. J.-C. environ. Les Olmèques ont influencé des villes-États plus récentes comme Teotihuacán (150-700 ap. J.-C.; à l'extérieur de l'actuelle Mexico), l'ensemble du complexe des villes-États mayas, les Zapotéco-Mixtèques d'Oaxaca, dont la ville principale était Monte Albán (400 av. J.-C.-900 ap. J.-C.), et les Huastèques de Tajín, sur la côte du golfe du Mexique. Ce scénario présente une difficulté particulière: le manque de précisions sur la direction d'où venaient les influences; par exemple, on a découvert que la glyphographie, dont les Olmèques du Nouveau Monde auraient supposément été les premiers à se servir, était en usage des siècles auparavant à Monte Albán[34]. Heyerdahl, dans ses comparaisons avec le monde méditerranéen, englobe toutes les civilisations amérindiennes au lieu de se limiter aux andines, comme le fait Rowe; sa liste reste toutefois un peu plus courte[35]. Il établit une corrélation entre le début de la civilisation olmèque et une période d'émigration phénicienne; il fait aussi un lien entre le premier jour du calendrier maya, *4 Ahau 8 Cumhu* (3113 av. J.-C.) et une période de catastrophes naturelles et de bouleversements sociaux dans l'univers méditerranéen.

## Témoignages de nature botanique ou autre

Au point où en sont à présent les choses, ce sont les plantes qui offrent les plus solides preuves de liens transocéaniques entre le Nouveau et l'Ancien Monde. La preuve absolue en faveur d'un tel lien exigée par les tenants de la ligne dure serait la découverte d'artéfacts de l'Ancien Monde dans un contexte daté du Nouveau, ou peut-être l'inverse. Cela n'est toujours pas arrivé, même si plusieurs ont prétendu le contraire[36]. Entretemps, des témoignages existent, comme le récit de cette jonque chinoise rejetée sur un rivage du Pacifique nord-ouest, rapporté au XVIIIᵉ siècle, comme aussi ces flotteurs de filets de pêche japonais, omniprésents et tant prisés chez les dénicheurs de souvenirs. Il y a encore la ressemblance entre le jeu hindou de pachisi et le patolli des Aztèques, tellement semblables qu'ils sont quasi-identiques. Les mythes servent aussi de preuves: d'après une étude, ils révèlent un rapport entre la Mésoamérique et les îles du Pacifique et l'Asie orientale et méridionale d'une part, ainsi qu'entre l'Amérique du Nord et l'Asie orientale et septentrionale d'autre part, «démontrant alors deux canaux de contacts culturels entre l'Eurasie et l'Amérique[37]». Heyerdahl a poussé plus loin ce raisonnement. Pour lui, rien n'a pu empêcher ces premiers voyageurs, à l'instar des Espagnols plus tard, de traverser l'isthme de Panama et de longer la côte du Pacifique à bord de radeaux de haute mer faits de billes de balsa équatorien et pourvus de voiles. Les Espagnols ont découvert un intense trafic côtier en radeau à leur première arrivée; les indications fournies par les marins péruviens les ont aidés à descendre rapidement le long de la côte. Ainsi que Heyerdahl l'a démontré avec son voyage sur le radeau *Kon-Tiki* en 1947, de telles embarcations peuvent très bien tenir la haute mer, non seulement en suivant les courants et les vents dominants, mais aussi en louvoyant. Ce voyage et d'autres traversées ont confirmé le récit d'Acosta selon lequel les gens d'Ica et d'Arica, sur la côte péruvienne, «étaient habitués à naviguer au loin vers les îles de l'Ouest». Pour Heyerdahl, le peuplement de l'île de Pâques, avec ses mystérieuses têtes de géants sculptées (certaines avec des corps soigneusement enterrés), si différentes des têtes de géants olmèques, est d'origine américaine. Plus encore, les habitants de la Polynésie (y compris la Nouvelle-Zélande) — même si, de l'avis général, ils sont venus du Sud-Est asiatique — devraient y être arrivés, après un détour par les Amériques, en suivant la seule route navigable en fonction de leurs connaissances nautiques: le Kuro-Shio. La patate douce, dont la culture s'est répandue sur le pourtour du Pacifique, est une plante américaine. Entre autres choses, la Polynésie et les Amériques se partagent les batteurs d'écorce, la fabrication de tissus d'écorce, le complexe de la sarbacane, les maisons longues et les chasseurs de têtes. De l'avis de Heyerdahl, la Polynésie a été la dernière région du monde à être habitée par des êtres humains, et cela s'est fait en passant par les Amériques. Des études génétiques ont révélé une proche parenté entre Sudamérindiens et Polynésiens[38].

Quelle que soit la conclusion de ces controverses, un point apparaît de plus en plus évident: dans les fascinantes annales de l'évolution culturelle de l'être humain, la préhistoire du Nouveau Monde a été remplie d'événements aussi importants que ceux de l'Ancien Monde. Et qu'importe la force des influences en provenance d'outre-mer, les civilisations qu'a connues le Nouveau Monde lui étaient exclusives sans l'ombre d'un doute; les Olmèques d'Amérique et les Shang de Chine possédaient chacun leurs dragons, qui ne peuvent être facilement confondus, pas plus que le motif d'animal fendu de la côte du Nord-Ouest ne peut l'être avec celui des dynasties Chou ou Ch'in. Qui plus est, diversifiées comme l'étaient les cultures du Nouveau Monde, elles prenaient leur place dans un modèle s'étendant dans tout l'hémisphère; comme les Européens de l'autre côté de l'Atlantique, ils partageaient une civilisation commune. Leur «formidable originalité» a amené Joseph Needham, directeur de l'East Asian History of Science Library, à Cambridge, et Lu Gwei-Djen, directeur adjoint, à les mettre sur un pied d'égalité avec les civilisations de l'Ancien Monde des Han, des Gupta et de la période hellénistique[39].

CHAPITRE IV

# Le Canada à l'arrivée des Européens

À l'époque du premier contact connu des Européens avec les Nord-Américains, soit celui des Norois vers l'an 1000, la très grande majorité des populations autochtones du Canada étaient constituées de chasseurs et de cueilleurs, comme pouvait le laisser entrevoir la situation septentrionale du pays[1]. Fondés sur des structures réglées dont l'évolution s'est étalée sur des milliers d'années, ces modes de subsistance sont nés d'une connaissance intime des ressources et de la meilleure façon de les exploiter. L'anthropologue Robin Ridington a souligné que la connaissance, davantage que l'outillage, servait de fondement aux techniques utilisées[2]. C'est grâce à cette connaissance de leurs écosystèmes, et par l'ingéniosité qu'ils ont mise à en tirer profit, que les Amérindiens sont arrivés à survivre aussi bien qu'ils le firent avec des techniques relativement simples.

Compte tenu du littoral étendu du Canada (le plus long de tous les pays), plusieurs groupes étaient tournés vers la mer; pourtant, par la grande diversité de ses régions géographiques (Arctique, Subarctique, Nord-Est, Grandes Plaines, Plateau intérieur et côte du Nord-Ouest), le pays offrait de nombreuses variations sur des modes de vie fondamentalement semblables. Dans l'ensemble, la population était clairsemée, ce mode de subsistance exigeant de grandes terres; l'évaluation la plus généralement répandue la faisait s'élever à 500 000 personnes, quoique des recherches démographiques récentes portent ce potentiel bien au-dessus de 2 000 000[3]. Les concentrations démographiques principales étaient établies sur la côte du Nord-Ouest, où des ressources abondantes et faciles d'accès avaient permis une vie sédentaire, et dans la partie méridionale de l'actuelle province d'Ontario, où diverses populations d'Iroquoiens pratiquaient l'agriculture. Les groupes iroquoiens pourraient avoir totalisé environ 60 000 personnes, sinon plus; et il pourrait s'être trouvé jusqu'à 200 000 âmes sur la côte du Pacifique, en faisant ainsi «une des régions non agricoles les plus densément peuplées du monde[4]». La plupart de ces gens étaient établis là depuis des milliers d'années;

comme l'a souligné Wright, ce n'est que dans l'Arctique et à l'intérieur des terres de la Colombie-Britannique que sont survenues des migrations relativement récentes (respectivement en 1000 et 700 ap. J.-C.[5]).

Tous ces gens parlaient plus de 50 langues, réparties en 12 familles dont 6 étaient exclusives à la Colombie-Britannique actuelle. Celles du groupe algonquien (ou algique) étaient de loin les plus répandues sur le plan géographique, s'étendant des Rocheuses jusqu'à l'Atlantique et, sur la côte, de l'Arctique au cap Fear; la langue crie et l'inuktitut couvraient les plus grandes étendues géographiques. Cela rejoint l'hypothèse de Rogers selon laquelle les régions de la période protohistorique qui ont subi une glaciation (la majeure partie du Canada et une portion du nord des États-Unis) comptaient moins de langues que les autres. Alors que la glace recouvrait entièrement le Canada durant la dernière glaciation — à l'exception de certaines parties du Yukon et de régions adjacentes — une lisière longeant la côte du Pacifique en a été libérée très tôt. D'après les calculs de Rogers, les zones anciennement recouvertes de glaces comptaient en moyenne 18 langues par million de milles carrés (2 590 000 km carrés), et les autres régions 52,4 langues[6]. Le calcul mécanique employé en linguistique, qui veut que la grande variété des langues révèle une longue occupation, permet de penser que la colonisation du Canada est relativement récente — ne remontant pas, en majeure partie, à plus de 15 000 ans. Quoi qu'il en soit, les langues athapascanes parlées dans les régions non recouvertes de glaces du Nord-Ouest sont plus diversifiées que les algiques en usage dans la taïga précédemment englacée qui s'étend des Rocheuses à la côte atlantique. Les poches de locuteurs iroquoio-siouens ont été décrites avec justesse comme des îles dans une mer algicophone. Au Canada, comme dans les Amériques en général, la très grande diversité des langues de la côte pacifique indique l'antériorité des établissements dans cette région du pays, en dépit de l'absence de preuves archéologiques[7]. À l'heure actuelle, nous ne pouvons qu'imaginer les villages et les lieux de campement noyés par la hausse du niveau des mers consécutive au recul des glaciers.

Toutes ces populations, nomades ou sédentaires, vivaient dans des cadres culturels répondant, par la mise en valeur du groupe autant que de l'individu, à des besoins sociaux et individuels. Le phénomène était aussi vrai pour ces gens, en particulier dans le Grand Nord, dont les regroupements étaient inconstants, soumis aux variations saisonnières et à la disponibilité de la nourriture. L'organisation sociale des Amérindiens, à l'instar de leurs langues, présentait une plus grande diversité qu'en Europe. Pourtant, à l'exception de certaines particularités des chefferies de la côte du Nord-Ouest, unique région du Canada où ce type d'organisation sociale a existé[8], les Amérindiens partageaient les caractéristiques générales des sociétés préétatiques, au sens où elles étaient égalitaires dans la mesure permise par leur division sexuelle du travail et des responsabilités[9] et où les décisions étaient prises par consensus. Le mandat des chefs était de représenter la volonté publique; non seulement la force ne faisait-elle pas partie de leurs prérogatives, mais ils auraient sans doute perdu leurs postes s'ils avaient tenté d'en

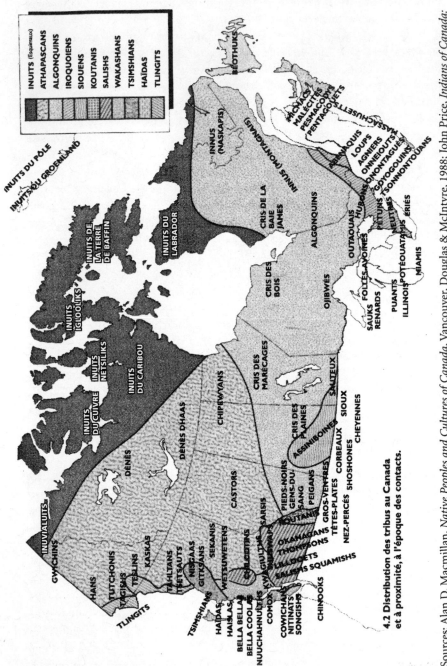

**4.2 Distribution des tribus au Canada et à proximité, à l'époque des contacts.**

Légende:
- INUITS (Esquimaux)
- ATHAPASCANS
- ALGONQUINS
- IROQUOIENS
- SIOUENS
- KOUTANIS
- SALISHS
- WAKASHANS
- TSIMSHIANS
- HAÏDAS
- TLINGITS

Sources: Alan D. Macmillan, *Native Peoples and Cultures of Canada*, Vancouver, Douglas & McIntyre, 1988; John Price, *Indians of Canada: Cultural Dynamics*, Scarborough (Ontario), Prentice-Hall, 1979.

faire usage. Cet aspect procurait à l'éloquence, au pouvoir de persuasion, une importance extrême; l'autorité d'un chef tenait «au bout de sa langue; sa puissance étant égale à son éloquence». Tout échec dans ce domaine signifiait la perte de sa fonction[10]. Le mot aztèque correspondant à «chef» se traduisait par «celui qui possède le discours»; le rôle central de la «parole» était signalé par l'importance, une fois accordée, de la conserver. Cette caractéristique se révélera d'une portée considérable dans la conduite du commerce des pelleteries. L'anthropologue Miguel León-Portilla a souligné le caractère central de la poésie — «fleur et chanson» — chez les Aztèques; à leurs yeux, le caractère divin de l'inspiration en faisait le moyen d'expression de la vérité[11]; au XVIIe siècle, les jésuites ont observé la puissance de la parole et du chant chez les populations de la vallée du Saint-Laurent[12]. Cela peut s'appliquer à tous les Amérindiens. Chez les Inuits amassaliks du Groenland oriental, un même mot traduit à la fois «respirer» et «faire de la poésie»; son radical signifie «force vitale». Chez les Salishs, la perte d'un chant spirituel (servant à acquérir les pouvoirs d'un esprit) équivalait à la perte de l'âme.

## La côte du Pacifique

Les populations qui occupaient la côte occidentale du Canada avant les contacts comptaient spécialement sur la mer pour se nourrir. Les Nuuchahnulths (Nootkas) de l'île de Vancouver (tout comme les Quileutes et les Quinaults, et un groupe apparenté aux Nuuchahnulths, les Makahs de la péninsule Olympic, dans l'État de Washington) étaient les baleiniers de la région et employaient des techniques d'origine aléoute et inuite. Les chefferies (telles celles des Haïdas, des Nuuchahnulths, des Kwagiulths et des Tsimshians) étaient hiérarchisées, et des différences de classe nettement définies apparaissaient entre chefs, nobles et roturiers, d'après leur richesse et leur hérédité; une gradation existait même au sein de chaque classe. Les preuves archéologiques actuelles révèlent que cette stratification est apparue voilà 3 000 à 2 500 ans[13]. Ensuite venaient les esclaves; exclus de ces classes et de rang inférieur, ils formaient dans certains villages jusqu'au tiers de la population. Il s'agissait le plus souvent de prisonniers de guerre, mais aussi, à l'occasion, d'individus ayant été déchus de leurs droits à cause de leurs dettes; certains pouvaient aussi être nés en esclavage (cette région est une des rares en Amérique du Nord où la chose s'est produite). Quoi qu'il en soit, les esclaves étaient privés de tout droit et pouvaient être mis à mort de par la simple volonté de leurs maîtres. Une structure prévalant sur la classe et les distinctions tribales entre les tribus du nord (Tlingits, Haïdas, Tsimshians) divisait chacun de ces groupes en deux moitiés exogames[14] qui se subdivisaient elles-mêmes en clans ne reconnaissant que la descendance matrilinéaire. Plus au sud, les Kwagiulths, les Bella Coolas et les Nuuchahnulths n'avaient pas de moitiés, tenaient compte d'une descendance ambilatérale et menaient une vie rituelle dominée par des sociétés secrètes. Ces caractéristiques étaient moins visibles dans les tribus les plus au sud de la côte occidentale du Canada, celles des Salishs de la côte, malgré des différences considérables entre leurs divers groupes. La puissance de leurs chefs était plus réduite; c'est le mot «leader», au sens de porte-parole politique, qui rendrait le mieux l'équivalent salish de «chef».

En règle générale, les divisions sociales se chevauchaient et parfois même empiétaient l'une sur l'autre, de telle sorte qu'elles tissaient autour de chaque individu un filet d'obligations et de privilèges fondés sur la réciprocité. Ce caractère, essentiellement destiné au renforcement de la collectivité, s'avérait particulièrement efficace quand il était question de production et d'affaires économiques. En matière de spiritualité, l'individualisme prévalait, bien qu'encore ici la personnalité d'un individu n'était pas nécessairement perçue comme isolée ou distincte des autres membres du groupe. L'identité s'acquérait à mesure qu'on avançait dans la vie. Les cérémonies complexes appelées «potlatchs» pouvaient servir à diverses fins, dont une consistait à fournir aux ambitieux un mécanisme de promotion sociale, et une autre à redistribuer la richesse[15]. Ils avaient à l'origine une fonction de subsistance qui rendait plus faciles les échanges de nourriture entre les groupes les mieux pourvus et d'autres frappés par la disette. Divers attributs servaient à mesurer la richesse: des biens matériels (surtout chez les populations nordiques) ou des droits immatériels comme ceux rattachés à certains chants, des danses ou des rites (en particulier chez les Salishs). En dépit de l'importance accordée à la classe et aux biens matériels, plus prononcée dans le nord, le principe du partage primait aussi longtemps qu'il était question des besoins vitaux fondamentaux; les territoires de chasse, de pêche et de cueillette d'un village étaient répartis entre tous ses groupes parentaux et exploités en conséquence. Certains terrains de pêche ont été fréquentés durant des milliers d'années, comme celui du canyon Kitselas, sur la «rivière des Brumes» (Skeena), connu des Amérindiens depuis au moins 5 000 ans.

Sur la côte pacifique, les conflits semblent avoir été plus fréquents avant les contacts ou au début de ceux-ci que par la suite, surtout après la dépopulation entraînée par diverses épidémies. Si, dans le Grand Nord, ils avaient pour but premier de tuer l'ennemi, au sud, ils permettaient de se fournir en esclaves et de rapporter du butin, surtout des canots (le creusage des pirogues de la côte ouest était long et pénible)[16]. Les Haïdas étaient des maîtres redoutés qui s'en prenaient souvent aux Salishs du sud de l'île de Vancouver et de l'embouchure du Fraser. D'après l'archéologue Gary Coupland, la guerre, lorsqu'elle opposait des peuples comme les Tlingits, les Tsimshians et les Haïdas, était violente et avait un rapport avec les fondements d'une société hiérarchisée, tandis que, plus au sud, chez les Salishs de la côte, elle avait un aspect principalement défensif[17]. Sur la côte du Nord-Ouest, seuls les Tlingits pratiquaient le scalp.

## Les agriculteurs-commerçants de la forêt boréale

Parmi les autres groupes de sédentaires se trouvaient les Iroquoiens, ainsi que certains Outaouais du Saint-Laurent et des Grands Lacs — le pays du pin blanc — qui étaient devenus agriculteurs. Les Iroquoiens incluaient les Hurons et les Cinq-Nations (devenus plus tard les Six-Nations et appelés plus simplement Iroquois), qui seront parmi les plus connues des sociétés autochtones du Canada. Ces deux peuples, à l'instar des Iroquoiens en général, étaient des agriculteurs-chasseurs, pratiquaient une agriculture de type «abattage et brûlis» et parlaient des langues apparentées (à l'exception des Outaouais algonquiens[18]). Leurs maisons longues étaient groupées à l'intérieur de villages palissadés pouvant compter jusqu'à 1 500 habitants chacun et parfois même beaucoup plus. L'adoption de l'agriculture semble avoir donné naissance à cette structure d'établissement qui était, dès 800 ap. J.-C.[19], déjà bien implantée. L'épuisement des ressources locales (terres et bois de chauffage par exemple) entraînait le déplacement des villages sur de nouveaux emplacements, à des intervalles pouvant aller de moins de 10 ans à 50 ans. Chez ces populations, une période d'expansion démographique, allant du XIVe au début du XVe siècle, a vu certains villages s'accroître et d'autres disparaître, pendant que les «trois sœurs» (maïs, haricots et courge, introduits à des époques différentes) finissaient par dominer la scène agricole[20]. Tous ces facteurs ont contribué à une rapide transformation sociale. En dépit de diverses intrusions antérieures en provenance des constructeurs de tumulus funéraires du sud, il semble que les cultures iroquoises aient été des créations autochtones, malgré l'adoption et l'absorption de certaines particularités d'autres cultures. Nous avons déjà mentionné l'introduction de l'agriculture et de la poterie, de telle sorte que des idées et des techniques étrangères n'ont, à coup sûr, pas manqué de concourir au caractère distinctif des sociétés prospères qui se sont présentées aux yeux des Européens[21].

Au cours du XVIe siècle, ou peut-être même avant, des groupes d'Iroquoiens se sont organisés en confédérations dont l'existence allait avoir des répercussions très profondes sur la politique régionale[22]. La plus septentrionale était celle des Hurons[23], une alliance de quatre nations (et probablement d'une cinquième) rassemblées à l'extrémité méridionale de la baie Georgienne; au sud, dans la péninsule de l'Ontario, se trouvait la confédération des Neutres, dont on connaît encore moins de choses que la huronne; enfin, aux États-Unis, les Cinq-Nations étaient concentrées dans la région des lacs Finger, au nord de l'État de New York.

Les tribus de la confédération huronne étaient regroupées entre le lac Simcoe et l'angle sud-est de la baie Georgienne, sur un territoire d'environ 2 300 kilomètres carrés; située à la limite septentrionale des terres cultivables avec des techniques de l'âge de pierre, elle jouissait de 135 à 142 jours sans gel par année et d'environ 190 jours de croissance. Au début du XVIIe siècle, les Hurons cultivaient environ 2 800 hectares de terres, et on a déjà raconté au sujet de la Huronie qu'«il était plus facile de [s'y] perdre dans un champ de maïs que dans une forêt[24]». C'était le grenier des tribus du nord avec lesquelles ils commerçaient, leur fournissant des produits comme le maïs, les haricots, les courges et le tabac, ainsi que du fil pour les filets de pêche, en échange de produits de la chasse comme la viande, les peaux et les fourrures. On a découvert des poteries huronnes aussi loin au nord qu'à la baie James. La beauté, la générosité de la nature étaient si remarquables que, à l'arrivée des premiers Français dans leur pays, les Hurons ont cru que la France était par comparaison un pays pauvre[25].

Vers la fin du XVIe siècle, la Huronie comptait plus d'habitants (30 000) que les Cinq-Nations (16 000[26]). Cahiagué, le plus populeux des quelque 25 villages (nombre minimal) hurons, appartenait aux Ahrendarrhonons (nation de la Pierre)[27] et pourrait avoir regroupé 5 000 personnes. Ces villages étaient situés l'un près de l'autre au centre de la Huronie, et les champs de maïs formaient ceinture à l'entour. Les langues de la confédération avaient ainsi conservé une certaine homogénéité; tous les Hurons pouvaient se comprendre, et leur langue était la *lingua franca* (langue véhiculaire) des réseaux de traite du nord. La Fête des Morts renforçait encore plus l'unité de la confédération; à cette occasion, les restes des morts (décédés de façon non violente) étaient déterrés puis préparés pour un nouvel enterrement en grande cérémonie dans un ossuaire commun où s'entremêlaient tous les ossements. Cette cérémonie avait lieu à intervalles réguliers et lors du déménagement d'un grand village, ce qui entraînait l'abandon des morts derrière soi[28].

Située comme elle l'était à la jonction des réseaux de traite qui sillonnaient l'Amérique du Nord, la Huronie avait la mainmise sur les routes commerciales régionales. Elle dominait aussi la scène politique et avait encerclé ses rivaux, les Cinq-Nations, par un réseau d'alliances qui s'étendait aussi loin que chez les Andastes (Andastogues, *Susquehannocks* ou *Conastogas*), à quelque 800 kilomètres au sud. La Huronie a apparemment absorbé au moins quelques-uns des Iroquoiens du Saint-Laurent dispersés pendant le XVIe siècle, un épisode auquel les Agniers (Mohawks) des Cinq-Nations semblent avoir pris part[29]. Malgré sa position initiale forte, la Huronie allait rapidement se désintégrer devant le réalignement des forces entraîné par l'arrivée du commerce européen, et la vieille domination de l'axe nord-sud allait laisser la place à un axe est-ouest dû à l'afflux d'articles de traite européens en provenance de la côte atlantique.

## La Ligue des Cinq-Nations

Le territoire de la Ligue de Ho-de'-no-sau-nee (les Gens de la Maison longue), nom que se donnaient elles-mêmes les Cinq-Nations, était plus vaste que celui des Hurons, en dépit d'une population plus faible. L'Iroquoisie s'étendait de la rivière Mohawk à l'est jusqu'à la rivière Genessee à l'ouest, soit sur quelque 180 kilomètres. Géographiquement, cet emplacement allait trouver sa justification après l'établissement, sur la côte est, de colonies européennes, en assurant la maîtrise des principales routes menant de la côte à l'intérieur. Les villages iroquois étaient beaucoup plus éparpillés que ceux de la Huronie, puisque chacun était entouré de champs de maïs et possédait sa propre langue; les langues des Cinq-Nations (d'est en ouest: mohawk (agnier), onneiout, onontagué, goyogouin et tsonnontouan[30]) étaient plus différentes l'une de l'autre que celles des Hurons. Chaque nation membre occupait ses propres villages, habituellement deux ou plus, qui, chacun, possédait son propre conseil, à l'instar de chaque tribu dont l'assemblée se réunissait d'ordinaire dans le plus grand village du groupe.

La «Grande Paix», une autre des appellations de la confédération iroquoise, était présidée par un conseil de 50 chefs représentant de façon inégale les tribus participantes; chaque tribu disposait toutefois d'un vote. Cette association avait pour but de maintenir la paix entre les membres et de coordonner leurs relations extérieures, dont les décisions devaient être prises à l'unanimité. Le système iroquois allait plus tard être décrit comme une «merveille ne pouvant s'expliquer que du fait que la toute-puissante vertu du patriotisme faisait plier et soumettait les volontés de ces gens têtus[31]». La centralisation n'était nullement totale, et les tribus membres conservaient un degré d'autonomie considérable, par-dessus tout en matière d'affaires intérieures. Dekanahouideh, le «Messager céleste» dont on a dit qu'il souffrait d'un problème d'élocution, a fondé la ligue, en compagnie de son disciple Hiaouatha («Celui-qui-peigne[32]»); elle avait pour symbole l'Arbre de la Paix (le pin blanc) au-dessus duquel planait l'«Aigle qui voit loin», symbole de préparation face à toute situation critique. On dit qu'Hiaouatha se serait dévoué à la cause de la paix après avoir perdu sa famille dans un conflit intertribal. Le chef principal du Grand Conseil portait le titre d'Atotarho, d'après le nom du chef belliqueux que Dekanahouideh et Hiaouatha avaient converti à des mœurs plus douces[33]. L'autorité de la Grande Paix n'était pas prépondérante; sorte de «collectivité de droits et de devoirs» chargée du maintien de la paix, elle s'exprimait par des condoléances cérémonieuses et des échanges de cadeaux rituels[34]. On a associé la fondation de la ligue avec une éclipse du soleil survenue en Iroquoisie en 1451.

L'organisation sociale iroquoise comprenait une division en phratries et en clans, comme sur la côte nord-ouest. Si les hommes défrichaient la terre, ce sont par contre les femmes qui cultivaient. Elles exerçaient une influence considérable et choisissaient les sachems (qui étaient toutefois sélectionnés au sein de familles ou de clans particuliers[35]); elles avaient aussi le droit d'ordonner la destitution de quiconque faisant preuve d'un rendement insatisfaisant. En temps de guerre, tous les Iroquoiens pratiquaient la torture et le cannibalisme, qui semblent être venus du sud relativement tard[36].

### Les chasseurs de la taïga et de la toundra

Tous les autres peuples du Canada étaient des chasseurs et des cueilleurs, même si plusieurs avaient, du moins en partie, fait l'expérience de l'agriculture et si d'autres avaient subi l'influence de cultures agricoles. Les Outaouais de certaines régions comptaient assez fortement sur leurs plantations, et leurs proches parents sauteux (Anishinabés[37]) sur une plante non cultivée, le riz sauvage (*Zizania aquatica*). L'attention qu'ils apportaient à leurs rizières lacustres s'approchait de l'agriculture au point où ils semblent avoir propagé la plante au-delà de ses zones de croissance naturelle. Bien que leur dépendance face au riz sauvage fût beaucoup moindre que celle des agriculteurs à l'égard de leurs cultures — on a estimé que les Iroquoiens faisaient pousser jusqu'à 80 pour cent de leurs vivres —, cela illustre bien la vaste «zone grise» qui sépare la chasse et l'agriculture[38]. Des alliés des Hurons, les Népissingues et les Algonquins, faisaient bien quelques plantations, mais ils habitaient tellement au nord que les cultures étaient restées marginales dans leur alimentation. Les Montagnais de la forêt boréale du nord-est semblent avoir eux aussi pratiqué une sorte d'agriculture par abattage et brûlis[39]. Les Gwichins (Kutchins, Loucheux) et des tribus apparentées hanes et tutchonies du Yukon, à l'exemple d'autres peuples de chasseurs, «encourageaient» la culture de plantes à l'entour de leurs campements, en particulier celles qui servaient à des fins médicinales[40]. Sur le plan culturel, les Népissingues avaient adopté la coutume huronne de la Fête des Morts, une cérémonie beaucoup plus élaborée que celles que l'on rencontrait d'habitude chez les sociétés nordiques de chasseurs. Les Micmacs et les Malécites de la côte atlantique, plus particulièrement de la Nouvelle-Écosse actuelle, illustrent un autre type d'adaptation culturelle: celui d'agriculteurs retournés à la chasse et à la cueillette. D'après leurs traditions, leurs ancêtres seraient venus de l'est et de l'ouest; comme nous l'avons vu précédemment, des preuves archéologiques ont confirmé un lien avec les Adénas et les constructeurs de tumulus hopewelliens de la vallée de l'Ohio. L'organisation sociale des Micmacs était plus complexe que celle de leurs voisins chasseurs et cueilleurs du nord. Leur pays, qu'ils appelaient Megumaage, était divisé en sept districts relevant d'une hiérarchie de chefs. Le district où allait être construite Halifax, par exemple, s'appelait Gespogoitg, et celui de l'île du Cap-Breton, Oonamag[41]. Une autre nation de chasseurs et cueilleurs, les Assiniboines (famille linguistique siouenne), voisins et alliés des Cris, avaient aussi émigré du sud, où leurs ancêtres avaient été agriculteurs en bordure du complexe des constructeurs de tumulus mississippiens. L'évolution et la diffusion des cultures ne constituent d'aucune manière des processus à sens unique comportant une suite d'étapes déterminées à l'avance.

Durant la même période, les ancêtres des Inuits modernes, les Thuléens, se sont déplacés constamment vers l'est à travers l'Arctique en délogeant les Dorsétiens (dont la culture était d'origine paléoesquimaude), pour atteindre la côte atlantique au cours du XVe siècle; des Dorsétiens ont survécu dans le nord de l'Ungava jusqu'au XVe siècle; d'autres se maintiennent à Terre-Neuve à peu près jusqu'à la même période, alors qu'ils cèdent la place aux Béothuks, des proto-Algonquins au mode de vie archaïque fondé sur la chasse du caribou en hiver et l'exploitation des ressources maritimes et fluviales en été. Certains petits groupes de Dorsétiens pourraient ne s'être éteints qu'au XXe siècle sur les rives de la baie d'Hudson. Les Thuléens, à l'exemple des Inuits, mais au contraire des Dorsétiens, possédaient des arcs et des flèches, des propulseurs, ainsi que des kayaks à capote en peau de phoque et des oumiaks; des chiens leur servaient aussi d'animaux de trait. Ils étaient les maîtres incontestés de la toundra qui s'étendait par delà la limite des arbres, une suprématie reconnue par les Amérindiens qui s'aventuraient rarement sur ces terres inuites. C'est ce qu'a très bien compris Hearne, en 1771, à mesure que son expédition cheminait vers l'Arctique. À l'approche du territoire inuit, les Chipewayans désertaient, disant que «le voyage semblait vraisembla-blement promettre plus d'ennuis que ne pourrait compenser la joie anticipée à l'idée de combattre les Esquimaux[43]». Par suite de quelque confusion linguistique, il semble y avoir eu erreur sur la personne dans certains récits du XVIe siècle faisant allusion à la présence d'Inuits aussi loin au sud que l'île d'Anticosti, dans le golfe du Saint-Laurent[44].

## Les habitants des plaines du Nord-Ouest

«Là où le ciel prend soin de la terre et la terre du ciel[45]», dans les plaines du Nord-Ouest, on estime que la population, au début de la période historique, tournait autour de moins de 1 habitant par 26 kilomètres carrés. Pourtant, la région a connu de fortes fluctuations causées par des arrivées considérables en provenance des régions environnantes lors des chasses saisonnières. Celle du bison servait de fondement à certains modèles culturels[46]. De 5000 à 2500 av. J.-C. environ, les températures plus élevées et les sécheresses plus fortes de la période dite Hypsi-thermique déciment les hardes de bisons géants en les privant de leur approvi-sionnement alimentaire. Avant l'Hypsithermique, les chasseurs pourchassaient ces paléobisons; après, il n'est plus question que d'une espèce plus petite, celle qui nous est familière. On organise soit des battues, soit des culbutes à bison, suivant la configuration des terrains; les sauts pour les bisons se trouvaient majoritaire-ment dans les contreforts des Rocheuses, tandis que les enclos étaient plus réguliè-rement utilisés dans les plaines, en particulier le long d'un escarpement conti-nental appelé Missouri Coteau, où l'on a découvert des emplacements à Oxbow et à Long Creek, en Saskatchewan. Au Canada, la plupart des sites de battues ont été trouvés dans cette province ainsi qu'en Alberta.

Ces formes de chasse exigeaient un haut niveau de coopération et d'organi-sation, non seulement parmi les membres d'une bande, mais aussi entre elles et parfois entre les tribus. La mise en enclos ou en corrals constituait la méthode la plus complexe et a été décrite par l'archéologue Thomas F. Kehoe comme une forme de production alimentaire plus que comme de la chasse, ou comme un type précurseur sinon primitif de domestication[47]. L'une des plus vieilles culbutes à bison, celle de Head-Smashed-In, dans le sud de l'Alberta, daterait d'environ 5 000 ans et a été utilisée jusque dans les années 1870. L'emplacement était immense, à tel point que, pour s'en servir, il exigeait la coopération de plusieurs tribus.

L'archéologie récente a permis de découvrir 30 différents sentiers marqués par 20 000 cairns de pierres destinés à diriger la course des troupeaux en pleine fuite[48]. Des règles strictes s'appliquaient, quel que soit le type de chasse en commun; lorsque plusieurs tribus s'assemblaient pour une telle chasse, une force policière structurée faisait observer les règles. Les peines pouvaient aller jusqu'à la destruction du logis et des objets personnels du contrevenant[49]. Par opposition, lorsque les troupeaux étaient réduits et dispersés, chacun pouvait chasser selon son bon plaisir. Règle générale, des observatoires servaient de lieu de campement. Certains de ceux trouvés en Alberta comprennent plusieurs centaines de bases circulaires de tipis, ce qui révèle une présence sur une période considérable. Selon des estimations, plus d'un million de bases pourraient parsemer le territoire albertain[50]. Des alignements radiaux de galets, témoins importants des rites de chasse, bordaient la partie septentrionale des pâturages estivaux du bison; certains ont servi durant au moins 5 000 ans[51]. À l'époque où sont arrivés les premiers Européens sur la côte est, le rabattage du bison et les culbutes étaient, croit-on, en expansion.

On a laissé sous-entendre que le site de Head-Smashed-In a pu être un centre de commerce ayant eu des liens avec les réseaux de Cahokia; des sous-produits du bison comme le pemmican et les peaux s'y seraient échangés contre du maïs séché, des artéfacts et peut-être du tabac[52].

## Le commerce et la diplomatie par les cadeaux

Une distribution inégale des ressources garantissait une activité commerciale entre toutes ces nations; de fait, le riche éventail des cultures amérindiennes aurait difficilement été possible sans une telle institution intégrative. Au delà des simples considérations économiques, ce sont les alliances et les bonnes relations qui importaient dans ces échanges. Ainsi que l'a observé le jésuite Paul Le Jeune (1591-1664) dans la vallée du Saint-Laurent: «Malgré qu'ils eussent quelque manière de Lois maintenues entre eux, il existe aussi un certain ordre établi à l'égard des nations étrangères.» En matière de commerce,

> [...] celuy-là est censé Maistre d'une traitte qui en a fait le premier la découverte [...]. Que si quelqu'un estoit si hardy que d'aller à une traitte, sans le congé de celuy qui en est le Maistre, il peut bien faire ses affaires en secret & à la desrobée, car s'il est surprise par le chemin, on ne luy fera pas meilleur traittement qu'à un larron[53].

La conséquence des alliances est plus visible dans les régions où l'on faisait la guerre que dans le Grand Nord où l'hostilité se traduisait en meurtres fortuits ou en raids plutôt que sous une forme organisée. De tels accords étaient de coutume scellés par un échange de présents ainsi que par des otages, ce qui entraînait la création de liens du sang.

La valeur des biens était certainement appréciée — comme le constateront plus tard les commerçants européens, les Amérindiens savaient reconnaître la qualité —, mais le prestige comptait plus que l'accumulation de richesses elles-mêmes. Le prestige exigeait, entre autres vertus, de la générosité. Les biens étaient amassés en vue d'être offerts à l'occasion de cérémonies, comme celle du potlatch sur la côte ouest; le commerce était un des principaux moyens d'acquérir les biens dont on avait besoin. L'échange de présents — «Donnant, donnant[54].» — exprimait à la fois une obligation sociale et diplomatique; ils étaient offerts lorsque des gens se rendaient visite, lors d'occasions particulières comme les mariages et les dénominations, ou pour obtenir le retour de prisonniers de guerre. Plus que tout, les présents servaient à conclure les ententes et les alliances avec d'autres nations. Sans eux, toute négociation était simplement impossible; entre autres pouvoirs, ils séchaient les larmes, apaisaient la colère, menaient des nations à la guerre, concluaient des traités de paix, délivraient des prisonniers, faisaient lever les morts[55]. C'étaient des métaphores gestuelles: puisqu'on considérait que les traités, une fois conclus, ne se suffisaient pas à eux-mêmes, pour les maintenir en vigueur, il fallait les remémorer chaque fois que c'était possible par des échanges cérémoniels. Plus tard, durant les guerres coloniales, des distributions périodiques de cadeaux apparaîtraient essentielles au maintien de ces alliances qui s'avéreraient si utiles aux puissances coloniales; ce sera la seule rémunération que recevront les alliés pour leurs services à titre de guérilleros.

Les objets de commerce pouvaient franchir de grandes distances; par exemple, l'obsidienne, appréciée dans les outils pour ses propriétés incisives et à des fins cérémonielles en raison de sa beauté, s'est retrouvée sur des sites archéologiques très éloignés de son lieu d'origine. Bon nombre de carrières se trouvent en Colombie-Britannique; la plus ancienne, située à Edziza, a été exploitée de l'an 8000 av. J.-C. jusqu'au contact européen[56]. Le cuivre faisait aussi l'objet d'un commerce actif; il provenait principalement du gisement superficiel situé à l'extrémité ouest du lac Supérieur, bien que des dépôts en bordure de la rivière Coppermine eussent été exploités il y a 3 000 ans[57]. La vue de couteaux en cuivre chez les Amérindiens du Saguenay n'a pas manqué d'exciter la convoitise des hommes de Cartier, persuadés qu'ils étaient en or. Cette méprise allait donner naissance à la légende du «Royaume doré» du Saguenay, qui inspirerait l'exploration du nord par les Européens. Plus intrigante que tout fut la découverte de lames d'acier à Ozette, un village makah de la péninsule Olympic (État de Washington) qui a été enseveli par une coulée de boue il y a un demi-millénaire, soit avant Colomb. On a supposé qu'elles pouvaient avoir une origine orientale.

Les pétro-silex et les silex (silices) étaient très recherchés pour la fabrication de pointes de flèches et d'autres outils; suivant les régions, des coquillages divers étaient aussi prisés pour leurs rôles commercial, diplomatique et cérémoniel, de même que pour leurs emplois comme parures. Appelées «wampum» dans les forêts du nord-est et en bordure de l'Atlantique, les perles étaient taillées dans le manteau des coquilles de conches et de palourdes (vénus); sur la côte ouest, des ormeaux, venant d'aussi loin que la Californie, et des dentales servaient de fonds de commerce. Les Iroquois attribuaient au wampum des vertus spirituelles; le motif obtenu par l'enfilage ou le tissage de ces perles en colliers et en ceintures

(N.D.T.: les Français parleront de «collier (ou ceinture) de porcelaine» ou de «collier de rassade») constituait un moyen mnémonique rappelant diverses transactions comme les alliances[58]. Ainsi que l'a souligné Wright, il est impossible de savoir quels objets périssables étaient échangés[59]. S'il faut en juger d'après la situation à l'époque du contact avec les Européens, ce commerce pouvait être considérable. Nous savons que la graisse d'eulachon (extraite d'un éperlan du Pacifique) faisait l'objet d'un commerce intensif à partir de la côte du Pacifique jusque dans l'intérieur en suivant des routes bien connues qui finirent par porter le nom de «sentiers graisseux». Dans l'Est du Canada, l'activité commerciale remonte au moins à 4 000 ans av. J.-C.

Un commerce aussi étendu soulève une question d'ordre linguistique. Même si le troc pouvait se faire avec un minimum de paroles, les jargons de traite semblent remonter loin dans le passé des Amériques. Le jargon chinook était parlé sur la côte du Pacifique; de la même manière, les Delawares étaient de ceux qui possédaient une langue commerciale, tout comme les Inuits dans l'Arctique. La rumeur publique veut que les baleiniers basques eussent été actifs depuis si longtemps sur la côte nord-atlantique que les marchands français, à leur arrivée au XVIIe siècle, ont trouvé des Amérindiens et des Inuits qui utilisaient des mots basques; les Espagnols ont d'ailleurs raconté que Montagnais et Basques pouvaient converser entre eux[60]. Le linguiste Peter Bakker soutient que la salutation «adesquidex», dont se sont servis les Micmacs pour accueillir les Français au début du XVIIe siècle, est d'origine basque[61]. L'usage de plus d'une langue pour le commerce et les relations diplomatiques semble avoir été fréquent chez les Amérindiens. Dans le centre-ouest, on parlait beaucoup par signes, et on a fait état de pourparlers durant lesquels aucune parole n'était échangée[62]. Les langues de contact, qui combinaient des éléments de plusieurs langues, répondaient à un besoin fondamental compte tenu de ce que la multiplicité des idiomes autochtones aurait autrement compliqué les communications. Le jargon de traite chinook (à ne pas confondre avec la langue chinookane dont il était toutefois issu) est l'un des plus connu; fait de chinook, de sahaptin et de nuuchahnulth, il connaissait déjà une grande vogue sur la côte ouest à l'arrivée des Blancs[63]. Le français et l'anglais ont plus tard contribué à ce riche mélange. Le métif, dont la création remonte après l'arrivée des Européens, sera traité au chapitre XI.

## Visions de l'univers

Bien que les conditions locales et les bases d'approvisionnement alimentaire assurassent aux diverses populations dispersées à travers le pays une vie différente dans des cadres culturels distincts et à des niveaux de complexité variés, elles exerçaient toutes une autodiscipline stricte, pour aider l'individu à faire face seul à un monde d'incertitudes, tout en cherchant à acquérir un maximum de pouvoir personnel[64]. L'humour était très prisé, et tout ce qui portait à rire était approuvé sans réserve.

C'est un des premiers traits qu'on apprendra sur les peuples du Nouveau Monde. Au Vᵉ siècle, le moine Hwui Shan rapportait à la cour de Chine: «Les Gens du pays [peut-être des Aléoutes] sont joyeux de nature et ils se réjouissent dès qu'il y a abondance, même si ce sont des articles de médiocre valeur[65].» Ils savaient aussi comment garder courage face à la famine. Aux dires des hôtes montagnais de Le Jeune, «gardez votre âme de la tristesse, sinon vous serez malade; voyez comment nous ne cessons de rire, même si la nourriture est peu abondante[66]».

Tous observaient les lois de l'hospitalité, dont la violation était perçue comme un crime[67]; de plus, ils possédaient en commun l'idée d'un univers unifié, quoique habité de puissances d'importance et de nature diverses. Le respect de l'hospitalité pouvait mener jusqu'à l'appauvrissement personnel, ce qui n'est pas apparu comme une vertu aux yeux des Européens lorsqu'ils en ont fait l'expérience. C'est ce qui a été constaté très tôt chez les Micmacs:

> Ce n'est ni le jeu ni la débauche qui les empêche de payer leurs dettes, mais plutôt la vanité, excessive, qu'ils mettent à présenter des pelleteries aux autres sauvages qui viennent en qualité d'envoyés d'un pays à un autre ou d'amis et de parents qui se visitent les uns les autres. C'est ainsi, d'ailleurs, qu'un village est assuré de s'épuiser en présents; cela constitue une règle établie entre eux que, à l'arrivée de ces personnes, ils apportent tout ce qu'ils ont acquis au cours de l'hiver et du printemps afin de donner la meilleure et la plus avantageuse idée d'eux-mêmes[68].

L'unité de l'univers signifiait que tous les êtres vivants étaient reliés — en réalité, étaient des «peuples», dont certains étaient humains — et doués d'intelligence, comme le disait l'anthropologue Jay Miller[69]. Il en allait de même de certains objets que les Occidentaux tenaient pour inanimés; par exemple, certaines pierres, dans des conditions particulières, pouvaient être vivantes ou habitées par des esprits[70]. Cette croyance en l'unité entre tous les êtres vivants se trouve au centre des mythes amérindiens et inuits, malgré un asssemblage immense et compliqué de personnages qui connaissent une série interminable d'aventures[71]. L'harmonie était d'une importance capitale, mais son maintien n'était nullement automatique, vu que les nécessités de la vie pouvaient exiger une transgression de la règle; de là l'importance, dans la légende et la mythologie autochtones, du «joueur de tours» («*trickster*») qui pouvait tout aussi bien être un individu ou un aspect du Créateur ou d'une force universelle. De même, de violentes confrontations avec des forces malveillantes et destructrices pouvaient causer la désintégration d'une collaboration pacifique.

De récentes recherches ont souligné le fait que ces mythologies reposaient solidement sur des phénomènes naturels. Amérindiens et Inuits percevaient l'univers comme un tissu serré de pouvoirs personnalisés, grands et petits, bienfaisants et dangereux, dont l'équilibre reposait sur la réciprocité. Les humains, qui ne pouvaient dominer l'ensemble, parvenaient à en influencer diverses manifestations particulières grâce à des alliances avec les puissances spirituelles, combinées à la connaissance qu'ils ont du fonctionnement de ces puissances. Il fallait aborder ces alliances avec sagesse, puisque certains esprits étaient plus puissants que d'autres, au même titre que certains étaient bienfaisants et d'autres malfaisants. Toute force avait sa contreforce. Les choses n'étaient pas toujours telles qu'elles apparaissaient à première vue; même des objets apparemment inanimés comme les pierres pouvaient posséder des qualités cachées, inattendues. Maintenir le cosmos en harmonie et rester en harmonie avec le cosmos exigeaient des cérémonies, des rites, des tabous qui devaient être observés ou célébrés avec soin pour produire les effets souhaités. L'attention aux détails était poussée si loin qu'un seul faux pas en dansant pouvait mener à un châtiment. Même la construction des habitations et le tracé des villages ou des campements (sans parler des villes et des complexes religieux du sud) reflétaient ce sentiment d'un ordre spirituel, en mettant l'accent sur les centres plutôt que sur les limites extérieures.

Certaines tribus (mais pas toutes) reconnaissaient l'existence d'un esprit tout-puissant, mais les esprits importants, avec qui il fallait entretenir des rapports, se trouvaient ceux qui étaient directement associés à des besoins tels la nourriture, la santé, la fertilité, sans pour autant négliger ceux qui avaient trait à la guerre. Le sort d'un être humain dans la vie était déterminé par des esprits — ou puissances animales — acceptant spontanément de devenir ses aides et révélés au cours d'une vision prophétique. La recherche de ces esprits commençait à la puberté, par des rites purificateurs obligatoires comprenant, entre autres, des prières et des jeûnes. La purification destinée à l'acquisition d'une puissance spirituelle (mais pas des auxiliaires réels) pouvait aussi commencer à d'autres périodes de la vie; on croit que l'art rupestre, dont on trouve des manifestations partout au Canada, est en général lié à ces occasions. Il n'est pas surprenant de savoir que les chefs les plus respectés étaient aussi chamanes (guérisseur ou parfois guérisseuse), ces individus possédant des qualités particulières pour la communication avec le monde immatériel et ayant pour principales fonctions de prévenir et de soigner la maladie. D'après l'anthropologue Diamond Jenness (1886-1969), deux régions canadiennes où se pratiquaient les sacrifices humains étaient habitées par les sociétés les plus complexes: les Iroquoiens et les populations de la côte du Nord-Ouest[72]. Quelle que fût la forme prise par leurs sociétés particulières, les Amérindiens ont mené, en dépit de la simplicité de leurs outils, une vie sociale pleine et entière au centre de cosmologies complexes. Aux yeux de Le Clercq, les Micmacs vivaient comme «les premiers rois de la terre», en des temps bibliques[73].

Malgré des hostilités intertribales endémiques dans les Amériques, la guerre «organisée» est restée une caractéristique des sociétés sédentaires plus complexes[74]. Les Amérindiens ne se battaient pas pour l'acquisition de terres elles-mêmes (sur la côte ouest, ils semblent l'avoir fait pour la possession des ressources), mais pour venger leurs familles (ce qui tendait à se transformer en vendettas perpétuelles), pour le prestige personnel et d'abord et avant tout pour se procurer des prisonniers destinés à être adoptés ou sacrifiés. Sauf sur la côte ouest, le butin restait peu considérable[75]. L'historien Daniel K. Richter a insisté sur l'importance, chez les Iroquois, de l'acquisition de prisonniers pour des rites funéraires ou de condoléances, ainsi que des adoptions, afin de les aider à assumer la mort dans leurs rangs[76]. Les réparations constituaient un moyen de contenir les meurtres résultant de querelles; chez des commerçants comme les Hurons, elles étaient soumises à un ensemble de règles minutieuses.

## Une civilisation hémisphérique

Le Canada se trouvait dans la portion septentrionale d'une civilisation étendue à la grandeur de l'hémisphère et qui partageait bon nombre d'idées fondamentales, même si des manifestations régionales la morcelaient. Ce facteur, associé à des techniques communes, incitait à apporter à des besoins donnés des solutions semblables, en dépit de conditions variables. Jacques Cartier (1491-1557), lors de sa visite chez les Iroquois laurentiens en 1535-1536, a été frappé par la ressemblance fondamentale entre leur mode de vie et celui des Topinambous (Tupinambás) de la côte brésilienne: les deux groupes étaient agriculteurs et chasseurs dans un habitat forestier, quoique les décors fussent très différents. Sur ce point, Cartier s'accordait avec la plupart des observateurs européens du XVIIe siècle qui ont fréquemment fait allusion aux similitudes sous-jacentes des modes de vie amérindiens, où qu'ils fussent en Amérique[77]. C'est ce qu'illustrent des facteurs culturels qu'on retrouve à la fois au nord du Rio Grande et dans la partie méridionale de l'Amérique du Sud et auxquels peu de choses ressemblent dans l'immense intervalle qui les sépare[78]. Leur nombre et leur complexité sont tels que l'archéologue Erland Nordenskiöld (1877-1932) a dû écarter des adaptations sans rapport avec des environnements semblables — d'abord, plusieurs des éléments en question (cuisson avec des pierres et planche porte-bébé (*tikinagan*), par exemple) ne dépendaient pas du milieu environnant —; il est plus vraisemblable de croire qu'ils étaient le reflet des cultures véhiculées par les Amérindiens. Autrement dit, malgré des différences régionales, on peut parler d'une civilisation américaine au même titre qu'une civilisation européenne. Les Amérindiens du Canada se trouvaient à la périphérie de la civilisation américaine, tout comme les colons s'établiront plus tard aux confins de la civilisation européenne.

On a fait grand cas des différences entre le génie américain, qui mettait l'accent sur les sociétés égalitaires et percevait les humains comme une pièce d'un ensemble universel transcendant, et l'européen, avec ses États-nations naissants, son capitalisme en expansion et la ferme conviction que les humains n'étaient pas seulement le centre de l'univers, mais encore sa force dominante[79]. À l'époque des premiers contacts, les différences n'étaient toutefois pas aussi importantes qu'elles le deviendront. Il existait des affinités entre les sociétés du Moyen Âge desquelles émergeait une Europe en marche vers l'industrialisation et les sociétés néolithiques de l'Amérique, chez qui se répandait l'utilisation du métal. C'est ce qu'atteste la facilité (de fait à l'occasion l'empressement) avec laquelle nombre d'Européens ont pu s'adapter à la vie amérindienne, une tendance que les autorités coloniales allaient combattre avec vigueur.

Pourtant, là encore, les différences ont frappé les Européens lors des premiers contacts; ils n'ont pas remarqué la moindre ressemblance avec leur propre genre de vie[80]. Aussi tard qu'à la fin du XVIIe siècle, Le Clercq répétait avec sérieux la vieille rengaine qui n'avait eu de cesse depuis l'époque de Colomb: les Amérindiens n'avaient ni foi, ni roi, ni loi[81]. Comment auraient-ils pu, eux qui n'étaient pas dominés par des chefs ou des capitaines ayant le pouvoir de commander? Comment pouvaient-ils se grouper pour faire front commun? Le jésuite Pierre Biard (1567-1622), lui aussi en Acadie, ne voyait pas de quelle façon les gens parmi lesquels il se trouvait pouvaient arriver à prendre les décisions nécessaires à l'adoption d'une telle ligne de conduite[82].

Une constatation s'est dès l'abord imposée avec clarté à l'esprit des Européens: les Amérindiens ne possédaient pas la cohésion nécessaire pour prévenir l'invasion et la prise de possession de leurs terres. La tendance à la fragmentation, une technique qui s'était révélée tellement efficace pour la survie des sociétés néolithiques indépendantes avant le contact, est devenue, avec l'arrivée des Européens, un outil de domination.

L'habitude européenne de nommer les endroits qu'ils visitaient sans s'occuper de l'usage autochtone fut la première manifestation de cette domination. Elle s'est étendue ensuite aux peuples eux-mêmes, les Amérindiens héritant d'appellations dont ils ne s'étaient jamais servi pour eux-mêmes, qui leur étaient parfois totalement inconnues ou étaient même péjoratives, lorsque leurs ennemis en étaient la source. Colomb, qui croyait avoir atteint les Indes, a lancé la mode en qualifiant d'«Indiens» les habitants du Nouveau Monde. Un bon jeu de mot anglais, en vogue chez les Amérindiens, veut que les gens lui soient reconnaissants de ne pas s'être attendu à arriver en Turquie (le mot anglais «*Turkey*» se traduit soit par «Turquie», soit par «dinde[83]»)!

Deuxième partie

# L'INTRUSION DE L'ÉTRANGER

## CHAPITRE V

# Les Inuits et les Béothuks

Les premiers contacts entre Européens et habitants du Nouveau Monde se sont produits sur une période beaucoup plus longue qu'on ne l'imagine habituellement[1]. Loin d'avoir été confinées à un vague et lointain passé, les premières rencontres se sont poursuivies dans l'histoire présente au coeur du Brésil et dans un passé récent dans l'Arctique (comme d'ailleurs en Papouasie — Nouvelle-Guinée). Sur le territoire actuel du Canada, les premières rencontres à avoir fait l'objet d'un récit raisonnablement acceptable ont débuté avec les Norois vers l'an 1000 et se sont poursuivies aussi tard que la deuxième décennie du XX$^e$ siècle, quand des membres de l'Expédition canadienne dans l'Arctique ont fait la rencontre de bandes isolées de Netsiliks et d'Inuits du Cuivre. Qui plus est, ils étaient parfaitement inconnus du gouvernement du Canada[2]; par contre, ces gens connaissaient l'existence des Blancs, leurs ancêtres ayant eu des contacts avec eux. Trois ans plus tard, en 1918, des agents de la Police à cheval du Nord-Ouest, à la poursuite d'Inuits recherchés pour meurtre, tombaient encore une fois sur des gens n'ayant jamais rencontré de Blancs[3]. En d'autres termes, les premières rencontres avec les Inuits ont eu lieu, avec des interruptions, sur une période dépassant 900 ans. Chez les Amérindiens, la durée de ces rencontres a approché les 400 ans, des Athapascans de l'Extrême-Nord-Ouest étant les derniers à être mis en présence de Blancs, au début du XX$^e$ siècle.

## Qu'est-ce qu'une première rencontre?

Une «première rencontre» est, de toute évidence, définissable de diverses manières. L'historien Urs Bitterli en a établi trois types fondamentaux: le contact, le conflit et les rapports, qui tous trois, admet-il, surviennent rarement sous une forme pure[4]. Le «contact» était une rencontre, la plupart du temps éphémère, entre des Européens et des gens appartenant à une culture non européenne;

habituellement pacifique, il mettait en jeu des manifestations rituelles (cérémonies de plantation de croix, d'érection de mât) qui pouvaient parfois être interprétées comme des menaces et aboutir à des conflits. Le «conflit» tendait à survenir durant les rencontres subséquentes; Bitterli englobe sous cette appellation la transmission de maladies, la traite des esclaves et les systèmes espagnols de *repartimiento* et d'*encomienda*. Le commerce, l'évangélisation et l'administration coloniale caractérisaient les «rapports».

Chaque «contact» pouvait aussi se subdiviser en rencontres originelles, l'un des deux groupes ne connaissant alors absolument rien de l'autre, et en premières rencontres précédées de ouï-dire, de l'apparition de nouveaux objets de commerce à l'intérieur des circuits autochtones, de la propagation d'une nouvelle maladie ou encore d'autres preuves comme des débris abandonnés par des explorateurs. C'est en gardant à l'esprit ces nuances que les «premiers contacts» sont analysés ici.

Les premières rencontres des Européens dans le Nouveau Monde à avoir été relatées ont eu lieu dans l'Arctique oriental, peut-être parfois dans l'île de Baffin, et sur la côte nord-atlantique du Canada d'aujourd'hui. Deux des groupes les plus susceptibles d'avoir été en cause, les Dorsétiens et les Béothuks, ont disparu depuis ce temps.

Les «Skrælings» — de «*Skrælingjar*» (petits, desséchés) — dont ont parlé les Norois étaient probablement Dorsétiens, mais le terme peut aussi avoir servi pour les Béothuks, ces protoalgonquiens vivant à Terre-Neuve et peut-être aussi sur la côte du Labrador. À l'arrivée des Norois, les Dorsétiens, qui habitaient déjà la région 2 000 ans av. J.-C., étaient remplacés par de nouveaux arrivants, les Thuléens. Les Norois ont cru que les Skrælings étaient des êtres tout à fait différents, les classant probablement dans une catégorie semblable aux créatures folkloriques dont ils avaient peuplé leurs forêts nordiques de l'Ancien Monde. Ils les ont qualifié de «trolls» et les ont décrits comme de «très petites personnes» qui, ne possédant pas de fer, «utilisaient des dents de baleines pour leurs pointes de flèches et des pierres tranchantes comme couteaux[5]». Ils sont aussi décrits ailleurs comme des «petits hommes laids», portant sur «leurs têtes une chevelure repoussante. Ils avaient de grands yeux et des joues très larges[6].»

La première illustration connue de ces «petits êtres» est apparue des siècles après le premier contact, sur une carte datant de 1539 dressée par le géographe suédois Olaus Magnus (Olaf Månsson, 1490-1557, archevêque de Suède en 1544). L'artiste a illustré ce que l'imagination populaire semble avoir fait de ces gens: une taille de pygmée, «poilus jusqu'aux dernières phalanges des doigts; et [...] les mâles ont des barbes qui descendent jusqu'aux genoux, mais, malgré leur forme humaine, ils n'ont qu'un faible sens de l'entendement, ou une façon de parler distincte, mais simulent une sorte de sifflement, à la manière des Oies[7]». Cette évocation de la courte stature reste un peu incompréhensible puisqu'il n'y a pas de preuve archéologique à l'appui de l'idée que les Dorsétiens étaient plus petits que les Thuléens. Récemment, des récits de visions de «petits êtres» ont refait surface dans la région de Cambridge Bay, ainsi qu'aux alentours de Yellowknife.

On dit de ces «minichasseurs», robustes et au pied léger, qu'ils fuient la civilisation. On en a même évalué approximativement le nombre: environ 60 ou 70[8].

## Quelques réactions préliminaires

Les premiers récits des Européens ne donnent aucune indication sur ce que les Skrælings ont pensé d'eux. On peut avoir une petite idée de ce qu'ont pu être ces réflexions d'après les récits des réactions des Amérindiens à l'occasion de leurs rencontres initiales avec les Espagnols dans les Caraïbes, à la fin du XVe siècle et au début du XVIe: ces nouveaux arrivants étaient-ils des esprits, ou des «fils du ciel», ou même des «Fils du Soleil[9]»? Les Français supposeront plus tard que l'habitude espagnole de se déplacer armés de pied en cap avait donné cette impression aux Amérindiens[10]. Au Mexique, les hommes venus d'ailleurs ont été identifiés au héros culturel Quetzalcoatl, qui s'était embarqué vers l'Orient longtemps auparavant, tout en promettant de revenir; au Pérou, c'est la divinité ancestrale Viracocha, huitième Inca, qui était disparue en marchant sur les eaux du Grand Océan; dans les deux cas toutefois, des suspicions ont rapidement mené à la constatation que les Espagnols étaient en réalité mortels[11]. Nous possédons le récit d'une première rencontre qui est survenue durant les années 1930 dans les montagnes de Papouasie — Nouvelle-Guinée; les montagnards ont réagi de façon extrêmement émotive en supposant de prime abord que les envahisseurs australiens étaient des esprits d'ancêtres qui revenaient chez leurs parents. La réaction est allée jusqu'à identifier certains individus avec les êtres chers disparus et jusqu'à leur faire un accueil joyeux. L'impression initiale a pris un certain temps à se dissiper; et même après que les choses se fussent calmées légèrement et qu'un élan eût été assuré au commerce, des doutes sont restés à l'égard de la nature des hommes blancs[12]. Un incident au cours duquel des Amérindiens ont cru voir un homme de retour de l'au-delà s'est produit à Ajacán (baie de Chesapeake) en 1570. Les jésuites avaient amené avec eux le fils d'un cacique local dont ils s'étaient emparés plusieurs années auparavant pour l'emmener en Espagne et qu'ils avaient baptisé don Luis de Velasco. La première réaction de ses parents a été de penser que les jésuites l'avaient ramené d'entre les morts[13].

Les récits des Norois sont trop épars pour tirer des conclusions semblables sur les premières impressions éprouvées par les Skrælings, mais ils nous racontent qu'ils étaient désireux d'échanger les produits de leur chasse contre des armes. Cela contraste fortement avec les Papous, beaucoup plus intéressés à se procurer certains types de coquillages qui étaient très prisés comme symboles de condition sociale et représentaient la richesse. Pourtant, dans ces deux cas, le rapport entre Blancs et indigènes a eu pour fondement le commerce, surtout durant la période des premiers contacts, un facteur dont l'importance ne se démentirait pas tout au long de la période coloniale[14]. La présence d'artéfacts européens sur des sites archéologiques arctiques, en particulier des sépultures, a permis d'inférer que les

Norois commerçaient avec les Skrælings. Une figurine de morse, de fabrication inuite, découverte à Bergen dans un contexte datant du XIII<sup>e</sup> siècle, intrigue encore plus; en Norvège, Bergen a servi de port pour le commerce avec l'Islande et le Groenland.

La courte durée des tentatives de colonisation norvégienne au nord de Terre-Neuve et sur les côtes de la terre ferme met en lumière le fait que les «hommes d'os et de pierre» étaient capables de tenir leur bout face aux «hommes de fer» d'avant les armes à feu. Les minces informations que nous possédons sur ces événements révèlent l'existence de quatre expéditions à Leifsbudir (cabanes de Leif, qu'on croit aujourd'hui correspondre au site près de l'anse aux Meadows), sur la pointe nord de Terre-Neuve, et indiquent que des hostilités ont précédé l'abandon des lieux[15]. Une période de refroidissement climatique, qui a annoncé le début de la «Petite Ère glaciaire» (vers 1450-1850 ap. J.-C.[16]), a occasionné des difficultés croissantes aux Groenlandais dans la pratique de leur type traditionnel d'agriculture; vers le milieu du XV<sup>e</sup> siècle, des restes osseux révèlent une diminution de taille faisant croire à une malnutrition endémique. Sur la mer, l'avance de la banquise gênait la navigation qui avait déjà souffert d'irrégularité et avait décru à cause des conditions en Europe. Le transport maritime a fini par stopper, mettant terme aux approvisionnements de provenance norvégienne sur lesquels reposait le mode de vie (et le régime alimentaire) des colons[17]. En se modifiant, le climat a plutôt favorisé les activités liées à la chasse aux mammifères marins des Thuléens qui progressaient vers l'est aussi bien que vers le sud sur la côte nord-atlantique. À l'époque où sir Martin Frobisher (1539?-1594) a entrepris ses voyages d'exploration arctique, soit en 1576, 1577 et 1578, la culture thuléenne était devenue celle des Inuits. Lorsqu'ils ont rencontré Frobisher, ils étaient déjà familiers avec les Européens et leurs navires. Chose sûre, ils possédaient du fer: durant l'une de ses nombreuses disputes avec eux, Frobisher a été atteint par une flèche à pointe de fer. Aucun indice ne révèle qu'ils ont pu se demander si les Européens étaient des êtres surnaturels, ni s'ils se trouvaient sur les côtes de l'Atlantique Nord lorsque Giovanni Caboto y a atterri en 1497. Le choc de la première rencontre paraît s'être dissipé très tôt dans ces régions nordiques, peut-être dès les Norois et peut-être aussi avec des rencontres ultérieures n'ayant jamais été rapportées. Giovanni da Verrazzano (v. 1485-1528), au cours du voyage de découvertes qui le mène en 1524 sur la côte atlantique, de Floride jusqu'à Terre-Neuve, n'a pas fait face lui non plus à la réaction de stupéfaction avec laquelle ont été accueillis les Espagnols dans les Caraïbes; tout au contraire, les gens semblaient plutôt savoir à quoi s'attendre. De deux choses l'une: soit qu'il y a eu auparavant plus de voyages que ceux dont fait mention l'histoire, soit qu'il existait de bonnes communications entre les tribus amérindiennes de la côte, probablement suivant un axe commercial nord-sud.

## Des visites involontaires

L'habitude d'enlever des indigènes pour les ramener en Europe a pris naissance tôt après ces premières traversées et s'est poursuivie tout au long de la période de découvertes européennes[18]. Non seulement l'explorateur ne pouvait-il rapporter arguments plus probants de sa présence sur les terres auxquelles il prétendait, mais on pensait aussi à leur enseigner la langue de leurs ravisseurs et à s'en servir comme interprètes ou guides pour de futures explorations. Pourtant, l'habitude a coûté cher en vies humaines: quand ils survivaient à la traversée de l'Atlantique, les Autochtones succombaient d'ordinaire peu après, en Europe, à cause de conditions de vie et d'une alimentation inhabituelles. Frobisher a ramené un chasseur inuit en Angleterre où il a été présenté comme une «marque de possession», la preuve irréfutable que l'explorateur avait découvert et revendiqué de nouvelles terres pour la reine. Ravie, Élisabeth Ire a accordé à l'Inuit l'autorisation d'abattre quelques cygnes royaux, un privilège sans précédent qui a vu accourir une foule pleine d'étonnement. Pour leur part, dans l'Arctique, les Inuits se sont transmis oralement le récit de l'époque où ils ont reçu la visite des *Kodlunas* (aujourd'hui Kablounâts ou Qallunaat[20]), qui a été relatée par une expédition de visiteurs quelque trois siècles plus tard, en 1861; ils avaient aussi conservé soigneusement de «menus objets dépareillés» abandonnés lors de la visite de Frobisher, comme des morceaux de brique rouge et des anneaux en cuivre[21].

L'Inuit dont s'était emparé Frobisher est mort trop tôt pour apprécier sa nouvelle vie en Angleterre. Les Européens laissés en permanence dans le Nouveau Monde paraissent, dans l'ensemble, avoir connu un meilleur sort, à tel point que certains individus n'ont pas tardé à choisir de rester. Pour des raisons bien évidentes, les récits de ce qu'il est advenu d'eux sont encore moins abondants qu'ils ne le sont pour les gens du Nouveau Monde en Europe. Ceux qui étaient choisis pour ce travail étaient des prisonniers, parfois même des criminels condamnés. Quand ils se voyaient offrir la chance de se racheter, au lieu d'être simplement abandonnés en guise de châtiment, leur tâche consistait à apprendre la langue et les moeurs des gens chez qui ils allaient vivre, de même que tout ce qu'ils pouvaient sur le pays. L'idée consistait à amener ces interprètes à présenter un rapport aux fonctionnaires de leur mère patrie quand ils étaient récupérés quelques années plus tard — si jamais quelqu'un s'en rappelait, ou se préoccupait de le faire. Les Portugais ont agi ainsi au Brésil, à commencer par Pedro Cabral (v. 1460-1526) en l'an 1500 (jamais les Portugais n'ont revu les hommes qu'il a laissés derrière lui). Les Français ont connu au Brésil des succès particulièrement remarquables avec cette pratique en créant un cadre de «truchements» sur place qui sont devenus des facteurs clés dans le fort lucratif commerce français de bois de brésil au XVIe siècle; dans les Caraïbes, ces hommes porteront plus tard le nom de «coureurs des isles» et, au Canada, de «coureurs des bois». Les Danois l'ont aussi fait au Groenland, comme l'a décrit James Hall (m. en 1612) lors de sa traversée de 1605: «Il [le capitaine de frégate danois] laisse à terre un jeune homme devant rester au pays, [abandonné] à son cruel sort, cela fut fait à la demande expresse du *Stathouder* du Danemark, avant sa sortie; avec la pinasse, ils en ont aussi mis un autre à terre, tous deux des malfaiteurs, leur laissant un peu de nécessaire. (*Ces hommes peuvent avoir vécu longtemps après, et peuvent même vivre encore, si les Sauvages ne les ont pas dévorés[22].*)» Hall n'a pas précisé ce que le stathouder danois s'attendait à tirer de ce geste.

## Les impressions des Anglais

C'était l'habitude de ces premiers explorateurs anglais d'appeler les Inuits «*Sauvages*» ou parfois «*Indians*» — au XVIIIe siècle; ils employaient aussi fréquemment l'expression «*Esquimaux Indians*». On disait d'eux qu'ils «mang[eaient] leur viande crue» et aussi qu'ils «mang[eaient] de l'herbe comme des bêtes bruyantes, sans table ni siège, et quand leurs mains [étaient] ensanglantées, ils les [léchaient] avec leur langue». Bien qu'ils eussent été jugés «fort accomodants» et «faciles à amener à la civilité», on les tenait également pour «idolâtres et sorcières», des accusations sérieuses à une époque où les Européens menaient vivantes au bûcher des sorcières et où les chrétiens avaient tendance à tenir *ipso facto* tout païen pour ennemi. Les Anglais paraissent aussi avoir cru, à l'instar de l'ensemble des Européens, que tous les habitants du Nouveau Monde étaient cannibales, une généralisation trop promptement admise à partir d'anciens récits de pratiques anthropophages dans les Antilles, au Mexique et au Brésil. Par la suite, les récits se sont faits plus colorés: l'interprète d'origine canadienne et commis de poste de traite Nicolas Jérémie (1669-1732) raconte que «quand ils tuent ou s'emparent de quelques-uns de leurs ennemis, ils les mangent crus et boivent leur sang. Ils en font même boire à des enfants au sein, de telle sorte qu'ils inspirent en eux l'ardeur barbare de la guerre dès leur plus tendre jeunesse[23]».

La chasse à la baleine a été à l'origine du contact soutenu le plus intime qui se fût créé entre les Autochtones de l'Arctique Est et les Européens durant cette période. Elle a débuté le long de la côte du Labrador et du détroit de Belle Isle, là où les Inuits ont rencontré d'abord les baleiniers basques, puis les français. Ces rencontres ont initié les Européens aux techniques inuites de chasse à la baleine en haute mer qui ont été, du XIIIe au XVIIe siècle, les plus avancées du monde. Leur association avec les navires hauturiers européens a mené à l'efflorescence de cette chasse à l'échelle mondiale[24]. À l'origine, les rencontres Blancs-Inuits se sont conformées au modèle de la traite et du pillage. Rien ne permet de savoir si ce comportement s'est étendu au détroit de Davis, où des baleiniers hollandais, danois, norvégiens et écossais chassaient irrégulièrement au large du Groenland; nous savons que, durant la première moitié du XVIIIe siècle, les Inuits ont travaillé de temps à autre avec les Européens qui intensifiaient alors leurs activités baleinières. Cette collaboration allait atteindre sa pleine expansion pendant le XIXe siècle, après le déplacement des opérations dans le nord-ouest de la baie d'Hudson et le début d'une participation majeure des Étatsuniens; la chasse à la baleine allait se poursuivre jusque durant la première décennie du XX$^e$ siècle. La diminution des troupeaux a eu de graves conséquences sur l'activité hauturière des Inuits et les a conduits à changer leurs types de chasse. Sous un angle plus positif, soulignons que son environnement nordique protégeait le territoire inuit que les Européens trouvaient rebutant au plus haut degré; ce ne sera que dans la seconde moitié du XX$^e$ siècle que se produira une véritable intrusion sur les terres de la population la plus septentrionale du Canada.

## Quelques échanges commerciaux isolés

À l'exception des rencontres entre Norois et Skrælings, presque tous les premiers contacts semblent avoir mis en cause les Inuits. Comme les chroniqueurs de voyages au long cours ne faisaient pas de nuances dans leurs écrits sur les «sauvages», il s'agit d'une déduction fondée sur le lieu du contact ainsi que sur de maigres descriptions ethnographiques. Le premier à prendre contact avec des Amérindiens subarctiques paraît avoir été Henry Hudson (*circa* 1607-1611), à la baie James, en 1611, soit près d'un siècle après que les rencontres se fussent poursuivies sans discontinuer avec les Autochtones de la côte nord-atlantique. La rencontre a été brève: un Cri s'est présenté, seul, et, après lui avoir donné quelques gages d'amitié, on l'a laissé s'en retourner avec les peaux de deux cerfs et de deux castors qu'il proposait d'échanger. Les Anglais ont voulu lui rendre service; quand ils ont montré leur envie de négocier, le Cri a accepté de parlementer, mais a fait signe que ça ne le satisfaisait pas; reprenant ses affaires, il s'en est allé, sans retour. Ce comportement révèle que le Cri avait une bonne idée du prix du marché auquel il pouvait s'attendre tout comme du protocole commercial à suivre, qui correspondait peut-être à celui de réseaux indigènes qui s'étiraient à cette époque dans l'axe nord-sud aussi loin au nord qu'à la baie James. L'agent principal de la Hudson's Bay Company, Andrew Graham (vers 1733-1815), a rapporté que les premiers Amérindiens à commercer avec les Européens à la baie d'Hudson étaient un sous-groupe oriental de Cris appelés Oupeeshepows[25]. Il a aussi mentionné qu'«ils racontent l'arrivée et l'hivernage du regretté capitaine Henry Hudson, tels que la tradition de leurs ancêtres les leur ont transmis[26]». Du côté des Cris, le souvenir de leur premier trafic avec les Anglais diffère de façon ahurissante. Ils rappellent que, lors d'un épisode qui semble s'être déroulé à une époque plus tardive et avoir mis en cause un groupe au lieu d'un seul individu, les Anglais, qui désiraient se procurer leurs habits de fourrure, les ont persuadés d'échanger ceux qu'ils avaient sur le dos en retour de vêtements anglais[27]. Les explorateurs John Davis (1550?-1605) et Jacques Cartier ont relaté des incidents semblables, mais en renversant toutefois les rôles: à leurs yeux, les Amérindiens étaient si désireux de commercer qu'ils se défaisaient volontairement des habits qu'ils portaient, et même pas nécessairement en échange de vêtements européens.

Hudson paraît avoir eu plus envie de rencontrer des Amérindiens que ces derniers n'en avaient de se trouver en présence d'Anglais après l'épisode du Cri solitaire. Ses mobiles étaient simples, «parce qu'il était persuadé que s'il se trouvait en présence de Sauvages, il devrait avoir des rafraîchissements de viande fraîche et cela en grande quantité». Il fut déçu puisque, «quoique les Habitants eussent mis le feu à la forêt à son approche, ils ont de plus refusé de venir vers lui[28]». John S. Long nous a rappelé que l'irrégularité des échanges commerciaux n'a pu donner naissance à des rapports continus à cette époque et que la violence a trop souvent caractérisé les contacts l'un après l'autre, même si ceux du début avaient d'habitude été paisibles. Il relate une tradition orale des Cris de l'embouchure du fleuve Churchill qui percevaient d'étranges signes et rencontraient ensuite des Blancs qui les invitaient à bord de leurs bateaux. Ils ne craignaient pas d'accepter, parce que d'après «l'expression sur la figure des étrangers, ils pouvaient dire qu'ils étaient les bienvenus à bord[29]».

La présence de Blancs dans les zones arctiques et subarctiques peut avoir eu plus d'effet sur les Autochtones que la fréquence des contacts directs ne l'a laissé entrevoir, comme le montrent les conséquences de la chasse côtière à la baleine. Depuis leurs premiers pas dans cette région, les hommes blancs avaient souvent affronté des désastres les forçant à abandonner des fournitures et du matériel, et parfois même leurs bateaux. Pour les Inuits et les Amérindiens, cela a pu représenter de gros profits en tant que sources d'articles rares comme le bois et le fer. Nous ne connaissons pas les effets de cette soudaine disponibilité sur les groupes autochtones à une époque primitive; toutefois, une étude de l'anthropologue Clifford G. Hickey, portant sur une situation similaire causée par l'abandon en 1853 de l'*Investigator*, de la marine royale britannique, au nord de la terre de Banks, fait croire que l'influence a pu être considérable, à la fois sociologiquement et économiquement. Dans ce cas, un accès soudain à la richesse a modifié les alignements sociaux et les structures de réciprocité qui, à leur tour, ont influencé les types de chasse[30]. De la même manière, dans la Papouasie — Nouvelle-Guinée du XXᵉ siècle, une richesse soudaine sous forme de coquillages importés a eu des conséquences politiques et sociales profondes.

Hormis les Inuits, les Autochtones nord-américains de la terre ferme qui possèdent la plus longue histoire de rapports avec les Européens sont les Amérindiens de la côte nord-atlantique. Elle remonterait à la visite de Cabot, soit une période située entre les deuxième et troisième traversées de Colomb ou au tout début de la colonisation espagnole des Antilles. On pourrait tout au mieux dire de ce contact qu'il fut accidentel, du moins à l'origine, vu que les Européens n'étaient pas venus s'établir dans ces régions nordiques (qu'ils trouvaient à peine moins attrayantes que l'Arctique), mais plutôt pour exploiter les très riches bancs de pêche, les troupeaux de baleines fréquentaient le détroit de Belle Isle et les colonies de morses des îles de la Madeleine, dans le golfe du Saint-Laurent. Comme le pétrole aujourd'hui, l'huile rapportait à cette époque beaucoup d'argent, et, avec l'adoption des techniques de chasse inuites, la baleine, ainsi que le morse, en était devenue la première source d'approvisionnement. La forte demande en poisson découlait d'un calendrier religieux européen comptant 153 jours maigres par année. L'exploitation des ressources marines, en particulier la pêche à la morue, ne comportait pas ce type de contact direct ou soutenu avec la population autochtone qu'exigerait plus tard la traite des fourrures; elle n'empiétait pas non plus sur l'utilisation de ses terres dans la même mesure que la colonisation, même si, comme nous l'avons vu précédemment, des problèmes surgiraient aussi dans ce domaine. Aussi longtemps que les fourrures n'ont pas été commercées pour de bon et que la colonisation européenne n'a pas été amorcée, les allées et venues occasionnées par les pêcheries (une notion incluant la chasse à la baleine et au morse) ont permis aux Amérindiens et aux Européens de mener leur propre style de vie sans trop tenir compte les uns des autres. Dès 1600, les Inuits s'étaient répandus le long de la côte labradorienne, où ils ont été la source d'hostilités sporadiques au cours du régime français. Pendant la dernière décennie du XVIIᵉ siècle, la plupart des colons français, au nombre d'environ 40 familles, s'étaient établis sur la côte sud, tandis que les Anglais étaient éparpillés le long de la côte est, dans une trentaine de ports et d'anses ne comptant parfois qu'une seule famille[31]. Durant la seconde partie du XVIIIᵉ siècle, sous la domination britannique, non seulement la colonisation s'était-elle étendue encore plus, mais les trappeurs blancs faisaient concurrence aux Inuits pour les fourrures et les ressources en gibier. L'hostilité grandit, chacun razziant et tuant si la chance se présentait. Les Inuits avaient l'avantage d'un vaste arrière-pays inhospitalier aux Européens où ils pouvaient se mettre à l'abri. En 1764, la situation était telle que sir Hugh Palliser, gouverneur de Terre-Neuve de 1764 à 1768, a dû faire proclamer le traitement en amis des «Indiens esquimaux[32]».

### Les épreuves des Béothuks

Les Béothuks ont eu moins de chance. Nous ne savons que peu de chose sur ces chasseurs archaïques de la mer et de la terre; même leur langue, qui pourrait être une variante protoalgonquienne, reste incertaine. Ils paraissent avoir été associés avec les Inuits, puisque les deux peuples ont partagé un cimetière dans le nord-est de Terre-Neuve. Compte tenu de l'hostilité traditionnelle qui existait entre les Inuits de la toundra et les Amérindiens de la forêt boréale à l'époque historique, ces sépultures donnent lieu à bien des conjectures, mais n'offrent aucune réponse.

Dès leurs premières rencontres, les Européens ont décrit les Béothuks comme «inhumains et sauvages». Toutefois, au début, une tolérance — ou peut-être une distance — mutuelle s'est installée, et les Basques ont laissé leurs agrès et leurs bateaux dans des ports de pêche à la baleine tout l'hiver sans subir de dégâts. Contrairement à ce qui s'est produit dans l'Arctique, où l'industrie baleinière avait fourni une base restreinte de collaboration entre Européens et Inuits, aucun intérêt commun n'a surgi entre Européens et Béothuks. Les premières tentatives de tractations commerciales n'ont abouti qu'à l'incompréhension et à la violence. Des incidents hostiles ont dégénéré en une inimitié qui a rempli d'amertume les deux parties, étant donné que toute expansion du séchage du poisson signifiait que les pêcheurs avaient besoin de plus d'espace sur les rivages pour leurs claies; ils les installaient souvent à des endroits appréciés par les indigènes pour la pêche en été. L'irritation croissante entre ces deux groupes n'est que trop évidente dans les informations qui sont parvenues jusqu'à nous. Selon Jean Fonteneau, dit Jean Alfonse (1483?-1557?), prestigieux navigateur français qui s'est embarqué avec Cartier, les Béothuks n'avaient «pas plus de Dieu que les bêtes et [étaient] de mauvaises gens». Le poète Pierre Crignon (v. 1464-1540) ne s'est pas montré plus tendre: «Entre le cap Race et le cap Breton vit un peuple cruel et primitif avec lequel nous ne pouvons ni commercer ni converser[33].»

Les Béothuks se sont retirés le plus loin possible à l'intérieur de l'île, réapparaissant de temps à autre lors de leurs migrations cycliques pour revenir à leur exploitation traditionnelle de la mer seulement quand la présence des Européens ne les gênait pas trop; autrement, ils volaient tout le matériel de pêche européen qu'ils pouvaient trouver. L'archéologue Laurie MacLean a déclaré posséder des preuves que les Béothuks faisaient subir un traitement thermique au fer qu'ils obtenaient des Européens[34]. Au commencement du XVIIe siècle, l'un des plus célèbres «amiraux de pêche» des Grands Bancs, sir Richard Whitbourne (v. 1579-1626), a relaté que les opérations avaient été entravées «parce que les Sauvages du pays [...] chaque année, viennent en secret dans la baie de Trinité et le port, la nuit, dans le but de voler les voiles, les lignes, les hachettes, les hameçons, les couteaux et d'autres objets». Ayant remarqué le petit nombre des Autochtones (leur population a été estimée à diverses reprises entre 500 et 1 000 individus), il s'est demandé si des missionnaires ne pourraient pas aider à les mener au diapason d'une certaine idée européenne de la civilité[35]. Pourtant, aucun ne fut jamais envoyé; l'un des rares colonisateurs du début qui ont tenté d'établir des rapports durables, John Guy (mort v. 1629), n'a vécu à Terre-Neuve, sporadiquement, que quelques années, soit de 1610 à 1614.

Après le début de la colonisation, les querelles se sont transformées en saison de chasse ouverte contre les Béothuks. Le fait que, après la première moitié du XVIIe siècle, les pêcheurs du pays de l'Ouest opposés à la colonisation ont usé de leur influence pour amener le Parlement à restreindre, sinon à bannir véritablement la colonisation, n'a pas aidé la situation. Non seulement l'administration officielle se faisait-elle au gré des circonstances, mais seule l'industrie de la pêche en profitait. Ce n'est qu'en 1824 que Terre-Neuve a été proclamée colonie. Il ne restait alors pour ainsi dire plus aucun Béothuk; la dernière représentante connue, Shawnadithit, est morte en 1829[36].

On pourrait soutenir que ce n'est pas surprenant si les choses se sont déroulées ainsi, l'administration de l'île s'y étant tellement faite au petit bonheur durant les quelque 300 années où les Béothuks ont été chassés; mais dans le cas d'une autre colonie insulaire, celle de Tasmanie, dont l'histoire en tant que colonie pénitentiaire a débuté en 1803, l'extermination des indigènes s'est faite encore plus rapidement — le dernier Tasmanien de race pure, une femme encore une fois, est mort en 1876, moins d'un siècle plus tard.

Dans les deux cas, parce qu'ils habitaient des îles, les lieux de refuge étaient limités, ce qui signifiait qu'aucun choix ne s'est offert à eux lorsque leurs modèles traditionnels de subsistance ont éclaté. Dans les deux cas, la maladie est venue aggraver ces problèmes; chez les Béothuks, la tuberculose exerçait ses ravages. Aux deux endroits, les intérêts des colons se sont trouvés en concurrence avec ceux des indigènes, au point de mener à un conflit déclaré. Dans les deux cas encore une fois, les droits des indigènes avaient été considérés comme étant de moindre importance que ceux des colons, même quand la situation officielle de ces derniers n'était pas juridiquement établie, comme à Terre-Neuve.

Les premiers contacts ont constitué un processus ininterrompu qui s'est prolongé dans les diverses régions du pays jusqu'au milieu du XIX$^e$ siècle et, dans certains cas isolés tels les Inuits de Pond Inlet et certains Dènès, jusqu'au milieu du XX$^e$ siècle. Jamais au Canada on n'a enregistré de réactions autochtones comparables à celles des Antillais et des Mexicains, qui se sont demandés si les Européens étaient des esprits de revenants. La documentation que nous possédons sur le Canada reste muette à ce sujet. Il semble clair, toutefois, que les premiers contacts entre l'Amérique du Nord continentale et l'Europe se sont produits dans l'Arctique et sur les rives de l'Atlantique Nord. Bien que nous ne connaîtrons probablement jamais les détails de ces rencontres, leurs conséquences, comme la disparition des Béothuks, resteront gravées pour toujours dans l'histoire du Canada.

CHAPITRE VI

# Sur le littoral oriental
# du continent

## Les Iroquoiens du Saint-Laurent

C'est passablement après les Béothuks que les Iroquoiens du Saint-Laurent, établis dans la vallée, rencontrent des Européens, mais ils semblent avoir subi les conséquences de ce contact encore plus vite. Dans ce cas-ci pourtant, non seulement les Européens n'ont rien à voir directement dans ce qui s'est passé, mais il n'est même pas sûr qu'ils y ont joué un rôle, et ces événements restent encore mal connus.

La plus ancienne mention connue de ces Iroquoiens est celle de Cartier qui, en remontant la côte gaspésienne à l'occasion de son premier voyage en Canada (1534), rencontre un groupe censé provenir de Stadaconé, un village situé sur l'emplacement actuel de Québec.

> Et estoient, tant homes, femnes que enffans, plus de deux cens personnes, qui avoyent envyron quarante barques, lesquelz, après avoyr ung peu [practiqué] à terre avecques eulx, venoyent franchement avec leurs barques à bord de noz navyres [...]. Ilz sont tous nudz, réservé ung petite peau, de quoy il couvrent leur nature, et aulcunes vielles peaulx de bestes, qu'ilz gestent sur eulx en escharpes [...]. Ilz ont la teste truzée à reons, tout à l'entour, réservé ung rynet en le hault de la teste, qu'ilz laissent long, comme ung queue de cheval, qu'i lyent et serrent sur leurs testes en ung lappin, avec de coroyes de cuyr.

Malgré la grande joie qu'ont démontrée ces hommes lors de leurs rencontres avec les Français, «ils ont fait retirer dans la forêt toutes les jeunes femmes, à l'exception de deux ou trois qui sont restées, auxquelles nous donnâmes chacune un peigne et une clochette d'étain, ce qui leur fit grand plaisir, remerciant le capitaine en lui frottant les bras et la poitrine avec leurs mains[1]».

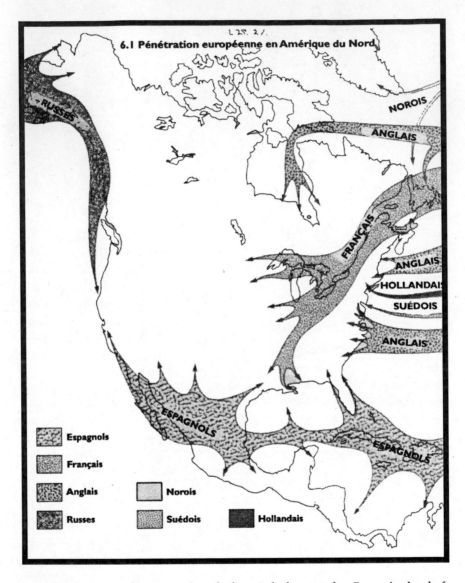

6.1 Pénétration européenne en Amérique du Nord

Espagnols

Français

Anglais          Norois

Russes          Suédois          Hollandais

Devant cette démonstration de bonté de la part des Français, le chef iroquoien invite les femmes à se montrer pour qu'elles aient droit, elles aussi, à des présents. Par ce début de bon augure, les dispositions amicales manifestées de part et d'autre se conforment au modèle général des rencontres initiales entre Amérindiens et Européens. Ni les uns ni les autres ne parviendront à maintenir une telle qualité de rapports, surtout après l'enlèvement par Cartier des deux fils du chef Donnacona (Donnakoh-Noh; m. en 1539), Taignoagny (Tayagnoagny) et Domagaya, afin de les emmener en France. Les deux jeunes hommes — connus seulement par leur nom iroquoien et apparemment pas baptisés — sont très chanceux, puisqu'ils endurent la traversée, survivent à leur séjour en France et reviennent dans leur village natal l'été suivant; les chances pour que cela se produise au XVIᵉ siècle étaient très faibles. Leur bonne étoile les abandonnera et ils ne reviendront pas de leur seconde et bien involontaire traversée de l'Atlantique, en 1542.

Cartier est meilleur navigateur que diplomate, comme l'indiquent clairement ses rapports avec les Stadaconéens. L'explorateur est convaincu d'avoir «découvert» le Canada[2], ainsi qu'on appelait la rive nord du golfe du Saint-Laurent, et il a érigé des croix de prise de possession dans la péninsule gaspésienne et à Stadaconé. S'il agit ainsi, c'est qu'il en a reçu l'ordre officiel; du point de vue européen, les Amérindiens, dénués de structure étatique, ne peuvent pas être classés comme des habitants détenant un titre de propriété reconnaissable[3]. Ironiquement, des récits publiés plus tard en France décriront Stadaconé comme le siège d'une résidence royale[4]. Cartier démontre bien son manque de considération envers les Stadaconéens quand il décide, lors de sa deuxième traversée, de remonter le fleuve contre leur volonté et en violation de leur droit coutumier à un monopole sur le commerce d'amont; de plus, avant de repartir, il enlève Donnacona et d'autres chefs pour les emmener en France. Cartier ne remet à la voile qu'en 1541; il amène avec lui des colons qui doivent fonder une colonie sous la conduite du lieutenant général Jean-François de La Rocque de Roberval (v. 1500-1560) qui, lui, n'arrive pas avant l'année suivante. Entretemps, Cartier paie les pots cassés lors de ses visites précédentes: les Stadaconéens sont maintenant hostiles, «venant quotidiennement l'importuner» et tuant ses hommes[5]. Cartier abandonne au bout de dix mois et rentre au pays avec sa fameuse cargaison de minerais censément précieux, qui donneraient naissance à la fameuse expression «Faux comme diamants de Canada» et de pyrite de fer, qu'on qualifierait plus tard d'«or des fous». Les choses ne vont pas mieux pour Roberval. Trop dur envers ses hommes, il aggrave la situation en maltraitant les Amérindiens; à bout de ressources, il n'a plus d'autre choix que de suivre l'exemple de Cartier et il repart moins d'un an plus tard[6]. La première tentative française de colonisation dans le Nouveau Monde n'a pas duré deux ans (1541-1543).

Les Iroquoiens du Saint-Laurent sont des agriculteurs qui, d'après leur situation sur les bords du fleuve, comptent à divers degrés sur la pêche et la chasse aussi bien que sur l'agriculture pour leur subsistance. Leur mode de vie tient à la fois de celui des chasseurs algonquiens du nord et de celui des Hurons ou des Cinq-Nations; par exemple, les Stadaconéens, géographiquement défavorisés sur le plan agricole, s'approchent plus des premiers, tandis que les Iroquoiens d'Hochelaga (où se trouve aujourd'hui Montréal) sont plus évolués en matière d'agriculture et ressemblent par conséquent plus aux seconds[7]. Ils vivent tous bien, stockant quantité d'aliments pour les mauvaises saisons. C'est ce qu'atteste une observation de Cartier, à la suite de quelques remarques sur les provisions de maïs, de fèves, de gros concombres et d'autres fruits des habitants d'Hochelaga:

Ilz ont aussi de grandz vaisseaulx, comme thonnes, en leurs maisons, où ilz mectent leur poisson, savoir: anguilles et aultres qu'i[lz] seichent à la fumée durant l'estée, et en vivant l'yver; et de ce font ung grant amatz, comme avons veu par expérience. Tout leur vivre est sans aucun goust de sel[8].

Cartier dénombre sur la rive nord du fleuve 14 villages, dont Hochelaga semble le plus grand, avec environ 50 maisons longues et une population de 1 500 habitants. Tout comme Stadaconé, Hochelaga sera plus tard décrit en termes pompeux: dans le récit de l'historien François de Belleforest (1530-1583), ses maisons longues deviennent des palaces de bois, et le village une ville rivalisant de splendeur avec Moscou[9].

À l'époque de la fondation de Québec (en 1608) par Samuel de Champlain (v. 1570-1635) sur l'emplacement de Stadaconé, il ne reste aucun de ces villages; et au lieu des Iroquoiens, il ne se trouve que quelques rares bandes de chasseurs montagnais. Comme les jésuites le relateront plus tard, «là n'est plus aujourd'hui le langage qui s'y parloit au temps de Jacques Quartier, qui y fut il y a quatre-vingts ans[10]». Champlain entend parler de récits de guerres le long du Saint-Laurent; les Mohawks sont censés avoir été les agresseurs. Cela est confirmé, au moins partiellement, par des délégués des Cinq-Nations qui racontent à Champlain en avoir assez de la guerre qui fait rage depuis plus de 50 ans[11]. Elle a donc dû débuter vers 1570. En supposant que les conflits aient entraîné la dispa-rition des villages laurentiens, ces récits concorderaient avec celui du neveu de Cartier, Jacques Noël (circa 1541-1585), qui, en visite à l'île de Montréal en 1585, a escaladé le mont Royal comme son oncle l'avait fait 50 ans auparavant, mais n'a rien trouvé à dire sur un quelconque village amérindien à cet emplacement, là où Cartier avait été accueilli avec tant de ravissement[12].

Stadaconé doit avoir joué un rôle clé dans ces conflits. Suivant une coutume partagée par les Amérindiens avec les Européens et d'autres peuples de la terre, sa position à l'embouchure du Saint-Laurent lui donne le droit de contrôler le commerce d'amont. Lorsque Cartier tente, lors de son deuxième voyage, de passer outre à cette règle, il met sérieusement à l'épreuve ses relations avec les Stadaco-néens qui parviennent tout de même au bout du compte à protéger leur position, fermant ainsi l'amont aux Européens[13]. Certains produits européens atteignent apparemment petit à petit l'intérieur du pays en empruntant les circuits de traite autochtones, mais l'offre ne parvient pas à satisfaire une demande croissante. Ce serait en particulier le cas des haches en fer, tenues en si haute estime et si rares qu'avec du grès on les recoupe laborieusement en minces lames en forme de ciseau[14]. L'archéologue Bruce G. Trigger suppose que la difficulté d'approvision-nement de ces articles peut avoir exaspéré les Cinq-Nations, surtout les Agniers (aujourd'hui appelés Mohawks), qui durant le XVIe siècle n'ont pas accès directe-ment au commerce européen, mais sont fort bien conscients de la présence de voisins plus favorisés. Ils ont donc recours à la guerre pour obtenir ce que des moyens pacifiques ne peuvent leur apporter et ils attaquent les villages qui ferment l'entrée du Saint-Laurent, en particulier Stadaconé. Le fait qu'en 1581 les Européens sont de nouveau capables de remonter le fleuve et qu'ils ne font pas mention de Stadaconé atteste des succès agniers. Jusqu'à l'époque où Champlain arrive sur les lieux, les Amérindiens désertent le fleuve, à l'exception de quelques bandes de guerriers agniers nomades qui sèment une telle terreur que ni les Algonquins ni les Montagnais n'osent exploiter l'abondant gibier de la région. Même encore à cette époque, seule la guerre permet aux Agniers d'obtenir des haches; en 1609, Champlain remarque qu'un groupe d'Iroquois est muni de ces «meschantes haches qu'ils gaignent quelquefois à la guerre, & d'autres de pierre[15]».

À ceux qui peuvent prétendre qu'une guerre d'une telle ampleur est improbable à une époque aussi ancienne, des preuves archéologiques laissent entrevoir le contraire; la fin de la période préhistorique semble avoir vu les conflits atteindre des proportions imposantes[16]. Dans le récit qu'il fait de sa deuxième traversée, Cartier rapporte que 200 Stadaconéens ont été tués dans un combat avec les Micmacs deux ans auparavant[17]. Comme les Stadaconéens fréquentent d'habitude les rivages gaspésiens pour la pêche d'été, il peut y avoir eu rivalité pour l'accès aux ressources maritimes; il est aussi possible que le commerce y ait joué un rôle. Les hostilités traditionnelles avec les Micmacs, associées aux changements climatiques dus à la petite ère glaciaire, dont les effets ont été catastrophiques pour une agriculture aussi septentrionale, ont pu aggraver les difficultés pour les Stadaconéens au point de les rendre incapables de résister aux attaques des Agniers. S'ajoute à cela la probabilité d'épidémies introduites par les Européens qui ont pu entraîner un bouleversement social aussi loin à l'intérieur du pays qu'Hochelaga. Comme le fait toutefois observer Trigger, les données archéologiques amassées apportent toujours plus d'eau au moulin de la même théorie, celle du dynamisme des Iroquoiens à la fin de la période précédant les contacts. Des changements sociaux et culturels, profonds et à grande échelle, étaient déjà en cours longtemps avant l'arrivée des Européens; les événements subséquents peuvent n'être que la suite de ces phénomènes ou développements qui n'auraient été influencés, au mieux, que de façon mineure par les facteurs associés aux Européens[18]. Les témoignages existants amènent à conclure au repli des Iroquoiens du Saint-Laurent vers l'ouest, où ils auraient rejoint les Wendats (Confédération des Hurons[19]).

## Les Innus (Montagnais-Naskapis)

À l'encontre des Béothuks et des Stadaconéens, les Montagnais-Naskapis (de langue algonquienne) et les Micmacs réussissent relativement bien à s'arranger avec les Européens. Les Innus (nom collectif pour les Montagnais-Naskapis) pourraient avoir fait des signaux de fumée à Cartier à l'embouchure du détroit de Belle Isle, au nord du golfe du Saint-Laurent. L'incident s'est produit lors de sa première traversée (1534):

[...] auquel lieu vismes des fumées que les gens de ladite terre faisoient sur ledit cap. Et pource que le vent chargeoyt à la couste, n'y aprochasmes, et eulx, voyans que n'y aprochions, viendrent avec deux barques, environ douze hommes, lesquelz vindrent aussi franchement à bord de nos navyres comme s'ilz eussent esté françoys[20].

La perspective du commerce européen a attiré sur la côte ces chasseurs du nord de l'arrière-pays. D'après leurs propres traditions, en particulier celles des Montagnais, ils ont été repoussés dans la zone subarctique par les Iroquois avant l'arrivée des Blancs. Montagnais et Naskapis possèdent en commun une culture archaïque fondée sur l'économie de la taïga. Les Naskapis du Labrador exploitent les ressources de la mer aussi bien que le caribou; habitant les denses forêts de l'intérieur, les Montagnais comptent principalement sur l'orignal (élan d'Amérique) en hiver et sur la pêche en eau douce en été. Pourtant, leurs mouvements sont nombreux et constants, et les Montagnais se rendent aussi loin que Terre-Neuve[21]. La bande montagnaise qui autorise Paul Le Jeune, supérieur des jésuites de Québec de 1632 à 1639, à hiverner avec elle en 1633-1634, le met en garde: «[...] ils me disoient que serons quelquefois deux jours, quelquefois trois sans manger, faute de vivre, prends courage, *Chihiné*, aye l'ame dure resiste à la peine & au travail, garde toy de la tristesse, autrement tu seras malade[22].»

Les Naskapis combattent les Inuits, et les Montagnais les Iroquois. Quand Champlain rencontre pour la première fois des Montagnais à Tadoussac en 1603, ils célèbrent une victoire sur les Iroquois avec leurs alliés algonquins et malécites. Ces incursions et contre-attaques se poursuivent jusqu'au milieu du XVIIe siècle. À l'époque, Champlain se joint aux célébrations de la victoire à l'invitation du chef montagnais Anadabijou (*circa* 1611) et conclut avec lui et les siens un pacte d'amitié en vertu duquel les Français peuvent s'établir en pays montagnais, mais sans qu'il soit question d'un droit de propriété[23]. C'est le fils héritier d'Anadabijou, Miristou, appelé plus tard Mahigan Aticq Ouche («Loup» et «Cerf» traduisant à la fois la cruauté et la douceur; mort en 1628), qui va donner suite à ces rapports. La conclusion d'une alliance suivant le rite amérindien — selon lequel, en fait, l'assemblée constitue elle-même le traité — est conforme à une pratique que les Français ont mise au point un siècle auparavant au Brésil et qui les a grassement récompensés avec le commerce du bois de teinture. Au Canada, la traite des fourrures leur rapportera tout autant; les fourrures canadiennes ont acquis une nouvelle importance après 1583, date de la prise par les Suédois de Narva, le port balte où sont chargées les fourrures russes destinées à l'Europe occidentale. Les Français sont aussi prompts à tirer avantage de cette nouvelle source de fourrures qu'ils l'ont été dans le cas du bois de teinture brésilien; ils le font d'ailleurs en suivant la même technique, soit en concluant des alliances avec les Amérindiens qui ont la haute main sur la matière première. Comme au Brésil, ils adoptent le protocole diplomatique amérindien et négocient leurs accords au moyen de distributions de présents accompagnées de banquets et de discours. Pour faire durer ces ententes, il faut réitérer ces occasions qui finissent par prendre un caractère annuel. Dans l'esprit des Français, une alliance n'est efficace que dans la mesure où elle est comprise et respectée par les deux parties; les contrats écrits, courants en Europe, n'ont aucun sens pour les Amérindiens. Les seules ententes écrites entre Français et Amérindiens à avoir survécu ont été conclues avec des ennemis, le plus souvent avec des alliés des Anglais.

Les Montagnais trouvent un intérêt particulier à soigner leurs rapports avec les Européens, puisque Tadoussac, à l'embouchure du Saguenay, dans l'estuaire du Saint-Laurent, fait partie de leur territoire. Sa situation en bordure méridionale de la taïga et au nord de la zone cultivable, en plus de sa facilité d'accès, en a fait depuis des temps immémoriaux un lieu de rassemblement très prisé par les chasseurs du Nord et les agriculteurs du Sud désireux d'échanger des biens. À l'instar des Stadaconéens sur le Saint-Laurent, les Montagnais, grâce à leur position de domination à Tadoussac, restent maîtres du commerce d'amont du fjord. Vu que les forêts septentrionales n'exercent que fort peu d'attrait sur les Européens de cette période, même en tenant compte qu'elles recèlent les plus belles peaux, et puisque les Stadaconéens ont fermé la navigation fluviale en amont, la situation des Montagnais à Tadoussac se révèle très lucrative, à mesure qu'un nombre croissant de navires européens viennent y commercer. Tadoussac constitue un débouché pour les réseaux intérieurs d'échanges qui s'étirent aussi loin que la baie James au nord et les Grands Lacs à l'ouest[24]. Ils vont d'ailleurs profiter de cette position durant plus d'un demi-siècle, soit jusqu'à ce que la fondation de Québec, en 1608, permette de les contourner, près de trois décennies après la réouverture du Saint-Laurent. À son apogée, le port de Tadoussac peut compter jusqu'à 50 navires en même temps durant la saison de commerce estival. Au cours de la deuxième décennie du XVIIe siècle, on estime qu'au moins 1 000 navires viennent chaque année pêcher et commercer sur les côtes de l'Atlantique Nord et dans le golfe du Saint-Laurent[25]. Pour les Amérindiens du Nord, le filon est d'autant plus riche que les Français se concurrencent (la compétition entre marchands de La Rochelle, de Dieppe et de Saint-Malo est si enthousiaste que la situation frôle la guerre civile) et tentent tous de surpasser les Hollandais[26]. À l'époque, Amsterdam est le premier centre financier de l'Europe, et le centre de transbordement des peaux de castor devant être apprêtées se trouve en Russie. Malgré l'importance de Tadoussac dans ce commerce en croissance, les Français n'y fondent un poste permanent qu'en 1599.

Pourtant, les Européens ne font pas que tirer de substantiels profits de ce commerce; environ deux siècles plus tard, en 1787, le géographe et arpenteur David Thompson (1770-1857) note que les biens de commerce européens, dans l'Extrême-Nord-Ouest,

> [sont] de faible valeur monétaire, mais de grande utilité pour les Indiens; tout [ce qui] est troqué profite aux deux parties, mais plus aux Indiens qu'à nous. Nous leur avons pris des peaux sans utilité pour eux et qui devaient être transportées sur une immense distance et [courir de nombreux] risques avant de pouvoir être vendues sur le marché

de Londres. Voyez la femme d'un Indien qui coud leurs vêtements de cuir avec un os pointu cassant ou une épine bien affilée et le temps et la difficulté que cela représente. Montrez-leur un poinçon ou une aiguille solide et ils donneront avec joie leur plus belle peau de castor ou de loup pour se la procurer[27].

Il ne faut pas entendre par là que les façons traditionnelles de faire les choses sont abandonnées d'un seul coup ou que la vie indigène se trouve complètement changée en une génération, comme on l'a trop souvent déclaré; le changement en soi ne modifie pas automatiquement l'identité. Si les Européens profitent des techniques amérindiennes (le harpon à tête détachable pour la chasse à la baleine, les mocassins comme chaussures, le maïs comme plante cultivable), les Amérindiens ne manquent pas d'en faire tout autant. Tous deux effectuent des adaptations judicieuses, fondées sur leurs modèles culturels respectifs. Un article dont la popularité ne se démentira jamais à partir des tout premiers échanges avec les Basques, c'est le chaudron de cuivre; dès la première décennie du XVII$^e$ siècle, les contenants d'écorce ne sont pour ainsi dire plus en usage chez les Montagnais[28]. D'autre part, peu d'Amérindiens se servent d'armes à feu pour chasser dans le nord-est avant la fin du XVII$^e$ siècle, bien qu'elles fussent employées pour faire la guerre depuis longtemps. Non seulement les armes à feu de cette époque ne sont-elles pas fiables, mais les Autochtones n'y ont pas toujours accès facilement.

La quantité de cadeaux reçus de la part de chefs d'autres nations à l'occasion de l'installation, en 1643, de Georges Étouat (mort en 1648; il est converti au christianisme, comme l'indique son nom) comme «capitaine» à Tadoussac démontre bien que les Montagnais prospèrent grâce à la foule d'articles de traite alors à leur portée. Le commerce a apporté tant de prestige à ce poste que son titulaire se considère comme l'égal du gouverneur général français de Québec et «jou[e] au souverain» comme le font observer les Jésuites avec aigreur. L'importance des Français dans le commerce est soulignée par leur influence dans les cérémonies d'installation: Étouat porte une chemise blanche en toile de lin, un tour-de-cou en dentelle et un manteau écarlate[29]. «Étouat» (Erouachy) correspond à la fois à un titre et au nom de son titulaire[30].

La traite des fourrures connaît aussi ses difficultés, tant pour les Amérindiens que pour les commerçants. Elles sont parfois source de violence ainsi que de tueries chez les Amérindiens ou les Français[31]. Ces incidents mettent l'alliance à l'épreuve; l'insistance de Champlain sur des punitions à l'européenne plutôt que sur des réparations de type amérindien lorsque les Français sont les victimes ne fait rien pour apaiser les tensions. Quand le chef français arrête un Algonquin soupçonné de meurtre, Tessouat, mécontent, le menace de représailles[32]. Les Montagnais sont tellement vexés lorsque les Français mettent en place un monopole de traite et font du coup monter les prix[33] que Champlain refuse de baptiser publiquement quelques Montagnais de crainte qu'ils profitent de l'occasion pour attaquer les Français[34]. Les Montagnais passent leur mauvaise humeur en guidant les Anglais en amont du fleuve et se joignent à eux lorsqu'ils attaquent Québec, une opération qui aboutit à l'occupation de la ville de 1629 à 1632. À d'autres reprises, des malentendus d'ordre culturel donnent lieu à des insultes involontaires. Le frère récollet Gabriel «Théodat» Sagard (*circa* 1614-1636) rapporte un incident arrivé à Tadoussac, au cours duquel un chef, offensé d'avoir reçu un cadeau inapproprié de la part d'un capitaine français à l'occasion de cérémonies précédant les tractations, demande à ses gens de monter à bord du navire et de prendre ce qu'ils veulent, au prix qu'ils ont envie de payer. Les Français sont trop peu nombreux pour s'opposer; malgré tout, les Amérindiens, après plus ample réflexion, apportent d'autres fourrures pour combler la différence de valeur de ce qu'ils ont emporté. Les deux parties s'entendent pour oublier et pardonner, et «pour maintenir à jamais leur vieille amitié». D'après Sagard, les Français sont tellement intéressés à poursuivre la traite qu'ils craignent plus d'offenser les Amérindiens que ces derniers n'ont peur de froisser les Français. Quoi qu'il en soit, les commerçants prennent désormais soin de s'assurer d'une observation consciencieuse des rituels commerciaux, dont les cadeaux appropriés ne sont pas les aspects les moins importants. Ils ne se montrent pourtant pas toujours aussi obligeants et s'empressent de réprimer l'«insolence» de ces Montagnais qui cherchent à percevoir un tribut sur le trafic fluvial[35].

Un autre terrain conflictuel est le taux de change: la flexibilité des Français à cet égard est un peu difficile à avaler. Une fois qu'un taux était fixé, les Amérindiens s'attendaient à le voir maintenu de façon générale; un chef, à qui on a offert une transaction particulière pour lui mais pas pour ses gens, le refuse avec indignation en jetant: «Je suis un chef; je ne parle pas en mon nom; je parle pour mon peuple[36].» L'idée de faire fluctuer les prix en fonction de l'offre et de la demande leur est aussi inconnue. C'est pourtant la surexploitation des ressources encouragée par le commerce qui constitue peut-être le plus sérieux problème de tous, du moins dans une optique à long terme. Certains, comme l'historien et jésuite Pierre-François de Charlevoix (1682-1761), sont consternés devant une telle destruction: une «poignée» de Français est arrivée, a-t-il dit, dans un pays giboyeux; déjà, moins d'un siècle plus tard, la diminution est notable[37]. David Thompson remarque par la suite que, dans l'Ouest: «Tout homme intelligent voyait la pauvreté qu'entraînerait la destruction du castor, mais il n'y avait aucun chef pour s'interposer; tout était parfaite liberté et égalité[38]». Certains Indiens se seraient joints au massacre, allant même jusqu'à tuer les animaux d'élevage[39].

En dépit d'une situation commerciale avantageuse au début et de la protection qu'offrait à leur mode de vie leur habitat subarctique, les Innus subissent eux aussi la baisse démographique qui a été le lot des nations amérindiennes après l'arrivée des Européens. Leur population à l'époque des contacts se serait élevée à 5 000, mais des spécialistes estiment cette évaluation beaucoup trop faible vu qu'ils sont aujourd'hui environ 12 000. La fondation de Québec entraîne rapidement le remplacement des Montagnais par les Hurons comme principaux associés commerciaux des Français. Tadoussac, jadis au coeur du commerce canadien des fourrures, perd de l'importance à mesure que les Français remontent le Saint-Laurent, pour s'établir finalement à Montréal en 1642.

Situés en dehors du principal courant des activités de la colonie, les Montagnais maintiennent leur mode de vie traditionnel sans changement ou intrusion notable. Ils partagent avec les Inuits l'avantage d'un arrière-pays très vaste et rébarbatif pour les Européens. Cela prendra des siècles avant que l'exploitation du potentiel minier et hydroélectrique de cet immense pays devienne économiquement réalisable par des techniques occidentales; dans l'intervalle, les Montagnais ont pu rester maîtres, du moins dans une certaine mesure, des conditions de leur contact avec les Européens.

### Les Micmacs et les Malécites

Les Micmacs de la côte, comme les Montagnais, profitent rapidement de la présence européenne. Ainsi que le relate Charlevoix, «les Acadiens ont toujours été en bons termes avec les Français[40]». Leurs rapports débutent avec l'industrie de la pêche qui, la première, attire l'attention des Français dans cette région. En compagnie de leurs proches parents les Malécites, les Micmacs se mettent volontairement au service des Européens en retour de quelques articles ou d'une petite rémunération et font «toutes sortes de travaux tels que nettoyer et dépecer des baleines[41]». Ils n'ont pas leur égal comme chasseurs de ces mammifères marins que sont le morse, le phoque et les petites baleines; d'ailleurs, avant l'arrivée des Européens, ils tiraient leur subsistance avant tout des ressources de la mer (morue, bar et même espadon de mer) et en second lieu de celles de la forêt[42]. Ce mode de vie bascule bientôt, à mesure qu'ils s'adaptent à la traite des fourrures. Leurs canots de mer caractéristiques, avec leur plat-bord galbé au centre, sont aussi aptes à la navigation côtière qu'à la traversée du golfe jusqu'à Terre-Neuve; dès le début du XVIIᵉ siècle, les Micmacs se servent de chaloupes européennes (embarcations à quille, pointue aux deux extrémités[43]). Ils poursuivent aussi leurs anciennes activités d'intermédiaires entre chasseurs du Nord et agriculteurs du Sud: on dit que l'un des noms portés par les Micmacs, «*Tarantines*», signifiait «commerçants[44]». Ce qui arrive à Pierre du Gua de Monts (1558?-1628), qui établit 79 hommes dans l'île de Sainte-Croix en 1604-1605, avant de les déplacer à Port-Royal (futur Annapolis Royal) en 1605-1607, illustre la qualité des premiers rapports qui les unissent aux Français; quand ceux-ci reviennent à Port-Royal trois ans plus tard, ils constatent que les Amérindiens ont tout laissé intact[45]. Les premiers Européens sont étonnés par la coutume amérindienne qui respecte les cachettes d'aliments et les dépôts de provisions des autres, y compris ceux qui sont laissés sans protection. De retour à Port-Royal en 1610 pour s'y rétablir, les Français sont accueillis par le grand chef micmac Membertou[46] (mort en 1611).

Le commerce est florissant. Les Européens font de grands profits, puisque les Amérindiens, quoiqu'ils ne veuillent pas être trompés, réagissent «libéralement aux présents qu'ils [les commerçants français] font, sans en demander trop, puis-qu'il est certain qu'ils sont tous très satisfaits s'ils obtiennent seulement la moitié de la valeur de ce qui est reçu d'eux[47]». Pourtant, en matière de traite, les Micmacs étaient dans leur élément; le trafiquant de fourrures et propriétaire terrien Nicolas Denys (1598-1688) raconte comment ils ont vite acquis des réflexes de protection en négociant avec les Européens[48]. Charlevoix et lui ont rapporté que certains sagamos ont pris un ton arrogant; aux dires de Charlevoix, ils faisaient clairement savoir «qu'ils honoraient le Grand Sagamo des Français en le traitant d'égal à égal[49]». L'histoire démontre que les rapports n'ont pas toujours été au beau fixe: en 1671, un raid amérindien contre un bateau de pêche fait 16 morts et cause un tel émoi que les pêcheurs arrêtent de pêcher pour faire le guet[50].

L'adaptabilité des Micmacs à cette nouvelle situation reflète, du moins en partie, leur organisation sociale plus complexe que ce que laissait entrevoir leur économie fondée sur la chasse; elle se situe «à mi-chemin entre la tribu et la chefferie», selon l'expression de l'anthropologue Virginia Miller[51]. C'est leur conformisme culturel qui les aide à tirer profit de leur position géographique, sur le plan tant économique que politique. Leur incorporation dans les entreprises maritimes européennes est aussi le reflet de leurs superbes qualités de marins. Au XVIIIe siècle, alors qu'ils font la guerre aux Anglais, ils capturent et manoeuvrent des goélettes jaugeant jusqu'à 70 tonneaux[52]; au XIXe, ils font de la pêche commer-ciale avec leurs propres bateaux[53].

Alors qu'ils conjuguent avec succès leurs efforts à ceux des Européens en matière de pêche et de traite des fourrures, c'est leur rôle de francs-tireurs dans les conflits coloniaux qui assure aux Micmacs et aux Malécites (un terme micmac qui se traduit par «qui parlent mal» ou «qui parlent avec mollesse») leur survie sur la terre de leurs ancêtres jusqu'à la défaite des Français en 1760. Les raids des escla-vagistes anglais sur la côte atlantique soulèvent rapidement l'hostilité des Micmacs et les incitent à s'allier aux Français. Ils combattent tout d'abord pour les motifs traditionnels de prestige et de butin, ainsi que pour aider leurs alliés. Toutefois, la défaite acadienne de 1710 et la venue de colons anglais donnent une autre allure au conflit qui est déjà vieux d'un siècle.

Conformément au point de vue européen selon lequel toute conquête a pour principal objet le droit territorial, l'Angleterre conclut que le traité d'Utrecht de 1713 lui accorde la souveraineté entière sur l'Acadie[54]. Dans cette perspective, étant donné que l'Acadie a été une possession française, la France doit avoir éteint les droits autochtones et l'Angleterre n'a pas à répéter l'opération! Du point de vue français, nul besoin d'éteindre ces droits, puisque la Nouvelle-France et l'Acadie lui appartiennent par droit de «découverte[55]». Seul un droit d'usufruit et non de propriété, accordé suivant le bon plaisir du monarque, est reconnu aux Amérin-diens par la France qui a concédé des terres à ses sujets acadiens au moins depuis le commencement du XVIIe siècle (d'anciens privilèges de traite ont aussi inclus des droits fonciers); en Nouvelle-France, ce processus s'était amorcé dès 1623. Par ailleurs, en vertu de la clause XVII de la *Charte des Cent-Associés*, un Amérindien converti au christianisme est de ce fait naturalisé Français, avec tous les droits à la propriété et à l'héritage. Toutefois, chaque acquisition de propriété se fait en vertu de l'autorité royale et non d'un droit amérindien[56]. La question ne fait jamais l'objet d'un débat grâce au soin que mettent les Français à ne pas violer l'intégrité territoriale des villages et des campements amérindiens; en Acadie, les colons mettent au point une forme très spécialisée d'exploitation agricole (aboiteaux) des laisses et des zones de faible intérêt pour les Autochtones. La France, qui n'a pas eu le moindre doute sur sa souveraineté en Acadie, se propose de se défaire des terres amérindiennes sans consulter les Autochtones, tout comme lors du traité d'Utrecht.

Les premiers habitants du pays ne considèrent pas les choses du même oeil. Loin d'être eux-mêmes sujets français, les Micmacs et les Malécites ont plutôt accueilli ces nouveaux venus comme des amis et des alliés. Ils ont accepté le roi des Français comme leur père parce qu'il a envoyé des missionnaires pour leur enseigner leur nouvelle religion, mais l'idée qu'il puisse revendiquer la moindre portion de leur territoire ou qu'ils lui doivent plus allégeance qu'à leurs propres chefs reste insensée pour eux. Ils rappellent périodiquement aux Français qu'ils ne leur ont accordé qu'un droit d'usage et d'usufruit de leurs terres, dont la propriété demeure toujours micmaque[57]. En Acadie, pour des motifs commerciaux et militaires, la France est restée trop dépendante de ses alliés pour en faire un sujet de controverse; au contraire, on a soigneusement prévenu les fonctionnaires coloniaux de s'assurer que les Amérindiens ne seront pas dérangés sur des terres qu'ils occupaient ou dont ils se servaient «sous prétexte qu'elles seraient améliorées par les Français[58]». On constate trop bien que cela ne s'est pas étendu à une reconnaissance internationale de la souveraineté amérindienne dans le traité d'Utrecht par lequel la France cède l'Acadie à l'Angleterre sans la moindre allusion à ses alliés autochtones.

Pour les Micmacs, l'alliance avec les Français ne sous-entend pas automatiquement leur assujettissement aux Anglais; et même en cas de conquête, du point de vue amérindien, cela devait comporter un ensemble de droits et d'obligations s'appliquant principalement aux personnes et de façon secondaire, s'il y avait lieu, aux territoires[59]. Les Anglais restent également très fermes sur ce point: tous les droits qu'ont pu posséder les Micmacs (ou n'importe quels autres Amérindiens d'Acadie) ont été perdus par la double opération, d'abord de colonisation, puis de défaite françaises. Fondamentalement, les Anglais considèrent que la question ne se pose pas, vu qu'à leurs yeux les Micmacs et leurs voisins indigènes, des nomades ou semi-nomades sans structure étatique, n'ont de toute façon jamais été souverains. L'ironie de la position anglaise tient plutôt au fait que, dans les Treize Colonies, on a depuis longtemps reconnu une forme restreinte de droits fonciers autochtones, à l'encontre des Français qui n'ont jamais officiellement autorisé une telle reconnaissance, hormis les cas où cela a servi à agacer les Anglais.

L'une et l'autre puissance chrétienne, la France et l'Angleterre estiment que leurs prétentions souverainistes l'emportent sur celles des populations païennes.

En principe, les Français n'ont pas trouvé nécessaire de réévaluer cette position, quoique, comme nous l'avons vu, ils ont pris soin dans la pratique de respecter les territoires de leurs alliés. Importante pour l'économie de la colonie, la traite des fourrures équivaut à capitaliser sur les talents de chasseurs des Autochtones plutôt qu'à leur faire compétition en matière de droits territoriaux; combinée à la petitesse de la population française, cette orientation signifie que la terre n'a jamais été un objet de litige en Nouvelle-France.

Pourtant, les Anglais ont en premier lieu colonisé des territoires où des Amérindiens cultivaient presque suivant des principes très similaires aux leurs; par conséquent, ils se retrouvent vite empêtrés dans une absurdité juridique, revendiquant un ensemble de principes de droit foncier pour eux-mêmes et un autre pour les Amérindiens. Les Hollandais avaient fait entrevoir une solution en achetant l'île de Manhattan en 1623, une opération qui statuait sur le droit de propriété tout en éludant celui de la souveraineté. Après avoir tourné en ridicule cette idée, les Anglais s'empressent de l'adopter. Après tout, cela s'accorde avec un principe traditionnel de leur droit coutumier (*Common Law*) voulant que toute expropriation entraîne une compensation. En 1629, John Endecott, gouverneur de la colonie de Massachusetts Bay de 1628 à 1630, reçoit instruction d'acheter les titres des terres convoitées. Mais il déroge beaucoup plus souvent au principe de compensation qu'il ne l'observe et il se retrouve empêtré dans un margouillis de transactions frauduleuses dont certaines se différencient à peine du vol direct. Ce n'est donc pas surprenant si les confrontations consécutives ont abouti à des guerres; au moment où les Anglais prennent possession de l'Acadie en permanence, ils en ont connu plusieurs. Déjà à cette époque, certains se sont rendu compte des vrais motifs de ces conflits[60].

Les Anglais n'envisagent pas au début l'application du principe de compensation en Acadie. Ils semblent tenir pour acquis que la défaite de la France, outre qu'elle leur vaille la souveraineté, les décharge du besoin d'offrir aux Autochtones de la région une compensation pour leurs terres. D'après la pensée juridique anglaise de l'époque, des païens conquis n'ont aucun droit et la colonisation représente une forme de conquête vu que les colons anglais apportent leurs lois avec eux[61]. Les Français, en s'établissant en Acadie avant la conversion des naturels, ont par le fait même causé la disparition de tout droit auquel auraient pu prétendre les Amérindiens. D'autre part, après ce qui s'est passé dans les Treize Colonies, plus au sud, les Anglais sont bien conscients de la sagesse de maintenir de bons rapports. Il n'importe pas tant d'avoir les Amérindiens comme alliés que d'éviter des difficultés potentielles s'ils ne le sont pas[62]. En proclamant George Ier roi d'Acadie, les Anglais demandent aux Autochtones de faire serment de fidélité et de partager leurs terres en paix avec les colons qu'ils souhaitent voir venir sous peu. En retour, ils promettent d'offrir chaque année des présents plus riches que ceux des Français; pourtant, ils s'en tiennent principalement à une augmentation du taux de change pour les fourrures aux «comptoirs» (postes de traite gérés par le gouvernement). Ils promettent aussi de ne pas se mêler de la religion des Indiens

— à cette époque, plusieurs d'entre eux, surtout chez les Micmacs, sont catholiques.

Les Amérindiens répondent qu'ils sont heureux de leur liberté religieuse, mais qu'ils ne voient pas pourquoi ils doivent avoir des comptoirs sur leurs terres; selon eux, les échanges peuvent se poursuivre comme par le passé, le plus souvent à bord des navires. Pour ce qui est du serment d'allégeance, ils n'en ont jamais prêté au roi de France et il leur paraît encore maintenant inutile. Du point de vue des Micmacs, l'Acadie est leur pays; ils l'appellent Megumaage et l'ont divisé en sept districts gouvernés par une hiérarchie de chefs et de grands chefs. Ils souhaitent uniquement continuer à vivre dans leurs territoires sans craindre d'être envahis par l'Anglais.

Les Français gardent un atout dans cette lutte pour se gagner la loyauté des Amérindiens: leurs missionnaires. Parmi la centaine qui a travaillé en Acadie durant le régime français, trois de ceux que les Missions étrangères ont envoyés chez les Micmacs se distinguent: Antoine Gaulin (1674-1740), un Canadien de naissance qui a exercé son ministère de 1698 à 1731, année où sa mauvaise santé l'a amené à prendre sa retraite; Pierre-Antoine-Simon Maillard (v. 1710-1762), spiritain qui se trouve en Acadie de 1735 jusqu'à sa mort; et Jean-Louis Le Loutre (1709-1772), spiritain en mission de 1737 à 1755 chez les Acadiens et les Micmacs. L'efficacité de leur ministère résulte au moins en partie de ce que traditionnellement, chez les Amérindiens, les leaders les plus respectés sont aussi chamans. D'importants facteurs sont à l'origine du succès des Français dans leurs alliances avec les Amérindiens: l'identification du rôle central de la religion chez les chefs amérindiens et l'inscription de ces sentiments dans leurs bonnes grâces. Comme l'a bien dit Joseph de Monbeton de Brouillan, dit Saint-Ovide, gouverneur de l'île Royale de 1718 à 1739: «Il n'y a que ces hommes [les missionnaires] qui peuvent maîtriser les Sauvages pour qu'ils obéissent à Dieu et au Roy[63].» Maillard a exprimé cela autrement: ce n'est que par la religion que les Amérindiens peuvent être rendus dociles[64]. Les rites sont par tradition très importants dans leur vie; en en modifiant l'orientation, les missionnaires n'ont pas changé complètement l'inclination des Amérindiens en ces matières[65]. L'efficacité des missionnaires, ainsi que l'utilisation de leurs positions à des fins politiques, a été telle dans ce domaine qu'en 1749 des Anglais exaspérés mettent à prix la tête de Le Loutre[66], un de ceux qui ont le plus de succès. À leur tour, les Anglais adopteront la coutume française et emploieront des missionnaires comme agents de la politique d'État, en particulier pendant les négociations des traités «numérotés» qui seront conclus durant la dernière partie du XIXe siècle et la première du XXe. Jusque vers le milieu du XXe siècle, ces hommes vont également agir comme médiateurs dans d'autres domaines.

Les Micmacs sont loin de se désintéresser de cette lutte pour leur domination. Ils ont rapidement appris à opposer les Anglais aux Français et, en fin de compte, à forcer les Français à réorganiser, voire à augmenter leur distribution de «cadeaux» (outils, matériel, fusils, armes et munitions, aliments, vêtements). Par exemple, en 1751, les Micmacs exigent et obtiennent que les distributions spéciales de présents faites pour satisfaire leurs besoins soient assimilées aux distributions normales; les Français considèrent que cela constitue le prix à payer pour ces alliances ainsi qu'un remboursement pour services rendus[67]. Ces distributions, au caractère rituel essentiellement amérindien, finissent par être associées à l'habitude européenne de décerner des titres et des médailles, les Amérindiens éprouvant autant d'attrait pour les honneurs et le prestige que les Européens. Il reste difficile de surestimer l'importance que les Amérindiens et les Français attachent à ces cérémonies. Même les Anglais, qui ont été les premiers à accorder des médailles, mais qui considèrent encore les distributions annuelles de présents comme une forme de corruption, seront entraînés à contre-cœur dans ce type de diplomatie[68].

Ainsi, malgré une surexploitation rapide provoquée par les activités de pêche et de traite des fourrures, les Micmacs et les Malécites parviennent à compenser leur base alimentaire traditionnelle par les produits et la nourriture qu'ils reçoivent de leurs alliés et à maintenir leur mode de vie ancestral pendant la durée entière des conflits coloniaux, et par conséquent de leur propre guerre. Leur population décroît toutefois fortement; les Micmacs, à l'origine plus nombreux, ne sont plus que 3 000, et les Malécites 800. L'estimation de la population de la nation micmaque avant l'arrivée des Européens a donné lieu à de nombreux débats; quelques évaluations récentes la situent aux alentours de 35 000 personnes. Membertou, le chef micmac qui, disait-on, se rappelait de Cartier, a affirmé en 1610 qu'à une certaine époque les gens de sa tribu étaient «plantés aussi drus que les cheveux sur sa tête», mais qu'après l'arrivée des Français ils avaient acquis à l'égard du boire et du manger des mauvaises habitudes ayant entraîné une forte diminution de leur nombre[69]. En 1617, une épidémie particulièrement mortelle ravage leurs rangs et ceux des autres populations de la côte. Vers 1705, certains Français estiment qu'il n'est plus vraiment utile d'en savoir davantage sur ces nations amérindiennes qui, autrefois nombreuses, se réduisent alors à «presque rien». Sur 1 500 lieues de Nouvelle-France, il ne reste plus, rapporte-t-on, qu'un seul Amérindien pour deux Français[70].

Les Malécites (aussi appelés Indiens du fleuve Saint-Jean) mènent un style de vie semblable à celui des Micmacs. Aux dires de Maillard, les «Mikmaques et Marichites, qui, malgré des langues différentes, ont les mêmes coutumes et manières [...] ont la même façon de penser et d'agir». Cette proche parenté n'empêche pas Malécites et Micmacs d'être à couteaux tirés et d'être aussi en conflit avec des tribus abénaquises quand arrivent les Européens. Leurs différends semblent s'être aplanis puisqu'ils s'allient tous deux aux Français et combattent côte à côte durant les guerres coloniales, avant de subir par la suite des sorts similaires. Cela ne leur interdit toutefois pas non plus de conserver leur propre indentité et d'agir parfois séparément. Par exemple, les Malécites ne se joignent pas au raid micmac contre Canso en 1720 et s'en désolidarisent même aux yeux des autorités anglaises. La guerre micmaque s'est étirée sur près d'un demi-siècle; nous en traiterons au chapitre XI.

Innus (Montagnais et Naskapis), Micmacs et Malécites sont les premiers à établir des relations durables avec les Français. Pourtant, ce sont les Abénaquis qui deviendront leurs plus importants alliés et qui seront, en tant que guerriers, à l'origine d'une infâme expression anglaise en usage durant les guerres coloniales, les «*French and Indians*» («Français et Indiens»).

CHAPITRE VII

# LES PEUPLES DU LEVANT

Les Abénaquis, «ceux qui vivent au Levant» (ou «les hommes du pays de l'aube», parmi diverses variantes[1]), de proches parents des Micmacs, des Malécites et d'autres algonquiens du Sud[2], forment le groupe de tribus le plus méridional de la côte atlantique dont nous parlerons ici. Bien que le pays qu'ils habitaient fût au sud de l'actuelle frontière canado-américaine, les bouleversements entraînés par les conflits coloniaux et par la colonisation européenne amène bon nombre d'Abénaquis à s'installer au Canada. De même, leur alliance avec les Français est en grande partie responsable des connotations que l'expression «Français et Indiens» finit par acquérir durant l'époque coloniale, en particulier aux États-Unis.

Le premier de ces groupes connus à venir en contact avec des Européens, des Français dans ce cas, est celui des Armouchiquois ou Abénaquis de l'Est. Parmi les anciennes descriptions que nous possédons de leur pays, la meilleure est toutefois celle de l'Anglais Samuel Purchas, dans *The Description of the Country of Mawooshen*, publié en 1613. La région sera plus tard mieux connue sous le nom de «Norembègue». D'après Purchas, de 10 000 à 14 000 âmes y vivent dans des villages semi-permanents, sous la haute autorité de Bessabes (*Bashabes*, Betsabes; mort en 1616?), le sagamo le plus renommé des Abénaquis de l'Est. Il est le chef suprême des 23 sagamos et 21 villages établis le long de 11 cours d'eau de la région actuelle du Maine et du New Hampshire; à cause de la nature des sols et du climat, ainsi que de la disponibilité des ressources marines, les Abénaquis de l'Est cultivent moins intensivement que les Iroquoiens. Selon un historien au moins, ils sont pourtant un des groupes des tribus de la côte nord-est les plus évolués culturellement[3]. Alors que certains experts ne fixent pas la population de Mawooshen au-dessus de 10 000 personnes, d'autres croient que le calcul de Purchas reste modéré, comme son propre récit le laisse entendre. On a suggéré récemment une possibilité de 11 900 habitants pour l'an 1605; mais même alors il semble y être en déclin, puisque dès 1616 le père Biard rapporte que la région ne compte pas plus de 3 000 âmes[4]. Des maladies européennes font rapidement des victimes là aussi, et très tôt des villages disparaissent complètement ou perdent une forte proportion de leurs habitants.

L'affluence des nouveaux articles de traite est également la cause d'importantes répercussions sociales et politiques. La disponibilité des outils en fer et des armes, par exemple, ravive de vieilles rivalités; les premières décennies du XVIIe siècle voient combattre les uns contre les autres les Abénaquis, les Micmacs et les Malécites. L'historien et ex-avocat parisien Marc Lescarbot (v. 1570-1642) attribue la victoire des Micmacs sur les Abénaquis à l'embouchure de la rivière Chouacouët (Saco), en 1607, au fait que les Français ont fourni aux Micmacs des pointes en métal pour leurs lances et leurs flèches, mais principalement des épées, des sabres et même des mousquets. Il écrit que les sabres et les épées ont eu des effets dévastateurs et que les mousquets ont donné le coup de grâce. Il souligne involontairement que, malgré ses déclarations d'intention évangélisatrice, la France n'a pas encore commencé à se servir des missionnaires comme outils officiels de colonisation (une pratique qui ne se mettra pas en branle avant la deuxième décennie du XVIIe siècle) et ne montre pas autant de scrupules envers l'interdiction européenne sur la fourniture d'armes à des païens qu'elle n'en montrera à l'égard des Hurons[5].

### Premiers soupçons

Les Abénaquis n'établissent pas avec les Français des rapports commerciaux en matière de pêche et de traite de fourrures aussi rapidement que les Micmacs et les Malécites, une situation qui pourrait avoir été dictée en partie du moins par la géographie. En réalité, les Français partagent au début l'antipathie micmaque envers les Abénaquis qu'ils qualifient d'«Armouchiquois», terme qui s'appliquait à bon nombre de tribus de cette région. Selon une description, les Armouchiquois sont difformes, ont une petite tête et un corps court dont les genoux, quand ils s'accroupissent sur leurs talons, dépassent leur tête de plus d'un pied[6]. Champlain, qui leur a réellement rendu visite, a relaté qu'ils avaient le corps bien proportionné et a aussi constaté leur «bonne disposition», bien qu'ils fussent des voleurs invétérés auxquels on ne peut faire confiance. Les Français les soupçonnent même de cannibalisme[7]. Ces impressions pourraient bien avoir résulté de l'influence exercée par les Micmacs (ou les Malécites) plutôt hostiles qui guidaient les Français[8].

Malgré de telles attitudes, les Abénaquis trouvent prometteuses à la fois l'alliance et l'association commerciale avec les Français, qui pourraient les aider dans leur conflit traditionnel avec les Iroquois[9] et contre les captures d'esclaves par les Anglais. En 1613, lors du raid des Anglais contre l'établissement français de Saint-Sauveur, sur la Penobscot, ils offrent leur aide aux survivants assiégés. Selon les mots mêmes du père Biard:

Car eux l'ayant sceu s'en vindrent à nous de nuict & nous consoloyent au mieux qu'ils pouvoyent, nous presentant leurs canots, & leur peine pour nous conduire où nous voudrions. Ils nous offroyant encores, que s'il nous plaisoit de demeurer avec eux, ils estoyent trois Capitaines Betsabes, Aguigueou & Asticou[10]: desquels un chacun prendroit pour sa part dix de nostre troupe (puis que nous restions trente) & nous nourriroit jusques à l'an suivant, quand les navires Françoises arriveroyent à la coste, qu'en ceste façon nous pourrions repasser en nostre pays, sans tomber aux mains des meschents Ingrés. Car ainsi appellent-ils pour dire les Anglois[11].

Les Abénaquis donnent suite à cette offre en 1629 en dépêchant un envoyé à Québec pour explorer les possibilités d'établir des liens. Champlain se montre aussitôt intéressé, pas tant pour aller chercher querelle aux Iroquois (avec lesquels, de toute façon, l'hostilité règne déjà par suite de ses liens commerciaux avec les Montagnais, les Algonquins et les Hurons), mais plutôt parce que les Abénaquis installés au sud de la rivière Chouacouët (Saco) sont agriculteurs et peuvent contribuer à l'approvisionnement de sa colonie encore naissante qui n'est toujours pas arrivée à l'autosuffisance alimentaire. Incapable de participer directement à la guerre contre les Iroquois dans l'immédiat, il s'engage à le faire dès que possible; il propose dans l'intervalle un plan d'assistance mutuelle comprenant des fournitures de vivres et d'articles de traite[12]. À la mort de Champlain en 1635, la proposition d'alliance n'existe plus: les Abénaquis ont rapidement démontré un esprit commerçant aussi exercé que celui des Français et tiré profit de leur accès aux produits européens pour construire leurs propres réseaux commerciaux. Cela a suffisamment contrarié les Français pour qu'ils restreignent les visites des Abénaquis à Québec et finissent en 1649 par leur conseiller fortement de ne pas s'approcher[13]. De ces débuts placés sous de si mauvais augures naîtra ce qui s'avérera l'une des plus efficaces et des plus durables alliances de l'histoire coloniale nord-américaine.

Bien qu'ils n'aient pas rencontré d'Abénaquis de l'Ouest avant 1642, année où leurs alliés algonquins amènent à Trois-Rivières un prisonnier socoquis qu'ils supposent être un Iroquois[14], les Français se montrent beaucoup plus rapidement intéressés à consolider ces nouveaux rapports que ce n'a été le cas avec les Abénaquis de l'Est. En 1651, le jésuite Gabriel Druillettes (1610-1681) parvient à rassembler diverses tribus, y compris celle des Loups (habituellement pas inclus dans le groupe des Abénaquis, mais apparentés) afin qu'ils fassent front commun contre leurs ennemis traditionnels les Iroquois que les Français trouvent à ce moment-là particulièrement contrariants. En réaction, les Iroquois augmentent leurs attaques.

La prise de l'Acadie par les Anglais en 1654 et l'intensité croissante de la guerre franco-iroquoise réduisent fortement les communications entre Français et Abénaquis. Il faut attendre la reprise de possession de l'Acadie par la France en 1670 pour que l'alliance franco-abénaquise prenne sa pleine expansion. D'ailleurs, l'importance stratégique des Abénaquis entre les Français, les Anglais et les Iroquois s'accroît en parallèle avec l'escalade des rivalités coloniales. Observateurs, les

Français mettent de côté leurs réserves initiales à l'égard des Abénaquis et s'appliquent à renforcer leur alliance.

## L'attrait des Français

Vu d'un autre angle, les Français apparaissent de plus en plus intéressants pour les Abénaquis qui, sous la poussée de la colonisation anglaise dans le sud, sentent que nombre d'entre eux sont attirés dans l'orbite française. Les liens avec les Abénaquis de l'Est sont consolidés durant les années 1670 avec le mariage de l'officier français Jean-Vincent d'Abbadie de Saint-Castin (1652-1707) avec Pidianske (ou Pidiwamiska), fille de Madokawando (mort en 1698), sagamo des Pentagouets (ou «gens du pays des rochers blancs»), censés constituer la plus puissante des tribus abénaquises. Cet événement a pour effet de faire tomber l'hostilité traditionnelle entre Abénaquis de l'Est et Micmacs qui deviennent du coup tous deux alliés des Français. La nouvelle situation ne fait cependant pas l'unanimité parmi les groupes abénaquis qui sont parfois divisés en factions profrançaises ou proanglaises d'où ressort un nouvel ensemble de tensions internes qui croîtront de pair avec l'accélération du rythme des conflits frontaliers.

L'exode des Abénaquis de l'Ouest à destination du Canada commence peu à peu vers cette époque[15]. Il se mue en migration d'importance par suite de la guerre de 1675-1676, dite *King Philip's War*, «ce cataclysme de l'histoire de la Nouvelle-Angleterre[16]» qui voit la disparition de la présence amérindienne dans la partie méridionale de cette région (la guerre se déroule principalement dans le Massachusetts et le Connecticut) et aide à mettre le feu aux poudres de la guerre du Maine qui a lieu en même temps entre les Anglais et les Abénaquis, en dépit des efforts faits par ces derniers pour l'éviter. Les Abénaquis se trouvent dans une position difficile: devant l'intransigeance des Anglais, en particulier au sujet des empiétements des colons sur leurs terres et de la réduction constante de leur base de subsistance, ils sont forcés de sortir de leur neutralité. Ils ne combattent pas seulement, ni encore principalement, à titre d'alliés des Français, mais pour la sauvegarde de leurs propres terres. Ils sont refoulés sporadiquement jusqu'à la défaite finale de la Nouvelle-France en 1760, et le flot des réfugiés est surtout intense en 1722-1724 (guerre anglo-amérindienne ou guerre de Trois ans (*English-Indian War*)) et en 1744-1748 (guerre de Succession d'Autriche (*King George's War*)). Au commencement du XVIIIe siècle, Odanak, sur la Saint-François, près de Sorel, au Québec, devient le plus grand établissement abénaquis de Nouvelle-France. À mesure qu'augmentent les incursions frontalières durant les années 1740 et 1750, Odanak fournit le principal contingent de guerriers abénaquis, une situation qui donnera lieu à un des plus célèbres épisodes de l'histoire des conflits coloniaux: le raid de Robert Rogers et de ses *rangers* en 1759 et la destruction du village. Il sera reconstruit rapidement.

C'est plus que des considérations humanitaires ou évangéliques qui poussent les Français à encourager l'affluence des réfugiés: ils prennent grand soin à faire établir les nouveaux arrivants dans des villages pouvant jouer le rôle de tampon contre les envahisseurs iroquois ou anglais et renforcent de ce fait les défenses de la colonie. Cette politique facilite indirectement et involontairement la contre-bande croissante des fourrures entre les colonies françaises et anglaises, un commerce auquel Abénaquis et Iroquois participent déjà activement[17]. Pourtant, les vieilles objections suivant lesquelles les Abénaquis font une concurrence commerciale aux Français et détournent des fourrures au profit des Anglais perdent de leur importance. À la place, Versailles pousse plutôt la colonie à faire tous les efforts en son pouvoir pour éloigner les Abénaquis des Anglais et encourager les attaques contre ces derniers.

Des exigences pratiques liées au maintien des alliances soulèvent parfois des inquiétudes: jusqu'où les Français doivent-ils s'adapter aux façons de faire amérindiennes reste une question épineuse. Selon un observateur du XVIII^e siècle, «ce qui joue un rôle au moins équivalent dans l'attachement des sauvages à nos côtés, c'est la connivence, ou plutôt l'encouragement qu'a donné le gouvernement de France aux [Français nés en] Nouvelle-France pour qu'ils se conforment au mode de vie sauvage, qu'ils se répandent parmi les nations sauvages, qu'ils adoptent leurs manières, parcourent les bois avec eux et deviennent d'aussi fins chasseurs qu'eux[18]». Cette adaptabilité est une source d'inquiétude dans certains cercles soucieux de ne pas perdre de vue la *mission civilisatrice*, en particulier aux premiers jours de la colonie, quand les mariages interraciaux entre Français et Amérindiens sont plus fréquents[19].

## Des contremesures anglaises

Les Français ont réussi à attirer suffisamment les Amérindiens de leur côté pour que les Anglais mettent sur pied une contre-campagne. Ils disposent dans leur arsenal diplomatique de deux armes efficaces: la promesse de transactions commerciales supérieures à celles des Français et le fait que, par le traité d'Utrecht, les Français ont cédé des terres amérindiennes sans consulter ni informer leurs alliés amérindiens. Répandant le plus possible la nouvelle sur les conditions du traité, les Anglais invitent les Abénaquis qui ont émigré en Nouvelle-France à regagner leurs terres ancestrales. Par exemple, en 1713, à une conférence avec des délégués des rivières Penobscot et Kennebec, les Anglais déclarent aux Amérindiens qu'ils attendent d'eux, à leur retour au pays, qu'ils fassent savoir à leurs compatriotes «comment ils avaient été si gentiment reçus». De plus, déclarent-ils, «nous espérons que vous inciterez vos Indiens restés au Canada [à revenir] sur leurs propres terres en territoire anglais» où ils s'attendent à les voir abandonner leur alliance avec les Français. Et s'ils s'affichent comme Anglais, ils seront traités comme tels[20]. Leur appel tombe dans des oreilles attentives, les Abénaquis partageant déjà avec les Micmacs une stupéfiante incrédulité à l'égard des actes de leurs alliés français. En des termes qui ne deviendront que trop familiers lors d'affrontements ultérieurs, les Amérindiens demandent «de quel droit les Français ont-ils donné un pays qui ne leur appartenait pas» et qu'eux-mêmes n'avaient pas l'intention d'abandonner[21]? Les Anglais parviennent ainsi à convaincre certains réfugiés de rentrer, surtout ceux qui espèrent en la possibilité d'un compromis ou pensent qu'il vaut au moins la peine d'essayer. Se trouvent parmi eux les chefs abénaquis de l'Est, Mog (Heracouansit, «celui qui a de beaux petits talons»; v. 1663-1724), de Narantsouak, et Atecouando («la force d'esprit du cerf»; *circa* 1701-1726); leurs efforts mènent à la signature du traité de Portsmouth en 1713 et à l'amorce du mouvement d'émigration du Canada. Atecouando montre l'exemple en ramenant tout son village à Pégouaki, dix ans après son départ pour Saint-François. Quelques Abénaquis se joignent même aux Anglais pour combattre les Micmacs de la Nouvelle-Écosse. C'est à la suite d'une requête des autorités néo-écossaises, qui subissent de violentes attaques de la part des Micmacs, que les Abénaquis sont dépêchés là. La demande fait état de «20 ou 30 guerriers indiens [...] afin de tenir en respect les Indiens de la péninsule qui croient que tous les Indiens de la Nouvelle-Angleterre sont des Agniers à l'égard desquels ils éprouvent une grande crainte[22]».

Pour leur part, les fonctionnaires coloniaux français regrettent le traité d'Utrecht; au dire de Philippe de Vaudreuil (v. 1643-1725), gouverneur général de la Nouvelle-France de 1703 à 1725, «la guerre avec l'Angleterre nous [les Français] était plus favorable que la paix[23]». Ils tentent de reprendre le terrain perdu en soutenant qu'en Nouvelle-Angleterre les Anglais «empi[ètent] sur leur territoire [celui des Abénaquis] et s'install[e]nt en violation du droit des gens dans un pays qui a de tous temps été la propriété des dits Indiens[24]». Pour justifier leur propre présence sur les territoires amérindiens, les Français se réfèrent à leurs alliances en prétendant qu'ils étaient là avec la permission des indigènes. C'est un argument dont ils s'étaient déjà servis pour justifier leur présence au Brésil, que les Portugais réclamaient en vertu des bulles papales de 1493 et du traité de Tordesillas signé en 1494. Soutenus par cet encouragement, des chefs comme Wowurna (ou «Capitaine Joseph», *circa* 1670-1738), de Narantsouak, rejettent les prétentions anglaises à la souveraineté sur les Indiens; d'autres, qui ont émigré au Canada, réagissent en revenant sur leurs terres ancestrales et en réaffirmant leur souveraineté, parfois au cœur même de colonies anglaises en croissance. Cela correspond, du moins en partie, au but souhaité par les Anglais, malgré le fait qu'ils ont toujours rejeté les prétentions souverainistes amérindiennes, les Abénaquis étant considérés comme des sujets anglais. Ce n'est évidemment pas ce que visaient les Français qui auraient préféré voir les Abénaquis continuer de servir de force armée dans la colonie, là où ils étaient plus faciles à tenir en main.

## La diplomatie à l'œuvre

Avec en tête des motifs stratégiques et préoccupés de contrer les manoeuvres des Anglais, les Français tentent de convaincre des Micmacs et des Abénaquis de l'Est de s'établir à l'île Royale (île du Cap-Breton; ou Oonumaghee, pour les Micmacs). Ils échouent, malgré une profusion de présents donnés par le missionnaire Gaulin et le jeune fils franco-abénaquis de Jean-Vincent d'Abbadie de Saint-Castin, Bernard-Anselme (1689-1720). Outre le fait que les Amérindiens ne considèrent pas l'île comme un bon territoire de chasse, tant les Abénaquis que les Micmacs trouvent sérieusement à redire à cette proposition sous prétexte que leur désorganisation serait politiquement opportune pour leurs alliés[25]. Il faudra attendre 1723 pour que les Micmacs, auxquels la guerre anglo-amérindienne ne laisse aucun répit, acceptent d'aller s'établir à Mirliguèche, dans l'île Royale, si une église est construite pour eux; puisque la construction tarde, plusieurs années passent avant leur installation[26]. L'établissement ne survit pas au delà de 1750, année où la mission se déplace à Sainte-Famille, sur la rive du lac Bras d'Or, où elle se trouve toujours. En une autre occasion, les Français tablent sur le désir de vengeance des Abénaquis pour les amener à s'installer sur la rivière Nicholas, au Canada, mais à courte distance de la force de frappe des Anglais. Les Abénaquis rejettent carrément la demande, sous prétexte que les Anglais les ont déjà durement frappés et que, si une vengeance potentielle doit venir, ce sera de leurs établissements traditionnels[27]. Tout cela démontre à l'évidence qu'en dépit des meilleurs efforts des Français en vue de transformer les Abénaquis en agents de leur politique impériale, jamais les Amérindiens n'ont été de simples pantins entre leurs mains. C'est tellement vrai que les Français se plaignent de ce que leurs alliés les insultent presque autant que les Anglais[28].

Les Français intensifient aussi leurs efforts visant à neutraliser la supériorité commerciale anglaise. Le moyen le plus efficace à leur disposition consiste à observer avec rigueur les banquets annuels, les discours et les distributions de présents servant au maintien de leurs alliances; aux dires de Vaudreuil, «nous [les Français] traitons nos Indiens en alliés, et non en sujets[29]». En 1725, ils inscrivent 4 000 livres à ce poste du budget, et le montant ne cesse d'augmenter régulièrement chaque année jusqu'à la défaite française en Amérique du Nord. Chez les Micmacs et leurs alliés en général, l'attribution de médailles et de distinctions honorifiques finit par constituer un élément important de ces situations; toutefois, les récits d'anoblissements d'Amérindiens par les Français tiennent apparemment plus de la légende que de la réalité[30]. Vaudreuil a toujours cru sincèrement que la France devait aux Abénaquis d'avoir pu maintenir sa présence dans le Nord-Est, et on était du même avis à Versailles; comme le fait observer un missionnaire, «de tous les sauvages de la Nouvelle-France, [les Abénaquis sont] ceux qui ont rendu et qui sont toujours en mesure de rendre, les plus grands services[31]». Vaudreuil se montre encore plus catégorique: «En nous unissant avec les Abénaquis et les

Micmacs, nous devrions être en état de recouvrer [...] tout ce que nous avons perdu dans l'Est à cause du traité d'Utrecht.» Mieux encore, en obtenant la collaboration des Abénaquis, les Français «devraient pourvoir complètement à la sécurité du Canada[32]». Ce qui, pour les Français, s'est amorcé comme une entreprise commerciale est devenu sur le plan politique la plus importante de toutes leurs alliances amérindiennes en Nouvelle-France[33].

Certains combats des Abénaquis contre les Anglais ne concernent que vaguement les Français. Nous avons vu précédemment que cela a été le cas de la guerre du Maine (*King Philip's War*), en 1675-1676; la situation se répète durant les trois années de violences qui précèdent la destruction par les Anglais du village abénaquis de Narantsouak, en 1724[34], et la défaite de Pégouaki en 1725. C'est la guerre anglo-amérindienne, dont le début coïncide avec un ultimatum envoyé en 1721 par les Abénaquis à Samuel Shute, gouverneur du Massachusetts de 1716 à 1727, et durant laquelle les Amérindiens font valoir leur souveraineté sur les territoires situés à l'est du fleuve Connecticut, en autorisant toutefois les Anglais déjà installés à rester sur place, pourvu qu'il n'en vienne plus d'autres[35]. Au lieu de voir ce geste comme un effort d'accommodement, les Anglais le considèrent comme de l'insolence encouragée par les missionnaires français, surtout le jésuite Sébastien Rale (Râle, Rasle et autres graphies; 1657-1724); le Massachusetts y répond par une déclaration de guerre en 1722[36]. Le conflit prend fin avec la signature du traité de Boston en 1725 et sa ratification à Falmouth (Portsmouth, New Hampshire) en 1727, malgré de tardives tentatives des Français d'y faire échec. D'autres ratifications suivent, peu après, en Nouvelle-Écosse. Pourtant, ni les traités ni les ratifications ne permettent d'assurer la paix avant la défaite finale de la Nouvelle-France, une situation que les Anglais tentent de régler en traitant les Amérindiens de rebelles[37].

### Le goût amer de la défaite

Chez les Abénaquis, la pilule de la défaite est d'autant plus dure à avaler qu'ils sentent que leurs alliés français les ont abandonnés; depuis la paix d'Utrecht, ils ont effectivement été laissés à eux-mêmes. Quand ils viennent chercher appui auprès de Vaudreuil en 1720, les instructions qu'il a reçues (officiellement, la France et l'Angleterre sont en paix) l'empêchent de répondre avec la sincérité attendue par les indigènes, ce qui les incite à douter sérieusement de sa bonne foi[38]. Les Français ont envoyé des fusils et des munitions, en plus de quelques alliés amérindiens, mais nulles troupes, comme l'avaient exigé les Abénaquis. Les Français manquent parfois de prévenance dans leur façon de traiter leurs alliés[39]. Dans ces circonstances, les Abénaquis n'ont eu d'autre choix que d'abandonner les hostilités contre les Anglais, même s'ils sont plus convaincus que jamais de leurs droits. Pour ce qui est de leurs terres, il ne s'agit pas pour eux d'en être les propriétaires exclusifs, mais plutôt d'en détenir l'usufruit. Par exemple,

Atecouando (*circa* 1749-1757), chef d'Odanak, conteste en 1752 le droit des Anglais à faire arpenter les terres des Abénaquis sans leur permission; il ajoute encore: «Nous vous défendons très expressément de tuer un seul castor, ny prendre un seul morceau de bois sur les terres que nous habitons. Si vous voulez du bois, nous vous le vendrons, mais vous ne l'aurez pas sans notre permission[40].» Pourtant, le fil des événements se déroule dans une direction bien précise, et les ratifications de la paix de 1725 se poursuivent, les tribus laissant l'une après l'autre tomber les armes, en dépit d'incessantes violations territoriales. Le traité ne garantit pourtant pas la cessation des violations, ni même que les Abénaquis sont dignes de respect; le sachem de Narantsouak, Nodogawerrimet (mort en 1765), malgré l'ardeur qu'il a consacrée à entretenir une coexistence pacifique, se fait voler puis tuer par des chasseurs anglais qui ne seront jamais appréhendés[41].

Un personnage remarquable, Wenemouet («chef de guerre pacifique»; mort en 1730), a pris conscience qu'aucune guerre ou prise de position en faveur d'une puissance coloniale contre une autre ne fournira de réponse à leurs difficultés. Le chef pentagouet cherche à éviter la prise de mesures particulières avec l'une ou l'autre puissance colonisatrice et à négocier des rapports fonctionnels avec les deux. Par malheur, ses efforts sont minés par les empiétements continuels des colons qui font le jeu des Français désireux de maintenir leurs alliés sur le pied de guerre. Ces objectifs sont à l'origine de la violente réaction des Français face à l'initiative abénaquise visant l'établissement de relations avec les Renards de la région des Grands Lacs. Le chef pégouaki Nescambiouit («celui qui est si important et si haut placé par son mérite qu'on ne peut atteindre, par la pensée même, à sa grandeur»; v. 1660-1722), qui a été emmené en France et honoré par Louis XIV pour ses efforts en faveur de la cause française, s'en va vivre, en 1716, chez les Renards qui ont été vaincus récemment et ne se sont pas résignés à la pénétration des Français dans l'Ouest. Nescambiouit est l'un des nombreux chefs abénaquis à avoir compris que le seul espoir qu'ont les Amérindiens de mettre un frein à l'expansion européenne réside dans une action commune — la même conclusion à laquelle arriveront plus tard des chefs tels l'Outaouais Pondiac (1712/ 1725-1769) et le Chaouanon Tecumseh (v. 1768-1813). Les Français parviennent à faire avorter l'initiative de Nescambiouit et celle de ses partenaires, mais cela les a suffisamment tracassés pour qu'ils interdisent aux Abénaquis tout voyage dans les pays d'en haut sans être accompagnés de Français. Les Abénaquis ont joué un rôle important dans divers voyages d'explorateurs, dont celui de René-Robert Cavelier de La Salle (1643-1687) sur le Mississippi dans les années 1670 et 1680, ainsi que dans des expéditions militaires comme celles du gouverneur général Joseph-Antoine Le Febvre de La Barre (1622-1688), en 1684, et de Jacques-René de Brisay de Denonville (1637-1710), en 1687, toutes deux dans la région des Grands Lacs[42]. En réalité, il semble que les Abénaquis ont pris une part aussi active aux guerres coloniales dans le vieux Nord-Ouest que dans le Nord-Est. En 1720, lorsque les Abénaquis et les Iroquois échangent des colliers de porcelaine (wampums), les Français s'empressent de faire cesser les négociations de paix, croyant qu'autrement «la colonie serait perdue[43]», même s'ils ont eux-mêmes signé une paix avec les Iroquois à Montréal en 1701. Une alliance panamérindienne ne peut qu'aller à l'encontre des intérêts français, comme elle le ferait pour n'importe quelle nation colonisatrice d'Europe.

Pour les Abénaquis, l'association avec les Français n'est qu'un moindre mal: pris comme ils le sont dans une situation qui résiste à leurs efforts de création tant pacifiques que belliqueux, il n'est pas surprenant qu'ils finissent pas être écrasés. Jusqu'à récemment, on croyait que les seuls Abénaquis de l'Est à avoir survécu sur leurs territoires ancestraux étaient des survivants de Pentagouets, et que les Abénaquis de l'Ouest étaient presque tous disparus. Il est toutefois évident aujourd'hui que les Abénaquis ne se sont pas tous retirés vers l'intérieur ou au nord vers le Canada, à mesure que les colons anglais acquéraient leurs terres par préemption; certains ont choisi de rester. Mais ils ont payé cher leur décision, puisque ce fut au prix d'un anonymat équivalant à une véritable perte d'identité. Il faut attendre les années 1970 pour qu'ils abandonnent leur attitude réservée et entament leur campagne actuelle visant à la reconnaissance de leur tribu par l'Administration fédérale américaine[44]. Au Canada, à l'extérieur de leurs terres ancestrales, là où les avait menés leur alliance avec les Français, la plupart des Abénaquis ont pu conserver leur identité officielle et ils y constituent une nation à part entière.

CHAPITRE VIII

# Les Hurons, les Cinq-Nations
# et les Européens

En 1608, les Français choisissent d'établir à Québec leur nouveau centre de traite des fourrures; la nouvelle attire rapidement l'attention des Hurons, principaux commerçants de la région qu'ils occupent, à quelque 1 300 kilomètres à l'intérieur des terres[1]. Aussi capables que les Européens de flairer le profit, même s'ils évoluent dans des milieux sociaux différents, les Hurons ont négocié avec leurs alliés les Algonquins, dont le territoire se situe entre la Huronie et Québec, la permission de se joindre à une de leurs délégations allant rencontrer les Montagnais[2]. Les Algonquins et leur chef Iroquet (*circa* 1609-1615) y consentent, et la délégation rencontre Champlain à Québec en 1609. Cet épisode changera le cours de l'histoire.

La tribu huronne qui a pris cette initiative est celle des Ahrendarrhonons (la nation de la Pierre), qui occupent la partie orientale de la Huronie. Avant-dernier groupe à s'être joint à la confédération des Wendats (nom que se donnaient les Hurons), vers 1590 croit-on (longtemps après que les articles de traite européens ont commencé à pénétrer petit à petit à l'intérieur du continent; des fouilles ont permis d'exhumer des objets européens de tombes huronnes datant du milieu du XVI^e siècle), ils en sont aussi le deuxième groupe en importance[3]. Ils pourraient bien être les Iroquoiens laurentiens, des réfugiés chassés par les guerres qui ont ravagé la vallée du Saint-Laurent au siècle précédent[4]. Si c'est le cas, ils pourraient avoir gardé le souvenir de contacts antérieurs avec les Européens. Et en outre, en vertu de la coutume amérindienne, ils devraient détenir le monopole du nouveau commerce huron, parce que c'est eux qui en ont pris l'initiative. Toutefois, l'ampleur de ce négoce apparaît si considérable qu'il est judicieux de tolérer quiconque veut y prendre part. L'initiative ahrendarrhononne à l'égard du commerce ne concerne pas la religion, et cette tribu conservera ses croyances traditionnelles malgré les meilleurs efforts des jésuites.

La plus grande tribu fondatrice de la confédération des Hurons est celle des Attignaouantans, «la nation de l'Ours». Ils seront les hôtes des jésuites et s'avéreront les mieux préparés à se convertir au christianisme. Les Attingueenougnahaks, également appelés «chiens qui jappent» ou «nation de la Corde», forment une autre tribu fondatrice, sensible elle aussi au christianisme. Les derniers à se joindre à la confédération (en 1610) sont les Tahontaenrats, «la nation du Cerf[5]». Comme les Ahrendarrhonons, ils s'opposent au christianisme. Il pourrait y avoir eu une cinquième tribu, les Ataronchronons ou «nation des Marais», installés dans la vallée de la basse Wye, mais elle ne paraît pas avoir joué un rôle officiel dans la confédération et son importance peut avoir été secondaire[6].

### Des commerçants de tout premier ordre

La domination politique et économique des Hurons semble avoir d'abord été renforcée par le flot d'articles européens que la guerre, les échanges diplomatiques et le commerce font pénétrer, vers la fin du XVIe siècle, aussi loin à l'ouest qu'en pays tsonnontouan[7]. La somptuosité croissante des remises en terre rituelles de la Fête des Morts, qui évolue en parallèle avec le développement du commerce, montre bien que les Hurons prospèrent. La confédération maintient son autosuffisance en matière de fabrication d'armes et conserve ses techniques de l'âge de pierre jusqu'à la dispersion. Cela n'a pas été une question de choix — d'après Sagard, ils souhaitaient plus que tout obtenir des armes[8] —, mais plutôt de répugnance de la part des Français à leur vendre des fusils aussi longtemps qu'ils ne se sont pas convertis. Comme le fait remarquer un observateur de l'époque:

> L'emploi d'arquebuses, refusé aux Infidèles par Monsieur le Gouverneur et accordé aux néophytes chrétiens, est un puissant attrait pour les gagner: il semble que Notre Seigneur a l'intention de se servir de ce moyen afin de rendre le christianisme acceptable dans ces régions[9].

Ce mélange de considérations religieuses et économiques fait en sorte que le premier converti huron à obtenir une arme à feu est Charles Tsondatsaa, en 1641[10]. Le jésuite Jean de Brébeuf (1593-1649) recommande son baptême, après quoi Charles Huault de Montmagny, premier gouverneur de la Nouvelle-France de 1636 à 1648, lui présente un mousquet[11].

La même année, les Iroquois détiennent, paraît-il, 39 mousquets (reçus en échange); en 1643, ils en ont 300. Les Français paraissent avoir surestimé l'importance militaire des Hurons sur deux plans: rassurés par l'éloignement de la Huronie par rapport aux Anglais et à eux-mêmes, ils ne jugent pas nécessaire de les armer comme ils le font à la même époque pour les Abénaquis, qu'ils soient chrétiens ou non; d'autre part, ils apprécient mal le rôle de la Huronie dans le maintien en échec des Cinq-Nations. Les conséquences de ces mauvaises évaluations ne deviendront que trop évidentes au milieu du XVIIe siècle, quand les Iroquois mettront en péril l'existence même de la Nouvelle-France.

Lors de la rencontre qui se tient à Québec en 1609, Atironta (*circa* 1609-1615), un des principaux chefs de la nation des Ahrendarrhonons[12], a invité Champlain à visiter la Huronie et à sceller une alliance commerciale. L'offre déplaît aux Algonquins et aux Montagnais, qui entretiennent déjà des rapports commerciaux directs avec les Français et ont la sensation qu'on tente de tourner leurs positions. Comme les Kichesipirinis (Algonquins) de l'île aux Allumettes[13], sur la rivière des Outaouais, sont sur le trajet entre la Huronie et Québec, ils prennent diverses mesures. Leur chef Tessouat (Besouat, Tesswehas; mort en 1654[14]), aussi surnommé Le Borgne de l'Isle à cause de son oeil unique, par une série de ruses et en entretenant certains malentendus, parvient à retarder cette visite jusqu'à l'été de 1615, malgré un second voyage à Québec, en 1612, de Hurons venus confirmer l'invitation (la présence de Champlain en Europe à la même époque constitue une autre cause de cette réaction tardive[15]). Au cours de la visite qu'il arrive enfin à faire en Huronie, en 1615, Champlain confirme le souhait des Français de conclure une alliance en prenant part avec les Hurons à une expédition contre un village iroquois, probablement une agglomération onneioute[16]. Blessé au genou, Champlain doit être ramené en Huronie, où Atironta l'héberge durant l'hiver à Cahiagué, le temps qu'il récupère des forces. Une délégation huronne menée par Atironta vient conclure officiellement l'alliance à Québec l'année suivante. Lorsque les Français s'autorisent certaines libertés et envoient en 1626 le récollet Joseph de La Roche Daillon (mort en 1656) chez leurs voisins les Neutres (appelés par les Hurons Attiouandaronks ou «ceux qui parlent une langue légèrement différente», et par les Français Neutres parce qu'ils parviennent à rester en bons termes avec les Hurons et les Cinq-Nations), les Hurons s'assurent qu'il n'y restera pas longtemps. Pour eux, ce geste des Français apparaît défavorable à leur position en matière de traite[17]. D'autre part, lorsqu'ils y trouvent leur compte commercialement, ils facilitent les déplacements des jésuites[18]. Ce n'est pas la seule occasion qu'ont les Hurons de démontrer où se situent leurs priorités en matière de traite: en 1633, ils exécutent l'interprète Étienne Brûlé (v. 1592-1633), sous prétexte qu'il trafique avec leurs ennemis, notamment les Tsonnontouans[19].

## Des changements dans la structure commerciale

L'entente des Hurons avec les Français atteste un changement dans l'importance des trajets de traite axés nord-sud et antérieurs aux contacts, au profit d'un axe est-ouest que cause la présence des Européens sur la côte atlantique et le long du Saint-Laurent. Elle raffermit aussi l'hostilité franco-iroquoise issue de la mise en valeur de la traite des fourrures avec les Montagnais, les Algonquins et les Micmacs durant les premières années du XVIe siècle. Toutes ces tribus, ainsi que celles des Hurons, avaient combattu les Cinq-Nations longtemps avant l'arrivée des Blancs; en commerçant avec elles, les Français se retrouvent automatiquement au cœur d'une situation toute faite. Cela devient patent en 1609, année où les Hurons font appel à Champlain, quand le chef des Français croit nécessaire de confirmer ses intentions d'alliance avec les Algonquins et les Montagnais en marchant avec eux au combat contre les Cinq-Nations. Ils se sont opposés à l'ennemi, qui n'a pas encore eu accès aux armes à feu, à la pointe sud du lac Champlain, près du lac George, là où Champlain se vante d'avoir réussi ce fameux coup de fusil avec lequel il aurait abattu deux chefs[20]. On remet aujourd'hui sérieusement en question cette prétention sous prétexte que c'était impossible avec les armes à feu de cette période[21]. Dans ce cas, la déclaration de Champlain apparaîtrait comme un stratagème s'insérant dans la politique courtisane complexe de la France de cette époque, à laquelle ses plans de colonisation étaient inévitablement associés.

Quoi qu'il en soit, ce qui reste incontestable, c'est le déclenchement officiel des hostilités franco-iroquoises, un état de choses reconfirmé en 1610 lorsque Champlain se joint aux Algonquins et aux Montagnais pour repousser un groupe de guerriers iroquois en aval de Sorel[22]. Avec la confirmation de l'alliance franco-huronne en 1616, l'escalade des conflits mène à la plus fameuse confrontation entre Amérindiens et Européens de l'histoire du Canada. D'après Charlevoix, parce que ses alliés amérindiens montrent tellement de conviction dans leur attachement aux Français et qu'ils jouissent d'une énorme supériorité numérique, Champlain présume que la victoire ira de soi. «Il n'a pas prévu que les Iroquois, qui sont brouillés depuis si longtemps avec les Sauvages jusqu'à une centaine de lieues alentour d'eux, feraient bientôt alliance avec leurs voisins qui s'opposaient à la France et deviendraient les plus puissants dans cette partie de l'Amérique[23].»

Le résultat immédiat est pourtant un véritable épanouissement de la traite des fourrures[24]. En se rattachant au réseau des Hurons et en les convainquant de mettre la pelleterie en valeur, les Français exploitent ce commerce au point qu'il devient la principale activité économique du Nord. De 1615 à 1649, une flottille de quelque 60 canots et 200 hommes descend régulièrement chaque année de la Huronie jusqu'à Québec. Pour ces détachements, les Hurons se servent de canots de 6 à 8 mètres, conduits par 4 ou 5 hommes et capables de porter environ 90 kilos de produits. Dans de bonnes conditions, un canot peut franchir en une journée près de 100 kilomètres, mais la moyenne quotidienne est de loin inférieure; l'aller-retour prend autour de 4 semaines. Le nombre de peaux qui se trouvent à Québec lorsque la ville tombe aux mains des Anglais en 1629 révèle l'ampleur du commerce: de 3 000 à 4 000 peaux y sont entreposées après une mauvaise année de traite. Chaque année normale de cette décennie voit passer à Québec environ 12 000 à 15 000 peaux en provenance de Huronie, soit la moitié du total exporté de Québec durant ces années-là[25]. Une fois les Anglais repartis en 1632, les Hurons montent, dès l'année suivante, la plus grosse de leurs flottilles, soit 140 à 150 canots menés par 500 à 700 hommes transportant environ 15 000 kilos de peaux, une cargaison qu'on n'égalera pas avant 1646[26]. Dans le but de faire cesser les attaques iroquoises, des soldats français viennent parfois épauler les guerriers hurons qui accompagnent les flottilles; c'est le cas en 1644 et aussi en 1645, alors que 300 Hurons prenant place dans une soixantaine de canots atteignent Trois-Rivières[27]. Ce commerce apporte la prospérité à tous ceux qui y prennent part; à son apogée, la participation des Hurons aurait représenté 50 pour cent du commerce français des pelleteries[28]. Malgré l'obstruction des Iroquois, la valeur des peaux expédiées en France s'élève autour de 200 000 à 300 000 livres (tournois)[29].

## Le protocole amérindien en matière de commerce

La rapidité avec laquelle les Hurons mettent en valeur ces échanges démontre qu'ils possèdent au préalable l'infrastructure nécessaire. De l'ordre et un certain cérémonial caractérisent les discussions d'affaires, qui font «plaisir à surveiller[30]». Les délégations commerciales doivent obtenir la permission pour traverser le territoire d'une autre tribu. Certains groupes imposent des droits pour obtenir ce privilège; dans l'histoire du Canada, l'exemple le mieux connu est celui des Kichesipirinis (ou Ehonkehronons) de l'île aux Allumettes, sur la rivière des Outaouais, qui constitue la principale voie entre la Huronie et Montréal. À mesure que la circulation s'amplifie, les Kichesipirinis imposent des tributs plus lourds; les Hurons protestent vigoureusement, mais paient quand même. Pour le chef Tessouat, l'imposition de ces charges sert supposément au maintien du commerce français pour les Hurons; Tessouat prétend aussi pouvoir forcer les Français à retraverser l'Atlantique[31]. Et comme si cela n'irritait pas suffisamment les Français, il ne voit aucune raison qui les autoriserait, eux ou n'importe qui d'autre d'ailleurs, à ne rien payer. Tout étranger peut acheter un droit de passage sur un trajet de traite; ou alors ce droit peut être offert à titre gracieux à des amis ou des alliés; c'est ce qu'ont fait les Ahrendarrohonons au profit des autres tribus de la confédération huronne, dans le cas du commerce avec les Français. Bien qu'il n'existe aucun moyen d'appliquer ces règles, on les observe; il le faut bien d'ailleurs pour que le système fonctionne. Les attaques sans cesse plus nombreuses des Iroquois minent la position de Tessouat à la fin des années 1640 et au début des années 1650. Malgré leurs doléances à l'égard de Tessouat et de sa tribu, les brigades huronnes sont les premières à en souffrir les conséquences à mesure que les Iroquois réduisent la domination du chef algonquin sur la rivière et en fin de compte y mettent fin.

## Les Français s'en remettent aux missionnaires

Les Hurons, qui avaient souhaité accueillir les Français pour assurer l'expansion de leurs opérations commerciales, ne démontrent pas autant de complaisance à l'égard des missionnaires. Peu d'enthousiasme non plus chez les trafiquants, qui voient les ecclésiastiques comme autant d'importunes mouches du coche[32]. Mais Champlain est resté ferme sur ce point: sans missionnaires, aucun commerce. Il organise la venue de récollets en Nouvelle-France en 1615, et cette année-là le père

Joseph Le Caron (v. 1586-1632) est reçu à Carhagouha, chez les Attignaouantans; premier missionnaire en Huronie[33], il est rapidement rejoint par des jésuites. Le séjour des récollets se termine avec l'occupation anglaise en 1629-1632, et ce sont des jésuites qui reviennent quand la France reprend sa colonie en 1633[34]. Pour leur part, les récollets poursuivent leur travail en Acadie où sont venus les rejoindre des capucins (autre branche de l'ordre franciscain); ils rentrent finalement en Nouvelle-France en 1670. Parmi les jésuites qui sont de retour se trouve le père Brébeuf, qui, en 1626, a été choisi pour se rendre en Huronie en raison de son aptitude pour les langues. Les jésuites espèrent fortement évangéliser les Amérindiens en moins d'une génération, ou peut-être même aussi rapidement qu'en six ou sept années[35]. Le Jeune, pris d'une exubérance passagère, écrit en 1634: «Si nos Peres fussent entrés cette année aux Hurons je m'attendois de rescrire à V.R. l'an prochain [...] que ces barbares avaient receu la foy[36].» Au lieu de cela, Brébeuf met neuf années à apprendre la langue huronne et à rédiger une grammaire, à partir du travail des pionniers Le Caron et Sagard qui avaient eux-mêmes entrepris la compilation d'un dictionnaire[37].

L'évangélisation de la Huronie était vouée à ne jamais être achevée. Cela reflète bien le tableau général de la Nouvelle-France: l'évangélisation a produit un petit nombre de vocations religieuses chez les Amérindiennes, mais pas un Amérindien n'est devenu prêtre[38]. Le nomadisme est perçu comme défavorable au christianisme, comme un obstacle à la vertu[39]: «Si d'abord nous parvenons à les fixer, ils sont à nous[40].» Cet objectif est diamétralement opposé à des intérêts commerciaux puissants désireux de voir les Amérindiens rester en forêt pour y rassembler des fourrures; au départ, les missionnaires ont la sensation que les Français montrent plus d'intérêt pour la chasse au castor que pour le salut des âmes[41]. Dévoués aussi ardemment qu'ils le sont à leur mission évangélisatrice, les jésuites ne comprennent que trop bien leur sujétion au commerce et ils collaborent donc, ce qui ne fait pas pour autant disparaître la tension[42]. Ce qu'ont vécu les Français en Huronie et, dans une certaine mesure, leurs contacts avec les Montagnais, les Micmacs et les Abénaquis, nous ont fourni la plupart des détails que nous possédons sur les premiers rapports entre Européens et Amérindiens au Canada.

### La réaction des Hurons face aux Européens

La curiosité naturelle des uns envers les autres semble s'exprimer plus activement chez les Amérindiens que chez les Européens. Les Hurons, par exemple, mettent continuellement à l'épreuve les Français dont ils scrutent les réactions; ils sont particulièrement curieux d'en savoir plus sur ces prétendus pouvoirs des prêtres qu'ils apprécient en comparaison avec ceux de leurs chamans. Ils sont surpris, déroutés même, quand les missionnaires s'offusquent et n'acceptent pas de travailler avec les sorciers[43]. Leur étonnement se mue en hostilité, notamment lorsque les missionnaires refusent de participer aux réjouissances et de rendre la pareille; ils commencent alors à les accuser d'être la cause de la mort de ceux qui leur résistent[44]. Moins sérieusement, ce que les Français ont apporté avec eux, entre autres des animaux (chiens aux oreilles tombantes, chats), est l'objet d'une incessante curiosité; nous savons, de fait, que les chats étaient fort appréciés lors des échanges de présents[45]. Portes à l'européenne, moulin à broyer et horloges intriguent les Amérindiens. Les horloges, avec leur sonnerie, leur semblent douées de la parole et par conséquent vivantes; les jésuites en profitent pour dire aux Hurons que quatre coups signifient qu'ils doivent partir; les jésuites ont ainsi tout leur temps libre après quatre heures[46]! Les Hurons (tout comme les Amérindiens en général) n'aiment pas le sel; en réalité, ils le considèrent comme un poison (avec quelque raison, au train où les Européens s'en servent à l'époque) et refusent de laisser leurs enfants y toucher[47].

Naturellement, de prime abord, rien ne permet aux Hurons ni aux Montagnais de se faire une idée du monde d'où sont issus les Français; des compatriotes ayant visité la France leur en feront plus tard un compte rendu. Les tableaux ainsi brossés ont dû être impressionnistes et fragmentaires, sans compter qu'ils ont probablement suscité plus d'incrédulité que d'émerveillement. Quoi qu'il en soit, les témoignages disponibles sont insuffisants pour ébranler la confiance des Amérindiens dans leur propre culture. «Nous avons notre façon de faire les choses, et vous avez la vôtre, tout comme d'autres nations», répètent sans arrêt les Hurons aux Français[48]. Si de nouveaux maux, par exemple d'étranges maladies, font leur apparition dans leurs établissements, parfois même avant d'avoir aperçu le moindre Européen, le lien ne s'établit pas toujours avec ces curieux visiteurs à la barbe laide et aux moeurs sociales singulières[49]. Face à l'intransigeance de Champlain à l'égard des missionnaires, les Hurons «ont considéré avec attention les Pères, les ont jaugés du regard, ont demandé s'ils avaient mauvais caractère, s'ils pagayaient bien; ils les ont ensuite pris par la main et leur ont expliqué par des signes qu'il serait nécessaire de bien tenir les pagaies[50]».

### Les épidémies dévastent le pays

Il y a à peine deux ans que les jésuites sont revenus, en 1634, lorsque la variole fait son apparition parmi les Montagnais, puis peu après parmi les Hurons; en moins de quatre ans, jusqu'aux deux tiers de ces derniers ont disparu. Pour les jésuites démoralisés, les épidémies semblent avoir «choisi plus de chrétiens que d'infidèles, décimant cruellement leurs familles et épargnant plus fréquemment ceux qui ont refusé le baptême[51]». Du point de vue amérindien, ces catastrophes n'ont rien d'impersonnel: quelqu'un doit en être la cause. Les jésuites sont des suspects tout indiqués, vu surtout que la contagion ne les fait pas mourir[52]. Les Algonquins de l'Île (aux Allumettes) en tirent les conclusions logiques: ils tentent de faire fuir les Français et appuient leurs alliés hurons dans leurs efforts destinés à jeter les

Français hors du pays, en prétextant que Champlain est mort avec la ferme résolution de les mener à la ruine[53]. Les jésuites, attristés, font remarquer que les Algonquins et les Hurons font preuve d'«une haine et une horreur extrême de [leur] doctrine. Ils disent que c'est elle qui les fait mourir et qu'elle renferme des maléfices et des charmes qui entraînent la destruction de leur maïs», en plus d'engendrer des maladies contagieuses[54]. Les Français les menacent de suspendre la traite, une mesure sérieuse pour les Hurons compte tenu que les Français représentent leur unique source d'approvisionnement en produits européens. Et comme si ces épidémies ne suffisent pas, la sécheresse et des incendies forestiers viennent s'y ajouter. L'occasion est belle pour les Iroquois d'intensifier leurs attaques, même si les épidémies font aussi des ravages chez eux[55].

## La situation des Cinq-Nations

Alors que le nouveau commerce s'est avéré opportun pour les Hurons, il ne fait que poser des problèmes aux Cinq-Nations. En premier lieu, les Iroquois n'ont aucun allié avec lequel ils pourraient négocier pour avoir accès auprès des Français, comme l'ont fait les Hurons avec les Algonquins. Même quand les Hollandais s'établissent sur les rives de l'Hudson en 1609, puis se déplacent en amont pour s'installer au fort Orange (Albany) en 1623, soit beaucoup plus près d'eux, les Iroquois s'en trouvent séparés par les Loups (Mohicans). Pour leur part, les Hollandais apprécieraient d'être mis en relations directes avec le commerce du nord, là où se trouvent les plus belles fourrures, mais les Iroquois et les Loups leur barrent la route. Les Iroquois décident d'établir des rapports commerciaux avec les Hollandais, ce qui signifie faire sauter le verrou des Loups; cela sous-entend également l'abandon temporaire de leurs habituelles razzias dans la vallée du Saint-Laurent[56]. En 1624, ils font donc la paix avec les Algonquins et les Hurons (ce que les Français tentent d'empêcher), un geste qui les met à l'abri d'une action ennemie en provenance du nord et leur donne toute liberté d'attaquer les Loups, qu'ils vainquent finalement quatre années plus tard. Les Hollandais, d'abord sur leurs gardes et inquiets, acceptent le fait accompli et amorcent des relations commerciales avec les Agniers (Mohawks). Sur le front oriental, les Iroquois, sans abandonner leurs hostilités traditionnelles contre les Abénaquis, sollicitent un lien commercial avec les Anglais. De désavantageuse qu'elle était initialement, du moins en matière de commerce européen, la situation a tourné à l'avantage des Iroquois qui disposent de deux sources (anglaise et hollandaise) de produits européens, ainsi que de voies de communication plus courtes, en comparaison des Hurons qui sont installés loin de l'Atlantique et n'ont accès qu'au commerce français. Les Iroquois arrivent à opposer les Anglais aux Hollandais au point que ces derniers, se sentant menacés à la fois par les Anglais et les Français, commencent à vendre des armes aux Iroquois. En 1636, lorsque quelques Algonquins tentent de traverser le territoire des Cinq-Nations pour aller commercer avec les

Hollandais, les Agniers les tuent. Les Algonquins de l'Île, avec à leur tête Ouma-sasikweie («La Grenouille», «*The Frog*»; *circa* 1633-1636), ont été tentés de tourner à leur avantage les différends franco-iroquois, mais leurs efforts ont échoué[57]. C'est ainsi que prend fin l'alliance de 1624 entre les Agniers, les Algonquins et les Hurons.

Les tentatives sporadiques des Français en vue de neutraliser les Iroquois en établissant avec eux des liens commerciaux échouent l'une après l'autre, et Champlain décide de renforcer les défenses de la colonie. En 1633, il écrit à Armand-Jean du Plessis, cardinal et duc de Richelieu, principal ministre de Louis XIII de 1624 à 1642, pour lui demander 120 hommes afin d'assujettir les Iroquois[58]. En 1634, il fonde Trois-Rivières, qui doit servir de tampon à Québec, puis entreprend de fortifier le Saint-Laurent, avant de mourir l'année suivante; les Iroquois répliquent en construisant sur le fleuve des forts d'où ils harcèlent les convois de traite. Fondée en 1642, Montréal a à l'origine une vocation religieuse, mais devient très tôt un avant-poste stratégique, au coeur des incursions iro-quoises sans cesse plus nombreuses. Le sort en est jeté: les Français, pour des raisons commerciales évidentes, sont engagés envers les nations fournisseuses de pelleteries du nord, et les Cinq-Nations sont vouées au démembrement des réseaux nordiques de traite pour un ensemble de raisons, dont le maintien sous tension de la menace de l'empiétement par les colons n'est pas la moindre. Tous les éléments sont maintenant en place pour la guerre qui va dominer l'histoire de la Nouvelle-France pendant une centaine d'années.

Les Iroquois (plus précisément les Agniers et les Tsonnontouans) déclenchent leurs blocus sur le Saint-Laurent, la rivière des Outaouais et le Richelieu en 1642. Ils sont si étanches qu'en 1644 et 1645 un seul convoi sur quatre parvient à des-tination, malgré l'envoi de 22 soldats français en Huronie en 1644[59]. Durant deux années pendant la décennie, aucun n'arrive à bon port. Toujours en 1644, les Français et certains Agniers concluent une paix, chacun agissant indépendamment de ses alliés — les Algonquins dans le cas des Français; les quatre autres tribus des Cinq-Nations, ainsi que certains membres de leur propre nation, dans le cas des Agniers[60]. Elle est à l'origine du passage de la deuxième des plus grosses flottilles, 80 canots, en 1646. Mais elle a coûté la vie au jésuite Isaac Jogues (1607-1646) aux mains des résistants agniers du clan de l'Ours[61] qui, en compagnie des membres exclus de la ligue, sont prêts à défier ouvertement les Français. Deux années plus tard, en 1648, les Hurons se sont repris suffisamment pour expédier 60 canots qui ramènent des renforts français en passant à Trois-Rivières[62]. Succès trompeur que celui-là, puisque trois villages détruits attendent le convoi à son retour en Huronie.

Les Iroquois changent leurs tactiques et attaquent maintenant les établisse-ments et non plus seulement les convois. En 1649, ils reviennent en force: les Hurons renoncent à se défendre et la destruction par le feu de leurs 15 derniers villages entraîne leur dispersion. Les Français ont suivi leur exemple et laissé s'envoler en fumée leurs rêves missionnaires d'un nouveau type de communauté chrétienne associant les deux cultures en Amérique du Nord. Deux missionnaires perdent aussi la vie dans les flammes du bûcher, un sort habituel pour les ennemis faits prisonniers. Seuls ces deux-là doivent subir cette épreuve parmi ceux qui sont assassinés[63]. D'après l'historienne huronne Margaret Vincent Tehariolina, les Français brûlent leur mission parce qu'elle a perdu sa raison d'être dès l'instant où les Hurons n'ont plus été maîtres de la traite des fourrures[64]. Aux yeux de Tehariolina, par ce geste, ainsi que par leur retraite vers Québec, les Français rompent leur promesse de protection envers leurs alliés.

Parmi les Hurons, c'est la famine de l'hiver suivant qui fait le plus grand nombre de victimes chez ceux qui ont fui à l'île Saint-Joseph (auj. île Christian), dans la baie Georgienne, dont les ressources étaient insuffisantes pour les nourrir tous. D'après les estimations, 5 000 membres de la confédération meurent là durant l'hiver. Chez ceux qui survivent jusqu'au printemps, certains se réfugient chez leurs voisins Tionnontatés (Pétuns ou Khionontateronons) ou se dispersent en petits groupes à Détroit et dans le nord de l'Ohio, où ils perdent le nom de Hurons pour prendre celui de Wyandots, une variante du nom qu'ils se donnaient traditionnellement eux-mêmes. Plusieurs de leurs chefs, dont Orontony (*circa* 1739-1750), se mettent à faire de la traite avec les Anglais[65]. Parmi ceux qui restent alliés des Français et continuent de s'appeler Hurons, quelque 600 descendent vers l'est pour se rétablir sur leurs anciens territoires de la rive nord du Saint-Laurent. Après plusieurs déplacements et nombre de vicissitudes, ils s'installent définitivement en banlieue de Québec (leur ancien Stadaconé), au Village des Hurons que leurs descendants actuels nomment aujourd'hui Wendake. D'autres fuient chez les Ériés et les Neutres, où ils subissent une nouvelle défaite aux mains des Iroquois. La majorité, toutefois, part vers le sud se joindre aux Iroquois. Dans leur cas, nous savons que les Tahontaenrats (nation du Cerf) ainsi que certains Ahrendarrhonons (nation de la Pierre) — bien que la plupart de ces derniers soient allés chez les Onontagués — sont accueillis par les Tsonnontouans et que les survivants attignaouantans (nation de l'Ours) sont devenus Agniers (Mohawks). Un petit nombre émigre aussi loin qu'en Oklahoma. Lors de confrontations ultérieures avec les Iroquois, les Français éprouveront parfois l'étrange sensation de combattre des guerriers anciennement alliés qui sont entretemps devenus de véritables membres de la confédération iroquoise.

En 1657, Le Jeune fait observer que les Cinq-Nations ont absorbé tellement de captifs que la ligue compte alors «plus d'étrangers que de naturels du pays[66]». Mais le plus important, c'est peut-être le fait que, puisque bon nombre de ces ex-Hurons ont autrefois reçu un enseignement chrétien, les jésuites disposent ainsi d'un moyen d'action qui leur permet d'intensifier leur campagne d'évangélisation auprès des Cinq-Nations. Cette opération va aboutir à l'émigration, de l'Iroquoisie en direction de divers établissements entourant Montréal, de convertis désireux de se rapprocher de leurs coreligionnaires[67]. Bien que ce mouvement fasse perdre des habitants aux cinq nations iroquoises, le contingent de loin le plus gros part des villages agniers. En 1679, la tribu aurait perdu plus ou moins deux tiers de sa

population de cette manière[68]. Entretemps, à l'ouest, les Wyandots de Michillimakinac ont engendré l'un des plus célèbres chefs de guerre iroquois, Kondiaronk
(Gaspar Soiaga, Souoias, Sastaretsi, connu des Français sous le nom de «Le Rat»;
vers 1649-1701). Il deviendra l'un des principaux promoteurs de la paix de 1701
signée à Montréal[69].

Un dernier élément s'ajoute à la saga des réfugiés hurons dans la vallée du
Saint-Laurent lorsqu'une décision d'une cour de justice du Québec, en 1990,
reconnaît leurs droits sur de vastes territoires de la province. Les Anglais ont
garanti ces droits aux Hurons dans un traité signé trois jours avant la chute finale
de la Nouvelle-France en 1760. La cour suprême du Canada statue, dans l'affaire
de la Reine contre Sioui, que le traité est toujours en vigueur et que ses conditions
accordent aux Hurons «le libre exercice de leur religion, de leurs coutumes et de
la liberté de commerce avec l'Anglais». Le territoire en cause s'étend du fleuve
Saint-Laurent à la baie James et du Saint-Maurice (à Trois-Rivières) au Saguenay
(à Tadoussac[70]).

## La dispersion des Hurons

Les Hurons se dispersent 24 ans après la visite de Champlain et l'arrivée du premier missionnaire. En un peu plus d'une génération, la Huronie est passée de son
statut de plus importante confédération de la région sur les plans démographique,
commercial et militaire, à une diaspora en lambeaux; ses villages sont détruits et
ses champs de maïs retournent à la forêt. Il ne s'agit pas uniquement de la défaite
d'une nation; c'est l'écroulement d'un ensemble commercial complexe, dont les
conséquences retentiront jusqu'au coeur du continent et atteindront même la baie
James, dans le Grand Nord.

Quelles ont été les véritables origines de cet effondrement? Placés à la croisée
des routes intérieures du nord, les Hurons ont dominé le commerce à deux reprises: durant la protohistoire et au début de l'histoire. En dépit d'une prospérité
initiale, l'essor du trafic est-ouest joue inévitablement contre eux, alors que l'accès
à d'autres partenaires commerciaux européens leur est interdit. Sans véritable
pouvoir de négociation, ils sont vite dominés par les Français (même s'ils en
profitent sur le plan économique) et leur commerce assure l'existence de la
Nouvelle-France. À mesure que le paradoxe inhérent à cette situation fait surface,
se produisent une suite d'événements qui s'avèrent désastreux non seulement
pour les Hurons, mais aussi pour les Français. Le désastre financier de leurs alliés
sonne le glas au rêve des jésuites désireux de fonder une nouvelle Jérusalem au
coeur de l'Amérique du Nord[71].

Tout d'abord, dans une société où les questions spirituelles sont toujours
restées un sujet d'ordre individuel et personnel, l'intense campagne menée par les
jésuites pour que tous les Hurons se plient à la norme chrétienne a suscité des
tensions par suite de la conversion de quelques-uns et de la résistance de certains

autres[72]. Les jésuites, ayant constaté le problème, tentent d'aplanir le chemin de la conversion en évitant de se mêler des coutumes huronnes, dans la mesure où elles ne s'opposent pas aux valeurs chrétiennes; ce compromis va entraîner des conflits avec l'administration et ne connaîtra qu'un succès partiel dans la pratique. Les motifs de conversion pourraient avoir eu plus de rapports avec un traitement préférentiel en matière de commerce des fourrures qu'avec une conviction religieuse. En 1648, alors que seulement 15 pour cent environ des Hurons sont chrétiens, on rapporte que la moitié des participants aux flottilles marchandes sont convertis ou se préparent à l'être[73]. Il y a des encouragements commerciaux de taille, vu que les convertis sont considérés comme des Français et du coup ont droit pour leurs fourrures aux mêmes tarifs que les Français, qui obtiennent beaucoup plus que les non-chrétiens. Lors des distributions de présents, les chrétiens sont favorisés; et, à l'occasion des réunions avec les Amérindiens, les Français honorent les chrétiens plus que les autres[74]. D'autre part, ainsi que nous l'a rappelé l'historien John Webster Grant, il y a ceux qui, comme Joseph Chihouatenha (Chihouatenhoua, Chiohoarehra; 1602?-1640), croient que l'avenir appartient à la façon de faire des Français et que ce n'est que bon sens que de s'y conformer[75].

Le risque existe toujours, naturellement, de voir ces stimulants connaître des ratés. Un observateur écrit, en 1750:

[...] il y a lieu de croire qu'ils [les Indiens] n'Embrassent la religion Catholique que par Interest [...] ils la pratique en Apparence, font les exercises, vont même à confesse, mai ils s'y presentent faux honte d'avouer leur turpitude, d'ou il est apparent qu'ils en sortent sans repentir de leurs fautes[76].

Autrement dit, pour certains, les Amérindiens ont été très capables de feindre d'adhérer à la chrétienté s'ils pensaient qu'il y allait de leur intérêt. Une autre explication de ce comportement voudrait que les Amérindiens n'aient rien vu de mal à suivre ces nouvelles habitudes en présence des Blancs, mais soient retournés à leurs vieilles croyances une fois la porte de leur tipi refermée. En d'autres occasions, l'évangélisation a pour effet de donner une nouvelle impulsion et une nouvelle vigueur aux religions autochtones[77]. De la même façon que les missionnaires ont perçu dans les croyances spirituelles des indigènes divers éléments semblables à leurs propres croyances, les Amérindiens ont associé des êtres spirituels chrétiens avec ceux des leurs. Pour les Montagnais, le Dieu des chrétiens ressemblait à Atahocan[78]. De leur point de vue, le cosmos est assez vaste pour accueillir les deux groupes d'esprits, avec leurs propres exigences, en temps et lieu appropriés[79]. Cette dénaturation de leur politique d'accommodement à d'autres valeurs culturelles pousse les jésuites à riposter par une vigoureuse campagne, en utilisant divers moyens tels que fouiller les habitations pour y chercher des idoles, ce qui a pour effet d'augmenter les tensions et d'encourager la création de factions[80].

Malgré ces ambiguïtés, les prêtres ont commencé à prendre la place des chamans en tant qu'intermédiaires avec le royaume des esprits. D'après la tradition, les chefs et les hommes chargés de fonctions publiques officient aussi durant les cérémonies religieuses, une activité très importante dans le maintien de la cohésion sociale; après leur conversion, leur participation est dorénavant impossible et ils doivent nommer des remplaçants pour accomplir leurs fonctions religieuses[81]. Le coût élevé de la tenue des banquets traditionnels aggrave encore cette situation que la dépendance croissante des Hurons à l'égard des articles de traite peut elle-même avoir empirée en retour. Ces facteurs cumulés provoquent la réduction et même, dans certains cas, la disparition des cérémonies traditionnelles. À Ossossané (village attignaouantan), en 1648, un jésuite est nommé grand chef afin de voir à l'élimination des coutumes contraires au rite chrétien[82]. Les convertis refusent d'être inhumés dans les ossuaires communs, niant de ce fait leur appartenance à la tribu. Dans certains cas, les Hurons convertis refusent même de combattre aux côtés de leurs frères traditionnalistes.

La politique française de fourniture de fusils uniquement aux convertis n'aide pas les choses; même les missionnaires en voient le danger et ils font de leur mieux pour amener les fonctionnaires à changer d'avis, mais sans grand résultat. Dans l'intervalle, la puissance de feu croissante des Iroquois, qui s'élève, paraît-il, à quelque 500 fusils, a un effet démoralisateur sur les Hurons, qui n'en possèdent qu'environ 120[83]. L'historien et jésuite Lucien Campeau estime que cette disproportion a constitué la cause fondamentale de la dispersion, plutôt que l'apparition de factions qu'avait entraînée l'activité missionnaire; comme il le souligne, les Tionnontatés, les Neutres et les Ériés ont aussi subi la défaite, en dépit du fait qu'ils n'ont reçu que peu ou pas d'enseignement religieux[84]. D'un autre côté, le commerce européen ne les avait presque pas atteints, du moins sûrement pas assez pour acquérir des fusils. Tous conviennent que les épidémies de 1639-1640 ont contribué aux difficultés des Hurons en causant de nombreuses pertes de vie chez les très jeunes enfants et les vieux et en menant à des déséquilibres et une discontinuité sociale et culturelle. Quand, en 1648 et 1649, les Iroquois, changeant de tactique, commencent à attaquer les villages au lieu des convois de traite, les Hurons, autrefois sûrs de leur culture, se désintègrent simplement en tant que confédération.

## Des conséquences d'envergure

Ces événements ont une portée considérable, autant pour les Amérindiens que pour les Français. La première conséquence observable par tous est la perte d'une importante source de nourriture: la Huronie était la réserve alimentaire des Amérindiens tout comme des colons. En Nouvelle-France, cela a pour effet d'augmenter les surfaces défrichées et mises en culture, au grand plaisir des fonctionnaires qui ont toujours éprouvé de grandes difficultés à distraire les habitants des profits immédiats de la traite des fourrures pour se consacrer au labeur harassant des travaux agricoles. Sur le plan politique, la dispersion de la Huronie marque le développement d'une situation déjà enclenchée depuis quelque temps: au départ, les Français étaient les alliés des Amérindiens; dorénavant, ce sera l'inverse.

La structure de la traite des fourrures change radicalement, Montréal absorbant ce que ne fait plus la Huronie[85]. Les convois annuels en direction de Montréal, poursuivis par les Outaouais et quelques groupuscules hurons, diminuent avant de disparaître complètement durant les années 1680. Les Outaouais ne possèdent pas l'infrastructure pour faire fonctionner ce système ou, après 1670, pour faire face à la concurrence des Anglais qui viennent de s'établir à la baie d'Hudson. En outre, les coureurs des bois se déploient à partir de Montréal vers l'intérieur du pays: les convois partent maintenant en direction contraire. La colonie ne met pas de temps à saisir l'occasion qui s'offre à elle; comme le relatent les jésuites: «Tous nos jeunes Français se proposent de partir en expédition de traite, pour découvrir les nations qui sont dispersées çà et là; et ils espèrent en revenir chargés de ces peaux de castor accumulées au fil des ans[86].» Dès lors, l'axe est-ouest prédomine, alimenté par les marchandises venues d'outre-Atlantique. C'est dans la foulée de ce mouvement que Pierre-Esprit Radisson (v. 1640-1710) et son beau-frère Médard Chouart Des Groseillliers (1618-1696?) s'aventurent au nord du lac Supérieur durant les années 1650, avec le concours indispensable de guides amérindiens, et prennent conscience des riches ressources en gibier à fourrures que les Hurons ont exploitées avec succès peu auparavant. Tout sera bientôt prêt pour l'entrée en scène de la *Hudson's Bay Company*, une institution quasi gouvernementale qui jouera un rôle capital dans le commerce des fourrures au Canada pendant les deux siècles suivants.

## CHAPITRE IX

# La Compagnie de la baie d'Hudson gagne ce que perd la Huronie

En même temps que les Européens s'emploient à la mise en valeur de la traite des fourrures le long du système fluvial formé par le Saint-Laurent et les Grands Lacs, des Amérindiens travaillent à l'amélioration de leurs réseaux s'étendant au nord jusqu'à l'Arctique[1]. Lorsque les Français atteignent finalement le lac Mistassini, en 1663, ils constatent qu'un volume suffisant d'articles de traite du sud parviennent à satisfaire les besoins des gens du nord. Cela permet de mieux comprendre pourquoi les explorations anglaises de la baie n'ont connu qu'un seul épisode de traite avec des Amérindiens, celui de Henry Hudson. Cela explique aussi pourquoi les Français ne sont pas parvenus à atteindre par terre la partie orientale de la baie James, avant 1670. Les réseaux amérindiens se débrouillaient avec l'accroissement du volume d'articles provoqué par le commerce européen[2], et ces gens ne voyaient pas pourquoi il faudrait encourager la venue de Français qui détruiraient l'équilibre existant. Les tentatives françaises de pénétration de la région échouent ainsi l'une après l'autre[3].

## Les routes commerciales du nord

Quatre routes principales s'étirent de la vallée du Saint-Laurent vers le nord: à Tadoussac, le Saguenay traverse le pays des Montagnais; à Trois-Rivières, le Saint-Maurice et la Nottaway celui des Attikameks; deux autres relient la Huronie à la baie James, à l'est par les rivières des Outaouais, Témiscamingue et Abitibi, et à l'ouest par les rivières Spanish et Mattagami[4]. Les Hurons peuvent aussi se rattacher aux systèmes de Trois-Rivières et de Tadoussac par des liaisons est-ouest s'insérant dans un réseau dont les ramifications s'étirent vers l'ouest, loin à l'inté-

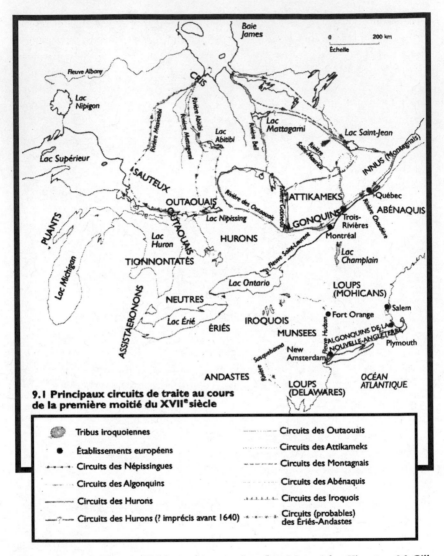

**9.1 Principaux circuits de traite au cours de la première moitié du XVIIᵉ siècle**

| | | | |
|---|---|---|---|
| Tribus iroquoiennes | | Circuits des Outaouais | |
| Établissements européens | | Circuits des Attikameks | |
| Circuits des Népissingues | | Circuits des Montagnais | |
| Circuits des Algonquins | | Circuits des Abénaquis | |
| Circuits des Hurons | | Circuits des Iroquois | |
| Circuits des Hurons (? imprécis avant 1640) | | Circuits (probables) des Ériés-Andastes | |

Source: Bruce G. Trigger, Children of Aataentsic, vol. 1, Montréal et Kingston, McGill-Queen's University Press, 1976.

rieur des terres. Les couteaux de cuivre aperçus par les hommes de Cartier à Tadoussac sont venus du lac Supérieur.

Le déclin de Tadoussac, à l'entrée du Saguenay, après l'établissement de Québec en 1608, ainsi que la pénétration des Français jusque dans la région des Grands Lacs, afin d'y établir des liens directs avec les Hurons quelques années plus tard, soulignent le déplacement plus à l'ouest du centre du commerce nordique. En conséquence, les deux routes reliant la Huronie à la baie James prennent de l'importance. Jusqu'à sa destruction en 1649, la Huronie reste le cœur des réseaux nord-sud durant 30 ans. Un déchaînement d'expéditions guerrières iroquoises visant la destruction de l'hégémonie huronne se produit alors; elles se poursuivent jusqu'à la baie James, avant que l'invasion des Illinois par la Ligue, en 1680, ne détourne l'attention. Après avoir si bien fonctionné depuis des temps préhistoriques lointains, les réseaux du nord sont laissés dans le désordre et coupés de l'approvisionnement en articles de commerce en provenance du sud.

Ce réalignement des forces fait des Cinq-Nations le nouveau facteur prédominant chez les Amérindiens: de nouveaux maîtres ont la mainmise sur les principales routes reliant les colonies anglaises et l'intérieur. Suivant les dires de l'ethnohistorienne Alice Kehoe, les Iroquois peuvent dès lors s'imposer «comme portiers et péagers du commerce international[5]». La défaite de la France en Amérique du Nord, en 1760, renforcera leur position et fera d'eux, durant la majeure partie du XVIIIe siècle, les principaux acteurs autochtones du Nord-Est de l'Amérique du Nord.

Quand les Anglais, à la suggestion de Radisson et de Des Groseilliers, mènent une expédition de traite à la baie d'Hudson en 1668, ils découvrent que ces mêmes Indiens, qui évitaient autrefois les contacts, souhaitent maintenant commercer avec eux. Les Anglais fondent à cette époque la *Hudson's Bay Company* (N.D.T. Nous emploierons dorénavant Compagnie de la baie d'Hudson, ou CBH, même si elle ne porte pas de nom français avant le XXe siècle.), qui reçoit en 1670 une charte lui accordant un monopole commercial sur toutes les terres du bassin hydraulique de la baie d'Hudson. Il n'est évidemment pas question de demander l'avis des Amérindiens qui habitent là, non plus que de s'interroger si c'est légal d'agir ainsi unilatéralement. La même année, la CBH fonde le fort Charles, sur la rivière Rupert, au grand plaisir des Cris de la région auxquels font défaut des fournitures qui leur parvenaient auparavant par les circuits autochtones. Les Anglais peuvent difficilement imaginer meilleur moment pour refaire surface; le succès instantané du fort Charles entraîne vite l'établissement d'une série de forts sur le pourtour de la baie, et en 1685 l'ensemble du réseau anglais est essentiellement en place. Les Français ripostent en construisant leurs propres forts à l'intérieur du pays (ils érigent en 1684 un poste sur le lac Nipigon), mais ils constatent toutefois que les coureurs des bois représentent la meilleure arme à leur disposition dans ce conflit commercial. Les Amérindiens, qui étaient restés loin des Anglais à la recherche du passage du Nord-Ouest et avaient fait tout leur possible pour décourager la pénétration des Français vers le nord, viennent maintenant volontairement faire des échanges. Presque du jour au lendemain, des bandes d'Indiens s'établissent à proximité des postes, ces «*homeguards*», comme on les appelle, deviennent un élément caractéristique des postes de traite français et anglais, d'après un modèle de fonctionnement mis en place par les Français à leurs débuts dans ce commerce. C'est là une conséquence du changement dans les stratégies d'autoconsommation amenées par la traite des fourrures, l'exploitation préhistorique de tout le milieu faisant place à la recherche spécialisée des animaux à fourrure. Les Amérindiens se sont tournés vers les postes dans l'espoir de contrer le danger croissant de disette que ce changement de priorités comportait[6]. Français comme Anglais encouragent leur présence à proximité de leurs établissements, pour avoir à portée des chasseurs qui les approvisionnent en viande fraîche.

La demande en haches de métal et en marmites, deux articles de traite promptement adoptés par les Amérindiens, reste forte; pour les Indiens de la côte, le chaudron en cuivre demeure le plus prisé des articles européens[7]. Les Européens l'ont bien compris, d'autant plus que cela concorde avec l'idée qu'ils se font du pratique et de l'utile. Ils évaluent bientôt les préférences des Amérindiens avec assez de justesse pour élaborer le tomahawk, un des premiers articles mis au point par les Européens spécifiquement à l'intention du commerce amérindien. La combinaison de la hache de guerre et du calumet de paix a des connotations plus que pratiques et s'accorde avec le concept amérindien de dualité de la nature, avec la dichotomie et l'interaction de la vie et de la mort. Le tabac du Brésil est un autre article à succès; même dans le nord, où seul le commerce permettait d'obtenir du tabac, fumer reste rituellement important[8]. Les indigènes du Nord ont tôt fait d'apprécier un tabac de cette qualité.

## Adaptations commerciales

Les Européens éprouvent plus de difficultés à saisir les préférences amérindiennes pour d'autres articles comme les miroirs ou les perles de certains types, de certaines couleurs. Ils remplacent les traditionnels objets brillants de métal, de cristal ou de quartzite, ainsi que certains types de coquillages qui possèdent, à ce qui leur semble, des qualités rattachées à la nature première de l'univers sur les plans physique et spirituel. Les Amérindiens convoitent ces objets qui sont censés avoir un lien avec leur perception mystique du fonctionnement du cosmos, qui, pour eux, est tout aussi «concrète» que son aspect physique. Les perles ont en outre l'avantage de ressembler à des baies qui, elles, sont supposées posséder d'extraordinaires pouvoirs curatifs[9]. Les cristaux, les miroirs et le cuivre, par leurs associations particulières, sont tous très prisés. Conscients ou non de l'«autre monde» évoqué par ces échanges, les Européens savent rapidement quels types d'articles incitent les Amérindiens à commercer avec eux.

Ils ont aussi appris à apprécier divers produits issus des technologies amérindiennes, comme le canot, les raquettes, le toboggan et les mocassins, pour ne nommer que les plus connus. Le sulpicien René de Bréhant de Galinée (v. 1645-1678), durant le voyage qu'il effectue vers l'ouest en 1669-1670 en vue de fonder des missions avec le sulpicien François Dollier de Casson (1636-1701), a de bonnes raisons d'apprécier l'adaptabilité de ce matériel aux différentes conditions du voyage. À son retour en France, écrit-il, il aimerait rapporter avec lui un canoë afin d'en démontrer les qualités à ses compatriotes. Cette embarcation (de même que les raquettes) constitue à ses yeux le chef-d'œuvre de l'inventivité amérindienne[10]. Les Français ne se montrent pas toujours aussi appréciateurs: le traiteur et explorateur Pierre Mallet (1700- après 1751), au cours du voyage qu'il effectue dans l'Ouest dans les années 1740, se plaint des soins considérables qu'il faut apporter à l'entretien des canots d'écorce, du fait que l'exposition au soleil les détériore et qu'ils s'abîment facilement quand on les traîne sur le sable; ils se brisent vite entre des mains inexpérimentées et, même en faisant attention, leur durée de vie reste courte, un inconvénient majeur lors de longues expéditions menant au delà de l'aire de répartition du bouleau blanc[11]. Galinée, tout au contraire, prétend qu'ils peuvent durer au moins six ans[12].

Ce n'est pas par accident si le commerce — stéréotypé — des fourrures au Canada a pris naissance dans les forêts du nord. À l'exception de la disponibilité en fourrures de qualité supérieure, la nature générale de la chasse exigée par l'environnement de la forêt boréale constitue la plus adaptable de toutes les exigences de la traite. Des chasseurs plus spécialisés, tels ceux qui poursuivent les hardes de bisons des plaines ou celles de caribous de l'Arctique, trouvent moins d'intérêt à y prendre part à cause de la différence entre leur type de chasse et celui qu'exige la chasse aux fourrures. Durant le XVIIe et le XVIIIe siècle, le fusil est plus utile au chasseur de la forêt boréale qu'à celui du bison des plaines ou du caribou de la toundra. Cela dépend beaucoup de circonstances particulières, ainsi que de la qualité des armes et des munitions[13]. Samuel Hearne (1745-1792) a vu des Amérindiens du Nord se servir à la fois de fusils et d'arcs lors de chasses collectives au chevreuil[14]. Certaines imperfections des fusils en restreignent au début l'adoption: un fonctionnement douteux par temps humide ou froid, le bruit que fait le coup de feu, le poids, l'approvisionnement incertain en munitions et les difficultés d'entretien ou de réparation. Les pièges en métal eux non plus ne paraissent pas particulièrement utiles de prime abord, les méthodes traditionnelles de piégeage répondant facilement aux besoins — une situation qui se poursuivra encore longtemps au XXe siècle[15]. Les armes à feu et les pièges en métal souffrent aussi d'autres désavantages, comme leur coût et leur fabrication à l'étranger. Malgré tout, les attroupements restreints ou les humeurs solitaires du gros gibier des forêts boréales favorisent l'usage des armes à feu, en particulier avec l'amélioration de leur qualité. Les fusils sont adoptés plus rapidement que les pièges, les indigènes tendant d'abord à se les procurer pour leur matière première, qu'ils transforment en objets utiles tels que ciseaux ou lames de formes diverses[16]. Un article au moins fait vite l'unanimité: la ficelle; l'ethnohistorien Toby Morantz souligne qu'elle a très rapidement supplanté les matériaux traditionnels entrant dans la fabrication des filets de pêche[17].

## De nouveaux partenaires commerciaux: les Cris

Les Cris (Cristinaux, Cristinots, Kristinaux, Killistinaux), chez lesquels les Anglais débarquent, forment à cette époque le groupe principal le plus nombreux parmi les Amérindiens du Canada et ils sont destinés à connaître une expansion démographique et territoriale plus grande, à mesure que la traite des fourrures les fera prospérer. Les Anglais trouvent que les Cris, dont ils apprécient les qualités de chasseurs, ont «une disposition humaine» et sont civilisables à court terme[18]. Contrairement à ce qui s'est passé en Nouvelle-Angleterre, civiliser les Amérindiens ne figure pas dans les plans des Anglais dans le Grand Nord, mais le maintien de bons rapports, lui, reste essentiel. Soulignons à ce propos que le terme «sauvage», si répandu dans les colonies pour désigner les indigènes, a été fort peu employé dans les journaux des postes de la Compagnie de la baie d'Hudson. Proches alliés des Cris, les Assiniboines (Assinipoil, Assinipoël, *Assiniboin*, Assinipoualak, «*Warriors of the Rock*» (littéralt: «Guerriers de la Pierre»), connus plus tard dans l'Ouest sous le nom de Stoneys), de langue siouenne, se sont apparemment détachés des Yanktonais-Dakotas aux alentours des années 1600, certains partant vers le nordouest, d'autres vers le nord-est, dans la prairie et dans la forêt boréale. D'après David Thompson, la séparation ne s'est pas faite sans heurts[19].

Les Anglais cherchent à consolider leur position par la conclusion d'alliances ou d'«ententes», auxquelles certains écrits font allusion, mais dont les actes ne nous sont pas parvenus. Le capitaine de l'expédition de 1668, le Bostonien Zachariah Gillam (1636-1682), est censé avoir négocié le premier de ces «traités», ainsi qu'on les appelait à l'époque[20]. En 1680, le gouverneur des postes de la baie d'Hudson, John Nixon (v. 1623-1692), reçoit l'ordre de prendre possession du territoire en faisant avec les Amérindiens tous les arrangements nécessaires et de s'assurer qu'ils saisissent parfaitement que les Anglais deviennent «maîtres absolus» de ce territoire[21]. Comme l'a fait remarquer un observateur en 1708, la Compagnie de la baie d'Hudson conclut des «ententes» avec «les capitaines ou Rois des Rivières et Territoires où ils possèdent des établissements, pour [obtenir] le droit d'y commercer, à l'exclusion de tous les autres», empêchant ainsi les Amérindiens de se plaindre d'un empiétement sur leurs terres. Les «traités» paraissent avoir été conclus oralement, sur le modèle franco-indien, probablement sur les conseils de Des Groseillers, qui s'inspirait de techniques imaginées par les Français au Brésil et raffinées plus tard sur les rives du Saint-Laurent. D'après les dires de l'historien John Oldmixon (1673-1742), qui n'a jamais visité les Amériques, «les ententes furent établies de façon aussi ferme que le pouvaient les Indiens, en observant les cérémonials les plus sacrés et obligatoires qu'ils possédaient[22]». Les Indiens étaient bien disposés à négocier une alliance, sans laquelle tout commerce fût resté précaire; pourtant, la «propriété absolue» était un concept incompréhensible pour eux, puisqu'il leur était parfaitement étranger.

La conclusion de quelque forme d'entente peut aussi être inférée du fait que les Amérindiens se sentaient libres de venir aux postes, tout comme de l'impression d'au moins un observateur selon qui la CBH leur payait un «loyer[23]». Il s'agit sans doute là d'une allusion aux échanges cérémoniels de cadeaux et aux autres rituels associés à la traite, tous nécessaires au bon maintien des alliances. L'habitude qu'ont les Amérindiens de demander aux commerçants d'«avoir pitié» d'eux constitue un aspect saisissant (du moins pour les Blancs) d'un élément caractéristique de ces occasions: les discours. Deux interprétations en ont été données: les Amérindiens demandaient des «articles ou avantages nécessaires» ou bien ils exprimaient l'espoir que les Anglais, plus puissants qu'eux, les aideraient quand le besoin se ferait sentir[24]. Dans le Nord, les alliances commerciales ne comportent aucune aide militaire, à l'inverse de celles des forêts du Nord-Est. Les conditions de vie dans le Nord ne permettent pas qu'on y fasse la guerre; si des Amérindiens et des Inuits peuvent s'être tirés dessus à vue (quand c'était possible), ou même s'être attaqués mutuellement, cela n'a jamais mené à de véritables campagnes militaires. Quand Anglais et Français se battent pour la domination du commerce à la baie d'Hudson, entre 1685 et 1713, leurs alliés amérindiens ne se joignent pas à eux, au contraire de ce qui s'est produit sur les bords du Saint-Laurent.

Quand les vivres viennent à manquer, situation fréquente à cause de l'incertitude des ravitaillements par mer, les Anglais doivent compter sur les *homeguards* pour leur approvisionnement alimentaire. Ils cherchent à corriger la situation, mais n'obtiennent qu'un succès médiocre en montrant à leurs propres hommes à chasser[25]. Ici encore, festins et cadeaux sont essentiels au maintien de rapports harmonieux avec les *homeguards*; malgré cela, l'atmosphère peut osciller entre la sympathie et la tolérance maussade[26]. L'entretien des postes, combiné aux exigences de la traite, aboutit finalement à un dépeuplement du gibier qui ne se fait toutefois pas ressentir partout en même temps ou avec la même intensité. Les cycles naturels d'abondance et de rareté s'accentuent, mettant en lumière une évidence criante: les exigences du commerce des fourrures sont fondamentalement en conflit avec les besoins en alimentation. Poussés à la famine, les Amérindiens réclament de l'aide aux postes. Quand elle ne vient pas, comme cela se produit parfois, des incidents disgracieux surviennent, même s'ils demeurent rares dans le Nord. En 1832, à Hannah Bay, le poste intérieur rattaché à Moose Factory est razzié, et son personnel tué par des Cris qui meurent de faim.

La nourriture des uns n'impressionne nullement les autres. D'après Hearne, les Indiens n'aiment même pas le pain, «parce que malgré le fait que certains s'en mettaient un petit peu dans la bouche, ils s'empressaient de le recracher en ne manquant pas d'exprimer leur dédain; de telle sorte qu'ils n'éprouvaient pas plus de plaisir à l'égard de notre nourriture que nous envers la leur[27]». Certains individus réagissaient de cette façon pour démontrer leur supériorité culturelle. Esquawino (Esqua:wee:Noa), mieux connu des Anglais de Moose Factory, pour des raisons évidentes, sous le nom de Snuff the Blanket (littéral: «Celui qui renifle la couverture»), a contracté l'habitude «de mettre son vêtement sur son nez en entrant dans le comptoir pour ne pas respirer la mauvaise senteur et de refuser de manger la moindre victuaille servie dans un chaudron nous appartenant[28]». À l'opposé, Hearne apprend à apprécier certains mets (mais pas tous) «qui étaient tels, sans préjugé [...] qu'ils pouvaient être mangés par les plus fins palais[29]». Des Amérindiens finissent aussi par démontrer une adaptabilité sur le plan alimentaire; ils apprécient tellement les pruneaux et les raisins secs qu'ils sont prêts à «donner une peau de castor pour une douzaine de [fruits] qu'ils apportent à leurs enfants». Le fromage continue pourtant de les rebuter, «étant d'avis qu'il est fait de gras d'hommes morts[30]». Hearne a catégoriquement démenti la croyance, persistante chez les Européens, selon laquelle les Inuits et les Amérindiens du Grand Nord ont été poussés au cannibalisme par la force des choses[31].

## On désapprouve toute fraternisation

Au début, la Compagnie de la baie d'Hudson cherche à maintenir au minimum les contacts entre ses employés et les Amérindiens, de sorte que ça ne dépasse pas le strict rapport commercial; évidemment, cela s'avère impossible, en particulier parce que les femmes jouent un rôle central à la fois dans le commerce et dans la société amérindienne en général. C'est ce qu'illustre l'histoire de Thanadelthur (morte en 1717), une Chipewyanne remarquable qui, prisonnière des Cris, s'échappe avec une autre femme et survit une année en forêt à la recherche du fort York qu'elle ne connaît que de nom, mais dont elle ignore l'emplacement. C'est quelques jours seulement après la mort de sa compagne que des employés de la CBH la découvrent et l'amènent au fort. Une fois là, elle se rend indispensable en tant qu'interprète et arrive à persuader ses compatriotes à venir faire des échanges au fort, malgré la présence de leurs ennemis traditionnels les Cris[32].

Cette politique de contacts minimaux a un effet indésirable et inattendu: l'accès à l'intérieur des terres est restreint parce que les employés n'ont aucune expérience de ce type de déplacements. Aucun Européen de cette époque ne peut entreprendre un tel voyage sans le concours d'Amérindiens comme guides et chasseurs[33]. Ce n'est qu'après l'adoucissement — au moins tacite — de ce règlement que l'exploration de l'intérieur devient faisable. Thompson a admiré le talent de l'Amérindien «[qui est] capable de se diriger, à travers les plus sombres forêts de pins, précisément à l'endroit où il désirait se rendre, [et qui] porte à tout une attention constante, fine: l'enlèvement du plus petit caillou, la branchette pliée ou cassée, une marque légère sur le sol, tout lui parle clairement[34]». Le besoin de nouvelles sources d'approvisionnement en fourrures et, en particulier, l'expansion dynamique des Français sur le terrain rendent cette exploration plus que nécessaire. Premier à entreprendre un aussi long voyage, Henry Kelsey (v. 1667-1724) s'est préparé en vivant avec des Indiens, au point qu'il s'est «indianisé»; de 1690 à 1692, sa famille crie et leurs parents le guident jusqu'à l'extrémité nord-orientale des Grandes Plaines; il y aperçoit les plus septentrionales des immenses hardes de bisons dont les plus méridionales avaient impressionné les Espagnols à la limite sud des Plaines en 1541 et dont les Français avaient rapporté la présence à partir des Grands Lacs en 1654[35]. Samuel Hearne n'a connu que des échecs dans ses tentatives d'expédition vers le nord avant d'accepter les conseils de son guide chipewyan Matonabbee (v. 1737-1782) et de se joindre à sa bande, «en famille», en permettant aux Amérindiens de voyager comme ils l'entendent, pourvu que l'objectif ultime de l'expédition ne soit jamais perdu de vue. Hearne devient le premier homme blanc à atteindre l'océan Arctique par terre, en 1772[36]. À l'occasion, la CBH se sert d'Amérindiens pour étendre son réseau commercial; par exemple, en 1715, un Cri appelé Swan remonte le fleuve Churchill pour la compagnie[37].

## Les techniques de riposte amérindienne

La CBH ne parvient pas non plus à établir la suprématie qu'elle souhaite en matière de commerce. Les Amérindiens, eux, arrivent rapidement à monter les Anglais contre les Français et ils se montrent presque aussi adroits que les Européens à détecter les meilleures affaires; pourtant, les biens qu'ils accumulent sont ultimement redistribués afin de répondre à des obligations sociales et d'acquérir du prestige, plutôt que de satisfaire exclusivement leur usage personnel. Une raison au moins fait qu'ils ne sont pas hommes d'affaires au sens européen de l'expression: l'offre et la demande ne les guident pas dans la même mesure lorsqu'ils fixent leurs prix[38]. Les Anglais découvrent assez tôt, comme les Français avant eux, que ces attitudes ne traduisent l'absence ni d'un sens des valeurs ni d'esprit d'initiative commerciale; les trafiquants indiens sont aussi désireux que quiconque de se lancer en affaires. Aucune distance ne les rebute, et ils trouvent normal d'entreprendre de longs voyages pour obtenir les meilleurs prix[39]. Ils exploitent la rivalité franco-anglaise, persuadant les chasseurs qui se dirigent vers les établissements côtiers de se séparer de leurs plus belles peaux et comparant ensuite les meilleurs prix offerts sur le marché. Un trafiquant du fort Moose décrit son mécontentement à l'égard de l'entrepreneur Esquawino: «Le plus grand de tous les politiciens [est] un agent indépendant qui voyage, parfois chez les Français, d'autres fois à Albany et à ce fort, ne boit jamais, mais garde toujours toute sa tête et tire le plus grand profit des ventes qu'il fait à tous les endroits[40].» Les Anglais emprisonnent le capitaine Snuff, qu'ils accusent d'entrave au commerce et d'incitation à la révolte auprès des Cris homeguards; l'humiliation est telle qu'Esquawino se pend[41].

Dans un même ordre d'idées, les dirigeants de la CBH ne voient d'abord pas d'un bon œil l'habitude que prennent certains employés de la compagnie de montrer à lire et à écrire à des enfants amérindiens. Quand le gouverneur en chef du fort Albany en fait autant en 1724, ses supérieurs le censurent. Le comité de Londres ne manque pas de se plaindre: «Les dirigeants sont fort insatisfaits d'apprendre que n'importe quel Indien se fait montrer à lire et à écrire ou est admis dans le comptoir de traite pour fouiller dans vos secrets sur leurs affaires de quelque nature que ce soit sans notre autorisation et vous demandent expressément de cesser cela et de ne souffrir aucune de ces pratiques dans l'avenir[42].» Il se peut que les Cris aient associé l'écriture au pouvoir, dont l'importance était primordiale dans un pays où l'on ne pouvait considérer la survie comme allant de soi[43]. Il faudra encore un siècle et une pénurie de main-d'oeuvre causée par les guerres napoléoniennes avant que la CBH ne reconnaisse l'apport des indigènes (en particulier ceux dont les parents sont des employés de la compagnie) au commerce en mettant sur pied un cours de formation au service de l'entreprise. Puis, pour répondre aux désirs des parents, en 1807, la compagnie ouvre des écoles dans ses principaux postes[44]. Elle éprouve pourtant au début une difficulté majeure: les maîtres d'école désertent, trop attirés par un commerce de fourrures beaucoup plus lucratif.

Quoiqu'Amérindiens et commerçants, sur le plan social, se mélangent «étonnamment bien[45]», chacun continue de faire les choses à sa manière, malgré la proche collaboration qu'exige la conduite des affaires et la prospérité apportée de part et d'autre. Le commerçant Daniel Harmon (1778-1843) observe avec tristesse que le seul motif d'amitié dans le Nord-Ouest est l'intérêt des Indiens pour les articles européens et la soif des Blancs pour les fourrures des Autochtones[46]. La réciprocité, et les obligations qu'elle entraîne, est une source permanente de difficultés. L'ignorance des règles de conduite généralement admises peut être source de ressentiment et attirer des ennuis, à l'exemple de ce qui est survenu à Henley House en 1754. Parce que le commandant refuse d'obéir à la règle de partage des provisions avec des parents de femmes hébergées au poste, les Cris s'en prennent aux Anglais, les tuent et saccagent l'établissement[47].

À Québec, les Français sont profondément ennuyés par la présence sans cesse croissante des Anglais en Amérique du Nord; ils déclenchent deux grands mouvements d'encerclement: le premier (1671) est amorcé à partir des Grands Lacs en direction ouest et est destiné à couper l'intérieur des terres aux Anglais installés à la baie; le second (1699) s'effectue vers le sud, en suivant le Mississippi, et contourne les Treize Colonies. Le premier, surtout, inquiète les Iroquois qui comprennent le risque qu'ils courent de se voir coupés de l'approvisionnement en fourrures du nord. Ils ripostent en s'attaquant aux Illinois en 1680 et recommencent à faire la guerre à la Nouvelle-France.

## L'expansion territoriale française

Le mouvement des Français en direction ouest en 1671 doit «amener le nom et la souveraineté de [leur] Monarque à être reconnu tant par la moins connue que par la plus lointaine des nations» de manière à «prendre possession, à la place et au nom de Sa Majesté, des territoires se situant entre l'Est et l'Ouest, de Montréal aussi loin qu'à la mer du Sud, couvrant la plus grande étendue et la plus grande distance possibles». Quatorze nations amérindiennes se rassemblent à la mission jésuite de Sainte-Marie-du-Sault pour assister aux cérémonies de prise de possession — élévation d'une croix et d'un poteau portant les armes de France[48]; les Français demandent officiellement la permission de commercer et de voyager librement et souhaitent «que les feux des Sauteux et des Français ne fassent qu'un à jamais[49]».

Passés maîtres dans l'emploi du langage figuré des indigènes, les Français prennent soin d'adapter leur proposition à l'auditoire et de se servir de notions compréhensibles par chaque groupe. Ils s'adressent donc en ces termes aux membres du clan sauteux de la Cigogne:

> Chaque matin, vous regarderez vers le soleil levant et vous verrez le feu de votre Père français se réfléchir vers vous, pour vous réchauffer, vous et votre peuple. Si vous avez des ennuis, vous, les Cigognes, devez vous élever dans les cieux et crier avec vos voix «qui portent au loin», et je vous entendrai. Le feu de votre père français brûlera à jamais et réchauffera ses enfants[50].

En dépit du fait que les Amérindiens sont loin d'être inconscients de l'intérêt porté par les Européens à leurs terres, il est fort douteux qu'ils saisissent la pleine signification de l'action des Français. De leur point de vue, ils ont de leur côté un nouvel allié puissant, quelqu'un qui peut leur apporter les produits commerciaux qu'ils désirent et qui a promis de les protéger contre leurs ennemis. Ils ne peuvent faire autrement que de penser qu'ils viennent de conclure une bonne affaire. Les Français apprennent d'autre part que les Iroquois, s'ils voient une plaque de métal française fixée à un arbre, l'en arrachent et la rapportent aux Anglais, ce qui amène Jean Talon (1626-1694), intendant de la Nouvelle-France de 1665 à 1668 et de 1670 à 1672, à admettre que les Iroquois savent probablement que les Français revendiquent la propriété de l'Ouest[51]. De surcroît, cette colossale expansion pose aux Français des problèmes de surveillance: les habitants des pays d'en haut, ainsi qu'on appelle la région des Grands Lacs, ne se comportent pas toujours correctement. Qu'importent les visées de Versailles, les coureurs des bois n'ont que la traite des fourrures à l'esprit; comme l'a si bien dit un observateur, les Canadiens «ne recherchent pas la mer de l'Ouest, mais la mer de Castors». Des fonctionnaires, qui constatent l'importance de liens amicaux avec les Amérindiens de la région s'ils veulent maintenir une présence, se donnent du mal pour désamorcer certaines situations troubles[52].

Dans les années 1670, il n'y a pas que les Français et les Anglais qui agrandissent leurs territoires. Deux grands mouvements d'expansion indigène prennent naissance dans le Nord, avec le concours d'armes à feu obtenues grâce au commerce avec la CBH. Les Sauteux migrent vers le sud, à partir de la rive nord du lac Huron, jusqu'aux terres autrefois occupées par ces tribus iroquoiennes qu'étaient les Hurons, les Pétuns (Tionnontatés) et les Neutres, toutes dispersées par les Cinq-Nations au cours des décennies précédentes; les Sauteux migrent aussi vers l'ouest pour s'établir finalement dans les Plaines. Ils défont les Iroquois au cours d'escarmouches qui se poursuivent tout au long de la dernière décennie du XVIIe siècle[53]. Les Cris aussi se répandent, bien que cela puisse n'avoir été que la continuation d'un mouvement amorcé longtemps auparavant; leur présence aussi loin à l'ouest que la rivière à la Paix pourrait en effet remonter bien avant l'arrivée des Blancs[54]. Quoi qu'il en soit, ils font des incursions dans le bassin du Mackenzie autour de 1820. Dans le Nord, les Chipewyans les contiennent. Vers le sud, ils suivent leurs alliés assiniboines et adoptent la vie des chasseurs de bisons dans la partie nord des Plaines. Lorsqu'il atteint les Plaines dans les années 1730, l'explorateur et trafiquant de fourrures français Pierre Gaultier de Varennes et de la Vérendrye (1685-1749) rencontre un groupe de Cris au sud de la rivière Saskatchewan[55]. Les Pieds-Noirs et d'autres tribus de leur confédération, qui dominent les plaines du centre et du sud de l'Alberta, mettent un frein à ce grand mouvement. Certains supposent que le déplacement des Cris et des Assiniboines pourrait avoir été lié au commerce, du moins dans sa dernière phase[56]. Dans les Maritimes, les Micmacs n'ont pas autant de chance: coincés dans une colonisation envahissante, ils sont en proie à la guerre avec les Anglais, une confrontation dont les débuts remontent au commencement du XVIIe siècle et qui s'étirera jusqu'à la défaite finale de la France en 1760. Ajoutons à cette situation un siècle de guerres franco-iroquoises (une paix définitive est signée en 1701), et le front pionnier «pacifique» du Canada n'est plus qu'un mythe pris pour la réalité.

## CHAPITRE X

# Quelques guerres
# entre colons et Amérindiens

Le Canada s'enorgueillit de ses relations pacifiques avec les Amérindiens qu'il a dépouillés de leurs terres au cours de la période de colonisation. Pourtant, deux des plus longs conflits de l'histoire coloniale de l'Amérique du Nord ont eu lieu sur son sol. Le premier est de loin le plus célèbre: les guerres franco-iroquoises, qui opposent les Cinq-Nations à la France de 1609 à 1701. Le plus long, qui met aux prises les Micmacs et les Anglais, s'étire de 1613 environ à 1763; il s'agit en quelque sorte de la réplique septentrionale des guerres abénaquises abordées au chapitre VII. Durant tous ces conflits, les combats sont intermittents, des années s'écoulant parfois sans hostilités ouvertes. Cela amène par exemple certains historiens à diviser les guerres franco-iroquoises en deux épisodes, et d'autres en quatre; il en va ainsi pour la guerre micmaque qu'ils perçoivent comme une série de raids dont les hostilités, appelées guerre de Trois Ans (guerre anglo-amérindienne (*English-Indian War*), de 1722 à 1724), ont été les plus importantes. La guerre des Renards, une série d'engagements qui ont lieu entre 1710 et 1738 et sont dans le prolongement du conflit iroquois dans le Midwest après la paix franco-iroquoise à Montréal, suscite une émotion aussi, sinon plus intense que les guerres franco-iroquoises. Malgré la présence de ce conflit sur le territoire actuel des États-Unis, il concerne la Nouvelle-France presque aussi directement que le conflit franco-iroquois et nous en traiterons ici.

## Les guerres franco-iroquoises (1609-1701)

L'intensité de ce conflit fait mal aux deux adversaires, mais ni l'un ni l'autre ne parvient à y mettre un terme, malgré des efforts sporadiques. La brève paix de 1645, déjà associée avec les raids contre les convois de traite, illustre quelques difficultés[1]. Après que, la même année, le chef de guerre algonquin Pieskaret (mort en 1647) eut tué treize guerriers agniers lors d'un engagement, les Agniers sollicitent aussitôt la paix, et les Français, qui se ressentent des effets du resserrement de l'économie, ne sont que trop heureux d'y consentir. Nous avons déjà fait état, dans le chapitre VIII, des négociations maladroites qui s'ensuivent: non seulement tient-on des entretiens privés, sans mettre les alliés et les partenaires au courant, mais la paix conclue n'inclut pas les alliés païens des Français; il est facile d'imaginer ce qu'ils ont ressenti en apprenant ce qui s'était passé. De même, les membres exclus de la confédération iroquoise sont si mécontents que le principal négociateur agnier, Kiotseaeton, dit «Le Crochet» (*circa* 1645-1646), avec ses 17 colliers de rassade (wampums), doit faire appel à toutes les ressources de sa célèbre éloquence pour persuader certains d'en accepter les conditions, au moins pour quelque temps[3]. Les plus réticents sont les «neveux» des Agniers, les Onneiouts. Ce n'est donc pas une surprise si les actions de guerre reprennent de plus belle. Ce siècle d'hostilités est ponctué çà et là de tentatives de paix; en 1653, tous les Iroquois se rassemblent en vue de négocier un accord que les Français se montrent extrêmement désireux de conclure, même si leurs alliés en sont encore une fois tenus à l'écart. Durant les courtes années de répit qui s'ensuivent, les jésuites parviennent à établir à Onontagué une mission dont la présence aura ultérieurement de sérieuses conséquences. Dans l'intervalle, aucun répit n'est accordé aux alliés des Français, ce qui révèle l'échec inévitable de l'accord de paix. Du point de vue des Français, la paix n'intéresse pas les Iroquois tant qu'ils n'auront pas la mainmise sur le transport des peaux de castor en provenance du vieux Nord-Ouest, qu'ils désirent détourner au profit des Hollandais et ensuite des Anglais[4].

Après l'intervalle du milieu des années 1650, soit durant les quatre décennies qui suivent la «mauvaise paix» de 1645[5], l'agriculture devient presque impossible dans les zones isolées de la colonie, en particulier celles entourant Montréal. Ce qui fait dire à Dollier de Casson: «L'ennemi tout autour de nous [...] approche comme les renards, se bat comme les lions, s'enfuit comme les oiseaux [...].» Les guerriers iroquois, écrit-il, trouvent normal de passer une «journée entière sans bouger, cachés derrière une souche» pour tuer un colon[6]. Le jésuite Georges d'Endemare se plaint d'ailleurs de ce qu'il faille combattre un ennemi invisible, et qu'à son avis il est impossible de mettre un terme aux incursions, à moins de raser toutes les forêts[7]. Une proposition visant l'extermination des Iroquois illustre bien le degré d'exaspération suscitée parmi les Français par ce genre de guerre[8].

En 1646, quelques Hurons dont la conviction dans l'alliance avec les Français n'a pas été ébranlée par les épidémies de la décennie précédente, même en étant convaincus de la responsabilité des Français, commencent à hésiter. Le commerce rapporte gros, mais certains trouvent maintenant «qu'il leur coûte trop cher, et ils préfèrent se débrouiller sans les articles européens plutôt que de s'exposer année après année[9]». Les raids sont destinés à semer la terreur, et les Iroquois s'y emploient avec une grande efficacité. Le missionnaire jésuite Sébastien Rale, qui a observé l'emploi de techniques similaires chez les Abénaquis, raconte qu'«une poignée de guerriers [s'avère] plus formidable qu'un corps de deux ou trois mille soldats européens[10]». Les attaques iroquoises alimentent le sentiment anti-français chez les Hurons, et, en 1648, ces derniers tuent un jeune aide-missionaire dans l'espoir de mettre fin à l'alliance et d'expulser de la Huronie les Français et les Hurons convertis. La faction profrançaise l'emporte toutefois et les jésuites acceptent les réparations les plus généreuses jamais offertes, dit-on, par la confédération[11]. Tout cela ne sauve pourtant pas les Wendats de la dispersion l'année suivante, un sort qu'ils partagent avec leurs voisins les Tionnontatés (Pétuns ou Tabacs), spécialistes de la culture du tabac. La célèbre série de victoires iroquoises ne fait que commencer.

En 1650, les Agniers et les Tsonnontouans unissent leurs forces pour disperser les Attiouandaronks («Ceux qui parlent une langue un peu différente»; appelés «Neutres» par les Français). Les survivants sont assimilés par les Iroquois et incorporés à la ligue. Les Ériés, qui ont donné asile à un grand nombre de réfugiés hurons, deviennent la cible suivante; en 1654-1656, ils sont vaincus par une série d'attaques. La défaite des Andastes (*Susquehannocks*) aux mains des Tsonnontouans, en 1675, après 20 ans d'hostilités, brise irréversiblement le réseau d'alliances qui encercle la confédération iroquoise depuis les plus beaux jours de la domination huronne. La terreur iroquoise ne s'arrête pas là et s'étend encore aux nations tribales du Wisconsin et du Michigan, avant de surgir chez les Illinois.

Pour les Français, les tactiques iroquoises de guérilla sont plus exaspérantes que coûteuses en vies de colons; Dollier de Casson sous-entend cet état de fait lorsqu'il mentionne de fréquentes escarmouches faisant plusieurs blessés, mais peu de morts. À une autre époque, il écrit sur ces nombreuses attaques «où Dieu a uniformément fait preuve de clémence à l'égard des Montréalais». À son avis, les pertes de vies sont beaucoup plus lourdes chez les Iroquois[12]. C'est ce que soutiennent de récentes études: on a calculé que la guerre et la maladie peuvent avoir emporté jusqu'à la moitié des guerriers d'Iroquoisie durant les deux dernières décennies du XVIIe siècle. Les Français perdent plus ou moins 200 personnes[13].

Les Iroquois pratiquent un type de guerre fondé sur la surprise et la rapidité des déplacements: la guérilla. Ils préfèrent cette technique depuis qu'ils ont accès à des armes à feu. Les Français n'ont fait face à une armée iroquoise en terrain découvert qu'en 1609, la fois où Champlain aurait tué deux chefs d'un seul coup de feu. Que l'histoire soit vraie ou fausse importe peu; les Iroquois ne trouvent aucun intérêt à s'exposer inutilement à une puissance de feu inégalable pour eux et ils se rabattent sur des tactiques de chasse qu'ils maîtrisent fort bien. Jamais les Français ne livreront bataille aux Iroquois en terrain découvert tout au long du siècle de conflits qui suivra. Pour les Français du XVIIe siècle — de fait, pour les Européens en général —, c'est une façon honteuse de mener une guerre; et si elle côute moins cher en vies humaines que le modèle européen, ses règles n'en restent quand même pas moins inacceptables. Les forêts septentrionales s'avèrent pourtant inappropriées au style du conquérant, et les Européens n'obtiennent des succès militaires contre les Amérindiens de la forêt boréale qu'à partir du moment où ils adoptent certaines de leurs tactiques. Une proposition visant à structurer les alliés amérindiens en compagnies sur le modèle des soldats français est accueillie avec froideur, les fonctionnaires ne pensant pas qu'une telle mesure ferait des Autochtones des combattants plus redoutables. Des Amérindiens qui se distinguent au service de la France sont promus à un rang quasi militaire; d'ailleurs, plusieurs chefs reçoivent le titre de «major[14]».

Les Français cherchent d'abord à faire une démonstration, à l'européenne, de leur force. En 1665, la France expédie le régiment d'élite de Carignan-Salières, l'orgueil du pouvoir militaire français, et, peu après, Alexandre Prouville de Tracy, lieutenant général de l'Amérique de 1663 à 1667, qui arrive des Caraïbes pour remettre les choses à l'ordre dans la colonie de l'Amérique septentrionale. L'hiver suivant, des Agniers stupéfaits (ce n'est pas la saison pour combattre) assistent à la marche du régiment en direction de leur territoire, une expédition qui, en l'absence de guides algonquins qui ne se sont pas présentés, s'égare et se retrouve à proximité de Schenectady (N.Y.), à quelque trois jours de marche des villages agniers. Les Agniers avertissent de la présence de l'armée française les Anglais d'Albany qui dépêchent une délégation pour demander ce que les Français font sur leur territoire (apparemment, ni les uns ni les autres ne savent que l'Angleterre et la France sont en guerre depuis 15 jours). Les Français, étonnés d'apprendre que l'Angleterre revendique la possession de cette région en vertu de l'expulsion des Hollandais deux ans auparavant (1664), achètent des vivres aux Anglais et rentrent à Québec. Environ 60 Français sont morts de froid, de fatigue et de faim.

Plus que jamais décidés à donner une leçon aux Agniers, les Français organisent, en septembre de l'année suivante, une expédition plus nombreuse; cette fois-ci, des alliés hurons et algonquins guident le convoi jusqu'en pays iroquois, et un troisième groupe ferme la marche. Encore une fois, il est impossible de rencontrer les Iroquois; les soldats brûlent donc quatre villages agniers et détruisent les stocks de vivres. Les Français perdent 10 hommes dans une tempête. La destruction de leurs provisions fait apparemment très mal aux Agniers; quelques années plus tard, La Salle, en compagnie de Dollier de Casson et de Galinée, de passage en pays tsonnontouan, se voit offrir 15 peaux de chevreuil tannées en signe de bienvenue; dans le discours qui accompagne les cadeaux, les Tsonnontouans expriment le souhait que les Français n'incendieront pas leurs villages comme ils l'ont fait en pays agnier quelques années plus tôt[15].

L'entreprise de Tracy connaît tout de même des suites heureuses, puisque les Agniers sollicitent la paix dès le printemps 1667. Cette fois-là, l'accord tient, du moins un certain temps. Les Iroquois, qui à cette époque sont impliqués dans des conflits tribaux s'étendant de la Virginie au lac Saint-Jean ainsi que dans l'Ouest, ont besoin de temps pour assimiler ce changement dans la conduite des relations internationales et pour s'en accommoder. Les Français cherchent aussi à arriver à un accord: en 1669, trois des leurs sont exécutés pour l'assassinat d'un chef tson-nontouan. Les Tsonnontouans mènent l'expansion vers l'ouest, et nombre d'entre eux commercent avec l'Anglais; en 1670, l'intendant Talon, ennuyé, estime que les Iroquois ont détourné pour une valeur de 1,2 million de livres de peaux de castor. Il est par conséquent important de ne pas s'aliéner les Tsonnontouans. Les Fran-çais décident qu'il faut donner suite à la cérémonie tenue à Sault-Sainte-Marie en 1671; en 1673, Louis de Buade, comte de Frontenac et de Palluau, gouverneur général de la Nouvelle-France de 1672 à 1682 et de 1689 à 1698, part donc en chaise à porteurs construire un fort en amont du Saint-Laurent, à Cataracoui (aujourd'hui Kingston). Il rencontre là des délégués des Cinq-Nations très trou-blés par la présence de ces Français en sol iroquois. Non seulement les négocia-tions iroquoio-outaouaises en vue d'une paix distincte échouent-elles, mais, vu que les Français poursuivent leur route plus à l'ouest, les Cinq-Nations arrivent à la conviction qu'ils sont débordés, d'autant plus que les Illinois ont rejoint les Français. La même année, les Iroquois négocient avec les Outaouais un traité par lequel ils promettent de leur fournir des articles de commerce en échange de pelleteries[16]. L'entente ne tiendra pas au delà de l'an 1700, quand les Iroquois violeront les conditions du traité en chassant sur le territoire outaouais. Dans l'intervalle, soit en 1680, les guerriers de la ligue envahissent le pays des Illinois.

Les Français, de leur côté, tentent une nouvelle invasion à la manière euro-péenne; cette fois-ci, elle est organisée par le nouveau gouverneur général Antoine Le Febvre de La Barre (en fonction de 1682 à 1685) et dirigée contre les Tson-nontouans (1684)[17]. La maladie éclate parmi les hommes de troupe (une épidémie, sans doute le choléra, vient d'emporter 1 400 des 11 000 habitants de la Nouvelle-France) et l'armée est forcée de camper dans une baie du lac Ontario connue sous le nom d'anse de la Famine. Les Iroquois y découvrent des Français infestés de maladies et bien près de manquer de subsistances. Le chef et orateur onontagué Otreouti (Hateouati, entre autres formes du nom; «Grande Gueule», circa 1659-1688) fait part des conditions des Iroquois: ils promettent de donner 1 000 peaux de castor en compensation de leurs incursions, mais ils refusent d'accepter la paix en pays illinois, pas plus qu'ils ne garantissent la sécurité aux commerçants français dans la région. Les Français sont contraints d'accepter, une décision qui va créer une onde de choc tout droit jusqu'à Versailles. Le Febvre de La Barre est rapidement rappelé en France, et un soldat professionnel, Jacques-René de Brisay de Denonville (gouverneur général de 1685 à 1689), lui succède avec le mandat de venger ce que les Français voient comme une perte d'honneur.

Alors que la maladie cause à l'expédition de Denonville contre les Tsonnon-touans (en 1687) plus de pertes que les combats, elle donne quand même lieu à une escarmouche. Il faut reconnaître qu'il s'agit plutôt d'un guet-apens peu déci-sif, mais au moins Denonville a croisé le fer avec l'ennemi. Il y est parvenu en adoptant la tactique iroquoienne de la surprise, de l'encerclement, du repli stratégique et de la vitesse (coup rapide et retraite précipitée[18]). Le raid éclair contribuera à la réputation de combattants redoutables en milieu forestier qu'acquerront les Canadiens pendant la série de conflits anglo-français qui s'amorce en 1689. Par exemple, à l'hiver de 1747, une rapide incursion dirigée par Nicolas-Antoine Coulon de Villiers (1708-1750) prend totalement par surprise et permet de défaire les troupes anglaises campées à Grand-Pré. L'apprentissage des Français aura pris un siècle de guerres, du moins en Amérique du Nord; les Anglais ne tarderont pas à les suivre.

La campagne de Denonville, comme celle de Tracy en 1666 contre les Agniers, permet de détruire les villages et les réserves de nourriture des Tsonnontouans. Le gouverneur s'empare aussi d'un groupe d'Iroquois, que diverses sources estiment entre 36 et 60, et les expédie en France pour les faire servir sur les galères[19]. Ce coup de main suscitera d'affreuses querelles; pour les jésuites, particulièrement en colère, il s'agit ni plus ni moins de l'anéantissement de dures années de travail missionnaire chez les Cinq-Nations. L'officier militaire Louis-Armand de Lom d'Arce de Lahontan (1666-av. 1716), observateur caustique de la scène coloniale, prétend que les prisonniers ont été capturés parmi des groupes amicaux venus s'établir aux alentours du fort Cataracoui. Denonville a obéi aux ordres; l'idée de l'envoi aux galères mijote depuis longtemps à Versailles, non seulement pour la Nouvelle-France, mais aussi pour les Caraïbes. En fin de compte, Versailles cède et renvoie les 13 survivants. Frontenac, qui revient en 1689 prendre son second mandat de gouverneur, en ramène trois avec lui.

La destruction de leurs vivres par les troupes de Denonville les ayant durement affectés, les Tsonnontouans ne tardent pas à se venger, à l'occasion de ce qui est devenu, dans l'histoire du Canada, un exemple classique de guerre amérindienne. Leur raid contre Lachine, un soir d'août 1689, prend les Français complètement par surprise. Sur 77 habitations, 56 sont réduites en cendres. L'état des pertes se situe quelque part entre 34 (selon les Français) et 200 (selon les Anglais); ce dernier chiffre inclut toutefois les prisonniers. Les conséquences psychologiques sont plus importantes: la colonie est abasourdie. Pendant les années qui suivent, la Nouvelle-France est pour ainsi dire en état de siège, et Montréal une place forte. En 1691, environ 30 fermes de Pointe-aux-Trembles, à l'est de Montréal, sont incendiées. Parmi les quelques Iroquois dont se sont emparés les habitants, trois sont brûlés vifs en public. La guerre est la même pour tous les belligérants.

Quand Frontenac, pendant les années 1690, parvient finalement à porter la guerre au pays des Agniers et des Onontagués (sauf en de rares occasions, les hostilités précédentes se sont produites soit en Nouvelle-France, soit sur les territoires de ses alliés) et à leur infliger de lourdes pertes, les Cinq-Nations commencent sérieusement à envisager de conclure la paix[20]. Le déplacement des Français en aval du Mississippi et la fondation de la Louisiane en 1699 rendent plus réelle la crainte d'un encerclement par les Français. D'ailleurs, ces derniers le font déjà grâce à leurs alliances avec des Amérindiens de l'Ouest, en particulier les Outaouais et les Miamis, qui ont combattu très efficacement en faveur des Français contre les Iroquois[21]. En outre, ses alliés anglais n'ont pas toujours fourni une réponse adéquate aux demandes d'aide de la ligue, que ce soit en matière de fourniture d'armes et de munitions ou autrement. Un bon exemple: lors de l'invasion des terres agnières en 1693 par les Français et les Canadiens, les Anglais, prévenus, préparent leur propre défense, mais négligent d'avertir les Agniers, qui subissent de lourdes pertes et des dommages importants[22].

De surplus, Anglais et Français signent en 1697 un de leurs traités de paix périodiques, sans la moindre clause sur les Cinq-Nations: ils ne sont pas parvenus à s'entendre sur la situation des Iroquois, les considérant tous deux comme leurs sujets. Bien évidemment, les principaux intéressés ne se perçoivent pas comme les sujets de quiconque. Teganissorens (Decanasora, *circa* dernier quart du XVIIe siècle et premier quart du XVIIIe), chef onontagué et leader de la faction qui souhaite traiter avec les Français, devient un personnage central de la négociation. Astucieuses jusqu'à la fin, les Cinq-Nations signent un traité avec les Français, à Montréal en 1701, malgré les objections des Anglais, puis, la même année, ils cimentent leur alliance avec les Anglais à Albany, en leur cédant les terres, situées dans l'Ontario méridional, qu'occupaient les nations iroquoiennes tionnontatées et neutres avant leur dispersion par la ligue durant les années 1650. Il y a là une clause piège: bien que les Cinq-Nations prétendent posséder ce territoire, il a entretemps été occupé en réalité par les Sauteux, dont nous avons déjà relevé la victoire sur les Iroquois dans cette région pendant les années 1690. Non seulement les Anglais ne connaissent-ils apparemment pas la situation, mais ils ne savent pas non plus que, par quelque passe-passe, les Français ont garanti, par contrat, des droits de chasse et de pêche aux Iroquois dans la même région. Pis encore, ils ont assuré les Français de leur neutralité lors de futurs conflits, mais les Anglais n'en ont rien su. Les Iroquois nagent entre deux eaux avec une adresse consommée[23].

Ils possèdent encore un atout en réserve: ils ont accès directement aux marchés anglais d'Albany. En effet, tout au long de leurs querelles avec les Français, ils ont toujours jalousement protégé leurs activités d'intermédiaires au sein du réseau commercial anglais. L'effondrement du marché français, en 1696, à cause d'une surabondance de l'offre, amène les Iroquois à offrir aux alliés amérindiens des Français un sauf-conduit permettant de traverser les territoires iroquois pour atteindre les marchés new-yorkais. Ils visent ainsi à faire adhérer les gens de l'Ouest au réseau anglo-iroquois, une manoeuvre brillante qui ne fait qu'intensifier la crise à la fois diplomatique et économique dans laquelle se débattent les Français dans l'Ouest[24].

Quel est le résultat de ce siècle de guerres? Le pouvoir régional amérindien s'est déplacé de la Huronie à l'Iroquoisie; les Cinq-Nations en ressortent avec un territoire agrandi, moins grand tout de même que ce qu'ils prétendent[25]. Malgré des adoptions massives de prisonniers de guerre, la ligue a subi de graves diminutions de population, surtout entre 1689 et 1698, quand jusqu'à la moitié des forces combattantes pourraient avoir péri. Les désertions de convertis au profit des établissements des alentours de Montréal peuvent avoir aussi contribué à cet état de fait[26]. Il est surprenant de constater que les Iroquois sont parvenus à prévenir l'éclatement de leur confédération malgré ces infortunes et en dépit de la poussée constante de la colonisation européenne. Ces facteurs combinés provoquent des changements dans la société iroquoise; ils se manifestent entre autres par l'abandon des maisons longues au profit d'habitations unifamiliales. Malgré cela, l'identité iroquoise reste forte.

Les Cinq-Nations ont aussi, paradoxalement, assuré l'existence de la Nouvelle-France; les colons et leurs alliés y ont gagné en cohésion et ont uni leurs forces devant un ennemi commun. L'adversaire a été une source de vitalité pour la colonie, les combats amenant des carrières militaires, et les campagnes militaires offrant des possibilités d'avancement. De façon indirecte, en anéantissant la Huronie et ses réseaux de traite du nord, les Cinq-Nations facilitent l'installation des Anglais à la baie d'Hudson et précipitent l'expansion des Français vers l'ouest. Aux yeux de Lahontan, les Français auraient pu empêcher cette situation s'ils s'étaient efforcés de se gagner l'amitié des Iroquois en en restreignant la puissance. Il restait convaincu que l'élimination des Iroquois n'avait jamais été dans l'intérêt, économique ou politique, de la Nouvelle-France, malgré toute la rhétorique passionnée qui a entouré la question. De fait, les Français ont fait le jeu des Anglais en travaillant à leur destruction[27]. Il n'y a aucun moyen de savoir combien de victimes a fait la guerre chez les Cinq-Nations. Frappées par des épidémies, en particulier durant les années 1640, elles ont adopté et incorporé des populations vaincues pour compenser leurs pertes. Les Iroquois se sont servis de cette technique très habilement, mais les jésuites la reprendront plus tard pour polariser la société iroquoise[28].

Le nombre des morts finit pourtant par excéder celui des remplaçants, plus particulièrement après que le travail de missionnariat des jésuites eut entraîné des défections massives dans la population. Par exemple, durant les années 1690, un bon deux tiers des Agniers désertent leur pays pour venir habiter les deux missions françaises situées près de Montréal. Deux facteurs sont entrés en jeu: l'absorption massive des populations vaincues arrivées dans le sillage de la dispersion de la Huronie, et l'évangélisation des jésuites qui ont trouvé un terrain fertile chez des captifs encore mal intégrés. Les divisions entre les nations iroquoises commencent d'ailleurs à empirer quand les missionnaires se mettent à connaître des succès auprès des Iroquois eux-mêmes, comme lorsque l'influent chef onontagué Garakontié (Harakontié, m. en 1677 ou 1678) accepte le baptême et refuse ensuite de participer à des cérémonies tenues pour essentielles à l'unité de «la Grande Paix». Des traditionnalistes, accusant les jésuites de travailler à leur destruction, entreprennent alors avec succès une campagne visant à les expulser d'Iroquoisie. Les jésuites répondent en encourageant les convertis à émigrer vers des missions comme celles de Sault-Saint-Louis (Caughnawaga; aujourd'hui Kahnawake) et Prairie-de-la-Magdelaine (Kentake); on a décrit ces nouveaux venus comme une sixième nation, longtemps avant que la confédération ne devienne la Ligue des Six-Nations[29]. Le fait que les Français aient envoyé un de leurs convertis, l'Onontagué Ateriata (*circa* 1660-1690), se faire baptiser et recevoir son nouveau nom, Louis, en présence du roi de France illustre bien l'importance qu'ils attachent à ces nouveaux alliés. Ateriata reçoit à la même occasion une médaille en argent[30]. Cependant, en Iroquoisie, les traditionnalistes l'avaient emporté, mais sans que le factionnalisme ne meure pour autant[31].

Moins de 20 ans après la fin du conflit, les Cinq-Nations se changent en Six-Nations, avec l'adjonction des Tuscarorens, refoulés de leur territoire par la colonisation des Carolines.

## La guerre des Renards (1710-1738)

Au moment où les Iroquois jettent l'éponge, leurs alliés les Renards (*Fox*, Outagamis; ou encore, comme ils se désignaient eux-mêmes, Mesquakies), une des nations algonquiennes les plus populeuses à l'époque actuelle au Wisconsin, prend la relève. Associés commerciaux des Iroquois, ils sont peu à peu entraînés dans le réseau des Anglais; ce sont les seuls algonquiens des lacs supérieurs à s'opposer aux Français. Même si cette guerre se déroule loin des rives du Saint-Laurent, au pays d'en haut, elle sera violente et les Français chercheront à exterminer leurs ennemis.

Dans l'esprit d'Antoine Laumet dit de Lamothe Cadillac (1658-1730), le fort qu'il fonde à Détroit (et qu'il nomme Pontchartrain), l'année même de la signature d'un accord de paix entre les Cinq-Nations et les Français à Montréal, doit devenir le carrefour de la traite de l'Ouest. Déjà, les Français établissent avec les Sioux des rapports commerciaux qui inquiètent au plus haut point leurs ennemis iroquois et ont les mêmes effets sur des Renards tout aussi hostiles. Même si on imagine que Cadillac devait être conscient de cette situation et d'autres hostilités intertribales, c'est plein d'optimisme qu'il invite tout un chacun à venir s'établir à proximité de son fort. Des Renards acceptent l'invitation en 1710, mais des doutes subsistent chez les Français qui restent vigilants; plus tard, quand les Renards «rusés et malfaisants» se mettent à attaquer les commerçants français, la situation tourne vite au vinaigre[32].

Lorsque les Renards essayent de quitter la région de la baie des Puants pour se joindre aux Iroquois, les Français prennent des mesures pour les en empêcher. Les Renards réagissent en barrant le passage par les rivières Renard (Fox) et Wisconsin, principale voie d'accès au Mississippi et aux Sioux en partant de l'est: ils imposent de lourds péages et pillent même des groupes de trafiquants. Ils ne se contentent pas de bloquer la voie vers le sud-ouest aux Français, ils harcèlent aussi leurs alliés sur leurs propres terrains de chasse. Les Français assiègent un village renard durant 19 jours, tuant approximativement 1 000 hommes, femmes et enfants. Cela n'a pour effet que d'envenimer la situation; en 1716, on envoie, sous le commandement de Louis de La Porte de Louvigny (v. 1662-1725), la première expédition militaire française à jamais pénétrer le continent si loin à l'ouest; d'après l'historienne Louise Phelps Kellogg (morte en 1942), elle arrive déguisée en délégation commerciale. À nouveau, les Renards se retranchent dans un village fortifié que les Français anéantissent; de ce fait, les déplacements des trafiquants peuvent reprendre sur les rivières Renard et Wisconsin.

C'est Ouchala (*circa* 1716-1727), le chef de paix renard à la tête de la faction profrançaise, qui amorce les négociations de paix. Outre la remise en liberté de leurs prisonniers, les Renards conviennent de chasser à titre de compensation pour dommages de guerre. Pour s'assurer du respect de leurs conditions, les Français emmènent six otages à Montréal, où deux d'entre eux meurent de la petite vérole. C'est la raison pour laquelle Ouchala tarde à s'y rendre ratifier l'entente; quand, finalement, il y parvient, il est incapable de se défendre avec succès contre les récriminations mutuelles qui circulent de part et d'autre sur d'éventuelles infractions à l'entente. En 1717, la guerre renaît de ses cendres, cette fois-ci non seulement entre les Français et les Renards, mais en une myriade de querelles entre les Renards et d'autres tribus, ainsi qu'entre la Nouvelle-France et la Louisiane, qui a la sensation que ses intérêts commerciaux sont sacrifiés.

Un nouveau gouverneur général, Charles de Beauharnois de La Boische (en poste de 1726 à 1747), entreprend le rétablissement de l'hégémonie française dans l'Ouest. Vers 1728, Paul Marin de La Malgue (1692-1753) devient le principal leader français dans la région, une place qu'il conservera ensuite pendant un quart de siècle. Au milieu des violentes campagnes qui suivent, les Renards décident de réaffirmer leur alliance avec les Iroquois. Les ouvertures sont menées par Kiala (Quiala, *circa* 1733-1734), chef de guerre qui se trouve à la tête de la faction hostile antifrançaise et qui souhaite voir les Amérindiens faire front commun devant l'invasion des Européens. Durant les années 1720, aux côtés des Iroquois, il entretient des pourparlers avec les Chicachas et les Abénaquis, dans le but de consolider de vieilles alliances et d'en établir de nouvelles. Le chef abénaquis Nescambiouit (chapitre VII) participe à ces discussions. Les Français en sont extrêmement contrariés; ils y voient une tentative d'encerclement visant à les couper de leurs alliés et à séparer la Nouvelle-France de la Louisiane. En 1730, les Renards, pressés de toutes parts, envoient deux haches de pierre rouge aux Tsonnontouans auxquels ils demandent la permission de se rendre habiter avec eux. L'envoyé français Chabert de Joncaire (appelé Sononchiez par les Tsonnontouans[33]) ne parvient pas à convaincre ces derniers de refuser, et les Renards commencent leur migration. Assiégés un peu plus tard par un contingent français sous le commandement de Nicolas-Antoine Coulon de Villiers (1683-1733)[34], ils ne tentent une sortie qu'après 34 jours. Sur les 1 300 membres que comptait la tribu un an auparavant, seuls quelques centaines survivent[35]. Les Français et leurs alliés se mettent à les traquer et les capturer; certains groupuscules parviennent tant bien que mal à s'enfuir à l'ouest du Mississippi. Villiers, un de ses fils et son gendre sont tués, ce qui déclenche une nouvelle expédition punitive française (1734); cette fois-ci, les Indiens alliés trouvent que les choses sont déjà allées trop loin et refusent de participer à la campagne qui n'a finalement jamais lieu.

Entretemps, en 1733, les Renards ayant échappé au massacre ont demandé grâce; l'année suivante, Kiala et trois autres chefs renards se rendent volontairement à Montréal pour se livrer. Un des chefs est envoyé en France pour servir sur les galères. Kiala est déporté comme esclave à la Martinique et finit abandonné sur le littoral de Guyane; sa femme est adoptée par les Hurons de Lorette. Les autres prisonniers renards sont dispersés dans les missions. Ainsi prend fin le rêve que caressait Kiala de réunir les Amérindiens de l'Atlantique à la vallée de l'Ohio.

Certains alliés des Français se rendent à Montréal pour plaider la cause de leurs anciens ennemis. Ils commencent à avoir des doutes et craignent de subir demain le sort qui s'abat aujourd'hui sur les Renards. Les Sauks, durant cette période, revoient leur position et deviennent de si fidèles alliés des Renards que toute allusion ultérieure aux deux tribus les associera dorénavant. Au cours des dernières campagnes des Français, leurs alliés se rangeront sans cesse plus nombreux aux côtés des Renards et des Sauks. Comme Beauharnois l'a si bien exprimé: «Vous pouvez imaginer, Monseigneur, que les Sauvages ont leurs principes comme nous avons les nôtres, et ils ne sont pas très heureux à la vue de la destruction d'une nation, de crainte que leur tour ne vienne. [...] Généralement, les Sauvages craignent beaucoup les Français, mais ils ne les aiment pas[36].»

La paix n'est finalement conclue que cinq ans plus tard, quand Marin de La Malgue, qui a habité chez les Renards dans l'Ouest, conduit une autre délégation à Montréal. Ce ne sont plus les ennemis jurés; sur les 1 000 guerriers qu'a déjà comptés la nation, ils peuvent alors à peine en rassembler 250. Retour ironique des choses, certains Renards se joindront plus tard aux Français pour combattre l'envahisseur anglais, entre autres lors de l'attaque de 1755 qui mène à l'anéantissement de l'armée britannique commandée par le général Edward Braddock (1695-1755) et à la bataille des plaines d'Abraham, en 1759.

Plusieurs conclusions ressortent d'une évaluation de ces deux conflits. L'action militaire des Français a été plus efficace contre les Renards que pendant tout le conflit qui les a opposés aux Iroquois; ils se sont adaptés à des techniques de guerre en milieu forestier. Leur réseau d'alliances avec les indigènes a été beaucoup plus instable dans le pays d'en haut qu'il ne l'a été en direction est, vers la côte atlantique; là, ce sont les Anglais qui se sont empressés de faire les adaptations nécessaires à la création et au maintien des alliances avec les Autochtones. Sur le rivage de l'Atlantique, les Français avaient de l'avance et avaient appris à conclure de solides alliances avant même que les Anglais n'eussent pris conscience de l'importance de cette forme de diplomatie; dans la région des Grands Lacs toutefois, ces derniers ont été en mesure d'offrir une rivalité acharnée. De leur côté, les Amérindiens ont commencé à comprendre l'importance de s'allier entre eux plutôt qu'avec les envahisseurs européens. Le panamérindianisme a à peine eu droit à un hésitant début, mais il a suffi pour donner une sérieuse frayeur aux Français et il explique au moins en partie leur violente réaction devant l'intransigeance des Renards.

### La guerre des Micmacs (1613-1761), dernière phase (1713-1761)

Au moment où les belligérants des guerres coloniales nord-américaines entament le dernier round, les Micmacs se jettent dans la mêlée, sur mer et sur terre, faisant valoir leur droit de faire la guerre ou la paix selon leur bon plaisir et réaffirmant leur souveraineté sur le Megumaage. Entre 1713 et 1760, la correspondance de Louisbourg fait allusion à un nombre de navires saisis par les Amérindiens excédant de beaucoup la centaine. Ceux-ci aiment bien croiser avec leurs captures (les prisonniers sont forcés de servir d'équipage) avant de les abandonner. À cette époque, des navires de cette dimension n'ont aucune utilité pratique pour eux, tout comme l'artillerie d'ailleurs. Cette «activité» atteint son point culminant en 1722, année du début de la guerre anglo-amérindienne. Dans les années 1750, on assiste à une reprise de ces pratiques, quoique dans des proportions moindres, par suite de la fondation de Halifax en 1749 et de la déportation, en 1755, des Acadiens dont plusieurs ont des liens de sang avec des Amérindiens[37].

Le point tournant survient en 1725, quand les Abénaquis sollicitent la paix après la destruction de Narantsouak. Les Britanniques tirent profit de la situation et, outre la paix (le traité de Boston), négocient un second accord, appelé simplement traité n° 239, qui fournit des détails sur la façon dont les Amérindiens doivent se comporter en tant que sujets britanniques[38].

Le traité de paix porte un coup aux Français qui, immédiatement, s'empressent d'affirmer qu'ils n'ont d'aucune façon été impliqués dans la guerre anglo-amérindienne. Toutefois, des accusations apparemment sans fondement, suivant lesquelles le missionnaire Antoine Gaulin encourageait ses Micmacs à signer un traité avec les Anglais, agacent tellement Versailles que le gouverneur de l'île Royale, Saint-Ovide, doit intervenir pour défendre le missionnaire[39]. Les traités prévoient des contre-mesures, d'autant plus que les alliés se plaignent que l'approvisionnement en cadeaux, pour ces distributions toujours essentielles, répond souvent inadéquatement à la demande. Ce poste du budget augmente constamment; en 1756, il atteint 37 000 livres françaises, sans compter les «dépenses extraordinaires» occasionnées par l'engagement d'Amérindiens[40]. Les promesses de cadeaux ne sont plus acceptables; les alliés ne se feront plus commander qu'après avoir reçu en mains propres les articles promis. Ce qui n'était au départ qu'une question protocolaire destinée à cimenter les alliances et les accords commerciaux venait de se muer en moyen de subsistance pour les Amérindiens et en une forme de protection pour les Français.

Bien qu'ils n'épargnent rien pour que leurs alliés en viennent aux prises avec les Anglais, les Français mettent de temps à autre le holà à la «férocité inutile» de certaines de leurs attaques et cherchent parfois à y mettre un frein. En 1739, Saint-Ovide, soucieux d'apaiser les craintes des Amérindiens, leur demande de rester tranquilles, pour leur bien et celui du roi des Français. Les Amérindiens s'inquiètent d'une éventuelle alliance franco-anglaise visant à les anéantir; ils remarquent que, s'ils avaient moins prêté l'oreille aux Français, ils auraient moins d'ennuis avec les Anglais qui ne se satisfont pas de s'emparer de leurs terres, mais détruisent leurs pêches. Ils promettent de rester calmes pour le moment, mais préviennent les Français qu'ils se défendront contre quiconque cherchera leur anéantissement[41].

Quand, en 1749, les Anglais fondent Halifax en territoire micmac (dans une région qu'ils appelaient Segepenegatig), ils oublient une fois encore de consulter les Autochtones. «Où pouvons-nous aller, si nous devons être privés de nos terres?» demandent les Micmacs qui adoptent une coutume européenne et déclarent officiellement la guerre[42]. Cela conforte les Anglais dans leur conviction déjà bien ancrée: les Micmacs ne sont rien d'autre que des rebelles[43]. L'efficacité des incursions micmaques est telle que le gouverneur Edward Cornwallis (1713-1776) demande de nouvelles armes pour les colons parce qu'«à l'heure actuelle plus de dix mille personnes sont terrifiés par deux cents sauvages». Puis, comme les raids s'intensifient, il fait une proclamation ordonnant aux colons «d'ennuyer, de tourmenter, de capturer ou d'abattre les Sauvages communément appelés Micmacks, où qu'ils se trouvent[44]». Au cours de cette période, les primes offertes pour les scalps — sans poser de question — par les Français et les Anglais montent en flèche[45]. Au milieu de cette «chasse», les Britanniques encouragent officiellement les mariages avec les Amérindiennes durant une brève période[46]. Les Britanniques doivent pourtant s'incliner devant l'inévitable, et leurs distributions de présents deviennent plus généreuses; influencés, les Malécites et les Abénaquis du fleuve Saint-Jean ratifient en 1749 le traité de 1725. Les Français, cherchant une parade, envoient un chef de Naltigonish, René, pour contrer l'action des Anglais et rompre le traité[47].

Les Français se sentent davantage menacés quand arrive la nouvelle, en 1752, de la signature d'un traité de paix par un chef de Shubenecadie, à Halifax[48]. L'entente représente une percée majeure, non seulement par son impact sur les guerres anglo-micmaques, mais aussi par la teneur de ses termes; des droits de chasse et de pêche pour les Amérindiens y sont garantis, en plus des distributions régulières de cadeaux qui se transformeront plus tard en rentes destinées à compenser l'abandon des terres.

La chute du fort William Henry (au lac George, État de New York) en 1757 et le massacre subséquent des prisonniers anglais par les alliés des Français soulèvent l'hystérie des colons à l'endroit des Amérindiens à un tel paroxysme que, lors de la chute de Louisbourg en 1758, les vainqueurs britanniques refusent d'inclure les Amérindiens dans les conditions de la reddition. Cela a été perçu, avec raison, comme ne présageant rien de bon pour eux; quand les Britanniques prennent officiellement possession de la forteresse, pas un seul Amérindien n'est sur place.

Si le facteur amérindien s'évanouit tout simplement à Louisbourg, il n'en est pas de même pour l'Acadie en général. Les Britanniques reçoivent l'ordre de s'assurer de l'inclusion de l'ensemble des chefs et de leurs tribus dans tout traité venant conclure une éventuelle paix générale. Il faut attendre la défaite définitive de la France en 1760 pour que cela se réalise; un an plus tard, la paix est signée. Les Micmacs, les Malécites et les Abénaquis d'Acadie reconnaissent définitivement la souveraineté britannique, en retour de laquelle ils sont assurés de recevoir la même protection complète qu'accorde la justice britannique à n'importe lequel de ses sujets «tant que dureront le soleil et la lune[49]».

Bon nombre de caractéristiques distinguent les guerres anglo-micmaques. Les combats ont principalement lieu en mer, et la partie qui se déroule sur terre constitue la seule occasion que les Amérindiens ont, au Canada, de combattre sur leur propre sol pour défendre un territoire qui leur appartient. À cet égard, les dernières phases de ces guerres finissent par ressembler aux guerres frontalières aux États-Unis. Malgré le fait que le contact des Micmacs et des Malécites avec les Européens ait été l'un des plus longs qui soient et que les hostilités se soient prolongées, ils habitent toujours sur leurs terres ancestrales, ou, plus exactement, sur une toute petite portion de ce qui leur appartenait jadis.

Au cours de ce long conflit, les Micmacs, les Malécites et les Abénaquis ont prouvé leur astuce en tournant les rivalités impériales des envahisseurs à leur avantage. Quand leurs intérêts personnels étaient en jeu, les Amérindiens et les puissances coloniales se valaient. La différence tient au fait que la France et la Grande-Bretagne construisaient leur empire, tandis que les Amérindiens, après une brève période initiale durant laquelle certains ont tenté de profiter des alliances avec les Européens pour étendre leur hégémonie, se sont vite retrouvés en train de lutter pour survivre. L'arme la plus formidable dont ils ont disposé a été leur aptitude à maintenir les puissances coloniales en déséquilibre. Louisbourg a joué un rôle capital: pour les Français (quels qu'eussent été les motifs profonds les ayant poussés à construire cette forteresse), sa grande utilité militaire a résidé dans son emploi comme base d'opérations d'où ils pouvaient assurer le maintien des alliances avec les Amérindiens et encourager leurs activités de guérilla; pour les Micmacs et les Malécites, Louisbourg a représenté une sorte de détente face à la domination économique et culturelle des Européens, les guérilleros amérindiens parvenant, à titre d'alliés, à dicter leurs propres conditions dans une mesure surprenante, en particulier aux Français.

Les Britanniques continuent d'être hantés par le spectre du retour des Français au Canada jusqu'à la défaite de Napoléon à Waterloo en 1815. Un épisode de 1762 avait beaucoup contribué à garder vivace cette crainte: la présence d'envahisseurs Français à St. John's durant environ deux mois. Ayant appris la nouvelle, les Micmacs sont devenus agités et ont causé de vives frayeurs aux colons. Des récits — jamais confirmés toutefois —, selon lesquels les Micmacs étaient approvisionnés en secret par les Français à partir de Saint-Pierre-et-Miquelon, ont aussi alimenté ces craintes. Il semble que les Micmacs soient allés aux îles, restées sous domination française, pour y chercher des prêtres et des provisions. Les Français avaient reçu l'ordre de décourager ces visites, sous pré-texte qu'elles ne feraient qu'agacer les Britanniques et ne serviraient à rien[50]; apparemment, les Français les ont aidés quand même. Rendus à leurs propres ressources, alors qu'une chasse excessive avait depuis longtemps réduit le gibier de leurs territoires traditionnels, et dorénavant privés des distributions de cadeaux, ils cherchaient avec désespoir une façon de subvenir à leurs besoins. Des groupes se sont rendus dans le sud de Terre-Neuve, alarmant aussi bien les colons que les autorités. On a vainement tenté de les déloger, mais ils étaient venus là pour y rester[51].

Ces grands voyageurs sur mer et sur terre, autrefois sûrs d'eux, devaient aujourd'hui se contenter de ce qui se trouvait à leur portée, ce qui ne représentait maintenant plus grand-chose; en réalité, leur univers était en régression, leur territoire s'amenuisant à mesure que les colons prenaient possession de ces terres ancestrales qu'ils avaient cherché à protéger avec tant d'ardeur.

### La guerre à la baie d'Hudson (1685-1782)

Tout comme les guerres anglo-micmaques, le conflit qui met Français et Anglais aux prises à la baie d'Hudson est une série de raids sans suite, parfois très séparés dans le temps et dans l'espace, plutôt qu'un conflit soutenu. À l'encontre des guerres dans le sud, les Amérindiens n'y participent pas comme alliés. Pourtant, les Autochtones sont affectés par la lutte entre les deux puissances européennes, surtout quand les postes détruits ne peuvent faire face à leurs obligations commerciales envers les Amérindiens; c'est ce qui se produit en 1686, lorsque les Français s'emparent de trois postes au fond de la baie d'Hudson[52]. La destruction du fort Prince of Wales en 1782 et l'épidémie qui se déclare incitent les Chipewyans à quitter la région et à émigrer vers le sud et le pays athapascan. Des Inuits finissent par arriver petit à petit dans la région désertée que Samuel Hearne appelle la «Terre des bâtonnets» et qu'ultérieurement des administrateurs nommeront le district de Keewatin. Quand les Inuits commencent à commercer avec les Blancs des postes de l'intérieur, les hardes de caribous en migration fournissent la base de leur subsistance; de là leur appellation d'Inuits du Caribou[53].

CHAPITRE XI

# Les Amérindiens
# dans le Nouveau Monde français

### *Les premières tentatives de manipulation sociale*

Tout au long de l'histoire de la Nouvelle-France, la politique française à l'égard des Amérindiens reste cohérente: les traiter avec considération, éviter la violence (avec un bonheur inégal) et les transformer en Français[1]. Les techniques permettant d'atteindre ces objectifs ont été établies depuis longtemps, au Brésil, là où les Français avaient raffiné leurs façons de faire en diplomatie amérindienne durant un siècle avant de coloniser avec succès la Nouvelle-France[2]. Thomas Nelson (1738-1789), signataire de la Déclaration d'indépendance et brièvement gouverneur de la Virginie en 1781, a dressé la liste des outils à leur disposition:

> D'abord, par des cadeaux raisonnables, deuxièmement en choisissant certains des plus éminents d'entre eux, auxquels est accordée constamment une paie de lieutenant ou d'enseigne et troisièmement par des récompenses pour toutes les exécutions, celles des nôtres ou de nos Indiens, offrant une certaine somme par tête, pour chacun des scalps qui leur sont apportés. Quatrièmement, en encourageant les jeunes du pays à accompagner les Indiens au cours de toutes leurs expéditions[3].

Les Français se servent de ces quatre procédés durant toute l'histoire de la Nouvelle-France. Un cinquième, essayé plus tôt puis rejeté, consistait à expédier des Amérindiens «remarquables et audacieux» en France «pour les stupéfier et les éblouir avec la grandeur et la splendeur de la cour et de l'armée françaises[4]». On rapporte même que des Amérindiens ont été envoyés dans les Flandres où des armées françaises avaient été rassemblées exprès pour les impressionner. Nelson estime qu'il s'agit du meilleur moyen possible pour s'assurer leur loyauté, en particulier quand les Français accordent le même traitement aux Amérindiens faits prisonniers dans les colonies britanniques. Il faut pourtant cesser d'en faire usage, son coût étant trop élevé pour les résultats obtenus[5]. Il se trouve que les Amérindiens ne sont pas facilement impressionnables, et ils apprennent vite à tirer profit de ces occasions pour faire pression dans leur propre intérêt. Nelson raconte que six sagamos sont venus ensemble à Versailles solliciter l'aide des Français pour combattre les Anglais[6].

Les Français ne seront jamais aussi à l'aise avec leurs alliés de la forêt américaine que ne veulent le faire croire Nelson et la croyance populaire. Le concept de liberté individuelle, chez les Amérindiens, fait qu'ils constituent, au mieux, des alliés incertains. Puisque «le sauvage n'a point de maître[7]», aucun des procédés mentionnés ne peut, à lui seul, garantir qu'ils se plient à une volonté extérieure. L'abbé Maillard, après 14 années passées chez eux, fait observer qu'il ne sait pas encore comment les amener à se conduire comme il le souhaiterait[8].

Le roi de France doit effectivement consacrer un temps et une énergie considérables (sans parler de ce qu'il lui en coûte financièrement) au maintien des alliances avec des gens dont il n'aurait jamais toléré une minute les idées sur l'égalité et la liberté individuelle s'ils avaient été ses sujets. Il reconnaît toutefois que, s'il veut mener à bien les ambitions coloniales de la France au Canada, la compréhension des Amérindiens s'impose pour parvenir à les convertir, à collaborer avec eux afin qu'il s'établisse un commerce sur lequel reposerait l'économie et à cultiver les rapports avec eux de sorte que leur soutien soit acquis en temps de guerre. La dépendance, tant économique que militaire, de la Nouvelle-France envers «ses» Amérindiens force la monarchie absolue de la mère patrie à transiger avec certains de ses plus chers principes.

L'historien Thomas C. Haliburton (1796-1865) exprime cela différemment: il dit que les Français se sont servis des Amérindiens comme premières lignes de leur système de défense, une innovation aussi utile en son genre que les postes militaires traditionnels[9]. Beauharnois et Gilles Hocquart, intendant de 1729 à 1748, paraissaient avoir une idée semblable à l'esprit lorsqu'ils ont écrit au comte de Maurepas Jean-Frédéric Phélypeaux (1701-1781, ancien ministre du roi):

> Il est de la plus haute importance que les Indiens restent attachés comme ils l'ont toujours été à la France; les Anglais ont été dissuadés de fonder un établissement en Acadie par la seule terreur de ces Indiens; et bien que ceux-ci gênent à un certain égard les Français dont ils emportent de temps à autre et même publiquement le bétail pour se nourrir, les Français ne sont pas trop malheureux de les voir habiter la province, et d'être eux-mêmes, pour ainsi dire, sous leur protection[10].

Si les Français chérissent les Amérindiens, ainsi que l'écrit l'historien Francis Parkman (1823-1893)[11], cela ne va jamais plus loin que ce qu'ils jugent nécessaire et tient de solides raisons pratiques. Pour leur part, les Amérindiens, qui ne parviennent pas plus à agir sur la politique française ou le cours du conflit anglo-français que sur la marche de la traite des fourrures, influencent pourtant le caractère des trois. La politique amérindienne de la France n'en ressort pas moins comme un mélange de concessions mutuelles, où l'on donne le nécessaire pour garantir une alliance commerciale et militaire et où l'on prend quand il s'agit de récolter les bénéfices de la traite des fourrures et les avantages des interventions militaires.

Dans la campagne qu'ils mènent pour gagner le coeur et l'esprit des Amérindiens, les fonctionnaires européens placent leur foi en les femmes et les enfants. Les premières leur paraissent travailleuses, en particulier chez les Hurons, où elles ont la responsabilité de l'entretien des cultures[12]. Et pour ce qui est des enfants, les récollets mettent sur pied en 1620 un programme destiné à en envoyer certains en France; il sera poursuivi en 1634 par les jésuites[13]. On espère ainsi que les enfants choisis, après un séjour de quelques années en France, auront un assez bon niveau de français et une connaissance suffisante des moeurs françaises pour les conserver après leur retour dans leurs pays respectifs. En outre, ils exerceront sur leurs compatriotes une influence qui les poussera à adopter la culture française[14]. Puisqu'il n'atteint pas les objectifs escomptés, le plan est mis au rancart, au milieu des récriminations sur le caractère pervers des Amérindiens[15].

La création d'écoles pour les enfants amérindiens à l'intérieur de la colonie connaît aussi un succès modéré. Au début, ni les externats ni les pensionnats ne fonctionnent, peut-être parce que le programme d'enseignement que les Français jugent approprié n'a que très peu à voir avec le mode de vie amérindien[16]. Autre problème, les réticences des parents à se séparer de leurs enfants, en particulier ceux qui vont au pensionnat. Non seulement la discipline française est-elle étrangère aux moeurs amérindiennes, mais l'alimentation et le régime dans son ensemble ont trop souvent des effets négatifs sur la santé des enfants, au point que certains en meurent[17]. On trouve petit à petit des arrangements, mais la situation reste loin d'être satisfaisante. L'image projetée par des «simples sauvages» qui n'étaient à l'état naturel qu'une pâte dans l'attente d'un modelage par une main civilisatrice s'avérait loin de la vérité.

## Les lois françaises et les Amérindiens

Une question épineuse ne recevra jamais de réponse pendant le régime français: doit-on traiter les Amérindiens comme des alliés ou des sujets de Sa Majesté? Les lois françaises s'appliquent-elles aux Amérindiens dans les colonies? Entrent en jeu ici les ambiguïtés de la politique française envers les Amérindiens: sur le plan international et plus spécialement lors de tractations avec des rivaux coloniaux (surtout les Anglais), les Français déclinent constamment toute responsabilité à l'égard du comportement de leurs alliés sous prétexte qu'ils sont souverains. Cependant, quand il s'agit de négocier avec des Amérindiens vivant dans leurs colonies, les fonctionnaires ne savent pas toujours précisément quelle ligne de conduite adopter; à mesure que la colonie deviendra plus sûre d'elle, un consensus se formera pourtant au profit d'une mise en application des lois françaises.

Champlain, lui, ne manifeste aucun doute sur sa position à la suite du meurtre de deux Français par les Montagnais en 1617[18]. Il attend jusqu'en 1622 pour s'en prendre au meurtrier, qu'on croit être Cherououny («Le Meurtrier», «Le Réconcilié»; chef montagnais mort en 1627), qui vient participer à un banquet en l'honneur de quelques ambassadeurs iroquois. Champlain insiste pour qu'il soit expulsé, et le lendemain matin le Montagnais vient offrir au commandant français 100 peaux de castor en guise de réparation. Celui-ci accepte d'accorder son pardon au coupable à la condition que lui et son complice avouent leur crime lors d'une rencontre des nations. La cérémonie a lieu en grande pompe le 31 juin 1623, à Trois-Rivières, et le Montagnais déclare alors son allégeance à la France[19].

Une affaire encore plus limpide survient en 1664. Elle met en cause Robert Hache, un Algonquin qui était complètement saoul lorsqu'il a violé la femme d'un habitant de l'île d'Orléans. Pour sa défense, Hache allègue non seulement qu'il était sous l'influence de l'«eau de feu» de l'homme blanc, mais qu'il avait commis un crime de Blanc (le viol était rare chez les Amérindiens). Après son évasion pendant le procès, le procureur général demande l'avis du Conseil souverain. Ses membres consultent des chefs algonquins, montagnais et abénaquis qui font remarquer que, si le comportement de leurs jeunes hommes fournit parfois des motifs de griefs, le même raisonnement peut s'appliquer aux jeunes Français en milieu amérindien. Un Montagnais converti de Québec, Noël Negabamat (Tekouerimat, v. 1600-1666), demande qu'on ne puisse invoquer la peine capitale parce que ses gens ignoraient l'existence de ce châtiment pour viol; pourtant, étant donné leur longue amitié avec les Français, ils accepteront dans l'avenir cette loi sur le viol ainsi que sur le meurtre. Il demande en outre que les Français cessent de saisir les biens d'un débiteur indien en temps de guerre, au moment où les guerriers sont partis et ne peuvent subvenir aux besoins de leurs familles. Le Conseil reconnaît que de telles situations exigent une attention spéciale. Ainsi, en matière de meurtre et de viol, les alliés montagnais et abénaquis ont accepté de se conformer à la loi française[20]. À Louisbourg aussi les Indiens conviennent de suivre les règlements français et d'y obéir aussi attentivement que s'il s'agissait de leurs propres coutumes. Des demandes de missionnaires, mécontents de voir leur travail annulé par des chefs qui refusent de punir leurs gens, sont à l'origine de la mise en place de ces règlements[21].

Comme le fait remarquer le roi, le problème de l'imposition de la loi française aux Indiens reste extrêmement délicat. Les Amérindiens se perçoivent comme des gens libres et souverains et n'apprécient pas beaucoup d'être jetés dans les prisons françaises pour avoir enfreint des lois dont ils ne savent rien et qu'ils n'auraient jamais acceptées s'ils les avaient connues. Voici comment un visiteur espagnol du XVIIIe siècle à Louisbourg voyait la situation:

> Ces indigènes, que les Français nomment sauvages, n'étaient ni vraiment des sujets du roi de France, ni entièrement indépendants de lui. Ils le reconnaissaient comme le seigneur du pays, mais sans la moindre modification de leur façon de vivre; ou sans

se soumettre à ses lois; et ils étaient si loin de lui payer un tribut qu'ils recevaient tous les ans de France quantité de vêtements, de poudre à canon et de mousquets, d'eau-de-vie et plusieurs sortes d'outils, de manière à les garder tranquilles et attachés aux intérêts français; et cela a aussi été la règle politique de cette couronne à l'égard des sauvages du Canada[22].

En d'autres termes, comme le dit l'historien W.J. Eccles, les Français ont tacitement accordé aux Amérindiens dans la colonie une sorte de statut particulier. Les Français ont besoin d'eux à la fois pour combattre les Britanniques et pour le commerce des fourrures; ils ne peuvent pas non plus prendre le risque de se les aliéner en mettant les lois françaises en vigueur trop énergiquement[23]. Le sociologue Denys Delâge a attiré l'attention sur le fait que les terres réservées pour les villages indiens n'ont jamais été soumises aux droits seigneuriaux, comme c'était la règle en Nouvelle-France, et que les Indiens vivant dans la colonie n'ont jamais été sujets à la conscription dans la milice[24]. Un certain nombre d'alliés, en particulier les Iroquois convertis des alentours de Montréal, ont continué de commercer activement avec les Anglais, malgré la désapprobation des Français[25]. Surtout après le début des guerres coloniales, les Français font preuve de circonspection dans la façon dont ils traitent leurs alliés indiens, bien que des exceptions soient survenues. Peu de temps avant la fin du régime français, un observateur de l'époque trouve qu'ils

> les flattent et les courtisent assidûment. Leurs missionnaires sont dispersés dans tous leurs différents cantonnements, où ils exercent tous les talents d'insinuation, étudient leurs us et coutumes, leur nature et leurs faiblesses, auxquels ils s'adaptent en souplesse, et arrivent à leurs fins grâce à ces artifices[26].

Ce qui peut ici avoir l'air d'une sorte d'exagération démontre combien les Français sont conscients de l'importance des alliances. Toutefois, quand l'occasion se présente, ils ne manquent pas d'imposer leurs lois dans la mesure du possible; en ce qui les concerne, que les Indiens l'eussent voulu ou pas, le processus visant à les transformer en sujets français a été enclenché dès la fondation de la colonie, même si cette transformation ne s'est jamais effectuée tout à fait pendant le régime français.

## Orientation personnelle: encouragement des liens familiaux

L'importance fondamentale qu'accordent les Amérindiens à la parenté signifie que même les alliances politiques et économiques comportaient des aspects personnels et sociaux. Alors que des mélanges interraciaux et des mariages mixtes survenaient indépendamment de telles ententes officielles, ils n'en étaient pas moins liés à eux de très près. Au Canada, le mélange des races a débuté longtemps avant la colonisation, du fait de l'industrie de la pêche, plus spécialement de la chasse aux mammifères (qualifiée de «pêche») où les compétences des Amérindiens étaient très recherchées, ainsi que les relations personnelles qui en découlaient[27].

C'est le manque de femmes qui caractérise d'abord les premiers jours des colonies permanentes d'Européens au début du XVII$^e$ siècle. L'Europe s'est à peine remise de la catastrophe démographique causée par la peste noire, et les puissances terrestres comme la France répugnent à encourager une émigration, qu'importe son ampleur. Les premiers groupes à traverser comptent majoritairement des hommes qu'on a souvent choisis pour leurs aptitudes professionnelles particulières; officiellement, on croit qu'ils contracteront des mariages avec des femmes indigènes, créant ainsi une population française outre-mer. Comme l'a dit Champlain aux Hurons: «Nos jeunes hommes marieront vos filles, et nous ne formerons plus qu'un peuple[28].» L'Église approuve cette politique dans la mesure où les mariées sont d'abord converties au catholicisme[29].

Le climat aussi impose cette ligne de conduite. L'Occident traverse à cette époque la petite ère glaciaire; les températures inférieures qui la caractérisent ont été un facteur responsable de la disparition des colonies groenlandaises durant le XV$^e$ siècle et elles font subir à l'Europe entière de rudes épreuves[30]. L'avance des glaciers a même fait disparaître certains villages alpins. C'est à juste titre la période où l'on met au point le poêle et la cheminée. Au Canada, les rigueurs du climat frappent encore plus brutalement qu'en Europe, même à des latitudes semblables, une situation qui donne lieu à de nombreuses suppositions[31]. Fondamentalement, le problème, c'est de survivre: si l'alimentation repose trop sur les salaisons et si les aliments frais manquent durant les longs hivers, le scorbut fait de terribles ravages[32]. Même si les Amérindiens ont montré à Cartier comment traiter cette maladie lors de l'hiver de 1535-1536, il semble que les connaissances ne se soient pas transmises, et les tentatives subséquentes de colonisation, comme celle de Champlain, sont au début durement touchées. Pour résumer, disons que la collaboration avec les Amérindiens était essentielle aux Européens s'ils voulaient fonder une colonie viable[33]; ainsi, pour celui qui souhaitait choisir une partenaire, une Amérindienne ou, plus tard, une Métisse possédait des avantages indéniables sur toute homologue européenne. Malgré la résolution que met Londres à l'en empêcher, ce modèle de mariage interracial se répète chez les Anglais qui s'établissent à la baie d'Hudson[34]. Dans les colonies françaises, des Blanches épousent parfois des Amérindiens. Un de ces cas est porté à l'attention des fonctionnaires lorsque le mari, un Iroquois de Sault-Saint-Louis au service des Français comme messager, réclame un âne pour transporter le bois de chauffage pour sa famille, vu que, contrairement aux Amérindiennes, sa femme, une Française, n'a pas l'habitude de faire ce travail. On accède à sa requête[35]. Les enfants sang-mêlé sont acceptés dans la collectivité s'ils sont baptisés. Il s'ensuit une pratique étrange et remarquablement répandue vers la fin du régime français: les enfants illégitimes sont donnés aux Amérindiens; et, à l'instar de ceux faits prisonniers dans les colonies anglaises, ils sont élevés et vivent comme des Indiens[36].

La tactique des mariages mixtes n'a pas vu le jour au Canada; un siècle auparavant, à l'occasion du commerce du bois de teinture au Brésil, les Français se sont intégrés aux communautés amérindiennes et ont contracté des mariages avec des Amérindiennes[37]. Pourtant, les intentions colonisatrices de l'époque font que, soucieuse d'éviter une «indianisation», l'administration propose d'expédier des familles françaises vivre parmi les Hurons. Considérant ceci comme une forme d'échange, ces derniers jugent que l'idée pourrait être bonne[38]; ils n'en perçoivent pas tout de suite le but ultime, qui est de les pousser à adopter le mode de vie français. Pour les Français, les mariages mixtes sont facilités par une croyance répandue et persistante: les Amérindiens sont en réalité des Blancs dont la peau est rendue cuivrée par certaines pratiques[39]. Les récriminations qu'adressent les Français aux Hurons — «vous ne vous êtes pas alliés jusqu'à présent avec nos Français. Vos filles ont été mariées avec toutes les nations voisines, mais pas avec les nôtres. [...] Ce n'est pas parce que nous avons besoin de vos filles [...]. Mais nous voudrions ne voir qu'un seul peuple dans le pays.» — soulignent le sérieux que mettent les Français à poursuivre l'objectif de création d'«une seule nation[40]». Le «seul peuple» qu'ils ont à l'esprit sera, évidemment, français de culture; la conversion des épouses constituera une exigence préalable à ces unions mixtes. Comme l'a fait observer Paul Le Jeune, le but est de «les rendre comme nous». Cela s'appliquera non seulement à la religion, mais également à des gestes aussi ordinaires que leur montrer comment «faire des hachettes, des couteaux et d'autres objets qui leur sont très nécessaires [...][41]».

Pour y parvenir, il faut amener les chasseurs nomades à s'établir, à se mettre au défrichage et à cultiver suivant le modèle français; on y croit si fermement que les missionnaires ont été préparés à prendre en charge le travail préliminaire requis à leurs propres frais[42]. D'abord et avant tout, il faut que les Amérindiens apprennent à accepter une autorité centralisée à laquelle tous devraient être subordonnés[43]. En Acadie et en Nouvelle-France, c'est pourtant le contraire qui se produit, et bon nombre des Français qui héritent d'une nouvelle famille amérindienne sont heureux «de devenir des barbares et de se rendre exactement comme eux[44]». Dans ce domaine, l'assurance des Indiens est telle qu'un jour les Iroquois disent aux Français «[avoir] appris à changer les Français en Hiroquois» et ajoutent, diplomatiquement: «Disons plutôt qu'ils deviendront Français et Hiroquois en même temps[45].» Les Français savent très pertinemment que c'est possible. Sagard a observé que les Français, même «mieux instruits et élevés à l'école de la foi, deviennent Sauvages simplement en vivant avec les Sauvages et perdent même l'apparence de la chrétienté[46]». Le phénomène survient à l'époque où les missionnaires font de leur mieux pour que les chasseurs cessent leurs migrations et s'établissent dans des villages. Sagard raconte qu'Étienne Brûlé a fait une offrande de tabac au début d'une expédition qui se révélera une des plus fructueuses de toutes celles qu'il a entreprises[47]. La célèbre ceinture fléchée, qui deviendra un symbole des voyageurs et plus tard des Métis, est une adaptation d'un modèle iroquoien de sangle de transport.

Les Hurons s'inquiètent des conditions proposées par les Français pour ces mariages. Primo, combien donnera-t-on pour une femme? «Chez les Hurons, la coutume veut qu'on donne beaucoup [...] une peau de castor et peut-être un collier de porcelaine.» Secundo, toutes les possessions du couple seront-elles à la disposition de l'épouse? Tertio, si le mari retourne en France, emmènera-t-il sa femme avec lui? Et, si elle reste, que lui laissera-t-il? Quarto, si la femme manque à ses devoirs et que son mari l'éconduit, que pourra-t-elle emporter? Ou qu'arrive-t-il encore si elle cherche seulement à retourner dans sa famille? Comme le font remarquer les jésuites, il y a en réalité plusieurs éléments à considérer[48]. Ce que ces questions révèlent aussi, c'est que les Hurons, tout comme les autres Indiens, sont préoccupés par le traitement accordé à leurs femmes. De fait, ils peuvent être «fort insultés quand quelque imbécile de Français ose toucher à leurs femmes. Un jour qu'un hurluberlu s'était permis quelques libertés, ils sont venus et ont dit à notre capitaine qu'il devrait guetter ses hommes, l'informant que celui qui tenterait de refaire la même chose n'aurait pas la plus petite chance et se ferait tuer sur-le-champ[49]».

## L'importance des mariages mixtes

L'insuffisance des données fait que nous ne saurons probablement jamais quelle a été l'ampleur des mariages mixtes; officiellement, 120 de ces unions ont été célébrées pendant le régime français. Officieusement, des unions se sont souvent produites «à la façon du pays», que les missionnaires voyaient comme une forme de concubinage[50]. Des preuves indirectes fournissent des indications sur leur fréquence. Le colonel Samuel Vetch, deuxième commandant de Port-Royal (1710 à 1713), a noté que, parce qu'ils avaient contracté des mariages avec des Amérindiennes converties, les Acadiens avaient une forte influence sur eux[51]. On pouvait lire, dans une lettre d'un certain «Monsieur de Varennes» publiée à Londres en 1758:

> Nous employons en outre une méthode beaucoup plus efficace pour les unir à nous, [soit] le mariage mixte de nos gens avec les femmes sauvages, qui est une occasion de resserrer plus fortement les liens d'une alliance. Les enfants engendrés par eux sont généralement robustes, habitués aux fatigues de la chace [sic] et de la guerre, et deviennent des sujets très commodes à leur façon[52].

Plus loin dans la même lettre se trouve une description des Acadiens, qui ont été dispersés par les Anglais en 1755:

> Ils appartenaient à une race mixte, c'est-à-dire que la plupart d'entre eux provenaient de mariages ou du concubinage de sauvagesses avec les premiers colons, qui étaient de nations diverses, mais principalement Français[53].

L'«Apôtre des Micmacs», Maillard, a déjà fait cette remarque; il a écrit en 1753 qu'il ne s'écoulerait pas plus de 50 ans avant que les colons français soient si mélangés avec les Micmacs et les Malécites qu'il ne sera plus possible de les distinguer[54]. Les Acadiens paraissent avoir été en bonne voie de réaliser la «race unique» souhaitée par l'administration.

Les exigences de la traite des fourrures, qui constitue en premier lieu la raison économique de la colonie, peuvent bien avoir encouragé cette mixité. Le commerce reste la principale activité économique des colons pendant toute la période du régime français et il fonctionne mieux quand certaines formalités sont observées. Les mariages mixtes ne constituent pas la moindre de celles-ci; la société amérindienne, qui met l'accent sur la parenté, préfère de beaucoup ce type de relations pour servir d'assise à ses alliances commerciales. En raison de la conception qu'ils s'en font, les Amérindiens voient dans ces unions une source d'honneur pour leurs gens. Un compte rendu enthousiaste renchérit à un point tel que les enfants parlent français au lieu de la langue de leurs mères[55].

> Lors qu'un François negocie avec eux, il prend pour le servir une de leurs Filles, celle qui est apparement la plus à son gré: Il la demande au Pere, & cela se fait à de certaines conditions, il promet de luy donner quelques couvertures, quelques Chemises, un Fusil de la Poudre & du Plomb du Tabac, des Outils; enfin ils conviennent ensemble des choses, & font leur marché. La Fille qui a la connaissance du Païs, s'engage de son côté à servir le François en toutes manières, s'accommoder ses peaux, & de vendre ses Marchandises pendant un temps qui est marqué, & cela s'exécute très fidellement de part et d'autre[56].

Les spécialistes de l'histoire de la traite des fourrures dans le Nord-Ouest reconnaîtront cette description parce qu'elle dépeint de très près ce qui est arrivé dans cette région des années plus tard. Le commerce dans l'Est, pas plus que celui dans l'Ouest d'ailleurs, a vu les femmes jouer un rôle vital, à la fois grâce à leurs liens familiaux et à leurs compétences particulières. C'est seulement depuis peu que des historiens ont commencé à tenir compte de cet aspect fondamental des débuts de notre histoire, principalement par rapport avec le Nord-Ouest, beaucoup mieux documenté[57].

Les attitudes des Amérindiens à l'égard du mariage facilitent la prise de ces dispositions destinées à accommoder les commerçants de fourrures. Alors que la parenté est d'une importance primordiale chez eux, les Amérindiens ne considèrent pas que le mariage doit être nécessairement permanent, surtout si aucun enfant n'en est issu; chez d'autres populations, comme les Iroquoiens, la liberté des femmes à cet égard est égale à celle des hommes[58]. En outre, la polygynie fait partie intégrante de leur structure sociale et économique. Pour eux, il est parfaitement normal qu'un commerçant européen prenne une de leurs femmes pour épouse, en dépit du fait qu'on connaît l'existence d'une autre femme dans sa propre communauté. Inévitablement, de tels arrangements surviennent non seulement dans le contexte du commerce des fourrures, mais aussi dans celui des alliances militaires. Deux remarquables envoyés français ont, simultanément, des femmes françaises et indiennes: Paul Le Moyne de Maricourt (1663-1704), chez les Onontagués, et Louis-Thomas Chabert de Joncaire (v. 1670-1739), chez les Tsonnontouans[59]. Il s'agit d'un des principaux aspects du «désordre» et du «libertinage» du front pionnier qui suscitent la condamnation des missionnaires. Par principe, ils tolèrent les mariages mixtes aussi longtemps qu'on obéit à leurs règles; ils souhaitent aussi voir ces règles s'appliquer aux sociétés amérindiennes. Néanmoins, sur le front ouest, ils ne maîtrisent pas autant la situation qu'à Québec ou à Montréal; là-bas, non seulement les Français vivent dans des villages amérindiens, mais nombre d'entre eux commercent avec l'Anglais[60]. Les missionnaires, en particulier les jésuites, acquièrent la conviction qu'offrir des encouragements officiels serait la meilleure façon de régulariser, de stabiliser les mariages conformément à la pratique chrétienne de l'Europe[61]. Les pressions persistantes qu'ils exercent portent fruit en 1680, quand Versailles prévoit des frais de 3 000 livres, divisés en dots de 50 livres pour chaque Française ou Indienne qui épouse un Français; plus tard, 1 000 livres seront portées au budget afin d'enseigner aux Indiennes des rudiments d'économie domestique française, dans l'intention de rendre «les mariages ordinaires entre ces filles et les Français». Ce soutien, malgré son caractère officiel, ne donne pas les résultats escomptés avec tant de confiance par les jésuites. Les demandes de dots sont rares et les fonctionnaires ne tardent pas à se plaindre de l'absence de mariages avec les filles indiennes dans la colonie[62]. Les dots apparaissent encore au budget en 1702; la provision pour la formation des filles amérindiennes est maintenue.

Entretemps, dans les régions limitrophes, les mariages interraciaux «à la façon du pays» sont fréquents[63]. Les missionnaires mettent quelquefois en veilleuse leurs condamnations pour voir le bon côté de la situation. En 1669, le jésuite Julien Binneteau (1653-1699) écrit du pays des Illinois:

> Il y a des femmes mariées à nos François qui seroient d'un bon exemple dans les maisons de France le mieux réglées; quelques unes de celles qui sont mariées aux sauvages ont un soin extraordinaire d'entretenir la piété dans les familles[64].

## Opposition de l'administration coloniale aux mariages mixtes

Dès le début du XVIIIe siècle, l'opposition coloniale aux mariages mixtes va croissante[65]. Chez les fonctionnaires, cela reflète les difficultés qu'éprouvent les Français à maintenir leurs alliances dans le vieux Nord-Ouest; au moins dans cette région, la «race unique» se révèle une valeur douteuse en tant qu'instrument politique[66]. Aux alentours des Grands Lacs, jamais les Français n'arrivent à conclure des alliances aussi sûres que celles qu'ils ont négociées dans les Maritimes. D'abord, les Anglais leur ayant entretemps fait concurrence pour obtenir la loyauté des Amérindiens, ces derniers ont du coup acquis un bon pouvoir de négociation. Chez les Métis, un pied dans le camp européen et l'autre dans l'amérindien (plus souvent dans le second), cela donne une valeur accrue à leurs services en tant qu'interprètes et intermédiaires[67]. Ces facteurs politiques, associés à l'importance économique du commerce des fourrures, pour lequel les Métis sont particulièrement doués, et à l'éloignement de l'ancien Nord-Ouest par rapport aux centres de décision administrative, signifient que le sentiment d'une identité distincte commence à transparaître chez les Métis. Étant donné surtout qu'il est contraire à l'objectif de «race unique», ce courant alarme la bureaucratie française. Maurepas est de ceux qui pensent que les missionnaires montrent une trop grande largeur d'esprit à cet égard et il fait remarquer qu'ils ne devraient pas traiter les mariages entre des Français et des Amérindiennes avec autant de désinvolture[68]. Les premiers propos dans ce sens sont énoncés dans le vieux Nord-Ouest, où ce type d'union a été prédominant. On impose d'abord et avant tout des restrictions au droit qu'ont les Amérindiennes d'hériter des biens de leur mari français, une mesure allant à l'encontre des dispositions de l'article 17 de la charte de la Compagnie des Cent-Associés (ou Compagnie de la Nouvelle-France). Suit en 1735 un décret exigeant le consentement du gouverneur ou du commandant pour tous les mariages mixtes[69]. À mesure que l'objectif d'une «nation unique» s'estompe face à la réalité naissante d'une population qui finira pas se percevoir elle-même comme une «nouvelle nation», il s'élabore une autre dimension politique qui sera très éloignée du premier objectif colonial, soit la formation d'une nouvelle France d'outre-mer. Ses conséquences dans l'histoire future du Canada seront, nous le verrons, profondes.

Que la conjoncture du commerce des fourrures n'ait donné naissance à aucun créole ou pidgin reste bizarre; le français est la langue de travail dans les communications, bien que l'anglais soit aussi utilisé[70]. Un pidgin (peut-être même un prépidgin) est apparu sur la côte nord-atlantique entre les Basques et les Algonquiens; et sur la côte du Pacifique, les commerçants de fourrures adapteront à leurs besoins le jargon de traite chinook déjà existant[71]. Le nombre élevé de mots français qu'il comprend souligne la prédominance de cette langue dans les échanges. D'après la théorie du linguiste George Lang, l'absence d'un pidgin général chez les commerçants de fourrures tenait aux talents linguistiques du voyageur dont le bilinguisme (ou même le polyglottisme) a empêché l'apparition d'un créole[72]. Chez les Métis des plaines et de la forêt-parc apparaît le «métif», une langue complète qui combine des substantifs et des syntagmes nominaux avec la structure verbale du cri des Plaines; Bakker dit qu'il ne s'agit ni d'un pidgin ni d'un sabir, mais doit être considéré comme une langue mixte, ce qui est un phénomène rare[73]. Ses composantes cries et françaises sont utilisées correctement, ce qui implique que ceux qui l'ont élaboré devaient être parfaitement bilingues[74]. Le métif a été qualifié de «nec plus ultra» des langues de contact[75]. On a déjà cru que son usage s'était restreint à la forêt-parc de la région de Turtle Mountain, au Manitoba et au Dakota du Nord, mais on a par après découvert qu'il s'était répandu beaucoup plus loin, jusqu'au nord-ouest de l'Alberta, où il porte le nom de «cri des Métis» («*Metis Cree*»); dans son aire de répartition la plus orientale, il comprend aussi de l'ojibwé. C'est avec surprise que la Fédération des Métis du Manitoba a découvert ceci en menant une étude visant à recueillir les souvenirs des gens âgés. Ce phénomène n'attend qu'une recherche plus approfondie[76].

La résistance des sociétés amérindiennes s'est révélée considérablement plus forte que les Français ne s'y attendaient dans leur entreprise de colonisation.

D'autres puissances colonisatrices vivront des expériences semblables, dans des contextes et des structures différentes, mais toujours porteuses du même message. Aux yeux de Charlevoix, les Amérindiens étaient de «vrais philosophes», qui n'accordaient la priorité qu'aux choses les plus importantes. Il illustrait d'ailleurs son propos avec le récit d'un groupe d'Iroquois qui avaient visité Paris en 1666 et à qui on avait montré des demeures royales «et toutes les beautés de notre grande ville, mais qui préféraient encore les villages de leur pays[77]».

Une telle résistance culturelle tendait à déconcerter la bureaucratie française qui restait véritablement perplexe devant l'«aveuglement» des Amérindiens à l'égard des avantages de la civilisation française. Quelques Français ont quand même démontré une certaine perspicacité; par exemple, Lescarbot a écrit que «personne ne [pouvait] supprimer d'un seul coup les us et coutumes et les façons habituelles de faire d'un peuple, quel qu'il soit[78]». Par malheur, il est rare que de telles conceptions soient parvenues jusqu'aux échelons de l'administration.

Troisième partie

# L'EXPANSION SUR LE CONTINENT

CHAPITRE XII

# LES AMÉRINDIENS
## DANS UN MONDE EN MUTATION

### Des traités et des alliances

Alliances et traités sont indissociables du commerce et de la guerre, et la situation
en Acadie et en Nouvelle-France ne fait pas exception à la règle. Les Français ont
appris, au Brésil, l'utilité et les avantages des alliances avec les Amérindiens en
matière de commerce; malgré cela, lors de leur première tentative de colonisation
dans le Nouveau Monde, à Charlesbourg-Royal, près du village d'Iroquois
laurentiens de Stadaconé (aujourd'hui Québec), en 1541-1543, ils agissent comme
si cette région est une terre inhabitée, une *terra nullius*[1]. Ils n'ont pas le monopole
de ce raisonnement (les Espagnols et les Portugais s'en sont servis, et les Anglais
l'emploieront eux-mêmes plus tard); essentiellement, le droit européen ne les
reconnaît pas comme des habitants puisque les Amérindiens mènent une vie
nomade, sans domicile fixe, en «parcourant» le pays «comme des bêtes dans les
bois» au lieu de l'habiter. Plus encore, parce que les Européens croient que le droit
des chrétiens a préséance sur celui des païens, ils n'éprouvent aucun scrupule à en
revendiquer la propriété et à tenter d'établir une colonie sans la permission des
Indiens. Jamais ils ne reconnaissent les droits des Autochtones; par exemple, le roi
de France n'exprime jamais un seul doute sur le droit qui lui permet d'accorder
des terres amérindiennes à des sujets français, ainsi qu'il le fait par exemple en
1627 quand il donne à la Compagnie des Cent-Associés l'ensemble de l'Amérique
du Nord qui n'est pas occupé par un prince chrétien. De même, les lettres patentes
qu'il donne en 1651 aux jésuites «leur accord[e]nt des droits de pêche sur toutes
les terres acquises par eux dans l'Amérique Septentrionale et Méridionale, et la
permission de s'établir dans toutes les îles ou les lieux sur le continent, là où cela

leur semble bon, en Amérique[2]». C'était une chose de prétendre à la souveraineté, mais, une fois encore, la confirmer par la colonisation s'avérerait une tout autre affaire. L'échec de Charlesbourg-Royal a souligné la nécessité d'une collaboration avec les Amérindiens pour que la colonisation réussisse dans des régions nordiques soumises à des conditions environnementales telles que les colons français n'en ont encore jamais connu.

Nous l'avons déjà vu, les Français n'ont éprouvé aucune difficulté à élaborer des ententes à des fins commerciales, comme ce fut le cas au Brésil pour le bois de teinture. Ils y parviennent en négociant et en établissant des rapports continus s'insérant dans les us et coutumes amérindiens. Tolérées dans le domaine du commerce, de telles concessions semblent de prime abord moins de circonstance en ce qui touche un établissement où flotterait le drapeau français. Il a fallu les échecs de colonisation sur les bords du Saint-Laurent, au Brésil (1555-1560) et en Floride (y compris certaines régions de l'actuelle Caroline du Sud; 1562-1565) pour pousser la France à reconsidérer avec sérieux sa politique. Une critique très répandue qui a émergé de ces désastres disait que les Français n'avaient pas accordé une attention appropriée à leurs alliés indigènes lors des tentatives de colonisation et se les sont aliénés en étant «grossiers et tyranniques[3]». D'autres pensaient qu'une simple collaboration ne suffisait pas; il fallait une direction forte appuyée par des forces militaires et navales[4]. Dans ses entreprises coloniales, la France allait se servir d'une combinaison des deux, mais la flexibilité qu'elle met à négocier avec les Indiens d'après leurs propres conditions a consacré sa réputation de nation colonisatrice du Nouveau Monde qui a le mieux réussi à établir un rapport avec les habitants indigènes. Cette flexibilité, soulignons-le à nouveau, a été plus évidente en matière de commerce qu'à l'égard des questions de colonisation.

Se méfiant des ententes orales, les Anglais ont toujours insisté sur des traités écrits à l'européenne; en s'appuyant sur les traditions européennes, ils ont assumé la présence d'une hiérarchie et d'une autorité centrale chez les sociétés amérindiennes[5]. Puisque cela ne correspondait habituellement pas avec les réalités politiques des collectivités qu'ils ont rencontrées (au Canada, les quelques exceptions possibles se trouvaient parmi les chefferies de la côte du Pacifique), ils ont aussi été contraints de s'adapter et, de temps à autre, de conclure des ententes non écrites; ils ont toutefois été réticents devant de tels expédients. Même dans le cas des traités écrits, le statut juridique que les Anglais leur attribuaient restait imprécis déjà à cette époque; vu qu'aucune puissance colonisatrice ne reconnaissait la souveraineté des Amérindiens, ces documents ne pouvaient être considérés comme des accords internationaux, même si la réthorique qu'ils évoquaient en donnait facilement l'impression. Pour autant qu'on le sache, pas un seul traité n'a été soumis au processus parlementaire britannique qui eût été essentiel à l'admission d'un tel statut, et pas une seule cour canadienne n'a autorisé une telle reconnaissance. Quand le «titre indien» était admis, chez les colonisateurs, on ne s'accordait pas sur son contenu. Ce sur quoi on s'entendait, c'était qu'un «sauvage» ne pouvait validement exercer une souveraineté, un tel pouvoir n'étant reconnu que pour les gens qui vivaient dans des sociétés organisées en États. Certains précisaient en outre que les États devaient obligatoirement être chrétiens. Jamais la nature légale des traités n'a été parfaitement élucidée[6].

Le premier traité britannique à inclure des Indiens d'une région du Canada actuel a été celui de Portsmouth, au New Hampshire; il a été ratifié en 1713. Ces Amérindiens sont ceux du fleuve Saint-Jean, en majorité des Malécites, mais comprenant peut-être des Micmacs et des Abénaquis. Il s'agissait d'un traité de paix et d'amitié semblable à de précédentes ententes, mais ce qui constituait sa nouveauté, c'était une clause spécifiant l'interdiction de molester les Amérindiens dans les territoires qu'ils habitaient et le droit de profiter d'une «liberté absolue de chasse, de pêche, de chasse au gibier à plumes et de l'ensemble de leurs autres libertés et privilèges légitimes[7]». Ces dispositions sont répétées dans le traité de Boston, en 1725 (chapitre VII). Il inclut les Micmacs du cap Sable et d'autres régions, ainsi que les Malécites. Au même moment, les Britanniques tirent profit de la confusion des Indiens consécutive à la défaite de Narantsouak pour insister sur un autre accord, le traité n° 239, appelé parfois traité de Mascarene, du nom du principal négociateur britannique[8]. Le but: amener les Micmacs, les Malécites et les Abénaquis à accepter le fait que le traité d'Utrecht a fait de la couronne britannique «le propriétaire légitime de la province de Nouvelle-Écosse ou Acadie d'après les anciennes frontières[9]». Que les Britanniques prennent ces mesures pour amener les Amérindiens à «reconnaître la juridiction et la domination de Sa Dite Majesté le roi George sur les territoires de la dite province de Nouvelle Écosse ou Acadie» et à se soumettre à lui démontre les difficultés qu'ils éprouvent à ce sujet.

L'une des principales complications tient dans l'obtention de la signature de tous les gens visés, puisque les Amérindiens n'acceptent pas qu'un seul d'entre eux signe au nom de tous les autres; au mieux, un chef peut signer pour sa bande immédiate et, même là, à la seule condition que ses membres aient été consultés et se soient montrés d'accord. Pour les deux traités signés à Boston, il a fallu organiser des ratifications et des confirmations, sachant que si les chefs et les groupes ne s'estimaient pas tous inclus, un accord, quel qu'il soit, n'aurait possédé au mieux qu'une efficacité partielle. La localisation des chefs et de leurs bandes était une opération lente qui n'a pas eu, au début, beaucoup d'influence sur le cours des guerres anglo-micmaques.

La langue représentait aussi une autre difficulté. Il fallait mener les négociations à l'aide d'interprètes qui, apparemment, ne rendaient pas toujours scrupuleusement les termes proposés ou l'essentiel des sujets débattus[10]. Comme l'a fait remarquer le missionnaire récollet Sagard, les interprètes ne comprenaient pas toujours, soit par «ignorance ou mépris, ce qui est quelque chose de très dangereux puisque cela a souvent mené à de gros accidents[11]». En dépit d'efforts honnêtes, les traductions directes pouvaient être difficiles sinon impossibles, si on en juge par ce qu'a vécu le missionnaire Maillard avec les Micmacs[12]. Les Britanniques ont cherché à corriger la situation en ajoutant à la version définitive une

déclaration affirmant que ses conditions avaient été soigneusement lues et interprétées, et les Indiens ont reconnu qu'ils en comprenaient l'enjeu. Une note
ajoutée au traité de Boston faisait état de clauses «lues distinctement» par des
«interprètes assermentés». En 1749, une ratification du traité n° 239 par les Amérindiens du fleuve Saint-Jean comportait une reconnaissance des conditions
«interprétées fidèlement pour nous [les signataires autochtones] par Madame de
Bellisle, habitante de ce fleuve, nommée par nous à cette fin[13]». Les problèmes ne
s'arrêtent pas là; il y a aussi le cas des deux traités de 1725 qu'on ne distinguera
jamais avec clarté. De graves difficultés dans la traduction des concepts aggravent
encore la situation: rien d'équivalent à la propriété foncière exclusive n'existe dans
les langues autochtones. Les confusions et les déceptions, toujours plus nombreuses, feront croître la suspicion et la méfiance de part et d'autre.

La première mention d'une rente apparaît dans le traité de Halifax de 1752,
que signe la bande de Micmacs de Shubenacadie. Versée sous la forme de distributions régulières de cadeaux, elle indique probablement l'importance qu'attachent les Britanniques à ce traité qui constitue une interruption majeure dans les
longues hostilités les opposant aux Micmacs. On y reconnaît aussi le droit de ces
derniers à «la liberté absolue de chasse et de pêche comme de coutume» et «de
commercer au meilleur de leurs intérêts[14]». Durant les négociations, le chef micmac Jean-Baptiste (Joseph) Cope (Coppe; Major Cope; mort entre 1758 et 1760)
a soutenu que «les Indiens devraient être payés pour les terres de ce pays sur
lesquelles les Anglais se sont établis[15]». Les Britanniques n'allaient pas adhérer de
sitôt à cette idée, du moins en Nouvelle-Écosse, pour les motifs déjà évoqués.

### Un Nouveau Monde dur

Si la défaite de la France dans le Nouveau Monde porte un dur coup au Canada
français, elle représente un désastre pour de nombreux Amérindiens répartis de la
côte est jusqu'aux Grands Lacs et même plus loin à l'ouest. Outre le fait qu'elle les
prive de leur pouvoir de marchandage entre les deux puissances rivales, elle leur
enlève avec une soudaine brutalité leur approvisionnement en «présents». Et pour
empirer les choses, l'article 40 de la capitulation des Français à Montréal en 1760,
qui garantit aux Amérindiens (en particulier les alliés des Britanniques) la protection des territoires qu'ils habitent, s'avère difficile d'application[16]. Les autorités
coloniales montrent peu, sinon pas d'intérêt à évincer les colons qui occupent
leurs terres.

Le commandant en chef britannique Jeffrey Amherst (1717-1797) met sans
tarder en place un programme d'économies après la chute de Montréal. Les distributions de «cadeaux» sont parmi les premiers éléments de budget coupés; maintenant que les Français ont quitté les lieux, les Britanniques ne voient aucunement la nécessité de maintenir une coutume qui leur semble avoir presque tout de la
corruption. Pour sa part, Amherst est résolu à combattre «l'achat de la bonne

12.1 Frontière de la Proclamation de 1763

Source: Waldman, *Atlas of the North American Indian.*

conduite, soit des Indiens, soit de quiconque». Pourtant, aux yeux des Amérindiens, les cérémonies annuelles de remise de présents ne symbolisaient pas uniquement le renouvellement des alliances anglo-amérindiennes, elles représentaient aussi le prix dont avaient convenu les Indiens pour laisser les Anglais occuper leurs terres. Pour compliquer encore la situation, les Amérindiens avaient fini par compter sur des articles comme les fusils et les munitions. Sir William Johnson (Warraghiyagey, «Celui qui fait beaucoup d'affaires»), surintendant du département des Affaires des Indiens du Nord de 1755 à 1774, a déconseillé fortement à Amherst ces économies, en faisant valoir que «les Indiens sont de plus en plus convaincus que nous jouons avec eux et que nous n'avons pas l'intention de réglementer le commerce ou d'empêcher un seul des abus dont ils se plaignent tous les jours[17]». Amherst n'a pas tenu compte de son avis.

Les alliés amérindiens de la Grande-Bretagne ont été incités à croire qu'avec le départ des Français l'envahissement par les colons cesserait; pourtant, le contraire se produit et plus de colons que jamais s'installent sur leurs territoires[18]. Les alliés ont aussi reçu la promesse que la paix serait la source de meilleures transactions commerciales; au lieu de cela, les commerçants anglais augmentent leurs prix, prétextant que la guerre a été une période de ventes particulièrement peu profitables. Durant les hostilités, les Britanniques avaient collaboré avec les leaders amérindiens afin de limiter le commerce d'alcool, de manière à ce qu'ils demeurent leurs alliés; toutefois, avec la paix, l'intérêt qu'ils portent à la protection des indigènes face au trafic qui leur était si nuisible — mais était tellement lucratif pour les colons — s'estompe fortement[19]. Les trafiquants ont envahi le territoire amérindien, où ils s'étaient trop souvent mal comportés; les Amérindiens sont impuissants à les contenir, et les gouvernements coloniaux trouvent peu judicieux de le faire eux-mêmes. Les Britanniques ont conscience que ces comportements et cette négligence étaient à l'origine de bris d'alliances par les Amérindiens[20]. Malgré cela, Peter Wraxall, secrétaire aux Affaires indiennes de l'État de New York, de 1750 à 1759, ne se gêne pas pour dire que le commerce, qui est «le ciment principal qui nous lie ensemble», comporte des risques pour les Amérindiens et les Blancs. Quoi qu'il en soit, le commerce reste le «premier principe de tout notre [les Britanniques] ensemble de politiques indiennes[21]».

De quelque côté que se soient trouvés les Amérindiens, le combat entre Français et Anglais est resté pour eux l'affaire des belligérants européens, une contestation à laquelle ils n'ont participé qu'à titre d'alliés combattants; ils n'ont pas idée que leurs terres en sont l'enjeu. Ainsi que l'a fait observer plus d'un chef, ce ne sont pas les Indiens qui ont été conquis. Ce territoire est le leur, et ils ont autorisé les Européens à y venir et à s'y établir à certaines conditions, comme les distributions de cadeaux. Le chef sauteux Minweweh (Minavavana, «Celui qui possède une langue d'argent», également appelé «Le Grand Sauteux», vers 1710-1770), qui a combattu aux côtés des Français et s'est allié à Pondiac, a exprimé un sentiment général quand il a dit aux Britanniques: «Même si vous avez conquis les Français, vous ne nous avez pas conquis. Nous ne sommes pas vos esclaves. Ces lacs, ces forêts et ces montagnes nous ont été laissés par nos ancêtres. Ils constituent notre héritage; et nous ne les céderons à personne[22].» Les Britanniques, inquiets des craintes des Amérindiens face à la perte de leurs terres, décideront en fin de compte de les rassurer en reconnaissant, du moins en partie, leurs droits territoriaux dans la Proclamation de 1763.

Dans l'intervalle, le mécontentement grandit et les bruits courent. Pourquoi les Britanniques refusent-ils aux Amérindiens les fusils et les munitions dont ils ont besoin pour chasser, si ce n'est pour les anéantir? Pourquoi autorise-t-on les colons à prendre possession de terres amérindiennes? Et que dire des techniques employées par les Blancs pour «acheter» ces mêmes terres? et de l'étendue des terres elles-mêmes? En 1756, Johnson avait fait une mise en garde contre les conséquences de ces pratiques. Des Amérindiens ont d'ailleurs fait observer à George Croghan (m. en 1782), un trafiquant prospère qui a été l'adjoint de Johnson pendant 15 ans, que «dans tous les cas ils perdraient leurs terres, et l'indemnité reçue a tôt fait d'être dépensée, même si les terres sont restées», mais dans les mains des Blancs[23]. La tenue de conseils et des rencontres de nations tribales pour partager leurs griefs font surgir un mouvement de résistance menaçant; il donnera naissance à la Fédération des Sept-Feux (aussi appelée les Sept Nations du Canada), décrite comme un réseau d'alliances unissant les Indiens des missions françaises[24]. D'après Delâge, le feu central était conservé à Kahnawake, où les nations membres se réunissaient tous les trois ans. La confédération ne survit pas aux perturbations de la guerre d'Indépendance américaine ou à la méfiance, dans les colonies, à l'égard de tout ce qui sentait le panamérindianisme[25]. Les autorités coloniales n'ignorent pas les raisons de l'agitation autochtone. D'après Croghan,

> Les Indiens sont un peuple très jaloux, et ils s'attendaient grandement à être approvisionnés régulièrement par nous, et à cause de leur pauvreté et de leur naturel mercenaire, ils ne peuvent supporter un tel désappointement. [...] si les Tsonnontouans, les Loups (Delawares) et les Chaouanons rompaient avec nous, cela aboutirait à une guerre totale avec toutes les nations de l'Ouest, même si elles semblent présentement jalouses l'une de l'autre[26].

Une politique britannique visant à discipliner les trafiquants par une limitation du commerce aux postes et l'élimination du rhum échoue; le ressentiment indigène qui en découle vient bien près de provoquer un soulèvement. Alarmé, Johnson ordonne une conférence générale de paix à Détroit en 1761. Peu avant l'ouverture, il reçoit d'Amherst une lettre lui interdisant de distribuer des cadeaux. Johnson considère que la décision est si peu judicieuse qu'il n'en tient d'abord pas compte; pourtant, la vérité ne tarde pas à se savoir, puisque les autres distributions prévues n'ont pas lieu. Au printemps de 1762, les Amérindiens connaissent une pénurie de produits, en particulier de munitions.

Un homme fait son apparition au milieu de cette inquiétante situation: le chef de guerre des Outaouais Pondiac (*Pontiac*, Obwandiyag, né entre 1712 et 1725 et mort en 1769). On sait peu de chose sur ses origines, et nous n'avons qu'une vague idée de son apparence[27]. Sa personnalité même donne naissance à des descriptions contradictoires: on a parlé de son attitude autoritaire, d'un homme «fier, vindicatif, belliqueux et très facile à vexer[28]»; pourtant, le major Robert Rogers (1731-1795), qui s'était rendu à Détroit à l'automne de 1760 avec 200 de ses célèbres *rangers* et qui avait raison d'être reconnaissant envers Pondiac pour avoir empêché ses guerriers d'attaquer le contingent britannique, a trouvé qu'il était un homme d'«une grande perspicacité et avide de connaissances». Selon Rogers, Pondiac était non seulement prêt à accepter la colonisation britannique, mais il s'apprêtait à l'encourager, et il s'attendait à être traité avec honneur et respect[29]. Un officier britannique a aussi été impressionné: «Il est en quelque sorte adoré par toutes les nations dans les environs et il est plus remarquable pour son intégrité et son humanité que n'importe quel Français ou Indien de la colonie.» Quoiqu'il ait combattu aux côtés des Français, après la chute de Montréal, il s'empresse d'établir de bonnes relations avec les Britanniques sur la foi de promesses d'un traitement plus généreux en matière de commerce. Puisque cela ne donne pas les résultats escomptés, il se tourne à nouveau vers les Français (dans ce cas-ci ceux qui sont restés dans le vieux Nord-Ouest), mais les anciens alliés ne veulent pas collaborer avec eux.

Pondiac paraît avoir soutenu, parmi les Amérindiens, un mouvement qui proclamait l'existence d'une vision spirituelle prévoyant le retour aux usages de leurs ancêtres. Il s'agit d'une manifestation primitive des mouvements autochtonistes («*nativistic*») dont les Autochtones cherchent à se servir pour venir à bout de l'invasion de leurs terres et des pressions qu'imposent les missionnaires sur leur façon de vivre. Le prophète loup (delaware) Neolin («Celui qui est quatre») pousse ceux qui l'écoutent à s'abstenir de tout contact avec les Blancs: «Je vous avertis que si vous souffrez les Anglais parmi vous, vous êtes morts, les maladies, la picotte et leur poison vous détruiront totalement, il faut me prier et ne rien faire qui n'aie rapport à moi[30].»

Pendant l'été de 1762, une ceinture de guerre et une hachette circulent dans l'ancien Nord-Ouest. Le ressentiment s'accumule depuis plus d'une année, encouragé par les habitants français qui se trouvent toujours dans la région. Cet automne-là, les Tsonnontouans ouvrent les hostilités en tuant deux commerçants; puis, un mois plus tard, deux soldats britanniques sont assassinés dans la vallée de l'Ohio. Pondiac, après une série d'engagements remportés contre les Anglais, cherche à s'emparer du fort Détroit par ruse. Son plan ayant été divulgué, il décide de l'assiéger, une action inhabituelle pour les Amérindiens qui n'aiment généralement pas s'en prendre à des fortifications. Tecumseh exprimera plus tard les sentiments des Amérindiens au sujet de ce type de guerre: «C'est difficile d'attaquer des gens qui vivent comme des marmottes[31].» Le siège dure cinq mois. La même ruse employée par Minweweh et Madjeckewiss (Machiquawish, entre autres noms, v. 1735-v. 1850) a plus de succès contre le fort Michillimakinac; ils organisent le célèbre match de crosse qui permet à leurs guerriers de pénétrer dans le fort et d'écraser la garnison. Neuf forts britanniques tombent, du 16 mai au 20 juin. Les seuls postes de la zone des conflits qui restent aux mains des Britanniques sont ceux de Détroit (les guerriers de Pondiac ont renoncé à la fin d'octobre), de Niagara et du fort Pitt. Ce fort a été secouru par un corps expéditionnaire dirigé par le colonel Henry Bouquet (1719-1765), un officier suisse qui avait retenu quelques leçons des tactiques amérindiennes. Il a enseigné à ses hommes comment se déplacer tout en tirant, comment former un cercle quand ils sont coincés, et comment se servir d'une baïonnette. Les Amérindiens n'ont en général pas adopté cette arme, ni l'épée d'ailleurs. Le succès des Britanniques durant ce violent engagement n'a pas suffi: à la fin de l'été, les Indiens ont la mainmise sur l'ancien Nord-Ouest. Le système des forts pourvus d'une garnison s'est révélé inefficace contre eux.

Il semble que l'appel au rejet des Blancs à la mer lancé par Neolin soit sur la voie de la réussite. Au cours de ses exhortations, il se sert d'un diagramme peint sur une peau de cerf pour montrer comment les Blancs empêchent les Indiens de profiter de leurs terres[32]. Son influence grandit parallèlement à celle de Pondiac, malgré son échec à Détroit. Ce dernier, important comme il l'est, ne semble pas avoir été l'auteur des désordres qui paraissent plutôt avoir surgi spontanément. Il s'agit du plus formidable soulèvement indigène auquel les Britanniques doivent faire face au XVIIIe siècle.

La réaction immédiate d'Amherst sous-estime à la fois l'étendue et l'ampleur du mouvement. Lui qui se soucie peu des Amérindiens refuse d'abord de croire qu'ils sont capables de telles prouesses. Quand il est finalement convaincu, il préconise l'emploi de tous les moyens possibles contre eux, y inclus cette directive notoire sur la distribution de couvertures infectées afin de propager la variole parmi les Indiens; il prône aussi l'usage de drogues. Ceux qui connaissent bien les façons de faire des Amérindiens conseillent d'être patients, affirmant que l'incendie s'éteindra tout seul. Les Amérindiens n'avaient que faire de ces forts; seules les fournitures les intéressaient.

Comme de bien entendu, l'hiver de 1763-1764 s'écoule sans incident sérieux, les Indiens s'étant dispersés sur leurs terrains de chasse avec ce qu'ils avaient pillé. Quand certains produits — surtout les munitions — commencent à manquer, certains ramènent volontairement des prisonniers en témoignage de paix, et d'autres renouent leurs alliances avec les Britanniques. Ces derniers ont pourtant l'idée de se venger et insistent pour leur faire subir des représailles. L'une des expéditions, commandée par le colonel Bouquet, parvient à obtenir la libération de 200 prisonniers et la promesse que 100 autres seront relâchés. Les Britanniques constatent très vite que punir n'est pas politiquement rentable, pas seulement parce que les Amérindiens sont difficiles à trouver, mais parce que, même après avoir été localisés, il n'existe que deux punitions possibles: les tuer ou les priver de leurs chevaux et de leurs possessions, deux solutions qui ne répondent nullement au but visé.

Sir William Johnson cherche à résoudre la situation en convoquant une conférence de paix au fort Niagara en 1764. Près de 2 000 Indiens de 19 tribus répondent à son appel, mais Pondiac n'est pas des leurs. La technique de Johnson consiste à diviser pour mieux régner, donc à négocier avec chaque tribu individuellement. Il leur demande, entre autres exigences, de renvoyer tous les prisonniers immédiatement, de compenser les pertes des commerçants et de rompre toutes leurs relations avec les ennemis des Britanniques. D'autres griefs seront soumis plus tard au commandant de Détroit. L'adoption d'un barème commun pour la valeur des articles de traite reste une question importante. L'année suivante, en 1765, un accord séparé est signé avec Pondiac; il y est stipulé que l'abandon des forts français aux Anglais ne signifie pas qu'ils peuvent du coup s'emparer des terres indiennes, puisque les Français n'ont été que des locataires des Autochtones. Pondiac convient de la réoccupation des forts par les Britanniques; mais les territoires de chasse doivent rester inchangés.

Lors du rassemblement général tenu au fort Ontario en 1766 pour la ratification des accords, Pondiac joue un rôle prédominant, et Johnson l'autorise à parler au nom de tous. Cela ne convient pas trop aux autres chefs, et son influence se met dès lors à décliner très vite. Trois ans plus tard, Pondiac est assassiné par un compatriote illinois qui aurait été soudoyé par un trafiquant anglais. Contrairement à ce qu'on aurait pu craindre, la mort de Pondiac ne crée pas de nouveaux conflits intertribaux, mais seulement quelques meurtres isolés[33]. La quiétude qui s'installe aux confins du pays n'a quand même rien d'une réconciliation, ni pour les Amérindiens, ni pour les pionniers.

Bien qu'aucun chiffre ne soit disponible, les pertes amérindiennes durant la résistance paraissent avoir été négligeables. À l'opposé, les Blancs comptent environ 2 000 morts ou prisonniers et des dommages matériels énormes. Le prix payé ne compromet pas sérieusement la colonisation européenne, et c'est à peine si le commerce des fourrures a été affecté. Pondiac, à l'instar de Nescambiouit chez les Abénaquis et de Kiala chez les Renards avant lui, a compris la nécessité d'une action commune contre les Européens, mais il n'est pas parvenu à la réaliser à une échelle suffisante pour modifier le cours des événements.

## De mal en pis

Plutôt que de détenir la balance des pouvoirs entre deux rivales impériales à l'époque où les Français étaient là, les Indiens se retrouvent maintenant en train d'essayer de se positionner avantageusement entre une puissance impériale, la Grande-Bretagne et ses Treize Colonies agitées dont l'indépendance correspondra peu de temps après à la naissance des États-Unis d'Amérique. Dans la situation antérieure, tant la Grande-Bretagne que la France avaient quelque chose à gagner des alliances avec les Amérindiens; dans le nouvel ordre colonial, seule la Grande-Bretagne trouve commode de maintenir de tels accords. De ce fait, elle vient de prendre la place, pas toujours confortable, de la France.

L'Acte de Québec (1774) fait passer les régions de la vallée de l'Ohio et des Grands Lacs sous l'administration de Québec, ce qui entraîne le transfert du centre du commerce des pelleteries d'Albany vers Montréal. Ce déplacement de l'administration coloniale annule les dispositions prises par la Proclamation de 1763; on soutiendra plus tard qu'il abrogeait de surcroît les mesures de la Proclamation à l'égard des terres amérindiennes. Cela n'a pas été corroboré, et la Proclamation reste aujourd'hui encore enchâssée dans la constitution canadienne. À l'époque, les Britanniques assurent les Amérindiens qu'ils protègent leur territoire contre les empiétements illicites des colons. Les Treize Colonies voient les choses différemment: elles estiment que ce qui leur semble une expansion légitime est délibérément contrecarré. Pour eux, l'Acte de Québec constitue une provocation suffisante pour déclencher une guerre pour leur indépendance. En 1775, le Massachusetts entame des négociations avec les Micmacs et les Pentagouets; l'année suivante, un groupe de Micmacs signe, à Watertown, un traité en vertu duquel ils acceptent d'envoyer des hommes dans l'armée américaine. Comme la plupart des gens de la tribu s'y opposent, le traité est rapidement désavoué.

Se servant du précédent américain comme prétexte, le général Thomas Gage, commandant en chef des forces britanniques de 1763 à 1775, transmet à Guy Carleton, gouverneur de Québec en 1766 et 1767, l'ordre d'employer des Amérindiens sur le front pionnier. Carleton retarde l'application de la directive; il se trouve d'abord que la traite des fourrures est en pleine expansion et ensuite que les Britanniques construisent des postes de traite dans l'Ouest (le fort Mackinac, dans l'île de Mackinac, a été construit en 1780)[34]. C'est une tout autre histoire dans l'Est du Canada, que les Américains envahissent en 1775; l'incursion entraîne les Iroquois de Kahnawake dans le conflit. Les Amérindiens repoussent deux assauts, mais, convaincus qu'on les a sacrifiés pour protéger les troupes britanniques, ils rentrent chez eux. Leur action a retardé l'invasion américaine de presque deux semaines.

Dès lors, les Amérindiens, en particulier les Iroquois, sont engagés à fond dans le conflit, malgré les efforts qu'ils font pour maintenir la neutralité dont ils ont convenu après le traité de Montréal, au début du siècle. La ligue des Six-Nations est divisée: les Agniers, guidés par l'influente Mary Brant (Koñwatsi?tsi-aiéñni, v. 1736-1796) et son frère puîné, le chef de guerre Joseph (Thayendanegea, 1743-1807), prennent parti pour les Britanniques[35]. (En 1775, Joseph avait traversé en Angleterre, où il avait été porté aux nues par la haute société britannique.) Les Goyogouins sont dans le même camp. Les «petits frères» des Agniers, les Onneiouts, ainsi que les Tuscarorens, sont favorables aux Américains. Les Onneiouts ont été influencés par le révérend Samuel Kirkland (1741-1808), un missionnaire de la Nouvelle-Angleterre, et par l'éloquence «sans pareille» de l'opposant tsonnontouan de Brant, Red Jacket (Shakóye:wa:tha?, Otatiani, Sagoye-wotha, «Il les tient éveillés», v. 1750-1830)[36]. Les Tsonnontouans et les Onontagués sont partagés. Les dissensions internes, qui prennent de l'ampleur, rendent les distinctions encore plus floues. Les relations extérieures en souffrent, et les tentatives de formation d'un front amérindien unique n'aboutissent nulle part. Par exemple, lorsque les Cherokees prennent le sentier de la guerre en 1776, personne ne les suit. Selon la formule employée par les Iroquois, l'Arbre de Paix avait été déraciné[37].

La paix que signent la Grande-Bretagne et les États-Unis à Paris en 1783 ne tient nullement compte des Indiens. Aucune disposition n'a été prise pour leurs terres à l'occasion du transfert du territoire aux Américains. À elle seule, la cession de la vallée de l'Ohio suscite une violente réaction de la part des alliés des Britanniques. Une fois de plus, les Amérindiens doivent se rendre à une évidence fort déplaisante: être assis aux côtés des perdants dans un conflit de style européen entraîne une perte de territoire, même s'ils n'ont pas eux-mêmes été battus. Amers, les Iroquois font remarquer que, s'ils n'ont pas été défaits pendant la guerre, ils l'ont sans aucun doute été par la paix; les Américains rejettent catégoriquement toute proposition sur la création d'un État autochtone distinct. Les Britanniques font un effort pour calmer leurs alliés: ils refusent d'évacuer les postes de l'Ouest, contrairement aux dispositions du traité, une décision qui va mener à des chamailleries interminables avec les Américains[38]. Pendant l'hiver de 1784, les postes deviennent un refuge pour quelque 2 000 Indiens qui ont dû fuir leur pays, délogés par la guerre. Pour les 5 000 réfugiés iroquois qui se rassemblent entre la rivière Genessee et Niagara, les Britanniques négocient avec les Mississagués (c'est ainsi qu'ils appellent les Sauteux de la rive nord du lac Ontario) auxquels ils achètent du terrain le long de la rivière Grand, dans le Haut-Canada (chapitre VIII). En dépit de la forte réduction subie par la concession originelle de 1784, les Six-Nations habitent encore là.

Les pressions exercées par les Américains finissent par forcer les Britanniques à évacuer les forts de l'Ouest, ce dont ils conviennent par le traité de Jay en 1794 et ce qu'ils font effectivement deux ans plus tard. Les Amérindiens n'ont alors plus aucune protection contre la poussée constante et croissante en provenance de l'est. Le bon côté, c'est que le traité accorde aux Amérindiens un droit de passage sans entrave de la frontière canado-américaine. Ni l'une ni l'autre des parties ne respecteront consciencieusement cette clause.

### Proclamations sur proclamations

Longtemps avant le soulèvement, les Britanniques ont admis que l'envahissement des terres ainsi que «la manière honteuse» avec laquelle les affaires étaient conduites en territoire amérindien incitaient les Autochtones à l'agitation. À partir de la défaite de la France, et même avant la conclusion du traité de Paris en 1763, des fonctionnaires ont commencé à corriger la situation au moyen d'une série de proclamations[39].

La première, qui date de 1761, est faite aux gouverneurs de Nouvelle-Écosse, du New Hampshire, de New York, des Carolines du Nord et du Sud ainsi que de la Géorgie; elle leur interdit de concéder des terrains ou de fonder des établissements qui toucheraient les Amérindiens établis dans le voisinage de ces colonies. Tout colon trouvé établi illégalement sur un territoire amérindien devra être évincé. Plus une seule vente de terres amérindiennes n'aura lieu sans autorisation officielle ou, en d'autres termes, sans l'émission d'un émis dont l'application aura été préalablement approuvée par les commissaires du Commerce et des Plantations à Londres.

Lorsqu'il s'enquiert des concessions de terres dans la colonie, Jonathan Belcher, lieutenant-gouverneur de la Nouvelle-Écosse de 1761 à 1763, se fait répondre que les Micmacs ont un droit d'usage du bord de mer «à partir du» cap Fronsac. Belcher avait sollicité la position de Londres devant ce qui lui apparaissait comme des «exigences extravagantes et injustifiées» des Micmacs. Les Acadiens qui sont restés dans la colonie après le «Grand Dérangement» le tracassent, puisqu'il a l'impression qu'ils s'emploient à monter les Amérindiens contre les Britanniques.

Une vague de récriminations amérindiennes pour non-respect des instructions entraîne leur réaffirmation et leur éclaircissement en 1762. La côte sud de la Nouvelle-Écosse, de la baie des Chaleurs jusqu'à Canso et à la baie de Musquodoboit, environ 35 kilomètres à l'est de Halifax, devait être réservée aux Micmacs. Cette proclamation vient cependant à peine d'être faite que les Français investissent St. John's durant l'été de 1762, rendant caduque la réserve de territoires côtiers à l'intention des Micmacs.

La proclamation de 1763, qui suit de près la paix de Paris signée la même année, ne touche pas uniquement les affaires amérindiennes; il y est notamment question des formes de gouvernement qui doivent être instaurées dans les territoires récemment acquis (une question épineuse au Québec) et de la gestion des établissements du front pionnier qu'il faut planifier[40]. La proclamation a été longtemps à l'étude à la suite d'incessantes confrontations comme les guerres anglo-micmaques; pourtant, c'est l'agitation dans l'Extrême-Nord-Ouest qui en précipite la sortie. Bien que cet acte soit à l'origine conçu comme une mesure temporaire, pour le faire entrer en vigueur, il doit être retravaillé pour préciser les frontières entre le territoire indien et les colonies. Le travail prendra cinq ans et mettra en cause dix traités[41]. Même si la proclamation paraît à l'origine destinée à s'appliquer aux colonies des Maritimes, leurs gouvernements ne s'y conforment pas et elle devient, elle aussi, caduque dans ces régions[42]. On n'y donnera pas plus suite au Québec qu'en Colombie-Britannique.

Une clause particulière a fait connaître la proclamation: il faut considérer toutes les terres qui n'ont pas été cédées à la Grande-Bretagne ou achetées par elle et qui font partie de l'Amérique du Nord britannique comme des «terres réservées» pour les Autochtones. De façon pratique, cela fait allusion aux terres au delà des Appalaches et des frontières occidentales du Québec, près du tiers de l'intérieur de l'Amérique du Nord, mais sans que soit définies ses limites occidentales. Littéralement, elle s'applique aux terres situées «à l'ouest des sources des rivières qui se jettent dans la mer en provenance de l'ouest et du nord-ouest», ce qui éclaircit à peine la situation. Sont incluses les terres qui sont situées à l'intérieur de colonies déjà fondées et qui n'ont pas encore été cédées ou achetées ou mises de côté pour les Indiens. La Terre de Rupert, quelles qu'en soient ses frontières, en est exclue, puisqu'on estime qu'elle est sous l'autorité de la Compagnie de la baie d'Hudson; l'Arctique n'y est pas soumis non plus parce que le mode d'aménagement du territoire y sera différent. La couronne se réserve un droit d'extinction des «titres indiens», ressuscitant une politique votée en Virginie en 1655, mais tombée en désuétude. Dans le vocabulaire juridique de l'époque, un «titre indien» signifie un droit d'occupation et d'utilisation, et non pas une propriété inconditionnelle. Cela suppose que la Grande-Bretagne possède un droit de souveraineté sous-jacent, ainsi que le révèle la formulation employée dans la proclamation: «nos» terres sont censées être réservées pour les Amérindiens et seront protégées par la couronne. Les zones qui ont un potentiel de colonisation intéressent plus particulièrement la couronne, mais il lui faut empêcher «le peuplement injuste et l'achat frauduleux» de territoires indiens, ralentissant ainsi le rythme de peuplement pour que la paix soit maintenue sur le front pionnier. On ne considère pas que cette protection s'étend aux terres micmaques et malécites qui n'ont pas été cédées, parce que les Britanniques demeurent inébranlables dans leurs opinions (sujet abordé au chapitre VI): le droit de propriété de ces Autochtones a déjà été éteint à deux reprises, d'abord par l'occupation française et ensuite par le traité d'Utrecht[43].

Une question fait encore l'objet de discussions: la proclamation a-t-elle reconnu un titre préexistant ou l'a-t-elle créé[44]? La tendance de la justice en faveur d'un droit de propriété qui aurait précédé la colonisation a été renversée par de récents jugements selon lesquels les droits des indigènes découlent de la proclamation. Nous traiterons de ce sujet au chapitre XXIII.

## Les conséquences sur les traités

Au lendemain de la proclamation de 1763, les traités et l'administration changent de nature, une évolution qui se poursuivra dans le Haut-Canada. Les priorités se modifient; au lieu d'avoir trait d'abord à la paix, et ensuite (si on peut dire) aux questions foncières, les traités ont pour objet premier les biens-fonds, avant la paix et l'amitié. Des accords de cession de terres seront signés par les populations autochtones du centre et de l'ouest du Canada (à l'exception des Sioux, qui sont arrivés plus tard dans l'Ouest canadien et ne possédaient aucun pied-à-terre au Canada), mais aucun par celles des côtes est ou ouest, des Maritimes, du Bas-Canada ou de l'Arctique; près de la moitié des terres du Canada ont été officiellement cédées par les Amérindiens à l'État[45].

Au cours de l'année qui suit la proclamation, deux traités signés dans le Haut-Canada permettent aux Britanniques d'emprunter le portage des chutes du Niagara en échange d'une entente commerciale. Certaines autres dispositions sont semblables à celles de traités précédents dans d'autres secteurs: les Amérindiens doivent rester en paix avec les Britanniques, éviter d'aider l'ennemi, participer à la défense des postes et des voies d'approvisionnement britanniques, en plus de remettre les prisonniers de guerre. Le premier traité est conclu avec les Hurons-Wyandots de la région de Détroit-Windsor. Le second, signé avec les Tsonnontouans[46], est renégocié en 1781 avec les Mississagués, que les Britanniques reconnaissent alors comme propriétaires légitimes du territoire en question, une bande de six kilomètres de large le long de la rive occidentale de la rivière Niagara. Wabakinine (Wabacoming; m. en 1796) et d'autres chefs ont convenu du prix suivant: «Trois cents tenues vestimentaires[47]». D'autres cessions ne tardent pas à suivre; entre 1815 et 1825, les Indiens signent neuf accords par lesquels ils abandonnent presque toute la péninsule entre les lacs Ontario, Érié et Huron[48]. Les premiers ont trait à des portions de territoire répondant à des objectifs précis. Jusqu'en 1798, le gouvernement parvient sans difficulté à se faire céder ces terres pour environ 3 pence l'acre, payables en argent ou en nature, bien que la valeur de la terre «à l'état sauvage» soit estimée entre 6 et 15 pence l'acre[49]. À l'époque, le Haut-Canada constitue la région limitrophe occidentale du pays; l'enregistrement de certaines des transactions est mal fait, et les conditions ou les limites territoriales de plusieurs autres sont imprécises, ce qui donne plus tard lieu à des litiges. Ils constituent bientôt la vaste majorité des 483 traités consignés au Canada en 1912, même si un peu plus qu'une vingtaine des plus importants représentent la majeure partie de la superficie de l'Ontario. À ce moment-là, le caractère des traités s'est entièrement modifié. On y mentionne encore évidemment la paix et l'amitié, mais les accords sont devenus essentiellement des transferts de propriété. Les traités signés par la suite dans l'Ouest seront de la même nature.

En 1784, Wabakinine et d'autres chefs en arrivent à une entente avec Frederick Haldimand, gouverneur du Bas-Canada de 1778 à 1786, pour la cession de la péninsule du Niagara; ils acceptent de «vendre» 1 214 057 hectares (3 000 000 d'acres) de terres à la couronne pour une somme de £1 180 payables en marchandises. Cette entente est le prélude aux immenses cessions de territoire qui commenceront en 1850 avec les traités de Robinson. Elle est destinée à fournir des terres aux Iroquois loyalistes qui ont été dépossédés aux États-Unis par suite de leur appui aux Britanniques pendant la guerre d'Indépendance américaine. Tracassés par la colère de leurs alliés indigènes à l'égard de ces événements et tourmentés par la crainte d'une guerre amérindienne, les Britanniques s'empressent de rassurer les Iroquois loyalistes sur la continuation de la protection royale. La plus grande portion — de loin — du territoire acquis des Mississagués va à Joseph Brant et ses partisans, alors que les Iroquois reçoivent une bande de terrain allant de la source de la rivière Grand et d'une largeur de six milles sur chaque rive, soit un total de 1 150 311 hectares (2 842 840 acres), «dont eux et leur postérité pourront profiter à jamais». La «concession de Haldimand», comme on l'appelait, fournit le fonds territorial pour la réserve des Six-Nations[50]. Un recensement, effectué dans la réserve en 1785, dénombre 1 843 habitants dont la majorité sont des Agniers, soit 448 personnes; il y a 245 Onontagués, 162 Onneiouts, 129 Tuscarorens et 78 Tsonnontouans. Les autres proviennent de diverses tribus telles que les Loups et les Creeks entre autres[51].

Un long différend oppose par la suite le gouvernement et Joseph Brant sur la politique des terres: Brant soutient que les Iroquois ont tous les droits de jouissance et de possession, y compris celui de vendre ou de louer des terres à qui bon leur semble. Il affirme que la chasse, en tant que mode de vie, n'est pas viable dans cette région et que les Iroquois ne disposent là que d'une seule source de revenus: la vente de portions de leur concession. Il cherche aussi à amener des agriculteurs blancs à s'établir parmi les siens pour qu'ils leur transmettent les connaissances agricoles européennes. Brant finit par l'emporter, ce qui donne lieu par la suite à une forte érosion du territoire concédé: on confirme d'ailleurs plus tard la vente de 154 379 hectares (381 480 acres) à un prix allant de trois à six shillings l'acre[52]. Ils ont perdu considérablement sur tous les plans, beaucoup de transactions n'étant jamais régularisées; en outre, c'était une chose d'obtenir des prix élevés des acheteurs privés, mais c'était une autre affaire que de se faire payer[53]. Ces transactions ont eu pour conséquence une augmentation considérable du prix des terres[54]. L'inquiétude du gouvernement l'incite à revenir sur sa politique et à limiter à nouveau les droits d'aliénation des terres par les Amérindiens. Pour couronner le tout, un arpentage gouvernemental de la réserve, en 1791, arrive à la conclusion qu'elle est beaucoup plus petite que la concession ne le prétend, parce qu'elle s'arrête bien avant la source de la rivière; des documents délimitant la concession originale ont disparu[55]. Le contrat de Simcoe, en 1793, confirmera l'étendue de la partie restante. D'autres chefs iroquois, aux partisans moins nombreux, ont eu droit à des concessions plus modestes, comme celle de la réserve de Tyendinaga, à la baie de Quinte, accordée à l'Agnier John Deserontyon (Captain John Deseronto, né dans les années 1740 et mort en 1811) et aux 200 membres de sa tribu. Ainsi, les Iroquois revenaient habiter des terres occupées à une époque plus ancienne par d'autres tribus de leur peuple.

La cession de grandes portions de territoire est à l'ordre du jour pour les Sauteux et les tribus étroitement apparentées des Outaouais et des Potéouatamis, qui vivent entre le lac Érié et la rivière Thames, dans le Haut-Canada. Par exemple, en 1790, 809 371 hectares (2 000 000 d'acres) sont abandonnés pour £1 200, et deux ans plus tard, 1 214 057 hectares (3 000 000 d'acres) sont cédés pour la même somme[56]. Durant la deuxième décennie du XIXe siècle, les rentes remplacent les paiements en espèces, que l'administration trouve moins économiques. Nous l'avons déjà noté, le principe des rentes a été introduit dans le traité de 1752 avec les Micmacs; simple variation des distributions de cadeaux à l'époque, il subit maintenant une nouvelle transformation et remplace les paiements en liquide pour l'achat des terrains. Thomas Douglas, comte de Selkirk (1771-1820), sera le premier à en faire usage sous cette forme à la Rivière-Rouge en 1817; l'année suivante, le traité de Collingwood y recourt pour régler la cession de 644 259 hectares (1 592 000 acres) en échange d'une rente «perpétuelle» de £1 200. Le chef sauteux Musquakie (Mayawassino, William Yellowhead, m. en 1864) est l'un des principaux chefs qui participent à la négociation[57]. Le père de Musquakie avait auparavant cédé 101 171 hectares (250 000 acres) dans le comté actuel de Simcoe. En 1829, Colborne propose qu'on paie les rentes sous forme de logement, de matériel ou de vivres plutôt qu'en argent sonnant, ce qu'on avait fait en 1822 lors de la cession de 1 112 096 hectares (2 748 000 acres) par les Mississagués. Dans ce cas précis, il a en outre été convenu que les paiements seront remis à chacun des membres de la bande qui comptait 257 âmes. Les rentes sont effectivement moins coûteuses pour l'administration puisqu'elles sont financées par des fonds constitués à même les sommes tirées de la vente de ces terres cédées par les Autochtones.

## Les conséquences sur l'administration

Les administrateurs des affaires amérindiennes ont une autre préoccupation majeure: la réglementation du commerce. Par le passé, le gouvernement a exercé son monopole grâce à un réseau de maisons de «troc» gouvernementales, établi en 1760 en Nouvelle-Écosse. Puisqu'il n'est pas rentable, on adopte en 1764 un nouveau plan: tous sont libres de commercer, mais les échanges doivent s'effectuer à des endroits déterminés, ce qui, dans le Nord, veut dire dans les postes militaires[58]. Celui qui désire commercer doit obtenir un permis et un certificat de bonne conduite du poste. Ces exigences sont vraiment très peu appréciées par les commerçants et les trafiquants qui déclenchent contre elles une vigoureuse campagne couronnée de succès.

CHAPITRE XIII

# DANS LES GRANDES PLAINES

La chasse au bison à cheval, que nous considérons aujourd'hui comme traditionnelle, est un mode de vie qui s'est cristallisé, suivant les endroits, entre 1600 et
1750; dans le sud de l'Alberta, de la Saskatchewan et du Manitoba, il semble s'être
propagé au cours de la première demie du XVIIIe siècle[1]. C'est évidemment le
cheval qui en est le fondement; il modifie non seulement la façon de chasser, de
se déplacer et de faire la guerre, mais aussi, et peut-être encore plus profondément,
les routes commerciales. Il est intéressant de remarquer que cet animal n'est pas
devenu en soi une source de subsistance, comme ce fut le cas en Asie[2]. Ceux qui
ont cru, comme certains, que ces changements n'étaient que superficiels mécon-
naissaient le processus de l'évolution culturelle. Les technologies se modifient plus
vite que les institutions, et ces dernières changent plus vite encore que les idéologies. Moins de deux siècles ont suffi, dans les Plaines de l'ouest, pour que le cheval,
conjointement avec la traite des fourrures, modifie les principales institutions
sociales des Amérindiens des Plaines; si la période avait été plus longue, des
changements idéologiques plus profonds encore seraient sans doute survenus[3].

## L'introduction du cheval

Le moment où les Amérindiens ont commencé à posséder des chevaux et à les
monter, après leur réintroduction par les Espagnols dans les Amériques, continue
de soulever un nombre considérable de questions. En 1541, Antonio de Mendoza,
premier vice-roi de la Nouvelle-Espagne, de 1535 à 1550, fournit des montures à
ses alliés mexicains à l'occasion d'une campagne dans le centre du Mexique; vers
1567, les Indiens de Sonora montent des chevaux et en mangent la viande[4]. Des
colonies espagnoles d'élevage de bétail, dans le sud-ouest, surtout dans les environs de Santa Fe, servent apparemment de centres de distribution[5]; sur la côte
atlantique, il y a des chevaux depuis le début du XVIIe siècle, mais il semble qu'ils

n'aient franchi les Alléghanys que plus tard. Dans la partie méridionale des Plaines, certains Indiens possèdent des chevaux dès 1630, et le phénomène pourrait remonter aussi tôt que l'an 1600. Les Apaches (athapascanophones) effectuaient leurs raids à cheval au milieu du XVIIe siècle[6]; certes, ils font évoluer les méthodes amérindiennes de combat avec une monture et deviennent le type même du chasseur de bisons à cheval. Cette nouvelle caractéristique de la chasse au bison a une influence sur quelques populations agricoles de la forêt-parc, telles que les Cheyennes et sur certains groupes de Sioux qui abandonnent l'agriculture pour la chasse, plus excitante. Le vol de chevaux devient non seulement une activité très courue, mais aussi une façon comme une autre de se procurer ces animaux; vers 1800, on rapporte que des Pieds-Noirs, qui font une incursion dans le nord des Plaines, montent des chevaux portant des marques espagnoles[7]. Les troupeaux de bisons paraissent avoir atteint des dimensions considérables peu avant l'arrivée des Européens. Divers auteurs y font allusion: Francisco Vasquez Coronado (1510-1554) au sud (1541); le jésuite Simon Le Moyne (1604-1665) dans la région des Grands Lacs (1654) et, ainsi que nous l'avons mentionné, Henry Kelsey sur la rivière Saskatchewan (1690). Ces hardes pourraient bien avoir empêché le retour des agriculteurs sédentaires dans les Plaines après les sécheresses[8]. En 1541, Hernando de Soto (vers 1500-1542) a raconté «que le bétail était si nombreux» dans le centre-nord de l'Arkansas «qu'aucun champ de maïs ne pouvait être protégé contre lui, et [que] les habitants se nourrissaient de cette viande[9]».

Avec le cheval, tous adoptent la poursuite comme technique de chasse au bison, bien que les encerclements connaissent aussi plus de popularité, leur efficacité étant dès lors accrue. La première description d'encerclement dont nous disposons est celle de Henry Kelsey, en 1691:

> Le moment où les Indiens allant à la chasse tuaient de grandes provisions de bisons à cette époque, leur façon de chasser les bêtes sur ces terres stériles, c'est quand ils en voient une grande bande ensemble; ils les encerclent avec des hommes qui font qu'ils se rassemblent en un plus petit cercle contenant encore des bêtes au centre et tirent dessus jusqu'à ce qu'elles s'échappent à un endroit ou l'autre et s'enfuient de là[10].

Les culbutes à bisons tombent en désuétude entre 1840 et 1850; les Pieds-Noirs sont les derniers à s'en servir de façon certaine, en 1873[11]. L'usage des corrals, qu'on préfère en automne et en hiver, se poursuit jusqu'à la disparition des hardes. L'introduction du cheval a aussi une autre conséquence: les femmes ne viennent plus elles-mêmes rabattre les bêtes; leur attention est tournée exclusivement vers la préparation des peaux et de la viande. Le commerce des peaux fait en sorte qu'on accorde plus de valeur à leurs services, ce qui encourage fortement la polygynie[12].

Utile pour la chasse et le transport, le cheval entraîne aussi une modification du tracé et de la longueur des trajets de traite. Il devient par conséquent en soi un symbole de richesse, et, comme c'est toujours le cas quand la prospérité va croissante, il polarise la situation économique des individus entre eux ainsi que des tribus entre elles. Par exemple, en 1833, le chef peigan Sackomaph aurait possédé entre 4 000 et 5 000 chevaux, dont 150 furent sacrifiés à sa mort. À une échelle plus modeste, le trafiquant de fourrures Alexander Henry le jeune (*circa* 1791-1814) relate en 1809 qu'un Siksika de la bande de Painted Feather pouvait posséder autant que 50 chevaux et que, chez les Peigans, un seul individu pouvait en avoir jusqu'à 300[13]. Selon toute apparence, les prix variaient considérablement. Henry fait d'ailleurs observer à un moment donné qu'un cheval de bât ordinaire coûte chez les Gros-Ventres pas moins d'un fusil, une brasse de «stroud» (une sorte de tissu fabriqué à Stroud, en Angleterre) de la CBH, ainsi que 200 balles et de la poudre; chez les Siksikas, par contre, le même cheval s'achetait pour une «carotte» de tabac, soit environ trois livres[14]. Pour ce qui est des tribus, les Assiniboines et les Cris des plaines possédaient moins de chevaux que les Pieds-Noirs. Cela peut les avoir encouragés à développer leurs talents de voleurs de chevaux; David Thompson a décrit une spectaculaire incursion au cours de laquelle une bande d'Assiniboines déguisés en antilopes se sont emparés de 50 chevaux de Rocky Mountain House[15]. Ces raids, menés contre l'ennemi, étaient des actes de guerre, et non des vols[16].

On croit généralement que les Shoshones (Gens-du-Serpent, *Snake*), qui viennent habiter de temps à autre les prairies et le plateau, ont été les premiers à acquérir des chevaux dans les Plaines du nord-ouest[17]. Ils s'approvisionnaient chez une tribu apparentée installée plus au sud, les Comanches, ainsi que chez des voisins comme les Coeurs-d'Alêne et les Têtes-Plates du plateau occidental et du fleuve Columbia, qui sont au nombre des premiers grands éleveurs[18]. Les Shoshones peuvent s'être d'abord servis de leurs chevaux principalement pour la chasse, annonçant, tout comme les Apaches l'avaient fait précédemment plus au sud, l'émergence dans le nord de «cultures du cheval» fondées sur le bison. Dans les années 1730, les Shoshones se servaient de chevaux pour leurs razzias, et durant quelques décennies ces guerriers à cheval ont été craints dans les Plaines[19]. L'étrange animal «rapide comme un chevreuil» ne tarde pas à faire parler de lui; les Cris le surnomment «*misstutim*», «le gros chien». Saukamapee, un Cri qu'ont adopté les Peigans, a décrit à Thompson sa première rencontre avec le nouvel animal, alors qu'il chassait avec quelques hommes de la tribu. Les Peigans, qui s'en prennent à un Shoshone solitaire, parviennent à tuer sa monture, puis se rassemblent, émerveillés, autour de l'animal abattu qu'ils comparent à un chien parce qu'il est l'esclave de l'homme et qu'il transporte ses fardeaux[20]. Les Pieds-Noirs l'appellent «*Ponokamita*», le «chien-élan» en reconnaissance de sa taille et de son utilité.

### Distribution des tribus dans cette région

À cette époque, tous ceux qui habitent à l'année le nord-ouest des Plaines sont de langue algonquienne ou siouenne, à l'exception des Sarsis, qui parlent une langue athapascane et qui ont rompu avec les Castors, plus au nord, apparemment peu avant l'arrivée des Européens. Plus tard, les Sarsis s'intègrent à la confédération des Pieds-Noirs, avec les groupes les plus occidentaux et méridionaux, soit les Siksikas (Pieds-Noirs proprement dits), les Gens-du-Sang (Kainahs) et les Peigans (Pikunis, *Peeagan*, *Peekanow*)[21]. Des témoignages linguistiques démontrent une longue période d'occupation de cette région par ces Algonquiens que sont les Pieds-Noirs, la majeure partie du temps à l'écart des autres groupes de même langue. Des ressemblances linguistiques entre les Pieds-Noirs et les Koutanis du plateau pourraient remonter à l'époque où ces derniers se rendaient de façon saisonnière dans les Plaines. Dans l'histoire des populations des Plaines, les Pieds-Noirs sont probablement les premiers à arriver; certains indices d'ordre culturel font croire qu'ils sont venus des forêts de l'Est[22]. Immédiatement à l'est de la confédération se trouvaient des alliés, les Gros-Ventres (Atsinas, originellement de la famille des Arapahos; aussi connus sous le nom d'Indiens de la Chute ou des Rapides; de langue algonquienne)[23], qui pourraient bien être arrivés en deuxième lieu dans la région[24]. Ce sont probablement eux — à moins que ce ne soient les Pieds-Noirs — les «Archithinues» ou «Archithines» dont a parlé Anthony Henday (*circa* 1750-1762) en 1754[25]. Avec les Pieds-Noirs, ils constituent les seuls Amérindiens des Plaines où il existe des sociétés d'hommes classés par tranches d'âge (dans le sud, on trouve ce phénomène chez les Mandanes, les Hidatsas et les Arapahos)[26]. Plus tard, Matthew Cocking (1743-1799) sera impressionné par les coutumes et les manières des Gros-Ventres, à ses yeux très proches de celles des Européens[27]. Si l'on exclut les Sauteux des Plaines (Ojibwés, *Bungi*) qui atteignent la Saskatchewan vers la fin du XVIII<sup>e</sup> siècle, mais dont la présence reste toujours négligeable dans les Grandes plaines[28], les plus récents arrivants dans la région nord-occidentale sont les Cris des plaines. Leur migration a lieu au début du XVIII<sup>e</sup> siècle et elle peut avoir été associée avec celle de proches alliés qui les ont précédés, les Assiniboines siouens.

## L'équilibre des pouvoirs

Au début de la période historique, on assiste à la domination des zones sud-occidentales de la région par des pillards shoshones à cheval; les Koutanis possèdent aussi des chevaux dont ils paraissent se servir pour la traite plutôt que pour faire des razzias. Les Shoshones portent des armures matelassées à six épaisseurs ainsi que des boucliers, mais ils n'ont toujours pas d'armes à feu; les articles de commerce qu'ils achètent des Européens viennent du sud, et les Espagnols ne vendent pas d'armes aux Amérindiens. L'arc à branche renforcée de tendon est une arme efficace, surtout quand il décoche des flèches à pointe de métal, et, jusqu'au milieu du XIX<sup>e</sup> siècle environ, il reste à la fois plus précis et plus fiable que le fusil. L'arc shoshone est particulièrement apprécié. Sauf chez les derniers arrivants cris, assiniboines et sauteux, qui ont tous eu des contacts avec la traite des fourrures, c'est l'arme favorite de ceux qui chassent traditionnellement le bison dans les plaines. En 1811, Henry le jeune rapporte que les Peigans vont jusqu'à échanger un cheval ou un fusil contre un arc de ce type[29]. L'acquisition de prisonniers semble avoir été le principal but, économiquement parlant, des raids shoshones; transformés en esclaves, ils étaient utiles aux Amérindiens, aux Espagnols et aux Français et avaient donc une grande valeur commerciale.

L'apparition de l'arme à feu a annoncé la phase finale du basculement de l'équilibre des pouvoirs dans les Plaines du Nord, avant que ne commence la colonisation. Les premières armes qu'aperçoivent les Shoshones sont dans les mains de leurs ennemis les Cris[30]; ceux-ci, qui commercent avec les Anglais de la baie d'Hudson et avec les Français, sont établis depuis le milieu du XVIII<sup>e</sup> siècle aux abords de la rivière Saskatchewan et sont armés depuis un certain temps. Les Shoshones découvrent bientôt que ce nouvel armement réduit sensiblement l'avantage que leur avait procuré le cheval[31]. Bien qu'on s'interroge sur la portée de l'influence de l'ancien fusil non rayé dans les divers types de conflits dans les Plaines[32], il semble y avoir peu de motifs de douter tant soit peu d'un impact psychologique considérable. En premier lieu, il était plus difficile d'esquiver une balle de mousquet qu'une flèche ou une lance; en second lieu, en atteignant son but, la balle rendait désuète toute armure traditionnelle. (Les Indiens de l'Est, tels les Iroquois et les Abénaquis, en avaient auparavant fait l'expérience; malgré les défauts des armes à feu, ils les avaient adoptées le plus tôt possible.) Aux mains d'un guerrier à cheval, comme c'était le cas dans les plaines, même le mousquet à canon lisse le moins fiable pouvait démontrer une supériorité écrasante[33]. David Thompson a effectivement fait observer la différence entre les plaines et la forêt en matière de conduite des conflits: dans les plaines, «ils agissent comme un corps le ferait en concertant tous ses mouvements; en forêt, c'est toujours un contre un[34]».

Avant que les Shoshones n'aient accès régulièrement aux armes à feu, le conflit franco-indien de 1752-1763 interrompt sérieusement le commerce dans l'Ouest. En 1770, les commerçants britanniques sont de retour sur le haut Mississippi et la Saskatchewan et ils commencent à pénétrer dans l'Extrême-Nord-Ouest; en tant que puissance coloniale, la France a presque totalement disparu de l'Amérique du Nord, et son autorité sur la Louisiane a été transférée à l'Espagne. Cela porte un dur coup aux espoirs que pouvaient conserver les Shoshones d'obtenir assez d'armes pour se défendre contre leurs ennemis. Étant donné que les confédérés pieds-noirs, qui possédaient alors des chevaux, ont pu se procurer des armes anglaises, les Shoshones sont repoussés hors des Plaines du Nord à la fin du XVIII<sup>e</sup> siècle[35]. Des épidémies, en particulier celle de 1781-1782, qui entraîne la mort de nombreux Shoshones, contribuent puissamment à l'action des Pieds-Noirs[36]. Au tournant du siècle, des Peigans victorieux — ils ont été les principaux confédérés à avoir pris part au conflit — qualifient ces Shoshones, qu'ils craignaient autrefois tellement, de misérables vieilles femmes qu'ils pourraient vaincre à coups de bâtons et de pierres[37]. Une fois la menace shoshone disparue, la principale motivation à l'origine de la fragile alliance des confédérés pieds-noirs avec les alliés assiniboines et cris s'estompe à son tour, et les deux puissances en expansion entrent en collision.

## Les types de traite

Avant ces derniers événements, et alors que l'alliance tient encore, les Pieds-Noirs se sont procuré leurs premiers articles de traite européens par l'intermédiaire du réseau des Assiniboines et des Cris plutôt que directement des Européens. Des preuves linguistiques laissent croire que les premiers hommes blancs qu'ils ont rencontrés étaient Français, parce qu'ils les appelaient «Peuple du vrai [ou premier] vieillard»; le terme dont ils se servaient pour désigner les Blancs était «*Napikawan*» («Un vieil homme»). Cela est confirmé par Peter Fidler (1769-1822)[38]. Pourtant la première rencontre vérifiable est celle avec Henday, qu'Attikarish a amené jusqu'à eux en 1754-1755[39]. On pense que les Pieds-Noirs avaient tous des montures, même si, à l'époque, le récit de Henday, suivant lequel ils avaient des chevaux, a été accueilli avec incrédulité par les Anglais de la baie d'Hudson[40]. À ce moment-là, les Pieds-Noirs sont au cœur de leur période d'expansion; pendant que les Peigans refoulent les Shoshones vers le sud et l'ouest, les Sarsis migrent vers le bassin de la Saskatchewan-Nord et les alliés gros-ventres occupent les territoires délaissés par les Pieds-Noirs autour des collines de l'Aigle (Eagle Hills). En 1770, le versant oriental des Rocheuses, du nord de Yellowstone jusqu'à la forêt boréale, est dominé par la confédération des Pieds-Noirs et ses alliés.

Jamais les Pieds-Noirs ne commercent avec les Européens comme l'ont fait les Cris et les Assiniboines; ni Henday ni Cocking, plus tard, ne parviennent à les convaincre d'entreprendre la pénible expédition qui les mènerait jusqu'à la baie d'Hudson. Tout d'abord, les réseaux indigènes répondent adéquatement à leurs besoins; ensuite, ils devraient, afin d'atteindre la baie, affronter l'opposition des Cris et des Assiniboines devant une tentative de pénétration de leurs territoires de chasse. Ces deux tribus protègent avec vigueur leurs positions commerciales. En outre, les exigences de la traite des fourrures entrent en conflit avec celles de la chasse au bison. La fin de l'automne et le début de l'hiver est la période idéale pour la trappe des animaux, la qualité des peaux étant alors à son meilleur; c'est aussi le meilleur temps pour tuer le bison et préparer les provisions pour l'hiver. Sur le plan social, trapper est une affaire de famille, tandis que la chasse au bison demande le concours de toute la communauté. Parmi les confédérés pieds-noirs, le plus gros stock de castors se trouve sur le territoire des Peigans, dont l'activité se portera tout naturellement vers le piégeage; les autres, tout comme les alliés, deviennent des pourvoyeurs pour le commerce, plutôt que des trappeurs de fourrures. L'indépendance des Pieds-Noirs et des Gros-Ventres pousse la Compagnie de la baie d'Hudson à construire à l'intérieur les postes de Cumberland House (près de Le Pas) en 1774 et Hudson House (à l'ouest de Prince Albert) en 1779. À l'époque où les *Nor'Westers* construisent le fort Augustus sur la

Saskatchewan-Nord en 1795 et où la CBH peut compter sur le fort Edmonton, la même année, le territoire des Pieds-Noirs est encerclé par une série de postes de traite[41]. Il faut attendre 1799 et la fondation du premier poste de Rocky Mountain House pour qu'un poste soit établi à l'intérieur du territoire dominé par les Pieds-Noirs.

## Une activité commerciale en mutation

La fixation d'une frontière internationale entre le Canada et les États-Unis en 1818 continue d'obscurcir une situation déjà complexe. Les Pieds-Noirs et les Gros-Ventres éprouvent des réticences à accepter la situation créée par la traite des fourrures, mais cela ne les empêche pas de penser que, en matière de commerce, ils ne sont pas aussi bien traités que leurs ennemis les Cris, surtout en ce qui a trait aux armes à feu[42]. Les trafiquants, surtout les indépendants, ne font qu'empirer les choses en maltraitant les Amérindiens, ce qui survient déjà trop fréquemment. Les tensions qui en résultent aboutissent parfois à des flambées de violence, comme en 1781 lorsque les Amérindiens incendient la prairie à l'entour des postes, geste qui, de l'avis des trafiquants, vise à faire fuir le gibier[43]. Quand les *Nor'Westers* envisagent de traverser les montagnes pour prendre contact avec les Koutanis et d'autres populations des plateaux, les Peigans montrent de sérieux signes d'inquiétude «parce qu'ils craign[ent] de voir les Indiens de l'Ouest être fournis en armes et en munitions[44]». David Thompson parvient enfin (en 1807) à construire un poste en territoire koutani, ce qui pousse les Peigans, déjà rendus belliqueux par la mort de deux de leurs hommes aux mains de l'expédition de Lewis et Clark peu auparavant, à rassembler un parti de guerriers. L'accord de paix que Thompson arrive à négocier cause malheureusement ce fameux retard qui coûte aux *Nor'Westers* le droit de réclamer l'embouchure du fleuve Columbia au nom de la Grande-Bretagne[45]. La même année, une bande de Gens-du-Sang et de Gros-Ventres pille fort Augustus; et quand la Compagnie de la baie d'Hudson construit le poste Peigan (Old Bow Fort), en 1832, sur le territoire dominé par les Kainahs, ces derniers refusent de laisser leurs alliés y faire du commerce, ce qui entraîne la fermeture du poste deux ans plus tard[46].

Les Pieds-Noirs ne tardent pas à tirer profit de la nouvelle frontière internationale; ils deviennent habiles à faire des incursions contre les postes construits dans la partie de leur territoire revendiquée par les États-Unis et dans la revente des produits au nord de la frontière[47]. Les Euroaméricains — les «Mountain Men» du folklore américain de l'Ouest — qui se mettent à trapper en territoire indien aggravent encore la situation, les Pieds-Noirs percevant cette activité comme une violation de leurs terres. À la fin du XVIIIe siècle, des trafiquants canadiens avaient déjà «amené un grand nombre d'Iroquois, de Népissingues et d'Algonquins» pour leur servir de trappeurs; «avec leurs pièges d'acier ces hommes avaient détruit le castor sur leurs propres terres du Canada et du Nouveau-Brunswick[48]». Comme les Pieds-Noirs ne supportent pas leur présence, ces nouveaux venus se dirigent vers le nord et l'ouest, certains atteignant le cours supérieur du Columbia pour ensuite redescendre vers le bas Columbia et la Snake. Ceux qui empiètent sur les terres peiganes sont l'objet d'attaques parfois sanglantes destinées à les chasser. Thompson a rapporté qu'elles ont entraîné la mort de plusieurs centaines d'hommes, ce qui est peut-être exagéré[49].

## Expansion et prospérité

Au Canada, le nouvel accès aux riches ressources en fourrures de l'Extrême-Nord-Ouest — la région de l'Athabasca — et le marché en expansion des peaux de bison entraînent une modification de l'activité commerciale et une amélioration des rapports Pieds-Noirs-trafiquants. Le besoin d'approvisionner en vivres les trafiquants de l'Athabasca fait augmenter fortement la demande en pemmican, un sous-produit de la viande de bison. En plus d'être très concentré et de se conserver de façon illimitée, cet aliment possède un autre avantage: celui d'être bien adapté au transport dans les petits canots des régions nordiques[50]. Parallèlement à cette forte progression de la traite dans le Nord, les débouchés dans le Sud se font toujours plus nombreux pour les peaux de bison destinées à des usages industriels aussi bien que domestiques. Le facteur stratégique, ici encore, c'est le transport, ou plus exactement la construction de voies ferrées qui rendraient faisable le transport des lourdes et volumineuses peaux jusqu'aux marchés. Les chasseurs de bison prospèrent; dans le nord des Plaines, l'aisance se mesure à la dimension des tipis qui, dans les années 1830, peuvent être suffisamment vastes pour accueillir jusqu'à 100 personnes[51]. Le nouveau commerce donne une valeur accrue aux services des femmes. On marie maintenant des fillettes d'à peine une douzaine d'années, alors que les Indiennes des plaines attendaient d'habitude d'avoir entre 16 et 20 ans; d'autre part, il est rare qu'un homme ait les moyens d'acquérir une femme avant d'avoir atteint la moitié de la trentaine. Avec l'expansion de la polygynie, on a vu naître une hiérarchie entre les épouses, l'aînée d'entre elles dirigeant la plupart du temps les autres[52]. Une tendance ira en s'accélérant dans le premier tiers du XIXe siècle: au lieu de vendre les femmes dont ils s'emparent à l'occasion de leurs incursions, les ravisseurs tendent à les garder pour eux.

L'esprit commercial et l'accent mis sur la richesse qui en découle ont des effets sur les autres institutions sociales. Il y a prolifération d'associations aux intérêts particuliers, dont les mieux connues ont un lien avec la guerre et avec le maintien des campements et de la discipline chez les chasseurs.

L'importance de faire la guerre relève d'une évolution relativement récente; chez les Pieds-Noirs, cela devient une façon d'accumuler suffisamment de richesses pour parvenir à élaborer des cérémonials qui soient source de prestige. Néanmoins, même si les Pieds-Noirs ont constitué une importante puissance militaire dans le nord-ouest des Plaines durant plus d'un siècle, tout membre de leur tribu peut encore devenir chef sans prendre le sentier de la guerre[53]; ce qui démontre bien que les anciennes coutumes n'ont pas totalement disparu. Et pour ceux qui choisissaient cette voie, réussir chaque coup porté à l'ennemi était considéré comme une plus grande preuve de bravoure que tuer, parce qu'atteindre l'ennemi et s'échapper ensuite était une action qui donnait du pouvoir. La bravoure et la générosité étaient des qualités essentielles, tout comme chez les Cris des plaines et dans les autres tribus.

Malgré cela, la guerre s'intensifie. Affaiblis par les ravages de l'épidémie de 1781-1782, les Gros-Ventres sont repoussés vers le sud et l'est par les Assiniboines et les Cris. En 1793, des Cris éliminent une bande de Gros-Ventres près de South Branch House. Ces événements font empirer au plus haut point le ressentiment partagé par les Gros-Ventres et les Pieds-Noirs à l'égard des succès commerciaux des Cris et des Assiniboines, succès qui sont à l'origine de leur supériorité en matière d'armes à feu[54]. Du point de vue des Gros-Ventres, les trafiquants de la CBH ne sont en réalité que des alliés de leurs ennemis; ils répliquent donc à un raid cri en attaquant le poste de Manchester House (île Pine, sur la rivière Saskatchewan), qu'ils pillent la même année, puis en détruisant South Branch House l'année suivante. Tout comme les Shoshones, ils finissent par être refoulés au sud de la frontière canado-américaine[55].

Au contraire des Gros-Ventres, les Cris et les Assiniboines connaissent une expansion ininterrompue depuis leur arrivée dans les Plaines vers la fin du XVIIe siècle. Bien qu'ils eussent souffert énormément des épidémies (celle de 1776-1777 surtout leur a coûté de nombreuses vies), leur population est assez élevée pour s'en remettre et pour poursuivre leur expansion[56]. Dans le sud-ouest, ils sont arrêtés par les Pieds-Noirs, ces anciens alliés de l'époque où les Shoshones représentaient l'ennemi commun. Dorénavant, Cris et Pieds-Noirs sont les uns pour les autres des ennemis jurés.

Autant les Cris que les Assiniboines n'ont éprouvé de difficulté à s'adapter à la vie des Plaines. En 1772, les Cris chassaient des bisons en corrals; ils préféraient le fusil à l'arc pour la chasse, contrairement à des populations installées depuis plus longtemps dans les prairies. Quoi qu'il en soit, la chasse au bison réduisait la dépendance vis-à-vis de la traite des fourrures; la présence d'Indiens («*home-guards*») aux abords des postes de traite, un phénomène si caractéristique des forêts septentrionales, a été moins apparent dans les Plaines et ne s'y est manifesté qu'à petite échelle, notamment au fort Pembina[57]. Au lieu de cela, les chasseurs de bisons sont devenus les pourvoyeurs des commerçants, particulièrement dans la foulée de l'ouverture de l'Athabasca, là où les postes ne pouvaient subvenir seuls à leurs besoins.

## La violence envahit le monde de la traite des fourrures

Une dépendance moindre à l'égard du commerce des fourrures a eu des effets sur les relations avec les trafiquants. Les Cris des plaines sont impliqués dans l'une de ces confrontations au souvenir impérissable. Elle a pour point de départ, en 1779, une réaction au comportement impitoyable d'un groupe de trafiquants indépendants installés au fort Montagne d'Aigle (Eagle Hills Fort), sur la Saskatchewan, entre le ruisseau Eagle Hills et la rivière Battle. Deux trafiquants sont tués et les autres sont contraints de s'enfuir; le poste est abandonné et n'est apparemment jamais réoccupé en permanence. La même année, l'incident cause aussi l'abandon du fort du Milieu, appartenant aux *Nor'Westers*, et de Hudson House, propriété de la CBH. Il ne s'agit pas là d'un incident isolé, puisque les Cris, par exemple, participent en 1781 au fort des Trembles, sur l'Assiniboine, à une mêlée au cours de laquelle 3 trafiquants et jusqu'à 30 Amérindiens sont tués. Sans l'épidémie de petite vérole de 1781-1782, les trafiquants auraient subi des représailles sur une grande échelle[58]. La collaboration pacifique tant vantée, qui a été une caractéristique du commerce des fourrures dans les forêts du Nord, n'a pas été aussi évidente dans les Plaines.

## L'âge d'or

En dépit de ces ratés, les influences convergentes du cheval et du commerce des fourrures favorisent dans les Plaines l'épanouissement des cultures, qui connaissent dans le Nord-Ouest un âge d'or attribué généralement aux années 1750 à 1880. Le cheval facilite l'exploitation des troupeaux de bisons et le prolongement des routes terrestres; la traite des fourrures est la source d'une nouvelle gamme de produits et, plus important encore, fournit de nouveaux débouchés pour les produits de la chasse. Cela signifie que tant et aussi longtemps que les hardes n'ont pas disparu, les Amérindiens des Plaines parviennent à tenir leur bout et, de fait, à atteindre de nouveaux sommets d'expression culturelle à mesure que leurs sociétés deviennent sans cesse plus complexes. Ils parviennent même à triompher, dans une large mesure, des catastrophes démographiques occasionnées par les maladies nouvelles. Par malheur, ils n'ont jamais eu le temps de s'adapter aux conditions particulières qui sont issues de la destruction des hardes à la base de cette situation. La brutale soudaineté de cette disparition a fait en sorte qu'ils perdirent toute emprise sur le cours des événements.

Cet épanouissement d'une culture en voie de transformation n'a pas été exclusif aux Plaines. Il s'était déjà produit dans les forêts de l'Est, par exemple, chez les Sauteux, les Cris des Bois et les Iroquois. Il est aussi survenu en même temps sur la côte ouest, où il s'est poursuivi pendant une certaine période; l'une de ses plus spectaculaires manifestations a été l'efflorescence des mâts totémiques, sans parler de l'apparition des couvertures à boutons et des sculptures d'argile schisteuse. Pourtant, sur le strict plan de l'art vestimentaire, l'homme des Plaines à cheval a fait preuve d'une élégance encore inégalée; en tant que symbole du mode de vie nomade des chasseurs de bisons, il a lui-même été la vraie «pièce de résistance*». (*N.D.T.: en français dans le texte.)

CHAPITRE XIV

# Plus loin vers l'ouest et le nord

La levée partielle des restrictions touchant les postes de l'intérieur, par les Britanniques en 1768, donne un énorme élan à l'envahissement de l'Extrême-Nord-Ouest (aujourd'hui les Territoires-du-Nord-Ouest et la Colombie-Britannique) par le commerce des fourrures. Véritable manoeuvre géante d'encerclement calquée sur les modèles préexistants de commerce amérindien, l'activité s'étend à la fois vers l'ouest par terre à partir de la baie d'Hudson et le nord des Plaines, et par mer sur la côte pacifique, avant de bifurquer vers l'est, à l'intérieur des terres cette fois. On peut dater le mouvement vers l'ouest à partir de l'expansion, au XVIIe siècle, des Cris et des Assiniboines, qui apportent avec eux la traite des fourrures. Il culmine avec l'expédition d'Alexander Mackenzie (1764-1820), qui suit les trajets amérindiens de traite, de la rivière de la Paix en descendant les rivières Parsnip et aux Liard jusqu'à la Bella Coola, pour atteindre l'océan à Bentick Arm en 1793. On fait normalement remonter le mouvement côtier à la visite du capitaine James Cook (1728-1779) à la baie de Nootka en 1778, bien que les Russes fussent déjà en Alaska et que les Espagnols, arrivés par la haute mer en 1774, eussent construit un fort pour protéger la baie en 1789 et y fussent restés jusqu'à ce que l'Espagne et la Grande-Bretagne eussent convenu de quitter la région en 1794. Les Britanniques ne tardent pas à revenir, mais pas les Espagnols. Le fer de lance de la participation canadienne à ce double mouvement est la Compagnie du Nord-Ouest, un groupe d'associations de trafiquants de fourrures sans attaches qui s'est réuni en «compagnies», d'abord en 1779, puis en 1783[1]. Avant d'atteindre le Pacifique par voie de terre, il reste pourtant à franchir l'Athabasca. Dans l'intervalle, les réseaux commerciaux amérindiens prospèrent, vu que les commerçants indigènes tirent profit de l'initiative des Européens.

Les Cris disposent d'une avance considérable en ce qui a trait aux articles de traite européens. La plus ancienne mention des «Kristinaux» remonte aux *Relations des jésuites*, dans les années 1640. Les Anglais ne s'établissent à la baie d'Hudson que 30 ans plus tard, 20 autres années s'écoulent avant qu'ils ne s'aventurent à l'ouest vers l'intérieur et 20 années supplémentaires encore avant que quelques Chipewyans ne soient persuadés de visiter un poste, plus précisément celui de York Factory. Les bandes cries ont donc disposé d'un siècle pour mettre en valeur cette nouvelle relation avant que ne s'établissent les premiers contacts craintifs avec les populations de l'Extrême-Nord-Ouest. Tout au long de cet intervalle, les réseaux amérindiens de traite fonctionnent, et on peut vraisemblablement penser que, même à cette époque ancienne, les produits européens se sont frayé un chemin loin au coeur du continent, bien avant les trafiquants eux-mêmes. Nous avons la certitude que ce fut le cas dans la région des Grands Lacs, où des archéologues ont découvert des articles de traite et même des pièces de bateau dans des sépultures remontant au milieu du XVIe siècle, soit 70 ans avant les premières visites connues d'Européens dans cette région[2]. L'expédition de Samuel Hearne vers l'Arctique lui fait découvrir, dans un campement inuit de l'embouchure de la rivière Coppermine, des perles d'un type qui n'est pas commercé par la Compagnie de la baie d'Hudson[3].

Malgré la retenue qui caractérise le contact entre Européens et Amérindiens au cours de cette période, cela affecte les rapports entre Autochtones. S'intégrer dans une économie fondée sur la production de biens destinés au troc plutôt qu'à la consommation, au lieu d'apporter une plus grande sécurité, faisait apparaître des variables nouvelles aux effets déstabilisants sur les modes de vie amérindiens. Nous avons mentionné l'expansion des Cris (qui ont acquis des armes depuis longtemps) vers deux aires: à partir des positions qu'ils occupaient déjà dans le Nord-Ouest et aussi en direction sud, pour apparaître dans le nord des Plaines. Tandis que les tribus remanient leurs territoires et cherchent à mettre la main sur une plus grande proportion du commerce des fourrures, les Athapascans ne se contentent pas de combattre les Cris et ils entrent également en conflit avec d'autres tribus apparentées. Ainsi, les Chipewyans s'en prennent aux Couteaux-Jaunes et aux Platscotés-de-Chiens pour leur barrer l'accès aux postes de la baie d'Hudson. Après la construction de postes de la CBH à l'intérieur du pays, ces hostilités cessent, n'ayant plus aucune raison d'être. L'inimitié traditionnelle qui divise les Indiens des forêts et les hommes de la toundra (les Inuits) a des racines plus profondes et ne disparaîtra pas de sitôt.

À la fin du XVIIIe siècle, un autre élément vient ajouter à la complexité du tableau: l'arrivée de trappeurs iroquois, réputés pour leurs qualités de canotiers. La majorité d'entre eux, originaires le plus souvent de Caughnawaga (Kahnawake), mais aussi d'Oka (Kanesatake) et de Saint-Régis (Akwesasne), sont engagés par contrat avec la Compagnie du Nord-Ouest; les autres sont venus de leur propre chef[4]. Le plus grand nombre d'entre eux, soit plus de 300, arrive entre 1800 et 1804. En 1810, ils sont concentrés le long du versant oriental des Rocheuses, dans les régions de l'Athabasca et de la rivière de la Paix. En 1821, le mouvement est en baisse, et ces arrivants de fraîche date, ayant rempli leurs obligations contractuelles, sont maintenant des «trafiquants indépendants». Chasseurs d'expérience, les Iroquois emploient du matériel moderne: des pièges en métal. On soutient dans un rapport qu'en 1819 ces trappeurs indépendants canadiens et iroquois fournissent à la Compagnie du Nord-Ouest près des deux cinquièmes du produit des pelleteries[5]. Après la fusion de la Compagnie du Nord-Ouest et de la Compagnie de la baie d'Hudson, en 1821, le poste du Petit Lac des Esclaves fournit à lui seul plus d'un douzième de tous les produits de la compagnie, de loin la plus grande quantité pour un établissement[6]. Ce n'est donc pas surprenant si les trafiquants indépendants sont accusés de surexploitation au point de vider le territoire de ses ressources en fourrures. Ils se sont mariés dans la région, soit d'habitude avec des Cries ou des Métisses, mais plus tard avec des Blanches; leurs descendants restés en Alberta se trouvent aujourd'hui à Grande Cache, Lac-Sainte-Anne et au Petit Lac des Esclaves[7].

### Au cœur du nouveau «Pérou»: l'Athabasca

L'arrivée de Peter Pond (1740-1807) et de ses guides à Methye Portage, en 1778[8], correspond à l'ouverture de la troisième grande voie d'accès aux ressources canadiennes en pelleteries (les deux autres sont le Saint-Laurent et la baie d'Hudson). La nouvelle route, qui franchit la ligne de partage des eaux entre les bassins hydrographiques de la baie d'Hudson et de l'Arctique, permet à Pond de construire, en 1788, le fort Chipewayan, qui deviendra le plus important poste de la Compagnie du Nord-Ouest dans le Nord. Moins de quatre ans plus tard, la compagnie a fondé des postes près des villes actuelles de Fort McMurray et de Peace River; et en 1805 elle possède d'importants postes à Dunvegan et à Fort St. John, sur la rivière de la Paix, ainsi qu'au Petit Lac des Esclaves. Avec l'intensification de la rivalité entre la Compagnie de la baie d'Hudson et la Compagnie du Nord-Ouest, les gens ont plus facilement accès au crédit et l'alcool coule à flots. La dispersion des postes représente aussi pour un plus grand nombre de tribus des liens directs avec des trafiquants blancs, et moins de travail pour les intermédiaires cris. Après sa prise de contrôle de la traite grâce à la fusion de 1821, la Compagnie de la baie d'Hudson entreprend de restreindre l'usage de l'alcool et de modifier les conditions des échanges au désavantage des Amérindiens. London remplace Montréal comme centre de traite, ce qui signifie que les convois de traite ne quittent plus Lachine tous les printemps à destination du fort William. C'est York Factory, sur la baie d'Hudson, à l'embouchure des fleuves Nelson et Hayes, qui devient le principal entrepôt. La CBH maintiendra sa domination exclusive pendant tout près d'un demi-siècle. C'est à la même époque que les missionnaires manifestent leur présence dans le Nord-Ouest.

Franchir la cordillère orientale des Rocheuses pour atteindre le centre de la Colombie-Britannique constitue un obstacle particulier pour les Européens, puisqu'un tel geste de leur part équivaut à une menace envers les intérêts déjà établis des Amérindiens. (Il n'y a là rien de nouveau, Cartier ayant fait face à la même situation à Stadaconé au début du XVI$^e$ siècle. *Cf.* chapitre VI[9].) Aux dires de l'historien W.A. Sloan, la confédération des Pieds-Noirs a la haute main sur les défilés les plus facilement franchissables en direction sud, et elle craint que ses ennemis ne parviennent à se procurer des armes européennes. Ce n'est que lorsque l'attention de la confédération est détournée par la mort de certains de ses hommes aux mains de l'expédition des Américains Lewis et Clark (1804-1806) que David Thompson parvient à traverser le col Howse[10]. C'est un succès partiel puisque le col prend naissance au pays des Peigans, qui en contrôlent l'accès. En fin de compte, en 1811, Thompson négocie avec les Sarsis le droit d'emprunter le col de l'Athabasca, un défilé plus au nord, plus long et plus difficile. C'est la voie qu'emprunteront les trafiquants européens jusqu'en 1841. Au milieu du siècle, l'évidence du déclin des hardes de bisons amène les Pieds-Noirs à réévaluer leur situation vis-à-vis du commerce[11].

Les efforts des trafiquants sont encouragés par les Koutanis des plateaux, pressés d'avoir accès directement aux articles de traite, surtout les fusils. C'est une nouvelle manifestation d'une vieille rivalité avec les confédérés pieds-noirs, qui remonte loin avant l'arrivée du commerce européen; à une époque antérieure aux contacts, elle s'était exprimée sous la forme de droits de chasse au bison dans les Plaines. Fidler dit que les réseaux dirigés par la confédération des Pieds-Noirs imposaient aux Koutanis des prix exorbitants: jusqu'à 10 peaux pour un article n'en coûtant qu'une seule au poste. Les chevaux sont la principale monnaie d'échange des Koutanis; ils attisent d'autant plus la convoitise des Peigans et des autres tribus des Plaines qui prennent par conséquent un soin extrême à empêcher les Koutanis d'entrer en contact avec les commerçants européens. Le *Nor'Wester* Duncan M'Gillivray (début des années 1770-1808), commis au fort George, sur la rivière Saskatchewan, note dans son journal que «les Coutonées [Koutanis], une tribu du Sud-Ouest, sont déterminés à forcer le passage jusqu'au fort cette année [1795] ou à périr lors de la tentative[12]». Ils mettent tous leurs espoirs dans l'«obtention d'un passage sûr ici en achetant leurs ennemis avec des troupeaux de chevaux». Puis, sous l'oeil inquiet des Peigans et de leurs alliés et en dépit des efforts acharnés qu'ils mettent à l'empêcher, les Koutanis et d'autres tribus de l'intérieur acquièrent petit à petit des armes. Dès que Thompson parvient à installer un poste sur la frontière entre les Koutanis et les Têtes-Plates, d'autres trafiquants le suivent aussitôt. Enfin, les Têtes-Plates finissent par être en mesure d'affronter les Peigans qu'ils défont une première fois en 1810, et une seconde en 1812. Les Peigans rejettent le blâme sur le dos des Blancs et jurent de se venger[13]. Comme dans les Plaines, la progression vers l'ouest de la traite des fourrures sombre parfois dans la violence, à mesure qu'elle empiète sur les réseaux commerciaux indigènes déjà établis.

Vers le nord, les intérêts en place sont moins visibles aux yeux des trafiquants européens qui s'aventurent vers l'ouest. En réalité, c'est plutôt le contraire, surtout en ce qui a trait à la tribu athapascane des Castors qui, en 1799, prend elle-même l'initiative de demander un poste de traite des fourrures. La tribu est menée par un chef peu commun, Makenunatane (on l'appelait Swan Chief (littéralt. Chef Cygne) parce que son âme pouvait voler aussi haut qu'un cygne), qui paraît avoir pris conscience que ce nouveau commerce occasionnait un changement dans les moeurs — pour la simple et bonne raison qu'il fallait trapper individuellement plutôt que chasser en groupe pour se procurer de la nourriture. Cela devait évidemment exiger de nouveaux rites, et le chef et ses gens étaient intéressés à en savoir plus sur le christianisme[14]. Ce n'est peut-être pas surprenant si la tradition prophétique est encore bien vivante chez les Castors.

## Sur la côte du nord-ouest

La loutre de mer motive, sur le littoral du Pacifique, l'ouverture d'un commerce des fourrures qui va récapituler et condenser une aventure semblable vécue avec le castor sur la côte de l'Atlantique, près de 300 ans auparavant[15]. Mais, tandis que le commerce à bord des bateaux s'est poursuivi pendant plus d'un siècle en Acadie et dans le golfe du Saint-Laurent, lui qui était né presque accidentellement de l'industrie plus rentable qu'était la pêche, sur la côte du nord-ouest, il constituera la principale activité économique durant une courte et cependant intense période, soit moins d'un demi-siècle. Dans les deux régions, la traite a reposé sur les intermédiaires amérindiens; bien que la plupart des échanges se soient effectués suivant le protocole amérindien, on a peu de preuves qu'une confiance mutuelle se soit développée dans ce domaine. Et quand la colonisation a remplacé le commerce (le scénario a été le même aux deux endroits), elle s'est faite plus rapidement et la plupart du temps plus pacifiquement sur la côte du Pacifique que dans l'Est, où la colonisation n'a commencé qu'après un peu moins d'un siècle de commerce, avant d'être entreprise en plein milieu de luttes coloniales qui s'étireraient sur un siècle et demi. Le contact, sur la côte ouest, en dépit de son caractère relativement pacifique, a entraîné chez les Autochtones une baisse démographique de 80 pour cent en moins de 100 ans[16].

La traite des peaux de loutre de mer prend naissance dans la foulée des activités commerciales des hommes d'équipage du capitaine Cook, qui ont mis la main sur de la loutre, entre autres fourrures, pendant leur visite à la baie de Nootka[17]. Le navire atteint la Chine (sans Cook, tué lors d'une escale dans l'archipel d'Hawaï), et les marins découvrent alors la passion des Chinois pour la fourrure de loutre de mer et les prix fort élevés qu'ils acceptent de payer pour en obtenir. Les Russes exploitaient déjà ce marché depuis le milieu du XVIII\textsuperscript{e} siècle à mesure qu'ils progressaient à travers l'archipel des Aléoutiennes en direction de l'Alaska. L'annonce de l'arrivée de Russes en Amérique a suffisamment inquiété les Espagnols de la Californie pour qu'ils organisent des expéditions vers le nord, d'où ils repartiront après quelques années passées à la baie de Nootka. Cet avant-poste est extrêmement éloigné de l'empire d'Espagne alors en déclin, et les Espagnols ne paraissent pas avoir bien jugé le plein potentiel de la gent marine à fourrure. La ruée vers la fourrure de loutre de mer commence dès que la nouvelle arrive en Europe et en Amérique. Elle donne naissance à un commerce particulier avec la Chine, celui des clippers qui cinglent de l'Europe (ou la Nouvelle-Angleterre) à la côte du nord-ouest canadien, puis à la Chine, pour rentrer ensuite au port d'origine, parfois avec un détour par l'Europe ou la Nouvelle-Angleterre, selon les besoins. En Chine, les fourrures de loutre sont troquées contre de la soie, de la porcelaine et des épices, ainsi que d'autres articles se vendant très cher en Europe et dans l'est de Amérique du Nord. Il fallait parfois jusqu'à trois années pour un seul aller-retour mais, si tout allait bien, le voyage pouvait rapporter une fortune.

Le premier navire marchand arrive sur la côte du nord-ouest en 1785; il bat pavillon britannique. Pourtant, les Américains (les «*Boston men*») domineront rapidement le commerce. Les 40 années qui suivent (soit jusqu'à 1825) voient quelque 330 navires naviguant sous divers pavillons nationaux venir mouiller dans les parages pour faire du commerce: 60 pour cent n'y feront qu'une seule visite, et on a rapporté que 23 pour cent sont allés là au moins trois fois. La traite connaît ses meilleures années entre 1792 et 1812; vers 1825, la loutre marine a été décimée, et les trafiquants cherchent d'autres ressources à exploiter. L'otarie des îles Prybilov connaît le même sort.

Le capitaine du premier navire marchand britannique, James Hanna (m. en 1787), emporte en Chine 560 peaux de loutre sur lesquelles il fait un profit de 20 000 $, une fortune pour cette époque. Pour sa part, John Kendrick (v. 1740-1794), commandant des deux premiers navires bostonnais venus participer à la traite, le *Columbia* et le *Lady Washington*, conclut avec les Amérindiens une transaction qui deviendra légendaire: 200 peaux de loutre marine évaluées à 8 000 $ pour un pareil nombre de ciseaux de fer valant à peu près 100 $[18]. Un échange équivalent, sinon en volume, du moins en valeurs troquées, permet à un Russe de mettre la main sur 60 peaux contre une poignée de clous. Un trafiquant américain plein d'initiative, qui a persuadé le forgeron du bord de reproduire en fer les colliers de cérémonie en thuya portés par les Amérindiens, échange chaque parure contre trois peaux de loutre marine. Son commerce dure un an, jusqu'à la saturation de la région. À propos, les Autochtones de la côte nord-ouest, si grands amateurs de coquillages d'ormeau qu'ils faisaient des échanges jusqu'en Californie pour s'en procurer, ont catégoriquement refusé tout coquillage artificiel. Les écarts entre les échelles de valeurs amérindiennes et européennes rendent possibles de tels profits. Tenant compte de leurs propres priorités, les Amérindiens en ont aussi tiré des avantages considérables, à l'instar d'autres régions du Canada.

Comme cela s'était produit sur la côte atlantique près de trois siècles auparavant, le commerce à bord des navires ne donne lieu qu'à un contact restreint avec les Amérindiens; il entraîne d'abord une intensification des modèles culturels existants, plutôt que d'amener une réorientation majeure de leur manière de vivre[19]. Des changements d'outillage et de matériel provoquent une floraison des arts; l'acquisition d'outils de fer, par exemple, fait en sorte que les mâts totémiques sont plus hauts, plus travaillés. Des modifications vestimentaires ont aussi lieu, mais plus lentement: la peau de daim fait place à l'étoffe, et les capes autrefois tissées en écorce de thuya et en laine de chamois (ou en poil de chien) finissent par être faits de tissu à couverture bleu marine et rouge, orné de boutons et de dés à coudre. La couverture devient l'unité d'échange, comme la peau de castor adulte (appelée *«made-beaver»*, ou encore «pelu», par les Canadiens français) l'a été auparavant dans le reste du pays[20]. Il ne faut pas beaucoup plus qu'un demi-siècle avant que ne débute l'établissement des Européens (au milieu du XIX<sup>e</sup> siècle); c'est beaucoup moins que les cent quelques années auxquelles les Micmacs et les Malécites ont eu droit sur la côte atlantique, mais cela suffit quand même pour effectuer certains aménagements. La Colombie-Britannique reste majoritairement amérindienne jusque dans les années 1880.

Encore là toutefois, rien n'est plus pareil. Plus de richesse signifie plus de pouvoir pour les chefs. Ceux qui sont en mesure d'en profiter rapidement demandent des monopoles et s'emparent des rôles d'intermédiaires dans ce commerce de brève durée mais très lucratif. Certains chefs s'enrichissent, ce qui donne lieu à une augmentation des potlatchs. L'un des plus célèbres est Muquinna (le «Possesseur de cailloux», *circa* 1786-1817), qui donne en 1803, dans la baie de Nootka, un célèbre potlatch au cours duquel il distribue 200 mousquets, 200 mètres de tissu, 100 chemises, 100 miroirs et 7 barils de poudre à canon. Deux facteurs ont assuré la précarité de la prospérité de Muquinna et des autres chefs dans la même situation: la quasi-extermination de la loutre marine et la rapide surabondance d'articles de commerce qui saturent les régions côtières, en général de faible étendue. Même les réserves de cuivre, un métal très recherché, atteignent leur point de saturation vers 1800.

Dans l'intervalle, pendant l'époque grisante du début de la traite, les Amérindiens n'ont pas manqué d'apprendre à tempérer leur empressement à conclure des échanges; ils deviennent habiles à ménager les intérêts divergents des marchands de la mer ou même des nations. Durant une courte période, Yankees et Russes parviennent à collaborer dans un marché férocement concurrentiel: les Américains fournissent les navires et les vivres, et les Russes les chasseurs aléoutes qu'ils ont fait entrer de force sous les drapeaux[21]. Destinée à la chasse aux loutres marines au large de la côte californienne, cette association tient de 1803 à 1813; elle n'est alors plus rentable, les animaux étant devenus trop rares dans ces eaux méridionales. Les Canadiens sont absents de la scène jusqu'en 1811, année où le *Nor'Wester* David Thompson arrive à l'embouchure du Columbia, là où des Américains (en majorité des anciens *Nor'Westers*) sont déjà en train de construire un poste. Puis, à mesure que tombent l'un après l'autre les concurrents, la CBH finit par dominer la scène et supplante les Américains en acceptant d'approvisionner en vivres les postes russes. Ces rivalités sont en majeure partie de courte durée, contrairement aux longues confrontations du Petit Nord et des Plaines.

## Les conséquences de la violence

Tout comme ailleurs au Canada, la présence des Européens a pour effet immédiat une augmentation des conflits intertribaux qui, sur la côte nord-ouest, ont pour principal objectif d'acquérir des esclaves et des canots. Cela ne semble toutefois pas durer et le commerce maritime ne donne lieu qu'à un nombre relativement faible d'incidents. Et ceux qui se produisent comprennent toujours une certaine partie de représailles en provenance d'Amérindiens désirant venger des affronts qu'ils ont dû subir. L'historien Robin Fisher a d'ailleurs souligné la grande diversité des motifs, pour la plupart encore difficiles à discerner aujourd'hui (ou qui ne le seront probablement jamais), qui sont à l'origine de ces incidents[22]. Un des plus célèbres mettait en cause l'éminent chef haïda Koyah (Coya, Kouyer, «Corbeau»; m. en 1795) et le capitaine Kendrick. Ce dernier laisse monter à bord du *Lady Washington* un trop grand nombre d'Indiens, et quelques articles de faible valeur, dont du linge appartenant au capitaine, sont volés. Se saisissant de Koyah et d'un autre chef, Kendrick leur enchaîne chacun une jambe à l'affût d'un canon, les menaçant de mort si les torts ne sont pas réparés, ce qui signifie, dans l'esprit de Kendrick, que toutes les fourrures du village devront lui être échangées. Insatisfait de la réponse à ses exigences, Kendrick fait encore plus honte à Koyah en le fouettant et lui coupant les cheveux, entre autres mauvais traitements[23]. L'humiliation subie par Koyah détruit son prestige de chef et en fait un ennemi de la traite des fourrures; dès lors, il se met à attaquer tous les navires et les commerçants qu'il peut, y compris le *Lady Washington* en 1791. Il perd sa femme et deux de ses enfants lors d'un épisode semblable[24].

Muquinna a plus de succès que Koyah: en 1803, il détruit le *Boston*, dont il ne laisse s'échapper que deux hommes d'équipage[25]. Dans ce cas précis, il semble s'être accumulé de nombreux griefs, dont l'un des pires était le fait que le chef nuuchahnulth n'avait aucune prise sur la traite des fourrures marines; son somptueux potlatch de la même année ne connaîtra pas de suite[26]. L'attaque la plus réussie des Amérindiens contre un navire sera celle du *Tonquin*, en 1811: ils le font exploser, et aucun survivant n'en réchappe[27].

C'est vers 1806 que des hommes d'équipage commencent à hiverner sur la côte; les affaires se font maintenant toute l'année et on finit par établir des postes sur le Fraser; en 1827, le fort Langley est fondé à près d'une cinquantaine de kilomètres de son embouchure. Des bandes d'Amérindiens se groupent autour des forts, mais pour des motifs différents de ceux des Cris *homeguards* du Nord-Est. La relocalisation du fort Simpson, de la rivière Nass à la péninsule Tsimshian, en 1834, est suivie de près par neuf bandes qui viennent installer leur campement autour du nouvel établissement; de même, quatre bandes de Kwagiulths convergent vers le fort Rupert peu après 1849. Ces bandes s'intéressent beaucoup plus à contrôler l'accès aux forts qu'à chasser pour eux ou à leur fournir des services, comme ce fut la règle dans la forêt boréale. Les bandes veulent garder la main haute sur le commerce dans les forts; l'irritation des Nisgaas de la rivière Nass, face au déménagement du fort Simpson en territoire tsimshian, souligne les avantages qui en ressortent[28]. D'autre part, si les Amérindiens ne trouvent pas d'avantages à la présence d'un fort chez eux et sont réticents à faire du commerce, c'est inutile de vouloir l'y maintenir en place. Le fort construit en 1829 chez les Chilcotins a connu ce genre de réception et a été fermé après 15 années[29]. D'autres tentatives seront de plus courte durée encore. Dans tous les cas, la compagnie n'a d'autre choix que d'accepter la situation et de s'incliner de bonne grâce devant les faits. Aux dires de James Douglas (1803-1877)[30], à l'époque chef de poste du fort Victoria (il sera nommé gouverneur de l'Île-de-Vancouver en 1851 et de la colonie royale de la Colombie-Britannique en 1858, deux postes qu'il détiendra jusqu'à sa retraite en 1864), compter sur les Amérindiens pour la fourniture des fourrures «pourrait s'avérer à long terme la façon la plus sûre et la moins coûteuse pour mettre en valeur l'important territoire en question[31]». La CBH n'arrive jamais à établir la domination complète qu'elle souhaite en Nouvelle-Calédonie, même si elle finit par construire des postes à l'intérieur. Premiers sur les lieux et suivis de près par d'autres, les *Nor'Westers* sont venus à pied, en traversant la ligne continentale de partage des eaux, pour construire en 1805 le fort McLeod, sur le lac McLeod. Ce n'est que vers 1824 que la CBH travaillera activement dans la région, soit trois ans après sa fusion avec la Compagnie du Nord-Ouest.

Les trafiquants de la côte, quand ils cherchent à étendre leurs activités commerciales en amont des rivières, surtout vers le nord, se heurtent à une vive concurrence de la part des entrepreneurs amérindiens. L'étendue des réseaux en place surprend les premiers trafiquants qui ne s'attendaient pas à trouver des articles de traite du littoral aussi loin à l'est que chez les Sékanis des rivières Finlay et Parsnip[32]. La situation rappelle celle qu'a connue Cartier près de trois siècles auparavant, quand les Stadaconéens ont cherché à protéger leur monopole commercial d'amont en s'opposant aux plans des Français qui souhaitaient explorer le fleuve. Cartier avait passé outre l'interdiction, mais en fin de compte les Stadaconéens sont parvenus à faire respecter leur monopole qui a tenu encore 40 ans, jusqu'à la disparition des Iroquoiens du Saint-Laurent. Dans l'Extrême-Nord-Ouest, les Tsimshians et les Tlingits protègent avec agressivité leurs réseaux d'échanges, et des chefs comme Legaic (Legaik, Legex), chez les Tsimshians, qui ont un véritable monopole de traite avec les Gitksans, sur la haute Skeena, et Wiiseaks (Shakes), chez les Nisgaas, sur la Nass, ont fait clairement comprendre à qui appartiennent à leur avis les droits de la traite sur ces rivières[33]. Peter Skene Ogden (1790-1854), cet ancien *Nor'Wester* combatif que la CBH envoie établir un poste sur la rivière Stikine en 1834, doit céder du terrain devant la menace d'une guerre commerciale[34]. De nouveau, la compagnie prend rapidement conscience que, à court terme, il est plus sage de collaborer avec les réseaux amérindiens plutôt que de leur faire compétition; cette réorientation rapporte d'autant plus que le commerce côtier décline et que celui entre le littoral et l'intérieur s'intensifie. Quand même, l'achat de fourrures par des trafiquants kwagiulths, à des prix supérieurs à ceux que pratique par la CBH lorsqu'elle les achète et les revend à des Américains, mécontente les fonctionnaires de la compagnie. De toute évidence, certains groupes d'Amérindiens sont plus difficiles à gouverner que d'autres.

## Répercussions sociales

Tout comme ailleurs dans les Amériques, la situation a pu avoir de graves conséquences sur le plan social. L'apparition des maladies d'origine européenne semble s'être faite plus lentement que sur la côte est, et les baisses démographiques consécutives, malgré leur intensité réelle, paraissent avoir été proportionnellement beaucoup plus faibles que celles qui ont frappé d'autres régions de l'hémisphère, en éliminant parfois jusqu'à 95 pour cent des habitants. La population de la côte nord-ouest touche le fond en 1929, avec 22 605 habitants[35]; mais depuis lors elle est en croissance. Le lien entre la richesse matérielle et le rang, évident à l'occasion des potlatchs, donne beaucoup de valeur à la domination des réseaux de traite. Des chefs avantagés à cet égard, comme Legaic ou le Wetsuweten ?Kwah (v. 1755-1840), qui possèdent tous deux de vastes réseaux de traite, étendent leur sphère d'influence et deviennent très puissants[36]. D'autres (Muquinna, par exemple) dont le commerce repose principalement sur la loutre marine font de bonnes affaires un certain temps, avant de voir leurs positions minées par une activité commerciale qui les contourne. Dans les forêts boréales, la richesse matérielle n'est jamais prise en considération lors de la sélection des chefs de paix, qui ne s'intéressent d'ailleurs pas non plus à la traite. Le commerce des fourrures est à l'origine de la création des chefs de traite, qui répondent au penchant des trafiquants européens, intéressés de faire affaire avec des chefs; ils ont peu, et parfois pas de rapports avec les problèmes de leadership courants avec lesquels se débattent les chefs de paix. Là-bas, en Nouvelle-Calédonie, une des conséquences du rythme accru du commerce d'amont, c'est la diffusion des cultures du littoral vers l'intérieur, qui se fera sentir jusque chez les Wetsuwetens du plateau intérieur. Les Athapascans qui vivent au nord, près des lacs Atlin et Teslin, sont tellement affectés par ces nouvelles tendances qu'à la longue on les appelle «Tlingits de l'intérieur». Leur font contrepoids certaines influences apportées par les convois de traite en provenance de l'Est; leurs canotiers sont souvent des Iroquois, dont un certain nombre se rend jusque sur le littoral (et même jusqu'à Hawaï), mais dont la plupart s'établit en Oregon et dans le nord-ouest de l'Alberta.

Au milieu de toute cette agitation, les cultures de la côte pacifique fleurissent; elles s'expriment à travers le luxe croissant des cérémonies, mais surtout par les arts, véritable courroie de transmission de leur vision mystique du monde et de ses puissances. Leur passion pour la sculpture, la peinture, le tissage, ainsi que pour la décoration a en général débordé jusque sur les plus utilitaires des objets; même des objets comme les hameçons de pêche au flétan sont ornés de sculptures. Si les gens se sentent «intoxiqués par l'art», leur situation est contagieuse, puisque les visiteurs succombent sur-le-champ et collectionnent tout ce qu'ils peuvent. À mesure que diminue le commerce des peaux sur la côte, des artisans pleins d'initiative entreprennent la production d'articles pour ce nouveau marché. Les Haïdas des îles de la Reine-Charlotte découvrent un usage pour les gisements d'ardoise de leur territoire; ils extraient la pierre tendre, la sculptent sous forme de mâts totémiques miniatures, de pipes ou d'autres objets et la polissent pour obtenir un noir brillant. Une nouvelle forme d'art est née, pour laquelle la demande est instantanée. Les sculptures en argile schisteuse sont peut-être encore plus en demande aujourd'hui qu'à l'époque. Il ne s'agit là que d'une des nombreuses façons par lesquelles les artistes du littoral ont transmis leur génie créateur en réaction à de nouveaux défis. Sur la côte atlantique, les artistes et artisans amérindiens des XVIe et XVIIe siècles n'ont pas été aussi chanceux: les goûts européens de cette période n'admettaient pas les arts et l'artisanat «primitifs»; une petite quantité d'articles furent recueillis en tant que curiosités, mais presque aucun n'a été préservé jusqu'à nos jours. Les musées reproduisent bien les conséquences de ces attitudes: tandis que l'art de la côte du Pacifique est peut-être le plus présent de tous les arts autochtones de la planète, on ne trouve quasiment rien qui puisse nous donner un aperçu des cultures jadis florissantes dans les Maritimes.

L'absence de rivalité coloniale au cours du processus de colonisation n'a pas toujours été une bénédiction sans mélange pour les Autochtones de la côte du Pacifique. D'une part, dès que la traite a été reléguée au second plan, Indiens et Européens n'ont trouvé aucun intérêt commun qui eût pu les lier intimement; nulle alliance n'a été conclue, à l'image de l'association franco-abénaquise qui a eu tant d'effet sur l'histoire naissante du Canada. Même si l'agriculture ne pouvait prendre la relève comme elle l'avait fait ailleurs au pays, il n'y avait toujours pas de place pour l'Amérindien dans les établissements européens, sauf comme salarié dans l'industrie de la pêche ou dans les camps de bûcherons[37]. À l'exception des traités négociés par James Douglas (dont nous parlerons plus loin), l'appropriation des terres par les colons eux-mêmes n'a donné lieu à aucune négociation. L'idée que les Amérindiens ne possédaient ni droits souverains ni titres de propriété a prévalu. Les problèmes découlant de ces attitudes deviendront aigus quand de l'or sera découvert sur le fleuve Fraser et la rivière Thompson en 1857. Auparavant, le centre du Canada et les États-Unis auront été le théâtre du dernier conflit colonial, la guerre de 1812.

Quatrième partie

# Vers de nouveaux horizons

CHAPITRE XV

# La plaque tournante de 1812-1814

Les termes du traité de Paris de 1783, qui met fin à la guerre d'Indépendance des États-Unis, et plus particulièrement la clause sur la cession aux États-Unis de la vallée de l'Ohio provoquent la stupéfaction chez les Indiens de l'Ouest. Comme cela a été le cas pour les Micmacs et les Malécites avec le traité d'Utrecht, leurs terres viennent d'être cédées sans la moindre allusion aux habitants autochtones, qu'ils fussent alliés ou autres. Il est plus urgent que jamais de réaliser le rêve de l'unité panamérindienne qui, plus tôt dans le siècle, a inspiré les tentatives infructueuses faites par l'Abénaquis Nescambiouit et le Renard Kiala qui souhaitaient la création de réseaux d'alliances à partir des Grands Lacs jusqu'à l'Atlantique. Le premier d'une série de conseils convoqués pour étudier la question rassemble 35 nations à Sandusky, en Ohio, en pays wyandot (scène d'une des ultimes batailles de la dernière guerre). Le Mohawk Joseph Brant exerce de fortes pressions en faveur d'une confédération sur le modèle des Six-Nations, ce qui va au delà de ce que sont disposés à accepter la plupart des délégués; malgré cela, fort conscients d'un besoin d'unité, certains s'unissent en une fédération peu structurée. Sir John Johnson (1741-1830), fils de sir William par sa femme blanche Catherine et surintendant des Indiens du Nord[1], assure les délégués que le traité de Paris n'éteint nullement leurs droits fonciers sur les terres au nord-ouest de la rivière Ohio. Aiguillonnés par ce «discours tomahawk», comme on l'a appelé, les membres du conseil conviennent de retenir la frontière établie par le traité du fort Stanwyx en 1768, soit la rivière Ohio, en tant que limite au delà de laquelle tout établissement de Blancs restera interdit. Les colons et même les gouvernements montrent peu de propension à respecter les droits des Amérindiens; en 1783, la Caroline du Nord confisque toutes les terres des Indiens situées dans l'État. Ce geste est conforme à la supposition du gouvernement américain qui veut qu'en obtenant son indépendance il fût automatiquement devenu propriétaire de tous les territoires situés à l'est du Mississippi, que des Indiens y aient vécu ou non[2]. Le tollé qui s'ensuit est tel qu'en 1786 on reconnaît aux Amérindiens le droit de posséder des terres et qu'un programme d'achat est mis en place. Non seulement sa mise en pratique est-elle peu observée, mais souvent les Indiens refusent simplement de vendre. Les conflits qui éclatent inévitablement voient les Amérindiens battre les Américains à deux reprises. La deuxième défaite est à l'origine d'un ralliement plus grand que jamais en vue d'une expédition militaire, qui défait la coalition à la bataille de Fallen Timbers en 1794; non seulement les Britanniques ne viennent-ils pas à la rescousse de leurs alliés, mais ils ferment même les portes de l'établissement le plus rapproché du site de la bataille, le fort Miami. Cet échec brise effectivement la résistance autochtone devant l'avancée vers l'ouest de la colonisation blanche, comme le démontraient déjà trop manifestement les cessions territoriales exigées par le traité de Greenville en 1795. La réduction incessante de leur territoire, même quand des compensations en espèces leur sont versées, provoque une inquiétude et un ressentiment croissants[3].

## Un monde en mutation

De profonds changements secouent à l'époque le monde occidental. En Europe, la Révolution française de 1789 mène aux guerres napoléoniennes (1793-1815); ce conflit, un de plus dans la longue série anglo-française, soustrait nombre d'hommes à des activités normales en temps de paix (comme la traite des fourrures) et interromp les opérations commerciales. En 1808, la traite des fourrures est en dépression. Dépourvues d'autres ressources économiques, les nations amérindiennes qui comptent sur ce commerce traversent de dures épreuves et viennent chercher de l'aide auprès de leurs alliés britanniques; ceux-ci, aux prises avec des antagonismes non résolus au lendemain de l'indépendance américaine, mais tout de même plus conscients de l'utilité des alliés amérindiens dans la conservation de leurs colonies en cas d'hostilités futures, se montrent très désireux d'accéder à leurs demandes. De 1784 à 1788, ils consacrent chaque année £20 000 en distributions de cadeaux aux Indiens, une dépense à laquelle les magnats montréalais de la fourrure souscrivent volontiers. Dans sa lettre au gouverneur, le marchand montréalais James McGill (1744-1813) écrit: «Les Indiens sont les seuls alliés qui peuvent agir efficacement pour défendre les [deux] Canadas. Leurs intérêts sont communs aux nôtres, et ils sont également l'objet d'un assujettissement de la part des Américains, sinon d'une extermination[4].»

Que d'ironie dans ce revirement des Britanniques! Ils se sont plaints avec amertume, durant les hostilités de 1752 à 1763, du fait que les Français entretenaient et utilisaient leurs alliés amérindiens; après leur victoire, ils ont cherché à mettre un terme à cette pratique, avec les résultats désastreux qu'on connaît (voir chapitre XII). Maintenant, 20 ans après, ils se retrouvent en train de se servir des mêmes tactiques face aux Américains[5]. En 1807, convaincu par l'affaire du *Chesapeake*[6] qu'un conflit est inévitable, le gouvernement britannique donne instruction à sir James Craig (1748-1812), nommé depuis peu gouverneur en chef du Canada, de s'assurer de la loyauté des Indiens de l'Ouest. Ayant longuement pesé le pour et le contre de la situation et se souvenant de l'appui reçu des Iroquois (surtout les Agniers) durant le dernier conflit avec les Américains, les Britanniques ont conclu que le soutien amérindien est vital à la conservation des colonies nord-américaines qui sont restées britanniques[7]. Ils tentent maintenant de gagner à leur cause ces mêmes gens dont les appels à l'aide ont été ignorés par la Grande-Bretagne à la bataille de Fallen Timbers en 1794. Pour leur part, les Amérindiens ont besoin de tout ce qui peut possiblement les aider à conserver leurs territoires. Durant la période qui suit immédiatement l'indépendance des États-Unis, aux yeux des Amérindiens, les Britanniques indécis semblent préférables aux Américains à l'expansionnisme agressif. Tecumseh penche donc en faveur des Britanniques, pas parce qu'ils lui plaisent particulièrement, mais parce qu'il les perçoit comme le moindre de deux maux. D'autres ont des besoins plus immédiats en tête; un chef tsonnontouan souligne avec à-propos que, si son peuple doit soutenir les Britanniques, ces derniers devront lui assurer un bon approvisionnement en marchandises et en armes[8].

La mort de Brant en 1807 permet à un autre chef d'occuper le centre de la scène: Tecumseh (Étoile filante, Panthère à l'affût; vers 1768-1813), moitié Chaouanon, moitié Creek, est depuis longtemps un partisan du panamérindianisme; il a refusé de participer à la signature du traité de Greenville qui a permis aux Américains d'étendre leurs établissements dans la vallée de l'Ohio. À l'instar de Pondiac, Tecumseh est lié à un prophète, dans ce cas-ci son frère Tenskwatawa («La porte ouverte», Lalawethika; 1775-1836). Plus généralement appelé Shawnee Prophet, il a tiré son nom d'une parole du Christ, «Je suis la Porte[9]». Son renouveau religieux autochtoniste prépare le terrain au mouvement intertribal de Tecumseh et à sa doctrine qui veut que la terre appartienne à toutes les nations amérindiennes, et non pas à des nations tribales particulières. Par conséquent, soutient-il, une tribu n'a aucunement le droit de céder des terres de son propre chef, et seul l'ensemble des nations tribales de la région, réunies en conseil, possède ce pouvoir[10]. C'est d'une part une réponse des Amérindiens à la Proclamation de 1763, où il était dit que les terres des Autochtones ne pouvaient être cédées qu'à la couronne britannique, et d'autre part un défi au «diviser pour régner» érigé en politique par les Blancs.

### Tecumseh le leader

Tecumseh est communément considéré comme le plus grand des chefs amérindiens de la période de résistance à la colonisation européenne. Bien que nous ne possédions aucun portrait authentique de lui, il existe des descriptions de son apparence physique. Il avait apparemment une présence saisissante, alliant un physique parfait à un grand sens de l'élégance. Il s'habillait comme les siens, mais avec un style qui lui valait l'admiration des Blancs et des Amérindiens. Il possédait une personnalité tout aussi impressionnante, qui alliait un intérêt passionné pour son peuple avec un don pour la stratégie. Ainsi que l'a fait observer son ami le général Isaac Brock (1769-1812), s'il avait été Britannique, il aurait fait un grand général[11]. Pendant la guerre de 1812, des guerriers de plus de 30 nations différentes ont combattu sous ses ordres.

Tecumseh conteste les cessions de territoire aux mains des Américains, en particulier celles qui ont été extorquées aux Amérindiens par le gouverneur de l'Indiana de 1800 à 1812, William Henry Harrison. Il entreprend la tournée du plus grand nombre possible de tribus, qu'il tente de convaincre de s'unir pour empêcher de nouveaux empiétements. La nouvelle orientation qu'il propose est radicalement opposée aux politiques traditionnelles parmi les tribus, mais elle permet de faire avancer de façon remarquable sa vision d'une alliance amérindienne allant du lac Michigan vers le sud; l'Alabama semble avoir été la plus méridionale des régions où il soit allé[12].

Au fur et à mesure que s'étend l'influence de Tecumseh et de Tenskwatawa, les Britanniques se montrent intéressés, et l'inquiétude se répand chez les Américains. Les voyages de Tecumseh lui valent un appui fort des Potéouatamis (surtout grâce au chef Main Poc, avant sa défection), des Sauteux, des Chaouanons, des Outaouais, des Puants, des Kicapous, ainsi que, dans une moindre mesure, celui des Loups (Delawares), des Wyandots, des Folles Avoines, des Miamis et des Péanquishas, entre autres. Chauds partisans des Britanniques pendant leur dernier conflit, les Creeks se sentent spécialement trahis par la paix (ils ont réagi à la nouvelle en la traitant de «mensonge virginien[13]»), de sorte que fort peu d'entre eux se joignent au groupe. L'appel de Tecumseh s'adresse aux jeunes guerriers; les chefs plus âgés tendent à s'y opposer sous prétexte que la proposition d'un conseil intertribal viendrait saper leur autorité. Se trouve parmi ces opposants le chef miami Michikinakoua (Little Turtle; v. 1750-1812), qui, avec l'aide d'autres tribus, a battu à plate couture les Américains dirigés par le général Arthur St. Clair (1734-1818), sur les bords de la rivière des Miamis, en 1791, leur infligeant la perte de plus de 900 hommes. Pour les Amérindiens, cette victoire vient en second lieu après celle sur Braddock en 1755; mais, pour les Américains, c'est la pire défaite aux mains des Amérindiens. Bien qu'à son avis l'avenir appartienne à la négociation plutôt qu'à la guerre, Michikinakoua pense que chaque tribu peut faire ce qui lui convient à sa manière.

Malgré cette opposition, d'autres facteurs viennent à la rescousse de Tecumseh, par exemple la dépression qui frappe le commerce des fourrures après 1808. La perte de marchés pour les pelleteries est une dure épreuve pour ceux qui se sont convertis à la traite, en particulier chez les Amérindiens des Grands Lacs où la situation est aggravée par une sécheresse ayant causé la perte de deux récoltes consécutives et la disparition du gibier. Ils se tournent du côté des Britanniques pour les aider. Amherstburg est alors un grand centre de distribution de «cadeaux»; les Britanniques y rassemblent du matériel de production alimentaire (filets, collets, trappes et pièges) et, bien sûr, des armes et des munitions. Les Américains sont persuadés que les Amérindiens reçoivent des armes pour se battre. Sur la question de la politique des cadeaux, les Britanniques ont fait une volte-face complète depuis 1763, et ils se montrent particulièrement généreux avec des chefs qu'ils perçoivent comme influents, comme Tecumseh. Les difficultés proviennent maintenant des divers administrateurs et fonctionnaires qui se font concurrence, surtout en matière de distribution de rhum[14]. D'autre part, une rupture de stock peut rendre la situation extrêmement inquiétante[15].

À cette époque, les Britanniques ont mis en place un cadre de trafiquants et d'agents qui, suivant l'exemple des Français, savent comment traiter avec les Amérindiens. Parmi eux se trouve l'Irlandais Matthew Elliott (v. 1739-1814), qui a vécu parmi les Chaouanons plusieurs années, a épousé une des leurs et s'est tellement assimilé à leur manière de vivre que les Britanniques ne lui font pas totalement confiance. Ayant déjà été congédié du département des Affaires indiennes pour des motifs de corruption qu'on n'a pu prouver, il est réinstallé comme surintendant à Amherstburg en raison de son influence sur les Chaouanons, qui occupent une position stratégique; un de ses premiers gestes consiste à organiser, à Amherstburg en 1808, un conseil où se présentent 5 000 Amérindiens. L'Écossais Robert Dickson (v. 1765-1823), dont la barbe et les cheveux roux ont fini par appartenir au folklore de l'Ouest, est un autre personnage influent. Trafiquant de fourrures de longue date, beau-frère du chef sioux-santee Red Thunder, Dickson est agent britannique des nations indiennes à l'ouest du lac Huron; sa façon froide d'aborder les questions lui a valu une réputation de dur mais juste, tempérée par une forte prédisposition à la générosité, bien que sa renommée ait à cet égard été ternie par un penchant favorable aux diverses nations siouses. Quoi qu'il en soit, il joue un rôle majeur en ralliant des Indiens de l'Ouest à la cause britannique à laquelle ils restent loyaux pendant le conflit[16]. Parmi les autres agents notables des Affaires indiennes se trouvent un sang-mêlé, le colonel Alexander McKee, surintendant général du département des Affaires indiennes de 1794 à 1799, qui a épousé une Chaouanonne et dont l'influence s'est fait sentir sur la position amérindienne voulant que la rivière Ohio servît de frontière entre les territoires blancs et amérindiens, ainsi que l'interprète Simon Girty (1741-1818) qui, adolescent, avait été capturé puis adopté par les Tsonnontouans et qui était si bien accepté par les Amérindiens qu'ils l'ont admis à leurs conseils à Glaize en 1792[17]. Malgré le fait qu'il travaille pour les Britanniques, ceux-ci se méfient de lui (comme de Matthew Elliott d'ailleurs) parce qu'il s'identifie trop complètement aux Amérindiens; les Américains considèrent Girty comme un traître de la pire espèce. L'opposition aux Américains était le point sur lequel coïncidaient les intérêts des Britanniques et des Amérindiens.

Les Britanniques s'intéressent plus à encourager le commerce qu'à provoquer une guerre. D'abord et avant tout, à cause du conflit sanglant qui les oppose à Napoléon là-bas, en Europe, ils ne disposent ni des troupes ni des ressources nécessaires à de nouvelles campagnes militaires. C'est ce que Harrison admet lui-même; dans un rapport expédié à Washington en 1811, il écrit: «La franchise m'oblige à nous informer que j'ai recueilli de la part de deux Indiens de tribus différentes que l'agent des Britanniques les a formellement dissuadés de partir en guerre contre les États-Unis.» Les tensions s'intensifient pourtant, surtout entre Harrison et Tecumseh. Le gouverneur de l'Indiana est particulièrement mécontent de la décision du chef indien d'empêcher l'arpentage des terres. Harrison, qui attendait son heure, compte sur l'absence (en 1811) du chef chaouanon, parti rallier des tribus du sud à sa cause. Harrison marche sur Prophetstown, que Tenskwatawa a fondé en 1808 au confluent des rivières Wabash et Tippecanoe. La bataille qui s'ensuit représente moins une victoire pour les Américains qu'une défaite personnelle pour Tenskwatawa; son influence était en perte de vitesse, et cette effusion de sang n'a fait qu'accentuer la tendance. L'attaque a aussi mis le holà aux plans de Tecumseh qui cherchait à retarder toute action militaire jusqu'à ce qu'Amérindiens et Britanniques eussent réuni suffisamment d'hommes pour porter un coup décisif aux Américains. Les Britanniques, eux, voient leurs doutes confirmés: la frontière canadienne n'est pas à l'abri d'une agression américaine.

## La guerre de 1812-1814

Dernier conflit colonial en Amérique du Nord, la guerre de 1812-1814 a été classée comme la continuation de la guerre d'Indépendance américaine. Pour la Grande-Bretagne et les États-Unis, c'est une lutte peu concluante qui laisse d'importantes questions — celles ayant trait aux Amérindiens entre autres — aussi irrésolues qu'elles l'étaient auparavant; pour les Amérindiens, c'est un tournant, puisque ce sera leur dernière participation importante et même décisive à un grand conflit dans le nord-est de l'Amérique du Nord. Plus à l'ouest, la guerre sera, en gros, amérindienne. Par exemple, la chute de Michillimackinac, le 17 juillet 1812, aux mains des forces britanniques et amérindiennes, est essentiellement une victoire amérindienne, Tecumseh et d'autres chefs ayant combiné l'attaque surprise. Le compte rendu qui suit n'abordera qu'un petit nombre de combats, principalement ceux qui se rapportent d'une façon ou d'une autre au Canada.

La victoire de Michillimackinac a un impact psychologique énorme, qui dépasse de loin sa portée militaire générale. Les Indiens viennent par centaines servir sous le drapeau britannique; Elliott et Dickson arrivent sans peine à lever 4 000 guerriers. La victoire a aussi un impact sur le commandant américain à Detroit, le général William Hull (1753-1825), dont la crainte des Amérindiens est bien connue. Il proclame qu'«aucun Blanc trouvé en train de combattre au côté d'un Indien ne sera fait prisonnier[18]». Grâce à une ruse qui l'amène à croire que les forces britanniques massées sur son flanc comptent 5 000 Amérindiens, stratagème que Tecumseh renforce à l'aide d'un vieux truc qui consiste à faire passer et repasser ses guerriers devant une position avantageuse située en plein sous les yeux des Américains, Hull est persuadé que sa situation est sans espoir. Et quand

Tecumseh coupe les liaisons américaines, Hull se rend, le 16 août, sans tirer un seul coup de feu. Tecumseh et le général Brock entrent ensemble à cheval dans le fort dont la chute n'a fait aucune victime[19]. En apprenant ce qui s'était passé la veille au fort Dearborn (Chicago), dont la majorité de la garnison avait été massacrée par les Potéouatamis de Main Poc, Hull s'est probablement senti justifié. Les fonctionnaires américains ne constateront toutefois aucune circonstance atténuante pour le général qui devra comparaître devant un tribunal militaire.

Ces succès, en particulier la prise de Detroit, encouragent les Six-Nations, qui avaient précédemment choisi la neutralité, à rejoindre les forces britanniques. Ces tribus jouent un rôle important dans la victoire britannique du 13 octobre à Queenston Heights, quand, menées par les Agniers John Norton (Teyoninhokarawen; *circa* 1784-1825) et John Brant (Tekarihogen, Ahyonwaeghs; 1794-1832), cadet des fils de Joseph Brant, elles surgissent sur le champ de bataille à un instant critique[20]. Une nouvelle fois, la crainte des Américains à l'égard des Amérindiens fait effet, et l'invasion est repoussée, les Américains retraitant précipitamment de l'autre côté de la rivière. La victoire coûte pourtant cher aux Britanniques qui viennent de perdre Brock[21].

Tecumseh commence à perdre l'initiative dans le nord, en dépit du fait qu'il ait mis en pièces les forces américaines à proximité du fort Meigs (Indiana), le 5 mai 1813[22]. Il parvient quand même à inciter quelques Creeks à partir en guerre dans le sud, mais leur confédération, divisée, est au bord de la guerre civile; finalement, les Américains, commandés par Andrew Jackson (1767-1845; futur président des États-Unis), anéantissent en 1814 ce qui reste de leur ligue[23]. Dans l'intervalle, la victoire navale américaine qui survient sur le lac Érié le 10 septembre 1813 coupe la route aux approvisionnements britanniques du fort Malden (Amherstburg), mettant par ricochet en péril les alliances amérindiennes dans l'Ouest, puisqu'il s'agit du principal centre dont se servent les Britanniques pour la distribution des cadeaux.

Ce sont des Amérindiens, plus précisément des Iroquoiens, qui remportent la victoire à la bataille de Beaver Dams, le 24 juin 1813. Voici la description (citée de nombreuses fois) qu'en a fait Norton: «Les Indiens Cognauguaga (Caughnawagas) ont mené la bataille, les Agniers ont pris le butin, et le mérite en est revenu [au lieutenant James] FitzGibbon [1780-1863][24].» À Queenston Heights, c'est l'homme qui avait repris le commandement par suite de la mort du général Isaac Brock sur le champ de bataille, Roger Sheaffe (1763-1851), qui a été couvert de lauriers.

Le successeur de Brock, le général britannique Henry A. Procter (1763-1822), ne s'attire aucunement l'admiration de Tecumseh qui le compare à un chien courant la queue entre les pattes. Sa frustration à l'égard de l'officier reste parfaitement compréhensible étant donné que le chef chaouanon a rassemblé sous ses ordres une des plus grandes «armées» d'Indiens jamais vue sur les Grands Lacs, estimée d'après diverses sources entre 2 000 et 3 000 guerriers ou même plus. Quand Procter décide enfin d'affronter l'ennemi, à Moraviantown, dans le sud de l'Ontario, le 5 octobre 1813, ce sont Tecumseh et ses Indiens qui se battent, sauvant ainsi la vie du général. Procter s'enfuit, alors que, grièvement blessé, Tecumseh combat jusqu'à la mort. Nous ne savons toujours pas qui l'a tué, ni ce qu'on a fait de son corps; certains disent qu'il fut enterré près du champ de bataille, d'autres que des collectionneurs de souvenirs ont rapidement rendu méconnaissable la dépouille du leader amérindien[25]. Parmi les nombreuses histoires qui circulent au sujet du sort de Tecumseh, se trouve un récit ojibwé, recueilli un siècle plus tard, d'après lequel le chef chaouanon a été blessé mais n'est pas mort parce qu'il portait sa «magie» («*medicine*») sur lui[26].

## Après la mort de Tecumseh

Il est difficile de surévaluer l'importance de la perte de Tecumseh. Aucun leader n'a pu remplir son rôle de catalyseur de l'action panamérindienne. Sa mort sonne aussi le glas des derniers lambeaux du mouvement amérindianiste de Tenskwatawa. Pourtant, c'est aller trop loin que de prétendre, comme certains l'ont fait, que la défaite de Moraviantown met un terme à la participation réelle des Amérindiens au conflit[27]. Jusqu'à la fin, des guerriers viennent combattre; bien qu'ils soient parfois nombreux, le but commun sous-jacent qu'avait évoqué Tecumseh et qui aurait dû les unir reste irrémédiablement affaibli et finit par disparaître complètement. La cause des Britanniques est trop ambiguë pour tenir ce rôle, même si leur influence continue d'être forte dans certaines régions, comme en amont du lac Huron et au Wisconsin, par exemple, où Dickson n'arrête pas d'offrir des cadeaux en quantité. Les Britanniques cherchent à compenser la tournure des événements en tentant de faire du souvenir de Tecumseh un symbole: ils donnent une commission de l'armée britannique à son fils Paukeesaa; le prince régent fait cadeau d'une épée et de pistolets à son frère, le Chaouanon Prophet, qui reçoit en outre le titre de chef principal des nations de l'Ouest; de plus, sa sœur Tecumpaese est comblée de cadeaux de condoléances. Même si ces mesures font honneur à l'usage protocolaire, elles ne peuvent ramener à la vie Tecumseh ou cacher le fait que l'engagement de la Grande-Bretagne dans ce conflit n'est pas total, compte tenu de la guerre qu'elle mène déjà contre Napoléon. Dans ce cas-ci, la cour qu'elle fait aux Amérindiens ne tire pas tant son origine d'une conviction humaniste ou idéologique, que du besoin de se prévaloir de tous les moyens à sa portée pour maintenir et conserver ses positions sur deux fronts séparés à la fois.

Les Américains décident de tirer profit de la situation et de détourner les Amérindiens des Britanniques en les attirant dans leur camp. Parmi les quelques-uns qu'ils persuadent, un contingent d'Iroquois américains (pour la plupart tsonnontouans), commandés par Red Jacket, combattent aux côtés des Américains à la bataille de Chippewa, le 5 juillet 1814, contre des forces britanniques comprenant 200 guerriers des Six-Nations et 100 autres des tribus de l'Ouest dirigés par le major Norton. Une fois encore, des Iroquois sont dressés contre d'autres Iroquois, comme cela s'était produit lors de la guerre d'Indépendance. Les Amérindiens y subissent leurs plus grosses pertes du conflit, même si leur rôle n'est pas déterminant: du côté canadien, 87 Indiens sont tués, et 5 sont faits prisonniers; du côté américain, on compte 9 morts, 4 blessés et 10 portés disparus. Les Amérindiens sont scandalisés par ces pertes qui surviennent alors qu'ils participent à ce qui est maintenant devenu un conflit entre Blancs. Les Iroquois américains envoient des représentants discuter avec les Six-Nations du Canada une nouvelle politique de neutralité, plus complète cette fois, avec le résultat qu'un petit nombre seulement de guerriers restent pour combattre à Lundy's Lane, même si d'autres Amérindiens ont continué de se battre sur des fronts différents.

## Le statu quo ante bellum

Au cours des négociations qui précèdent le traité de Ghent (1814), qui met officiellement fin à la guerre, les Britanniques, ayant tiré des leçons du traité de Paris de 1783, essaient de marchander la création d'un territoire amérindien dont les frontières suivaient celles fixées par l'accord de Greenville en 1795. Les Américains leur opposent un refus catégorique; ils acceptent tout au plus de reconnaître les terres amérindiennes telles qu'elles étaient avant les hostilités, soit, en langage juridique, le *statu quo ante bellum*. Dire que les Amérindiens des États-Unis sont désappointés serait un euphémisme; ils comprennent que, malgré ces combats dont ils sont très souvent sortis victorieux sur le plan individuel, ils sont incapables de récupérer les terres perdues. Toutes les promesses du traité de Ghent — «le Traité des Omissions», comme l'a appelé un diplomate de France[28] — n'empêchent pas les Indiens de perdre du territoire. Les communautés métisses qui avaient vu le jour dans la région des Grands Lacs sont submergées et subissent même l'occupation militaire[29]. Trois ans après la mort de Tecumseh et cinq ans après la bataille de Tippecanoe, l'Indiana devient un État. En 1817, commence la mise en application du déménagement forcé des Amérindiens vivant sur leurs terres ancestrales dans la vallée de l'Ohio; cette politique atteindra son point culminant sur le «Chemin des larmes» que devront suivre les Cherokees dans les années 1830. Toujours en 1817, l'accord Rush-Bagot réduit les forces militaires sur les Grands Lacs, faisant de la «frontière sans défense» une réalité.

Pour les Amérindiens du Canada, la guerre de 1812-1814 tourne aussi la page d'une époque[30]. Aussi longtemps qu'avaient duré les conflits coloniaux, ils étaient parvenus à maintenir leurs positions en contrepartie de leurs services en temps de guerre. La perte de leur instrument de négociation les place dans une position extrêmement désavantageuse que reflète bien la réorganisation du gouvernement: en 1830, l'administration des affaires indiennes passe sous une autorité civile. La colonisation connaît une expansion spectaculaire: la population triple, passant d'à peu près 750 000 habitants en 1821 à 2 300 000 en 1851; seulement dans le Haut-

Canada, elle est décuplée et atteint 952 000 habitants. La masse des arrivants compte certains Onneiouts des Six-Nations qui, malgré leur présence aux côtés des Américains pendant la guerre d'Indépendance, se sont vus privés de la plupart de leurs terres dans l'État de New York. Ils s'établissent aux alentours de Muncey, en Ontario, vers 1840.

Dès cette époque, les Amérindiens vivant à l'est des Grands Lacs sont déjà en minorité sur leurs propres terres. En 1812, estime-t-on, ils ne représentent qu'un peu plus de 10 pour cent de la population du Haut-Canada[31]. Au milieu de cette expansion de l'agriculture, la traite des fourrures continue d'être une activité économique d'importance jusque vers la fin du siècle, Amérindiens et Européens trouvant là un terrain d'entente où ils peuvent avoir des contacts pacifiques. Du reste, là encore, la fin est prévisible; comme le sociologue Denys Delâge l'a décrit: l'époque de l'ancien mode de vie est révolue; de nouvelles conditions exigent qu'on s'adapte à une nouvelle réalité[32]. L'adaptation a évidemment toujours été la clé de la survie des Amérindiens; peut-être la situation a-t-elle changé, mais le besoin de trouver des modes de vie satisfaisants compte tenu des conditions existantes n'a jamais changé, lui. Les valeurs traditionnelles, au lieu de s'évanouir, vont connaître un renouveau et s'exprimer sous de nouvelles formes en se montrant à la hauteur de ces défis.

## CHAPITRE XVI

# L'UNIVERS AUTOCHTONE AU CANADA AU DÉBUT DU XIX<sup>e</sup> SIÈCLE

Deux idées concernant les Amérindiens dominent la pensée de l'administration civile impériale dans l'Amérique du Nord britannique de 1830: primo, leur peuple est en voie de disparition et, secundo, ceux qui restent devraient soit être relégués dans des collectivités à l'écart des Blancs, soit être assimilés. Au milieu d'un déferlement d'enquêtes, de commissions diverses et de recommandations sur le sort à privilégier pour les Amérindiens, la position officielle s'arrête sur ce qu'on perçoit être un devoir: «civiliser» les indigènes nomades en les forçant à s'établir comme agriculteurs[1]. Bien que d'aucuns ne manquent pas de s'interroger sur le rapprochement entre l'agriculture et la civilisation, à toutes fins utiles, cela demeure un principe directeur en matière d'administration des Amérindiens tout au long du XIX<sup>e</sup> siècle[2]. L'éducation, confiée aux missionnaires, permettra d'atteindre la «civilisation». Selon les mots mêmes de lord Glenelg (Charles Grant, secrétaire d'État aux Colonies de 1835 à 1839), le but visé est de «protéger et chérir cette race sans défense [... et] de les élever dans l'échelle de l'humanité[3]». Londres reste le centre de l'administration de l'Amérique du Nord britannique jusqu'en 1860, année où sa branche civile est rendue aux colonies.

Le financement de ce plan doit venir des sommes réinvesties provenant de la vente des terres acquises des Amérindiens. En d'autres termes, ils paieront leur propre marche vers la civilisation. La mise au point des détails est principalement (mais pas entièrement) laissée à l'initiative des gouverneurs coloniaux. Rappelons que cette situation survient au moment où chaque colonie (Nouvelle-Écosse, Île-du-Prince-Édouard, Bas-Canada (Québec) et Haut-Canada (Ontario)) possède une administration distincte. (Les deux Canadas seront réunis en 1840, après la rébellion de 1837-1838.) La Compagnie de la baie d'Hudson administre alors la Terre de Rupert et la côte ouest. Il faut aussi garder à l'esprit que c'est l'époque des expériences utopistes — on tente de créer des communautés à l'image des idéaux victoriens de vie vertueuse. Ces villages modèles doivent devenir pour les Amérindiens un instrument d'inculcation des valeurs des Blancs. Ces derniers ne portent du reste pas toujours l'odieux de l'initiative, étant donné que des tribus comme les Mississagués, constatant que les manières de l'ancien temps ne conviennent plus, se mettent en devoir de trouver leurs propres accommodements aux nouvelles mœurs[4].

## Dans les régions arctique et subarctique

Chez les Inuits, la fréquentation des hommes blancs s'effectue dans deux zones principales: la côte du Labrador dès le XVIᵉ siècle ainsi que le centre et l'ouest de l'Arctique à compter du début du XIXᵉ. Les hostilités entre les Inuits de la côte du Labrador et les Blancs, qui ont débuté durant le régime français et se sont poursuivies après la Conquête, ont abouti à leur déplacement vers le nord. En 1765, la situation se calme, sans toutefois prendre fin, grâce aux efforts du missionnaire morave Jens Haven (1724-1796), que les Inuits appelaient «Ingoak» («l'ami des Inuits[6]»). En 1769, les moraves reçoivent une concession de 40 469 hectares (100 000 acres), où Haven peut, dès l'année suivante, fonder sa première mission (comprenant aussi un poste de traite et un atelier) à Nain. Une Inuite influente, Mikak (Micoc; v. 1740-1795), avait apporté un appui inestimable à ce projet; elle avait été envoyée à Londres par le gouverneur Palliser dans l'espoir que, impressionnée par la puissance de l'Angleterre, elle inciterait les siens à arrêter de s'en prendre aux pêcheries anglaises[7]. En associant le commerce avec leur activité missionnaire, les frères moraves se trouvent en concurrence avec la Compagnie de la baie d'Hudson, situation qui atteindra son point critique dans la seconde moitié du XIXᵉ siècle. Par la suite, incapables de réussir à concilier les contradictions entre les intérêts du commerce et ceux de leur mission évangélisatrice, les frères doivent finalement céder leurs activités commerciales à la CBH en 1926[8].

Dans le centre et l'ouest de l'Arctique, la grande attraction, c'est la chasse à la baleine, pratiquée principalement par les Britanniques et les Écossais, même si les Danois et d'autres sont également présents dans le détroit de Davis. En 1820, les baleiniers sont à l'œuvre à l'est de la Terre de Baffin et se déplacent vers l'ouest; au tout début de la seconde moitié du siècle, les Américains dominent ce type de chasse sur la côte ouest au large de la côte occidentale de la baie d'Hudson ainsi que dans l'Arctique Ouest, où ils s'installent généralement pour deux ans, hivernant à la baie de Repulse, immédiatement au nord de l'île Southampton, à l'entrée de la baie d'Hudson, et plus tard à Pauline Cove, sur l'île Herschel, dans la mer de Beaufort, tandis que les Britanniques prédominent plutôt dans le détroit de Davis et plus particulièrement dans la baie de Cumberland. La baleine franche boréale est la principale cible de cette chasse; appréciée pour son huile, elle est encore plus spécialement recherchée pour ses fanons qui entrent dans la fabrication de fins corsets dont la vogue permet de mettre en valeur nombre de silhouettes féminines[9].

L'entreprise individuelle est au goût du jour, en particulier dans l'Arctique Ouest; il n'existe aucune organisation systématique des opérations de chasse, ni la moindre supervision gouvernementale[10]. Pour les Inuits, l'association peut être rentable à court terme, puisqu'ils louent leurs services aux baleiniers; les débris (bois, métaux et autres) qu'abandonnent ces derniers leur profitent aussi. À long terme toutefois, l'adoption du fusil et d'autres articles de traite (comme des aliments tels que la farine, le sucre et le thé[11]) entraînent une perte d'intérêt pour le maintien d'anciennes techniques de chasse et mènent par conséquent à un affaiblissement de l'autosuffisance. De nouvelles maladies aggravent la situation, et les effets combinés de ces facteurs se feront durement sentir plus tard durant le siècle. L'attaque massive des populations de baleines, qui avait débuté dans le détroit de Belle Isle au XVIe siècle pour se déployer ensuite vers le nord, commençait à affecter la disponibilité des mammifères marins en tant que nourriture pour les indigènes. Bien que la chair de baleine ne fût qu'un aliment parmi d'autres (ils mangeaient par exemple beaucoup plus de chair de morse[12]), capturer un de ces gros mammifères constituait le défi ultime pour un chasseur. Pis encore, la tuerie commerciale des baleines et des morses, à son apogée entre 1868 et 1883 (à la même époque, les hardes de bisons se font décimer dans les prairies), aboutit à une famine généralisée[13]. En 1900, les anciens Inuvialuits de la région sont disparus et ont été remplacés par les Inuits de l'Alaska, venus avec les chasseurs américains de baleines[14]. Ce n'est là qu'une simple indication des perturbations entraînées par un contact qui sera en fin de compte plus répandu[15].

La recherche du passage du Nord-Ouest, pourtant entreprise depuis plusieurs siècles, préoccupe toujours les Britanniques; plusieurs nouvelles tentatives, dont la plus célèbre de toutes, la désastreuse expédition de John Franklin (1786-1847) en 1845-1848, ont donc lieu pendant la première moitié du XXe siècle. Puisque seuls les Inuits sont intéressés à s'établir en permanence dans l'Arctique, la question de la propriété foncière n'est jamais soulevée, et les Inuits ne signent aucun traité avant celui des Inuvialuits en 1984. Ils peuvent donc vivre comme bon leur semble sans devoir changer leurs coutumes. Les intrusions des Blancs sont rares et dispersées, comme celles des missions moraves et de Grenfell sur la côte du Labrador aux XVIIIe et XIXe siècles, et de plus récentes dans les Territoires-du-Nord-Ouest et dans la mer de Beaufort à partir du Pacifique. La CBH ne fonde aucun poste permanent dans le Grand Arctique avant le tout début du XXe siècle, malgré qu'elle en ait exploité certains depuis longtemps dans le Bas-Arctique. Peu d'Inuits ont travaillé pour la compagnie comme chasseurs ou interprètes: celui qui est sans doute le mieux connu, du moins des Blancs, est Ooligbuck (Oullibuck, Ullabuck, entre autres orthographes; mort en 1852), qui a chassé pour Franklin à une certaine époque.

Pendant les années 1840, la Compagnie de la baie d'Hudson commence à établir des postes dans l'Extrême-Nord-Ouest, en dépit de sérieux doutes sur la possibilité que sa charte s'étende à ces régions. Le premier d'entre eux est celui de la rivière Peel, qui deviendra plus tard le fort McPherson, dans les Territoires-du-Nord-Ouest. Et à mesure que l'activité commerciale s'enfonce vers l'ouest au cœur du Yukon[16], les témoignages d'échanges avec des Amérindiens et des Russes de la côte pacifique se font plus sérieux. Si les Autochtones de la région sont contents d'avoir accès aux nouveaux produits commerciaux, certains trafiquants de la côte tels les Tlingits ne voient pas d'un bon œil cette double invasion de leurs domaines de traite[17]. D'ailleurs, quand la CBH fonde le fort Selkirk, au confluent de la rivière Pelly et du fleuve Yukon, sur les terres ancestrales des Tutchonis du Nord, les Tlingits défendent leurs intérêts commerciaux en détruisant le poste et en défiant Britanniques et Russes. C'est au milieu de ce conflit à trois qu'arrivent les missionnaires, anglicans d'abord en 1861, puis catholiques tout de suite l'année suivante[18].

## Dans les Maritimes

La mort de la dernière Béothuke connue, en 1829, fait en sorte qu'il ne reste plus aucun Autochtone à Terre-Neuve. Les Micmacs qui ont émigré dans la région de la baie St George's depuis la chute de la Nouvelle-France ne sont pas reconnus officiellement et ne le seront pas avant 1984.

En Nouvelle-Écosse, le ressentiment antiamérindien reste fort, une conséquence, du moins partielle, des 150 ans de guerres avec les Micmacs. En 1838, le nombre de ces derniers s'élève à 1 425; vivant dans des conditions misérables, ils déclinent si rapidement qu'on s'attend à les voir disparaître tout à fait dans une quarantaine d'années. Puisqu'on ne leur reconnaît aucun droit ancestral sur un territoire, sinon le droit de chasser et de pêcher «suivant le plaisir du souverain» (chapitres VI et XI), si un Micmac veut un terrain, il doit demander une concession comme n'importe qui d'autre. Ils ne reçoivent pourtant que des permis d'occupation «tant que cela plaira», et ces terrains ne sont pas arpentés[19]. Quelque 8 114 hectares (20 050 acres) de terres sont réservés à cet effet par décret du Conseil, mais ni les terres ni les emplacements ne sont bons, et il n'y a rien alentour de l'ancien terrain privilégié pour la chasse que constituait autrefois Halifax[20]. Ces terres ne sont pas destinées à des bandes particulières; comme le souligne Douglas Sanders, spécialiste en histoire du droit, tous les Amérindiens avaient des droits égaux à l'égard de toutes les réserves, un régime qui restera en vigueur jusqu'en 1960[21]. Mais, là aussi, ils sont constamment envahis par des colons blancs qui s'installent illégalement et que le gouvernement ne parvient pas à mettre au pas; pis encore, les billets de localisation de certains propriétaires de ferme viennent parfois empiéter sur les réserves[22]. Des chefs comme Andrew Meuse (chef de la nation qui habitait près du goulet d'Annapolis Royal; *circa* 1821-1850) et Charles Glode (Gloade; mort en 1852) exercent de fortes pressions en faveur de leurs gens, avec un certain succès. Meuse obtient pour les siens le droit de poursuivre la traditionnelle chasse au marsouin[23]. Glode, un fermier prospère de la même région, est l'un des rares Micmacs à recevoir un terrain en franche tenure, une rupture avec les usages amérindiens en matière de propriété foncière qui convenaient peu aux gens de sa race.

En Nouvelle-Écosse, la loi prévoyant l'instruction et l'établissement permanent des Indiens, passée en 1842, crée le poste de commissaire aux Affaires indiennes chargé de surveiller les réserves et de voir à la reconnaissance officielle des chefs en les nommant capitaines de milice; la loi fournit aussi les plans d'arpentage de leurs réserves afin de pouvoir organiser la distribution de terres à leur intention. Le premier titulaire (non rétribué) du poste est Joseph Howe (1804-1873), personnage dont l'opposition à la Confédération laissera une marque dans l'histoire du Canada. Le manque de soutien public et le sentiment antiamérindien viennent à bout de ses bonnes intentions, et il ne reste pas en poste beaucoup plus d'un an. L'épidémie de mildiou qui frappe les cultures de pommes de terre de 1846 à 1848 ne vient qu'ajouter à l'infortune des colons et des Amérindiens. Il faut attendre 1859 pour qu'on tente résolument de reprendre la situation en main, à l'aide d'une loi concernant les réserves amérindiennes. Les squatters bien établis sont autorisés à acheter les terres qu'ils se sont appropriées, et les recettes doivent être placées dans un fonds de secours aux Amérindiens; tout nouveau squatter doit être expulsé. On prévoit la régularisation des arpentages et l'attribution d'un terrain à chaque Amérindien. Le gouvernement annonce bientôt l'établissement incontestable des limites des réserves; en 1866, 637 familles amérindiennes possèdent des réserves couvrant 8 389 hectares (20 730 acres). Malgré cela, bien peu de squatters déboursent un seul sou pour leurs terres, et pas un seul ne paie le plein prix[24]. Pendant ce temps, rares sont les Micmacs qui se font agriculteurs, métier que leurs ancêtres ont pratiqué, d'après leur propre mythologie. En outre, ils s'obstinent à conserver leur tradition tribale de possession en commun des terres et s'objectent au morcellement des réserves en locations à bail individuelles.

En 1830, le Nouveau-Brunswick compte une population d'Autochtones plus faible encore que la Nouvelle-Écosse: moins d'un millier de Micmacs, de Malécites et d'Abénaquis. Ceux qui habitaient les forêts de pins blancs de la Miramichi ont été décimés par le désastreux incendie de 1825 qui a détruit 15 540 kilomètres carrés (6 000 milles carrés) de forêt primaire, emportant du même coup la base de leur approvisionnement alimentaire. La nouvelle colonie du Nouveau-Brunswick, issue d'une division de la Nouvelle-Écosse en 1784, refuse de reconnaître la seule concession territoriale faite par l'administration précédente, soit les 8 094 hectares (20 000 acres) accordés à John Julian et sa bande le long de la Miramichi. Quand la concession est enfin confirmée en 1808, elle est réduite de moitié[25].

Comme cela s'est produit en Nouvelle-Écosse, l'afflux non contrôlé des Loyalistes suscite un fort ressentiment; au point que la troupe doit intervenir. Les affaires indiennes sont aussi mal administrées qu'en Nouvelle-Écosse: terres concédées de façon ponctuelle et postes (tels que commissaire aux Affaires indiennes) non rétribués. Quand est finalement dressée la liste des terres réservées aux Amérindiens, en 1838, elles totalisent 24 804 hectares (61 293 acres) divisés en 15 réserves. De nouveau, la présence de squatters refusant de quitter les terres indiennes crée des difficultés[26]. Un conflit frontalier avec les États-Unis — au cours duquel chacune des parties fait appel aux Autochtones pour témoigner en sa faveur — vient compliquer les choses. La colonie recourt aux distributions de cadeaux afin de gagner l'amitié des Amérindiens, lesquels sont récompensés pendant la guerre de 1812 pour leur déclaration de neutralité.

Sir Edmund Head, lieutenant-gouverneur du Nouveau-Brunswick de 1848 à 1854, conseille vivement de traiter les Amérindiens comme des enfants (une idée grandement répandue à l'époque), ce qui limite leur discernement et leur capacité juridique par rapport à la gestion de leurs propres affaires. Moses H. Perley, commissaire de la province aux Affaires indiennes de 1841 à 1848, dans un rapport où il est question du grave rétrécissement des territoires indiens[27], s'efforce d'améliorer leurs conditions, mais sans succès. Il joue un rôle de premier plan dans la rédaction de la loi concernant l'aménagement et la cession des réserves indiennes de la province, datant de 1844; mais, au moment de son adoption, elle a subi tant de modifications que tous ses efforts visant à satisfaire ou à protéger les souhaits et les intérêts des Amérindiens sont réduits à néant. Les réserves doivent être redivisées à raison de 20 hectares (50 acres) par famille, et le surplus vendu «au profit des Indiens». En 1867, en dépit de l'accroissement théorique de la surface des propriétés amérindiennes jusqu'à 26 748 hectares (66 096 acres), 16 pour cent seulement de celles-ci ont été vendues, habituellement à des prix ridiculement bas, et des squatters en occupent toujours 4 000 hectares (10 000 acres). Ainsi que le soulignera plus tard l'historien Leslie Upton (1931-1980), un seul facteur a épargné aux Amérindiens une dépossession totale: une grande partie des sols du Nouveau-Brunswick ne convenaient pas à l'agriculture, et la plupart des terres des Amérindiens étaient tout au plus médiocres[28].

La situation des Autochtones est pire encore dans l'île du Prince-Édouard, qui a été partagée, en 1767, entre 66 absentéistes britanniques, sans laisser la moindre concession aux habitants d'origine. De ce fait, il ne reste rien au gouvernement qui se retrouve par conséquent privé d'une source importante de revenus. Des pétitions, nombreuses, suscitent de longs débats où l'on soulève le fait que, si les Micmacs ont déjà déterré la hache de guerre contre les Britanniques, ils l'ont depuis réenterrée contre la promesse d'un traitement équitable. «Ils ont promis de nous laisser une partie de notre territoire — ce qu'ils n'ont pas fait — ils nous ont conduits d'un endroit à l'autre comme des bêtes sauvages — c'était injuste[29].» L'adoption d'une loi prévoyant la nomination d'un commissaire chargé de leurs affaires, en 1856, constitue la première reconnaissance officielle des Amérindiens par la colonie. En 1859, 83 hectares (204 acres) de terres longeant la rivière Morell sont réservés pour eux; c'est l'unique transaction qui réussira dans l'île[30]. Finalement, l'île Lennox, d'une étendue totale de 567 hectares (1 400 acres), est achetée pour les Autochtones grâce aux efforts d'individus intéressés à la colonie et de l'Aborigines' Protection Society, fondée en 1838. Les fonds nécessaires ont été recueillis en Grande-Bretagne et la vente a été conclue en 1870. On donne aussi de l'argent pour l'établissement de sept familles amérindiennes. Quatre ans plus tard, presque 36 hectares (90 acres) sont en culture.

## Les deux Canadas

La population autochtone du Haut-Canada et du Bas-Canada (noms donnés respectivement à l'Ontario et au Québec dans l'Acte constitutionnel de 1791) est estimée en 1824 aux environs de 18 000, évaluation qui ne tient pas compte des Amérindiens «sauvages» de la forêt boréale. Vingt ans plus tard, elle n'est plus que de 12 000, ce qui rend crédible la croyance populaire de l'«Amérindien en voie de disparition»; entre 1818 et 1828, la population blanche double. Comme nous l'avons vu, la Proclamation de 1763 s'applique exclusivement au Haut-Canada. Dans le Bas-Canada, on a confirmé, lors de la capitulation de Montréal en 1760, l'existence de terres mises de côté pour des villages amérindiens au cours du régime français. Dans le Haut-Canada, les cessions de territoires faites par traité ont commencé à être signées en 1764 et elles se poursuivent (chapitres XII et XVII).

De 1828 à 1845, une série de changements modifient radicalement l'administration des affaires indiennes dans les deux Canadas (chapitre XVII). Sir John Johnson prend sa retraite en 1828, mettant un terme à 80 ans de domination par la famille Johnson. À cette époque, il apparaît à certains personnages influents tels sir George Ramsay, comte de Dalhousie et gouverneur général de 1819 à 1828, qu'un ministère consacré en particulier aux affaires amérindiennes est superflu et que sa décentralisation est souhaitable. Ce à quoi s'oppose avec succès le major-général H.C. Darling, surintendant en chef du département de 1828 à 1830, avec son rapport de 1828 sur la situation des Indiens, une première du genre dans les deux Canadas. Il préconise la création de fermes et de villages modèles, en réalité un système de réserves, comme le meilleur moyen de civiliser les Amérindiens, un processus dans lequel le département doit jouer un rôle fondamental en déplaçant et rétablissant des Indiens dont l'État a la charge. Le prospère village agricole des Mississagués, récemment fondé sur la rivière Credit, proclame déjà toutes les perspectives d'avenir d'un tel projet. On a qualifié ce rapport d'acte fondateur du programme britannique de civilisation. Dans l'intervalle, l'administration des affaires indiennes du Bas-Canada est séparée de celle du Haut-Canada. Cela signifie dans la pratique que la majorité du personnel d'expérience reste dans le Haut-Canada; outre les Johnson, il y a déjà au service du département une tradition de fils qui suivent les pas de leur père. Certains efforts sont faits pour recruter des interprètes et des commis parmi les Amérindiens, ce qui ne les empêche pas d'être totalement absents de la direction. En vertu de l'Acte d'union de 1840, le Haut-Canada devient le Canada-Ouest, et le Bas-Canada le Canada-Est. Puis, en 1867, la Confédération entraîne la transmission de l'appareil administratif du

Canada-Ouest au nouveau dominion, absorbant ainsi les autres administrations coloniales.

Dans le Canada-Est, les villages amérindiens d'Odanak (Saint-François), Bécancour, Caughnawaga (Sault-Saint-Louis, aujourd'hui Kahnawake), Saint-Régis (Akwesasne), Oka (Lac-des-Deux-Montagnes, Kanesatake) et L'Ancienne-Lorette ont été fondés longtemps avant la conquête; en fait, la première réserve du Canada, celle de Sillery, a été fondée à proximité de Québec deux siècles plus tôt, en 1637, sur l'emplacement d'un ancien lieu de pêche des Montagnais[31]. Les Français, inspirés par les réserves créées par les jésuites au Brésil, ne tentent pas de dédommager les indigènes pour le territoire perdu; bien au contraire, le roi des Français met de côté des terres — à ses yeux françaises — à la disposition des Amérindiens suivant certaines conditions[32]. Sillery, bien que créée expressément dans l'intérêt des Autochtones, reste l'entière propriété des jésuites jusqu'en 1651, année où le titre est transféré temporairement aux Amérindiens, sous l'administration des jésuites[33]. Cette décision inhabituelle doit être prise pour s'assurer de la loyauté des Autochtones (pour la plupart des Hurons) durant des conflits coloniaux qui se font plus intenses. Dans les années 1640, environ 40 familles chrétiennes et un beaucoup plus grand nombre de traditionalistes sont établis là, vivant très souvent dans des wigwams d'écorce; seuls les Amérindiens «principaux» vivent dans des maisons à l'européenne construites pour eux[34]. Il s'agit en réalité d'une mission institutionnelle destinée à initier à l'agriculture des Autochtones dont les terrains de chasse ont subi une chasse et un piégeage excessifs et qui ont par conséquent perdu leurs ressources alimentaires traditionnelles. Cependant, des règlements restrictifs (entre autres, le fait que les Indiens doivent obtenir la permission des jésuites ou d'un capitaine chrétien pour pêcher ou chasser[35]), aggravés par des difficultés associées à la guerre, aux maladies et à l'alcool, refroidissent l'ardeur initiale; d'autres malheurs, tels qu'un raid iroquois en 1655 ainsi que la destruction par un incendie de la majorité des bâtiments, viennent mettre fin à l'expérience. Les titres de propriété sont redonnés aux jésuites dont l'éthique a été mise en doute[36]. La cession permet à ces derniers, au cours de la seconde moitié des années 1660, de commencer à ouvrir la réserve à la colonisation par les Blancs, sous prétexte que les Amérindiens ne s'en servent pas[37].

Au sens moderne du terme, la «réserve», ce territoire mis à part pour être utilisé de façon continue par les Amérindiens contre l'abandon de la majeure partie de leurs terres[38], n'apparaît pas avant la Proclamation de 1763; sous le régime français, qui ne reconnaît aucun titre aux premiers occupants, les terres accordées à leurs collectivités ont été concédées aux missionnaires «pour le bien-être des Amérindiens». Cela signifie que des Autochtones tels que les Cris et les Sauteux du Nord ne disposent d'aucun moyen d'action quand leurs terres sont envahies sans permission par des bûcherons et des colons, comme ça avait été le cas avec les Micmacs de Restigouche à l'égard de leurs zones de pêche. Même si leurs problèmes ne constituent pas une priorité pour le nouveau gouvernement anglais, aux prises avec le conflit franco-anglais, les Autochtones gagnent leur cause au moins une fois. En 1761, lorsque les jésuites soutiennent qu'en tant que seigneurs de Caughnawaga ils ont le droit de vendre des portions du territoire, les Iroquois se plaignent au général Thomas Gage, gouverneur militaire de Montréal de 1760 à 1763. Ce dernier, qui se rappelle la présence des Iroquois aux côtés des Britanniques pendant le récent conflit, voit à ce que les jésuites soient privés de tout droit sur la réserve, qui est alors remise aux Amérindiens; de plus, il nomme un agent qui doit s'assurer du versement du loyer des portions cédées au profit des Iroquois[39]. La décision est ratifiée en 1764 par James Murray, gouverneur de Québec de 1763 à 1766. Le geste de Gage sera très utile à Kahnawake dans l'avenir.

Louer et vendre leurs terres constitue le meilleur moyen de trouver les fonds pour civiliser les Amérindiens, suggère en 1829 sir John Colborne, lieutenant-gouverneur du Haut-Canada de 1828 à 1836. Le gouverneur du Bas-Canada de 1828 à 1830, sir James Kempt, est du même avis et soutient aussi l'idée des villages modèles. Il faut d'abord et avant tout que les Amérindiens deviennent des citoyens autonomes et prennent place dans le cadre culturel de la vie coloniale; les vieilles habitudes de chasse sont condamnées. Pendant tout le XIXᵉ siècle, ce besoin de voir les Amérindiens marcher sur les traces de l'homme blanc sera un thème prédominant dans l'administration. Entre-temps, on poursuit les distributions — personne n'a oublié la leçon de 1763, même si les services militaires des Amérindiens ne sont plus requis, du moins pas avant les troubles de 1837-1838. Ces épisodes prolongent la durée des distributions, même si leur coût devient de moins en moins acceptable; on leur met finalement un terme en 1858. Le point tournant pourrait se situer en 1827, lorsque les Sauteux de Chenail Ecarte et de Lower Saint Clair abandonnent de larges portions de territoire dans les districts de London et de Western contre des rentes et quatre réserves. Pendant ce temps, l'appui des autorités à l'idée des villages modèles a fait assez de chemin pour être mise en application[40]. Ces expériences se déroulent toutes dans le Canada-Ouest, bien qu'elles s'inspirent largement des villages amérindiens établis depuis longtemps dans le Canada-Est. Officiellement, les habitants de ces premiers établissements sont tous chrétiens et mènent une vie sédentaire; les Britanniques espèrent que cette réalisation servira d'émulation dans le Canada occidental, où les premiers contacts remontent moins loin dans le temps[41]. En réalité, le Canada-Ouest a déjà réussi deux implantations de villages chrétiens d'inspiration amérindienne, l'un sur la rivière Credit, et l'autre dans l'île Grape, près de Belleville, mais nous reviendrons là-dessus plus tard.

Un autre établissement précurseur du village amérindien modèle avait été fondé en 1792 sur la Thames, près de la future frontière internationale, à l'intention de réfugiés loups (Delawares) par les frères moraves. Appelé à l'origine Fairfield, il avait très tôt été couramment surnommé Moraviantown. Plus qu'un simple succès (entre autres parce qu'au départ les Loups (Delawares) étaient traditionnellement agriculteurs), le village était devenu plus prospère que les établissements coloniaux environnants. Saccagé et incendié par les Américains pendant la guerre de 1812, le village est reconstruit en 1815 et rebaptisé New Fairfield; sa prospérité d'antan ne reviendra pourtant jamais. Face aux habituels problèmes d'empiétement de leurs terres par les colons, qui se font sans cesse plus graves, bon nombre d'Amérindiens partent vers le Midwest américain. Au demeurant, les autorités coloniales sont réticentes à concéder aux Loups la franche tenure d'un territoire. En fin de compte, elle est accordée en 1903 à l'Église épiscopale méthodiste du Canada, ce que n'apprécient guère les Loups.

Le Métis mississagué-écossais et ministre méthodiste Peter Jones (Kahkewaquonaby, «Plumes sacrées»; 1802-1856) réussit fort bien à convertir les membres de sa bande au méthodisme[42]. Bien qu'il eût été préférable, à leur avis, que Jones fût anglican (en tant que religion officielle de la Grande-Bretagne, l'anglicanisme avait reçu le même statut dans le deux Canadas), les autorités sont suffisamment impressionnées, en 1825, pour offrir de bâtir à l'intention des convertis un village de 20 maisons sur la rive ouest de la rivière Credit et pour les aider à démarrer dans une nouvelle vie d'agriculteurs sur 1 619 hectares (4 000 acres) de terres. Dix ans plus tard, 344 hectares (850 acres) sont défrichés, en dépit des difficultés de toutes sortes: la transition de ces anciens chasseurs vers une vie agricole n'a pas été facile, malgré la détermination de leurs efforts. De fortes pressions ont été exercées sur les Mississagués pour qu'ils franchissent le pas, et ils attendent de Jones et de son frère qu'ils les aident à trouver leur voie dans ce nouveau monde étrange; honneur peu courant, Jones est élu chef à l'âge de 27 ans. Il doit composer avec le désir de l'administration qui souhaite voir sa bande embrasser l'anglicanisme, un changement qu'ils refusent parce qu'ils ne peuvent s'associer à l'institutionnalisme structuré de cette religion. Cela ne lève pas les doutes que continue d'entretenir le gouvernement à l'égard des liens qui unissent le méthodisme et les Américains. La demande d'un titre de propriété pour la réserve est finalement refusée à la bande sous prétexte qu'aucun titre semblable ne peut être accordé à une bande amérindienne. Du reste, on considère que les Mississagués sont incapables de se montrer à la hauteur de cette responsabilité[43]. Une tentative est faite en vue de relocaliser l'établissement dans l'île Manitoulin, présumément pour le soustraire à l'influence américaine, mais les Amérindiens parviennent à en empêcher l'exécution. En fin de compte, en 1847, les Mississagués acceptent l'invitation des Six-Nations, qui offrent de fonder avec eux New Credit, à proximité de Hagersville, en Ontario, où ils se trouvent toujours.

Le missionnaire méthodiste d'origine américaine William Case (1780-1855) utilise des capitaux américains pour fonder en 1827 un village dans l'île Grape, dans la baie de Quinte, à 10 kilomètres à l'est de Belleville. Comme l'île ne mesure que 4 hectares et que le village compte 200 habitants sauteux, ces derniers se servent d'une autre île, éloignée d'un kilomètre, pour leurs cultures, et d'une troisième pour la coupe du bois de chauffage. Case mène l'entreprise comme un camp militaire, et ça marche un certain temps. En 1836, tous les habitants déménagent sur un emplacement plus convenable, à Alderville, sur le lac Rice. Chaque famille reçoit alors un terrain de 20 hectares (50 acres); dès 1848, le village dispose d'une école.

Deux établissements fondés en 1829 sous les auspices du département des Affaires indiennes, l'un à Coldwater et l'autre aux Narrows (à proximité d'Orillia), connaissent une vie plus éphémère encore; leurs habitants sont guidés par le capitaine Thomas G. Anderson (1779-1875), agent au service du département, extrafiquant de fourrures et ancien combattant de la guerre de 1812. Partisan de l'autorité, Anderson, malgré l'intérêt sincère qu'il porte aux gens avec lesquels il travaille — majoritairement des Sauteux, plus des Outaouais et quelques réfugiés américains d'origine potéouatamise —, les considère encore comme des mineurs dont les intérêts importent moins que ceux des colons[44]. Les chefs collaborent quand même; il y a parmi eux Musquakie, dont la famille a joué un rôle influent en maintenant les Sauteux du lac Simcoe loyaux à la couronne britannique pendant la guerre de 1812, et John Aisance (Ascance, Essens; v. 1790-1847), qui a combattu aux côtés des Britanniques durant le même conflit et qui amènera un groupe de guerriers sauteux au service de l'État pendant la rébellion de 1837[45]. Pour Aisance, moins docile que Musquakie et fréquemment en conflit avec Anderson, la voie vers l'avenir réside tout de même dans la collaboration avec le pouvoir blanc. Eux et d'autres chefs tels William Snake coopèrent afin que ces entreprises connaissent des débuts assez prometteurs pour que le département accède à une prolongation des crédits en 1833. Pourtant, aussi tôt qu'en 1837, des difficultés financières aiguës entraînent l'abandon des deux établissements. Aisance estime alors qu'il y a eu fraude. Quelques années plus tard, en 1856 plus précisément, sa bande s'installe à l'île Christian, où ses descendants se trouvent toujours.

En 1835, le département fait un nouvel essai avec Anderson à Manitowaning, dans l'île Manitoulin. Cette fois, les fonds ne manquent pas; mais la présence de sectes religieuses en conflit, aggravée par le paternalisme de l'administration d'Anderson, entraîne des difficultés. Un rapport de 1858 conclut à l'échec puisque l'établissement ne compte que 44 familles et 170 habitants. Officiellement, le projet est enterré en 1862; comme établissement toutefois, Manitowaning survit. Un groupe d'Ojibwés décident de leur propre chef de fonder à Little Current un village qui existe encore. L'île abrite aussi aujourd'hui l'ancienne mission de Wikwemikong, établie par les jésuites.

Le destin incertain de ces villages modèles résulte autant des contradictions de la politique officielle et de l'administration que des facteurs indigènes mis en cause. Le Canada français et l'Amérique espagnole ont amplement démontré les possibilités de réussite de ces entreprises. Les Indiens qui y participent sont peut-être ceux qui ont le plus intérêt à en faire un succès: parfaitement conscients que leur survie passe par l'adaptation, comme cela a toujours été le cas, et aux prises avec la baisse dramatique de leur population ainsi que la disparition de leurs réserves alimentaires en gibier, ils font tout leur possible pour que les projets aboutissent. Cela est particulièrement vrai de certains aspects de l'enseignement, les Autochtones et l'administration percevant l'instruction comme la clé de l'avenir. Chacun la conçoit pourtant de façon différente: pour les Amérindiens, c'est un outil d'adaptation; pour l'administration, un outil d'assimilation. Parfois irréalistes, les objectifs de cette dernière sont entachés d'un profond pessimisme à l'égard de la capacité des Amérindiens «d'atteindre la civilisation» et font vite conclure à l'échec dès que surgissent les difficultés. Le fait que le taux de réussite de ces entreprises a été aussi élevé en dit long sur les efforts et la détermination qu'ont mis les Amérindiens à tirer le meilleur parti possible d'une situation très difficile.

Dans *Sacred Feathers*, biographie sur Peter Jones écrite par l'historien Donald B. Smith, l'auteur raconte comment le ministre méthodiste personnifiait cette lutte. Cet homme remarquable, d'après lui,

> a vécu à une époque d'oppression à l'égard des peuples autochtones du Canada. [...] Durant trois décennies, Peter Jones a combattu pour obtenir un titre sûr pour les réserves, un fonds de terre économiquement viable pour chaque bande, un système d'éducation de premier ordre et l'autonomie gouvernementale des Indiens. Les hommes politiques blancs, en majorité, n'ont tenu aucun compte de lui [...] d'autres mènent aujourd'hui les combats politiques que Peter Jones a entrepris[46].

Le travail de Jones représentait une première solution aux tensions subies par les Ojibwés; une seconde, plus profondément ancrée dans les traditions d'avant les contacts, était l'émergence de Midewiwin, dite la Grande Médecine. Les cérémonies de cette société ont pris une place centrale dans la vie des Ojibwés, avec ses rites initiatiques élaborés, ses classes d'adhérents et une organisation «cléricale» dont les initiés étaient des spécialistes en prophéties et en traitement des maladies. Comme nombre d'autres mouvements spirituels autochtonistes, il s'agissait là d'une réaffirmation culturelle face à de nouvelles forces inconnues[47].

## Condamnation d'une histoire honteuse

Pour au moins un haut fonctionnaire, les villages modèles sont une perte de temps. Le lieutenant-gouverneur du Haut-Canada de 1836 à 1838, sir Francis Bond Head, s'est découvert un intérêt pour les Amérindiens par suite d'un séjour en Argentine et au Pérou; il est affligé par le «sort des habitants [peaux-]rouges d'Amérique, vrais propriétaires de son sol» qui à ses yeux représentent «le plus honteux récit depuis les débuts de l'histoire écrite de la race humaine». Il en déduit que, puisque les chasseurs ne démontrent que peu, sinon pas de prédisposition à se transformer en agriculteurs, et que les villages modèles inculquent plus de vices qu'ils n'en suppriment, il s'ensuit que «la plus grande bonté dont nous puissions faire preuve envers ces gens intelligents et naïfs est de les tenir loin et de les fortifier le plus possible contre toute communication avec les Blancs». Il pense en outre que l'île Manitoulin et la région environnante offriraient un refuge valable, du fait qu'il serait «totalement isolé» des Blancs[48].

Sans se laisser décourager par l'opposition des missionnaires, puis plus tard par celle de l'Aborigines' Protection Society, Bond Head profite d'une distribution de cadeaux à l'île Manitoulin en 1836 pour régler deux importantes cessions de territoire. Il convainc un certain nombre de chefs ojibwés de céder par écrit le chapelet de «vingt-trois mille îles» de Manitoulin contre la promesse que la couronne protégera la région en tant que territoire amérindien. De plus, les Autochtones qui s'y établiront bénéficieront d'une aide pour s'adapter à leur nouveau mode de vie. Le second accord est passé avec les Ojibwés de la réserve de Saugeen, dans la péninsule de Bruce. Après les avoir avertis que le gouvernement ne pourrait interdire aux squatters de s'installer sur leur territoire, il leur promet que, s'ils vont s'établir dans la région de l'île Manitoulin ou dans le nord de la péninsule de Bruce, au delà d'Owen Sound, le gouvernement leur fournira un logement et du matériel, en plus de voir à ce qu'ils soient installés convenablement. Incapables de résister aux pressions auxquelles ils sont soumis après un premier refus, les Ojibwés cèdent plus de 607 000 hectares (1,5 million d'acres) du territoire de Saugeen et il ne leur reste plus que «les rochers de granite et les marais» de la partie restante. Bond aurait préféré avoir la péninsule en entier, mais il s'est contenté de ce qu'il pensait obtenir sans argumenter. Il emploiera la même tactique pour arracher d'autres concessions dans le sud.

Le gouvernement de Sa Majesté impériale est fortement impressionné par l'abandon pacifique de ces territoires immenses. L'Aborigines' Protection Society, elle, voit les choses différemment: pour ses membres, les transactions permettent d'échanger 1 214 057 hectares (3 000 000 d'acres) de riches terres contre «23 000 îles stériles, des rochers de granite, auxquelles le nom d'îles Manitoulin donne de la dignité». En fin de compte, les Autochtones ont une attitude d'impuissance devant l'avance des colons, étant donné que les tentatives de revendication de leurs droits ne leur profitent pas beaucoup. Les Ojibwés de la réserve de Saugeen ont fait observer qu'«ils étaient ruinés, mais [que] c'était inutile d'en dire plus long, puisque leur Grand Père était décidé d'avoir leurs terres — qu'ils étaient pauvres et faibles et devaient se soumettre, et que, s'ils ne le laissaient pas arriver à ses fins, ils perdraient absolument tout». Leur mécontentement atteint un tel paroxysme qu'ils délaissent la porcelaine pour reprendre le tomahawk. À ceux qui les préviennent qu'ils ne peuvent l'emporter sur les Blancs, ils répliquent: «Nous le savons très bien; mais vous ne voyez pas que nous sommes tous condamnés à mourir; toutes nos terres nous sont enlevées, et nous croyons que si nous tuons quelques-uns des Blancs, ils viendront et nous extermineront, et alors c'en sera fini de nous[49].»

Le déclenchement des troubles de 1837-1838 rappelle aux autorités que les beaux jours de l'utilité militaire des Amérindiens dans l'est de l'Amérique du Nord britannique ne sont peut-être pas entièrement révolus. De fait, malgré leurs propres difficultés, certains Sauteux se portent volontaires pour combattre au sein des forces gouvernementales; un besoin qui ne se fera pas sentir dans le Haut-Canada. Pendant ce temps, sir Francis Bond Head a présenté sa démission, que Whitehall a volontiers acceptée.

## La Grand River Navigation Company

Les Indiens des Six-Nations installés sur les rives de la rivière Grand se trouvent, durant cette période, mêlés à des difficultés d'une autre nature. Aux prises dans les années 1820 avec un projet d'ouverture à la navigation de la rivière Grand, ils font de leur mieux pour s'y opposer en prétextant que l'inondation de certaines portions de leur territoire entraînerait la destruction de leurs pêcheries[50]. Faisant fi de leurs objections, le lieutenant-gouverneur du Haut-Canada accepte d'aider la Grand River Navigation Society en achetant des actions avec des capitaux appartenant aux Six-Nations. Entre 1834 et 1847, l'administration du Haut-Canada (et après 1840, celle de l'Union canadienne) accorde à la société une aide totalisant 160 000 $, en capitaux appartenant à la bande, sans son consentement. Pis encore, 149 hectares (369 acres) de terres iroquoises sont concédées à la société, toujours sans le consentement de la bande; il s'agit de terres situées en dehors des sols inondés. Dans les années 1830 et 1840, cinq barrages, cinq écluses et un chemin de halage sont construits sur le cours inférieur de la Grand, malgré les protestations de plus en plus fortes des Iroquois. La société, incapable de faire concurrence à la véritable course au chemin de fer qui fait rage à l'époque, fait faillite, et les Iroquois se retrouvent propriétaires d'actions sans valeur dont ils n'ont au départ jamais voulu. Toutes leurs tentatives de restitution n'aboutissent à rien: le gouvernement impérial de Londres maintient que l'investissement a été fait sur les conseils des autorités législatives coloniales, pendant que le Canada continue de tenir le gouvernement britannique responsable, puisque le lieutenant-gouverneur à l'origine de l'autorisation avait été nommé par Londres. La situation reste sans issue même après la Confédération, le gouvernement canadien refusant d'en accepter la responsabilité sous prétexte que le Canada n'était pas doté d'un gouvernement responsable (qui n'apparaîtra qu'en 1848) au moment de la débâcle financière. Les Iroquois ne laissent pas tomber l'affaire, mais toute nouvelle tentative de leur part trébuche sur de nouveaux obstacles; et quand l'affaire est finalement plaidée devant la cour de l'Échiquier (*Frank Miller c. le roi*), en 1948, elle tranche en faveur de la couronne, étant donné que l'Acte de l'Amérique du Nord britannique ne renferme aucune disposition obligeant le Canada à accepter la responsabilité d'événements survenus avant l'Acte d'union. La Cour suprême, devant laquelle la cause a été portée en appel, juge que, parce que l'investissement réel n'était pas terminé avant le début de 1840, il y aurait eu sur ce point matière à restitution... si la loi de la prescription ne s'était pas appliquée. Une tentative de règlement entre les parties s'est révélée inutile, et les choses en sont là encore aujourd'hui.

Les Mississagués de la rivière Credit réclament aussi au gouvernement des dédommagements à l'égard de la gestion de sommes reçues avant la Confédération par la Province du Canada pour le paiement de terres cédées. Ils finissent par gagner leur cause en 1905, principalement grâce au travail acharné d'un jeune avocat, Andrew G. Chisholm, qui passera près d'une cinquantaine d'années à s'occuper de revendications amérindiennes, surtout celles du sud de l'Ontario, jusqu'à sa mort en 1943[51].

## Vers l'ouest, jusqu'à la côte du Pacifique

Dans les prairies, la chasse au bison, en tant que mode de vie, bat son plein durant la première demie du siècle, bien que l'amoncellement de divers indices soit de mauvais augure; la diminution de l'importance de la traite des fourrures et la fin des grandes hardes de bisons ne laissent planer aucun doute[52]. À l'occasion, cela peut encore gêner les déplacements des voyageurs[53]; mais, déjà dans les années 1830, des pénuries sévissent dans certaines régions, et deux années de suite (1848-1849) elles frappent avec encore plus de rigueur. Au milieu du XIXe siècle, des Cris apprennent à l'expédition de Palliser que le bison se fait de plus en plus rare et qu'ils espèrent être approvisionnés en bêches, binettes et charrues pour pouvoir se mettre à l'agriculture[54]. Ils ne sont pas les premiers, puisque, dès le début du XIXe siècle, les Sauteux ont de leur propre initiative commencé à cultiver la terre et qu'on signale d'autres tentatives du genre en provenance de Prince Albert, en Saskatchewan[55]. Pourtant, malgré la chasse excessive[56] et des intrusions comme celle de la colonie de Selkirk à la Rivière-Rouge en 1812, le mode de vie tradition-nel reste essentiellement intact. Très peu de temps après l'arrivée des colons, un nouveau facteur de changement fait son apparition avec la venue de mission-naires: en 1818, le catholique Joseph-Norbert Provencher (1787-1853), qui deviendra évêque de Saint-Boniface en 1847; en 1820, l'anglican John West (mort en 1845); en 1840, le méthodiste Robert Terrill Rundle (1811-1896); en 1845, les Oblates et les Sœurs grises, des ordres religieux catholiques; en 1851, le presbyté-rien John Black (1818-1882). En s'en prenant directement aux habitudes des Amé-rindiens et des trafiquants de fourrures, ils accentuent les vieilles divisions sociales et en créent de nouvelles. Puisque la «coutume du pays» cède la place aux mœurs européennes, des chefs sauteux de la Rivière-Rouge tels que Péguis (Be-gou-ais, Pegouisse, Destroyer, Little Chip, baptisé du nom de William King; 1774-1864) prennent vivement conscience que l'esprit du traité qu'ils ont signé avec Selkirk en 1817 n'a favorisé que les intérêts de l'homme blanc et non ceux des Amérindiens. L'aide que Péguis apporte au début à certains colons et les efforts qu'il consacre ensuite à tourner la situation à l'avantage des siens ne l'empêchent nullement de réaliser qu'il leur faut s'adapter aux manières de l'homme blanc[57]. Les Métis éprouvent de plus en plus d'inquiétude à l'égard de leurs droits fonciers.

Ce mélange de cultures se double d'un véritable fouillis de lois. Trois systèmes juridiques sont en vigueur: un premier, canadien, est issu de la loi sur la compé-tence au Canada de 1803 et a été remplacé en 1821 par un acte visant la réglementa-tion de la traite des fourrures et établissant une compétence en matière civile et criminelle dans certaines parties de l'Amérique du Nord[58]; un deuxième, britannique, dans les régions tombant sous la charte de 1670 de la CBH; un troisième enfin, amérindien, généralement présenté sous la forme d'une «coutume du pays». L'Acte visant la réglementation de la traite des fourrures découle de la fusion de la Compagnie de la baie d'Hudson et de la Compagnie du Nord-Ouest; aux termes de la loi, la CBH se voit concéder un monopole de 21 ans sur le «commerce avec les Indiens dans toutes ces régions de l'Amérique du Nord ne faisant pas partie de l'un ou l'autre des terres ou territoires jusqu'à présent accordés aux dits Gouverneur et Company of Adventurers of England faisant la traite à la baie d'Hudson et ne faisant pas partie d'une seule des Provinces de Sa Majesté en Amérique du Nord[59]». L'imprécision du libellé de la loi est une source d'incertitudes et de contestations; les avis divergent notamment sur la possibilité qu'elle s'applique à l'ouest des Rocheuses[60]. Aucun doute ne plane sur le statut de la Rivière-Rouge, qui relève d'une autorité britannique (CBH) et devient, par suite d'une réorganisation en 1834, le District d'Assiniboia, lequel est gouverné par un conseil désigné.

Pendant ce temps, un changement culturel majeur se produit chez les Cris du nord qui adoptent une forme d'écriture fondée sur le syllabaire ébauché par le missionnaire méthodiste James Evans (1801-1846) à Norway House, sur le lac Winnipeg. Cet alphabet syllabique repose autant sur la sténographie que sur des symboles déjà employés chez les Cris; l'ingéniosité tient à leur adaptation à la langue. Au XVIII<sup>e</sup> siècle, l'abbé Pierre-Simon Maillard a aussi adapté des symboles micmacs, mais son système n'a jamais été aussi généralement accepté que celui du méthodiste. À Norway House, en 1841, Evans imprime son premier livre en écriture syllabique; pour cet hymne de cantiques, il se sert de caractères coulés à partir du plomb des parois des caisses à thé, qu'il a préalablement moulés en argile, de papier fait de feuillets jeunes d'écorce de bouleau et d'encre tirée d'un mélange d'huile d'esturgeon et de suie. Il emploie une presse à fourrures pour l'impression, et du cuir d'élan pour les couvertures. L'écriture syllabique se répand avec une surprenante rapidité parmi les locuteurs cris du nord, de telle sorte qu'à la fin du XIX<sup>e</sup> siècle et pendant la première partie du XX<sup>e</sup> siècle les Cris connaissent l'un des plus hauts taux d'alphabétisation du monde[61]. Ce syllabisme peut s'adapter à d'autres langues algonquiennes telles que l'ojibwé et le montagnais, qui sont apparentées de près au cri. Il s'est même avéré adaptable aux besoins d'une langue aussi étrangère que l'inuktitut et est aujourd'hui très répandu chez les Inuits. D'ailleurs, il prospère maintenant dans les écoles de ces bassins linguistiques septentrionaux. Le système n'a pas été adopté partout par les utilisateurs des langues athapascanes, bien qu'en 1883 deux chefs chipewyans du district oriental d'Athabasca s'en fussent servi pour écrire à Ottawa[62]. Les populations de la côte du Pacifique n'ont pas choisi non plus de l'adopter. Il est intéressant de noter que, malgré le fait que certains signataires amérindiens pouvaient employer l'écriture syllabique, les fonctionnaires s'attendaient quand même à voir les traités paraphés d'un X. Des chefs cris s'en sont servi pour préparer leur discours de réception du traité n° 9[63].

L'expansion du système coïncide avec un mouvement religieux qui se répand parmi les Cris de la baie d'Hudson vivant dans la région comprise entre les fleuves

Churchill et Albany, en 1842-1843. De l'avis de l'historienne Jennifer S.H. Brown, le syllabisme a peut-être joué un rôle particulier «parallèlement à la propagation de la prédication d'Evans[64]». Le mouvement, une combinaison d'éléments chrétiens et autochtones traditionnels, permet l'ascension du prophète Abishabis («Small Eyes»; mort en 1843) et de son partenaire Wasiteck («la Lumière»), qui se proclament capables d'indiquer à leurs compatriotes le chemin du paradis, vu qu'ils y sont eux-mêmes allés; ils fournissent même une carte dessinée. Des gens de sa tribu tuent finalement Abishabis — qu'ils traitent de «windigo» (un esprit cannibale à l'appétit démesuré) — à cause de son comportement de plus en plus inacceptable, qui l'a mené jusqu'à l'assassinat. Son mouvement était en réaction contre la présence et les enseignements des Blancs (Brown a notamment souligné que l'interaction entre les deux groupes dure alors depuis 170 ans), mais il illustre aussi de façon éclatante la capacité créatrice des religions autochtones à synthétiser les nouveaux enseignements avec leurs propres croyances. Chez les Amérindiens, l'émergence de prophètes autochtones pour faire face aux contraintes d'origine extérieure a été partout et toujours très répandue. Nous avons déjà fait mention de Neolin, associé à Pondiac, et de Tenskwatawa, qui a ajouté une saveur mystique à la campagne de Tecumseh. Les plus récentes manifestations du mouvement prophétique (qui s'est poursuivi) ont eu lieu chez les Castors (de langue athapascane) et les Dènès Dháas dans le Nord-Ouest[65].

Un massacre survenu à la baie de Hannah en 1832 pourrait être associé avec le messianisme, bien que la relation ne soit pas parfaitement nette. On sait avec certitude que ses auteurs se mouraient de faim, qu'ils ont demandé de l'aide aux employés du poste et ont trouvé insatisfaisant ce qu'on leur a offert. Il s'agit d'une famille crie qui prétendra plus tard avoir reçu d'un «esprit d'en-haut» l'ordre de tuer les coupables, soit neuf personnes, toutes amérindiennes, à l'exception du chef de poste, un sang-mêlé. La famille est traquée, puis capturée, et tous les hommes adultes, sept en tout, sont tués. L'un n'a que 15 ans[66]. De l'avis des Cris, les employés du poste ont contrevenu à leur alliance commerciale en refusant de partager toutes leurs provisions en temps de disette. Plus tard, en une autre occasion, les Autochtones rappelleront qu'une famille amérindienne est morte de faim à cause des «Blancs [qui] ont refusé de partager leur maison et leur nourriture, comme nous avions partagé avec eux[67]».

Les vagues de changement se manifestent différemment sur la côte ouest. En 1852, l'île de Vancouver compte 500 colons; bien que la Proclamation de 1763 ne soit pas censée s'appliquer au delà des Rocheuses, James Douglas cherche d'abord à résoudre la question de la propriété des terres au moyen de traités, en se servant de ce que le spécialiste en sciences politiques Paul Tennant a décrit comme une «reconnaissance univoque du titre autochtone[68]». Entre 1850 et 1854, il signe 14 traités avec des bandes salishs de l'île de Vancouver, payant les cessions en couvertures et en produits divers plutôt qu'en argent comptant. Les surfaces en question sont de faibles dimensions (927 kilomètres carrés (358 milles carrés) en tout, soit 3 pour cent de la superficie de l'île) puisque la colonisation se fait lentement; en 1855, 774 non-Autochtones seulement vivent dans l'île, groupés autour du fort Victoria et de Nanaimo[69]. Quand les ressources viennent à manquer à Douglas, ni la Chambre d'assemblée de la colonie, ni le ministère des Colonies n'en mettent à sa disposition; l'une et l'autre souscrivent en paroles à la propriété amérindienne, mais ni l'une ni l'autre n'acceptera la responsabilité financière de payer pour elle, malgré les supplications réitérées de Douglas, géné-ralement approuvées par les colons inquiets de faire les frais d'une réaction amé-rindienne brutale. À défaut, Douglas choisit de faire arpenter pour les Améri-diens des réserves englobant l'emplacement de leurs villages et cimetières, aussi bien que leurs champs cultivés et des «lieux de séjour préférés», comme leurs coins de pêche.

De faible dimension par rapport aux réserves classiques du centre du Canada (on croit que les indigènes de la côte du Pacifique n'ont pas besoin de grandes terres, parce qu'ils ne cultivent pas et comptent principalement sur les ressources de la mer), ces territoires prennent jusqu'à un certain point en considération les désirs des Autochtones. Lorsque les terrains concédés sont trop petits, Douglas voit à ce qu'on en augmente la superficie. En une occasion, des Amérindiens du fort Langley ayant exprimé le désir d'installer ailleurs leur village, on arpente pour eux une nouvelle réserve[70]. De plus, pour compenser un peu la petitesse des réserves, Douglas permet aux Autochtones d'acquérir par préemption ou d'ache-ter des terres publiques aux mêmes conditions que les Blancs[71]. Il y arrive en dépit des instructions du ministère des Colonies qui exige que la priorité soit donnée à l'établissement des Blancs. Autrement dit, Douglas se soucie autant des droits amérindiens que de ceux des colons, et il recherche un équilibre entre les deux; il est du reste très loin d'avoir constamment accédé aux désirs des Amérindiens, comme certains historiens l'ont présumé[72]. En réalité, il lui arrive un jour de soutenir que les Amérindiens n'ont pas besoin de plus que 4,5 hectares (10 acres) par famille — c'est la dimension qu'ils réclament habituellement —, une affirma-tion qu'il nuancera ultérieurement en disant qu'il s'agissait là d'une dimension minimale.

Tennant se sert de cette déclaration, ainsi que du fait que plus un seul traité n'est signé après 1854, comme arguments pour soutenir que Douglas a changé d'avis sur la nature de la propriété des Amérindiens et s'est rangé du bord de ceux qui pensaient que, si les Amérindiens ne faisaient pas une utilisation active de leurs terres au sens européen de l'expression, leurs revendications n'étaient donc pas fondées, de telle sorte qu'aucune négociation ou compensation n'était néces-saire pour ouvrir ces terres à la colonisation. Ce qui sous-entend que Douglas se serait dès lors mis à considérer les traités comme inutiles[73]. Ces interprétations contradictoires reflètent le fait que le gouverneur devait statuer sur des revendica-tions incompatibles tout en ayant les mains liées par un manque de ressources financières; le fait qu'il soit parvenu à garder la paix de cette façon témoigne de son sens du franc-jeu et de la justice[74]. La faiblesse de la ligne de conduite de Douglas, de l'avis de l'historien Robin Fisher, tient à sa dépendance «vis-à-vis de sa magnanimité personnelle et dans l'absence de toute codification dans un seul texte législatif[75]». Les conséquences de son attitude ne tardent pas à se manifester dès qu'il quitte son poste de gouverneur en 1864: les gouvernements provinciaux subséquents soutiendront que les arrangements pris par Douglas n'ont jamais été une reconnaissance du titre amérindien de propriété, mais uniquement un effort visant à garantir des rapports amicaux avec les Autochtones[76]. Dorénavant, les Amérindiens feront les frais de la priorité que le ministère des Colonies entend bien donner aux intérêts des colons.

Pourtant, même aux beaux jours de Douglas, les rapports entre colons et Amérindiens ne sont jamais faciles. Il y a eu très tôt des explosions de violence: en 1844, quand des Cowichans, des Songishs et des Klallums abattent du bétail appartenant au fort Victoria, puis attaquent l'établissement après la suspension de la traite, seule une démonstration de force permet de rétablir la paix. L'an 1850 marque le début de la période de la «politique de la canonnière» sur la côte ouest du Canada (elle est déjà en usage dans d'autres parties de l'Empire britannique[77]), en réaction à l'assassinat de trois marins en fuite par les Newittys, une tribu kwagiulth. Un navire de guerre en mission détruit un village et 20 canots; l'année suivante, un navire différent anéantit un autre village. Jamais le financement de ces expéditions punitives ne donne lieu à des disputes semblables à celles qui entourent le paiement des terres aux Indiens[78]. En 1852, un berger de la CBH meurt assassiné; Douglas persuade les chefs cowichans et nanaïmos de livrer les responsables, puis il constitue un jury qui entend la cause. Le premier procès pour crime dans l'Ouest du pays se termine en 1853 par la pendaison du meurtrier et de son complice.

Les colons, rendus inquiets par les incessants conflits frontaliers aux États-Unis, éprouvent une crainte sans cesse croissante à l'égard d'un soulèvement amérindien. Le déclenchement de la guerre de Crimée (1853-1856) aggrave la situation; l'apparition imprévue d'un groupe d'Amérindiens pacifiques suffit à faire fuir les colons convaincus qu'on les attaque. En 1856, l'assassinat d'un colon blanc provoque la sortie de 400 marins et fusiliers de la marine pourvus de deux pièces de campagne afin de capturer le coupable cowichan. Nous verrons au chapitre XVIII comment la découverte de gisements aurifères sur les fleuves Fraser et Thompson, en 1857, viendra ajouter aux difficultés des Amérindiens.

L'épisode le plus célèbre de la politique de la canonnière survient en 1888 sur la rivière Skeena. Depuis de nombreuses années, la politique des terres ainsi que diverses controverses d'ordre social sont un sujet de mécontentement continuel dans la région; Joseph W. Trutch, commissaire des terres de la couronne de la Colombie-Britannique de 1864 à 1871, avant d'être nommé premier lieutenant-gouverneur de la province, exprime la pensée officielle lorsqu'il déclare à des délégués kitkatlas, en 1872: «Ils sont révolus les jours où vos idées païennes pouvaient être tolérées dans ce pays[79].» Des rumeurs de soulèvement sur les bords de la Skeena parviennent à Victoria en 1888. Se conformant à la coutume indienne, un chef gitksan connu sous le nom de Kitwancool Jim (Kamalmuk) a tué un guérisseur censé avoir causé la mort de nombreuses personnes, dont l'enfant du chef. Le frère du chef avait épousé la veuve du guérisseur, et, dans la mesure où cela concernait les Autochtones, l'affaire était réglée. Les autorités, qui ne voyaient pas les choses du même œil, commettent une bavure et tuent Jim au lieu de s'en emparer. Puis, devant les craintes d'attaque suscitées par la réaction outragée des Amérindiens, une canonnière et des forces policières supplémentaires sont expédiées sur place, accompagnées d'un «correspondant de guerre» du *Daily Colonist* de Victoria[80]. La présence d'un vaisseau de guerre si loin en amont impressionne les indigènes, qui n'avaient jusqu'alors jamais vu un navire semblable. Par la suite, une série de rencontres avec les chefs de la région permet de trancher la question: le droit britannique prévaudra dorénavant. Les chefs consentent à se conformer au nouvel ordre des choses. Aucune canonnière ne sera plus utilisée pour des motifs similaires après 1890.

## La saga de Duncan et de Legaic

Il faut attendre 1836 et la nomination, par la CBH, d'Herbert Beaver (1800-1856) comme aumônier anglican du fort Vancouver pour que s'établisse une présence missionnaire permanente sur la côte du Pacifique[81]. Il porte de nombreux blâmes à l'encontre des rapports entre trafiquants et Amérindiens et se montre particulièrement critique à l'égard de la compagnie; son transfert deux ans plus tard ne surprend donc pas[82]. Deux catholiques bas-canadiens, que leur carrière mènera tous deux à l'épiscopat, font leur arrivée dès l'année suivante: il s'agit de François-Norbert Blanchet (1795-1883) et de Modeste Demers (1809-1871). C'est en 1862 que le village tsimshian de Metlakatla, à 29 kilomètres au sud du fort Simpson, devient le théâtre du plus célèbre effort missionnaire du XIX<sup>e</sup> siècle sur le littoral du Pacifique. En réalité, il s'agit probablement de la plus connue de toutes les expériences utopistes au Canada mettant en cause des Amérindiens. C'est l'idée de William Duncan (1832-1918), un instituteur anglican qui n'est jamais entré dans les ordres et s'est présenté sous les auspices de la Church Missionary Society. Il était arrivé au fort Simpson[83] en 1857, à l'avant-garde de la ruée vers l'or du Fraser, un événement qui l'a convaincu d'établir sa mission suffisamment à l'écart des influences extérieures pour que ses convertis puissent accomplir leur destinée avec un minimum d'ingérence.

Impressionné par l'esprit d'initiative des Tsimshians, ces riches trafiquants qui tiennent tête au monopole de la CBH, Duncan apprend leur langue et cultive l'amitié de l'influent Paul Legaic (mort en 1894), troisième chef du clan tsimshian de l'Aigle à porter le titre de legaic. À cette époque, le nouvel ordre qui prend place dans le sillage de la traite des fourrures affecte l'équilibre de la structure sociale tsimshiane, une situation compliquée encore plus par la violente épidémie de petite vérole qui frappe la côte ouest en 1862. Legaic amène à Metlakatla 200 Tsimshians autrefois établis dans le voisinage du fort; il est baptisé à cet endroit et il adopte le prénom de Paul, ce qui a pour effet de transformer son titre en nom de famille. Legaic apporte son concours à Duncan pour transformer Metlakatla en mission et associer ainsi la tradition à la modernité. Comme l'a fait remarquer l'historien Jean Friesen, Duncan a été beaucoup aidé par «l'adaptabilité naturelle de la société tsimshiane au type de christianisme qu'il désirait introduire[84]». Un conseil de chefs (qui comprend Duncan) et dix conseillers élus font office de gouvernement; des agents amérindiens, choisis dans les rangs des chefs de maison et placés sous l'autorité de Legaic, maintiennent l'ordre dans la population. Ayant reçu au début l'appui de la CBH, la communauté devient autosuffisante moins de quatre ans plus tard en ouvrant un magasin et en lançant d'autres entreprises, dont une conserverie de poissons. La disposition soignée des éléments du village fait qu'il est vite perçu comme un modèle du genre, «reflétant la lumière et irradiant la chaleur en direction de toutes les masses d'humains spirituellement ignorantes et mortes qui nous entourent». Les dignitaires en visite sur la côte ouest mettent tous Metlakatla sur leur itinéraire (le gouverneur général s'y rend lui-même en 1876[85]), et leurs récits sont dithyrambiques. À son apogée, on y dénombre jusqu'à 2 000 habitants.

La mission, née en 1862, s'achève en 1887. D'une part, les manières autoritaires de Duncan compliquent ses rapports avec Legaic, et, d'autre part, son comportement pas très orthodoxe à l'égard des questions religieuses l'amène à la croisée des chemins avec la Church Missionary Society. Sur le plan politique, des conflits avec le gouvernement sur la question des terres mènent en 1884 à la nomination d'une commission d'enquête qui recommande qu'on arpente immédiatement des terrains, si besoin sous la protection d'une canonnière. Dans ces conditions, l'arpentage se termine en 1886. L'année suivante, Duncan part pour l'île Annette, en Alaska, où il fonde un nouvel établissement avec 600 disciples. Legaic continue de résider à l'ancien Metlakatla, tout en entretenant une maison au fort Simpson, pour rester près de sa fille qui a épousé un fonctionnaire de la CBH. Il existe encore aujourd'hui deux Metlakatlas; le dernier titulaire du titre de legaic est mort en 1938. La mission méthodiste qui a été fondée en 1873 au fort Simpson par Thomas Crosby (1840-1914) était en partie modelée sur celle de Duncan[86].

Comme notre étude le démontre, au cours de la première moitié du XIXe siècle, la situation des Amérindiens du Canada varie considérablement d'un océan à l'autre. La fin des guerres coloniales et l'importance décroissante de la traite des fourrures mettent un terme à l'époque des associations entre Amérindiens et Européens. Si, par le passé, l'adaptation a constitué la clé de la survie des Autochtones, elle devient maintenant le mot de passe qui leur permettra de faire leur entrée dans le monde futur.

## CHAPITRE XVII

# L'ADMINISTRATION DANS LES DEUX CANADAS D'AVANT LA CONFÉDÉRATION

Pendant les années 1830, le Parlement britannique mène une vaste enquête sur la situation des populations autochtones dans tout l'empire. Il est largement reconnu que les Amérindiens, à l'instar d'autres populations tribales, sont injustement privés de leurs terres, mais on ne s'accorde pas sur les mesures à prendre pour remédier à la situation — ni même sur la reconnaissance de la nécessité d'une éventuelle action. Après dix mois d'étude des problèmes, la quinzaine de membres du Select Committee on Aborigines publie un volumineux rapport de 1 000 pages en 1836-1837. Son message est sans équivoque: l'expansion anarchique du front pionnier est désastreuse pour les Autochtones[1]. La présence d'intrus sur leurs propriétés n'est toutefois qu'une partie du problème; l'autre est l'aliénation des terres par les Amérindiens, surtout sous forme de concessions à bail[2]. Politiquement, il est difficile de refréner les colons, en particulier dans les régions où leur présence apparaît nécessaire à la protection du pays. Pour tenter de corriger cette situation, on adopte en 1839 la Loi sur la protection des terres domaniales, qui déclare que les terres des Indiens sont la propriété de la couronne. Étant donné qu'ils possèdent leurs terres en commun (à l'exception de quelques individus qui ont adopté la pratique européenne), en donner la garde à la couronne a pour conséquence de priver la majorité des Amérindiens de droits politiques fondés sur des conditions de propriété individuelle[3]. On adhère ainsi à la croyance populaire selon laquelle les Amérindiens doivent être traités comme des enfants ayant besoin d'une protection paternelle[4]. Au XIXe siècle, l'imagination populaire a idéalisé cette situation sous l'image du «Fardeau de l'homme blanc», sortie de l'imagination de Rudyard Kipling[5].

En 1830, le service britannique des Affaires indiennes existe depuis 75 ans et fonctionne comme un complément de l'armée, hormis la période d'essai de 1795 à 1816, qui résultait d'accusations d'inefficacité en matière de protection des intérêts amérindiens. Durant l'administration des militaires, l'insistance a été mise sur le maintien des Amérindiens comme alliés, plutôt que sur la surveillance des colons. Pourtant, la guerre ne tarde pas à imposer à nouveau ses propres priorités, ce qui provoque le retour de l'administration des Amérindiens sous la direction de l'armée[6]. Le fils de Joseph Brant, John, a été l'un des surintendants des Affaires indiennes[7]. L'administration des Indiens est alors pratiquement l'affaire d'un seul homme, et elle manque désespérément de fonds; sans aucun doute, elle se préoccupe principalement de l'acquisition des terres et, à partir de 1839, c'est le département des Terres de la couronne qui prend cette responsabilité. De fait, on accorde si peu d'importance aux affaires des Indiens que l'*Acte d'Union*, en 1840, ne contient aucune disposition à leur propos ou à l'égard du paiement de rentes pour des cessions territoriales antérieures, un oubli qui ne sera pas corrigé avant 1844.

Malgré le transfert de l'administration au service civil en 1830, la politique des deux Canadas à l'égard des Indiens continue, en principe, à être dirigée de Londres jusqu'en 1860, par l'intermédiaire du lieutenant-gouverneur du Haut-Canada, qui est aussi surintendant général aux Affaires indiennes. Ce dernier poste est lui-même ambivalent, puisqu'on attend de son titulaire qu'il agisse pour la couronne et pour les Amérindiens. Inévitablement, les circonstances font parfois qu'il est impossible de concilier les deux rôles[8]. Dans la pratique, les corps législatifs coloniaux disposent d'une autonomie considérable. Dans le Haut-Canada, le lieutenant-gouverneur est le détenteur de l'autorité; dans le Bas-Canada, c'est le secrétaire des forces armées; cet arrangement dure jusqu'à la réorganisation de 1845, consécutive à l'*Acte d'Union*. Le financement nécessaire à la gestion des affaires indiennes provient d'allocations tirées de cinq sources différentes; toujours mal assuré, pour ne pas dire plus, il reflète le peu d'importance qu'on accorde alors aux affaires des Indiens, une attitude qui s'aggravera encore jusqu'à la deuxième moitié du XXe siècle. Bien que la direction des Affaires indiennes ait été transférée au Canada en 1860, deux années s'écoulent avant la mise en place d'un service administratif unique, sans que l'unification ne soit pourtant faite complètement[9].

Herman Merivale, sous-secrétaire permanent du ministère des Colonies à Londres de 1847 à 1860, développe l'idée d'une ligne de conduite régionaliste au lieu d'une politique générale chapeautant l'ensemble des services aux Autochtones[10]. Cela sous-entend presque autant de lignes de conduite qu'il y a de colonies: dans les Maritimes, on favorise l'«isolement» des Amérindiens; dans les deux Canadas, il y a «assimilation» des races; ailleurs, sur le territoire de la Terre de Rupert et sur la côte du Pacifique, les autorités appuient l'administration de la CBH (dans ce dernier cas, la préoccupation de Douglas pour les droits des Amérindiens vient néanmoins adoucir la situation). Pour résumer, les bonnes intentions ne suffisent pas à l'administration impériale centralisée pour venir à bout des innombrables problèmes locaux de l'autorité coloniale. Il faut dire que leurs objectifs ne concordent pas toujours: tandis que le ministère des Colonies se préoccupe de rationalisation de l'administration impériale d'un point de vue économique, dans les colonies elles-mêmes, il est bien évident que les Indiens ne figurent plus du tout dans les plans impériaux et que les programmes d'amélioration de leur situation coûteront cher. Les tentatives en vue d'imposer des changements tournent court, et personne n'entend ou ne veut entendre les voix des Autochtones.

Dans l'intervalle, les rapports affluent en provenance d'autres enquêtes sur les affaires autochtones (il y en a trois entre 1839 et 1857). Le plus important à venir du Canada est celui de la commission Bagot (1842-1844), du nom de son commissaire en chef, sir Charles Bagot (1781-1843), qui avait participé aux négociations sur la frontière entre le Canada et les États-Unis en 1817[11]. Ses recommandations révèlent un manque de direction dans la conduite des affaires amérindiennes. Entre autres observations, son rapport préconise un commandement centralisé pour les colonies britanniques d'Amérique du Nord, soit l'inverse de ce que pratique en réalité le ministère des Colonies, et il réaffirme la position de la Proclamation suivant laquelle les Amérindiens disposent de certains droits à l'égard des terres, y compris un droit de compensation pour les cessions territoriales. Le simple fait que la commission ait senti le besoin de revenir sur ces questions démontre qu'on ne leur fait pas toujours honneur, ce qui est effectivement le cas. La commission recommande en outre qu'on arpente des réserves et que leurs frontières soient portées à la connaissance du grand public; qu'on y institue un système d'autorisations de coupe; que tous les titres de propriété soient déclarés et considérés comme obligatoires; qu'on enseigne les techniques européennes de gestion des terres aux Indiens (le rapport décrit ces derniers comme «une race illettrée et sans méfiance au sein d'une population prête et apte à les exploiter de toutes les manières[12]»); et que les Indiens, une fois satisfaites toutes ces recommandations, reçoivent à la place des cadeaux du bétail, du matériel agricole, des meubles et d'autres choses semblables, de telle sorte qu'ils puissent commencer leur nouvelle vie sur la voie de l'autosuffisance. Les commissaires pensent aussi que les bandes d'Indiens doivent avoir la possibilité d'acheter et de vendre des terrains, du moins entre eux; ils croient que cette mesure les encouragera à adopter la franche tenure individuelle, à la place de leur traditionnelle propriété commune, qu'ils tiennent pour une manifestation de «barbarie[13]». Enfin, ils préconisent la fondation de banques dans les réserves et la création d'écoles supplémentaires pour les Autochtones, en collaboration avec les diverses sectes religieuses.

L'identification de ces objectifs est une bonne chose, mais passer de la théorie à la pratique restera une tout autre affaire. Le plus facile, c'est d'abord de réorganiser et de centraliser l'administration sous l'autorité d'un secrétaire civil, appelé «surintendant général des Affaires indiennes», et de prendre des mesures pour améliorer la protection des terres amérindiennes. La cessation graduelle des distributions de cadeaux, à laquelle s'opposent les Amérindiens, est plus controversée. Il est important, de leur point de vue, que soit maintenu chaque année le renouvellement rituel de leurs alliances avec la Grande-Bretagne, dans lequel les distributions jouent un rôle essentiel. Thomas Anderson se trouve parmi les administrateurs qui s'opposent à leur abandon, pour des motifs différents toutefois: d'après lui, ce geste n'aboutira qu'à des privations sérieuses[14]. Il préconise plutôt un programme plus dynamique d'éducation et d'évangélisation. L'opposition des Amérindiens à la propriété individuelle des terres n'a rien de surprenant, non seulement à cause de leurs coutumes bien ancrées, mais aussi en raison des pertes considérables de territoire qui suivent invariablement sa prescription. Des leaders indiens tels que Peter Jones prônent plutôt la propriété individuelle à l'intérieur de réserves appartenant aux bandes[15].

Peu d'années après le dépôt du rapport de la commission Bagot, soit en 1850, lord Grey (Henry George Grey, secrétaire d'État aux Colonies de 1846 à 1852) déclare à lord Elgin (James Bruce, gouverneur général du Canada de 1846 à 1854) «qu'on a fait moins pour la civilisation et le progrès des Indiens du Canada en proportion des dépenses encourues, que ce qui a été fait pour les tribus indigènes de toutes nos autres Colonies». On a décrit le comte Grey comme le dernier des secrétaires d'État aux colonies à accorder une grande priorité aux affaires autochtones[16]. À cette époque, la population amérindienne décroît rapidement.

### Les conséquences de la commission Bagot

Deux lois sur les terres sont votées par la Chambre d'assemblée en 1850 et 1851; elles reprennent quelques-unes des recommandations de la commission Bagot, ainsi que des idées des gouverneurs Murray, Kempt et Colborne. La première, l'*Acte pour protéger les sauvages dans le Haut-Canada contre la fraude et les propriétés qu'ils occupent ou dont ils ont la jouissance, contre tous empiètements et dommages*, et la seconde, l'*Acte pour mieux protéger les terres et les propriétés des sauvages dans le Bas-Canada*, sont adoptées à la hâte parce que des bûcherons sont en train d'envahir des réserves dans les régions de l'Abitibi et du Témiscamingue, et aussi dans la vallée de l'Outaouais. Ces mesures légales viennent raffermir la loi de 1839 sur la protection des terres domaniales d'après laquelle un individu qui traite de questions foncières avec des Amérindiens commet désormais un délit. Les lois exemptent les terres des Autochtones de toute charge fiscale, les libèrent de toute saisie pour défaut de paiement de dette et prévoient une compensation pour des travaux publics tels que la construction d'un chemin de fer. La nature du régime foncier dans lequel vivent les Amérindiens n'est pas décrite, de telle sorte qu'on ne sait pas réellement ce que signifie le «titre de propriété indien». Le poste de commissaire aux Affaires indiennes est créé en 1850; l'année suivante, on décide au Bas-Canada de la mise de côté de 57 500 hectares (142 082 acres) de terres à l'intention des Autochtones, ainsi que de la distribution chaque année de sommes s'élevant jusqu'à £1 000. Ces terres sont attribuées au commissaire, qui a toute autorité sur les concessions à bail et les locations; on n'a pas demandé l'avis des Amérindiens. Le Québec compte aujourd'hui 27 réserves amérindiennes couvrant 74 881 hectares[17].

La présence de tant de biens immobiliers rend nécessaire la définition du terme «Indien». Au Bas-Canada, la loi de 1851 s'attaque à la question sans consulter les Amérindiens et aboutit aux critères suivants:

— Toute personne de sang indien réputée appartenir à la nation, tribu ou peuplade particulière d'Indiens intéressés dans ces terres et ses descendants;

— Toute personne mariée à l'un de ces Indiens et résidant parmi eux, et tous les descendants de cette personne;

— Toute personne résidant parmi ces Indiens, dont les parents, de l'un ou de l'autre côté, étaient ou sont des Indiens appartenant à une telle nation ou tribu, ou en droit d'être considérée comme telle; et

— Toute personne adoptée dès la petite enfance par un de ces Indiens et habitant avec un groupe ou sur les terres de telles tribus ou nations d'Indiens et leurs descendants.

On constate rapidement que ces définitions sont trop générales, ce qui entraîne leur révision cette année-là, à nouveau sans la contribution des Amérindiens. Cette fois, les Blancs qui vivent parmi les Amérindiens sont exclus, tout comme les non-Indiens mariés à des Amérindiennes. Ceux qui possèdent le statut d'Indien et sont officiellement inscrits au registre sont différenciés des Indiens «sans statut» ou non inscrits[18]. Les Amérindiennes qui ont épousé des non-Indiens conservent leur statut, mais les enfants issus de ce mariage n'ont pas le droit d'être inscrits. On a conservé la disposition qui permettait à une non-Indienne mariée à un Indien inscrit d'acquérir ce statut et de transmettre le droit à leurs enfants. L'ascendance est déterminée par la lignée paternelle[19]. Après la Confédération, un «quantum de sang» a été ajouté comme condition à la définition d'un Indien (chapitre XVIII).

Préoccupé par les médiocres résultats dont on l'accuse à propos de son plan de civilisation, le gouvernement du Canada nomme deux commissaires pour rendre compte de la réalisation des objectifs de cette politique. Leurs investigations amènent John A. Macdonald (qui partage à l'époque le poste de premier ministre des deux Canadas avec Étienne-Paschal Taché) à s'assurer du passage, en 1857, d'un *Acte pour encourager la civilisation graduelle des tribus sauvages* dans les deux Canadas. Elle introduit l'idée d'une émancipation pour les Amérindiens (que Macdonald imagine comme un honneur recherché même s'il faut pour cela abandonner le statut d'Indien) et fixe aussi la marche à suivre pour y arriver; la loi restera dans une large mesure en vigueur jusqu'en 1960. Sont admissibles les hommes de 21 ans et plus, capables de lire et d'écrire le français ou l'anglais, possédant un minimum d'instruction et «jouissant d'une bonne moralité et exempts de dettes», qui ont été mis à l'épreuve durant trois années. D'après ces critères, une bonne proportion des Blancs n'auraient pas été aptes à voter[20]. Le candidat autochtone qui réussit doit recevoir 20 hectares de terres réservées, qu'il possédera en toute propriété et pour lesquelles il doit payer des taxes; on espère ainsi arriver à couper, ou à tout le moins à faire relâcher les liens tribaux.

Les Amérindiens se rallient pour rejeter la loi; en 1867, un seul candidat s'est prévalu des dispositions légales pour obtenir son émancipation. Même si quelques-uns de leurs membres se montrent désireux de franchir le pas, les bandes refusent obstinément d'attribuer les terrains nécessaires. Elles perçoivent avec raison cet acte officiel comme une tentative de destruction des communautés autochtones et, du même coup, de leur mode de vie, dans la mesure où les réserves se trouveraient démembrées lot par lot; une fois tous les Indiens émancipés, il ne restera plus de terres communales et les réserves se seront volatilisées. D'ailleurs, non seulement les mesures déplaisent-elles aux Autochtones, mais elles sont en désaccord avec la politique impériale. Ainsi que le soulignera l'historien John Milloy, ces dispositions modifient le but visé par le plan britannique de civilisation des Amérindiens et menacent la Proclamation de 1763, dans laquelle on imaginait des Autochtones en sécurité dans leurs réserves protégées par le gouvernement impérial britannique[21]. Deux ans plus tard, soit en 1859, l'*Acte concernant la civilisation et l'émancipation des sauvages*, bien qu'elle encourage encore l'émancipation et vienne renforcer les lois précédentes ayant trait aux Autochtones, élude la question des réserves. Même si elle vise ultimement l'insertion des Amérindiens au sein de la société blanche, elle étend au Canada-Est l'interdiction de vendre de l'alcool aux Amérindiens, déjà en vigueur dans le Canada-Ouest; après la Confédération, elle s'appliquera à tout le dominion. La prohibition sera maintenue jusqu'en 1951.

L'année suivante, la loi relative à l'administration des terres et des biens des sauvages permet au Canada de reprendre des mains du ministère des Colonies l'administration des affaires des Indiens. Le commissaire des Terres de la couronne devient officiellement surintendant en chef des Affaires indiennes, mais le travail est en réalité effectué par le surintendant adjoint. Le premier responsable à temps complet du département des Affaires indiennes, nommé en 1862, est William Prosperous Spragge, qui la même année a aidé William McDougall (1822-1905; commissaire des Terres de la couronne de 1862 à 1864) à négocier la cession de l'île Manitoulin. Spragge conserve ce poste jusqu'à sa mort en 1874. Comme le laisse clairement entendre la nomination de ce dernier, les Indiens n'ont pas été consultés. Les changements administratifs en question ne représentent nullement une amélioration pour eux, vu que les intérêts des colons sont aussi opposés aux leurs dans les deux Canadas que partout ailleurs dans l'Amérique du Nord britannique, et que les administrations coloniales sont toutes dirigées par des colons. Quant aux réserves, mises de côté par voie législative, elles sont destinées à une utilisation commune par les Indiens; néanmoins, les chefs peuvent en attribuer des parcelles à des individus, ou les membres d'une bande peuvent se les approprier. Quoique la couronne n'admette pas ces concessions, il reste possible de céder des parcelles à d'autres membres de la bande. Tout transfert à des non-Amérindiens demeure interdit, et les Blancs qui cherchent à s'approprier ces terres sont passibles de sanctions[22]. Sur le plan juridique, la propriété commune fait en sorte que les Amérindiens des réserves n'ont aucun droit de poursuite contre leurs compatriotes propriétaires. On pouvait prétendre que cela permettait de maintenir l'harmonie et de prévenir toute discorde.

Parce qu'ils étaient soumis à une administration distincte, les Amérindiens se sont vus exclure du système d'instruction publique mis en place durant les années 1850. Le cas de Francis Assikinack («Blackbird»; 1824-1863), fils de l'influent chef outaouais Jean-Baptiste Assiginack (v. 1768-1865) qui avait combattu aux côtés des Britanniques pendant la guerre de 1812, avait pris part à la cession de grands territoires et était un fonctionnaire estimé, illustre bien les difficultés éprouvées par les Amérindiens qui cherchent à composer avec la société dominante. Francis, après ses études au Upper Canada College, aurait aimé les poursuivre pour devenir médecin, mais on lui refuse toute aide à deux reprises, la seconde fois sous prétexte que les Amérindiens ne retireront pas suffisamment de bénéfices de l'argent pris à même leurs fonds par rapport au coût d'un tel projet[23]. Francis finit par travailler comme interprète et aussi comme maître d'école frustré. Autrement dit, après avoir profité des bienfaits d'un enseignement supérieur, on ne lui permet pas de décider du rôle qu'il veut jouer dans la vie. La société dominante n'exige pas seulement qu'on s'assimile à elle, elle se réserve aussi le pouvoir de dicter les conditions du processus d'intégration.

### Les traités Robinson-Supérieur et Robinson-Huron

Pendant ce temps, les tensions sont de plus en plus vives au sujet de l'amenuisement des ressources consacrées au maintien du mode de vie traditionnel amérindien. Avec la progression de la surexploitation, le concept des territoires de chasse familiaux acquiert une importance nouvelle, et l'habitude de demander la permission pour chasser sur le territoire de quelqu'un d'autre se cristallise au point de devenir une condition obligatoire. Dans le nord ontarien, les membres de la bande de Pic River tuent 14 Autochtones trouvés en train de passer sur leurs terres. La découverte de gisements au nord du lac Supérieur incite le gouvernement colonial à autoriser des activités minières sans tenir le moindrement compte des intérêts amérindiens; la visite à Toronto du chef Shinguacouse, de Garden River, à proximité de Sault-Sainte-Marie, en compagnie d'autres chefs ojibwés, pour exiger que les revenus tirés des concessions minières leur soient remis à titre de propriétaires de la région, n'aboutit à rien. Trois ans plus tard, soit en 1849, une nouvelle requête, en vue d'un règlement territorial cette fois, fait encore une fois chou blanc. Les Ojibwés décident donc de prendre leurs affaires en mai et de fermer de force l'exploitation de la Quebec and Lake Superior Mining Company à la baie Mica. En moins de trois semaines, l'armée est sur les lieux pour mater cette «rébellion» qu'on surnommera parfois «guerre de Michipicoten[24]».

Un des deux commissaires mandatés pour enquêter sur la situation est Anderson, qui avait été chargé des villages expérimentaux du Haut-Canada avant de devenir, en 1845, surintendant en chef des Affaires indiennes, un poste qu'il conservera jusqu'en 1858. Les commissaires constatent que les Ojibwés souhaitent régulariser par un traité leurs rapports avec le gouvernement et pourraient même consentir à laisser celui-ci décider de la valeur d'une compensation. En dépit de leur bonne volonté manifeste et de la confiance exprimée à l'égard de la «sagesse et [l']équité de leur Grand Père», ils savent fort bien ce qu'ils veulent; les négociations promettent de ne pas être simples. Ces pourparlers donnent naissance à l'habitude d'inclure dans les traités des dispositions sur les réserves amérindiennes; les traités de Robinson deviendront à cet égard le modèle à suivre. Les Amérindiens y pensaient depuis longtemps, mais ils n'étaient jamais parvenus à en établir la pratique: la mise à part de terres pour les Autochtones s'est toujours effectuée à la pièce, suivant le bon plaisir des diverses assemblées coloniales. Bond Head, quand il réglait les cessions de territoires, avait aussi inclus des dispositions d'ordre foncier à l'intention des Amérindiens[25], mais on ne les a pas toujours respectées. D'ailleurs, on n'encourage pas l'initiative autochtone à cet égard; par exemple, les Mississagués de la rivière Credit tentent à plusieurs reprises sans succès d'obtenir des territoires réservés. Du point de vue amérindien, les réserves ne leur sont pas concédées; il s'agit uniquement de terres qu'ils n'ont pas à partager avec des Blancs[26]. Quelqu'un dira plus tard des réserves qu'elles ont été «le berceau de l'effort de civilisation des Amérindiens — et le moyen de garantir à l'homme blanc la liberté d'exploiter les immenses richesses d'un jeune empire[27]». On finit par considérer que la création de grandes réserves dans des zones isolées va à l'encontre du but recherché; pour parvenir à l'objectif de «civilisation», les réserves doivent plutôt être petites et, dans la mesure du possible, à peu de distance des établissements blancs. D'après la théorie, cette proximité amènera les Amérindiens à se familiariser avec les coutumes des Blancs et encouragera leur adoption[28]. (On a connu une version antérieure de cette théorie sous le régime français, quand des fonctionnaires ont envoyé des familles françaises vivre dans les villages indiens.)

Celui qui mène les négociations en vue des traités est l'ancien trafiquant de fourrures William Benjamin Robinson (1797-1873), frère cadet de John Beverley Robinson, lui-même membre du célèbre *family compact*; il s'était précédemment chargé de la négociation de questions foncières avec Musquakie. Il a pour mandat d'obtenir des droits sur le plus de terres possible au coût le plus bas possible à partir de Penetanguishene en longeant la rive nord du lac Huron, puis en traversant la baie Batchawana, sur la rive orientale du lac Supérieur, vers le sud jusqu'à la rivière Pigeon. Le paiement doit se faire sous forme de rentes, et chaque bande doit être autorisée à choisir un emplacement pour sa propre réserve; les droits de chasse et de pêche seront maintenus sur l'ensemble de la région concédée. Il ne doit plus y avoir de distributions de cadeaux (même si cette coutume est encore en usage et qu'elle ne sera abolie que huit ans plus tard), mais Robinson doit accepter un compromis parce que le bon usage amérindien exige un échange de cadeaux dans ces circonstances. Jean-Baptiste Assiginack, qui est à cette époque interprète au département des Affaires indiennes, le seconde avec compétence.

Le chef Peau de Chat («Cat Pelt») et les chefs de la région du lac Supérieur signent le traité le 7 septembre 1850, suivis, deux jours plus tard, par le chef Shinguacouse et les leaders de la région du lac Huron, qui avaient espéré de meilleures conditions. Un certain nombre de chefs prétendront plus tard avoir fait l'objet de pressions et menaceront de faire appel à Londres. Chaque groupe doit recevoir et répartir entre ses membres une somme de £2 000 en espèces, en plus des rentes, qui sont fixées à £500 pour le groupe du lac Supérieur et à £600 pour celui du lac Huron. La liste des réserves choisies est jointe à chacun des traités[29]; le gouvernement doit se charger de vendre les terres réservées et les droits miniers à l'«usage et [au] profit exclusifs» des Indiens. Les revenus tirés des droits miniers concédés avant les traités doivent être rendus aux Amérindiens. Les deux traités contiennent des clauses d'indexation des rentes. Si la population amérindienne descend sous les deux tiers du niveau existant lors de la signature, les rentes doivent décroître proportionnellement; d'un autre côté, elles peuvent être augmentées, selon le bon vouloir de la couronne, pourvu que l'argent de la vente des terres concédées permette au gouvernement de ce faire sans que cela entraîne une dépense supplémentaire sur ses recettes globales. À l'époque des signatures, on dénombre 1 943 âmes dans la région du lac Supérieur, et 1 458 dans celle du lac Huron.

Les terres cédées couvrent deux fois la surface de celles perdues lors de tous les traités précédents dans le Canada-Ouest; elles vont au nord jusqu'à la ligne de partage des eaux entre la Terre de Rupert et le Canada; dès lors, quasiment tout le Canada-Ouest est débarrassé des titres de propriété amérindienne. Les deux traités de Robinson viennent confirmer le modèle qui s'est élaboré depuis la Proclamation:

• les négociations doivent avoir lieu lors de rencontres publiques et ouvertes à tous, suivant la procédure imposée par la Proclamation de 1763;

• les terres ne doivent être «cédées» qu'à la couronne;

• chaque traité doit comporter en annexe un inventaire des réserves destinées à être possédées en commun;

• les rentes doivent être payées à chacun des membres de la bande signataire;

• enfin, les Amérindiens conservent «le privilège libre et entier de chasser sur le territoire désormais concédé par eux et de pêcher dans ses eaux, comme ils ont jusqu'à maintenant eu l'habitude de faire», sauf dans les portions qui doivent être vendues à de simples particuliers ou mises de côté par le gouvernement pour des usages particuliers.

L'une des questions qui ennuient les chefs dissidents, c'est la dimension réduite de leurs rentes en comparaison de celles qui ont été accordées dans le sud de l'Ontario. D'après Robinson, la réponse tient au fait que cette région connaît déjà une forte colonisation parce que ses sols sont très propices à l'agriculture, ce qui a eu pour effet de détruire les terrains de chasse des Amérindiens qui habitent là. Dans le nord, où les sols ont peu ou pas d'utilité en agriculture, cela signifie que les Amérindiens pourront continuer de chasser dans un avenir prévisible. Il ne fait nullement allusion aux conséquences écologiques de l'activité minière dans cette zone riche en minerais.

Une autre question attire vite l'attention: de quelle nature est la «cession»? Si les Amérindiens ne revendiquent pas la propriété absolue des terres, comment peuvent-ils les céder à la couronne ou à qui que ce soit d'autre d'ailleurs? Et, sujet d'interrogation supplémentaire: puisque la couronne a déjà revendiqué le titre de propriété sous-jacent, qu'accepte-t-elle donc de la part des Amérindiens? Ces questions donneront lieu à une série d'affaires juridiques, à commencer par la cause *St. Catharine's Milling c. la couronne* (chapitre XXIII).

## La cession de l'île Manitoulin

L'influence des traités de Robinson se fait manifestement sentir dès la première cession d'importance à suivre, celle de l'île Manitoulin. La région avait été mise de côté à titre de réserve par le traité signé en 1836 avec les Ojibwés, dans l'espoir que ceux qui vivaient dans le sud iraient s'y établir. Pourtant, en 1860, seulement un millier d'entre eux y ont emménagé et 1 214 hectares (3 000 acres) sont cultivés. Le gouvernement, insatisfait de la situation et pressé d'ouvrir plus de terres encore à la colonisation par les Blancs, met fin au projet. En 1862, William McDougall parvient à négocier 242 811 hectares (600 000 acres) de terres appartenant à la réserve. Les méthodes dont il se sert sont douteuses, pour ne pas dire plus, et il fait usage d'eau-de-vie malgré l'interdit gouvernemental qui frappe expressément de tels procédés. La vente est conclue pour 700 $ comptant, plus les revenus tirés de la vente des terres concédées aux colons blancs. Tout n'est cependant pas perdu pour les Amérindiens: chaque chef de famille reçoit 40 hectares (100 acres), au lieu des 10 hectares (25 acres) proposés à l'origine; et chaque célibataire de plus de 21 ans a droit à 20 hectares (50 acres) qui doivent être choisis de manière à maintenir intactes les communautés amérindiennes. Ils se voient aussi concéder des droits de pêche (il y avait eu auparavant une tentative en vue de les empêcher de pratiquer cette activité). Le fait qu'on assiste à une telle concession à l'égard des Amérindiens est largement dû aux efforts d'Assiginack, qui avait été tellement utile à Robinson et avait signé le traité de 1836 à l'origine de la réserve de l'île Manitoulin. Il résiste maintenant à son démembrement en compagnie de tous les chefs, à l'exception de deux d'entre eux qui vivent à la mission catholique de Wikwemikong.

En dépit des traités, la question de la protection des terres amérindiennes reste essentiellement irrésolue, vu que les colons ne cessent d'empiéter sur les terres les plus attrayantes sur le plan agricole. Un an avant la confédération, une nouvelle loi vient tenter de résoudre le problème: c'est l'acte pour confirmer la propriété des terres des Indiens dans la Province du Canada. Ses clauses permettent en même temps au gouvernement de se réserver le droit de vendre les terres mises de côté dont les Amérindiens ne se servent pas, toujours sans consulter les intéressés. On considère simplement que l'accord des Autochtones dans ces situations n'est pas une nécessité. La Confédération accorde aux trois régions (qui deviendront quatre provinces) toute autorité sur les terres de la couronne leur appartenant, un privilège qui ne sera pas attribué aux futures provinces signataires avant 1930.

Lorsqu'il est convenu de fédérer l'Amérique du Nord britannique en 1867, les Amérindiens n'ont une fois de plus pas droit à la moindre consultation; même la question d'une association avec eux n'est pas soulevée. Pis encore, personne n'a pensé à consulter ou même informer les Inuits avant que le Conseil privé ne proclame en 1880 la transmission des territoires arctiques de la Grande-Bretagne au nouveau dominion; et quand Terre-Neuve adhère à la Confédération en 1949, il n'est aucunement question des Inuits du Labrador ou des Amérindiens de la baie St George's et des autres régions. Le droit à l'autonomie gouvernementale, revendiqué avec tant de vigueur et de succès par les colonies elles-mêmes, ne s'étend pas aux premières nations. La marginalisation des Amérindiens est bien enclenchée en Ontario; dans les collectivités autochtones, on sent la tristesse, l'amertume et, jusqu'à un certain point même, la résignation.

## CHAPITRE XVIII

# LES MULTIPLES FRONTS AU SEIN
# DE LA CONFÉDÉRATION

Lors de la création du Dominion du Canada en 1867, l'article 91(24) de l'Acte de l'Amérique du Nord britannique, qui traite des «Indiens et des terres réservées aux Indiens» (l'unique allusion faite aux populations autochtones du Canada dans la loi), dit que la responsabilité des Amérindiens relève du gouvernement fédéral. Leur administration se trouve de ce fait séparée de celles des terres de la couronne. Les Amérindiens continuent d'appartenir à une catégorie juridique distincte, celle de la tutelle; ils peuvent bien sûr choisir de s'en affranchir pour devenir des Canadiens comme les autres, mais le prix à payer est élevé. Au point où en sont les choses, ils profitent au moins d'une protection territoriale; de l'avis de Douglas Sanders, les réserves constituent la principale institution dont le dominion a hérité des administrations coloniales[1]. De l'avis des Amérindiens, le principal héritage serait plutôt l'usage traditionnel des traités pour régler les rapports entre Indiens et Blancs, surtout en matière de questions foncières. Les Blancs sont confiants d'assister tôt ou tard à l'assimilation des Amérindiens, puisqu'il n'y a rien dans leur mode de vie qu'il soit valable de conserver; aux dires de Macdonald en 1887, «le grand objectif de notre législation consistait à abolir le système tribal et à assimiler les populations indiennes à tous les égards avec les autres habitants du Dominion, aussi rapidement qu'elles étaient capables de changer[2]».

Les rares personnes désireuses de recueillir des objets amérindiens n'ont droit qu'à une aide réticente du gouvernement, quand il daigne en accorder une. La plupart des collectionneurs sont des Européens, et quelques-uns sont Américains, de telle sorte qu'une grande quantité d'objets anciens des Amérindiens du Canada se sont retrouvés à l'extérieur du pays. Même les archives de l'administration des Affaires indiennes sont jugées sans valeur suffisante pour qu'on les conserve, sans compter que leur stockage prend de la place. Conséquemment, il reste peu de documents des collections des décennies 1930 et 1940. George Stanley et d'autres érudits intéressés ont persuadé le ministère de conserver ses archives au lieu de les détruire.

Composé à l'origine de l'Ontario, du Québec, de la Nouvelle-Écosse et du Nouveau-Brunswick, le Canada acquiert en 1870 la Terre de Rupert et les Territoires-du-Nord-Ouest; le Manitoba devient la cinquième province cette même année. Suivent la Colombie-Britannique en 1871, puis l'Île-du-Prince-Édouard en 1873. En quatre années seulement, ces expansions font passer le nombre des Amérindiens du pays de 23 000 à plus de 100 000 (évaluations qui pourraient être faibles), soit de 0,7 à 2,5 pour cent de la population totale[3]. Ces diverses acquisitions en compliquent l'administration, chaque région ayant sa propre histoire constituée d'un ensemble d'événements distincts. S'il s'est trouvé un seul dénominateur commun, c'est l'habitude prise par les gouvernements de légiférer dans l'intérêt de la société dominante sans demander l'avis des Amérindiens. David Laird, qui à titre de ministre de l'Intérieur et de lieutenant-gouverneur des T.-N.-O. occupera aussi le poste de surintendant général des Affaires indiennes de 1873 à 1879, prétendra avoir consulté certains chefs de l'Ontario pour rédiger la *Loi sur les Indiens* et en avoir modifié les dispositions en fonction de leurs désirs, mais ne fournira jamais de preuves à l'appui de ses dires[4].

C'est cette structure qui est en place en 1868 lors de la création du Secrétariat d'État, auquel on confie la responsabilité des Amérindiens. D'ailleurs, Joseph Howe, lors de sa nomination au poste de secrétaire d'État aux Affaires provinciales en 1869, devient aussi surintendant général aux Affaires indiennes, poste qu'il conserve jusqu'en 1873, quand le ministère de l'Intérieur reprend la responsabilité des Autochtones. Les «Affaires indiennes», comme on les appelle, comprennent la gestion des terres et des biens (y compris les ressources) amérindiens, ainsi que des fonds qui leur appartiennent. La consolidation des différents articles de loi hérités des administrations précédentes se trouve au sommet des priorités du ministère.

Le travail de création d'un nouveau régime uniforme pour les diverses situations du nouveau pays est une tâche ardue. Il est relativement simple pour les autorités fédérales d'appliquer le type de gestion déjà existant en Ontario au Québec et aux Maritimes. Dans ces régions, il y a déjà un certain temps que les gouvernements traitent avec les Amérindiens; en plus, leur population est proportionnellement trop faible pour que cela ait de l'importance sur le plan politique. Par contre, dans les Prairies et en Colombie-Britannique, où les Amérindiens sont encore en majorité, les colons éprouvent de l'appréhension à leur égard, et les réseaux administratifs sont encore embryonnaires. Dans ces deux régions, leur présence donne naissance à des difficultés particulières qui viendront compliquer le travail de création d'un dominion «d'un océan à l'autre». La situation se complexifie davantage quand les territoires arctiques sont rendus au Dominion par la Grande-Bretagne en 1880, ajoutant du coup les Inuits aux responsabilités administratives de l'État canadien.

Le département commence par travailler à partir des lois existantes. Dès 1868, il renforce la loi de 1857 par une mesure «destinée à amener progressivement les Indiens à se mêler à la race blanche dans les activités ordinaires de la vie[5]». Il augmente ensuite les amendes pour violation de la propriété amérindienne, avant de passer, en 1869, une nouvelle loi sur l'émancipation qui modifie la définition d'un Indien en ajoutant une clause sur le «quantum sanguin». Dès lors, pour être reconnue, une personne née après l'adoption de la loi doit maintenant posséder un quart de sang indien[6].

La loi introduit aussi un système d'élections triennales pour les bandes. Les pouvoirs des chefs sont étendus quelque peu, et les conseils de bandes ont désormais la capacité d'établir des règlements sur des questions d'ordre mineur ayant trait à la sécurité et à la santé publiques, des règlements toujours susceptibles d'annulation par le ministère; le gouverneur peut, s'il le juge nécessaire, destituer les chefs ou les conseillers de bandes. La loi est rédigée pour les Six-Nations et d'autres peuples qui ont une longue expérience de contacts avec les Blancs. Le gouverneur décide, sur la recommandation du surintendant général, quelles bandes sont prêtes à adopter le système électoral triennal; il s'agit d'une mesure pouvant être prise sans le consentement de la bande[7]. Une fois de plus, le découpage de propriétés individuelles à même les terres de la réserve sert à encourager l'émancipation, cette fois au moyen de «permis d'établissement» comportant des droits de succession[8]. Bien qu'ils aient perdu le droit d'être reconnus comme des Indiens au sens de la loi, les affranchis continuent de profiter de leurs droits conventionnels (autres que les paiements prévus par traité) ou du droit de vivre dans une réserve. Leur situation juridique est alors celle d'un citoyen ordinaire, ce qui signifie, entre autres choses, qu'ils peuvent posséder un permis de commerce, acheter de l'alcool et envoyer leurs enfants à l'école publique. Les autorités s'attendent avec confiance que les nouvelles dispositions saperont la résistance à l'émancipation. Toutefois, entre 1859 et 1920, seuls un peu plus de 250 Amérindiens ont recours à la loi pour s'affranchir[9]. Par la suite, avec un certain adoucissement des exigences légales, un plus grand nombre acceptera de voter; puis l'amendement de la loi en vue de permettre aux Amérindiens vivant hors des réserves d'obtenir leur émancipation sans acquérir le terrain exigé fait en sorte que 500 acceptent en moins de 2 ans.

En cas de mariage avec un non-Indien, la loi de 1868 revient sur les caractéristiques de celle de 1851, qui établissait une distinction entre les hommes et les femmes. Si un Indien inscrit épouse une non-Indienne, celle-ci acquiert le statut de son mari, qui est transmis à leurs enfants. Au contraire, l'épouse amérindienne d'un non-Indien perd son droit aux rentes, ne peut plus faire partie d'une bande et n'est plus une Amérindienne au sens de la loi. La clause suivant laquelle quiconque possède un quart de sang indien peut être considéré comme un Indien vient toutefois modifier cette situation; dans ce cas précis, une Amérindienne qui possède plus d'un quart de sang indien et a épousé un non-Indien peut continuer de recevoir des paiements, mais ses enfants ne peuvent d'aucune manière prétendre au statut d'Indien. Ces mesures soulèvent une opposition considérable et, bien que le Conseil général des Indiens de l'Ontario et du Québec ait exercé de fortes pressions en faveur des droits des femmes autochtones, leurs efforts ne donnent rien. La loi de 1876 sur les Indiens, qui pour l'essentiel vient unifier les lois citées dans ce chapitre et le précédent, maintiendra cette particularité. La loi de 1876 sera étudiée au chapitre XIX.

Les lois de 1868 et de 1869, notamment la seconde, sont destinées à briser les formes tribales de gouvernement, sous prétexte qu'elles sont «irresponsables». Les conseils de bande élus serviront d'instrument pour atteindre ce but[10]. Il n'y a donc rien de surprenant à ce que les Amérindiens, à l'exception des Mohawks (Agniers) de la baie de Quinte, n'«aient démontré aucune envie de s'identifier au nouvel ordre des choses qu'on leur proposait ou de le valider en s'adressant aux autorités pour tenir des élections», comme le fait observer le surintendant général Spragge en 1871[11]. Les bandes, y compris les Six-Nations, résistent en refusant même d'exercer les pouvoirs restreints qu'on leur accorde.

## L'attrait de l'or

Si, sur la côte ouest, la colonisation européenne affectait l'hégémonie autochtone, la découverte de gisements aurifères vient la bouleverser. La petite ruée qui a lieu de 1850 à 1853 dans les îles de la Reine-Charlotte en donne un avant-goût, bientôt suivi par une autre d'une ampleur comparable, sur la Stikine en 1862. Par bonheur pour les Autochtones touchés (respectivement des Haïdas et des Tsimshians), elles sont de courte durée; pourtant, même là, des affrontements ont lieu, qui incitent le gouverneur Douglas à affirmer l'autorité britannique par des démonstrations de force. En revanche, quand la nouvelle de la présence de gisements aurifères alluviaux sur le Fraser se répand en 1857, la découverte atteint des proportions considérables. Les découvertes de filons d'or dans la région du Cariboo, en 1862, viennent compliquer encore la situation.

Les Salishs du Fraser exploitaient discrètement depuis nombre d'années l'or de ce *placer*, qu'ils échangeaient à la place des fourrures aux postes de la CBH. La chose s'est vite ébruitée, surtout quand le rendement sans cesse décroissant des gisements aurifères alluviaux de Californie a amené les mineurs à chercher d'autres sites à exploiter. En 1858, 25 000 chercheurs d'or affluent à Victoria; en peu de temps, 10 000 orpailleurs retirent l'or du lit du Fraser entre Fort Langley et Fort Yale. Scandalisés par cette invasion de leur territoire, le chef salish Spintlum et ses guerriers affrontent les mineurs; à Victoria, la soi-disant «guerre du Fraser» qui s'ensuit est qualifiée de massacre de mineurs par une presse hystérique; en réalité, elle coûte la vie à 30 Amérindiens et 2 Blancs. Douglas affirme de nouveau l'hégémonie de la Grande-Bretagne en annonçant que la loi britannique s'applique à tous, Amérindiens comme mineurs. Il cherche à obtenir la collaboration des Autochtones en nommant certains chefs magistrats, ce qui n'atténue en rien les ravages causés aux sources d'approvisionnement alimentaire des premiers habitants.

Les opérations minières qu'exigent l'extraction de l'or du gisement de la région du Cariboo, situé loin à l'intérieur des terres, obligent à construire des routes pour le transport du matériel et des fournitures. Les envahisseurs blancs, agissant avec la plus grande précipitation possible et sans la moindre considération pour les dégâts causés à une économie autochtone fondée sur la chasse et la cueillette, bouleversent les barrages à saumon, font des incursions dans les villages et vont jusqu'à piller des tombes. Aucune protection n'est offerte contre ces nouveaux venus en maraude, et jamais on ne donne suite aux demandes d'aide alimentaire faites par les Autochtones aux ouvriers de voirie. Du point de vue des Amérindiens, puisque l'homme blanc détruit leur base d'alimentation, il est de son devoir de la remplacer. Comme si cela n'est pas suffisant, on assiste, l'année de la découverte (1862) de l'or, à une épidémie de petite vérole chez les Chilcotins.

## La Colombie-Britannique ne reconnaît pas le droit de propriété amérindien

On regrettera cruellement le tact du gouverneur Douglas, remplacé à sa retraite en 1864 par Frederick Seymour (1820-1869) qui restera en poste jusqu'en 1869. Le nouveau commissaire des Terres de la couronne, Joseph W. Trutch (1826-1904), lui aussi nommé en 1864, estime que les Amérindiens n'ont pas plus de droits sur les terres «qu'une panthère ou un ours» (pour reprendre l'expression de journaux de l'époque). Du point de vue de Trutch, non seulement les Amérindiens ne possèdent-ils aucun droit sur les terres qu'ils revendiquent, mais elles ne sont «d'aucune valeur ou utilité réelle pour eux, et je ne peux comprendre pourquoi ils pourraient soit conserver ces terres au détriment des intérêts généraux de la colonie, soit être autorisés à les offrir en vente au gouvernement ou à des particuliers[12]». Les réductions de la dimension des réserves qu'il effectue à l'avantage des colons ont laissé en héritage un lourd contentieux.

Les choses se précipitent quand les principales victimes de ces nouveaux développements, les Chilcotins, décident en 1864 d'envoyer des partis de guerriers attaquer les travailleurs routiers; c'est le début de la guerre des Chilcotins. Après plusieurs escarmouches sanglantes qui font 13 morts chez les Blancs, un stratagème amène 8 insurgés, au nombre desquels se trouvent les chefs Tellot, Alexis et Klatsassin, à se rendre. Matthew Baillie Begbie (1819-1894), juge de Colombie-Britannique célèbre pour son franc-parler, condamne cinq d'entre eux à la pendaison — un châtiment qu'ils subissent ensemble rapidement — et un autre à la prison à vie[13]. Ce qui n'empêche pas le juge de reconnaître que les Chilcotins se sont sentis envahis et que leur vengeance a été provoquée par le traitement dont ils ont été victimes de la part des Blancs. L'année suivante, un décret est émis pour interdire le pillage des sépultures amérindiennes. Malgré les appréhensions des

Blancs, aucun conflit généralisé ne se déclare avec les Amérindiens; dans cette province, les craintes à cet égard ne se dissiperont pourtant pas avant le tout début des années 1900.

Alors que Douglas avait accepté les demandes des Amérindiens au point d'accorder à chaque chef de famille au moins 81 hectares (200 acres) de terrain, Trutch fixe la superficie à 4 hectares (10 acres) au maximum[14]. (Dans les prairies, c'est 65 hectares (160 acres) qu'on leur concédait.) À partir de 1865, Trutch applique un programme de «correctifs» par lequel il reprend la majeure partie du territoire réservé pour les Autochtones, puis, l'année suivante, il émet un décret qui leur interdit toute préemption de terres sans la permission écrite du gouverneur[15]. Finalement, ils perdent tout droit de préemption avec l'adoption de la loi sur la préemption, en 1870; il ne reste aux individus que le droit d'acheter des terres aux non-Indiens. C'est un «droit» que les Amérindiens apprécient d'autant peu qu'ils estiment que la terre leur appartient déjà. À l'époque, le droit de préemption des Blancs leur accorde 65 hectares, avant de pouvoir acheter encore 194 hectares (480 acres). Comme on pouvait s'y attendre, un traitement de ce genre occasionne un ressentiment croissant chez les Amérindiens. Les Blancs, mal à l'aise devant cette situation sans pour autant mettre fin à leurs actions, éprouvent de plus en plus d'appréhensions à l'égard d'un soulèvement possible. Un lueur d'espoir naît en 1867, quand on accorde aux Indiens de Colombie-Britannique le droit de rendre témoignage, sans être assermentés, dans des causes de tribunaux civils et des enquêtes, officielles ou autres. La loi fédérale sur les Indiens, votée en 1876, étend ce droit à tous les Indiens et aussi aux affaires criminelles[16].

Lors de son entrée dans la Confédération en 1871, la Colombie-Britannique conserve toute autorité sur les terres de la couronne, une décision qui fait d'elle la seule province de l'Ouest à s'être vu accorder ce privilège à cette époque. En révélant d'un côté l'importance qu'attache Ottawa à son adhésion, cela ne présage rien de bon pour les Indiens, même si l'article 13 de l'engagement donne à Ottawa la responsabilité de l'administration des Amérindiens et prévoit la passation obligatoire des terres sous l'autorité fédérale. Une fois de plus, les Autochtones n'ont pas été consultés, même si leur population excède à l'époque celle des Blancs et si elle la dépassera jusqu'au milieu des années 1880[17]. À l'exception de l'adhésion au traité n° 8, qui s'appliquera à l'angle nord-est de la province, aucun traité ne sera signé en Colombie-Britannique après la Confédération. Une des premières actions de la nouvelle province consiste à priver les Indiens du droit de vote à l'échelon provincial, qu'ils ne recouvreront qu'en 1949 (au Québec, les Indiens obtiendront ce droit seulement en 1968).

Ottawa et Victoria se retrouvent presque sur-le-champ engagées à fond dans un conflit sur la question de la mise de côté de terres destinées aux réserves. Voici comment Trutch a exprimé le point de vue de sa province au premier ministre:

> Le système canadien, comme je le perçois, fonctionnera à peine ici — nous n'avons
> jamais payé pour ces terres revendiquées par les Indiens et nous pensons ne jamais

devoir le faire — mais, de temps à autre, nous réservons pour leur usage et à leur profit des bandes de terrain d'une étendue suffisante pour répondre à leurs besoins raisonnables en matière de culture ou de pâturage[18].

La question, au fond, c'est la dimension des lots à mettre de côté pour les Amérindiens. Le gouvernement fédéral estime qu'une famille de 5 personnes a besoin de 32 hectares (80 acres), mais la Colombie-Britannique ne comprend pas pourquoi il leur faudrait plus de 4 hectares (10 acres). Le premier surintendant fédéral aux Affaires indiennes en C.-B., de 1872 à 1890, Israel Wood Powell, parvient à négocier un compromis en 1873: 8 hectares (20 acres) par famille, qu'importe son importance. La solution déplaît à tous, mais Ottawa a l'occasion de se reprendre, dès 1874, en déclarant nulle la loi concernant les terres domaniales de la Colombie-Britannique parce qu'elle ne renferme aucune clause sur les réserves. Il s'agit d'une décision prise par le gouvernement libéral d'Alexander Mackenzie (au pouvoir de 1873 à 1878); sir John A. Macdonald, qui s'intéresse moins à la protection des droits des Amérindiens, se montre davantage conciliant envers la province[19]. Celle-ci peut donc poursuivre sa politique de distribution au compte-gouttes de lots dérisoires aux Amérindiens; en 1876, un total de 82 petites réserves ont été découpées, la plupart sur le territoire côtier des Salishs, là où la colonisation blanche a débuté[20].

## Le défi des Métis

La Confédération a à peine vu le jour que le gouvernement fédéral doit faire face à une situation qui couve depuis longtemps dans le Nord-Ouest: la demande de reconnaissance formelle exigée par les Métis.

À cette époque, le fort mouvement qui traverse la communauté métisse de la Rivière-Rouge veut qu'on la considère comme la «Nouvelle Nation», ni amérindienne ni blanche, comme un mélange distinct des deux, qui pratique l'agriculture, la chasse au bison et la traite des fourrures. L'évolution de cette conséquence de la traite des fourrures qu'est le mode de vie métis a profité de la protection économique de cette même traite et de l'isolement du Nord-Ouest. Les Métis construisent leurs maisons de rondins là où ils en ont envie, le plus souvent sur les berges des rivières et la plupart du temps sans entente officielle avec la CBH — fréquemment, en fait, à l'insu de la compagnie. Ainsi que l'a fait observer sir George Simpson, gouverneur de la CBH de 1826 à 1860: «Nous signalons les emplacements qu'ils peuvent occuper illégalement, nous ne leur donnons aucun titre de propriété sauf s'ils ont pris des dispositions pour payer [...]. La majorité d'entre eux se sont installés là où ça leur plaisait et nous n'avons pu les empêcher[21].» À la Rivière-Rouge, sous le choc des cultures, mais par-dessus tout dans la foulée des rivalités opposant les intérêts des trafiquants de fourrures, un sentiment d'identité métisse s'est cristallisé avec les problèmes apparus par suite de la venue des colons de Selkirk en 1812. Avec la fusion de la Compagnie du Nord-

Ouest et de celle de la baie d'Hudson, les Métis deviennent le plus important groupe de population à la Rivière-Rouge; le recensement de 1871 fait état de 9 800 Métis, dont 5 720 sont de langue française, et plus ou moins 4 000 de langue anglaise ou «nés au pays», sur une population totale de 11 400 âmes. Les 1 600 autres sont des Blancs, tandis que les Amérindiens ne sont pas recensés.

S'il se trouve un seul événement auquel la notion d'une «Nouvelle Nation» puisse être associée, c'est la bataille de Seven Oaks, en 1816. Ce printemps-là, après un dur hiver de privations ayant coûté la vie à certains, le *Nor'Wester* et capitaine des Métis Cuthbert Grant (v. 1793-1854) rassemble 60 chasseurs de bison et attaque un convoi de bateaux de la CBH transportant du pemmican avant de prendre et de piller le poste de la CBH de Brandon House. Les Métis rapportent les provisions de pemmican à la Rivière-Rouge; à Seven Oaks, ils affrontent le gouverneur de la colonie, Robert Semple (en poste depuis 1815), et 21 colons; quand l'escarmouche prend fin, Semple et tous ses hommes ont péri, et un Métis est mort. Le prestige de Grant monte en flèche auprès des Métis; il reste leur leader jusqu'à ce que Louis Riel père (1817-1864) devienne un chef de file, dans les années 1840[22].

À mesure que diminuent, puis disparaissent les hardes de bisons, et que l'agriculture s'affiche de plus en plus clairement comme une solution de rechange à la traite des fourrures, les valeurs communautaires de la chasse commencent à céder la place à d'autres, plus individualistes. L'engagement croissant de Métis comme travailleurs salariés entraîne le déclin de leur position relative dans la hiérarchie de la traite: la plupart ont dès lors tendance à se retrouver à l'échelon de la main-d'œuvre subalterne plutôt que parmi les dirigeants, au nombre desquels certains s'étaient trouvés auparavant. Leurs frustrations grandissantes mènent parfois à des actes bizarres, comme celui de se joindre à l'«armée indienne de libération» du général James Dickson (*circa* 1835-1837), en 1836. Ce personnage flamboyant aux origines obscures est venu des États-Unis pour lever une armée qui irait prêter main-forte au Texas contre le Mexique ou bien attaquer Santa Fe dans le but de créer une Utopie «vraiment américaine» où seuls les Amérindiens auraient le droit de détenir des biens immobiliers[23]. Malgré la courte durée du mouvement dans le nord, le fait qu'il a attiré l'attention et même quelques recrues en dit long sur l'ampleur du mécontentement parmi les Métis, en particulier chez les fils des fonctionnaires de la CBH.

La perspective d'un gouvernement qui encouragerait la colonisation par les Blancs incite les Métis (surtout les francophones) à militer davantage en faveur de l'expression de leurs préoccupations. En 1845, 977 d'entre eux signent une pétition réclamant d'Alexander Christie, gouverneur de la Rivière-Rouge et d'Assiniboia de 1833 à 1839, puis d'Assiniboia de 1844 à 1849, qu'il définisse leur statut. Ils réclament des droits particuliers parce qu'ils possèdent du sang amérindien, à quoi le gouverneur rétorque qu'ils n'ont pas plus de droits que ceux accordés à tous les sujets britanniques. Pour les Métis, le monopole de la CBH mène tout droit à l'«appauvrissement total, sinon la ruine des indigènes», vu que la compagnie est si peu intéressée à leur bien-être qu'elle ne fournit pas aux enfants autochtones suffisamment d'écoles pour les préparer à des changements prévisibles par tous. Ils sont aussi vexés par la nomination d'un francophobe, Adam Thom (1802-1890), au poste de *recorder* (juge) d'Assiniboia; ils demandent d'ailleurs la désignation d'une personne bilingue à ce poste. Deux ans plus tard, en 1847, il font parvenir leur pétition en Angleterre par l'intermédiaire d'Alexander Kennedy Isbister (1822-1883), un avocat londonien possédant un quart de sang indien, qui était né à Cumberland House et était le petit-fils de l'agent principal Alexander Kennedy et de son épouse crie Aggathas[24]. Cette fois, les Métis demandent qu'on remette en question la validité de la charte de la CBH; malgré son maintien en vigueur ultérieur, son administration ne s'étendra pas au delà des territoires entourant la baie d'Hudson. De même, ils prétendent que la Rivière-Rouge (qu'une réorganisation intégrera au district d'Assiniboia en 1836) ne relève pas de son autorité et doit être proclamée colonie.

La pétition suscite de vifs échanges chez les parlementaires britanniques. De puissantes influences s'opposent en principe aux monopoles, tandis que d'autres, tout aussi puissantes, estiment que les dangers de la concurrence surpassent ceux qui sont représentés par un monopole et soutiennent que la Compagnie de la baie d'Hudson constitue le meilleur moyen disponible pour administrer la Terre de Rupert. Le secrétaire aux Colonies Merivale ne peut imaginer un gouvernement indien autonome; on ne doit accorder le statut de colonie qu'à des régions où se trouvent suffisamment de colons blancs pour être sûr qu'ils gouverneront. Perdants en Chambre, les Métis pourraient en appeler au Conseil privé, mais seulement à leurs frais. Leurs négociations de couloirs ont déjà entamé leurs maigres ressources, et ils laissent tomber toute l'affaire en 1850. D'autres pétitions suivent pourtant, dont une, en 1851, pour exiger de nouveau que la Rivière-Rouge devienne une colonie, à l'image de l'Île-de-Vancouver en 1849.

Cette année-là, la compagnie perd en réalité le pouvoir de faire valoir son monopole avec la levée de la condamnation de Pierre-Guillaume Sayer (*circa* 1796-1849) pour traite illégale. Les Métis ne cessent pas leurs pressions contre Thom, que Simpson, gouverneur de la CBH, finit par destituer en 1851, sans toutefois arrêter de le payer. Simpson accède aussi aux exigences des Métis pour une plus grande représentation au Conseil d'Assiniboia, mais s'organise pour en esquiver l'exécution. Tandis que s'érode la domination de la CBH, un groupe d'individus du Canada-Ouest (Ontario), qui portera plus tard le nom de Canada First, entreprend une campagne en vue de l'annexion de la Rivière-Rouge au Canada. Avec la Confédération, leurs demandes se font véhémentes, ce qui vient s'opposer encore aux principes anciennement régis par la «coutume du pays» et ses éléments de droit amérindien. La question divise les Métis: William Kennedy (1814-1890), un sang-mêlé cousin d'Isbister, qui a mené une des expéditions envoyées dans l'Arctique par les Britanniques à la recherche de Franklin (Kennedy avait alors insisté pour que les hommes fussent vêtus à l'amérindienne), plaide activement en faveur de la construction du chemin de fer transcontinental et de l'annexion.

Tandis qu'ils mènent leur guerre de mots contre la CBH et Londres afin d'obtenir la reconnaissance de leurs revendications, les Métis poursuivent de véritables hostilités sur le terrain contre leurs ennemis de longue date, les Sioux[25]. En 1851, un affrontement, appelé bataille du Grand Coteau, duquel ils sortent vainqueurs d'un groupe considérable de Sioux, vient affirmer le sentiment de leur identité avec plus de force encore que celui de Seven Oaks. Par ailleurs, ils éprouvent plus de difficultés avec la frontière internationale. Les fonctionnaires des États-Unis ont tout d'abord prêté une oreille attentive à leurs arguments selon lesquels, en raison de leur sang amérindien, ils avaient le droit de franchir la frontière à la poursuite des bisons; toutefois, l'attitude des Américains s'est graduellement durcie, et les Métis se voient dorénavant interdire de chasser au sud de la frontière.

Leur bruyante revendication atteint une ampleur telle qu'en 1857 le Parlement britannique met en place une commission spéciale chargée d'examiner la politique de la Grande-Bretagne dans le Nord-Ouest et de déterminer si la région (surtout les prairies) a le potentiel pour servir à autre chose que la traite des fourrures et le ravitaillement des trafiquants. Désireuse d'être informée le plus parfaitement possible, la British Royal Geographical Society envoie elle aussi une expédition scientifique sous la direction du capitaine John Palliser (1817-1887) pour rendre compte de la situation; désireux de ne pas être en reste, le Canada-Ouest monte la sienne, dirigée par le professeur torontois Henry Youle Hind (1823-1908) et l'ingénieur S.J. Dawson (1820-1902). Loin d'avoir en tête une évaluation impartiale des possibilités régionales, l'expédition canadienne va déterminer les meilleurs tracés de transport et de communications, afin de faciliter l'annexion.

Toute cette activité a eu pour conséquence de soustraire la Colombie-Britannique de l'administration de la CBH pour en faire une colonie de la couronne dès 1858. On juge que la Rivière-Rouge, avec sa population majoritairement composée de sang-mêlé, n'est pas prête pour acquérir ce statut juridique; Merivale est d'avis que les Indiens ne peuvent être compris «dans la composition d'une communauté normale». En outre, dans l'ensemble de la région, les Amérindiens prédominent et ils sont «trop autosuffisants et satisfaits de leur propre style de vie pour en adopter un autre[26]». Apparemment, le statut de colonie de la couronne ne peut être accordé si les habitants ne se conforment pas au mode de vie européen. Faute d'obéir à cette règle, l'administration de la CBH est donc la meilleure et doit se poursuivre. Ce n'est pas étonnant si la commission spéciale n'estime pas souhaitable de contrôler la validité de la charte de la CBH. Les gens de la Rivière-Rouge sont profondément désappointés; pour les Amérindiens aussi, les craintes qu'ils éprouvent face à ce que l'avenir leur apportera ne se sont pas dissipées. Et, déjà, ils souhaitent un traité.

## Les Autochtones et la Confédération

L'accroissement de l'immigration n'atténue en aucune façon les tensions à la Rivière-Rouge. Même Peguis, le chef des Ojibwés de la région qui s'était donné tant de peine pour s'entendre avec les Blancs aussi longtemps qu'ils n'avaient pas été trop nombreux, commence à éprouver de l'inquiétude devant la perspective d'un véritable engloutissement. Il prétend maintenant que le traité de Selkirk n'a pas correctement éteint le droit de propriété amérindien, étant donné que les chefs qui l'ont signé ne disposaient pas des pouvoirs nécessaires. La controverse qui s'ensuit éveille plus de passions qu'elle n'apporte de compréhension; elle ne prendra fin que quand la bande de Peguis perdra la réserve de St Peter en 1916 (chapitre XXII). Pour sa part, la CBH n'imitera jamais l'initiative de Selkirk à l'égard des droits des Autochtones. Après que la Confédération fut devenue une réalité, quatre chefs cris de l'Ouest et ojibwés auraient conclu entre eux une entente sur l'étendue et les limites de leurs revendications territoriales, en vue des négociations qu'ils prévoyaient devoir tenir dans un avenir rapproché. Ils s'inquiètent des intentions du gouvernement du Canada face à leurs terres, surtout après l'envoi de troupes à la Rivière-Rouge[27]. Dans la région d'Assiniboia, une bande d'Ojibwés accepte l'installation de colons sur son territoire pourvu qu'une entente permanente soit négociée avant trois ans[28].

À la Rivière-Rouge, les tensions de la scène politique sont encore exacerbées par celles résultant d'un changement de moeurs dans la société, alors que les manières victoriennes, en remplaçant celles du front pionnier, entraînent une série de scandales de nature sexuelle. Ceux-ci, à leur tour, dégénèrent en méfiance ouverte face à l'autorité établie de la CBH qui éprouve elle-même de plus en plus de difficultés à faire entendre sa voix[29]. Comme les Blancs sont en train de se battre entre eux, l'équilibre du pouvoir échoit aux Métis qui constituent de toute façon le plus puissant groupe armé de la colonie[30]. Le soulèvement des Sioux, au Minnesota en 1862, est ressenti jusqu'à la Rivière-Rouge, à mesure que des réfugiés (principalement des Dakotas), pour la plupart mal en point, se mettent à fuir le conflit; au printemps de 1863, il en arrive 600, en haillons et affamés, porteurs des médailles que leur avaient remises les Anglais pour leur participation active à la guerre de 1812[31]. Des Sioux fuient par petits groupes au Canada depuis les années 1820, mais leur présence cause maintenant des difficultés, les habitants de la Rivière-Rouge se retrouvant dans la situation anormale de gens obligés de subvenir aux besoins de leurs ennemis d'hier. Quand la CBH, à titre de représentante des Britanniques, promet d'entretenir de bons rapports avec les Sioux, Peguis (qui mourra en 1864 à l'âge de 90 ans) et les siens se sentent trahis; en 1864 toujours, un groupe d'Ojibwés attaquent un campement de réfugiés sioux. Le comportement des colons blancs ne vaut guère mieux: effrayés par la perspective de voir des Américains vindicatifs envahir leurs terres, ils se chargent de droguer, puis de remettre aux agents américains deux chefs sioux, Shak'pay («Little Six» et Wakanozhan (aussi connu sous le nom de «Medicine Bottle[32]»). Ils se trouveront tous deux parmi ceux qui seront jugés puis exécutés pour meurtre au fort Snelling. Finalement, la plupart des réfugiés sont amenés à s'établir dans la prairie du Cheval-Blanc, à l'ouest du fort Garry; en 1869, on évalue à 500 le nombre de ceux qui hivernent à cet endroit.

Au milieu de ce tourbillon de changements, l'isolement de la Rivière-Rouge par rapport au Canada apparaît plus évident que jamais. C'est l'époque de la construction des voies ferrées, mais on n'en prévoit aucune dans l'immédiat pour le Nord-Ouest; le Comité permanent des chemins de fer du Canada rejette une demande faite en 1851 dans le but d'accorder une charte à la Lake Superior and Pacific Railway, compte tenu que le trajet passe sur des terres appartenant à des Amérindiens et à la CBH. Un service postal irrégulier est établi avec le Canada en 1860: le courrier est acheminé par bateau à vapeur, canot, traîneau à chiens et messager, selon les saisons. La CBH n'est pas très enchantée de l'apparition de ce service qui vient concurrencer le sien qui, lui, passe par York Factory. Le transport, qu'il se fasse par l'une ou l'autre voie, reste lent; lorsque le chemin de fer transcontinental américain atteint le Mississipi, dans les années 1850, les communications se font plus vite et plus facilement par les États-Unis.

Ce n'est déjà que trop patent, la CBH n'est plus capable de conduire la barque avec efficacité, et des voix s'élèvent maintenant en faveur d'un gouvernement provisoire doté d'un conseil élu, pour servir de «gouvernement temporaire formé par les gens eux-mêmes, pour le moment, jusqu'à ce que le gouvernement britannique juge bon de prendre en main la responsabilité des lieux». En 1851, le révérend William Cockran (mort en 1865) met en place, à Portage-la-Prairie, soit en dehors du district d'Assiniboia, un conseil autonome qui connaît de bons débuts avec des objectifs restreints. En 1868, un homme d'affaires écossais, Thomas Spence (1832-1900), en devient le président élu. Il voit beaucoup plus grand et il structure la communauté en République du Manitobah, dotée de son propre régime de taxation. Le ministère des Colonies, mis au courant de l'entreprise, informe la population qu'en dépit du fait qu'elle était dans son droit d'élire un conseil à l'échelon municipal aucune autre forme de gouvernement supérieur capable d'exercer une autorité sur des sujets britanniques ne peut être mise en place sans la permission expresse de la couronne. Dans l'intervalle, quelques citoyens du Manitobah éprouvent de sérieux doutes à l'idée des taxes et refusent même de les payer; la république est mort-née, dans une rafale de coups de revolvers. Entre-temps, en 1864, l'oblat Albert Lacombe (1827-1916), qui a un huitième de sang indien mais ne se considère pas comme un Métis, fonde une communauté autonome à Saint-Albert (Big Lake). Le ministère des Colonies, même aux prises avec ces initiatives, continue de refuser de prendre la responsabilité de mettre un terme au régime de la compagnie pour fonder une nouvelle colonie britannique. C'est d'ailleurs à contrecœur que John A. Macdonald (1815-1891; premier ministre du Canada de 1867 à 1873 et de 1878 à 1891), qui se trouve à Londres en 1865 pour négocier les conditions de la Confédération, accepte d'entamer des pourparlers en vue de l'achat de la Terre de Rupert et de l'extinction des droits fonciers des Amérindiens après le passage de la région sous l'autorité du Canada. Il avait bien espéré voir la CBH entreprendre ce travail avant le transfert de propriété.

En dehors de la politique, ce sont des années dures: la sécheresse et les invasions de sauterelles causent des pertes de récoltes; les hardes déclinantes de bisons commencent à s'éloigner; la pêche est au ralenti; en 1868, même les lièvres sont au plus bas de leur cycle de reproduction. C'est l'année au cours de laquelle l'Ontario décide de la construction d'une route à partir de l'angle nord-ouest du lac des Bois jusqu'au fort Garry, dans la colonie de la Rivière-Rouge, ainsi que l'a recommandé en 1858 l'ingénieur Dawson, membre de l'expédition de Hind. Les travaux avancent avec plus de rapidité que de prévoyance: le titre de propriété amérindien n'est pas toujours affranchi et, à certaines occasions, des Amérindiens vendent des terres revendiquées par les Métis. Les salaires provoquent bientôt des conflits, les Métis prétendant gagner moins que les Blancs; de plus, les salaires sont payés en titres provisoires qui ne peuvent être rachetés qu'au magasin appartenant au Dr John Christian Schultz (1840-1896), leader du groupe Canada First. Tous ces facteurs, combinés au fait qu'aucun mandat juridique n'est à l'origine rattaché à la route puisque l'autorité de l'Ontario ne s'étend pas à la Rivière-Rouge, font que la construction est temporairement suspendue. La route de Dawson, ainsi qu'on la nommera plus tard, finit par relier la Rivière-Rouge au fort William.

Les difficultés qui s'amoncèlent n'empêchent manifestement pas l'apparition d'une ruée vers les terres: déjà des colons délimitent les portions de territoire qu'ils revendiquent sans se soucier des droits des Amérindiens. Le poète et auteur Charles Mair (1838-1927), qui a agi comme trésorier lors de la construction de la route de Dawson, informe les Amérindiens du ruisseau Rat que l'afflux des colons est «comme la course du soleil, elle ne peut être arrêtée». La ruée vers les terres menace le modèle de colonisation qui est spontanément apparu parmi les familles de trafiquants de fourrures de la Rivière-Rouge, et qui reflète celui de l'ancien régime du Québec: les fermes en forme de longues et étroites bandes de terre s'étirant jusqu'à un boisé sont situées sur les berges des cours d'eau, assurant ainsi à chaque propriétaire un accès à la principale voie de communication. Tout ce remue-ménage survient sans qu'un seul responsable fasse l'effort d'informer les habitants de la Rivière-Rouge des développements en cours; personne ne cherche non plus à les consulter ni même à les rassurer.

Au sud de la frontière, le Minnesota observe avec grand intérêt les ennuis de la Rivière-Rouge; les 10 millions de dollars qu'il offre pour les territoires de la CBH sont refusés. En 1868, cet État élève une protestation contre la transmission de la Terre de Rupert au Canada sans que les colons se soient prononcés (on ne mentionne pas les Amérindiens, qui forment la vaste majorité), puis adopte une résolution en faveur de l'annexion aux États-Unis. La même année, la Grande-Bretagne passe une loi sur le gouvernement temporaire de la Terre de Rupert, qui stipule la nomination d'un lieutenant-gouverneur et celle d'un conseil. Toutes les lois qui sont en vigueur à l'époque à la Terre de Rupert et n'entrent pas en conflit avec le droit britannique doivent être maintenues. William McDougall, le commissaire des Terres de la couronne qui a négocié la cession de l'île Manitoulin en 1862 et travaille activement à l'annexion du Nord-Ouest au Canada, est nommé premier lieutenant-gouverneur en 1869. Ses instructions lui enjoignent de «rendre compte de la condition des tribus indiennes qui habitent les Territoires, [et de] leurs nombres, souhaits et revendications» ainsi que de la façon dont la CBH négocie avec eux; il doit aussi faire des suggestions sur la meilleure façon de protéger les tribus et d'«améliorer» leur situation[33].

Malgré ces décisions, Ottawa continue de ne pas avoir conscience de la situation à la Rivière-Rouge: les membres désignés qui composent le nouveau Conseil du Nord-Ouest sont Anglais et protestants; et personne ne représente les francophones de la région. Même des colons anglais s'en plaignent. Dans l'intervalle, un autre personnage a refait surface: Louis Riel (1844-1885), qui vient d'étudier plusieurs années au Collège de Montréal. Ce leader naturel, qui possède un huitième de sang indien[34] et croit sincèrement que les Métis de la Rivière-Rouge forment une véritable «Nouvelle Nation», incarne la force d'opposition au mouvement Canada First. Il se contente d'un rôle d'observateur lorsque le Métis anglophone William Dease (*circa* 1855-1870) organise en 1869 une rencontre pour exiger que la somme versée pour l'achat de la Terre de Rupert soit remise aux propriétaires légitimes du territoire, les Amérindiens et les Métis, plutôt qu'à la CBH. Riel est déjà membre du Comité national des Métis dont la mise sur pied, destinée à la défense de leurs droits, doit beaucoup au soutien actif de l'abbé Joseph-Noël Ritchot (1825-1905) de Saint-Norbert.

### La prise de position des Métis

La cession des territoires et la passation des pouvoirs de la CBH au Canada sont fixées au 1er décembre 1869 — toujours sans consultation officielle des habitants du Nord-Ouest. Quand parvient à la Rivière-Rouge la nouvelle que McDougall et son entourage arriveront dans le Nord-Ouest avant cette date, Riel et le Comité préparent la défense de leurs intérêts: à la frontière, ils établissent un barrage sur le chemin de Pembina, par lequel doivent arriver les fonctionnaires, et, le 31 octobre 1869, ils leur interdisent l'entrée sur le territoire d'Assiniboia. Cette action leur procure un avantage supplémentaire dans la mesure où la réputation de McDougall en tant que négociateur de la tristement célèbre cession de l'île Manitoulin l'a précédé. Prévenu de ce qui pouvait survenir, l'homme n'a pas cru que les choses pourraient en venir là. Vieux de deux ans seulement, le dominion doit maintenant affronter directement la nouvelle nation qu'il a constamment refusé de reconnaître.

Il n'y a pas que les Métis qui appréhendent ou même craignent cette passation. Les fonctionnaires locaux de la CBH sont logés à la même enseigne que les

Métis: personne ne les a consultés sur les conditions du transfert, et aucune disposition n'a été prise pour répondre aux demandes qu'ils pourraient faire. Ils éprouvent de la rancune à l'égard de l'indifférence britannique pour leur sort et s'interrogent sur la capacité du Canada à maintenir l'union, en particulier à la lueur de l'achat de l'Alaska par les États-Unis en 1867. Le commerce est prospère entre la Rivière-Rouge et divers endroits au sud de la frontière, surtout Saint-Paul et Saint-Louis[35]; aux yeux des Américains, ce n'est que normal de voir le Nord-Ouest faire partie des États-Unis en le réunissant avec l'Alaska. Bien qu'ils soient mécontents de la situation, les colons anglophones ne sont pas prêts à aller aussi loin que le Comité national a pu mener les choses.

Le lendemain du jour où McDougall est empêché de se rendre à la Rivière-Rouge, 402 hommes, tous en armes, répondent à l'appel pour venir appuyer Louis Riel. Plus tard dans la journée, 100 autres se seraient présentés. La discipline est stricte: aucun alcool. Le jour suivant, soit le 2 novembre, Riel informe le responsable de la CBH à Upper Fort Garry que le fort est placé sous la protection de ses hommes, court-circuitant ainsi une action similaire projetée par le mouvement Canada First. En même temps, le Comité s'assure la maîtrise de la Rivière-Rouge, au moins jusqu'à l'arrivée des troupes fédérales, ce qui ne peut survenir avant le printemps.

McDougall, qui fait le pied de grue à Pembina, aggrave son cas. En pleine tempête de neige, le 1er décembre, soit le jour prévu à l'origine pour la cession de la Terre de Rupert au Canada, il franchit la frontière pour venir lire la proclamation de mise en application du transfert. L'administration officielle de la CBH s'achève ainsi, sans qu'une autorité véritable ne vienne prendre sa place. McDougall, qui cherche tout de suite à corriger son erreur, nomme l'arpenteur et officier de milice John S. Dennis (1820-1885) «lieutenant et gardien de la paix» et l'autorise, au nom de la reine, à soumettre les Métis par la force. Les membres du mouvement Canada First accueillent cette nomination avec enthousiasme; les colons anglophones sont sceptiques et refusent toute collaboration. À Lower Fort Garry, un groupe d'Ojibwés menés par le chef Henry Prince (Mis-kou-kee-new, Red Eagle; fils de Peguis) adoptent une position plutôt différente sur la question et ils annoncent qu'ils sont prêts à combattre pour la reine; quelques Sioux joignent les rangs du mouvement Canada First. Une semaine plus tard, soit le 8 décembre, Riel publie la «Déclaration des habitants de la Terre de Rupert et du Nord-Ouest», qui affirme qu'«un peuple, lorsqu'il n'a aucun gouvernement, est libre d'adopter une forme de gouvernement de préférence à une autre, d'accorder ou de refuser sa soumission à celui qui est proposé». Le 10 décembre, on hisse le drapeau métis, puis, le 27, Riel est élu président du premier gouvernement provisoire. Avec les Métis, il a pris la direction de la Rivière-Rouge sans qu'une goutte de sang ait été versée.

À Ottawa, la réaction immédiate du premier ministre Macdonald, après qu'on l'eût informé le 25 novembre du blocus métis, a consisté à avertir son représentant à Londres de ne pas conclure de transaction avec la CBH tant que le

Canada n'aura pu s'assurer d'une prise de possession pacifique du Nord-Ouest. Il a alors fait parvenir un message à McDougall pour le prévenir qu'il était à proximité d'un pays étranger sous l'autorité de la CBH et qu'il ne pouvait y pénétrer de force. En choisissant de suivre la voie préconisée par le mouvement Canada First et de traverser quand même la frontière, McDougall a en réalité créé un vide politique à la Rivière-Rouge. Macdonald, lui, n'en a que trop nettement compris les conséquences, autant sur le plan national qu'international:

> Le droit des gens autorise parfaitement les habitants à former un gouvernement *ex necessitate* afin de protéger la vie et la propriété, et ce gouvernement possède, en vertu du droit international public, certains droits de souveraineté qui pourraient être très commodes aux États-Unis, mais très inopportuns pour vous. Pour les États-Unis, la tentation de reconnaître un tel gouvernement serait très grande et ne devrait pas être dénuée de risques[36].

Et, comme de fait, les Américains observent la situation d'un oeil surtout pas dénué d'intérêt. Macdonald envoie le vicaire général de Saint-Boniface, Jean-Baptiste Thibault (1810-1879), et le colonel Charles-René d'Irumberry de Salaberry (1820-1882) pour rassurer les Métis sur les intentions du gouvernement; en décembre 1869, Macdonald désigne un commissaire spécial, Donald A. Smith (1820-1914; nommé 1er baron Strathcona en 1897), avec le mandat d'enquêter et de calmer les choses.

Les événements subséquents sont gravés dans la tradition canadienne. Jamais McDougall ne parvient à pénétrer sur le territoire et il doit reprendre le chemin d'Ottawa; Riel forme, le 8 février 1870, un second gouvernement provisoire plus représentatif de la communauté d'Assiniboia que ne l'avait été le premier. Pendant ce temps, le comportement belliqueux de certains membres du mouvement Canada First mène à des arrestations puis à l'exécution, le 4 mars 1870, après jugement en cour martiale, de l'orangiste Thomas Scott, pour avoir refusé de se bien tenir et avoir offensé la sensibilité des Métis[37]. Ces excès raciaux enflamment les passions entre protestants anglophones et catholiques francophones; le Québec, qui s'est tenu à distance parce qu'il considère les Métis comme des «sauvages», se porte maintenant à leur défense. Macdonald s'empresse de rencontrer des délégués de la Rivière-Rouge, à titre non pas de représentants du gouvernement provisoire, mais de représentants de la convention organisatrice: on s'entend sur diverses conditions et la *Loi sur le Manitoba*, à l'origine de la création de la nouvelle province, est adoptée à toute vapeur par le Parlement avant de recevoir la sanction royale le 12 mai. Riel avait suggéré le nom Manitoba («Détroit de l'esprit» pour les Cris, «Lac des prairies» pour les Assiniboines), qui symbolisait le gouvernement autonome et était déjà en usage dans la région. Macdonald s'assure que la province-«timbre-poste» sera la plus petite possible: 28 490 km carrés (11 000 milles carrés); on garantit l'égalité officielle du français et de l'anglais et on instaure un système d'écoles séparées. Les terres de la couronne doivent rester sous la dépendance du dominion, et 566 560 hectares

(1,4 million d'acres, une surface dont la dimension avoisine celle de l'île du Prince-Édouard) sont réservés pour les enfants célibataires des Métis. On respectera toutes les occupations et les titres existants, y compris ceux des Amérindiens, ce qui s'avérera plus facile à dire qu'à respecter, comme les événements suivants en témoigneront.

McDougall se bat âprement pour rejeter la loi. Il dispose de bons arguments légaux, puisqu'aucune clause de l'Acte de l'Amérique du Nord britannique ne prévoit l'inclusion de territoires n'ayant jamais été constitués préalablement en colonies. L'Acte doit être amendé à la hâte pour que la nouvelle province soit jugée conforme à la constitution. Si l'on fait abstraction du traité de Selkirk, le droit de propriété des territoires amérindiens n'est toujours pas éteint, ce qui incite le gouvernement fédéral à négocier en 1871 et 1872 le premier des traités «numérotés» de l'Ouest.

Afin de devancer des manœuvres obstructionnistes en provenance de l'Ontario, Macdonald envoie en 1870 une expédition militaire à la Rivière-Rouge, sous le commandement du colonel G.J. Wolseley (1833-1913). Le lieutenant-gouverneur (1870-1873) nouvellement désigné A.G. Archibald est censé arriver avant la force armée, comme l'escomptent les Métis. Par malheur, c'est l'inverse qui se produit; bien que la route de Dawson et le chemin de fer transcontinental ne soient pas terminés et qu'il faille négocier des droits de passage avec les Ojibwés, dont l'expédition doit traverser le territoire[38], les soldats sont les premiers sur les lieux. Informé à l'avance, Riel doit se mettre à l'abri[39]. Le comportement des hommes de troupe dans la colonie fait plus de dégâts que tous les mois précédents d'incertitude. Pendant ces dix mois de résistance, les Métis se sont au besoin portés volontaires, allant même jusqu'à fournir leurs propres armes et munitions. Eux qui ont eu une conduite exemplaire, ils doivent maintenant endurer des injures et des coups, au point que deux d'entre eux se font tuer. L'expédition de Wolseley sera la dernière action militaire officielle de la Grande-Bretagne sur le territoire canadien actuel. Assez étrangement, 1870 est aussi l'année de la dernière bataille purement amérindienne livrée au Canada, celle de la rivière Belly (Oldman), où les Pieds-Noirs défont les Cris en leur infligeant de sévères pertes.

Le Canada reste divisé au sujet de Riel, l'Ontario exigeant qu'on le traduise en justice et le Québec se portant à sa défense. Macdonald, qui espère alors calmer les esprits, n'est même pas obligé de mentir en annonçant qu'il ne sait absolument rien des allées et venues de Riel. Les Féniens, qui mènent des raids sporadiques à partir du sud de la frontière, espèrent obtenir l'aide des Métis, d'autant plus qu'un d'entre eux, William B. O'Donoghue (mort en 1878), a été l'un des principaux aides de Riel. Toutefois, le leader métis la leur refuse, et, en 1871, pour le remercier, le lieutenant-gouverneur Archibald lui donne une poignée de main en public, geste qui lui vaudra sa destitution. Candidat dans la circonscription de Provencher, Riel est élu à deux reprises au Parlement, d'abord par acclamation lors d'une élection partielle en 1873, puis l'année suivante en défaisant son adversaire libéral. Même s'il n'arrive jamais à siéger, il passe assez de temps à

Ottawa pour signer le registre des serments parlementaires, ce qui entraîne son expulsion officielle de la Chambre.

Le mouvement de 1869-1870 à la Rivière-Rouge et la question d'amnistie qui en découle est la première controverse sérieuse de nature raciale que doit affronter le dominion. Bien que le conflit entre Anglais et Français ait pris toute la place, le facteur primordial était plutôt la division sous-jacente entre Amérindiens, Métis et Blancs. La Grande-Bretagne a pu faire des pressions en faveur de la création d'un État-tampon amérindien aux États-Unis durant les négociations préparatoires au traité de Ghent en 1814, néanmoins, lorsqu'est venu le temps de créer un domaine métis au sein même de ses colonies, elle ne s'est pas montrée à la hauteur du défi.

## CHAPITRE XIX

# LES PREMIERS TRAITÉS NUMÉROTÉS, LA POLICE, LA *LOI SUR LES INDIENS*

À la signature de la Confédération, 123 traités et cessions territoriales ont déjà été négociés avec les Autochtones habitant l'Amérique du Nord britannique. Et quand sera ratifiée la Convention de la Baie James en 1975, leur nombre approchera les 500[1]. Lors de l'acquisition de la Terre de Rupert, à laquelle la Proclamation de 1763 ne s'appliquait pas, le gouvernement canadien a promis, au nom de sa majesté impériale, de négocier avec les Amérindiens l'extinction de leur titre de propriété et la mise de côté de réserves destinées à leur usage exclusif. Un décret impérial, daté du 15 juillet 1870, vient insister sur ce point: «Toutes les revendications des Indiens en vue d'obtenir une compensation pour les territoires nécessaires aux fins de la colonisation seront réglées par le gouvernement du Canada en relation avec le gouvernement impérial[2].» Rappelons que le titre de propriété amérindien, quoique indéfini, est perçu comme usufructuaire, dans le sens où il accorde le droit d'utiliser le territoire pour la chasse et la pêche, mais n'est pas censé inclure le moindre droit de souveraineté ou encore de propriété absolue. Même des droits aussi restreints ne sont pas admis partout; l'idée d'une absence totale de droits de propriété chez les Indiens, un concept qui a pris naissance au XVI^e siècle, n'est pas disparue, ainsi que l'ont bien fait comprendre les fonctionnaires lors des négociations. De ce point de vue, les traités constituent une obligation morale, mais pas légale[3]; et en pratique ils apparaissent comme un moyen d'éviter les conflits. Quoi qu'il en soit, la promesse de faire honneur aux dispositions de la Proclamation de 1763, faite par le Canada à la Grande-Bretagne, mène directement aux traités numérotés: le premier, le n° 1, est signé en 1871, et le dernier, le n° 11, en 1921, bien que les dernières adhésions attendent jusque dans les années 1950. Les traités subséquents portent des noms particuliers et finissent par ne plus être appelés traités, mais conventions. En 50 ans, un peu plus

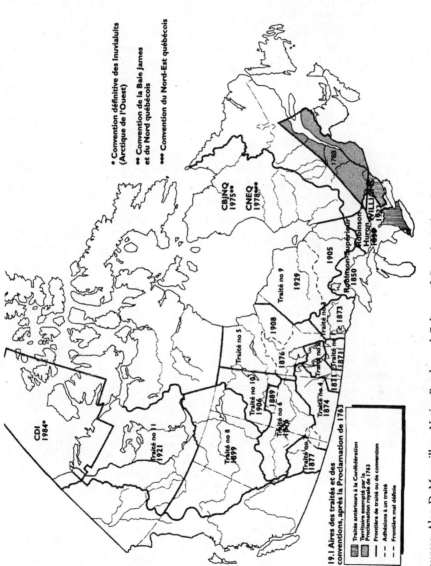

19.1 Aires des traités et des conventions, après la Proclamation de 1763

* Convention définitive des Inuvialuits (Arctique de l'Ouest)

** Convention de la Baie James et du Nord québécois

*** Convention du Nord-Est québécois

Traités antérieurs à la Confédération
Territoire exempté par la Proclamation royale de 1763
Frontière de traité ou de convention
Adhésions à un traité
Frontière mal définie

Sources: Alan D. Macmillan, *Native Peoples and Cultures of Canada*; Wilcomb E. Washburn, *History of Indian-White Relations*, Washington, Smithsonian Institution, 1988.

de la moitié des Amérindiens du Canada sont touchés directement par leurs dispositions.

En remplissant ses obligations, le gouvernement fédéral fait preuve de pragmatisme: il ne décide de libérer une zone du titre amérindien de propriété que si elle paraît posséder une valeur importante ou comporter des considérations d'ordre politique. En conséquence, lorsque le Manitoba devient une province et que les colons s'y installent, il importe avant tout d'éteindre le titre autochtone le plus tôt possible pour éviter d'éventuelles confrontations. La situation financière du Canada ne lui permet pas de répéter les coûteuses guerres frontalières des États-Unis.

Les Amérindiens sont en outre de plus en plus nombreux à exiger des traités. Comme nous l'avons fait observer précédemment, la négociation des deux traités de Robinson, en 1850, était une conséquence de pressions de cette nature; et maintenant, des troubles semblables font surface dans l'Ouest. Lors de son entrée en fonction comme lieutenant-gouverneur du Manitoba et des Territoires-du-Nord-Ouest en 1870, Archibald doit aussitôt faire face aux revendications amérindiennes en matière de traités. Il a apparemment étudié les traités ontariens et est quelque peu familier avec divers autres conclus aux États-Unis[4]. Sa réaction consiste à envoyer un représentant enquêter sur la position des Autochtones. Toutefois, il échoue lors de sa première tentative en vue d'arriver à un accord au Manitoba en 1870.

### De la nature des traités

À cette époque, les traités sont devenus l'outil qu'emploie le gouvernement fédéral pour éteindre les titres fonciers des Indiens. Ils constituent pour lui le procédé définitif qui permet une fois pour toutes d'ouvrir à la colonisation et à l'exploitation les territoires des premiers occupants. Au début, les Amérindiens n'ont pas compris cela parce que, d'après leur coutume, les ententes n'étaient pas considérées comme permanentes, étant soumises à des conditions dont l'évolution exigerait une renégociation et un renouvellement. Les Blancs avaient introduit l'expression «aussi longtemps que le soleil brillera et que l'eau coulera»; dès lors qu'elle a fait partie de la phraséologie des traités, pourtant, les Autochtones se sont attendus à ce que les Blancs fussent fidèles à leur parole. À leurs yeux, les traités étaient un moyen qui leur permettrait de s'adapter aux exigences du monde contemporain sans quitter le cadre de leurs propres traditions. En contrepartie, ils consentaient à agir en loyaux sujets de la couronne et à en observer les lois et les coutumes. Dans le contexte des rapports entre Blancs et Amérindiens au Canada, un traité se définissait comme une convention ou un ensemble de principes fondamentaux servant de base à toutes les futures négociations entre les deux groupes[5]. Ainsi que l'a exprimé John Long, du point de vue du gouvernement, les traités accordent des privilèges dont on peut profiter suivant le bon vouloir de la couronne; du point de vue des Amérindiens, ils servent à la sauvegarde des droits[6]. Le fait que le peuplement a précédé les traités dans certaines zones influence profondément le gouvernement. On peut imaginer que, dans ces circonstances, c'est avec circonspection, pour dire le moins, mais habituellement par une hostilité ouverte, que les colons ont réagi aux droits fonciers amérindiens.

Plusieurs traités ont subi des modifications par suite d'adhésions ultérieures. Par exemple, le traité n° 6 est rouvert 15 fois, dont la dernière en 1956, toujours pour inclure des bandes vivant dans la zone du traité mais n'ayant pas fait partie des négociations initiales. Dans trois cas, la surface est agrandie. Pour ce qui est des réserves, le calcul est fondé sur 2,59 km carrés (1 mille carré) par famille de cinq personnes dans le cas de sept traités, et du quart de cette dimension pour les autres.

Dans le cas précis du Manitoba, le gouvernement fédéral n'accorde, chose surprenante, que fort peu de considération aux conditions des cessions prévues; pour les fonctionnaires, l'exercice semble n'être rien de plus qu'une simple formalité. Ils accordent en conséquence beaucoup d'attention au décorum et à la cérémonie qui doivent entourer les négociations, en espérant qu'elles impressionneront les Amérindiens et les amèneront à réduire leurs exigences. Les traités n[os] 1 et 2 sont négociés par Archibald et revus par Alexander Morris (1826-1889), à l'époque juge en chef de la Cour du banc de la reine du Manitoba et plus tard lieutenant-gouverneur des Territoires-du-Nord-Ouest de 1873 à 1876, avant de succéder à Archibald comme lieutenant-gouverneur du Manitoba en 1876. Morris assume la responsabilité de la négociation des traités n[os] 4, 5 et 6, et David Laird du n° 7. Laird participe aussi au n° 8 à titre de commissaire. Des missionnaires jouent également un rôle de premier plan dans une certaine partie de ces négociations, parfois comme agents de l'État et à l'occasion comme médiateurs. Pour eux, les traités satisfont généralement aux intérêts supérieurs autochtones, qu'ils incitent donc à signer; ils insistent toutefois tout autant pour que le gouvernement se montre à la hauteur des obligations qui en résultent.

Ainsi que le gouvernement en a déjà fait l'expérience, les négociations sont loin d'être simples ou faciles. Voici d'ailleurs la description qu'en a fait Dawson:

> Quiconque, lors de négociations avec ces Indiens, alors qu'il pourrait penser traiter avec de simples enfants, se trouverait à faire erreur. Dans leurs façons de s'exprimer, ils emploient très souvent des allégories, et les illustrations dont ils se servent peuvent à l'occasion sembler assez enfantines, mais lors des vraies négociations, ils sont perspicaces et suffisamment conscients de leurs propres intérêts, et si la question leur paraît d'importance, parce qu'elle a un impact sur l'ensemble des intérêts de la tribu, ils ne répondent pas à la proposition, ni n'en font une eux-mêmes, sans qu'elle soit soumise à la discussion et à la délibération de tous les chefs réunis en conseil.

De plus, ajoute Dawson, il faut prêter une attention extrême à tout ce qui se dit, puisqu'«il y en a toujours parmi ceux qui sont présents qui sont chargés de garder à l'esprit chaque mot[7]». Il illustre son propos avec le récit de ce chef de Fort

Frances qui lui a répété, mot pour mot, ce que lui, Dawson, avait déclaré deux ans auparavant. Par ailleurs, on n'a pas encore trouvé une solution aux problèmes de traduction qui, depuis l'arrivée des Européens, n'ont cessé d'affecter toutes les négociations et sont maintenant aggravés du fait que, maintenant, les interprètes sont d'habitude des agents du gouvernement.

Des historiens ont souvent supposé que les conditions plus généreuses offertes par les traités subséquents pourraient avoir eu pour cause une amélioration des techniques amérindiennes de négociation et un marchandage plus acharné de leur part. Une étude attentive des négociations en vue du traité n° 1, effectuée par l'historien David J. Hall, a révélé que la préparation du gouvernement avait été mal faite et que les Indiens ont arraché des changements majeurs dans les offres gouvernementales[8]. Ceux-ci ont soulevé pendant les premières discussions la majorité des questions qui reviendront dans les traités ultérieurs. Les succès remportés témoignent de leurs talents de négociateurs, sérieusement désavantagés comme ils l'étaient par rapport à la position du gouvernement, lequel pouvait toujours exiger, et a effectivement exigé, d'avoir le dernier mot, une situation qui en dernière analyse donnait peu de liberté de manoeuvre aux Indiens[9]. À deux reprises, soit à l'occasion du traité n° 9 négocié en 1905-1906 et des traités de Williams en 1923, les gouvernements fédéral et ontarien en ont élaboré les termes avant l'ouverture des négociations avec les Autochtones[10]. Afin d'obtenir de meilleures conditions, des Amérindiens refusent de signer, dans certains cas jusqu'au milieu du XXe siècle.

### Les traités du fort Stone et du poste Manitoba

La signature du traité n° 1, nommé traité du fort Stone parce que les négociations ont lieu à Lower Fort Garry, survient le 3 août 1871. Conclu avec les Ojibwés, des Cris des Marais et d'autres Amérindiens du sud du Manitoba, dans les environs de Portage-la-Prairie et de Winnipeg, il inclut la région déjà couverte par le traité de Selkirk de 1817, soit 43 253 kilomètres carrés (16 700 milles carrés). La signature du traité n° 2, connu sous le nom de traité du poste Manitoba, a lieu le 21 août 1871, en présence d'Ojibwés, de Cris et d'autres bandes du centre du Manitoba. Pour le gouvernement, il s'agit non seulement de justifier la création du Manitoba, mais aussi de préparer le terrain en vue de la colonisation par les Blancs; les Amérindiens cherchent principalement à conserver tout ce qu'ils peuvent de leur mode de vie et, comme solution, à se placer dans la meilleure position possible pour affronter des changements qui deviendront inévitables. À cause des difficultés qui ont surgi par suite de sa ratification, dont les chefs signataires, d'après les Autochtones, n'avaient pas été dûment choisis pour les représenter, la région couverte par le traité de Selkirk s'est trouvée incluse dans celle du traité n° 1.

La mise en doute des délégués tourne à la préoccupation au cours des négociations du traité n° 1, quand un chef se plaint d'«entendre à peine les paroles [des

représentants] de la couronne». Ce défaut d'audition a son origine dans l'emprisonnement de quatre Amérindiens pour rupture de contrat avec la CBH. Dès
qu'ils sont relaxés et assistent aux réunions, l'ouïe du chef redevient plus fine[11]!

Les Indiens ouvrent les négociations en réclamant d'énormes réserves, dont
le territoire couvrirait près des deux tiers du Manitoba, des demandes qu'Archibald et Wemyss Simpson, commissaire aux Affaires indiennes de 1871 à 1873,
qualifient de «grotesques». Ils sont prêts à offrir 65 hectares (160 acres) par famille
de 5 personnes, plus une rente de 12 $ et ils menacent les Autochtones d'être
submergés par les colons sans la moindre compensation s'ils ne se montrent pas
d'accord avec l'offre gouvernementale. Les chefs sont inquiets; ils ne voient pas ce
que cette offre peut apporter à leurs enfants. L'un d'entre eux soulève une question qui ne s'était absolument jamais posée aux Blancs: que se produira-t-il si les
Indiens ont plus d'enfants après s'être fixés? Archibald répond dans le sens où des
terres leur seront fournies plus loin à l'ouest, en oubliant que ces terres comptent
déjà des effectifs complets d'occupants autochtones. Est-ce vraiment juste,
demande un autre Indien, d'accorder la même surface de terrain aux Indiens
qu'aux Blancs, si l'on tient compte des différences dans leurs situations et modes
de vie respectifs? Aussi, quelle aide peut-on leur apporter pour démarrer dans
cette nouvelle vie? Le gouvernement promet des écoles et des maîtres, des charrues
et des herses. Les Amérindiens estiment qu'il faudrait y ajouter des vêtements deux
fois l'an pour les enfants et une maison entièrement meublée pour chacune des
familles autochtones établies, en plus du bétail et du matériel. Ils ont l'impression
que les négociateurs gouvernementaux sont d'accord.

Les termes des traités n° 1 et n° 2 sont semblables. En contrepartie des régions
cédées, qui incluent les terres de Selkirk, le gouvernement donne à chaque Indien
3 $ et accorde une rente de 15 $ par famille de 5 personnes, calculée de façon
proportionnelle dans le cas des autres familles et payable en nature ou en espèces.
Il ne cède pas le moindrement sur son offre de 160 acres par famille de 5, que les
Amérindiens acceptent avec réticence. Il consent à maintenir une école par réserve
et affirme vouloir y interdire la vente d'alcool. Après coup toutefois, dans le texte
définitif du traité, les droits de chasse et de pêche promis par Archibald dans son
discours d'ouverture sont omis. Aucune clause non plus ne fait allusion aux outils
agricoles, au bétail et aux vêtements sur lesquels les parties sont convenues verba-
lement. Et même là, les termes acceptés par Ottawa dépassent les instructions
données à l'origine. Puis, quand arrivent à Ottawa les premières plaintes relatives
au non-respect des promesses verbales faites durant les négociations, le gouvernement commence par dire qu'aucune renégociation des traités n'est possible.
Archibald met toutefois en garde Ottawa à l'égard de l'extraordinaire capacité
qu'ont les Indiens de se souvenir des propos tenus durant les négociations. Finalement, le gouvernement accepte de fournir les bestiaux et les outils agricoles,
surtout parce qu'il s'attend à voir les Amérindiens s'adonner à l'agriculture; mais
il refuse toute action à propos des maisons et de l'assistance médicale. C'est tout
juste si les Indiens n'accusent pas le gouvernement du Canada d'avoir obtenu leur
accord aux traités sous de fausses représentations.

En fin de compte, en 1875, le gouvernement entreprend la révision des deux traités. Les rentes sont actualisées en fonction de celles du traité n° 3, soit 5 $ par individu. Le gouvernement accepte encore de fournir des bogheis, du bétail et de l'outillage agricole, ainsi que des costumes particuliers pour les chefs. Les animaux doivent rester la propriété du gouvernement, mais l'usage en revient aux Indiens. La révision en faveur des Indiens a beau être substantielle, les promesses ne sont tout de même pas remplies complètement. À partir de ce jour, les fonctionnaires font beaucoup plus attention à leurs paroles lors des négociations.

## Le traité de l'Angle du nord-ouest

Le traité n° 3, ou de l'Angle du nord-ouest, est ratifié le 3 octobre 1873 par les Sauteux du district du lac des Bois; la majeure partie des 142 450 kilomètres carrés (55 000 milles carrés) mis en cause se trouvent en Ontario, et la petite portion restante dans le sud-ouest du Manitoba. Il libère définitivement le titre de propriété nécessaire pour la route de Dawson et fournit un droit de passage pour le chemin de fer. Les Ojibwés sont parfaitement conscients d'habiter «un pays riche», ce qu'a fort bien exprimé Mawedopenais, de Fort Frances: «Le bruissement de l'or est sous mes pieds, là où je me tiens[12].» Faisant remarquer que c'est «le Grand Esprit qui [leur] avait donné ceci; l'endroit où nous nous tenons est une terre indienne et elle leur appartient», il ajoute que les Blancs leur ont déjà «volé» leurs terres et que «[les Indiens] ne souhait[ent] pas les leur céder sans obtenir quelque chose en contrepartie[13]». De longues et difficiles négociations, ainsi que plusieurs refus de signer de la part des Indiens, aboutissent à un traité dont les termes sont plus généreux que ceux des deux précédents. Il prévoit par exemple des réserves mesurées à raison de 259 hectares (640 acres) par famille de 5 personnes, un don de 12 $, plus 5 $ de rente par personne. Outre un nouveau costume tous les trois ans, les chefs doivent recevoir 25 $ chacun par année, et leurs subordonnés dans chacune des bandes 15 $. Chaque chef devra recevoir aussi un drapeau et une médaille. Cette fois, on a inscrit une clause sur le prolongement des droits de chasse et de pêche, allant jusqu'à fournir tous les ans 1 500 $ pour des munitions et de la ficelle pour les filets de pêche. S'ajoutent de plus une collection d'outils et de fournitures agricoles, dont des graines et du bétail. Des écoles doivent être construites, et la vente d'alcool prohibée dans les réserves. Par contre, on a rejeté sur-le-champ la demande de passe gratuite sur les trains du Canadian Pacific Railway (N.D.T.: Cette société portera dorénavant le nom de Canadien Pacifique.) faite par les Amérindiens[14]. Les Métis ont fait sentir leur influence dans les négociations; il s'agit du premier des traités numérotés à les inclure expressément, une décision prise à la demande de Mawedopenais, après quelque hésitation de la part des autorités[15]. De même, durant les négociations des traités n°s 4 et 6, les Indiens exigent l'inclusion de leurs «cousins». Ottawa réagit en 1880 par un amendement à la *Loi sur les Indiens*, qui permet d'exclure les «sang-mêlé» des clauses de la loi tout comme des traités[16]. Malgré cette restriction, les Métis influencent encore d'autres traités; d'après Dufferin, ils ont joué le rôle d'«ambassadeurs entre l'Est et l'Ouest[17]». Les Ojibwés du traité n° 3 en ont convenu lorsqu'ils ont dit à Morris qu'«[il devait] beaucoup aux sang-mêlé[18]». Cela contraste avec des représentations ultérieures qui dépeindront les Métis comme des êtres inférieurs, paresseux, imprévoyants, indignes de confiance[19].

Les meilleures conditions offertes par le traité n° 3 sont un reflet de la familiarité plus grande des Amérindiens de cette région avec le processus de négociation gouvernemental et de leurs manières plus assurées en matière de politique. Peut-être s'agit-il d'une conséquence des traités de Robinson, mais dès 1859 ils font clairement comprendre que «le pays est le leur, et [qu']ils n'abandonnent aucun de leurs droits en permettant le passage des arpenteurs du gouvernement[20]». Il s'agit des mêmes Autochtones avec qui des droits de passage ont été négociés pour les soldats de Wolseley en 1870 et pour les Blancs en général l'année suivante. Morris doit revenir à la charge quatre fois en trois ans pour obtenir leur signature. Par contraste, le traité n° 5 (1875) est signé promptement, malgré des conditions moins avantageuses[21]. Au terme des négociations, Mawedopenais déclare, en empruntant à la rhétorique des Blancs:

> J'enlève mon gant et, en vous donnant la main, je remets mon patrimoine et mes terres; et, en vous prenant la main, je tiens fermement toutes les promesses que vous avez faites et je souhaite qu'elles dureront aussi longtemps que le soleil tournera et que l'eau coulera[22].

Les Blancs auront tout le temps voulu pour réfléchir sur les implications d'une rhétorique dont ils ont usé abondamment pendant les négociations.

Dans l'intervalle, le traité n° 3 a créé des précédents pour les traités suivants, en particulier en ce qui touche le matériel agricole et le bétail, tout comme d'ailleurs en ce qui concerne les dispositions sur les droits de chasse et de pêche dans les régions inoccupées, bien que des améliorations aient surgi dans les clauses de traités ultérieurs. Une exception majeure apparaîtra dans le traité n° 6, signé en 1876, celle de la clause de la «boîte de médicaments».

Finalement, en 1881, les frontières du Manitoba sont étendues pour recouvrir essentiellement les territoires cédés en vertu des traités n^os 1, 2 et 3. Le n° 3 mènera à un affrontement avec l'Ontario et à la première affaire juridique portant sur les droits ancestraux (expression qui deviendra en vogue dans les années 1960), celle de *St. Catharine's Milling c. la couronne* (chapitre XXIII); d'autres ne tarderont pas à suivre.

## La police dans l'Ouest

Le gouvernement du Canada est fort conscient de l'instabilité grandissante qui découle de la diminution du bison, la lente progression du chemin de fer qui doit unir les deux extrémités du pays, la perte d'autorité de l'administration de la CBH et la pression de plus en plus forte qu'exerce la présence des colons sur les territoires des Amérindiens et des Métis. Le risque d'extension au Canada des guerres américaines de frontière, un peu à l'image de ce qui s'est produit en Nouvelle-Écosse (chapitres VI, VII et XI), remplit Ottawa d'une vive inquiétude: tout d'abord parce que le Canada ne dispose pas des ressources nécessaires pour s'engager dans une procédure coûteuse et tout compte fait peu rentable. Cependant, puisque l'Acte de l'Amérique du Nord britannique (AANB) stipule que la mise en vigueur des lois ressort aux provinces, une force policière fédérale ne pourrait agir que dans les régions qui ne sont toujours pas organisées en provinces; et sinon, elle pourrait en venir à une entente avec les provinces qui ne possèdent pas leur propre force policière.

Dans les années 1820, la Grande-Bretagne avait créé la Gendarmerie royale d'Irlande, un corps policier différent des services d'application des lois britanniques habituellement décentralisés. Avant tout, elle était armée — au contraire de la police britannique — et structurée d'une façon toute militaire sous un commandement central. C'est le modèle qu'ont suivi les Britanniques lorsqu'ils ont constitué les forces policières dans leurs colonies, comme en Inde. Macdonald décide que le Canada adoptera la variante qui existe dans ce dernier pays. À l'origine, son plan prévoit l'engagement de Métis pour former au moins la moitié des hommes de rang, placés sous le commandement d'officiers britanniques. L'agitation de 1869-1870, et particulièrement la violente réaction ontarienne face à l'initiative métisse, l'amène à changer d'idée. La Police à cheval du Nord-Ouest, qui est créée après le passage d'une loi d'autorisation en 1873, compte exclusivement des Blancs[23].

Un incident oblige presque aussitôt le nouveau corps policier à entrer en action. Les monts Cypress, en bordure de la frontière internationale, là où sera plus tard tracée la frontière entre l'Alberta et la Saskatchewan, étaient, pour les Amérindiens, un lieu sacré où des tribus hostiles pouvaient camper en toute quiétude. Des trafiquants de whisky américains, ainsi que des trappeurs-traiteurs de loups (appelés *wolfers* parce qu'ils piégeaient le loup) avaient pris l'habitude de séjourner dans cette région. Un groupe de ces trappeurs-traiteurs de Fort Benton, au Montana, s'était fait voler quelques chevaux; leurs recherches pour trouver les supposés coupables les ayant menés jusque dans les monts Cypress, ils s'en sont pris là à une bande d'Indiens assiniboines et ont tué de 20 à 30 d'entre eux (nombre variable suivant les récits). Les accusations et contre-accusations qui ont suivi n'ont jamais permis d'établir si les Assiniboines avaient volé les chevaux; de fait, le poids de la preuve indique le contraire. En outre, ce qui est ressorti de façon évidente de cet événement tragique, c'est la nécessité d'un service de maintien de l'ordre dans la région; cette année-là, près d'une centaine d'Amérindiens se font tuer dans des querelles d'ivrognes[24].

Le Canada s'empresse de dépêcher 150 hommes de la Police à cheval pour faire face aux trafiquants et aux *wolfers*, dont les forts passent pour être hérissés de canons. Le voyage s'avère plein de difficultés et est surtout marqué par la forte mortalité qui frappe le bétail accompagnant le convoi de matériel. À un endroit, l'expédition perd complètement son chemin; le plus réputé des guides locaux à venir à sa rescousse est le Métis Jerry Potts (Ky-yo-kosi, «Enfant de l'ours»; 1840-1896[25]). Les policiers arrivent enfin au fort Whoop-Up, un poste de traite, où ils ne trouvent qu'un seul trafiquant. Ce dernier les invite à souper.

Jusqu'en 1885, les hommes de la Police à cheval consacrent principalement leur temps à réprimer le trafic de l'alcool et à établir de bonnes relations avec les Amérindiens, ce qu'ils réussissent fort bien. À l'époque, le Canada est en bons termes avec les Cris, une situation héritée de la CBH. On ne sait pourtant pas à quoi s'attendre de l'attitude de la Confédération des Pieds-Noirs; le surintendant James F. Macleod (1836-1894) se met en devoir de cultiver des relations avec un de ses chefs, Pied de Corbeau (Isapo-muxika, «Grosse Patte de Corbeau»; v. 1830-1890) dont il devient bientôt un ami personnel[26]. L'arrivée des policiers se révèle une bénédiction pour la Confédération qui a beaucoup souffert du commerce de l'eau-de-vie; seulement en 1872-1873, on sait que 70 Gens-du-Sang se sont entre-tués dans des querelles d'ivrognes, et cela dans une population qui, à l'époque précédant les contacts, ne connaissait qu'un très faible taux d'incidents violents au sein de ses collectivités.

Le traité n° 6, signé à l'occasion de deux cérémonies tenues aux forts Carlton et Pitt en 1876, renferme cette célèbre clause sur le maintien d'une «boîte de médicaments» au profit des Amérindiens; la «boîte» en question doit former la base des services de santé gratuits offerts à tous les Amérindiens[27]. L'accord prévoit aussi des rations en cas de famine, d'autant plus importantes que le bison se fait rare à cette époque.

La signature du traité n° 7, l'année suivante, à Blackfoot Crossing, rend possible la construction du chemin de fer, entre autres choses. Pied de Corbeau consent à le signer sur les conseils d'un chamane qui lui a toutefois prédit que le traité changerait sa vie et celle de son peuple: «La nourriture que cet argent te permettra de manger mènera à l'enterrement des tiens sur ces collines. Tu perdras ta liberté et ne pourras plus parcourir les plaines; les Blancs prendront ta terre et l'envahiront[28].» Pourtant, qu'importent ces conséquences, aucune autre possibilité ne s'offre à lui. Pied de Corbeau refuse par ailleurs la proposition d'anéantissement de la Police à cheval du Nord-Ouest faite par les Sioux. Ce traité signifie pour le gouvernement du Canada qu'il a atteint l'objectif immédiat qu'il visait, celui de rendre sûr son front pionnier occidental. Le traité n° 8, que la ruée vers l'or du Klondyke rendra urgent et qui s'appliquera au nord de l'Alberta, au nord-ouest de la Saskatchewan, au nord-est de la Colombie-Britannique ainsi qu'à certaines parties du Yukon et des Territoires-du-Nord-Ouest, ne sera pas signé avant 1899 (chapitre XXV).

Les forces policières doivent affronter une difficulté inattendue: après la bataille de Little Bighorn en 1876, des Sioux commencent à traverser la frontière canadienne. À cause des changements d'administration entraînés par la Confédé-ration, la question des réfugiés sioux, qui aurait dû rester de dimension régionale comme celle de la Rivière-Rouge quelques années auparavant, prend une envergure nationale. Le chef des Sioux hunkapapas, Ta-Tanka-I-yotank (Sitting Bull; vers 1836-1890), ainsi que 4 000 de ses fidèles arrivent au nord, dans la région des monts Cypress, à une période où les chasseurs de bisons du nord partent vers le sud, dans la même région, à la poursuite des dernières hardes de bisons. En plus du fait que les ressources alimentaires pour tant de gens soient insuffisantes, on craint une fois de plus une invasion américaine après que les États-Unis aient exigé le retour, de force, des réfugiés. La plupart d'entre eux sont persuadés, d'une manière ou d'une autre, de rentrer aux États-Unis; même Sitting Bull finit par y retourner après que sa dernière requête pour obtenir une réserve ait essuyé un refus. En 1880, seulement 500 Sioux étaient restés au Canada.

Dans l'intervalle, Ottawa admet avoir une dette envers les Sioux parce qu'ils ont été des alliés des Britanniques et autorise par décret, en 1874, la mise de côté à leur intention de 4 856 hectares (12 000 acres) de terres en deux endroits en Saskatchewan, à raison de 32 hectares (80 acres) par famille de 5 personnes. Plus tard, d'autres réserves seront créées, dont la dernière à Wood Mountain, au Manitoba, en 1913. Aujourd'hui, toutes les réserves siouses se trouvent dans les forêts-parcs des Prairies, un peu comme les terres ancestrales des Dakotas[29].

Jamais, au Canada, les Sioux ne seront inclus dans les traités, puisqu'ils n'ont jamais cédé de territoires au pays. Ils sont inscrits au registre des Indiens toutefois, et ils ont donc droit à tous les avantages conférés aux Autochtones possédant le statut d'Indien, à l'exception des rentes accordées pour les cessions territoriales. Une fois qu'ils ont eu accepté le fait que la chasse au bison ne pouvait plus subvenir à leurs besoins alimentaires, ils sont retournés à leur ancien mode de subsistance, l'agriculture. Ce genre de remise en question n'a malheureusement jamais été facile, et la vie a pu se montrer cruelle; jusqu'à la fin du XIX^e siècle, le taux de mortalité a dépassé celui de natalité, de telle sorte qu'en 1899 seulement 897 Sioux étaient inscrits au Canada. L'un des rares à prendre part aux événements de 1885 a été Wapahaska («White Cap», «White Warbonnet»), qui a brièvement fait partie du conseil de Riel — «Exovidat» — en 1885. Jugé pour participation à la rébellion, il a été acquitté en raison du fait qu'il avait été obligé d'y prendre part[30].

## *La* Loi sur les Indiens

Dans le but de répondre aux problèmes administratifs particuliers de l'Ouest, des conseils distincts sont institués en 1873 afin de traiter des affaires indiennes au Manitoba, dans les Territoires-du-Nord-Ouest et en Colombie-Britannique. On a tôt fait de comprendre pourtant que la Confédération exige une plus grande centralisation: les conseils sont abolis dès 1875 au profit du régime de surintendance mis au point dans la partie centrale du Canada durant le dernier siècle et avant. Ce choix, à son tour, demande une législation plus centralisée. Les Amérindiens, qui forment déjà la plus réglementée des populations du Canada, seront soumis à davantage de lois encore; elles s'immisceront dans leur vie à tout bout de champ et iront jusqu'à les toucher personnellement.

La *Loi sur les Indiens* de 1876 consolide et réorganise l'ensemble de la législation des deux Canadas datant d'avant la Confédération à l'intérieur d'un cadre national qui est toujours pour l'essentiel en place aujourd'hui, malgré les amendements qui commencent à la modifier presque dès son adoption (neuf amendements entre 1914 et 1930) et un remaniement majeur en 1951. Perdu de vue durant la répression qui suit les désordres de 1885, son but initial, soit encourager l'assimilation sans forcer la décision, est repris en 1951. Pourtant, l'objectif fondamental de la loi — l'assimilation des Amérindiens — demeure constant. La politique ouvertement annoncée par le surintendant général Laird consiste à légiférer en fonction de la façon dont les Amérindiens envisagent les choses, «du moins tant que cela a trait à leurs droits à la propriété[31]». En 1899, Clifford Sifton, ministre fédéral de l'Intérieur de 1896 à 1905, convient de la nécessité de tenir compte du point de vue des Amérindiens, mais s'empresse d'atténuer cette position en ajoutant que, «sous aucun prétexte», «le droit des Indiens à diriger les actions du ministère» ne sera admis[32]». On tente de concilier des structures sociales différentes entre les bandes, comme celles des Amérindiens de l'Est, qui ont vécu de longues associations avec les Blancs, avec celles des Amérindiens de l'Ouest, dont les relations avec le nouvel ordre datent de beaucoup moins longtemps. Toutefois, dans les lois précédentes, nombre de dispositions ayant été élaborées pour les Autochtones, et non avec eux, sont conservées intactes. Notons par exemple les mesures prises pour protéger les territoires réservés et les ressources, qui sont tirées en droite ligne des lois de 1850 et 1851 (elles sont tout de même renforcées quelque peu), ainsi que les clauses de 1857, sur l'émancipation, qui sont retenues et développées. Parmi les nouveautés: tout Amérindien auquel un grade universitaire accorde le droit d'exercer un ministère religieux, d'enseigner, ou encore de pratiquer le droit ou la médecine, peut être affranchi et obtenir un permis d'établissement sans devoir subir la période de mise à l'épreuve obligatoire de trois ans. Nous avons déjà noté le maintien du règlement qui prive de son statut d'Indienne une Autochtone qui a épousé un non-Indien.

Toujours dans la loi de 1876, les législateurs en profitent pour réviser la définition d'un Indien. On le décrit alors comme «toute personne qui, conformément à cette loi, est inscrite comme Indien, ou a le droit d'être inscrite comme tel»; ou comme une personne de sang indien, réputée appartenir à une bande et étant en droit de se servir de ses terres[33]. En passant, une personne peut être inscrite sans avoir signé de traité. D'autres termes sont définis pour la première fois, entre autres «bande», «membre d'une bande» et «réserve». D'après la loi, une «bande» est un ensemble d'Indiens à l'intention desquels le gouvernement a mis de côté des terres pour leur usage commun et leur profit; à l'intention desquels le gouvernement détient des sommes d'argent pour leur usage commun et leur profit; ou qui sont déclarés tels par le gouverneur en conseil aux fins de la loi. Un «membre d'une bande» est une personne dont le nom est inscrit sur une liste de bande ou qui a le droit de voir son nom inscrit sur une telle liste. Une «réserve», au sens de la loi, est une portion de territoire dont la couronne possède légalement le titre et qui a été mise de côté pour l'usage et le profit d'une bande.

Les dispositions de 1869 relatives à la constitution d'un gouvernement local par les chefs élus et les conseils de bande sont remises à jour de manière à donner aux Amérindiens davantage de pouvoirs[34]. Traditionnellement absent parmi eux, le mode électoral a affronté une résistance considérable de la part de quelques groupes. Le gouvernement, qui recherche l'uniformité administrative, vise aussi à accélérer l'assimilation en éliminant les organisations tribales. Des fonctionnaires manifestent aussi leur désaccord: c'est le cas de Hayter Reed, commissaire aux Affaires indiennes de 1888 à 1895, puis surintendant général adjoint aux Affaires indiennes à compter de 1893, qui prévoit l'utilisation par les Indiens du système électoral pour élire leurs chefs traditionnels, dont fort peu d'entre eux apparaissent compétents à ses yeux. Malgré le fait que le surintendant général a le pouvoir de destituer tout chef dont le rendement est insuffisant, les Amérindiens tendent à le rééélire. S'il avait pu n'en faire qu'à sa tête, Reed aurait éliminé les conseils de bande et les chefs, du moins dans les prairies. Aux termes de la loi de 1876, chaque bande de 30 personnes doit avoir un chef, et, dans le cas des bandes plus nombreuses, la proportion ne peut dépasser un chef et deux chefs mineurs par 200 membres. Aucune bande n'a le droit d'avoir plus de 6 chefs et 12 chefs mineurs ou conseillers. Le mandat d'un chef dure trois ans, mais il peut être relevé de ses fonctions n'importe quand pour des motifs de «malhonnêteté, d'intempérance ou d'immoralité» à la discrétion du département. Les responsabilités du chef et du conseil comprennent, entre autres, la santé publique, l'entretien des routes, ponts, fossés et clôtures, la construction et l'entretien des écoles et d'autres édifices publics, plus la concession des lots de la réserve et leur enregistrement. D'autre part, puisque le département gère les fonds de la bande, c'est son agent qui paie les comptes. Son titulaire est manifestement revêtu d'une grande autorité.

Parce qu'ils y voient de toute évidence une entrave au libre choix d'une forme de gouvernement, les Six-Nations s'opposent avec force à ce qu'on leur impose le mode électoral ainsi que les pouvoirs prépondérants du surintendant général qui l'accompagnent. Exiger le mode électoral n'est pas une idée originale, les Français en ayant fait autant lorsque les jésuites de Sillery l'ont introduit sous leur contrôle en 1640. Il n'y a pas dans leurs relations la moindre allusion à une quelconque opposition[35]. Lors de cette première tentative faite en vue d'instituer un gouvernement à l'européenne chez les Amérindiens, le problème a consisté à les empêcher d'être trop sévères, tant en matière de réglementation que de sanctions. L'expérience de Sillery a pris fin en 1660[36]. Au XIXe siècle toutefois, les Amérindiens sont devenus visiblement plus conscients de leurs droits; la résistance atteint un tel point qu'en 1880 un amendement doit venir renforcer la position du surintendant général, confirmant le pouvoir qu'il a d'imposer le système électoral à toute bande qu'il juge prête à l'adopter, volontairement ou pas; l'exercice du pouvoir par les chefs héréditaires est aussi prohibé, à moins qu'ils ne soient élus.

Les terres administrées par fidéicommis, par la couronne à l'intention des populations d'Indiens, ne peuvent faire l'objet d'une taxe, ou être hypothéquées ou saisies pour compenser une dette; par contre, un Indien peut être frappé d'un impôt s'il possède une propriété louée ou située en dehors de la réserve. Au Manitoba, dans les Territoires-du-Nord-Ouest et dans le district de Keewatin, on interdit aux Autochtones qui ont signé un traité d'acquérir des terres, que ce soit par concession ou par préemption; on cherche par là à éviter qu'ils revendiquent à la fois une portion de réserve et une terre de colon. (On se rappellera qu'en Colombie-Britannique les Indiens ont été eux aussi empêchés d'acquérir des terres de colon, mais sans qu'un traité les protège.) Le surintendant général se réserve le droit de récompenser l'émancipation d'un Indien en lui concédant un lot pris à même les territoires réservés inconditionnellement. La plupart des bandes s'opposent à cette mesure et refusent d'approuver les permis de localisation ou d'aliéner les terrains, même pour une période restreinte. Cela signifie que les détenteurs de ces permis ne peuvent plus louer leurs terres. La procédure d'émancipation, qui exclut au départ les Amérindiens de l'Ouest, est amendée en 1880 afin de les inclure. Les criminels reconnus coupables et ceux qui abandonnent leurs familles peuvent se voir refuser toute rente[37].

Ce qui précède nous montre que la *Loi sur les Indiens* est une sorte d'«institution globale», et qu'avec elle les traités s'immiscent dans tous les aspects de la vie des Indiens inscrits, les plaçant dans une catégorie distincte des autres Canadiens.

## La spirale ascendante de la réglementation

Il faut attendre 1880 pour que l'administration des Amérindiens devienne un département indépendant, tout en restant sous la responsabilité du ministère de l'Intérieur jusqu'en 1936. Le ministre de l'Intérieur cumule aussi le poste de surintendant général aux Affaires indiennes; pourtant, c'est son adjoint qui détient la véritable autorité. Le surintendant, qui a le pouvoir d'imposer le mode électoral à toute bande qu'il juge prête à un tel changement, a aussi qualité pour désigner uniquement des représentants élus comme porte-parole de bande. Les leaders traditionnels ne seront pas reconnus, du moins pas en matière de négociations avec le gouvernement. La prescription du système politique canadien devrait, espère-t-on, mener les Amérindiens à adopter d'autres aspects du mode de vie canadien.

En 1884, les fastueuses fêtes données par les Amérindiens de la côte du Pacifique et connues sous l'appellation commune de «potlatch» sont interdites[38], ainsi que les danses associées aux rituels «*tamanaos*» (religieux, surnaturels; N.D.T.: ces danses sont aussi appelées «tamanawas»); l'administration cède ainsi aux pressions exercées par des missionnaires (et des agents gouvernementaux). L'ironie, bien sûr, c'est que les Amérindiens, à l'instar de nombreux peuples du monde, perçoivent la musique et la danse comme un cadeau reçu des dieux — ou peut-être volé aux dieux. Pendant les dernières années du XIXe siècle et les premières du XXe, les missionnaires mènent aussi une campagne en faveur de l'enlèvement des mâts totémiques en tant que symboles d'un système de croyances et d'un mode de vie indésirables. Non seulement leur présence continuelle est-elle perçue comme un encouragement à la résistance à l'adoption du christianisme, mais l'aspect «prodigue» des potlatchs apparaît incompatible avec les pratiques économiques occidentales et hostile au concept de la propriété privée[39].

Onze ans plus tard, en 1895, les danses de la soif («danses du soleil») des Amérindiens de la prairie deviennent en pratique illicites, parce qu'elles sont indirectement touchées par le bannissement de certains éléments caractéristiques des cérémonies d'endurance, jugés inacceptables par les autorités[40]. Puisqu'il s'agit pour les Autochtones d'aspects essentiels à un ensemble de rites, les danses passent donc dans l'illégalité, même si on ne peut, de toute façon, faire appliquer l'interdiction de manière efficace. Lors de la seule tentative faite en ce sens avec le potlatch, avant la rafle de 1921, le juge déboute le demandeur. Le 21 février 1896, le *Daily Colonist* de Victoria publie une pétition signée par trois anciens de la bande des Naas qui demandent qu'on autorise à nouveau leurs coutumes:

> Si nous souhaitons accomplir un acte moral par nature, sans causer de tort ni de préjudice, et en payer le prix, nulle loi ne peut équitablement nous priver d'un tel droit.
>
> Nous assistons dans les rues de notre ville au défilé de l'Armée du salut qui, musique [en tête] et tambour [battant], enchante la ville [...]. Nous essayons de comprendre si la civilisation nous apprécie comme des hommes ou des poissons des affluents de la rivière Naas, pour que nous soient déniées les félicités de nos ancêtres[41].

À cette époque, on exécute la danse de l'Esprit dans des réserves siouses telles celle des Wahpetons de Round Plain, en Saskatchewan, et celle de Wood Mountain, au Manitoba; l'exténuante danse est passée au Canada, à partir des États-Unis, d'où elle est provenue dans les années 1890. Elle subit très tôt des modifications, s'incorpore à la Fête de la Guérison dakota et renaît sous le nom de «Nouvelles récentes».

Le millénarisme est un autre type de mouvement mystique qui resurgit aussi de temps à autre; en 1904 par exemple, des rumeurs se répandent dans le sud de la Saskatchewan, selon lesquelles «la fin du monde s'en vient pour les Blancs, que seulement les véritables Indiens, qui vivent sous des tipis, seront épargnés et auront alors le monde entier pour eux seuls et des masses de bisons à chasser[...][42]». Ces mouvements agacent les fonctionnaires parce qu'ils consolident les ressources profondes des populations autochtones qui résistent ainsi mieux aux assauts de plus en plus nombreux contre leur culture. Loin de s'étioler comme le souhaitent les autorités, la vie traditionnelle resurgit, dissimulée sous de multiples aspects.

En 1884, une loi visant à conférer certains privilèges aux bandes d'Indiens du Canada les plus évoluées, avec l'objectif de les former à l'exercice des affaires municipales — il s'agit du nom officiel de la loi sur le progrès des Indiens —, tente de convertir les règlements des tribus en lois municipales. Elle accorde aux conseils de tribu des pouvoirs de taxation restreints mais soumis à l'approbation du ministère, ainsi que la responsabilité de la santé publique et le pouvoir de sanctionner les violations de règlements. De plus, la loi réduit le nombre de conseillers par bande à six, une mesure que le docteur Peter Edmund Jones (1843-1909; fils de «Plumes sacrées» et chef de la bande de Port Credit) juge peu judicieuse, les Amérindiens étant par tradition habitués à de grands conseils. Une telle diminution, dit-il, ressemblera «plus à les précipiter dans l'activité municipale qu'à leur donner une formation[43]». La loi change le système électoral triennal en vigueur depuis 1869 en élections annuelles, jugées nécessaires pour le type d'administration municipale auquel la loi prépare les bandes. Agissant avec la plus grande prudence possible, la loi prévoit également un délai obligatoire avant la réélection des chefs destitués par le gouverneur en conseil pour des motifs de malhonnêteté, d'intempérance ou d'immoralité. Les bandes dont l'évolution est considérée insuffisante pour adopter ces changements se situent surtout dans l'Ouest, et le gouverneur en conseil détermine ultimement quelle bande remplit les conditions requises. En fait, on a considérablement augmenté les pouvoirs de gestion des affaires tribales accordés au surintendant général ou à son suppléant; il lui est possible d'ordonner et de surveiller des élections, tout comme il peut convoquer une réunion du conseil de bande ou y présider[44]. Les Amérindiens, où qu'ils se trouvent au pays, font savoir que, pour eux, ces mesures tentent simplement une nouvelle fois d'«imposer des idées de Blancs aux hommes rouges[45]». Ironiquement, les premières bandes qui expriment le désir d'accepter le nouvel ordre proposé se trouvent dans les Territoires-du-Nord-Ouest (Le Pas, Birch River, Cumberland House), même si les premières à vraiment mettre en place le nouveau mode de scrutin annuel seront situées en Colombie-Britannique. Les Cowichans mènent le bal, bientôt suivis par les Kincoliths de la rivière Nass, puis Metlakatla et Port Simpson. En tout et pour tout, seules neuf bandes (certaines sous la contrainte) adoptent le nouveau mode. En 1906, les restes de la loi sur le progrès des Indiens sont inclus dans la *Loi sur les Indiens*. Nous aborderons au chapitre XXII les modifications ultérieures qui y seront apportées.

Pendant ce temps, dans les prairies, l'agitation qui croît au sein des communautés amérindiennes à mesure que diminuent les hardes de bisons et l'insatisfaction causée chez les Métis par leur situation foncière détournent l'attention du gouvernement dans d'autres directions; et un nouvel amendement est apporté à la *Loi sur les Indiens*, afin cette fois que l'incitation des Indiens à la violence devienne une infraction[46]. Plus encore, le surintendant est autorisé à prohiber toute vente et tout don de «munitions en étui» ou «cartouche à balle» aux Indiens du Manitoba et des Territoires-du-Nord-Ouest. De toute évidence, le gouvernement a une idée bien précise de ce qui s'en vient.

Macdonald, qui poursuit inlassablement son objectif d'intégration des Amérindiens, présente aux Communes un projet de loi sur le cens électoral, en mars 1885, quatre jours seulement avant que n'éclate la rébellion dans l'Ouest. Alors qu'il a à l'esprit les Amérindiens habitant à l'est des Grands Lacs, il propose le droit de vote au fédéral pour tous les hommes qui sont sujets britanniques et qui démontrent une quotité minimale d'imposition, qu'ils possèdent ou non des terres en particulier. Les Amérindiens de l'Ontario et du Québec, dit-il, peuvent ne pas contribuer à l'assiette de taxe foncière du pays,

> mais ils possèdent leur propre assiette et leur propre méthode de taxation des ponts et des chaussées, ils construisent leurs propres écoles; ils font fonctionner ce système à leur manière, mais c'est à la façon des Indiens et c'est efficace. Ils s'acquittent de toutes les obligations des hommes civilisés. [...] sous tous les rapports, ils ont le droit d'être considérés comme des égaux des Blancs[47].

Il ne manque toutefois pas d'ajouter que les Amérindiens des Territoires-du-Nord-Ouest et de Keewatin, du Manitoba et «peut-être» de la Colombie-Britannique ne sont toujours pas prêts pour cette mesure et doivent être exclus, à moins d'occuper, individuellement, des lotissements distincts. Le projet soulève une bruyante opposition qui soutient que les Amérindiens dans l'ensemble ne paient aucun impôt et qu'en tant que pupilles de l'État ils n'ont pas le droit d'être mis sur un pied d'égalité avec les autres citoyens. La clameur enfle au point d'évoquer que les «hordes sauvages» d'Amérindiens de l'Ouest, menées par des émules de Gros Ours et de Poundmaker, quittent leur «parti de scalpeurs [pour aller] aux urnes[48]». Que Macdonald soit parvenu à faire adopter ce projet de loi en dit long sur son habileté politique; les libéraux abrogent pourtant l'acte législatif en 1898; à leur avis, «c'est une dérogation à la dignité d'un peuple et une insulte aux hommes blancs et libres du pays que de les mettre au même niveau que des Indiens païens et barbares[49]».

Pour être clair, le pays n'accepte pas encore que les Amérindiens soient mis sur un pied d'égalité, malgré tous les discours creux sur la défense de leurs droits. Il n'y a pas de doute que, quand s'est posée la question du choix entre des Amérindiens et des Blancs, c'est aux intérêts des Blancs qu'on a habituellement pourvu en premier. La situation orageuse que connaît l'Ouest servant de ferment à la violence potentielle entre des intérêts divergents, il sera surprenant de constater le peu de brutalités qui surviendront, et leur brièveté. Le Canada a beaucoup de raisons d'être reconnaissant envers la tolérance des nations autochtones qui l'habitent.

Cinquième partie

# L'ÉPOQUE CONTEMPORAINE

## CHAPITRE XX

# L'ANCIEN MONDE S'ÉVANOUIT, ET LE NOUVEAU N'ANNONCE RIEN DE BON

Au fur et à mesure que les hommes s'aperçoivent que la générosité de la nature a manifestement des limites — les bisons, autrefois «innombrables» en raison de leur multitude, deviennent rapidement «incalculables» à cause de leur trop grande rareté —, les Amérindiens et les Métis éprouvent des difficultés de plus en plus grandes à maintenir le mode de vie auquel ils ont été accoutumés[1]. Tous ceux qui dépendent du grand bovidé sauvage sont affectés; pour les Autochtones, le problème se révèle particulièrement critique, pas tant à cause de leur réticence devant l'adaptation qu'exigent les conditions nouvelles (après tout, la capacité d'adaptation a été la clé de leur survie dans les Amériques depuis des millénaires), mais plutôt en raison de la soudaineté de ces changements[2].

Le déclin des immenses troupeaux se manifeste inégalement, les régions où chassent les Cris étant les premières à en souffrir. Inquiets, ceux-ci tiennent en 1859, dans la région de la rivière Qu'Appelle, une série de conseils à l'occasion desquels ils font part de leurs objections à la chasse d'hiver pratiquée par les Métis et maintiennent que la poursuite du bison devrait être restreinte aux Amérindiens. L'expansion de la CBH dans les prairies leur semble faire partie du problème; bien que désireux de commercer, ils ne veulent pas assister à une invasion de leurs territoires par des étrangers — blancs ou métis — venus eux aussi y chasser, ce que, soutiennent-ils, ils n'ont absolument pas le droit de faire. Les nouveaux venus désirent-ils de la viande, du pemmican ou des peaux? Qu'ils les achètent des Indiens[3]. La dimension de deux expéditions de chasse d'été à la Rivière-Rouge révèle l'envergure qu'atteint cette activité chez les Métis; en 1849, la troupe de chasseurs rassemblés dans la prairie du Cheval-Blanc compte 700 Métis, 200 Indiens, 603 charrettes, 600 chevaux, 200 boeufs, 400 chiens et 1 chat[4]. Constatant qu'il serait difficile, sinon impossible d'interdire ces chasses massives, les Cris entrent en pourparlers avec des agents gouvernementaux afin d'obtenir l'aide d'Ottawa[5], mais c'est peine perdue. Finalement, en 1871, après la bataille de la rivière Belly, ils concluent avec les Pieds-Noirs un traité qui les autorise à chasser en territoire pied-noir, où les troupeaux sont encore relativement abondants[6].

L'agriculture et le travail salarié constituent déjà des solutions qui s'intègrent au mode de vie de plusieurs Métis; pourtant, d'autres problèmes surgissent, qui rendent pour eux aussi la transition douloureuse, sinon presque aussi brutale qu'elle le sera pour les Amérindiens. Le commerce des fourrures, en jouant un rôle prépondérant dans leur vie, a à plusieurs égards renforcé les positions culturelles et économiques des Indiens et des Métis, notamment dans l'Ouest; la vitesse de son déclin occasionnera inévitablement un violent contrecoup.

### Les procès continuent chez les Métis

Le mépris dont font preuve les nouveaux colons pour les revendications foncières métisses ou amérindiennes pousse rapidement les Autochtones à la violence. En 1872, les Métis demandent au lieutenant-gouverneur Archibald de leur faire connaître «quelles mesures ils doivent adopter pour s'assurer de pouvoir empêcher des gens d'autres nationalités de s'installer sur les terres qu'ils occupent, sans le consentement de la communauté». Archibald a refusé leur précédente proposition au sujet d'un quadrilatère dont l'usage leur serait réservé, comme on l'avait fait pour les Amérindiens signataires d'un traité. Le gouvernement fédéral, lui aussi opposé au projet, prétend que les Métis devront faire comme les colons et solliciter individuellement des lots. Le Manitoba montre bien ce qui pouvait survenir dans des cas semblables: la majeure partie du territoire mis de côté pour les «enfants des sang-mêlé chefs de famille» y a été acquise par des spéculateurs pour une simple fraction de leur prix. On estime que moins d'un quart des terres ont réellement été occupées et mises en valeur par des Métis, en dépit de concessions supplémentaires faites en 1874[7].

On ne sait pas avec certitude si les Métis connaissaient la position de la capitale, désireuse de les traiter comme des individus plutôt que comme des collectivités; quoi qu'il en soit, divers groupes quittent la Rivière-Rouge pour fonder des établissements indépendants. La formule est déjà pratiquée depuis un certain temps (voir le chapitre XVIII), mais la différence majeure, maintenant, c'est que la culture de la terre remplace la chasse au bison comme principale source d'approvisionnement alimentaire. Le plus connu de ces groupes est celui mené par l'incontournable capitaine de chasse au bison Gabriel Dumont (1838-1906) qui, en 1872, descend au nord de la Rivière-Rouge pour aller coloniser une région longue de 45 à 50 kilomètres et large d'environ 10 kilomètres, sur les deux rives de la Saskatchewan-du-Sud et comprenant le lac aux Canards (lac Duck), et bordée au sud par le ruisseau Fish[8]. Dumont avait une raison supplémentaire de choisir cet emplacement: la présence de la mission de Saint-Laurent, fondée en

1871 par l'oblat Alexis André (1833-1893). Chaque famille y possède un «ruban» dont une extrémité borne la rivière sur 200 mètres de large, d'après le modèle suivi à la Rivière-Rouge. Deux autres missions se trouvent à proximité: Saint-Louis et Saint-Antoine-de-Padoue. L'établissement auquel cette dernière est associée sera connu sous le nom de Batoche d'après le nom d'un de ses principaux citoyens, le commerçant Xavier Letendre, dit Batoche, dont la maison passe pour la plus belle dans l'Ouest. Batoche est le centre commercial pour l'amas d'établissements métis de la Saskatchewan-du-Sud (appelés collectivement *South Branch* en anglais), à cheval sur le chemin de Carlton (route principale en direction d'Edmonton) et la Saskatchewan-du-Sud. Saint-Albert, qui n'est pas situé trop loin du fort Edmonton, est à cette époque le plus gros établissement métis de l'Ouest (chapitre XVIII).

Le gouvernement canadien a pour sa part déjà décidé que le levé de terrain carré constituera la configuration modèle de colonisation dans l'Ouest, mais qu'il autorisera un arpentage particulier pour quiconque s'est établi dans la région avant 1870, afin de ne pas modifier les limites originales des terrains. C'est une décision importante pour les Métis dont les lots «en ruban» ne sont évidemment pas conformes au nouveau modèle de quadrilatère. Les colons installés après 1870 n'ont juridiquement droit à aucune considération particulière, même si les arpenteurs ont reçu instruction de prendre en compte des demandes extraordinaires au mieux de leur capacité, un souhait auquel ils accèdent généralement à la satisfaction des deux parties. Cela ne s'est pas produit dans les établissements de la Saskatchewan-du-Sud, par erreur aux dires de certains. En outre, les Métis ne parviennent pas à obtenir la reconnaissance de leurs titres fonciers, ni en se fondant sur le droit autochtone, qui leur a déjà été dénié, ni sur les droits d'antériorité accordés aux colons, puisqu'ils sont considérés comme des squatters. Ajoutons que, pour leur part, les Métis négligent de déposer des demandes de concession[9].

Le 10 décembre 1873, Dumont organise une réunion des Métis de Saint-Laurent pour discuter de la mise en place d'un gouvernement. L'établissement compterait à ce moment-là 322 personnes, une population qui s'élèvera plus tard jusqu'à 1500 âmes. Dumont est élu président à l'unanimité, et huit conseillers sont aussi choisis. Après réception de leur serment professionnel par le père André, ils adoptent 28 lois fondamentales, sur le modèle de celles qui régissent la chasse au bison, auxquelles s'ajoute le droit de percevoir des impôts. Chaque famille devra payer des taxes pour des services publics, en plus de fournir, au besoin, la main-d'oeuvre pour les corvées. Le conseil doit se réunir une fois par mois pour régler des questions telles le manquement à certaines obligations ou la désobéissance aux règlements, par exemple refuser d'obéir au capitaine qui mène une chasse au bison. Dans la mesure du possible, les conflits doivent être résolus par l'arbitrage. Tout contrat conclu le dimanche est considéré comme nul et non avenu. Des sanctions (majoritairement des amendes) doivent être infligées pour avoir allumé un feu après le 1er août, pour ne pas avoir maîtrisé les chevaux errants ou les chiens qui tuent des poulains, ou encore pour diffamation à l'égard de membres de la collectivité et pour avoir séduit une fille en refusant ensuite de l'épouser. Aucun règlement ne porte sur le vol (sauf celui de chevaux) ou des crimes violents tels que voies de fait, homicide involontaire ou homicide, tous extrêmement rares à l'époque chez les Métis. Plus concrètement, on a établi des règles sur les conditions de travail et d'embauche et on a enjoint aux passeurs d'offrir gratuitement l'aller-retour aux fidèles de la messe dominicale.

Saint-Laurent connaît un début prometteur: Dumont, encouragé, visite d'autres collectivités de la Saskatchewan-du-Sud et leur propose de faire la même chose. Il semble avoir espéré qu'ils finissent par se rassembler et élaborent un projet d'administration autonome au moins pour la Saskatchewan-du-Sud, et peut-être pour le Nord-Ouest dans son entier en attendant que le Conseil des Territoires du Nord-Ouest mis en place par le Canada soit réellement prêt à gouverner. Quand cela se produira, assure le village aux fonctionnaires fédéraux, il y aura renonciation en faveur de l'autorité d'Ottawa. Seulement, les autres communautés ne sont pas suffisamment structurées pour relever le défi. Dans l'intervalle, le déclin du bison pousse le conseil de Saint-Laurent à renforcer ses règlements, puis à pétitionner au Conseil des Territoires du Nord-Ouest afin qu'il adopte les mêmes mesures pour l'ensemble de la région.

À l'été de 1874, un groupe de «chasseurs indépendants» de bisons arrive dans la région que les colons de Saint-Laurent estiment la leur. En compagnie de quelques Cris, Dumont et ses hommes barrent la route aux intrus et les informent qu'ils se trouvent sur une propriété privée et enfreignent les règlements municipaux. Comme les chasseurs refusent d'admettre les faits, les Métis leur infligent des amendes qu'ils font payer sur-le-champ en confisquant du matériel et des provisions pour la somme requise. Les chasseurs poursuivent leur route jusqu'au poste de la CBH le plus proche, soit le fort Carlton, où ils se plaignent à l'agent principal Lawrence Clarke (1832-1890). Celui-ci, pour qui cela a l'allure d'une révolte ouverte contre le Canada, rapporte ensuite au lieutenant-gouverneur Morris qu'une attaque injustifiable s'est produite[10]. La CBH, pour sa part, s'est sentie mal à l'aise dès le début face à l'établissement de Saint-Laurent, surtout après les récents événements à la Rivière-Rouge, où Dumont a offert ses services à Riel lors d'une visite en 1870[11]. Dans les journaux enfin, rien pour améliorer les choses: « Nouvelle opposition à l'autorité gouvernementale du Canada dans le Nord-Ouest», lit-on à la une. Il y aurait 10 000 Cris sur le sentier de la guerre; le fort Carlton serait tombé, sans compter qu'une demi-douzaine d'agents de la Police à cheval du Nord-Ouest auraient été tués. Clarke semble être à l'origine d'au moins une partie de ces fausses informations; de toute manière, un détachement de la police du Nord-Ouest, dirigé par le surintendant Leif Crozier (1847-1901), est dépêché sur les lieux, et le conseil de Saint-Laurent tente d'éclaircir l'affaire le 20 août 1875.

L'examen des lois du conseil de Saint-Laurent par Crozier lui fait dire qu'elles sont extrêmement sensibles aux conditions régnantes. Edward Blake, ministre fédéral de la Justice de 1875 à 1877, ne leur voit lui non plus rien de répréhensible; il remarque que le fait même qu'elles se soient avérées nécessaires souligne le besoin d'un gouvernement légitimement constitué dans les prairies. Le conseil convient de se dissoudre en tant qu'organisme officiel, et la police conclut qu'il n'y a aucune objection à ce que la chasse au bison soit réglementée suivant les dispositions proposées. Il faut attendre 1877 pour que le Conseil des Territoires du Nord-Ouest promulgue des lois sur la chasse. Pour sauvegarder les troupeaux de bisons, c'est à la fois trop peu et trop tard.

Toutes ces mésaventures n'empêchent pas Saint-Laurent, et les Métis des prairies en général, de prospérer grâce à la vente des peaux de bison aux États-Unis, un commerce qui, dans le nord des plaines, atteint son point culminant dans les années 1870[12]. La fabrication du pemmican n'est plus la seule, ni même la principale *raison d'être* (N.D.T.: en français dans le texte) de la chasse au bison. Le commerce des peaux fait en sorte que le pelage d'hiver des bisonnes est fortement prisé, ce qui encourage la chasse sélective et accroît la pression exercée sur les hardes. Les profits à court terme empêchent de voir les préoccupations à long terme: par exemple, en 1873, lorsqu'il se fait engager comme chasseur, la seule chose que possède le Sauteux nommé Petit Chien est son talent à la chasse; deux ans plus tard, il est propriétaire d'un convoi de six charrettes. Amérindiens et Métis se partagent cette soudaine prospérité; et c'est à la fin des années 1860 et au début des années 1870 que le massacre des troupeaux atteint sa plus grande intensité[13].

Privés de leur propre conseil et donc de la capacité d'agir de façon autonome, les Métis pétitionnent pour l'obtention d'écoles, ou à tout le moins pour qu'on les aide à les construire. Ottawa s'empresse lentement comme d'habitude, mais accepte en fin de compte d'accorder son aide. Les Métis demandent la nomination de deux représentants au Conseil des Territoires du Nord-Ouest; on nomme Pascal Breland (m. en 1896), un membre de longue date du Conseil d'Assiniboia. Cela inquiète le lieutenant-gouverneur Morris, Breland ne jouissant d'aucun prestige dans la communauté métisse; il qualifie la nomination d'«injuste» et prédit des ennuis. Le Manitoba élit en 1878 son seul premier ministre métis, l'anglophone John Norquay (1841-1889); à l'époque, une vague d'immigration transforme le Manitoba en communauté ontarienne, une transition couronnée par la loi sur la langue de 1890, qui convertit en province unilingue anglaise un Manitoba bilingue fondé en 1870 conformément à la vision de Riel. Celui qui enclenche le processus est le premier ministre Norquay lui-même, qui s'identifie plus avec ses origines orcadiennes que cries.

Le problème du titre foncier demeure entier. Les collectivités métisses ne s'entendent pas sur la façon de le résoudre: certaines, comme celles des monts Cypress et du fort Qu'Appelle envoient des pétitions fondées sur la revendication du droit autochtone; d'autres demandent des concessions territoriales semblables à celles qui sont accordées en vertu de la *Loi sur le Manitoba* et tentent d'obtenir, pour se convertir à l'agriculture, une aide similaire à celle que reçoivent les Amérindiens. Deux cent soixante-quinze Métis de la région signent une de ces pétitions en 1877, l'année même du traité avec les Pieds-Noirs. Si les pétitions en provenance de Saint-Laurent ne font aucune allusion aux rapports avec les Amérindiens, elles précisent toutefois que la communauté souhaite voir reconnaître par les arpenteurs la division en lots de grève; les fonctionnaires rétorquent que ce n'est pas nécessaire, que les Métis peuvent bien subdiviser eux-mêmes les levés carrés en bandes attenantes à la rivière. C'est une solution insatisfaisante pour ces derniers qui souhaitent une reconnaissance gouvernementale de la parcellisation en lots de grève, et non une adaptation spéciale. Du reste, s'ils font le travail, ils n'auront pas de piquets d'arpenteur pour borner les parcelles. La confusion s'aggrave encore du fait que les plans cadastraux tardent à apparaître; et, avant leur confection, les Métis ne peuvent légalement rien réclamer. Le ministre de l'Intérieur (de 1876 à 1878) David Mills les assure que les formalités iront s'accélérant, mais oublie de préciser sur quelle base seront accordées les concessions; il est franchement d'avis qu'il faudrait traiter les Métis de la même manière que les colons blancs. En 1884, un inspecteur du gouvernement se présente, mais les Métis ne trouvent acceptable aucune des solutions qu'il propose.

La situation des Métis du Manitoba ne s'améliore pas, même avec l'énorme territoire concédé en vertu de la *Loi sur le Manitoba*. Non seulement la concession a-t-elle précédé l'extinction du titre amérindien (ce qui ne se produit qu'avec le traité n° 1 en 1871[14]), mais, ainsi que nous l'avons déjà vu, les retards, la spéculation et ni plus ni moins que du vol en ont marqué l'application. Rien non plus n'est venu garantir les lots de grève déjà reconnus: sur 93 biens-fonds revendiqués par des Métis, 84 sont rejetés immédiatement parce qu'ils sont insuffisamment cultivés. Cinq requérants dont les maisons sont jugées convenables et qui ont exploité au moins 5 acres en reçoivent 8 fois plus (16 hectares) en concession; 4 autres ayant cultivé 10 acres se voient accorder 32 hectares (80 acres). En 1874, on offre 160 $ en certificats de concessions de terres aux chefs de famille sang-mêlé pour leur permettre d'acheter des terres appartenant à l'État; deux ans plus tard, les concessions faites aux enfants sont augmentées jusqu'à 97 hectares (240 acres). La même année encore, les concessions ne se font plus que sous forme de certificats, et la majorité des Métis prennent l'argent plutôt que les terrains; la spéculation s'empare des certificats avant même leur émission. En 1880, 3 186 revendications ont été réglées, sans que les Métis en aient tiré grand avantage.

Rien ne paraît marcher correctement pour les Métis, même pas amener Ottawa à tendre l'oreille. Les efforts déployés par les leaders Dumont et Charles Nolin (1823-1902), ancien ministre du cabinet conservateur manitobain, ainsi que d'autres n'aboutissent à rien[15]. Aucune suite n'est donnée à un vague amendement apporté en 1878 à l'*Acte concernant les terres publiques de la Puissance*, qui semble reconnaître les droits des Métis. Tout bien considéré, tandis que personne ne tenait compte d'eux dans le passé, à l'époque du vide politique créé par la disparition de l'administration de la CBH, ils avaient obtenu des résultats en prenant eux-mêmes les choses en main. Maintenant, au beau milieu d'une crise économique mondiale (1883), ils se réunissent une fois de plus pour évaluer la conduite à adopter.

Le 30 mars 1884, à Saint-Laurent, 30 Métis se rencontrent dans la maison d'Abraham Montour. Il se remémorent la visite dans l'Ouest, en 1881, de lord Lorne (John Douglas Sutherland Campbell, gouverneur général de 1878 à 1883), sa promesse d'apporter la situation des Métis à l'attention du gouvernement et le fait que rien ne s'est ensuivi. Le tollé des Métis est le même que celui des Amérindiens: «Le gouvernement a volé notre territoire et il rit maintenant de nous.» Quelques semaines plus tard, lors d'une autre réunion, ils décident d'inviter Riel à quitter son refuge du Montana, où il est enseignant. Le 4 juin 1884, Dumont et quelques compagnons partent à cheval: ils vont chercher leur chef.

## C'est notre vie, c'est nos terres

Selon divers calculs, il y aurait en 1870 dans l'Ouest canadien environ 35 000 Amérindiens (estimation trop élevée aux dires de certains), entre 10 000 et 12 000 Métis et moins de 2 000 Blancs; toutefois, des épidémies (celle qui frappe les Cris au milieu des années 1870 s'avère particulièrement cruelle) et les vagues croissantes d'immigrants font rapidement basculer ces proportions au point que, dès 1883, les Blancs dépassent largement les Amérindiens[16].

Les Indiens possèdent deux principaux modes de vie: le premier repose sur la chasse au bison des plaines, et le second sur celle du gibier forestier (la cueillette de plantes comestibles comme les petits fruits et les racines constitue en outre un élément essentiel aux deux); celui-ci, très ancien, survivra plus longtemps que le premier. La population indienne dans les plaines culmine pendant l'été, quand les hardes de bisons sont les plus nombreuses. Le bison ne suit pas de mouvement migratoire défini et se rassemble là où la pâture semble la plus attrayante[17]. Son comportement accentue l'aspect cérémoniel de la chasse au bison; et la diminution des troupeaux donne aux chamanes capables d'attirer les animaux de l'importance et, par conséquent, un prestige accru. Le bison est au coeur de la vie cérémonielle des Amérindiens des plaines; non seulement la disparition des hardes constitue-t-elle la perte d'une source alimentaire, mais elle entraîne aussi la désagrégation de leurs cultures[18], un facteur d'importance dans l'essor de la danse de l'Esprit.

Le bison n'est pas le premier cas d'espèce animale à faire entrevoir les conséquences de la surexploitation. Dans les régions boisées qui marquent les limites orientales des plaines, le caribou a pratiquement disparu au début du XIXe siècle, et l'orignal est déjà en nombre considérablement réduit; associée au retrait du bison, cette situation signifie que les Sauteux de la région doivent compter de façon croissante sur le menu gibier ou sinon émigrer dans les plaines[19]. Pour ceux qui n'ont pas abandonné le piégeage, il devient de plus en plus difficile de combiner récolte des fourrures et chasse hivernale du bison. C'est à un point tel que, dans certains districts (comme celui de Riding Mountain), la CBH commence à importer du pemmican pour les chasseurs afin de leur permettre de continuer à trapper. Dans les années 1860, certains chasseurs travaillent à temps partiel comme hommes de canot, charretiers ou ouvriers dans le commerce des fourrures.

Le chef cri Maskepetoon («Bras Croche»; v. 1807-1869), peut-être le plus célèbre converti au méthodisme dans l'Ouest, est un personnage remarquable de cette période. Homme à l'esprit large, il compte parmi les premiers dans les plaines à apprendre l'écriture syllabique, qu'il maîtrise fort bien et qui peut avoir servi ses activités de diplomate nomade. En 1869, afin de faire baisser des tensions qui s'accroissent, il entre dans un camp des Pieds-Noirs (ennemis traditionnels des Cris) avec son fils et quelques compagnons. Ils se font tous tuer, et l'incident marque l'explosion d'hostilités qui couvre le territoire allant du Missouri jusqu'au fort Edmonton. C'est dans ce décor qu'a lieu la dernière bataille d'importance entre les Cris et les Pieds-Noirs, l'année suivante (1870), à la rivière Belly (appelée plus tard Oldman), à proximité de Lethbridge. Au dire de certains trafiquants qui passent peu après sur les lieux du conflit, au moins 300 Cris et peut-être 40 Pieds-Noirs y laissent la vie[20]. Ces morts pourraient représenter un témoignage muet de la distribution inégale des armes à feu entre les deux groupes belligérants. Ainsi que nous l'avons mentionné, le conflit se termine par le traité de 1871, par lequel les Pieds-Noirs autorisent les Cris à chasser le bison sur leur territoire.

La transmission des territoires de la CBH au Canada en 1870 renforce le militantisme amérindien. Abraham Wikaskokiseyin («Herbe odoriférante»; m. en 1877[21]), chef des Cris du fort Pitt et principal porte-parole des Indiens pendant les négociations du traité n° 6, déclare aux fonctionnaires: «Nous entendons dire que nos terres ont été vendues et cela nous déplaît; nous ne voulons pas vendre nos terres; c'est notre propriété et personne n'a le droit de les vendre[22].» D'autres chefs sont d'avis que le territoire a été emprunté puisqu'il ne pouvait être acheté. Quoi qu'il en soit, Herbe odoriférante signe le traité et, pour ce motif, il se fait tuer par des gens de sa tribu qui ont l'impression qu'il s'est départi des terres sans les avoir consultés convenablement[23].

Paskwah (Pasquah; m. en 1889), un Cri chef d'une bande de Sauteux des plaines, fait observer que, si la cession du territoire a vraiment eu lieu, les gens des plaines devraient recevoir l'argent de la vente. Il est de ceux qui se sont opposés à la venue dans les plaines d'arpenteurs ayant pour mandat de faire le tracé des lignes de télégraphe; à ses yeux, l'arpentage correspondait à un acte de soumission à la domination blanche. Il est aussi un des principaux négociateurs du traité n° 4, dit traité de Qu'Appelle, qui s'étire sur deux années et donne lieu à plus de concessions (sous forme d'instruments aratoires et de semences pour commencer à cultiver) que n'avait souhaité en faire le gouvernement. Paskwaw finit par accepter une réserve à cinq milles à l'ouest du fort Qu'Appelle. Un an plus tard, Piapot (Payipwat; m. en 1908), dont la bande est plus nombreuse que celle de Paskwaw, signe aussi le traité, croyant apparemment, à tort, qu'il avait été révisé. On trouve dans le traité n° 4 la première mention du piégeage en tant qu'élément caractéristique du mode de vie amérindien.

L'année même du massacre des monts Cypress, soit en 1873, le plus célèbre et le plus influent des chefs des plaines, Mistahimaskwa («Gros Ours»; vers 1825-1888), s'oppose vivement à Gabriel Dumont lorsque le chef métis cherche à imposer ses vues sur la manière de mener la chasse dans les Grandes plaines[24]. Moitié Sauteux, moitié Cri, Gros Ours est à la tête de la plus grosse bande de Cris des plaines de l'époque, soit près de 2 000 âmes. Quand il était encore jeune, il s'était fait remarquer par son habileté à tirer avec précision par dessous le cou de sa monture lancée au grand galop. D'une apparence physique impressionnante et possédant une voix chaude et bien timbrée, il n'aime pas traiter avec les Blancs. Comme Tecumseh et Nescambiouit avant lui, il travaille à la cause du panaméri ndianisme, estimant que les siens sont perdus s'ils ne s'unissent pas devant la colonisation par les Blancs. Il refuse les cadeaux distribués par les fonctionnaires avant les négociations du traité n° 6, disant ne pas vouloir de ces appâts qui permettraient au gouvernement de lui mettre une corde autour du cou, une affirmation qui a été largement interprétée comme la crainte d'être pendu. Pourtant, comme l'a démontré l'historien Hugh Dempsey, il s'agissait non pas d'une allusion à la pendaison, mais à la perte de liberté[25]. Les conditions offertes par le traité n° 6, particulièrement la clause qui impose au pays le droit canadien, ne satisfont pas Gros Ours, qui voit dans le traité une perte d'autonomie pour son peuple. Par conséquent, il refuse de le signer en 1876; il y est finalement contraint en 1882, au fort Walsh, pour que les siens puissent obtenir des rations. À cette époque, son groupe ne compte plus que 247 personnes et il n'est plus du tout en position de discuter lorsqu'on lui offre une lointaine réserve, au fort Pitt, plus au nord.

La campagne que mène Gros Ours pour unifier les Amérindiens et obtenir de meilleures conditions de traité a sérieusement inquiété Ottawa, dont les fonctionnaires mettent maintenant les bouchées doubles afin de trouver des chefs désireux de négocier, comme Mistawasis (Big Child) et Ahchacoosacootacoopits (Starblanket). Parmi ces chefs, seuls Herbe odoriférante et Minahikosis («Petit Pin»; vers 1830-1885) ont une réputation assez comparable à celle de Gros Ours. Le demi-frère de Piapot, Petit Pin, à moitié Pied-Noir et à moitié Cri, tient son bout pendant trois ans avant que les siens, affamés, ne le persuadent de signer en 1879. Kamiyistowesit («Barbu»; vers 1828-1889) est un autre résistant cri des Plaines. Tout comme d'autres chefs dissidents, il soutient que, puisque les Européens ont causé la disparition du bison, il leur incombe donc maintenant de pourvoir aux besoins des Amérindiens. Barbu maintient ses objections au point de menacer de s'emparer du poste de traite du lac aux Canards, situé dans le territoire de chasse de sa bande, si personne ne satisfait ses demandes d'aide. Le gouvernement répond en expédiant un détachement de la Police à cheval du Nord-Ouest pour renforcer le poste menacé. Tout au long de ces années difficiles, Ottawa dispose d'une arme d'importance pour ramener tout ce monde à l'obéissance: la rétention des rations. La Police à cheval nourrit 7 000 personnes à même ses propres rations, un geste qu'Ottawa estime servir d'encouragement aux résistants.

Un chef cri des Plaines qui, contrairement à Gros Ours, s'entend raisonnablement bien avec les Blancs, c'est Pitikwahanapiwiyin («Poundmaker», vers 1842-1886), neveu de Mistawasis et fils adoptif du grand chef pied-noir Pied de Corbeau[26]. Son attitude ne l'empêche pas de plaider en faveur de son peuple; face à un gouvernement qui répugne à adopter une vision à long terme (pour l'État canadien, la préoccupation des Amérindiens à l'égard de leurs enfants et leurs petits-enfants n'est rien de plus qu'un stratagème), il fait observer: «D'après ce que je vois et entends maintenant, je ne peux croire que je pourrai vêtir mes enfants tant que le soleil brillera et que la rivière coulera.» En définitive, il compte parmi ceux qui signent le traité en 1876, même s'il continue à chasser et n'accepte qu'en 1879 une réserve située à 65 kilomètres à l'ouest de Battleford. Si l'on exclut Gros Ours, tous les signataires du traité n° 6 se sont inclinés devant l'inévitable, mais tous n'ont pas accepté les réserves. En fin de compte, les signataires de ce traité ont eu le meilleur sur ceux du n° 4, en arrachant des concessions comme la clause sur le «coffret à médicaments» ainsi qu'une promesse de secours en cas de famine ou de pestilence. En retour, ils en ont payé le prix: un énorme territoire de 815 850 kilomètres carrés (315 000 milles carrés).

Il y a aussi des chefs qui s'entendent si bien avec les Blancs que les leurs finissent par se méfier d'eux. C'est le cas de Mimiy (Pigeon, Gabriel Coté; mort en 1884), qui se trouve à la tête d'une bande de Sauteux de la région de la rivière Swan. Ses rapports avec la CBH sont tels que la tradition orale le désigne comme un «chef de la Compagnie» (N.D.T.: un chef qui doit son titre à la CBH). Il est du nombre des signataires du traité n° 4[27].

## L'imminence d'une catastrophe évitable

En 1876, il n'existe plus qu'un seul endroit au pays où le bison est en nombre suffisant pour continuer à pratiquer l'ancien mode de vie: les monts Cypress (on trouve des troupeaux plus grands au Montana, mais les feux d'herbe allumés en bordure de la frontière font obstacle à leur migration vers le nord). Les tribus habitant dans les plaines du Canada convergent donc vers ces monts, et leur mouvement culminera entre 1877 et 1879. La Police à cheval du Nord-Ouest subit d'ailleurs en 1879 une première perte d'effectif; l'agresseur de la victime est inconnu[28]. Bien que la plupart des bandes aient choisi leur réserve, et que quelques-unes aient entrepris de changer de mode de vie avec l'aide du gouvernement, l'arpentage de l'emplacement des réserves ainsi que la fourniture des provisions nécessaires et du matériel rencontrent des retards. C'est l'impasse: tant qu'il y a des bisons alentour et que les Amérindiens veulent les chasser, pourquoi faut-il accélérer l'implantation du nouveau programme? Les mises en garde des policiers, des missionnaires et des colons face à la catastrophe — pourtant évitable — qui menace sont inefficaces. Déjà en 1877, on se plaint que le matériel nécessaire n'arrive pas; tous ces Amérindiens désireux d'entreprendre leur nouvelle vie (ils sont nombreux) sont plus souvent qu'autrement frustrés par un paternalisme bureaucratique dévoyé et aggravé par l'ineptie. Ainsi que l'a écrit l'anthropoloque Ted Brasser, avec du recul, c'est facile de critiquer la façon dont le gouvernement a pris en main une situation sans précédent[29]. Le fait demeure toutefois que, lorsque les Amérindiens ont protesté contre la mauvaise gestion, comme dans le cas de Gros Ours, c'est à eux qu'on a imputé la responsabilité des problèmes[30]. De même, dans l'ouest de l'Arctique, des gens ont attribué la famine très étendue qui a suivi l'extermination des troupeaux de baleines et de morses aux effets de l'alcool, dont la consommation aurait prétendument rendu les chasseurs inuits incapables[31].

Longtemps avant la disparition des hardes de bisons — en fait, on remonte aux tout premiers jours de la traite des fourrures —, des Amérindiens, installés surtout dans la forêt-parc, se sont convertis avec succès à l'agriculture. Les géographes D. Wayne Moodie et Barry Kaye soutiennent que, moins d'un siècle après l'établissement du commerce des fourrures, la petite agriculture amérindienne s'est étendue à 320 kilomètres au nord; on cultive maintenant les «trois soeurs» (maïs, haricots et courge) jusqu'à leur limite septentrionale, soit 49° 10' de latitude N; il s'agit là d'une réponse aux besoins des postes en matière de ravitaillement[32].

De vieilles hostilités tombent en désuétude au fur que les Pieds-Noirs, les Cris de Plaines et les Sioux se consultent sur les mesures à prendre pour établir des règlements sur la chasse. En 1880, Gros Ours et Petit Pin partent en direction sud, vers les derniers habitats du bison situés aux abords des rivières Milk et Missouri, où ils rencontrent Riel. Le leader métis contribue largement à persuader les Amérindiens du Montana — Assiniboines du Sud, Pieds-Noirs, Corbeaux, Gros-Ventres — d'autoriser leurs congénères du nord à chasser dans leurs réserves; l'alliance dure peu, les Amérindiens du Canada ne résistant pas à la tentation de piller les chevaux de leurs hôtes, qui restent toujours leurs ennemis traditionnels. Le gouvernement américain perd patience et lance en 1882 des expéditions militaires destinées à confisquer les chevaux et le matériel des Amérindiens du Canada et à les refouler au nord de la frontière. Dès lors, le passage de la frontière sera limité.

Revenus au Canada, Gros Ours et d'autres chefs cris des plaines examinent un projet visant à choisir des réserves contiguës, qui aboutirait à la création d'un territoire amérindien de facto. L'opération passe près de réussir, les réserves qu'ils choisissent couvrant la majorité de ce qui constitue aujourd'hui la partie méridionale de l'Alberta et de la Saskatchewan, de Gleichen à Swift Current, en allant au sud jusqu'à la frontière internationale. Constatant tout à coup ce qui arrive, Ottawa prend des mesures pour empêcher la manoeuvre, même si cela signifie à la fois violer des clauses de traité portant sur le libre choix de l'emplacement d'une réserve et déraciner des agriculteurs indiens déjà établis[33]. Nous avons déjà mentionné que, lorsque Gros Ours a finalement été contraint de choisir une réserve en 1882, les autorités s'étaient assurées qu'elle serait située dans une région isolée. Gros Ours n'a pas abandonné la partie si facilement; lui et d'autres chefs continuent d'essayer d'obtenir des réserves situées le plus près les unes des autres dans la région de Battleford. Fort curieusement, c'est l'archevêque anglican de la Saskatchewan qui, plus tard, en 1907, soutiendra un raisonnement favorable à la concentration des réserves amérindiennes plutôt qu'à leur dispersion. Soucieux d'efficacité administrative, il s'intéresse alors à des questions comme la mise d'écoles et de professeurs d'agriculture à la disposition des Amérindiens[34].

Depuis 1880, Ottawa applique la politique suivante: du travail contre des rations, sauf pour les orphelins, les malades et les vieillards. La clause sur la famine, dans le traité n° 6, est interprétée de façon très restreinte: seule une famine «générale» garantit des rations gratuites. Les allocations individuelles journalières sont de 13 1/2 onces (383 g) de farine, 3 1/2 onces (99 g) de bacon, 6 onces (170 g) de boeuf, des quantités dont Lawrence Vankoughnet, surintendant général adjoint aux Affaires indiennes de 1874 à 1893, et des agents comme Hayter Reed, son successeur jusqu'en 1897, ordonnent la réduction. Jamais dans ses rapports Reed ne mentionne que des Amérindiens souffrent de la faim, peut-être parce qu'il ne voit là qu'une conséquence de la paresse et de la turpitude morale. Reed est véritablement un homme de l'époque victorienne.

Parce que des disettes sans cesse croissantes conduisent toujours à des gestes désespérés, les Amérindiens se mettent occasionnellement à tuer le bétail qui doit servir au démarrage dans leur nouvelle vie d'agriculteurs et d'éleveurs. Même les agents gouvernementaux se rendent compte qu'enlever leurs rations aux contrevenants ne résoudra pas le problème. Alors on les met à l'amende. En 1883, trois chefs cris, Sehkosowayanew (Ermineskin), son frère Keskayiwew (Bobtail) et Samson (héritier du manteau de Maskepetoon), écrivent à sir John A. Macdonald qui, en plus d'être premier ministre, détient le portefeuille de l'Intérieur et agit conséquemment comme surintendant général:

> Si aucune attention n'est portée à notre situation actuelle, nous en conclurons que le traité signé avec nous il y a six ans était une formalité dénuée de sens et que l'homme blanc nous a condamnés à l'anéantissement petit à petit. Mais la devise des Indiens est: «Si nous devons périr par la violence, faisons-le vite[35]».

Même quelqu'un comme Poundmaker, qui avait commencé par collaborer, montre du mécontentement et consulte Gros Ours qui, pour sa part, estime que ce serait une bonne idée de se rendre à Ottawa pour constater s'il s'y trouve vraiment un responsable des Affaires indiennes et, si oui, pour traiter directement avec lui. Malgré sa réputation de fauteur de troubles auprès des Blancs, son passé laisse croire que Gros Ours est opposé à la violence et qu'il est même intervenu à l'occasion. Au demeurant, il reconnaît que la négociation est la voie à suivre pour élaborer des mesures constructives. Il faut cependant avant tout que les Amérindiens se rassemblent et se mettent d'accord entre eux.

Gros Ours prépare en 1884 une danse de la soif qui sera exécutée dans la réserve de Poundmaker; plus de 2 000 Amérindiens y participent, ce qui en fait le plus gros effort commun organisé par les Cris. Malgré leurs efforts effrénés (elles étaient parvenues à empêcher des manifestations semblables précédentes), les autorités n'arrivent pas à disperser les Amérindiens. Gros Ours vise un but précis; il veut amener les siens à choisir un représentant unique qui, durant quatre ans, parlerait au nom de tous; il souhaite aussi voir les Cris s'unir pour obtenir une seule grande réserve dans la partie nord de la Saskatchewan. À Ottawa, soutient-il, on a unilatéralement apporté au traité n° 6 des changements à ce qui avait été convenu pendant les négociations: «La moitié des choses agréables ont été enlevées, et beaucoup de choses amères laissées en place.» Un nouveau traité est nécessaire, tout comme un nouveau concept pour la création des réserves.

Pendant que Gros Ours consacre son énergie à l'unification des Amérindiens, le lieutenant-gouverneur des Territoires-du-Nord-Ouest (de 1881 à 1888) Edward Dewdney travaille à leur division. Pour y arriver, il fait varier les quantités de rations distribuées, la nourriture lui servant d'instrument pour maintenir le calme dans la population lorsque la situation menace de ne plus être maîtrisable. En 1884, il invite Pied de Corbeau à visiter Regina et Winnipeg, où le chef pied-noir a droit à une réception royale et où, à la vue de la dimension des établissements, il acquiert encore plus profondément la conviction que toute violence est futile. Dewdney obtient aussi l'ajout à la *Loi sur les Indiens* d'un amendement prévoyant l'arrestation de tout Amérindien trouvé sur le territoire d'une réserve qui n'est pas la sienne sans l'approbation des autorités; il est déterminé à prévenir à tout jamais la convocation d'une grande assemblée par Gros Ours ou un autre chef. La crainte d'une nouvelle guerre amérindienne permet d'oublier qu'on viole alors la loi, sans parler des droits humains fondamentaux. La police voit les choses avec simplicité: «Le gouvernement ne permettra pas que des groupes d'hommes en armes, qu'il s'agisse d'Indiens ou de Blancs, parcourent le pays en tous sens[36].»

Malgré les confrontations de plus en plus fréquentes, les actes de violence sont remarquablement peu nombreux. Comme quelques observateurs l'ont fait remarquer, les Amérindiens placés dans une situation de famine ont réagi avec beaucoup plus de retenue que ne l'auraient fait des Blancs dans des circonstances semblables; l'historien R.C. Macleod a souligné la rareté des occasions où des Amérindiens affamés ont pu tuer du bétail appartenant à des colons[37]. À l'époque, personne ne se rend compte de cela, et la capitale reste d'avis qu'elle n'est pas réellement responsable de la situation dans l'Ouest, tout à fait à l'opposé du point de vue amérindien qui veut que les casseurs soient les payeurs.

## CHAPITRE XXI

# ÉPOQUE DE TROUBLES, ÉPOQUE DE RÉPRESSION

Le premier mouvement de résistance métisse, en 1869-1870, survient à l'occasion du départ de la Compagnie de la baie d'Hudson en tant qu'administratrice du Nord-Ouest et du transfert de ses territoires sous l'autorité du Canada. Le second mouvement, un soulèvement cette fois, se produit alors que le bison disparaît en tant que source d'approvisionnement alimentaire et coïncide avec l'achèvement de la ligne de chemin de fer du Canadien Pacifique), qui apportera un nombre plus grand que jamais de colons. (Le premier message télégraphique entre Toronto et Hamilton a été expédié en 1846; il y a des lignes téléphoniques dans l'Ouest dès 1885.)

- En 1869-1870, la CBH ne possède aucune troupe militaire ou policière valide pour faire appliquer ses décisions. En 1885, la Police à cheval du Nord-Ouest compte d'importants effectifs dans les plaines du Nord-Ouest.
- En 1869-1870, les troupes de Wolseley n'arrivent sur les lieux qu'après l'adoption de la *Loi de 1870 sur le Manitoba*; en 1885, les troupes sont à Qu'Appelle une semaine seulement après la mise sur pied du gouvernement provisoire de Riel.
- En 1869-1870, Riel et l'Église catholique travaillent en étroite collaboration; en 1885, ils sont séparés, surtout après la proposition de Riel d'une réforme de l'Église et de la nomination d'Ignace Bourget, évêque de Montréal de 1840 à 1876, comme «Pape du monde».
- En 1869-1870, les Métis détiennent la balance du pouvoir à la Rivière-Rouge et forment la véritable force armée de l'établissement; en 1885, le nombre des colons blancs surpasse de loin le leur.

Deux années consécutives de mauvaises récoltes (du gel en 1883 et des pluies trop abondantes pendant les récoltes en 1884) font que l'hiver de 1884-1885 est difficile à passer. Dans la capitale, on semble ne plus trop savoir où on s'en va, et on désarme la milice des Territoires-du-Nord-Ouest; en 1884, le ministre des Travaux publics (de 1879 à 1891) Hector-Louis Langevin, en tournée dans l'Ouest, annule une visite prévue à Prince Albert sans en aviser les habitants. Gros Ours est absorbé par ses propres difficultés, lui dont les chefs de guerre gagnent de l'influence à ses dépens; son fils Ayimisis (Imasees, Little Bad Man) est du nombre, tout comme Kapapamahchakwew («Esprit Errant»; vers 1845-1885). Ils prônent la violence en tant qu'unique moyen de recouvrer leur indépendance[1]. Gros Ours, qui reconnaît la futilité d'une telle ligne de conduite, était tellement pris par la promotion du panamérindianisme qu'il avait perdu le contact avec sa propre bande. L'instabilité de la situation est si manifeste qu'Ottawa amende en 1884 la *Loi sur les Indiens* afin d'interdire toute vente ou don de «munitions en étui» ou de «cartouches à balle» aux Indiens du Manitoba et des Territoires-du-Nord-Ouest[2]. On a ou bien laissé passer ou bien refusé de reconnaître cette nouvelle violation des traités.

## *L'affrontement*

Toute cette agitation et les incertitudes qui entourent en 1884 le retour généralement bien accueilli de Riel ne provoquent aucun appel à la violence. Le leader métis lui-même répète inlassablement que ses intentions sont pacifiques, même s'il maintient que les Territoires-du-Nord-Ouest devraient former une province autonome et que les Indiens méritent un meilleur traitement. Il déclare par ailleurs que les colons blancs payent leurs terres beaucoup trop cher. Les Métis souhaitent la nomination de Riel au Conseil des Territoires du Nord-Ouest, en remplacement de Pascal Breland qui, pensent-ils, ne représente pas efficacement leurs intérêts. Pour leur part, les colons sont hésitants, tracassés notamment par les relations qu'entretient Riel avec les Amérindiens; Gros Ours ne s'est pas joint à lui, mais le chef cri a affirmé à Riel la confiance qu'il a de voir le leader métis ne pas oublier les Indiens dans son combat pour les droits des Métis. Vankough-net, qui entretient de forts soupçons à l'égard de Gros Ours, ordonne la réduction des rations de sa bande.

La famine frappe de plus en plus durement la population, au point que même des chefs collaborateurs tels que Mistawasis (Big Child) et Starblanket s'en plaignent[3]. Il n'y a pas que les rations qui soient contestées, il y a aussi la valeur des agents et des professeurs d'agriculture qu'envoie Ottawa. Malgré certaines exceptions, en règle générale ces hommes connaissent peu ou pas les Amérindiens et éprouvent peu, et parfois aucune sympathie envers eux; ils tentent le plus souvent d'appliquer des règlements selon les règles, sans tenir compte des situations particulières[4]. Par sa politique, Ottawa vise la transformation des Amérindiens en

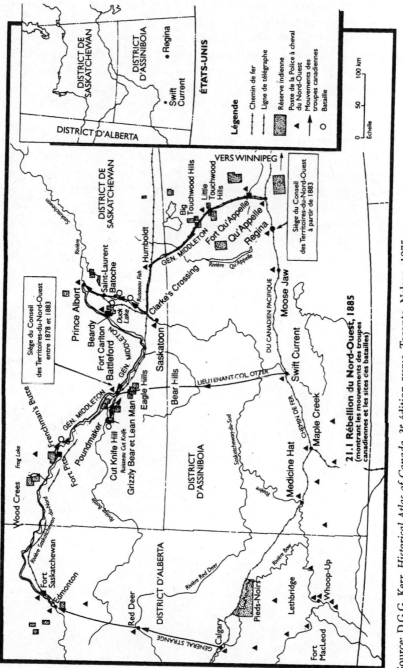

**21.1 Rébellion du Nord-Ouest, 1885**
(montrant les mouvements des troupes
canadiennes et les sites des batailles)

Source: D.G.G. Kerr, *Historical Atlas of Canada*, 3e édition revue, Toronto, Nelson, 1975.

petits agriculteurs; pourtant, même cet objectif est tellement noyé dans le dédale des règlements que les chances de l'atteindre sont faibles.

Les gens de l'Ouest, ainsi que Riel le souligne dans la pétition qu'il adresse à Ottawa le 16 décembre 1884, ont parfaitement le droit d'être traités avec toute la dignité conférée aux sujets britanniques, ce qui n'est pas le cas. La liste de ses griefs inclut tout autant ceux des Métis que des Amérindiens et des Blancs. Cette fois-ci, Ottawa accuse réception de la pétition; les Métis sont tellement transportés de joie que, le premier de l'an 1885, ils honorent Riel à l'occasion d'un banquet au cours duquel ils lui offrent une maison, de l'argent et prononcent une lumineuse allocution pour le remercier de ses efforts en leur faveur.

Leur optimisme est prématuré, le gouvernement se montrant à l'époque tout au plus prêt à créer une commission qui dresserait la liste des Métis qui habitaient dans le Nord-Ouest en 1870 et celle de leurs revendications; à l'origine, cet organisme n'a pas le pouvoir d'agir en leur faveur. Constatant que c'est à la fois trop peu et trop tard, Dewdney modifie la teneur du message avant de le transmettre aux Métis. Le stratagème échoue; et le 8 février, Riel réplique: «Dans quarante jours, ils auront ma réponse.» La signification religieuse profonde de cette réponse est évidente; les rapports entre Riel et le père Alexis André sont déjà tendus, et Riel commence à se percevoir comme un prophète. Conscient du caractère anormal de sa position en tant que citoyen américain, il propose de retourner aux États-Unis et de laisser les Métis se débrouiller avec leurs problèmes. Ces derniers refusent de le laisser partir et, à l'occasion d'une réunion secrète, ils conviennent de prendre au besoin les armes «pour sauver le pays».

Le 8 mars, Riel annonce son intention de former un gouvernement provisoire. Il présente aussi une charte des droits en 10 points, en vertu de laquelle il affirme que: les Métis des Territoires-du-Nord-Ouest devraient détenir les mêmes droits à des concessions foncières que ceux du Manitoba; on devrait émettre à leur endroit des certificats de concessions de terrains; et les districts d'Alberta et de Saskatchewan devraient être érigés en provinces, avec des corps législatifs élus suivant une représentation proportionnelle à la population «pour que les gens ne soient désormais plus soumis au despotisme de M. Dewdney[5]». Il réclame en surplus de meilleures conditions pour les Amérindiens et le respect des «coutumes et usages légitimes» des Métis. Deux jours plus tard, les Métis commencent une neuvaine; Riel a alors rompu ses liens avec le père André. La neuvaine et les «quarante jours» de Riel prennent fin simultanément le 18 mars. Les Métis s'emparent de l'agent des Affaires indiennes et d'autres fonctionnaires, puis occupent l'église de Saint-Antoine-de-Padoue, à Batoche. Ils sectionnent les lignes du télégraphe entre Regina et Prince Albert, mais laissent intactes celles reliant Regina et Battleford (Battleford avait été la capitale des Territoires-du-Nord-Ouest de 1877 à 1883, avant d'être remplacée par Regina). Le lendemain, jour de la fête de saint Joseph, patron des Métis, Riel proclame le gouvernement provisoire et ses partisans prennent les armes.

Kapeyakwaskonam («Une Flèche», One Arrow; vers 1815-1886), chef des Cris des Saules dont la réserve est la plus proche des Métis de la Saskatchewan-du-Sud, abat tout le bétail de la réserve et rejoint les Métis. Il prétendra par la suite avoir été menacé par Dumont et contraint d'agir de cette manière. Le 21 mars, agissant comme il l'avait fait en 1869-1870, Riel somme la population du fort Carlton de se rendre. Cinq jours plus tard, soit le 26, le surintendant Leif Crozier tente une sortie avec 100 volontaires et policiers à cheval, dans le but de s'emparer d'un point stratégique de ravitaillement. Il affronte les Métis à un endroit choisi par ces derniers; ceux-ci, en moins de 15 minutes, tuent 12 des hommes de Crozier et en blessent 11 autres, lui infligeant près de 25 pour cent de pertes. D'autre part, 5 Métis et 1 Indien seulement sont tués (on prétendra plus tard que l'Indien s'était trouvé là par erreur). Crucifix à la main, Riel arrête la poursuite des policiers en déroute, empêchant que le massacre n'empire. Pendant que la colonne en fuite se trouve sur le chemin du retour, 100 hommes arrivent en renfort. C'est sous leur protection que la population du fort est évacuée à Prince Albert; grâce à la retenue de Riel, aucun autre combat n'est engagé à ce moment-là.

Presque immédiatement après ces événements, les bandes de Poundmaker et de Petit Pin, quittant leurs réserves, partent pour Battleford, centre de distribution des fournitures. Sur leur passage, des colons prennent peur et se réfugient dans le fort; deux d'entre eux sont tués par des Stonies (Assiniboines). Durant les deux derniers jours de mars, les Cris pillent les maisons abandonnées et les magasins. Petit Pin meurt peu de temps après[6].

Les chefs de guerre de Gros Ours prennent les choses en main et, le 2 avril, pillent les magasins de la CBH situés au lac La Grenouille (lac Frog). Lors de l'incident, on enregistre neuf pertes de vie, dont celles de l'agent, de deux prêtres et de colons. Gros Ours arrive à temps pour arrêter le carnage et sauver la vie du représentant de la CBH, de même que celles des femmes et des enfants[7]. La plupart des colons sont en mesure de s'enfuir au fort Pitt, défendu par une garnison de la Police à cheval du Nord-Ouest; malgré cela, après avoir tenu conseil, ils décident de se livrer à Gros Ours. Ce dernier autorise la garnison, placée sous le commandement de l'inspecteur Francis Jeffrey Dickens (1844-1886; fils du romancier Charles Dickens), à quitter les lieux sans encombre, avant de s'emparer du fort le 15 avril.

L'appel aux armes déclenché par ces événements provoque une réaction immédiate dans l'ensemble du Canada. Comme la construction du chemin de fer du Canadien Pacifique n'est pas finie, transporter des troupes et du ravitaillement signifie qu'il faut les charger et les décharger à 16 reprises avant d'atteindre Regina. Cela n'empêche pourtant pas le départ, le 6 avril, du commandant de la milice canadienne Frederick Dobson Middleton (1825-1898) et de ses hommes, en direction nord, à destination de Batoche. Ils quittent le fort Qu'Appelle avec des pièces de campagne et deux canons Gatling (armes mises au point pendant la guerre civile américaine). Parti de Swift Current le 13 avril, le colonel William Dillon Otter (1843-1929) se dirige vers Battleford, tandis que le major-général Thomas

Bland Strange (1831-1925) quitte Calgary pour Edmonton, où il arrive le 1er mai. Chargé d'hommes en armes, le vapeur à aubes *Northcote*, remonte la rivière Saskatchewan dans l'intention de venir appuyer les troupes terrestres. Sa carrière de navire de guerre prend brusquement fin quand un câble de bac tendu de part et d'autre de la rivière par les Métis lui arrache ses cheminées et ses mâts. Il va sans dire que l'équipage du navire n'apprécie guère de servir de cible pour les tireurs d'élite métis.

Le 24 avril, Middleton tombe dans une embuscade préparée par Dumont à la Coulée des Tourond (Fish Creek), soit à la limite sud du territoire que les Métis de la Saskatchewan-du-Sud considéraient comme leur appartenant; le major général s'en tire pourtant, parce que les Métis tirent trop vite sur ses éclaireurs. Sur le front ouest, au matin du 2 mai, le colonel Otter surprend le camp endormi de Poundmaker au mont Cut Knife; à l'issue de l'attaque, Poundmaker refuse de laisser ses hommes poursuivre Otter et ce dernier n'est pas mis en déroute. La semaine suivante, entre le 9 et le 12 mai, Middleton et ses 850 hommes affrontent les 350 Métis retranchés à Batoche. Ces derniers manquent de munitions au bout de trois jours. Il s'agit de la seule véritable défaite subie par les Métis au cours de la rébellion, mais elle s'avère décisive. Quand les forces armées canadiennes brûlent et pillent les lieux après le combat, les membres du clergé — parmi lesquels se trouve l'adversaire de Riel, le père André — élèvent des protestations indignées[8].

Riel se rend aux autorités le 15 mai, et Poundmaker le 26. Le 28, l'arrêt, par Strange, d'une danse de la soif exécutée par les hommes de la bande de Gros Ours provoque une petite escarmouche près de la Butte-aux-Français. Les guerriers s'étant retranchés rapidement, l'issue des deux jours d'engagement reste peu concluante. Les militaires se déploient ensuite en tous sens à la poursuite de Gros Ours. Le 2 juillet, le chef, accompagné de son fils cadet Horse Child, pénètre dans le fort Carlton où il se livre à une sentinelle qui en reste toute saisie. Bilan de la rébellion: 53 morts et 118 blessés chez les Blancs; environ 35 Indiens et Métis tués.

## Les conséquences immédiates du soulèvement

Avant que cessent ces désordres, les habitants de Wolseley, au Manitoba, soumettent une proposition à Ottawa:

> Il est maintenant temps pour le gouvernement d'agir avec résolution, et [il faut] que son premier geste soit d'ordonner la pendaison de Riel à l'arbre le plus proche dès sa capture; mais, s'il doit y avoir un retard, qu'il soit tout juste assez long pour s'emparer de Dewdney et pour les pendre ensemble[9].

La colère du gouvernement n'est pourtant pas tant tournée vers ses propres représentants que vers ceux qui ont protesté contre le traitement qu'ils ont reçu. Le gouvernement inculpe ou considère l'inculpation de 202 personnes, dans la plupart des cas sous une accusation de complot contre la sûreté d'un empire qui avait entraîné les Amérindiens et les Métis dans son orbite sans leur demander leur avis ni, comme dans le cas des Amérindiens, leur accorder la citoyenneté.

On compte, au nombre des 129 personnes emprisonnées:

- 46 Métis, dont 19 seront reconnus coupables, 1 sera pendu et 7 auront droit à une remise en liberté conditionnelle; les autres seront soit remis en liberté sans condition, soit relaxés sans jugement;
- 81 Amérindiens, dont 44 seront reconnus coupables et 8 subiront la pendaison pour meurtre; aucun n'aura droit à la moindre négociation de plaidoyer;
- 2 Blancs, accusés de complot contre la sûreté de l'État; les deux seront acquittés, l'un d'entre eux pour cause de folie[10].

Parmi les 19 Métis reconnus coupables se trouve Riel. Il doit répondre d'une accusation de haute trahison en vertu de la loi sur les hautes trahisons (datant de 1352) d'Édouard III; condamné, il est pendu le 16 novembre 1885[11]. Riel, qui était devenu citoyen des États-Unis pendant son séjour dans ce pays, était accusé en fonction d'une doctrine britannique voulant qu'un individu sujet britannique de naissance ne peut perdre ce statut même s'il obtient par la suite sa naturalisation dans un autre pays[12]. Sa pendaison donne lieu, le 22 novembre, sur le Champ-de-Mars, en face de l'hôtel de ville de Montréal, à un grand rassemblement, le plus grand que le Canada ait jamais connu jusqu'alors. La plupart des autres prisonniers métis sont reconnus coupables de l'accusation réduite de complot contre la sûreté de l'État; 11 d'entre eux sont condamnés à 7 ans de pénitentier, 3 à 3 ans et 4 autres à 1 an chacun.

Si la majorité des Amérindiens (tous des Cris, sauf deux Stonies) sont accusés de complot contre la sûreté de l'État, quelques-uns sont jugés pour meurtre ainsi que pour d'autres crimes. La situation juridique de l'époque fait en sorte qu'une personne accusée d'une infraction criminelle n'est pas autorisée à témoigner en son propre nom; une simple «déclaration du banc des accusés» est permise, mais elle n'a pas autant de valeur qu'un témoignage. Parmi les 11 Indiens condamnés à la pendaison, 3 voient leur sentence commuée en emprisonnement à perpétuité; les 8 autres sont pendus ensemble à Battleford le 17 novembre, donnant lieu à l'un des deux plus grands événements de ce genre dans l'histoire du Canada[13]. Les sentences d'emprisonnement atteignent un maximum de 20 ans pour un homicide involontaire et de 14 ans pour un incendie criminel.

L'emprisonnement équivaut virtuellement à une condamnation à mort: les trois principaux chefs condamnés chacun à trois ans, soit Gros Ours, Poundmaker et Une Flèche, doivent être remis en liberté avant la fin de leur sentence et meurent moins d'un an plus tard. Gros Ours plaide en faveur d'une amnistie pour les membres de sa bande, dont plusieurs se cachent dans les bois; selon lui, si le gouvernement ne les aide pas avant la venue de l'hiver, ils mourront tous de privations. (Certains partisans de Gros Ours se rendent au lac d'Oignon, où ils sont nourris aux frais du gouvernement jusqu'à leur installation dans une nouvelle réserve en 1887.) Après un an et demi de prison, la santé de Gros Ours est si mauvaise qu'il est libéré; il meurt quelques mois après, abandonné même par la plupart des membres de sa famille.

Pour sa part, Poundmaker proteste en cour:

> Les mauvaises paroles qu'ils ont dites à mon sujet ici ne sont pas vraies. J'ai travaillé seulement pour essayer de sauvegarder la paix. Ce printemps, quand mes Indiens, les sang-mêlé et les Blancs ont combattu, j'ai empêché d'autres tueries. Dès que j'ai eu connaissance de ce qui s'était produit à Batoche, j'ai amené les miens et les ai conduits chez l'homme blanc et je me suis rendu. Si n'avais pas fait cela, il y aurait eu encore de nombreux massacres. C'est pour cela que je suis ici. [...] Je ne m'excuserai pas d'avoir sauvegardé la vie de tant de gens même si je dois souffrir pour cela maintenant[14].

L'intercession de son père adoptif, Pied de Corbeau, permet d'épargner au prisonnier Poundmaker une dernière indignité: ses cheveux ne sont pas coupés. Une Flèche avait commencé par s'opposer au traité n° 6, avant de le signer cinq jours après la principale séance de signature. Ainsi que nous l'avons déjà mentionné, sa bande s'était jointe à Riel le jour même du déclenchement des hostilités; toutefois, puisqu'il avait à ce moment-là 70 ans, il était fortement improbable qu'il eût participé activement au combat. À l'instar du procès des deux autres chefs, le sien frise le simulacre de justice: Une Flèche ne parle pas l'anglais, langue dans laquelle se déroulent le majeure partie des débats, et presque rien n'est traduit pour lui. Nul n'écoute sa défense, suivant laquelle il n'a tiré sur personne et n'avait aucunement l'intention de ce faire. Il est condamné à trois ans de prison. Lorsqu'il est relaxé, après 7 mois, il est incapable de marcher et meurt peu après. On estime que sa réserve est celle qui a connu le moins de progrès parmi celles du traité n° 6.

## Épilogue du conflit

Les Métis de la Saskatchewan-du-Sud, surtout ceux de Saint-Laurent, combattent pour se faire admettre en tant que colonie ayant un statut particulier qui reconnaîtrait leur droit d'Autochtones tout autant que leur mode de vie propre, une sorte de mélange de coutumes amérindiennes et européennes. Bien qu'il partagent divers sujets de plainte avec les Amérindiens et les Blancs, ils estiment constituer un groupe distinct. D'ailleurs, hormis un petit nombre d'exceptions, ni les Métis ni les Cris ne croient combattre les uns pour les autres; chaque groupe le fait pour ses propres intérêts, même s'il sympathise avec l'autre. Ils possèdent un ennemi commun, une bureaucratie lointaine et bornée. Une des ironies de ce conflit, c'est qu'il a détruit le travail effectué pendant toute une décennie par Gros Ours et d'autres chefs pour que les leurs deviennent autonomes et se gouvernent eux-mêmes. Ni le ministère des Affaires indiennes ni l'administration fédérale en général ne se sont aperçus qu'ils avaient la moindre responsabilité dans la «flambée» qui s'est produite dans les prairies. Le meilleur résumé qu'on puisse faire au sujet de l'attitude d'Ottawa serait de souligner que l'hostilité des gens au pouvoir à l'égard de ceux qu'ils estiment inférieurs — parce que ce sont les «autres», les étrangers — est traditionnellement restée constante. Dans le climat de l'époque (1885), l'idée d'un accommodement avec les «sauvages» est inimaginable, du moins au royaume de la politique appliquée. Dans le bouillonnement de la création des États-nations et de leur prolongement en empires, l'unité et la conformité deviennent les idéaux sociaux et politiques. Qu'importe l'appréciation des qualités des Amérindiens qui s'est faite dans les milieux philosophiques ou artistiques, dans l'arène politique, on s'attendait à ce qu'ils se conforment aux mœurs les plus répandues, à l'exemple de l'autorité dominante. Personne ne prend au sérieux, si tant est que cela soit imaginable, l'idée d'une mosaïque culturelle à l'intérieur des frontières d'un État-nation unique. L'idée fera son chemin plus tard mais, même alors, elle ne tiendra au début que fort peu compte des Autochtones du Canada. Pour les Métis, ces attitudes viennent réduire, et même rendent impossible le rôle dans lequel ils auraient pu exceller, celui de médiateurs entre les Amérindiens et les Blancs. Dufferin est l'une des rares personnes à apprécier ce facteur: il attribue la rareté relative des guerres frontalières à l'influence des Métis, sans lesquels «il [aurait] été impossible d'établir» des rapports en règle générale pacifiques[15].

La controverse sur la personnalité de Riel et, plus que tout, celle entourant les rôles joués par le gouvernement et les Métis pendant l'affrontement n'ont pas perdu beaucoup de leur intensité. Qualifiée de révolutionnaire à l'époque, la charte des droits de Riel apparaît aujourd'hui modérée; son auteur y demandait un traitement plus généreux pour les Amérindiens et les colons blancs ainsi que pour les Métis. Quant à la question de savoir si le gouvernement a provoqué le soulèvement afin de résoudre les problèmes occasionnés par la construction du chemin de fer transcontinental, elle provoque encore un débat passionné. Le politologue Thomas Flanagan maintient que «les Métis étaient au moins partiellement responsables des injustices [qu'ils ont subies]; que les solutions étaient à la portée du gouvernement quand la Rébellion a éclaté[16]». L'historien Doug Sprague défend la thèse de la conspiration; pour lui, le soulèvement «n'était pas le résultat de quelque tragique incompréhension, mais de la manipulation des Métis manitobains par le gouvernement à partir de 1869», pour des motifs d'opportunisme politique[17]. La question reste encore pendante. Ce qui ne fait du reste aucun doute, ainsi que l'a fait observer l'historien John E. Foster, c'est que la défaite de Batoche a réduit au silence, pendant un demi-siècle, le combat des Métis pour leur reconnaissance en tant que société[18], et qu'il a fallu un siècle avant qu'il reprenne un élan à peu près semblable à celui qu'il connaissait du temps de Riel.

Les Territoires-du-Nord-Ouest obtiennent une représentation à la Chambre des communes; Assiniboia a droit à deux députés, et les futures provinces de Saskatchewan et d'Alberta à un chacun. En 1887, les Territoires comptent deux représentants au Sénat. D'autre part, on facilite le processus de transfert des propriétés, et l'enregistrement des actes est simplifié.

## Les conséquences de la rébellion pour les Cris

Privés de leurs meneurs — Gros Ours et Poundmaker sont emprisonnés et Petit Pin est mort —, les Cris s'aperçoivent maintenant que même les chefs qui restent sont en butte aux attaques du gouvernement canadien qui souhaite voir la destitution de tous ceux ne lui ayant pas accordé un appui indéfectible. Les autres pourront conserver leur poste, mais personne ne leur succédera après leur mort. Ultimement, on vise la destruction de toutes les formes tribales de gouvernement et l'atomisation des collectivités amérindiennes. Le nombre des agents des Affaires indiennes est considérablement augmenté et les effectifs de la Police à cheval du Nord-Ouest renforcés. En se durcissant, les attitudes respectives jettent un froid sur les rapports autrefois amicaux qu'entretenaient la police et les Amérindiens.

Les chevaux, les fusils et les charrettes des Cris sont saisis, et ceux qui ont pris part au soulèvement voient leurs rentes suspendues pour une durée de cinq ans[19]. En invoquant un raisonnement suivant lequel ceux qui se sont rebellés ont violé les droits de leurs traités et les ont par conséquent perdus, on instaure un système de laissez-passer destiné à retenir les Amérindiens dans leurs réserves[20]. La Police à cheval du Nord-Ouest rapportera dix ans plus tard que les Amérindiens «trouvés errant sans but dans la prairie ont été incités à retourner dans leurs réserves respectives[21]». On décourage leur présence dans les villes en vertu des dispositions sur le vagabondage contenues dans le Code criminel. Bien qu'il reconnaisse l'impossibilité d'une mise en vigueur légale du système des laissez-passer, Macdonald en permet l'application au moyen de menaces de privation de rations «et d'autres privilèges semblables». Le sentiment anti-Indien, ressenti chez les vachers qui craignent pour leur bétail (les riches éleveurs forment alors un puissant groupe de pression à Ottawa), et qui confine à l'hystérie parmi les colons, contribue aux répressions. En 1906, on étend à tous les types de danses amérindiennes l'interdiction qui frappait déjà certaines pratiques liées à la danse du soleil. Une telle prohibition se révèle aussi difficile à mettre en vigueur que celle qui frappe les potlatchs: les danses continuent donc dans la clandestinité. Les restrictions sur les déplacements et les coutumes des Amérindiens sont maintenues plusieurs années après le début du XXe siècle — une situation qui n'est pas exclusive aux Prairies, même si elles sont le principal théâtre de ces activités. À Dawson, au Yukon, on impose un couvre-feu aux Indiens, et, en 1923, un système de laissez-passer est mis en place à l'intention de ceux qui souhaitent circuler dans la ville. Bien qu'on en ait reconnu l'illégalité, ces mesures sont justifiées par la nécessité de protéger les Autochtones contre les influences néfastes de l'homme blanc[22]. Pendant la dizaine d'années qui suivent 1885, cette répression croissante est acceptée sans violence. Et les rares éruptions sont le fait d'individus: de 1895 à 1897, l'Indien gens-du-sang Cendres noires de bois (Si'k-okskitsis, Charcoal; 1856-1897) et le Cri Almighty Voice (Kitchi-manito-waya, Kakee-manitou-waya, «Voice of the Great Spirit»; petit-fils d'Une Flèche; 1874-1897), à eux deux, tuent cinq policiers. Ces morts sont la conséquence de la décision prise par la police de les traquer et les capturer en les poursuivant séparément[23].

En 1896, un groupe de Sarsis brave les forces policières désireuses de les voir quitter Calgary. D'ailleurs, les autorités policières étaient de plus en plus mal à l'aise face à ce travail de restriction des déplacements amérindiens; dès 1893, un commissaire de police a émis une circulaire pour mettre les policiers en garde contre le renvoi des Amérindiens dans leurs réserves sans motif légal. Ensuite, à mesure que la collaboration de la police s'est faite plus distante, les laissez-passer ont été davantage employés comme instrument de surveillance; ce qui n'a pas empêché certains agents des Affaires indiennes de les maintenir en vigueur jusqu'au milieu des années 1930. L'historien F. Laurie Barron a décrit ce système comme une forme de tyrannie administrative sélective[24].

## Les conséquences de la rébellion pour les Métis

Par peur, nombre de Métis changent leur nom. D'autres s'enfuient aux États-Unis, surtout au Montana, où ils prennent généralement l'appellation de «Cris du Canada»; quelques-uns sont admis dans des réserves. D'autres encore partent vers le nord, en particulier dans la région du Mackenzie.

Ces deux importantes dispersions — à partir de la Rivière-Rouge en 1870, puis de la Saskatchewan-du-Sud en 1885 — ne doivent pas faire oublier le fait que les Métis sont déjà dispersés depuis longtemps partout dans le Nord-Ouest. Si la majorité d'entre eux sont établis dans leurs propres communautés, plusieurs se sont assimilés aux Blancs, et d'autres aux Amérindiens. Certains ont connu la réussite: un exemple remarquable est celui de James McKay (1828-1879), qui a fait sa richesse comme trafiquant de fourrures et homme politique. À ce dernier titre, il a été membre du premier conseil nommé par le lieutenant-gouverneur du Manitoba, puis ministre provincial de l'Agriculture en 1874-1875. Parmi les autres éminents Canadiens d'ascendance métisse, notons: Louis-François Laflèche, évêque de Trois-Rivières (coadjuteur de 1867 à 1870; évêque titulaire de 1870 à 1898); sir Edward Clouston, un des premiers vice-présidents de la Banque de Montréal au tournant du siècle; le docteur S.F. Tolmie, premier ministre de la Colombie-Britannique de 1928 à 1933; le docteur Norman Bethune (1890-1939), médecin montréalais devenu un héros de la révolution maoïste chinoise; Maurice Duplessis, premier ministre du Québec de 1936 à 1939, puis de 1944 à 1959; et Peter Lougheed, premier ministre de l'Alberta de 1971 à 1985[25].

La propriété des terres demeure une question plus qu'épineuse. On ne traite pas les demandes de concessions des Métis par la négociation, comme c'est le cas pour les Amérindiens; le gouvernement agit plutôt unilatéralement et par décrets. Il est communément admis que, là où les Amérindiens ont obtenu un statut particulier grâce à des traités qui éteignaient leurs droits d'Autochtones, les Métis n'ont retiré aucun avantage à long terme quant au règlement de leurs revendications. Sur un total de 566 560 hectares de terres manitobaines mises de côté pour les Métis, seulement 242 811 hectares leur ont été distribués en 1882[26]. Le certificat de concession de terre émis par Ottawa pour la première fois en 1874 afin de régler cette question avec les Métis prévoyait soit une étendue précise de terrain aliénable, soit son équivalent en argent (respectivement: certificat de concession ou monnaie provisoire), une situation à cent lieues des avantages à long terme accordés pour des générations aux Amérindiens, et dont le moindre n'était pas l'inaliénabilité des territoires réservés. La vaste majorité des Métis insistent pour obtenir des certificats au lieu d'un traité; du point de vue de l'historienne Diane Payment, cela ne traduit pas un manque d'intérêt pour la terre (tout au contraire, la propriété de leurs territoires a toujours représenté un souci majeur dans leurs différents avec Ottawa), mais plutôt leur résistance envers les règlements sans cesse plus sévères qui viennent gêner leurs diverses tentatives d'obtention des titres de propriété[27]. Sur le plan politique, de nombreux Métis estiment constituer un peuple distinct[28].

Leur dilemme est le suivant: d'une part, en signant un traité, ils deviennent légalement des Amérindiens; d'autre part, en acceptant un certificat, ils choisissent le camp des Blancs. Prendre le certificat entraîne la perte du droit d'être inscrit comme Indien et l'exclusion de la *Loi sur les Indiens*. Sur le plan culturel, la distinction entre les deux classifications est loin d'être nettement établie, mais celle entre les conséquences juridiques est énorme. Ne mentionnons qu'un seul point évident: la responsabilité des Indiens inscrits était (et est encore) uniquement de compétence fédérale, alors que les Métis, bien que constitutionnellement admis aujourd'hui parmi les nations autochtones, font partie des citoyens ordinaires et, en matière de propriété et de droits civils, sont soumis aux lois provinciales. Les Indiens sans statut appartiennent à la même catégorie juridique que les Métis.

Les troubles de 1885 galvanisent l'action du gouvernement fédéral à l'égard des revendications foncières des Métis. Quatre jours seulement après la rencontre du lac aux Canards, le 30 mars, la première d'une série de commissions est autorisée à éteindre les revendications métisses en matière de droits fonciers; la dernière siégera en 1921, après quoi on traitera individuellement chacune des revendications. Certaines des commissions se tiennent en même temps que des négociations de traités, comme c'est le cas pour le traité n° 8 (en 1899), ou en même temps que des adhésions, comme celle qui a lieu en 1889 pour le traité n° 6. Dans les régions où les titres amérindiens ont déjà été éteints, les attributions se feront sous forme d'argent ou de certificat de concession de terre équivalant à 65 hectares pour les chefs de famille métis. Peu de semaines après, un décret prévoit que les Métis qui occupent de bonne foi un lot de grève de 16 hectares (40 acres) seront autorisés à acheter du terrain au coût d'un dollar l'acre, puis à choisir les 65 hectares (160 acres) où ils désirent s'installer. On leur accorde deux ans pour payer, le titre de propriété étant suspendu jusqu'à acquittement de la dette. En 1885, sur 1 815 demandes examinées, 1 678 sont aprouvées, valant 279 000 $ en monnaie provisoire et 22 263 hectares (55 260 acres) en certificats de concession.

En 1889, on permet aux Métis qui vivent à l'extérieur des régions cédées par traité de demander des certificats de concession[29]. Les négociations du traité n° 9 (1905-1906) ne sont pas suivies d'une commission sur les revendications des sang-mêlé, tandis que celles des traités n[os] 10 (1906) et 11 (1921) s'effectuent à la fois avec les Amérindiens et les Métis. Le traité n° 11 accorde aux Métis du district du Mackenzie 240 $ en argent à cause du manque de terres agricoles convenables[30].

Au bout de tous ces affrontements sur la question des terres, quand vient pour eux le temps de choisir entre une somme d'argent et du terrain, une majorité écrasante de Métis prennent l'argent. En 1899 par exemple, 1 195 certificats de monnaie provisoire sont émis, contre seulement 48 certificats de concession de terre[31]. La terre présente des difficultés particulières pour de nombreux Métis qui souvent habitent des régions au potentiel agricole faible, sinon complètement nul; et ils sont fréquemment installés loin des bureaux fonciers. Pour eux, il semble plus profitable de vendre leur certificat de concession, ce qui se fait souvent pour une bouchée de pain. Il y a des cas de certificats vendus à des spéculateurs pour aussi peu que la moitié de leur valeur nominale. Des fortunes se font sur le dos des Métis et sont à l'origine des «millionnaires en certificats de concession de terres aux Métis», comme on disait à l'époque[32]. Pour certains Métis, l'acceptation de ces certificats aboutit à les rendre plus pauvres encore, après un bref excès de prodigalités. Les tentatives faites par le gouvernement afin de rendre incessibles les certificats suscitent un tel tollé (principalement de la part des spéculateurs fonciers, d'après certains) que le gouvernement cède[33].

Les commissions sur les revendications foncières ont reçu instruction d'encourager les Métis qui ont adhéré à un traité et qui vivent dans des réserves à se retirer du traité et à accepter des certificats. La *Loi sur les Indiens* a été amendée en 1879 pour ce motif, mais l'amendement exigeait le remboursement par les Métis des sommes reçues en vertu du traité. Puisque peu d'entre eux en avaient les moyens, un nouvel amendement apporté à la loi en 1884 a supprimé cette exigence, avec le résultat que la deuxième commission a rapporté que 52 pour cent des 1 159 certificats accordés l'ont été à des Métis se retirant du traité pour prendre un certificat. Les conditions précaires que connaissent les Autochtones dans les réserves, où ils ne vivent que grâce aux maigres subventions gouvernementales, sont en partie responsables de la situation.

Cette politique a pourtant des répercussions, les colons s'alarmant de l'afflux dans leurs collectivités de Métis souvent si mal préparés à ce nouveau mode de vie que l'État doit finalement les prendre sous sa responsabilité. Ce qui oblige le gouvernement à plus de circonspection en cherchant à inciter les Métis «vivant comme des Indiens» à se retirer d'un traité; on ne cesse du reste pas d'encourager les Métis désireux d'adopter le style de vie blanc à le faire.

La ruée vers l'or du Klondyke, en 1896, provoque un changement brutal sur la scène politique du Nord en catapultant à l'avant-scène les affaires amérindiennes et métisses. On assiste à une réplique des conflits qu'a connus la ruée vers l'or du Fraser à mesure qu'affluent au Yukon des aventuriers uniquement intéressés par leurs recherches personnelles et insouciants des droits des Amérindiens ou des Métis. Dans la précipitation qui entoure les préparatifs gouvernementaux en vue de la négociation du traité n° 8, quelqu'un propose d'inclure les Métis avec les Amérindiens. Comme la plupart des Métis s'opposent à cette suggestion, on institue donc deux commissions, une première pour négocier un traité avec les Amérindiens et une seconde pour préparer les certificats destinés aux Métis[34]. Toujours résolu à encourager un maximum de ceux-ci à adhérer au traité — quelques-uns de ceux qui s'identifient alors comme Amérindiens ont plus de sang blanc que d'autres qui s'identifient comme Métis —, le gouvernement commence par négocier l'accord. Deux années sont nécessaires pour en élaborer (avec difficulté) les termes avec les Castors, les Cris, les Chipewyans, les Sékanis et d'autres[35]. L'offre aux Métis se résume ainsi: 240 $ en argent ou 240 acres (97 hectares) de terre. Puis, quand vient le temps de rédiger les certificats, les fonctionnaires cherchent une façon d'éviter une répétition des ventes à prix réduits survenues au Manitoba et tentent une fois de plus d'exiger qu'ils soient payables au porteur sur demande, mais que leur cession soit autorisée par la loi. Les spéculateurs venus dans l'espoir de s'emplir les poches refusent d'acquérir ces nouveaux certificats. Les Métis décident d'en faire autant et menacent d'influencer les Amérindiens contre toute adhésion au traité. Les négociateurs cèdent alors et rédigent des certificats payables sur demande. De même, quand vient le temps de postdater les certificats émis au nom des enfants jusqu'à ce qu'ils atteignent leur majorité, les parents insistent pour qu'ils soient payables immédiatement. Le premier certificat de 240 $ se vend 75 $, et le prix baisse encore en peu de temps. Au bout du compte, le prix moyen se situe bien en deçà de celui obtenu au Manitoba en 1885.

Au cours de l'été de 1899, la commission émet 1 195 certificats de monnaie provisoire d'une valeur totale de 286 000 $ et 48 certificats de concessions de terres équivalant à 6 070 hectares (11 500 acres), dont la moitié au Petit Lac des Esclaves et d'autres à Fort Vermilion, Fort Chipewyan et Peace River Crossing[36]. Seulement une fraction des profits revient aux Métis. En 1900, deux nouvelles commissions sont chargées de traiter avec les Métis de la Saskatchewan et des régions du Manitoba qui étaient exclues de ses frontières d'origine. Dans son dernier rapport sur ce programme, en 1929, soit l'année précédant la rétrocession des terres publiques aux provinces, le gouvernement canadien a émis un communiqué selon lequel 24 000 revendications avaient été reconnues dans les Territoires-du-Nord-Ouest, équivalant à 1 052 183 hectares (2 600 000 acres) en certificats de concession de terres et 1 133 120 hectares (2 800 000 acres) sous forme de monnaie provisoire. Plus tard, la situation se renversera, et les années 1920 et 1930 verront tellement de demandes de reclassement sous le régime des traités qu'en 1942 le ministère mènera une enquête sur ses propres listes de bandes à partir desquelles il révoque 663 individus. Un enquête menée ultérieurement par le juge W.A. Macdonald, de la cour du district d'Alberta aboutira à la réinsertion de 129 de ces derniers[37].

CHAPITRE XXII

# SUR LA VOIE
# D'UN CHANGEMENT ADMINISTRATIF

Les affrontements de 1885 provoquent, entre autres conséquences, un renforce-ment plus prononcé encore des tendances centralisatrices du ministère des Affaires indiennes, un processus qui ne cesse pas avant 1951. Le ministère exerce de plus en plus d'influence sur la vie personnelle des Amérindiens, jusqu'à ce qu'ils ne soient même plus libres de rédiger leur testament ou, dans l'Ouest, de vendre leur propre racinage ou leurs céréales comestibles[1].

Au fur et à mesure que le pouvoir des agents augmente, il se fait progressi-vement plus arbitraire. Leurs attributions s'accroissent jusqu'à ce qu'on attende d'eux qu'ils dirigent les travaux agricoles, distribuent des secours en période de détresse, fassent l'inspection des écoles et des conditions d'hygiène dans les réserves, s'assurent de l'observation des règlements et exigences du ministère, et président en plus aux réunions des conseils de bande, ce qui équivaut dans les faits à diriger la vie politique de la bande elle-même. Bien qu'ils n'aient aucun droit de vote lors de ces assemblées, ils peuvent influencer les débats, ce qu'ils font d'ail-leurs. Par exemple, c'est le vote de l'agent des Affaires indiennes qui vient déblo-quer l'impasse dans laquelle se trouve placé le conseil de la bande de Cowessess en 1910. Nul doute que son action contrevient aux règles, mais il faut attendre 1936 pour qu'on corrige la lacune juridique qui permettait d'agir ainsi. Quelques agents sont aussi juges de paix.

Les principaux problèmes auxquels l'administration doit faire face ne sont que le prolongement des précédents: usage d'alcool, empiétements, vagabondage et exploitation illégale des ressources des réserves telles que le bois. En 1890, le Manitoba et les Territoires-du-Nord-Ouest déclarent que leurs lois sur la chasse s'appliquent aux Amérindiens en remplaçant et en annulant les traités qui garantissent à perpétuité les droits de chasse et de pêche sur les terres domaniales. Cela donnera lieu à une série de procès.

L'idée des villages modèles, toujours vivante, atteint de fait ce qui sera salué comme sa forme la plus remarquable: la colonie de File Hills, fondée en 1901 sur un territoire de 7 689 hectares (19 000 acres) appartenant à la réserve Peepeekisis (d'après le nom cri du chef Little Hawk), située dans la division administrative de Qu'Appelle, à proximité d'Indian Head. Il s'agit d'une initiative particulière menée par l'agent des Affaires indiennes W.M. Graham, qui deviendra commissaire aux Affaires indiennes de la région des Prairies (de 1920 à 1932). Il avait l'intention de prolonger la formation reçue par les jeunes Indiens dans les écoles gouvernementales du Nord-Ouest[2], pour s'assurer qu'ils ne «régresseraient» pas en revenant à leurs moeurs indigènes dès leur retour dans leurs familles ou communautés d'origine. Chacun se voit attribuer une parcelle de 32 hectares (80 acres), tandis qu'une partie de la colonie, restée commune, sert de terrain de chasse ou de pâturage. Avec le temps, certains de ces colons nouvellement établis parviennent à exploiter jusqu'à six ou sept parcelles, tandis que d'autres quittent, abandonnant la vie agricole pour laquelle ils estiment ne pas être faits. Les plus tenaces subissent une telle emprise sur leur vie qu'on choisit pour eux leurs conjoints. Les visites d'une maison à l'autre sont restreintes avec sévérité, alors que des rassemblements tels que les pow-wows ou les danses de toutes sortes sont interdits (dans les faits, les réunions ont lieu, mais en secret). Incapable d'éliminer tout vestige de l'ancienne vie tribale, Graham parvient tout de même à créer une colonie prospère qui suscite l'admiration en haut lieu; le comte Grey (Albert Henry George Grey, gouverneur général de 1904 à 1911) y effectue une visite annuelle lors de laquelle il remet des récompenses à ceux qui ont excellé dans divers secteurs agricoles[3]. Jamais Graham n'aurait pu obtenir de tels résultats sans la collaboration des colons autochtones, même quand ils trouvaient que certaines de ses règles étaient sévères. L'enthousiasme du départ se maintient pendant une vingtaine d'années, jusqu'à ce qu'une certaine stabilité s'installe; ensuite, après plus de 30 années, les plus jeunes se mettent à quitter la colonie. Malgré l'admiration qu'elle provoque, l'expérience ne se répétera jamais, pour au moins une raison: elle coûte trop cher pour un ministère préoccupé d'équilibre budgétaire. Récemment, le nom du pensionnat de File Hills est apparu en marge des accusations de mauvais traitements subis par des élèves; dans ce cas, il y aurait eu perte de vie[4].

### Faut-il élire les chefs ou les choisir à la manière traditionnelle?

L'imposition d'une forme élective de gouvernement continue de susciter des affrontements; en 1895, le gouvernement fédéral rend les élections obligatoires pour 42 bandes d'Ontario, 6 du Québec et 7 autres du Nouveau-Brunswick[5]. Puis quatre ans plus tard, toutes les bandes d'Ontario, du Québec, du Nouveau-

Brunswick, de la Nouvelle-Écosse et de l'Île-du-Prince-Édouard se font dire de tenir des élections tous les trois ans; pourtant, la forte résistance des Amérindiens rend impossibles les élections annuelles. D'ailleurs, il est bientôt évident qu'un ordre aussi péremptoire ne pourra être appliqué immédiatement dans certains cas et pas du tout dans d'autres. Deux bandes illustrent bien les difficultés qui surgissent: celle de Cowessess (d'après le nom du chef d'une bande d'Ojibwés et de Cris des plaines, Kiwisance, ou «Little Child»; signataire du traité n° 4, au fort Qu'appelle; mort en 1886) et la bande iroquoienne de Saint-Régis, au sud de Cornwall, située à l'intersection de la frontière internationale et de la frontière interprovinciale Québec-Ontario.

La bande de Cowessess choisit elle-même en 1887 de voter tous les trois ans; pourtant, Hayter Reed, leur agent de 1881 à 1893, désapprouve le chef qui est élu quelques années plus tard et qui est un partisan déclaré des manières traditionnelles[6]. En 1894, Reed, devenu surintendant général adjoint aux Affaires indiennes, refuse à la bande le droit de tenir une nouvelle élection sous prétexte que le traité n° 4 permet d'avoir des chefs et des conseillers, mais sans préciser la façon de les choisir; par le passé, les élections n'ont été autorisées que par politesse. À la longue, la persévérance des Amérindiens leur rapporte, la bande de Cowessess obtenant finalement le droit de tenir des élections.

À Saint-Régis, les partisans du système héréditaire traditionnel de sélection des chefs et ceux du mode électoral se font la lutte[7]. En 1889, le système électoral est officiellement instauré après la destitution de trois chefs, par décret, par suite de plaintes de détournement de fonds émises par des membres de la bande. Et après la tenue des élections de 1891, les cinq chefs sortis vainqueurs sont tous trouvés coupables de distribution d'eau-de-vie dans le but d'obtenir des votes. L'élection est annulée et on tient un nouveau scrutin l'année suivante. Deux des chefs nouvellement élus s'attirent le mécontentement du ministère en louant des terres qu'il a déjà louées, ce qui leur vaut d'être à leur tour destitués pour avoir agi illégalement. La bande de Saint-Régis demande en 1894 le retour au système héréditaire, en prétendant que ces élections sont une source de désaccord, par opposition à la paix et à l'amitié qui régnaient du temps de l'ancien système. La demande est refusée, et les trois nouvelles tentatives de tenue d'un scrutin, en 1898 et 1899, échouent l'une après l'autre. Il faudra attendre 1908 avant que l'influence des chefs héréditaires se soit suffisamment estompée pour tenir de vraies élections[8].

À partir de 1894, la lutte entre les deux systèmes se fait plus virulente encore au sein de la réserve des Six-Nations, jusqu'à l'imposition définitive du scrutin annuel en 1924. Les divisions nées de ces luttes dans les deux réserves existent toujours aujourd'hui, alors que les factions héréditaires continuent principalement de défendre l'autonomie des réserves; comme nous le verrons plus loin, elles revendiquent en réalité la souveraineté. Quelques bandes, surtout dans les Prairies, reçoivent l'autorisation de choisir leurs chefs à la manière traditionnelle. En approuvant les chefs ainsi choisis, le ministère les a considérés comme des candidats nommés à ces postes.

L'intensification grandissante de la résistance à un gouvernement imposé et le refus des bandes d'exercer leurs pouvoirs en matière de surveillance policière et de santé publique ou d'utiliser à cette intention des fonds qu'ils possèdent font en sorte que le surintendant général est autorisé à remplir ces fonctions et à dépenser au besoin l'argent approprié qui appartient aux bandes. En 1900, il coexiste quatre façons différentes de former des gouvernements dans les bandes: les élections triennales (*Loi sur les Indiens*); les élections annuelles (Loi sur le progrès des Indiens); la transmission héréditaire (au Yukon, dans les Territoires-du-Nord-Ouest et dans certaines réserves provinciales); et la nomination (principalement dans les Prairies). Très peu de temps après, dans un geste destiné à décourager la poursuite du mode de vie traditionnel fondé sur la chasse et la cueillette, les lois sur la chasse du Manitoba et des Territoires-du-Nord-Ouest sont réputées applicables aux Amérindiens soumis à l'autorité de ces administrations. Et plus tard encore, en 1922, on jugera que diverses lois provinciales d'application courante peuvent aussi convenir aux réserves[9].

## La lutte pour les territoires réservés

En théorie, seule une majorité d'hommes qui habitent la réserve, sont âgés d'au moins 21 ans et sont réunis en assemblée spécialement convoquée à cet effet peuvent décider de la cession des terres d'une réserve. La résistance des conseils de bande à l'égard de la location de terres, même pour une période restreinte, incite le pouvoir à autoriser, en 1879, la soustraction de terres appartenant à une bande au profit du surintendant général. En 1884 et de nouveau en 1894, on donne à ce dernier l'autorisation de louer des terres inexploitées sans qu'il y ait cession ni consentement de la bande[10]. Les seules terres entièrement exclues sont celles détenues en vertu d'un permis d'établissement, auquel cas la permission du propriétaire foncier est obligatoire.

En 1898, l'administration réagit à l'opposition que continuent de manifester les conseils de bande face aux règlements qu'on leur impose en accordant au surintendant général des pouvoirs considérables. Frank Oliver, ministre de l'Intérieur et surintendant général des Affaires indiennes de 1905 à 1911, fait suivre cette décision, peu après, d'une mesure supplémentaire qui permet le déménagement des Amérindiens de toute réserve située dans le voisinage ou à proximité d'une ville de 8 000 habitants et plus, du moment que la cour de l'Échiquier en décide ainsi. En réalité, cela signifie l'abolition des réserves en question, comme cela se produira à Sarnia, en Ontario, et à Victoria, en Colombie-Britannique. C'est ainsi que prend fin la politique d'accélération de l'assimilation par la création de réserves dans le voisinage le plus immédiat des établissements blancs; la croissance de la valeur des terres a été telle que la politique est reléguée au second plan. Oliver informe la Chambre des communes que, entre le 1er juillet 1896 et le 31 mars 1909, le ministère a vendu 293 606 hectares (725 517 acres) de terres de réserves ayant été cédées, pour une valeur totale de 2 156 353 $.

L'histoire ne s'arrête pas là, puisqu'Oliver parvient en 1911 à faire passer un nouvel amendement à la *Loi sur les Indiens*: des parties de réserves peuvent être expropriées, sans cession, par des municipalités ou des sociétés pour construire des routes et des voies ferrées, ou pour d'autres usages publics. Cette fois, le consentement du gouverneur en conseil est nécessaire. David Laird, commissaire aux Affaires indiennes de la région des Prairies (1898-1909), ne manque pas de justifier cette mesure:

> L'immobilisation de vastes portions de territoire que les Indiens ne pouvaient pas utiliser ne desservait pas leurs intérêts ni ceux du public. Pourtant, les Indiens étaient dans bien des cas réticents à s'en défaire. L'amendement apporté au nouveau texte législatif, qui permet l'usage immédiat de 50 pour cent de l'argent tiré de la vente des terres cédées et l'investissement des profits pour équiper des Indiens [désireux de] travailler et pour leur permettre d'améliorer leurs conditions dans lesquelles ils vivent, a amené beaucoup d'Indiens à céder des terres. Ainsi, avec les recettes de la vente d'un sol qui ne pouvait que rester improductif et non rémunérateur, ils se retrouvaient en mesure d'utiliser ce qu'ils détenaient encore[11].

Parmi les terres de réserve vendues en 1910-1911 se trouve un territoire qui couvre presque la moitié de la réserve des Pieds-Noirs et qui rapporte plus d'un million de dollars.

En Colombie-Britannique, l'impasse persistante qui divise la province et Ottawa sur la question des terres amérindiennes mène à la naissance de la Commission mixte sur l'établissement des réserves indiennes en Colombie-Britannique, chargée d'enquêter sur le problème et de lui trouver une solution (elle siège irrégulièrement entre 1876 et 1910[12]), puis donne lieu au départ pour Londres d'une délégation de Squamishs chargée de se rendre auprès d'Édouard VII (1906), à une pétition au gouvernement du Canada (1909[13]), à une deuxième pétition qui donne lieu à la promesse d'aide du premier ministre sir Wilfrid Laurier (1910[14]), à une commission royale (1913-1916[15]), et à une troisième péti- tion adressée cette fois par les Nisgaas au Comité judiciaire du Conseil privé, à Londres (1913). La décision de ces derniers est motivée par la Colombie-Britannique qui refuse obstinément toute discussion sur le droit autochtone ou de laisser la commission royale examiner la question; en 1908, la province s'était opposée au tracé de toute nouvelle réserve[16]. À son tour, le Conseil privé déclare qu'il examinera un tel appel seulement s'il provient d'une cour de justice cana- dienne. Publiées en 1916, les conclusions de la commission recommandent le «découpage» de territoires réservés particuliers[17] et leur substitution par des territoires de plus grande surface, mais de moindre valeur. C'est une mesure qui coûte aux Indiens 14 569 hectares (36 000 acres) de terres, ainsi que l'élimination de réserves entières parmi les 871 que compte en tout la province[18].

Les Amérindiens s'opposent à ces coupures avec âpreté, même si elles représentent une augmentation de la superficie de leurs réserves, mais pas de la valeur des sols — d'autant plus que personne n'a écouté ce qu'ils avaient à dire[19]. Le problème ne vient pas, dans le cas présent, de ce que personne n'a tenu compte des Amérindiens, mais de leur refus de se présenter devant la commission dont le mandat, prétendent-ils, est trop restreint puisqu'elle n'est pas habilitée à examiner la question du droit autochtone. Ils forment donc en 1916 les Tribus alliées de Colombie-Britannique dans le but de contester les recommandations de la commission et de faire valoir la priorité du droit autochtone. Malgré la vigoureuse résistance manifestée par les meneurs des Tribus alliées, entre autres le chef squamish Andrew Paull (1892-1959) et le révérend pasteur haïda Peter Kelly (1885-1966), le rapport de la commission est entériné par la province en 1923, puis par Ottawa tout de suite l'année suivante[20]. En 1927, un comité mixte extraordinaire du Sénat et de la Chambre des communes publie un «règlement définitif» dans lequel il soutient que les Amérindiens de la C.-B. n'ont «pas démontré leur prétention aux terres de la Colombie-Britannique en vertu d'un droit ancestral ou autre». Ces prétentions, écrit le comité, sont «plus ou moins fictives» et ont été suscitées en inventant l'histoire de Blancs moins préoccupés de droits humains que de semer la zizanie[21]. Il recommande en outre qu'on accorde aux Amérindiens 100 000 $ par année pour compenser l'absence de droits issus de traités. En même temps, le comité s'oppose à ce que les Amérindiens puissent recourir aux tribunaux, ce qui aurait pour effet de jeter le doute sur tous les titres fonciers de la province. Toutes ces mesures ont été précédées en 1859 par une interdiction de voter à l'échelon provincial, qui s'appliquait aux Amérindiens, ainsi qu'aux Chinois et aux Japonais; c'est un droit qu'ils recouvreront seulement en 1949.

Pour infléchir le mouvement croissant des protestations chez les Amérindiens, le gouvernement n'y va pas par quatre chemins: en 1910, il amende la loi et interdit dorénavant aux Amérindiens de payer des procédures de revendications territoriales à même les ressources financières d'une bande sans la permission du ministère, puis il renforce l'amendement en 1927 en prohibant toute sollicitation non autorisée de fonds à l'extérieur, une mesure qui sera maintenue en vigueur jusqu'en 1951. Pour conclure, en 1938, la Colombie-Britannique satisfait aux conditions de l'article 13 de l'*Acte d'Union* en transférant à l'autorité fédérale 239 694 hectares (592 297 acres) de terres. Aujourd'hui, la Colombie-Britannique possède 1 629 réserves, sur près de 2 300 que compte le Canada. Elles sont comparativement de petites dimensions; la Colombie-Britannique, au deuxième rang pour la population autochtone au pays (l'Ontario est au premier rang), tombe au quatrième rang pour la superficie par habitant amérindien[22]. Avec ses 96 réserves (dont 8 établissements métis), l'Alberta est celle où chaque Autochtone possède, de loin, la plus grande surface de réserve. Compte tenu de l'expansion de la population autochtone sur un territoire aux dimensions inchangées, on a assisté ces dernières années à une brusque décroissance du nombre d'hectares par habitant à l'échelle nationale. Trois des plus grandes réserves du pays, soit celles des Gens-du-Sang, des Pieds-Noirs et des Peigans, sont situées aux alentours de Calgary. En 1987, les Amérindiens détenaient 2,6 millions d'hectares de terres de réserves, soit moins de 7 hectares par habitant en moyenne, loin en deçà des critères fixés par les traités. Les réserves ne représentent qu'environ 0,3 pour cent de la superficie du territoire canadien, mais de récents accords ont permis un accroissement substantiel des surfaces sous autorité amérindienne. Seul un tiers du territoire réservé convient à l'agriculture, et un autre sixième à l'élevage du bétail.

Les 67 années prises par la Colombie-Britannique pour satisfaire à son obligation constitutionnelle en matière de transfert des territoires amérindiens sous l'autorité du gouvernement fédéral ressemblent peut-être à une sorte de record; néanmoins, les autres provinces non plus n'ont pas brillé par leur célérité: par exemple, l'Ontario a mis 54 ans pour fermer le dossier des revendications des Ojibwés et des Mississagués, déposées en 1869 et réglées en 1923 seulement, en dépit du fait que la validité de leurs demandes avait été reconnue longtemps auparavant. On semble avoir réglé les derniers détails du traité de l'île Manitoulin (1862) avec la signature, en 1990, d'un accord de principe portant sur 36 422 hectares (90 000 acres) de territoire. Diverses revendications, certaines remontant loin au XVIIIe siècle, attendent toujours un règlement dans les autres provinces et territoires[23]. Presque partout, la résolution de ces demandes est due plus à la persistance des Amérindiens qu'à une quelconque reconnaissance de responsabilité par les gouvernements.

L'affaire de la réserve de St Peter's (patrie de la bande d'Ojibwés de Peguis), à proximité de Selkirk, au Manitoba est un des plus célèbres cas de déplacement d'Amérindiens installés dans une réserve convoitée par les Blancs. La longue et acrimonieuse controverse qui entourait des revendications territoriales incompatibles entre ces Ojibwés et des non-Indiens a abouti à une proposition de cession de la réserve par ses habitants. L'adoption de la loi sur la réserve de St Peter's, en 1916, sans consultation des principaux intéressés a permis de résoudre la question. La loi confirme les droits fonciers individuels des Amérindiens, tout comme ceux appartenant à des non-Indiens prêts à payer le dollar supplémentaire exigé pour chaque acre. Les sommes ainsi recueillies doivent revenir à la bande. Évidemment, la «solution» sous-entend le morcellement de la réserve et la relocalisation de la bande sur un nouveau territoire sur le cours supérieur de la rivière Fisher, quelque 105 kilomètres plus au nord, au bord du lac Winnipeg. La décision est justifiée du fait que la nouvelle réserve est mieux adaptée au style de vie amérindien. Les membres de la bande qui ne détiennent aucun titre foncier et refusent de quitter la vieille réserve se font évincer par la Police à cheval du Nord-Ouest, mandatée par le ministère, ce qui donne lieu à la condamnation de plusieurs Amérindiens qu'on accuse de s'être introduits sans autorisation dans une propriété privée. Ils n'arrivent à conserver de leur ancienne réserve qu'un territoire de pêche de 53 hectares. Le principe des droits d'antériorité n'a été d'aucune aide aux Ojibwés. Fort heureusement, il y a une évolution dans les attitudes. Plus récemment, soit

70 ans plus tard, les Tutchonis de Kwanlin Dun, à Whitehorse, qui ont vu leur réserve déplacée à de multiples reprises, finissent par demander son établissement sur un emplacement de premier choix, soit un promontoire situé tout près de la ville; on a accédé à leur requête[24].

On assiste pendant la première guerre mondiale à une augmentation des pressions exercées sur les territoires amérindiens. Un nouvel amendement à la *Loi sur les Indiens* entraîne l'expropriation, ainsi que l'exploitation ou la location à bail de terres de réserve sans la permission des bandes, afin de satisfaire à la production de guerre. Le commissaire Graham crée en territoire amérindien trois de ces «Grandes Exploitations agricoles» couvrant en tout 25 142 hectares (62 128 acres). De plus, le capital nécessaire est pris à même les fonds appartenant aux bandes, toujours sans leur autorisation; et enfin, pour ajouter l'insulte à l'injure, les Amérindiens touchés par cette mesure se voient relégués au dernier rang des utilisateurs du matériel acheté pour les exploitations. Les Gens-du-Sang de l'Alberta méridionale sont les premiers à protester, mais en vain[25].

Les Amérindiens du Canada, qui ne sont pas contraints par la loi de s'enrôler durant la guerre, le font pourtant dans une proportion se comparant avantageusement avec celle des non-Indiens. Entre 3 500 et 4 000 d'entre eux, soit 35 pour cent des individus ayant l'âge légal, servent au sein de la Force expéditionnaire canadienne[26]. Leur contribution se manifeste sous d'autres formes, ainsi que l'historien Hugh Dempsey l'a souligné au sujet des Gens-du-Sang. Malgré la pauvreté des habitants de leur réserve, ces derniers amassent des sommes d'argent considérables au profit de la Croix-Rouge[27]. Les anciens combattants amérindiens constatent rapidement, là encore, qu'ils ne sont pas traités de la même manière que les autres. Aux dires d'un fonctionnaire: «Ces soldats indiens revenus du front sont soumis aux dispositions de la *Loi sur les Indiens* et leur situation actuelle est la même qu'avant leur enrôlement[28].» L'égalité de traitement que leur avaient accordée les forces armées (droit de vote inclus) ne s'étendrait pas à la vie civile; et, en dépit de certaines améliorations, la situation allait rester la même jusqu'après la deuxième guerre mondiale[29].

## Un tour de vis supplémentaire

Tandis que les forces policières font leur possible pour ne plus être contraintes de faire fonctionner le système des laissez-passer qui restreint les déplacements des Amérindiens de l'Ouest — une mesure qui contrevient nettement aux droits humains fondamentaux —, le ministère tente de renforcer les autres ressources déjà en place pour parvenir à ses fins. Dès 1890, des agents des Affaires indiennes sont autorisés à agir comme juges de paix et à appliquer les dispositions sur le vagabondage contenues dans le *Code criminel*. Puis, en 1914, les interdictions visant les cérémonies de «remise de cadeaux» au coeur des potlatchs (1884) et les rites d'endurance caractéristiques à la danse de la Soif (1895) sont renforcées; on prohibe cette fois l'apparition des Amérindiens en costume indigène et l'exécution de danses traditionnelles lors des foires et des *stampedes*; en dernier lieu, les danses sont interdites, quel que soit le costume, à moins d'avoir obtenu au préalable l'autorisation écrite du ministère. C'est un coup direct porté à la cohésion des communautés amérindiennes. Comme l'a si bien souligné l'anthropologue Michael Asch à propos des Dènès du Nord-Ouest, les danses, sous toutes leurs formes, ainsi que les chants qui les accompagnent mettent symboliquement en valeur la réciprocité et la coopération, des qualités fondamentales si on veut faire naître un sens de la communauté[30]. On assiste, au début des années 1920, à un mouvement de renforcement des interdictions encouragé par des missionnaires indignés de voir les Amérindiens poursuivre secrètement leurs cérémonies. La Gendarmerie royale du Canada effectue alors des descentes; elle confisque nombre d'objets rituels dont une partie est détournée et vendue au profit d'agents peu scrupuleux. Le gouvernement canadien cherche maintenant à corriger ces injustices en aidant des groupes amérindiens, comme ceux de Nyumbalees et d'Umista, sur la côte pacifique, désireux d'organiser leurs propres musées afin d'exposer les objets qui leur ont été rendus. La majeure partie du matériel vendu illégalement s'est retrouvée dans des institutions des États-Unis, qui contestent aujourd'hui leur réclamation sous prétexte que leurs achats ont été effectués en toute bonne foi.

Les lamentables résultats du programme d'émancipation poussent le Canada à ajouter, en 1917, un amendement supplémentaire à la *Loi sur les Indiens*: les Amérindiens vivant hors des réserves peuvent avoir le droit de vote sans être soumis au cens électoral. En moins de deux ans, près de 500 Autochtones obtiennent leur émancipation. En 1921, le surintendant général adjoint (de 1913 à 1932) Duncan Campbell Scott déborde de joie en comparant cette donnée à celle des 53 années précédentes qui avaient vu 102 Amérindiens choisir de s'affranchir[31]. Le gouvernement facilite les choses aux Métis signataires de traité qui souhaitent obtenir le droit de vote. Il prépare le terrain pour que les femmes autochtones mariées à des non-Indiens puissent abandonner définitivement leur statut d'Indiennes. Le point culminant de cette offensive vers l'assimilation totale survient en 1920, quand le surintendant général est habilité à affranchir, avec ou contre leur gré, les Amérindiens qu'il juge qualifiés. Ceux-ci doivent aussi recevoir un titre de propriété pour les terres de réserve qu'ils occupent, en supplément de leur part de l'argent de la bande.

Principalement destinées aux Indiens habitant à l'est des Grands Lacs, ces dispositions suscitent de l'inquiétude et de l'hostilité d'un océan à l'autre, de telle sorte que la pétition adressée par les Six-Nations au gouverneur général pour s'en plaindre reçoit un appui considérable. L'objectif poursuivi par le ministère est très évident: il s'agit, ainsi que l'a énoncé Scott, «de continuer jusqu'à ce qu'il n'y ait plus au Canada un seul Indien qui n'ait été absorbé par le corps politique, et qu'il n'y ait plus de question indienne, ni de ministère des Affaires indiennes [...][32]». En d'autres termes, comme l'a si bien dit un observateur, l'extinction des Indiens en tant qu'Indiens[33]. L'amendement ne reste en vigueur que deux ans, avant de ressusciter en 1933, sous une forme différente et assorti d'une provision suivant laquelle un affranchissement ne peut être imposé parce qu'il viole les promesses d'un traité. Il disparaît avec le remaniement de la *Loi sur les Indiens*, en 1951. La déclaration de Walter E. Harris, qui, à titre de ministre de la Citoyenneté et de l'Immigration, est aussi chargé des Affaires indiennes de 1950 à 1954, prouve combien les vieilles attitudes ont la vie dure; M. Harris exprime l'espoir que la loi, même après sa révision, restera temporaire, vu que le «but ultime de [la] politique à l'égard des Indiens consiste à les intégrer dans le cadre général de la vie et de l'économie du pays[34]».

La frustration, de part et d'autre, n'est que trop manifeste. L'approche choisie par le gouvernement, qui consiste à traiter les Amérindiens comme des mineurs, ne conduit qu'à la résistance et à la méfiance, voilées ou carrément déclarées. À mesure que les autorités se montrent plus arbitraires, les Indiens leur refusent leur collaboration, au point d'en subir eux-mêmes les contrecoups. Ils démontrent tant et plus qu'ils sont prêts à endurer des privations et la misère plutôt que de se voir traiter comme des enfants. Le gouvernement, qui ne souscrit qu'en paroles à la consultation, s'avère dans la pratique incapable d'atteindre un niveau d'écoute suffisant et de vraiment tenir compte de ce que disent les Autochtones[35]. Les vieilles idées sur les Indiens qui n'auraient d'humain que la forme et seraient dépourvues de raison peuvent peut-être ne plus être exprimées ou s'être métamorphosées, mais elles restent essentiellement bien vivantes.

Dans l'intervalle, le processus de durcissement des règlements se poursuit. En 1927, des structures politiques dépassant les niveaux locaux de gouvernement sont en réalité bannies lorsqu'on interdit aux Amérindiens d'organiser des campagnes de souscription sans autorisation[36]. D'ailleurs, le ministère a toujours regardé d'un oeil méfiant toutes ces tentatives d'organisation politique indienne et il a tout juste toléré le premier effort fructueux, soit la fondation du Grand Conseil des Indiens de l'Ontario et du Québec, par les Iroquois et les Ojibwés en 1870. Le ministère a fini par en forcer la dissolution en lui coupant les vivres[37]. Le début de la Grande Dépression, en 1929, détourne l'attention de l'État vers de nouvelles préoccupations, surtout d'ordre commercial et économique; les Affaires indiennes sont alors dans un état de changement permanent et de décisions à la pièce qui tranche avec les politiques directrices qui ont marqué la période allant de la Confédération à la fin de la première guerre mondiale. En 1936, l'administration des Indiens passe sous la direction du ministère des Mines et des Ressources, qui manifeste beaucoup plus d'intérêt pour l'exploitation des ressources que pour les difficultés éprouvées par les Amérindiens sur le plan social. De fait, dans l'Extrême-Nord, les considérations économiques l'emportent sur le programme de civilisation, au point qu'on encourage les activités traditionnelles de chasse et de pêche à même d'apporter aux Amérindiens l'autosuffisance qu'il faut pour ne plus être un fardeau qui vit aux crochets de l'État[38].

C'est durant cette dernière période qu'un ancien combattant mohawk de la Grande Guerre, Frederick Ogilvie Loft (1862-1934), tente de regrouper les Amérindiens au sein d'une organisation nationale qu'il nomme la Ligue des Indiens[39]. Il propose entre autres choses qu'on leur donne le droit de vote sans que cela affecte leur statut particulier et qu'ils disposent d'une plus grande autorité sur les biens fonciers et les fonds appartenant aux bandes, dont la gestion et la justification devraient de toute façon être améliorées. Après avoir collé une étiquette d'agitateur à Loft, le ministère le soumet à une surveillance policière et cherche ensuite à contrer son travail en tentant de l'affranchir contre sa volonté. La ligue est réduite à néant; par contre, la nécessité d'une structure panamérindienne, elle, est reconnue, et se concrétisera avec la Fraternité des Indiens du Canada; celle-ci, ouverte à l'origine exclusivement aux Indiens signataires de traités, est habilitée, peu de temps après sa fondation en 1968, à agir au nom des groupes autochtones de tout le Canada. Elle disparaîtra en 1982, pour être remplacée par une organisation déjà existante, l'Assemblée des Premières Nations (APN), qui apparaît alors comme la voix nationale des Autochtones[40].

## Du changement dans les attitudes

La deuxième guerre mondiale amène une modification des comportements. Toujours pas reconnus comme citoyens, les Amérindiens s'enrôlent en nombre proportionnellement supérieur à tout autre segment de la population: 6 000 d'entre eux auraient servi, d'après certaines estimations. De retour à la vie civile, les restrictions et les inégalités qui sont le lot de leur vie dans les réserves les frappent si vivement que les associations d'anciens combattants et les groupements religieux organisent une campagne qui se termine par la création d'un comité mixte du Sénat et de la Chambre des communes chargé d'étudier la *Loi sur les Indiens*, qui tient des audiences de 1946 à 1948[41]. Avec à leur tête le Gens-du-Sang James Gladstone (Akay-na-muka, «Many Guns»; 1887-1971, nommé en 1958 premier sénateur autochtone du pays), les Amérindiens rejettent la première version des révisions proposées qui, prétendent-ils, élimine presque toutes les bonnes choses contenues dans la loi originale pour les remplacer par des dispositions plus appropriées à des camps de concentration qu'à des réserves. Leurs protestations contraignent le gouvernement à remanier les révisions. Et pour la première fois lors de consultations à un tel niveau, des témoins autochtones se font entendre. Bien qu'on soit loin d'avoir obtenu l'unanimité, il sera difficile dorénavant de surestimer l'importance psychologique que représente l'admission d'une contribution autochtone. Ce sont les Indiens qui sont les plus touchés par les traités et les droits issus de traités, et ils en souhaitent le maintien, tout en conservant la liberté de se gouverner eux-mêmes; les revendications territoriales ne tarderont pas à suivre. Du côté gouvernemental, l'objectif recherché demeure l'assimilation ou, comme on disait, le passage d'une condition de pupille à celle de citoyen à part entière; il s'agit maintenant d'y arriver en encourageant les Amérindiens, ainsi que le souhaitait la vieille loi de 1876, plutôt que par la contrainte qui a caractérisé les amendements adoptés entre 1880 et 1951. La nouvelle loi de 1951 peut difficilement être qualifiée de révolutionnaire, mais elle augure quand même l'arrivée de jours meilleurs.

Avec cette loi, le pouvoir du ministre des Affaires indiennes devient plus limité qu'il ne l'a jamais été depuis l'adoption des premières mesures législatives; à certains égards, sa responsabilité se restreint à un rôle de supervision accompagné tout de même d'un droit de veto. Bien qu'elle interdise toujours aux bandes l'instauration de leurs propres formes de gouvernement, elle accroît leur degré d'autonomie, tout en permettant leur constitution en municipalités. On introduit le vote à bulletin secret, et les femmes sont autorisées à participer aux élections des conseils de bande. Moins de deux ans plus tard, 263 bandes tiennent des élections, et en 1980 elles sont 349 dans la même situation[42]. Néanmoins, en vertu de l'article 88, toutes les lois d'application générale en vigueur dans une province s'appliquent maintenant aux Amérindiens qui y habitent, dans la mesure où elles sont compatibles avec la *Loi sur les Indiens*. Le texte législatif contient aussi des dispositions pour le transfert aux provinces des responsabilités en matière de santé et d'éducation suivant les circonstances. Certaines décisions seront prises en ce sens, de sorte que, lors de la parution du livre blanc de 1969, une certaine proportion de ces services seront déjà offerts par les provinces.

Avec le nouvel acte législatif, la gestion des terres cédées ou réservées, l'avoir des bandes et l'administration des règlements font partie des domaines dont la compétence relève des bandes. À quelques exceptions près, une bande peut dépenser son avoir en capitaux et en recettes, un pouvoir exercé auparavant exclusivement par le gouverneur en conseil ou le ministre. Dans les faits, la bande peut dorénavant consacrer l'argent qu'elle possède à tout ce qu'elle juge être dans l'intérêt de tous, à moins que le gouverneur en conseil n'exprime des réserves. Ce qui signifie, soulignons-le, que la bande peut dès lors financer des poursuites judiciaires pour faire progresser ses prétentions territoriales. Il faudra pourtant attendre 1958 avant qu'une bande obtienne la pleine autorité sur ses propres fonds; en 1966, 36 bandes exerceront ces pouvoirs.

Les mesures interdisant les potlatchs et les danses rituelles étant abrogées, le pays tout entier connaît une renaissance des diverses formes de «distributions de cadeaux[43]». On supprime les dispositions sur l'émancipation obligatoire et les restrictions à l'égard des organisations politiques, devenues de toute façon inopérantes; certains organismes politiques telle l'Alliance des tribus de la Colombie-Britannique fonctionnaient depuis le début du siècle[44]. Pour obtenir le droit de boire en public, les Indiens ont dû porter une cause jusqu'en Cour suprême en 1970. Le début de l'affaire remonte à la condamnation, à Yellowknife, du Dènè Joe Drybones à 10 $ d'amende et trois jours de prison pour avoir été trouvé ivre en dehors d'une réserve. Le juge William Morrow renverse ensuite la décision sous prétexte qu'elle contrevient aux droits civils. Par la suite, la Cour suprême maintient ce verdict, et la *Loi sur les Indiens* est amendée en conséquence. La question du droit des femmes, elle, tarde encore plus; en 1982, on accorde aux autorités de chaque bande le pouvoir de décider si une femme doit ou non perdre son statut d'Indienne lorsqu'elle épouse un non-Indien[45]. Ce n'est qu'en 1985 que les articles de la loi traitant des droits des Amérindiennes (art. 12.1.b) et du contrôle fédéral sur les effectifs des bandes sont abrogés (projet de loi C-31); les femmes obtiennent alors le droit de conserver leur statut même si elles épousent un non-Indien, et de le transmettre à leurs enfants. En outre, les bandes peuvent désormais décider d'exercer un contrôle sur le choix de leurs membres. Les droits d'appartenance à une bande sont rétablis pour les personnes qui les ont perdus par suite de leur émancipation ou de l'obtention d'un diplôme universitaire[46]. Concrètement, le projet de loi C-31 sonne le glas de la politique officielle d'assimilation.

On estime alors aux alentours de 50 000 le nombre des personnes (y compris les femmes et leurs descendants) admissibles au rétablissement de leurs droits, mais que moins de 20 pour cent en feront la demande; un an plus tard, 42 000 personnes se sont prévalues de leur droit, un nombre dépassant largement toutes les prévisions. En 1991, une enquête parlementaire révèle que 69 593 individus sont redevenus des Indiens de plein droit[47]. Pourtant, cela ne signifie pas nécessairement leur acceptation dans les réserves où seul un petit nombre d'entre eux (6 834 ou 2,4 pour cent) sont retournés. Le Yukon connaît le plus haut taux d'acceptation, 9,8 pour cent, suivi du Québec, 4,3 pour cent, tandis que l'Alberta ferme la marche à 1,4 pour cent. La surpopulation dans les réserves joue un rôle limitatif, mais un sentiment prévaut parmi les Amérindiens: la loi leur a été imposée. L'injustice originelle avait été l'oeuvre de l'homme blanc, tout comme la loi qui visait à la corriger. Ni dans un sens ni dans l'autre, les Indiens n'ont joué le moindre rôle direct. Devant cette situation, le ministère est poussé à subdiviser les Indiens en deux catégories: l'une pour ceux qui sont inscrits sur les listes de bandes du ministère, et l'autre pour ceux que les bandes ont acceptés dans leurs effectifs.

La loi de 1951, qui se veut un geste en direction de l'autonomie, ne va pas assez loin pour satisfaire des groupes comme les Six-Nations qui revendiquent plus fort que jamais la souveraineté. Même ceux dont les exigences sont plus modérées se montrent critiques à l'égard de la loi. À leurs yeux, si le but visé consiste à faire des Amérindiens des citoyens à part entière, comment la loi peut-elle y parvenir si elle n'est pas censée leur accorder les responsabilités qui accompagnent cet état? À cela s'ajoute le fait qu'avec toutes ces lois accumulées au fil du dernier siècle le processus administratif est devenu fort complexe et encourage à son tour la résistance. Au début, les conseils de bande tardent à se servir de leurs pouvoirs d'adoption des règlements; ensuite, entre 1966 et 1978, le nombre de conseils qui s'en prévalent triple[48]. L'intégration graduelle des Amérindiens au sein des programmes provinciaux résulte du remaniement de 1951, plus particulièrement en matière d'éducation et de protection de l'enfance et, dans certains cas, d'aide sociale. Petit à petit, on prend conscience qu'être Amérindien n'est pas incompatible avec le fait d'être Canadien, et que les Premières Nations pourraient peut-être apporter leur pierre à la richesse culturelle du pays.

Un deuxième comité mixte chargé de la révision de la politique des Affaires indiennes siège de 1959 à 1961. Cette fois, les revendications territoriales se retrouvent au premier plan des débats et forcent le comité à réitérer une recommandation du premier organisme semblable qui l'a précédé en 1951: il faut absolument instaurer une commission sur les revendications.

## Manipulations sociales

Les Amérindiens ont envisagé, au départ, de se servir des écoles réclamées à l'occasion des négociations des traités comme autant d'outils pour préparer leurs enfants au mode de vie qui serait le leur. Ils ont imaginé un partenariat avec les Blancs, parallèlement à leur propre travail d'adaptation, et ont vu l'aménagement de ces écoles comme un droit garanti par les traités, en vertu desquels le gouvernement aurait promis «de sauvegarder la vie indienne, ses valeurs et l'autorité du gouvernement indien[49]». Pour les Blancs, les écoles sont plutôt des instruments utilisables à une autre fin: l'assimilation. Conformément à l'*Acte de l'Amérique du Nord britannique* (AANB), l'éducation ressort aux provinces, tandis que les Amérindiens relèvent de la compétence du gouvernement fédéral. Par les traités, on a confié au gouvernement le soin de fournir les réserves en écoles et en enseignants et de pourvoir à leurs besoins, ce qui fait que, dans la pratique, les jeunes Indiens devaient recevoir leur éducation dans des écoles gérées par le ministère, mais que certains d'entre eux se sont retrouvés dans des écoles administrées par une province. L'éducation va devenir l'élément le plus coûteux de l'administration des Amérindiens.

Ottawa juge rapidement qu'il sera plus économique d'améliorer les maisons d'enseignement que possèdent déjà les établissements missionnaires de diverses Églises, plutôt que de créer sa propre infrastructure en matière d'éducation. Cet arrangement durera jusque dans les années 1960, quand la sécularisation croissante de la société et la séparation plus marquée de l'Église et de l'État lui auront fait perdre son efficacité. Durant toutes ces années, le gouvernement fédéral paie pour la construction et l'entretien des écoles, tandis que les Églises fournissent les enseignants et voient à la bonne marche quotidienne des établissements. On accorde la préférence aux internats plutôt qu'aux externats, puisqu'on croit qu'ils accélèrent le processus d'assimilation, en sortant les enfants de leurs familles et de leurs villages durant de longues périodes de temps. Les écoles se divisent en deux catégories: les pensionnats, habituellement situés dans les réserves et destinés aux élèves âgés de 8 à 14 ans; et les écoles professionnelles industrielles, situées à l'extérieur des réserves et à proximité des centres habités par les Blancs, offrant des programmes plus complexes à des élèves de moins de 18 ans. Les programmes fournissent d'abord l'enseignement élémentaire auquel s'ajoute, à mi-temps, une formation en agriculture, en arts et (quelques) métiers, ainsi qu'en économie domestique afin de les préparer à la vie dans les basses classes de la société dominante. Cette structure «à mi-temps» a des conséquences pratiques inattendues: les élèves passent beaucoup plus de temps à travailler dans les fermes-écoles que sur les bancs d'école; d'après Eleanor Brass, qui a grandi dans la colonie de File Hills, sur dix années dans une école, un garçon n'en passait que quatre en classe[50]. À leurs beaux jours, on compte au Canada une soixantaine d'internats pour les Indiens[51].

Sur les 20 000 jeunes âgés de 6 à 15 ans qu'on dénombre dans la population amérindienne en 1900, 3 285 étudient dans 22 écoles professionnelles et logent dans 39 internats, tandis que 6 349 suivent des cours dans 226 externats[52]. Au début, l'instruction n'est pas obligatoire; pourtant, des agents peuvent faire pression (et ils le font) sur les parents, habituellement en refusant de leur donner des rations, afin de les persuader de se séparer de leurs enfants. Un jeune externe ayant étudié dans les années 1890 a raconté que «pour s'assurer de sa présence le lendemain, chaque enfant recevait un biscuit sans sel avant de partir». Il ne pouvait se souvenir qu'on l'ait obligé à acquérir des connaissances dans les livres. La présence en classe ne devient obligatoire qu'en 1894, après que Hayter Reed ait obtenu un amendement à la *Loi sur les Indiens* dans ce sens.

Les écoles professionnelles connaissent une expansion rapide durant les décennies de 1880 et 1890, avant que la croissance des coûts ne suscite une plus ample réflexion. De 1888 à 1889, le coût de l'enseignement par élève inscrit à Battleford bondit de 329 $ à 400 $. Bien que Hayter Reed insiste pour que les diplômés ne soient pas autorisés à retourner dans les réserves, Clifford Sifton, surintendant général depuis 1896, estime que l'enseignement professionnel est probablement une perte de temps, vu que les Amérindiens ne possèdent pas «le dynamisme physique, mental ou moral» qu'il faut pour compétitionner sur un pied d'égalité avec les Blancs[53]. Il reste absolument muet sur le fait qu'ils ont souvent de la difficulté à trouver des emplois, étant donné que de nombreux Blancs refusent de travailler en leur compagnie. Selon un rapport de 1902, sur 2 752 élèves, seulement 599 s'en tirent bien[54]. Eleanor Brass, la Crie dont nous venons de parler, a connu ce système de l'intérieur et, à son avis, les écoles ont rempli leur fonction pendant une génération environ, soit celle du passage entre la chasse et le nouveau mode de vie fondé sur l'agriculture. Par la suite, elles «sont devenues le contraire de ce pour quoi elles avaient été imaginées précédemment», les diplômés n'ayant d'ordinaire pas l'occasion de mettre en pratique ce qu'ils avaient appris[55].

L'enthousiasme pour les écoles professionnelles s'évanouit au tournant du siècle, après que des coûts croissants et une administration déficiente, sans oublier des accusations de mauvais traitements infligés aux élèves, aient mené à un abandon graduel du programme. Metlakatla ferme en 1907, suivie en 1922 par l'école albertaine de High River, pour ne nommer que deux cas en 15 ans. Le ministère des Affaires indiennes, à compter de ces années-là, se concentre sur les pensionnats et les externats, ce qui ne veut pas dire que les ennuis, surtout ceux liés à la santé, cessent. Des enquêtes, menées de 1907 à 1909, révèlent une donnée statistique navrante: 28 pour cent de tous les élèves qui ont fréquenté le Pensionnat Sarcee entre 1894 et 1908 sont morts, pour la plupart de tuberculose. Un plan d'ensemble destiné à corriger la situation est mis de côté à cause de son coût, mais aussi parce qu'il aurait sapé l'autorité des Églises responsables des établissements. De nouveaux règlements entraînent une amélioration partielle, en même temps que de nouvelles dispositions financières viennent accroître les responsabilités des Affaires indiennes et laissent aux Églises la charge de fournir principalement le personnel enseignant[56]. Tout de même, des accusations de mauvais traitements ressurgissent de temps à autre et deviennent très répandues après le soulèvement d'Oka en 1990, quand la presse leur fait une publicité jusqu'alors inhabituelle. Brian Titley a souligné qu'il y a dix ans environ le système recevait encore l'appui de la société dans son ensemble[57]. Tous ces problèmes d'administration ont fait rentrer en grâce les externats. Voici ce qu'a observé Jenness en 1920:

> Dans plusieurs régions du Canada, les Indiens n'avaient pas la moindre école; dans d'autres, [ils avaient] seulement les écoles élmentaires des missions dont la qualité d'enseignement était extrêmement faible. Quelques pensionnats de mission, subventionnés par l'État, accueillaient les enfants indiens dès leur très jeune âge, les élevaient jusqu'à leur seizième année, puis les renvoyaient dans leurs familles, soigneusement endoctrinés dans la foi chrétienne, mais parfaitement mésadaptés à la vie dans une collectivité indienne et, bien sûr, inadmissibles dans une [collectivité] blanche[58].

À l'année de l'émancipation obligatoire (1920) correspond un renforcement de la fréquentation scolaire obligatoire qui permet de s'assurer de la présence en classe de tous les enfants amérindiens âgés de 7 à 15 ans. Dix ans plus tard, on accorde au ministère des pouvoirs plus étendus encore dans ce domaine; cette fois-ci, les jeunes Amérindiens peuvent être envoyés au pensionnat et obligés d'y rester jusqu'à l'âge de 18 ans avec l'autorisation de l'agent des Affaires indiennes, ce qui dépasse de loin les exigences imposées aux Blancs. Ce régime pourrait bien avoir été à l'origine des statistiques obtenues par Duncan Campbell Scott: le nombre d'élèves amérindiens augmente de 878 en 1918-1819 à 2 228 en 1928-1929. Lorsque Scott prend sa retraite en 1932, ils sont 17 163. Dans son dernier rapport, il affirme que la fréquentation scolaire, de 64,29 pour cent qu'elle était en 1920, a atteint 74,51 pour cent en 1930, principalement grâce aux pensionnats. Pour Scott, ces données prouvent que les Amérindiens commencent à être «civilisés[59]».

L'histoire est toutefois différente quand on examine d'autres statistiques. En 1930, les trois quarts des élèves autochtones du Canada sont en première, deuxième ou troisième année du primaire; 3 pour cent d'entre eux dépassent la sixième. Au milieu du siècle, la proportion d'élèves de ce dernier groupe a augmenté de 10 pour cent, une amélioration qui n'empêche toujours pas que trois fois plus de petits Blancs atteignent le même niveau d'instruction. Le type de programme d'enseignement auquel sont soumis les jeunes Amérindiens expliquerait au moins partiellement ces chiffres: l'insistance accordée aux «travaux pratiques» est telle qu'un Amérindien pouvait se compter chanceux d'atteindre la cinquième année avant ses 18 ans. Aussi tard qu'en 1951, on dit encore que 8 Indiens sur 20 âgés de plus de 5 ans n'auraient pas reçu la moindre formation scolaire, en dépit des règlements sur la fréquentation scolaire. Cela n'empêche pas bon nombre de parents amérindiens de faire leur possible pour encourager leurs enfants à aller à l'école; d'autres envoient des pétitions afin que la formation scolaire soit favorisée au détriment des travaux «pratiques» comme ceux touchant à l'agriculture.

Ces mesures pédagogiques passent sous les yeux des Amérindiens sans qu'ils puissent rien apporter au contenu des matières à l'étude ni exercer la moindre autorité sur les établissements scolaires. L'usage de leurs langues est interdit d'emploi, tout comme le sont les pratiques religieuses traditionnelles. Les enseignants, en dépit de leurs efforts, s'aperçoivent que les Indiens se servent du système pour en tirer «le meilleur de ce que l'homme blanc a à enseigner», en «s'efforçant de trouver leurs propres façons de faire et [d'arriver à] une autodétermination qui leur est propre[60]». Dans leur très grande majorité, ils conservent leur identité indienne. Comme le raconte un fonctionnaire, «on constate que les élèves les plus prometteurs ont régressé et sont devenus des meneurs dans la vie païenne de leurs réserves». Les fonctionnaires sont forcés de réapprendre, aux XIXe et XXe siècles, la leçon qui n'a été que trop évidente aux yeux de leurs prédécesseurs dans la Nouvelle-France du XVIIe siècle: la personnalité modale d'une culture donnée est, de par sa nature profonde, extrêmement résistante au changement[61]. Même quand la greffe prend au point qu'un individu s'insère dans le marché du travail, cela ne convient pas toujours à la société dominante. Oliver ne disait pas mieux: «Nous formons ces Indiens pour qu'ils fassent concurrence avec nos gens sur le plan du travail, ce qui m'apparaît une bien peu souhaitable façon de dépenser les deniers publics[62].» Par la suite, les Amérindiens ayant démontré qu'ils pouvaient être aussi habiles que les Blancs à leur propre jeu, il n'a pu ressortir de cela que de l'hostilité et du rejet plutôt que de l'acceptation.

Évidemment, les Amérindiens ont un point de vue différent sur l'influence de l'école:

> Quand un Indien sort de ces endroits, sa situation ressemble à celle de celui qui, placé entre les deux murs d'une pièce, est laissé suspendu au milieu. Il y a, d'un côté, toutes les choses apprises de son peuple et de son mode de vie qui ont été effacées et, de l'autre, le mode de vie de l'homme blanc qu'il ne peut jamais comprendre entièrement étant donné qu'il n'a jamais reçu suffisamment d'éducation et n'a pas pu s'y intégrer. Alors, il est là, suspendu entre deux cultures, et il n'est ni Blanc ni Indien. Ils ont lessivé presque tout ce dont un Indien avait besoin pour se prendre en main, pour réfléchir comme tout individu devrait le faire s'il veut survivre[63].

N'ayant rien perdu de sa vivacité, le sens de l'humour des Amérindiens continue de leur être très utile, ainsi que l'illustre le livre de Basil Johnston, *Indian School Days*[64]. Dans l'Extrême-Nord, au moins une école mérite une bonne note parce qu'elle a ajouté au programme des cours de technologie traditionnelle autochtone. L'école anglicane de Shingle Point, au Yukon, a engagé deux chasseurs inuits pour enseigner aux garçons les techniques de chasse et de pêche; pour leur part, les filles ont reçu des cours d'économie domestique adaptée au milieu arctique. De telles concessions à la tradition étaient rares pourtant; le Loucheux John Nerysoo, de Tuktoyaktuk, à qui on demandait ce qu'il avait appris à l'école, a répondu: «Surtout des choses sur Dieu, et comment être bon[65].»

Les enquêtes parlementaires qui précèdent la révision de la *Loi sur les Indiens* en 1951 rejettent la politique des Affaires indiennes en matière d'éducation et proposent plutôt l'intégration des enfants amérindiens dans le réseau public d'enseignement. Dix ans plus tard, un peu moins du quart des 38 000 jeunes Amérindiens fréquentant l'école étudient dans des établissements administrés par une province, et, proportionnellement, le nombre d'élèves amérindiens qui ont dépassé la sixième année a doublé[66]. Il y a quand même à cette époque des partisans des écoles amérindiennes libres, indépendantes de celles de la société dominante. De fait, certaines voix s'élèvent depuis la fin du XIXe siècle. L'une d'elles, celle du missionnaire-éducateur anglican Edward F. Wilson (1844-1915), se demande pourquoi on devrait refuser aux Amérindiens l'indépendance de leurs collectivités. «Ne serait-ce pas plus agréable, et même plus sûr pour nous [les Blancs] que vive parmi nous une communauté d'Indiens contents, riches, qui se respectent, florissants de santé, plutôt qu'une bande de pauvres dépendants, insatisfaits, à moitié instruits et à moitié anglicisés[67]?» Trois quarts de siècle après, l'anthropologue Jacques Rousseau (1905-1970) soulèvera une question semblable, au Québec, quand il plaidera contre les tentatives de transformation des Inuits en Canadiens français[68].

L'école de Blue Quills, à proximité de Saint-Paul, en Alberta, devient en 1970 la première maison d'enseignement à être administrée par une bande amérindienne[69]. Les succès qu'elle connaît en encouragent d'autres à suivre son exemple, et, en 1973, le village métis d'Île-à-la-Crosse, dans le nord de la Saskatchewan, prend la direction de l'école locale[70]. L'année suivante, les Ojibwés de la réserve de Sabaskong Bay, dans le Nord ontarien, défient le ministère des Affaires indiennes et entament les démarches nécessaires pour prendre la direction de l'école élémentaire; trois ans plus tard, ils administrent aussi l'école secondaire[71]. Aujourd'hui, le ministère encourage les bandes à gérer en tout ou en partie les écoles des réserves, malgré l'incohérence occasionnelle de sa politique de financement par rapport à cet objectif. Au début des années 1980, 450 des 577 bandes indiennes du Canada ont pris leurs affaires en main; parmi elles, 187 bandes, dont près de la moitié situées en Colombie-Britannique et la plupart des autres dans les Prairies, administrent toutes seules leurs écoles en 1984[72]. Des Nisgaas de Colombie-Britannique et des Cris de la baie James, au Québec, ont en outre pris chacun la direction d'une division scolaire. En 1983-1984, un élève amérindien sur cinq étudie dans une école administrée par une bande. On a élaboré, dans plusieurs provinces, des programmes destinées à la promotion de l'enseignement des langues et des cultures autochtones. En 1985, 65 centres éducatifs et culturels offrent des cours portant sur les langues et les cultures amérindiennes[73]. Enfin, en 1990, le ministère signe avec l'Assemblée des chefs du Manitoba un accord les autorisant à administrer leur propre réseau d'écoles dans les réserves.

Le dernier internat fédéral ferme ses portes en 1988. L'influence de l'ancien régime continue de se faire sentir, comme on pouvait s'y attendre, même si les nouveaux responsables doivent faire face à des difficultés comme la répugnance du ministère des Affaires indiennes à l'idée de fournir aux écoles administrées par les bandes un financement comparable à celui accordé à celles relevant des administrations provinciales. Le transfert des pouvoirs constitue un autre problème: le mandat accordé aux Amérindiens continue d'être restreint, sauf dans le cas d'ententes particulières, comme au Manitoba. C'est dire que les vieilles attitudes n'ont pas disparu; malgré tout, il n'est plus question d'«assimilation agressive», et certaines écoles indiennes possèdent des dossiers éloquents en matière de formation scolaire[74]. Dans le sud de l'Ontario, le Conseil scolaire du comté de Hastings élit le Mohawk Doug Maracle président de la commission scolaire locale en 1990.

Tout ceci n'empêche pas que, d'après le recensement de 1986, les non-Indiens soient trois fois plus susceptibles que les Indiens d'étudier à l'université et que sept fois plus parviennent à y décrocher un diplôme[75]. Parmi les Indiens qui entreprennent des études universitaires, environ un sur quatre obtient son diplôme, comparativement à plus d'un sur deux chez les non-Indiens. Quoique la capacité de rémunération des Indiens qui obtiennent un diplôme augmente considérablement, le fossé qui les sépare des non-Indiens ayant une formation professionnelle équivalente ne diminue pas; le revenu des Indiens, qu'importe leur niveau d'instruction, se maintient approximativement aux deux tiers de celui des travailleurs d'autres origines. On pouvait lire dans un rapport de 1991 de la Commission de la fonction publique que les Autochtones sont deux fois plus nombreux à quitter la fonction publique à cause du manque de promotion et de défi, et du fait qu'ils sont incapables d'aider leurs collectivités à partir du poste qu'ils occupent[76].

L'intensité et la durée de la campagne qui visait à s'emparer de l'esprit et du cœur des Amérindiens dénotent l'importance qu'on a accordé à cet aspect de la création d'une nation. La mainmise sur l'éducation se situe au cœur du mouvement autonomiste, une bataille que le Canada a menée contre la Grande-Bretagne au XIXe siècle et que les Amérindiens, eux, mènent contre le Canada d'aujourd'hui.

## CHAPITRE XXIII

# Les tribunaux canadiens
# et les droits ancestraux

L'affaire *St. Catharine's Milling c. la reine*, intentée par le procureur général de l'Ontario (1885-1889; dite aussi Affaire des titres indiens ou Affaire des terres de l'Ontario), est le premier procès en matière de droits ancestraux à se tenir au Canada. Elle donne lieu à une double déclaration qui établit deux précédents juridiques au Canada, le premier se rapportant aux droits ancestraux, et le second aux droits provinciaux. Rappelons qu'à cette époque ces derniers soulèvent de grandes passions, au point que les droits ancestraux sont presque perçus comme secondaires, bien qu'ils se trouvent en fait au cœur même du litige.

L'affaire remonte au long conflit qui oppose l'Ontario et le gouvernement fédéral sur la situation de la frontière nord-ouest de la province. Lors de l'achat par le Canada de la Terre de Rupert, ses frontières n'ont pas été délimitées. Puis, quand le gouvernement fédéral a éteint les droits fonciers amérindiens dans cette région par le traité n° 3, les nouveaux territoires ont été accordés au Manitoba, vu que les terres publiques de cette province relevaient de l'administration fédérale. L'Ontario, qui administre elle-même ses terres publiques, accuse alors Ottawa de chercher à réduire la dimension de la plus vieille des deux provinces et, par ricochet, à diminuer le domaine sur lequel l'Ontario exerce ses pouvoirs. À Ottawa, où l'on voit les choses par l'autre bout de la lorgnette, c'est l'Ontario qui paraît vouloir empiéter sur les prérogatives fédérales. Selon les mots mêmes de sir John A. Macdonald, «il n'y a pas un bout de bois, une acre de terre ou une masse de plomb, de fer ou d'or qui n'appartiennent au Dominion ou aux gens qui l'ont acheté du gouvernement du Dominion[1]». L'affaire parvient jusque devant le Comité judiciaire du Conseil privé de Londres, qui est à l'époque la cour d'appel du Canada et qui tranche en faveur de l'Ontario en 1884.

Le premier ministre, qui ne s'avoue pas défait si facilement, retarde la promulgation de la loi d'autorisation qui fait entrer en vigueur la décision; l'Ontario contre-attaque en déposant à la cour de la chancellerie de la Haute Cour de l'Ontario une plainte, pour exploitation forestière illégale sur des terres provinciales, contre la St. Catharine's Milling and Lumber Company, une société détentrice d'un permis fédéral. Elle est prise entre deux niveaux gouvernmentaux qui se font la guerre. La cause est d'abord entendue en 1885, l'année de la rébellion dans le Nord-Ouest, par le chancelier de l'Ontario, John Alexander Boyd (1837-1916). Deux des fils du juge se portent immédiatement volontaires pour aller combattre Riel lorsqu'éclate la rébellion[2].

## À qui appartiennent le territoire et ses titres?

Le débat se réduit alors exactement à ce que le Dominion a obtenu des Amérindiens par le traité n° 3. Représentant les intérêts du marchand de bois, et donc du gouvernement du Canada, D'Alton McCarthy (1836-1898) fonde sa défense sur le paragraphe 91(24) de l'*Acte de l'Amérique du Nord britannique*, où il est expressément mentionné que le Dominion sera responsable des «Indiens et des terres réservées pour les Indiens[3]». En vertu de ce paragraphe, le Dominion s'est engagé à éteindre le droit amérindien de propriété au moyen de traités. Suivant l'argumentation fédérale, avant l'achat, les Amérindiens détenaient la pleine propriété du territoire, un droit qui n'était restreint que par l'obligation de vendre exclusivement à l'État canadien. Ni les provinces ni les particuliers n'avaient le droit d'acheter des terres aux Amérindiens. La Proclamation de 1763 faisait expressément état de «terres réservées aux Indiens», et le territoire du traité n° 3 tombait assurément dans cette catégorie à l'époque de la Confédération. À cause de la formulation de la Proclamation, les traités constituaient une condition préalable essentielle à l'expansion du peuplement colonial dans l'Amérique du Nord britannique, et seule l'administration fédérale pouvait se livrer à cette activité.

McCarthy tente de démontrer qu'historiquement la couronne n'a pas conquis, mais plutôt acheté le titre de propriété appartenant aux Amérindiens. Pour corroborer son assertion, il décrit une longue série de traités signés avec des Amérindiens et remontant jusqu'aux origines des Treize Colonies. McCarthy soutient que ces traités, par leur existence, apportent la preuve qu'on a reconnu que les terres ancestrales représentaient pour les collectivités amérindiennes une vraie propriété assortie de «droits d'occupation des terres, de coupe forestière et de revendication sur les mines et les minerais tirés du sol». Qui plus est, ces droits, héréditaires, ont été achetés lors de la signature du traité n° 3 par le Dominion qui n'a donc pas agi en dehors de son champ de compétence lorsqu'il a accordé un permis de coupe de bois à la société St. Catharine's Milling and Lumber Company.

McCarthy ne fait comparaître qu'un seul témoin: Alexander Morris, ancien lieutenant-gouverneur des Territoires-du-Nord-Ouest et président de la commission chargée de négocier le traité n° 3. Quand il évoque les négociations, Morris mentionne l'existence de deux tentatives infructueuses ayant précédé une troisième série de pourparlers, qui nécessite tout de même 14 jours de laborieux échanges.

Le premier ministre ontarien Oliver Mowat (1820-1903) plaide en faveur de la partie demanderesse. Il n'y va pas par quatre chemins: «Nous affirmons qu'il n'existe aucun titre indien en droit ou en équité. La revendication des Indiens n'est que morale, ni plus ni moins.» Suivant l'argumentation de la province, on ne peut considérer la propriété que comme une «créature du droit», admissible seulement dans la mesure où existe la loi qui l'a créée. L'inexistence de règles ou de règlements assimilables à des lois fait en sorte que les Indiens ne possèdent sur leurs terres ancestrales aucun titre admissible par la couronne. Aucun droit foncier indien ne saurait exister indépendamment du droit monarchique. Tout au long de la plaidoirie présentée par la province, les Indiens sont décrits comme une «race inférieure [...] dans un état de civilisation inférieure» ne possédant «aucun gouvernement et aucune organisation, et qui ne peut être considérée comme une nation capable de posséder des terres».

Le raisonnement de Mowat découle de la célèbre affaire anglaise de Calvin (1608), un litige qui a mené à la définition des prérogatives du roi. Lorsqu'une population non chrétienne est conquise par la couronne, le droit britannique a immédiatement préséance sur toute loi que les païens peuvent avoir adoptée entre eux. Mowat élargit la notion de manière à inclure la «reconnaissance», par les rois chrétiens, de territoires habités par des païens.

> À l'époque de la découverte de l'Amérique, et longtemps après, c'était une règle admise que les nations de païens et d'infidèles constituaient des ennemis de toujours, et que le prince ou la nation chrétienne qui découvrait le pays en premier et en prenait possession devenait son propriétaire absolu, et pouvait traiter le territoire dans cet esprit[4].

Quant à la Proclamation de 1763, Mowat la qualifie de «disposition provisoire» que l'Acte de Québec a expressément abrogée en 1774. Quoi qu'il en soit, il ne s'agit pas là de la reconnaissance d'un quelconque titre préexistant, mais plutôt de la source d'un quelconque droit foncier appartenant aux Amérindiens et ne devant son existence qu'au bon plaisir de la couronne. La Proclamation n'a permis de réserver des territoires pour les Amérindiens que «pour l'instant», et l'Acte de Québec s'est substitué à cette mesure temporaire. Pour ce qui est du traité n° 3, étant donné que les Indiens n'avaient jamais possédé ce territoire de façon inconditionnelle, ils n'avaient rien qui fût transférable au gouvernement fédéral. Pour conclure, Mowat affirme que, puisqu'on a accordé à l'Ontario la compétence sur ses terres publiques en exécution des dispositions de la Confédération et puisque le territoire contesté se situe géographiquement à l'intérieur de l'Ontario, alors la libération de toutes les charges du titre a dû se faire légalement en faveur de la couronne en vertu du droit ontarien. Suivant l'argumentation de

Mowat, l'autorité fédérale sur les «territoires réservés aux Indiens», prescrite par la Confédération, ne peut s'appliquer qu'aux territoires nommément réservés pour les Autochtones lors de la signature des traités de cession territoriale.

Le 10 juin, trois semaines après le premier jour d'audience, le chancelier Boyd rend sa décision; il s'agit du plus minutieux des exposés sur les droits des Amérindiens à jamais avoir été rendus par une cour canadienne. À cette époque, la rébellion du Nord-Ouest est véritablement terminée; Poundmaker s'est rendu, seul Gros Ours est encore en liberté. Comme on pouvait s'y attendre, les Amérindiens décrits par Boyd sont sans domicile fixe et se déplacent au gré des nécessités de la vie. «On n'a jamais imaginé que ces païens et barbares pouvaient détenir le moindre titre de propriété sur ces terres, ni qu'ils auraient à cet égard la moindre prétention qui pût porter atteinte aux colonies et à la progression générale de la colonisation[5].» Puisque la propriété légale du territoire ne leur a jamais été imputée, Boyd maintient qu'il était impossible aux Indiens visés par le traité n° 3 de transporter de tels droits au gouvernement du Canada. Le Dominion a outre-passé ses droits en accordant à la St. Catharine's Milling Company un permis qui se trouve par conséquent nul. D'après Boyd, le traité n° 3 n'a lui non plus aucune valeur légale; les Amérindiens, s'ils le voulaient, pouvaient négocier avec la couronne l'extinction de leur droit d'occupation primitive. Dans le cas contraire, le gouvernement n'avait pas les mains liées et pouvait en toute liberté poursuivre la colonisation et la mise en valeur du pays, en déplaçant au besoin les Autochtones. Boyd convient avec l'Ontario que l'Acte de Québec de 1774 a remplacé et rendu caduque la Proclamation de 1763. Boyd poursuit ainsi:

> Avant qu'on ne leur approprie des réserves, les Indiens n'ont aucun droit, sinon celui que veut bien leur accorder la munificence et la bienveillance de la couronne. Après l'appropriation, ils se sont trouvés investis de la jouissance légalement reconnue de terres bien délimitées pour lesquelles ils possèdent actuellement un droit d'usufruit exclusif et absolu et potentiellement le droit de devenir des propriétaires uniques de plein droit après leur affranchissement[6].

Les trois appels qui suivent, un premier en cour d'appel de l'Ontario (entendu un mois après la pendaison de Riel), le deuxième en Cour suprême du Canada (jugement rendu le 20 juin 1887, accompagné de deux longs avis de dissidence) et le troisième au Comité judiciaire du Conseil privé (1888) concluent tous au maintien de la décision de Boyd. Le Conseil privé repousse toutefois l'argument de la province, qui veut que la Proclamation de 1763 soit tombée en désuétude, et en confirme la légalité. De son point de vue, cela ne change rien au fait que la couronne possédait un titre sur le sol, même avant le traité n° 3: «La couronne a depuis le début détenu la propriété immobilière courante du territoire, à l'égard duquel le titre indien n'a toujours été qu'un fardeau.» Autrement dit, ainsi que cela a été souligné à de nombreuses reprises, les Britanniques, dès leurs premiers pas en sol d'Amérique, ont acquis un titre de propriété sur les terres des Indiens. L'un des lords membres du Conseil soutient toutefois que les Indiens ont possédé un droit d'occupation des lieux avant le traité, mais qu'il s'agissait d'«un droit personnel et usufructuaire, selon le bon vouloir du souverain[7]». Un autre avis dissident s'oppose à l'étroite définition ontarienne des «réserves». L'arrêt *St. Catharine's Milling* est toujours en vigueur, en dépit des mémorables débats juridiques qui l'ont suivi. L'avocat Bruce A. Clark fera remarquer que, sur les quatre juges nord-américains qui ont annulé un titre amérindien pour des motifs idéologiques, trois étaient Canadiens[8].

Aucun témoin amérindien habitant le territoire du traité n° 3 n'est invité par le gouvernement canadien à venir faire connaître l'idée que se font les Sauteux eux-mêmes de leurs droits territoriaux, même si cela est attesté dans le compte rendu fait par Morris des négociations portant sur le traité[9]. Un chef déclare: «Notre pays est riche, c'est le Grand Esprit qui nous l'a donné; le lieu où nous nous trouvons est la propriété des Indiens, et il leur appartient.» Les témoignages de cette nature ne manquent pas, ainsi que le fait remarquer l'historien Donald Smith. Le Mississagué Peter Jones écrit: «Chaque tribu ou groupe d'Indiens possède sa propre étendue de pays, et parfois chaque famille [possède] ses propres terrains de chasse, délimités par certaines divisions naturelles [...] et considère que tout le gibier qui s'y trouve lui appartient [...]. Un intrus passe sur les terrains de chasse d'un autre à ses propres risques[10].» Le Mississagué George Copway (1818-1869) se montre plus catégorique encore: «Les terrains de chasse des Indiens étaient garantis par le droit, une loi, ainsi que la coutume entre eux. Personne n'était autorisé à chasser sur la terre d'un autre sans invitation ou permission.» Les récidivistes pouvaient finir par se voir bannir de la tribu[11].

Les choses n'allaient pas bien pour les Amérindiens du traité n° 3, les gouvernements fédéral et provincial n'arrivant pas à s'entendre sur le choix, l'emplacement et la dimension des réserves promises. Au point que certains attendront une, et parfois plusieurs générations, avant la confirmation de leurs réserves. Pour d'autres, le processus n'a toujours pas pris fin.

## Un conflit vieux de près de trois siècles: Oka

L'affaire qui oppose les Amérindiens d'Oka au séminaire de Saint-Sulpice remonte à très loin; encore aujourd'hui, l'absence de solution vient soutenir la position relative au titre de propriété amérindienne confirmée par l'arrêt *St. Catharine's Milling c. la reine*[12]. Elle débute avec la concession d'une seigneurie faite en 1717 par Louis XV au séminaire de Saint-Sulpice, à proximité du confluent de la rivière des Outaouais et du Saint-Laurent, à une trentaine de kilomètres à l'ouest de Montréal, à la condition qu'elle serve de mission pour les Amérindiens. L'ordre religieux en avait fait la demande, et selon une interprétation, s'«ils l'avaient demandée pour eux-mêmes, ils ne l'auraient pas eue[13]». En cas d'abandon de la mission par les Autochtones, le territoire devait redevenir une propriété du roi[14]. Il a alors semblé plus sage d'accorder la concession au séminaire, à la condition expresse qu'elle serve de mission pour les Amérindiens, plutôt qu'à ces derniers, jugés incapables de conserver une propriété pour eux-mêmes. Mais on a laissé sans réponse une question de fond: les sulpiciens sont-ils propriétaires exclusifs ou simplement fidéicommissaires du territoire? Ce sera une source de tourment qui croîtra à mesure que se fera la mise en valeur des ressources de la région[15].

Ainsi que nous l'avons vu, la France n'a jamais reconnu de droit de propriété aux Autochtones et n'a donc jamais jugé nécessaire de négocier avec les Indiens avant de concéder des terres à des sujets français. Dans le cas d'Oka, il s'agissait de fournir au séminaire un territoire lui permettant d'établir une mission pour les Indiens (principalement des Hurons, des Algonquins et des Iroquois, mais aussi des Népissingues, des Panis, des Renards et même quelques Sioux) que la guerre et d'autres motifs avaient dispersés et qui s'étaient rassemblés au sault aux Récollets, près de Montréal. En 1721, ce sont presque 900 Indiens qui viennent s'installer sur le nouvel emplacement du lac des Deux-Montagnes et qui profitent de l'aide généreuse d'un bienfaiteur privé, François Vachon de Belmont, qui aurait englouti une fortune dans l'entreprise. Le séminaire prétend aussi avoir engagé de fortes dépenses[16]. L'emplacement a été choisi en raison de son éloignement suffisant pour offrir une protection contre les fléaux de la colonie montréalaise, et de sa proximité suffisante pour que les Indiens puissent être rapidement recrutés pour le service militaire en cas de guerre[17]. Du point de vue des Autochtones (en particulier les Iroquois, qui finissent par prédominer), ce territoire est le leur.

Inflexibles sur leur position d'après laquelle les Français avaient éteint tout droit foncier que les Amérindiens auraient pu détenir, les Britanniques admettent l'incontestabilité du titre du séminaire sur la concession, qu'ils prennent même la peine d'agrandir. Plus tard, en 1781, les Indiens portent leur cause devant les tribunaux; afin de prouver leur droit de propriété, ils apportent en preuve la «porcelaine à deux chiens» (ceinture ornée à chaque extrémité d'un chien symbole de la protection de leur territoire, représenté par 27 billes de verre), mais la cour rejette leurs prétentions[18]. Les Indiens de Kanesatake n'ont pas droit à l'appui d'un gouverneur sympathique, comme celui qu'apporte le gouverneur Gage à leurs congénères de Kahnawake en 1762; aucun traité particulier ne les protège non plus, comme celui des Hurons de Wendake (L'Ancienne-Lorette[19]). On comprend tout de même que la situation des Iroquois de Kanesatake est une source de préoccupations quand on sait que les Anglais éprouvent le besoin d'émettre en 1841 une ordonnance spéciale venant confirmer le titre du séminaire. Le geste vise aussi un second objectif: récompenser les sulpiciens pour leur soutien au gouvernement durant les événements de 1837-1838. Forts de cet appui et maintenant beaucoup moins enthousiastes à l'égard de leur mission, surtout à la vue des Iroquois qui désertent le catholicisme au profit du méthodisme, les religieux exercent des pressions économiques pour inciter les Autochtones à quitter les lieux et, dans la mesure du possible, invitent des colons canadiens-français à leur place[20].

En 1853 et 1854, le département cherche à faciliter les choses pour les Amérindiens en mettant de côté des terres à l'intention des Algonquins à

Maniwaki (Québec), et des Iroquois à Doncaster (Ontario). Acceptant ce compromis, quelques-uns déménagent, tandis que la plupart refusent de partir. Dans leur rapport de 1858, les commissaires font observer que «l'attachement des Indiens aux coins de pays où ils sont nés et ont grandi est [poussé] à l'extrême[21]». Pour bien faire valoir leurs droits de propriété sur Kanesatake, ils ne cessent de couper du bois et de délimiter des terrains, ce qui vaut à certains d'être emprisonnés, vu que les sulpiciens prétendent aussi posséder les arbres[22]. La situation s'envenime à nouveau en 1868 quand les Algonquins et les Iroquois, menés par le chef iroquois nouvellement élu Joseph Onasakenrat (Sosé, Joseph Akirwirente; 1845-1881), font parvenir une pétition à Ottawa[23]; ils y dénoncent la tyrannie et l'oppression du séminaire et réclament un titre incontestable sur leur territoire et sur leur village, Kanesatake. Leur démarche n'aboutit qu'à l'arrestation et l'emprisonnement de trois chefs, dont Onasakenrat (que des accusations reliées à la question des terres mèneront en prison à huit reprises), ainsi qu'à un décret confirmant une fois de plus, en 1869, les droits seigneuriaux des sulpiciens.

L'escalade de la violence, à laquelle il faut ajouter la démolition de l'église méthodiste par les sulpiciens en vertu d'une ordonnance de la cour en 1875, une descente au beau milieu de la nuit par les forces policières provinciales deux ans plus tard, ainsi que l'incendie de l'église catholique, conduisent à accuser de ce crime 14 Amérindiens. Après que tous les précédents aient échoué à rendre un verdict, le sixième jury, composé d'anglophones, finit par acquitter les accusés[24]. Une autre enquête, en 1878 celle-là, réaffirme encore une fois l'inexistence de droits fonciers amérindiens et conclut que le séminaire possède la seigneurie[25]. Face aux Autochtones qui refusent obstinément d'accepter cette décision, le département prend des dispositions pour que le séminaire achète 10 320 hectares (25 500 acres) dans le canton de Gibson, à titre de compensation pour eux et pour apporter une «solution définitive» au problème. Bien que le séminaire ait fait construire des maisons et ait offert des parcelles de 40 hectares (100 acres; ou plus au besoin) par famille, ainsi qu'une compensation aux Indiens en remerciement des améliorations qu'ils ont apportées à Oka, peu d'entre eux acceptent en fin de compte de partir. Tout d'abord, on a une nouvelle fois oublié de les consulter sur l'emplacement de la nouvelle réserve; ensuite, ils jugent inadéquate la compensation qui leur est offerte[26]. Ce mauvais accueil débouche, en 1883, sur un autre rapport faisant état, dans le public, d'une certitude profondément enracinée, selon laquelle «même si les Indiens pouvaient n'avoir légalement aucun droit sur ces terres, comme s'ils en étaient les propriétaires, ils ont néanmoins droit à une compensation pour la perte de terres qu'ils ont été incités à croire comme ayant été mises de côté à leur intention[27]». On enterre pourtant la hache de guerre pendant certaines périodes; entre 1886 et 1910, Mohawks et Blancs travaillent à un programme commun de reboisement destiné à stabiliser les sols sablonneux de la région. La plantation est devenue un modèle du genre pour d'autres projets semblables dans la province[28].

Puisqu'aucune des deux parties ne veut démordre sur la question des terres, le conflit perdure et toute l'affaire finit par aboutir devant les tribunaux, où Ottawa a accepté d'assumer les frais de cour des deux opposants. Elle remonte enfin jusqu'au Conseil privé, qui tranche en faveur du séminaire en 1912, tout en suggérant la création d'un trust à vocation philanthropique au profit des Amérindiens[29]. On sous-entend alors la possibilité de négocier leurs droits dans cette affaire en dehors du système judiciaire. Malgré tout, rien n'est fait, devant les tribunaux ou directement, jusqu'à ce que le séminaire, placé devant une crise financière en 1936, vende la majeure partie de sa seigneurie, y compris la forêt d'Oka, à une société immobilière belge[30]. Une scierie est construite et, après la deuxième guerre mondiale, la société se met à vendre des parcelles de terrain pour l'exploitation agricole. Cela vexe tellement les Amérindiens que le ministère, inquiet de la situation, achète en 1945 les terres invendues du séminaire (à l'exception de celles à vocation religieuse), plus 202 hectares (500 acres) de forêts devant fournir du bois de chauffage, et décide d'en assumer la responsabilité pour les Autochtones[31]. Rien n'a véritablement changé puisque les habitants de Kanesatake ne sont encore pas consultés; loin de percevoir l'achat comme une solution définitive au problème, ainsi que l'avait souhaité le ministère, ils ne cessent d'insister sur leurs revendications, qui incluent un territoire forestier n'ayant pas fait partie de la dernière transaction. En 1975, le ministère rejette la tentative d'affirmation d'un droit autochtone sur la région qu'ils présentent dans une revendication d'ensemble. Ils reviennent à la charge deux ans plus tard avec une demande particulière que le ministère repousse elle aussi en 1986. Pour leur part, les Iroquois continuent de rejeter toutes les propositions d'installation sur les propriétés fédérales avoisinantes.

Les dramatiques événements de l'«été indien» de 1990 démontrent bien que le problème est non seulement resté entier, mais qu'il a empiré. C'est l'annonce, par la ville d'Oka, d'un projet d'expansion du golf de neuf trous, construit dans les années 1950 sur le territoire contesté, qui met le feu aux poudres. La ville prend cette décision après neuf mois de négociations infructueuses; les Mohawks ripostent en érigeant une barricade sur les lieux. La Sûreté du Québec, répétant un geste étrangement similaire à ceux de ses prédécesseurs du siècle d'avant, décide de faire sauter la barricade; elle échoue, et un de ses hommes est tué[32]. Pour venir en aide aux leurs, les habitants de Kahnawake, à une trentaine de kilomètres de là, bloquent les routes qui traversent leur réserve ainsi que le pont Mercier. L'affrontement dure 78 jours à Kanesatake. Les autorités québécoises tentent bien de couper les vivres aux résistants, mais les Amérindiens arrivent à contourner l'obstacle avec l'aide de la Croix-Rouge. En fin de compte, la province demande à Ottawa d'envoyer l'armée, un geste qui coûte à lui seul 83 millions de dollars; la note atteint plus de 112 millions pour la seule province. La facture globale du soulèvement s'élève bien au-delà des 200 millions[33]. Les vieux arguments selon lesquels les Amérindiens ne possèdent pas de droits sur une terre qui les a nourris pendant des milliers d'années, sauf s'ils les ont fait valoir à l'occasion d'ententes particulières, ne sont pas seulement très vivaces, ils mènent tout droit à des positions toujours plus extrêmes. Les problèmes sans solution s'apparentent aux chancres; ils s'incrustent et grossissent au lieu de disparaître avec le temps[34].

## Autres points chauds

Les autres affaires portées devant les tribunaux conduisent à des arrangements plus nombreux en matière de droits de chasse et de pêche que de droits fonciers. Mais de nouveau, il faut dire que jamais le dossier n'a brillé par sa cohérence. En Nouvelle-Écosse par exemple, une série de causes ayant débuté dans les années 1920 ont abouti à un verdict prononcé contre les droits de chasse et de pêche, sous prétexte que le traité de 1752, qui garantissait ces droits, était:

> un simple accord établi par le Gouverneur et le conseil avec une poignée d'Indiens leur donnant en retour de leur bonne conduite de la nourriture, des cadeaux et le droit de chasser et de pêcher comme de coutume [...]. Les droits de souveraineté, ou même de propriété, des Sauvages [n'étaient] jamais reconnu[s]. La Nouvelle-Écosse n'a été ni donnée à la Grande-Bretagne, ni achetée par elle, ni même encore été obtenue par suite de la conquête des Indiens, mais a plutôt été acquise par un traité signé avec la France qui l'avait elle-même acquise par droit d'antériorité de découverte et d'ancienne possession; et les Indiens ont été acquis en même temps qu'elle[35].

La cour déclare qu'un gouvernement d'une province ou du pays peut mettre fin à sa guise à un tel accord. En l'absence de toute reconnaissance de la souveraineté amérindienne, il est impossible de classer l'accord de 1752 comme un traité international.

Cette décision est confirmée en 1958 par l'arrêt *La couronne c. Simon*, puis une nouvelle fois en 1969 par l'arrêt *Francis c. la couronne*; dans ce dernier cas pourtant, la cour déclare que les traités de 1725, 1752 et 1779 sont toujours valides sauf quand ils ont été modifiés par une loi «promulguée légitimement en vertu des pouvoirs accordés au gouvernement du Canada par l'article 91 de l'*Acte de l'Amérique du Nord britannique*[36]». C'est ce que la loi fédérale sur les pêches a précisément fait l'année suivante, soit en 1970. Les choses en restent là jusqu'en 1985, lorsque la cour suprême de la Nouvelle-Écosse, dans un nouvel arrêt *La couronne c. Simon*, juge que l'accord de 1752 est toujours valide et que seule une loi fédérale, et non provinciale, peut l'annuler et le remplacer. Aux yeux des Micmacs, cette nouvelle décision signifie que leurs droits ne sont ni tombés en désuétude ni rejetés[37]. D'autre part, tandis que la validité du traité de 1752 est maintenue, son statut de traité international, lui, ne l'est pas. Le même principe s'applique à d'autres traités amérindiens.

Les autres cours provinciales réaffirment aussi, règle générale, les droits usufructuaires des Amérindiens. En Colombie-Britannique, ils sont confirmés en appel en 1965 par l'arrêt *La couronne c. White et Bob*, qui part du principe qu'ils existent depuis des «temps immémoriaux». L'affaire met en cause une tribu de l'île

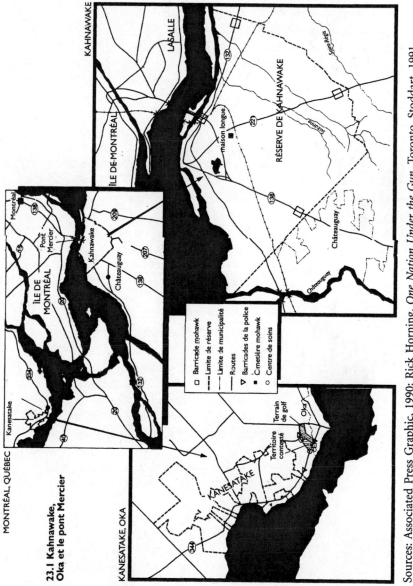

23.1 Kahnawake, Oka et le pont Mercier

Sources: Associated Press Graphic, 1990; Rick Horning, *One Nation Under the Gun*, Toronto, Stoddart, 1991.

de Vancouver, celle des Saalequuns, qui ont cédé leur territoire au gouverneur Douglas en 1854 (voir le chapitre XVI), mais ne se sont pas départis de leurs droits de chasse dans les régions inoccupées. En 1964, des membres de la tribu sont accusés de possession illégale de six carcasses de cerf en dehors de la saison de la chasse prévue par la loi sur la chasse (1960) de la Colombie-Britannique (les Amérindiens sont soumis à la législation provinciale sur la chasse et le piégeage depuis 1915); la cour d'appel juge que les droits issus de traité prévalent sur les lois provinciales ayant trait à la chasse[38]. C'est Thomas Berger, le futur président de l'enquête sur l'oléoduc du Mackenzie de 1974 à 1977, qui représente les intérêts des Amérindiens. La Cour suprême maintient la décision, mais en se fondant sur les droits issus de traités, au lieu des droits ancestraux, sur lesquels elle reste muette. D'autres jugements semblables sont rendus dans différentes provinces. Une exception notable cependant, celle du Québec qui, ne possédant pas de traité outrepassant sa législation, a revendiqué le droit de réglementer la chasse et la pêche. La résistance amérindienne, en 1981, amène 400 policiers provinciaux fortement armés, soutenus par des bouteurs et des hélicoptères, à effectuer une descente dans le village de la réserve de Restigouche pour y confisquer 250 kilogrammes de saumon et plus de 75 filets de pêche. Deux jours plus tard, lors d'une seconde incursion, ils lancent des gaz lacrymogènes, et le pont reliant la réserve à Campbellton, au Nouveau-Brunswick, est fermé à la circulation. Les Amérindiens ripostent en érigeant des barrages sur les quatre routes qui mènent à leur réserve. On finit par arriver à un accord sur les droits de pêche après que la police eut quitté les lieux[39].

D'un autre côté, les cours jugent que les lois fédérales sur la chasse prévalent sur les traités. La *Loi sur la convention concernant les oiseaux migrateurs* (1960) est contestée dans une série de procès dont les suivants sont de bons exemples: *La couronne c. Sikyea*, en 1964 et 1965; *La couronne c. George*, en 1966; et *La couronne c. Cooper*, en 1969[40]. Dans toutes ces affaires, les jugements confirment le principe de la primauté de la loi fédérale sur les dispositions conventionnelles. Plus tard, d'autres causes, comme celle de *Daniels c. la couronne*, maintiendront ce point de vue.

Les tribunaux ont montré moins de tolérance à l'égard des revendications amérindiennes ayant trait à d'autres aspects des droits ancestraux. Par exemple, en Colombie-Britannique en 1969, le fondateur et président (de 1955 à 1974) du Conseil tribal des Nisgaas (aujourd'hui la Nation nisgaa[41]), Frank Calder, soutient que jamais le titre autochtone de son peuple n'a été éteint, et que pas une seule partie de son territoire n'a été cédée à la Grande-Bretagne. Lorsqu'il témoigne dans la cause *Calder c. procureur général*, il répète ce qu'un précédent porte-parole a déclaré devant une commission royale en 1888:

> Ce qui nous déplaît [des gens] du gouvernement, c'est quand ils disent: «Nous vous donnerons tant de territoire.» Comment peuvent-ils nous le donner quand il nous appartient? Nous ne pouvons comprendre cela. Ils ne l'ont jamais acheté ni de nous ni de nos aïeux. Ils n'ont jamais combattu ou conquis notre peuple, ni ne se sont

emparés du territoire de cette façon, et là ils nous disent maintenant qu'ils nous donneront telle grandeur de territoire — de notre territoire [...]. Nous le possédons depuis un millier d'années[42].

Par conséquent, soutient Calder, la législation foncière provinciale est nulle.

La cour suprême de la Colombie-Britannique déclare que le moindre droit que peuvent avoir eu les Indiens à l'époque des contacts a été annulé par la simple promulgation du droit de l'homme blanc, en dépit de l'absence de toute déclaration légale à cet effet. En 1973, pour une question de forme, la Cour suprême du Canada confirme ce jugement[43] (par une majorité de quatre contre trois). Six juges sont d'avis que le titre autochtone existe, mais qu'il est «subordonné à la bonne volonté du Souverain». Toutefois, il y a désaccord sur l'état des droits des Nisgaas à ce moment-là; et les juges ne sont pas divisés sur l'existence des droits ancestraux en tant que tels, mais plutôt sur la façon de les interpréter et de les négocier. Le juge J. Judson reconnaît que: «Le fait demeure qu'à l'arrivée des colons les Indiens étaient là, organisés en sociétés et occupant le territoire comme leurs ancêtres l'avaient fait pendant des siècles. C'est ce que signifie le titre indien[44].» Le juge Emmett Hall renchérit sur cette position en déclarant que, si possession vaut titre, alors les Nisgaas possèdent indubitablement leurs terres de la vallée de la Nass et le gouvernement fédéral a seul l'autorité nécessaire pour éteindre leur titre foncier.

En commentant ce jugement, Pierre Elliott Trudeau, premier ministre de 1968 à 1979, puis de 1980 à 1984, convient que les droits ancestraux sont juridiquement fondés, bien qu'il en ait rejeté l'idée auparavant[45]. Ayant concédé aux Amérindiens le fait qu'ils puissent avoir plus de droits qu'il ne leur en a reconnu dans le livre blanc de 1969, il enchâsse ces droits, sans les définir, dans la Constitution de 1982, malgré les efforts déterminés des premiers ministres provinciaux pour l'en empêcher. L'affaire de l'île Bear illustre pourtant bien que cette victoire constitutionnelle partielle en matière de droits ancestraux n'a pas entraîné d'acceptation par les tribunaux.

## L'affaire de l'île Bear

L'affaire du *Procureur général de l'Ontario c. la Bear Island Foundation*, en 1984, est considérée à l'époque comme étant de loin le plus complet des examens juridiques portant sur les droits ancestraux. Le débat porte sur la nature juridique du droit ininterrompu des Teme-agamas Anishnabays (gens de l'île Bear) sur leurs terres ancestrales, qui s'opposent à un gouvernement provincial désireux d'ouvrir la région afin d'en mettre en valeur les ressources et le potentiel touristique. Le procès dure 120 jours; des douzaines de personnes témoignent et 3 000 pièces à conviction sont déposées au greffe. Les Teme-agamas affirment d'abord le profond enracinement de leur identité dans la région et ajoutent qu'aucun représentant de leur tribu n'a signé les traités de Robinson.

La réponse du juge Donald Steele tient dans un document de 284 pages qui réitère la position du juge Boyd dans la cause de St. Catharine's Milling, soit que la couronne britannique demeure la source première de toute autorité légitime au Canada et que tous les droits que peuvent détenir les Amérindiens découlent de la Proclamation de 1763. Autrement dit, de son point de vue, la Proclamation est *la source* des droits ancestraux dans les territoires britanniques, et non une confirmation de droits préexistants; «les droits ancestraux existent, ajoute-t-il, de par le bon vouloir de la couronne, et un traité, une loi ou d'autres actes administratifs peuvent les éteindre».

Le juge Steele est d'avis que la Conquête, celle de la France d'abord (le juge ne dit pas comment cela peut concerner le titre foncier amérindien), puis la victoire contre Pondiac en 1763 sont à l'origine des droits fonciers de la couronne britannique au Canada. Il ne fait aucune allusion à la présence d'alliés amérindiens combattant aux côtés des Britanniques en ces occasions. Le primitivisme de l'organisation sociale des Amérindiens, écrit le juge, signifie que «l'occupation indienne ne pouvait être considérée comme véritable et légale, et que les Européens étaient légitimement autorisés à prendre possession du territoire et à y établir des colonies[46]». Pour le juge, seul existe le droit écrit, dont la légalité a été établie par un État définitivement constitué; suivant cette interprétation, le droit coutumier ne peut être considéré comme du droit que s'il fait partie intégrante d'un jugement de tribunal. En 1989, la décision du juge Steele est maintenue en se fondant sur une nouvelle preuve d'après laquelle les Teme-agamas avaient vendu leur territoire pour 25 $ lors des négociations avec Robinson.

L'historien Tony Hall a souligné qu'il existait un problème juridique à la base de ce procès, ainsi que de celui de la St. Catharine's Milling, et qu'il avait trait à l'AANB de 1867. Les termes de cette loi conféraient à Ottawa la responsabilité des «Indiens et des territoires qui leur sont réservés». Cependant, l'article 109 stipulait que «l'ensemble des terres, mines, minéraux et redevances» extraits de ce territoire ou lui appartenant relèveraient du droit de propriété des quatre provinces fondatrices de la Confédération. (Les provinces des Prairies n'obtiennent qu'en 1930 la pleine autorité sur leurs ressources naturelles.) Cette division des pouvoirs signifiait que les provinces détenaient un droit acquis opposable aux prétentions territoriales autochtones[47].

Le droit britannique ne s'est pas toujours montré aussi intransigeant qu'il l'a été au Canada à l'égard de la question des droits fonciers amérindiens. Par exemple, en Nouvelle-Zélande, dans la cause *La couronne c. Symonds* (1947), le président du tribunal a déclaré:

> Quel que soit l'avis des juristes sur la solidité ou la faiblesse du titre amérindien [...] on ne peut trop solennellement affirmer qu'il faut le respecter et qu'il ne peut être éteint (du moins en temps de paix) autrement qu'avec le libre consentement des occupants indigènes[48].

Le philosophe John Locke (1632-1704) soutenait que, quand des Amérindiens ont signé des pactes avec des non-Amérindiens, c'était pour établir des liens particuliers, plutôt que pour se soumettre complètement à la volonté des non-Amérindiens. Gros Ours aurait compris ce raisonnement mais, par malheur pour lui, il n'était pas en mesure de citer les textes britanniques. Locke a qualifié cela de *principe du pacte contractuel de l'État*. Le droit britannique reconnaît ainsi implicitement l'existence des droits d'un gouvernement autochtone. Il admet aussi des droits de propriété amérindiens, comme en témoigne sa politique de compensation s'appliquant lors de l'acquisition des territoires amérindiens.

## L'insuffisance des systèmes en place

Depuis le temps que dure cette situation, on a commencé à s'interroger sur la capacité des outils existants — qu'il s'agisse de négociation directe avec le gouvernement ou de recours aux tribunaux — dans le traitement des revendications amérindiennes. Les principaux intéressés sont convaincus de cela depuis longtemps[49], mais la recherche d'autres solutions n'a jamais été une mince tâche. En 1890, on tente d'imposer un arbitrage officiel en créant une commission chargée de négocier les conflits entre le Canada, l'Ontario et le Québec; les Amérindiens ont peu souvent la chance d'y prendre part, et on ne leur permet qu'en une seule occasion de choisir leurs propres avocats. En 10 ans d'existence (la commission est dissoute au début des années 1900), l'organisme entend une vingtaine de causes portant sur des conflits de nature financière ainsi que des plaintes sur des questions foncières. La commission ne parvient à régler que trois de ces affaires, et deux autres de ses décisions sont plus tard renversées par les tribunaux. En résumé, elle se révèle incapable de négocier avec efficacité les revendications des Amérindiens.

C'est en 1961 qu'on commence à examiner avec attention les mesures législatives nécessaires à la création d'une commission sur les revendications autochtones; trois ans plus tard, le Conseil national des Indiens (fondé en 1960) organise, pour étudier la question, une conférence dont le ministère assume les frais. Il en ressort une avalanche de quelque 300 mémoires; dans leur ensemble, les Indiens sont sceptiques sur l'efficacité de la proposition. Finalement, en 1969, dans le sillage du livre blanc, on nomme le vice-président de l'Université de la Saskatchewan, le Dr Lloyd Barber, commissaire aux revendications des Indiens; il est chargé d'accueillir et d'étudier les griefs, ainsi que de proposer des mécanismes permettant le meilleur arbitrage possible de revendications particulières. Par contre, traduisant en cela le rejet personnel de cette notion par Pierre Trudeau à l'époque, les droits ancestraux sont exclus de son mandat, ce qui lui vaut d'être accueilli avec suspicion par les Indiens. Le premier indice d'un changement dans la position de Pierre Trudeau apparaît au cours de la deuxième année d'existence de la commission, quand la délimitation de ses pouvoirs est élargie afin d'inclure les revendications globales (celles portant sur des régions non régies par un traité), donnant ainsi au D$^r$ Barber la possibilité d'examiner les droits ancestraux. Sa façon d'aborder impartialement les questions et son écoute attentive de tous les intervenants (ce qui permet de rapprocher les points de vue du gouvernement et des Amérindiens) doivent au D$^r$ Barber d'être couvert d'éloges par l'activiste et défenseur des droits indiens Harold Cardinal, bien que la politique gouvernementale ne change officiellement pas avant le jugement sur les Nisgaas en 1973 et malgré la brève existence de la commission (elle cesse de siéger en 1977[50]).

Barber fait observer dans son dernier rapport qu'il n'est possible de se prononcer de façon satisfaisante sur les revendications que quand des recherches permettent d'affirmer la position des Autochtones. En d'autres termes, il appartient aux Amérindiens eux-mêmes d'établir leurs revendications, au lieu d'attendre que d'autres leur rendent justice. Barber ne dégage aucun principe de base permettant l'évaluation des revendications, ni ne fournit d'indication sur le type de mécanisme qui mènerait à une résolution de ces demandes. Un comité mixte formé par la Fraternité des Indiens du Canada et le cabinet est créé en 1975 et dissous trois ans plus tard, lors du retrait des Amérindiens; puis une Commission des droits des Indiens du Canada suit, mais ne dure guère plus longtemps. Concilier les priorités nationales et régionales constitue toujours une difficulté majeure.

Pour régler un cas de revendication, le ministère n'envisage le recours aux tribunaux qu'en dernier ressort. Du côté des Amérindiens, les procès présentent des risques, dont le moindre n'est certainement pas le coût. Malgré la levée, en 1951, des restrictions sur toute campagne de souscription destinée au paiement de frais de cour, ils ne peuvent toujours pas utiliser sans le consentement du ministère les fonds publics qu'on leur accorde pour de la recherche en préparation d'un procès[51]. Nous examinerons d'autres aspects du problème au chapitre XXVI.

## Les concepts de territoire et de droits fonciers chez les Amérindiens

Les prétentions des Blancs sur leurs territoires ont contraint les Indiens à traduire leurs concepts traditionnels dans un langage contemporain. Les perceptions cycliques et holistiques de l'univers qu'ont les Autochtones font en sorte que la propriété de la terre est détenue en commun par l'ensemble de la nation tribale. Les membres de la tribu possèdent un droit d'usufruit par indivis de la terre; et chacun, à titre de membre du groupe, possède un droit sur sa totalité. Qui plus est, les droits d'utilisation de la terre n'appartiennent pas uniquement aux vivants, mais encore à ceux qui ne sont plus et à ceux qui naîtront; ils n'appartiennent pas non plus exclusivement aux humains, mais aussi aux autres êtres (vivants, comme les animaux et les plantes, ou parfois, dans des circonstances particulières, à des pierres). Ce contrat social inclut tous les objets du monde vivant. Évidemment, un tel concept de partage avec d'autres formes de vie est étranger à la pensée judéo-chrétienne. Tout comme l'est le point de vue amérindien suivant lequel ceux qui ont bénéficié à l'origine des largesses du Créateur conservent leurs droits tant et aussi longtemps qu'eux-mêmes ou leurs descendants habitent la Terre; et ils ne sont pas autorisés à y renoncer. De la façon dont les Amérindiens voient la chose, le Créateur n'accorde jamais de propriété absolue.

Le partage ne signifie pas non plus l'abandon de ses droits. À la signature d'un traité, les Amérindiens ne peuvent renoncer à la propriété absolue de la terre puisqu'ils ne l'ont jamais revendiquée pour eux-mêmes. Durant le XVIII$^e$ siècle, lorsque les Abénaquis ont cherché à mettre un frein à la colonisation anglaise sur la côte atlantique en faisant valoir leurs droits territoriaux (chapitre VII), ils ne revendiquaient pas la propriété absolue, mais le droit de réglementer l'utilisation des ressources du pays. Le géographe Conrad Heidenreich soutient pour sa part que, pour des populations agricoles comme les Hurons, la situation équivalait, dans la pratique, à la propriété individuelle[52]. Pas tant que cela, rétorquent les Indiens; l'organisation huronne, à l'image de celles d'autres collectivités agricoles amérindiennes, reflétait une idéologie de l'utilisation des sols plutôt que celle d'une propriété individuelle. Ce qui fait que, pour pouvoir prétendre à un titre définitif de propriété, la couronne aurait dû obtenir des générations passées ainsi que de celles à venir une renonciation à leurs droits. En ce qui concerne les Amérindiens, la signature d'un traité ne signifiait pas l'aliénation, mais le partage de leurs territoires[53]. Ils étaient étonnés par l'idée que leurs droits de chasse et de pêche pouvaient tirer leur origine de la Proclamation de 1763; à leurs yeux, ces droits existaient depuis toujours. Les traités n'ont fait que confirmer une situation déjà existante, soumise à des restrictions dans les seules régions où s'était faite la colonisation.

Il est intéressant de comparer comment le Canada et les États-Unis ont abordé ces questions, étant donné que leurs deux systèmes judiciaires ont évolué à partir d'une base britannique commune. Tandis que les tribunaux canadiens ont considéré la structure étatique, la souveraineté et les droits de propriété comme inséparablement liés, ceux des États-Unis n'ont éprouvé aucune difficulté à tenir compte de la souveraineté dans leur droit coutumier, sans accorder d'importance du tout à l'État. À cet égard, les décisions du juge en chef John Marshall (1755-1835) dans les affaires *Johnson c. McIntosh* (1823) et *Worcester c. Géorgie* (1832), sont devenues des classiques: tout en reconnaissant que «le pouvoir, la guerre, la conquête donnent des droits qui, après possession, sont universellement admis», il ne conçoit pas leur extension au delà du «droit exclusif d'achat». Mais même si ce dernier droit réduit la souveraineté des premières nations en restreignant leur liberté d'action lors de la vente de leur territoire, il ne la supprime pas pour autant[54]. C'est ce qui donne naissance, aux États-Unis, à un concept jamais admis au Canada, celui des nations indigènes à charge.

Les tribunaux canadiens ont tendance, pendant quelque temps, à s'écarter de la position qu'ils ont soutenue après l'arrêt *St. Catharine's Milling*. Lors de la première de ces affaires, celle de *Baker Lake c. ministre des Affaires indiennes et des*

*Ressources nationales*, en 1980, la cour dresse la liste des conditions à satisfaire pour admettre la validité d'un titre autochtone: premièrement, les Autochtones doivent établir qu'eux-mêmes et leurs ancêtres ont vécu au sein de sociétés organisées et en sont membres; deuxièmement, ces sociétés occupaient le territoire précis sur lequel ils prétendent détenir un titre; troisièmement, leur occupation était exclusive; et quatrièmement, ils occupaient véritablement le territoire quand l'Angleterre a prétendu à la souveraineté sur la région. Les habitants de Baker Lake, parce qu'ils satisfont à ces conditions, gagnent leur cause[55]. L'existence préalable d'un droit autochtone antérieur à la colonisation et sa persistance ultérieure sont de nouveau reconnues dans l'arrêt *Guérin c. la couronne* (1984), qui qualifie ce droit de «charge qui pèse sur le titre absolu ou définitif du souverain[56]».

Deux autres causes plus récentes sont perçues par plusieurs comme représentant un point tournant dans la manière qu'ont les tribunaux canadiens d'aborder le droit autochtone, une conséquence de l'article 35 de la Constitution de 1982[57]. Le premier procès, celui de *Sparrow c. la couronne* (1987), met en cause un Amérindien de la Colombie-Britannique qui s'est servi d'un filet de pêche trop grand aux yeux de la loi. La cour juge que les droits fonciers, de pêche et de chasse ont priorité sur la législation restrictive ultérieure, et Sparrow est acquitté[58]. Dans l'affaire Sioui (1990), le tribunal décide qu'un traité vieux de 230 ans a priorité sur les lois subséquentes[59]. Les droits dont il est question dans ces deux causes ont trait à l'autonomie, une conséquence de ce à quoi la juge Bertha Wilson a fait allusion en parlant d'«occupation historique des Indiens et [de] possession de leurs terres tribales[60]».

La tendance est pourtant durement mise en échec en mars 1991, lorsque le juge Allan McEachern repousse la demande de reconnaissance, faite par les Gitksans et les Wetsuwetens, d'un droit autochtone sur 54 000 kilomètres carrés de terres ancestrales dans une région de grandes richesses naturelles de la dimension de la Nouvelle-Écosse, située dans le nord de la Colombie-Britannique. Comme la majeure partie du territoire provincial, ces terres n'ont jamais été cédées par aucun traité, et ses habitants n'ont jamais été conquis. Quarante-huit chefs héréditaires gitksans et wetsuwetens ont déposé la plainte en cour supérieure de la Colombie-Britannique en mai 1987, et plus de 100 témoins sont venus déposer durant les quatre années du plus long procès du genre à avoir jamais été tenu au Canada jusqu'à aujourd'hui. C'est aussi la plus dispendieuse de toutes ces affaires, avec 25 millions de dollars de dépenses. Passant en revue tout le champ de la revendication, le juge aurait dépouillé 10 000 documents. Ses conclusions l'ayant mené au delà de la décision relative à la St. Catharine's Milling, il nie l'existence de droits autochtones de propriété et d'administration; les Autochtones possèdent des droits de subsistance qui demeurent une charge continue incombant à la couronne. Selon le juge, «cela fait partie du droit des gens, qui est devenu un élément du droit coutumier, que la découverte et l'occupation des terres de ce continent par des nations européennes, ou bien l'occupation et la colonisation, aient donné naissance au droit de souveraineté». Dans cette affaire, déclare-t-il, la couronne a éteint le droit autochtone avant la Confédération. Malgré tout, McEachern concède que les Indiens ont le droit de se servir des terres publiques inoccupées pour répondre à des besoins traditionnels tels la chasse et la cueillette des baies, tant et aussi longtemps qu'ils ne dérogent pas aux lois provinciales régnantes[61]. Les chefs héréditaires font appel très rapidement[62].

Le jugement a pour conséquence de transformer ce qui était apparu comme une période de négociation et d'accommodement en un nouveau cycle de conflits. D'autre part, le ministre des Affaires indiennes (1990-1993) Tom Siddon en déduit que cette décision pourrait hâter la conclusion de certains vieux litiges avec les Autochtones. Depuis la fin du procès, la politique de la Colombie-Britannique a effectué un virage à gauche avec l'élection d'un gouvernement néo-démocrate, qui a annoncé la reconnaissance du droit autochtone et du droit inhérent des Autochtones à l'autonomie.

CHAPITRE XXIV

# LES PREMIÈRES NATIONS
# AU CANADA ET À L'ÉTRANGER

## *Les Six-Nations devant la Ligue des Nations*

Au cours des années 1920, les Six-Nations forment le plus grand et le plus riche groupe d'Autochtones du Canada[1]. Comme nous l'avons mentionné au chapitre VIII, la création de leur principale réserve dans le sud de l'Ontario remonte à 1784, à la suite de la perte de leurs territoires d'origine situés dans le nord de l'État de New York, parce qu'ils se sont rangés du côté des Britanniques lors de la guerre d'Indépendance américaine. Après les bouleversements de cette guerre et la paix de Paris de 1783, ils connaissent un renouveau religieux autochtoniste aux accents de chrétienté. Leur prophète est le chef tsonnontouan et demi-frère de Corn-planter Ganiodaio (Shanyadariyoh, «Handsome Lake»; mort en 1815), qui, à travers une série de visions ayant débuté en 1799, a reçu des instructions sur la façon dont les Iroquois devraient se conduire dans leur nouvelle situation[2]. Sorte de code d'éthique strict englobant tant la croyance chrétienne au ciel et à l'enfer que des éléments traditionnels iroquoiens comme la croyance en la sorcellerie, ce renouveau sera connu comme la religion de la Maison longue et deviendra une force puissante dans le rétablissement de la confiance des Iroquois sur le plan culturel. Elle n'arrivera pourtant jamais à restaurer l'unité détruite de la Ligue; maintenant partagés de part et d'autre de la frontière canado-américaine et épar-pillés au sein de réserves différentes, les Iroquois sont aussi divisés, sur les plans religieux (chrétienté et Maison longue) et politique, entre traditionalistes et tenants du nouvel ordre. Au Canada, la principale renommée à laquelle ils peu-vent prétendre durant le XIXe siècle est celle de canotiers; quand les Britanniques ont besoin d'hommes de canot pour remonter le Nil afin de libérer Khartoum, ils viennent les recruter principalement à Kahnawake[3].

## La vieille question de l'autonomie

Les Six-Nations plaident depuis longtemps en faveur de l'autonomie, sous prétexte que, déjà au milieu du XVIIe siècle, ils étaient des alliés souverains des Britanniques. Ils ont pris part aux guerres coloniales de la Grande-Bretagne, d'abord contre les Français, puis contre les Américains. La réserve des Six-Nations (concession de Haldimand), dont ils devaient «profiter pour toujours» sous la «protection» du roi, leur a été accordée parce qu'ils étaient les «alliés de Sa Majesté». (Ils ignoraient apparemment les termes du traité d'Utrecht (1713), en vertu duquel la Grande-Bretagne a prétendu que les Cinq-Nations [nom de la ligue à l'époque] étaient ses «sujets».) À la fin des guerres coloniales toutefois, ils prennent conscience de façon plus aiguë que leur statut a changé; et quand en 1839 ils exigent de pouvoir se gouverner suivant leurs propres lois, les autorités du Haut-Canada refusent d'en examiner la possibilité.

Ce n'est donc pas surprenant si un vif ressentiment se manifeste à l'égard des restrictions imposées par la *Loi sur les Indiens* de 1876 et plus particulièrement par les amendements subséquents, toujours en l'absence de contribution amérindienne. Les Six-Nations, en en contestant les hypothèses sous-jacentes, remettent en cause les fondements mêmes de la politique fédérale: ils récusent l'autorité du département et de la loi qu'il exécute. Les chefs héréditaires sont les principaux défenseurs de l'autonomie gouvernementale; ce sont eux qui, de nouveau en 1890, font parvenir à Ottawa une pétition demandant la reconnaissance de leur autonomie et une dispense de la *Loi sur les Indiens*. Ils essuient une fois de plus une rebuffade.

La même année, un amendement donne au département le pouvoir d'introduire un système électoral sans l'approbation des Amérindiens visés. Les réticences qu'il éprouve à agir sans le consentement des premiers intéressés ne l'empêchent pas de percevoir l'élection par scrutin comme un moyen de combler les souhaits des Amérindiens pour un gouvernement autonome, du moins à l'échelon municipal. De son point de vue, cette forme héréditaire de gouvernement encourage l'adhésion à un système démodé qui est mal adapté aux exigences du monde moderne. Chez les Autochtones, les partisans du nouveau mode électoral, appelés «Dehorners[4]» (littéralt. «Écorneurs»), ont tendance à se recruter parmi les jeunes, des chrétiens pour la plupart. Les traditionalistes sont généralement plus âgés et pratiquent la religion de la Maison longue. En 1907, les Dehorners amassent des signatures pour une pétition en faveur du système électoral, mais ils ne parviennent pas à en recueillir plus de 300, ce qui correspond au quart de la population adulte de sexe masculin. Des traditionalistes, dirigés par Levi General (mort en 1925), porteur du titre goyogouin de Deskaheh, répliquent avec une demande de souveraineté absolue, tandis qu'un troisième groupe suit une troisième voie et préconise la plus grande collaboration possible avec le département. Le chef Deskaheh remporte la lutte subséquente pour le pouvoir.

Quand prend fin la première guerre mondiale, les Six-Nations établissent un comité chargé de faire campagne en faveur de la souveraineté. Le gouvernement riposte, et l'amendement qu'il vote à la *Loi sur les Indiens* permet d'abolir les gouvernements tribaux. La pétition que préparent les Six-Nations en vue d'amener la Cour suprême du Canada à déterminer s'ils étaient des alliés ou des sujets de la couronne n'aboutit à rien et ne suscite guère de sympathie dans le public. Puis, quand les Six-Nations tentent d'amener Londres à examiner leur cause, les Britanniques renvoient la balle à Ottawa. La sympathie du public à l'égard des Six-Nations est pourtant beaucoup plus forte en Europe qu'au Canada.

En 1922, un affrontement armé entre les Iroquois et la Gendarmerie royale du Canada, au cours duquel des coups de feu sont échangés, conduit les Autochtones à chercher des moyens de porter leur cause devant une cour internationale. Au sein de la nouvelle Ligue des Nations, la Hollande accepte d'agir comme intermédiaire. La position du Canada est peu commode, puisqu'il n'est toujours pas libéré de son statut colonial et n'est donc pas membre à part entière de la Ligue (un statut qu'il n'obtiendra pas avant 1925). Quand le secrétaire général de la Ligue est saisi de l'affaire en 1923, le Canada soutient qu'il s'agit d'une question interne qui ne relève par conséquent pas de la compétence de la Ligue. Dans l'intervalle, Deskaheh, qui mène une campagne efficace à Londres, publie un réquisitoire intitulé *The Redman's Appeal for Justice* («Justice pour l'Homme rouge»), dans lequel il maintient que tout ce que demandent les Iroquois, c'est l'autonomie politique, de façon presque identique à ce qu'ont fait les colonies un siècle plus tôt. Contraint de se défendre, le Canada affirme que les Six-Nations et les autres Amérindiens ont été inclus dans ces mesures législatives, étant donné qu'aucune disposition particulière n'a été prise à leur intention par l'*Acte constitutionnel* de 1791, l'*Acte d'Union* de 1840 ou l'AANB de 1867 lors du transfert graduel des pouvoirs de Londres à Ottawa. Un petit nombre de pays (Estonie, Irlande, Panama, Perse) appuient la cause des Six-Nations, jusqu'à ce que Londres intervienne, accusant des «petites puissances» de s'immiscer dans les «affaires internes» de l'Empire. On abandonne l'affaire en 1924; par la suite, Deskaheh en appelle directement à George V, mais en pure perte.

## L'État impose le conseil électif

Le Canada a entretemps nommé un enquêteur afin d'examiner la question de l'administration des réserves, ainsi que les accusations de mauvaise gestion des fonds en fidéicommis appartenant aux Six-Nations. Ne trouvant aucun mérite au gouvernement tribal, il recommande l'institution d'un système électoral dans les plus brefs délais, sans évoquer l'idée d'un référendum. La décision est mise en oeuvre sans retard, et dès 1924 un conseil électif est imposé aux Six-Nations, pendant que le conseil héréditaire est aboli, suivant en cela les dispositions de l'amendement de 1920 apporté à la *Loi sur les Indiens*. Le nouveau mode de scrutin n'accorde pas le droit de vote aux femmes dont les voix ont toujours joué un important rôle dans la sélection des chefs sous l'ancien régime. Ironiquement, c'est à la même époque, soit en 1924, qu'un chef des Hurons de L'Ancienne-Lorette, Ludger Bastien, devient le premier Autochtone à se faire élire à l'Assemblée législative[5].

La façon autoritaire avec laquelle le département introduit les élections chez les Six-Nations lui vaut des critiques tant au Canada qu'en Europe, non seulement parce qu'elle est jugée autocratique, mais aussi parce qu'elle viole les termes de la concession de Haldimand et du contrat de Simcoe. Le document signé par Haldimand accordait simplement aux Amérindiens le droit de «posséder pour toujours » les terres de la rivière Grand; le contrat de Simcoe, lui, avait été plus explicite en accordant:

> la possession pleine et entière, l'usage, le profit et l'avantage dudit district ou territoire qu'ils détiendront et posséderont de la plus libre et ample manière, et en conformité avec les nombreux us et coutumes desdits chefs, guerriers, femmes et gens desdites Six-Nations[6].

Des expressions telles que «possession pleine et entière» et «de la plus libre et ample manière» n'empêchent nullement l'enquêteur, Duncan Campbell Scott, en donnant une interprétation restreinte au paragraphe cité, de prétendre qu'il ne se rapporte qu'aux coutumes indigènes d'occupation et de cession des terres, et non aux usages dominants. Il est d'avis que les lois britanniques, «civilisatrices et protectrices en toutes circonstances[7]», ne peuvent que bénéficier aux Iroquois. Quant à la critique internationale, on pense simplement qu'elle se mêle d'affaires internes. Récemment, on a assisté dans la réserve à la montée d'un gouvernement parallèle au conseil élu, celui du Bureau de la Nation.

La mort inopinée de Deskaheh en 1925 porte un dur coup au mouvement indépendantiste iroquois; l'activité policière augmente dans la réserve. Le mouvement survit pourtant; il évolue même, nourri par un sentiment de trahison de l'alliance historique. Il explose de nouveau en 1928, quand les chefs héréditaires déclarent l'indépendance. Empruntant à la réthorique du modèle américain, ils renient leur allégeance au Canada et à la couronne britannique. Les milieux officiels ne prennent pas la déclaration au sérieux, mais la presse, elle, en fait grand état. Les Six-Nations y donnent suite en envoyant à Londres, en 1930, une nouvelle délégation, qui ne captive pas autant l'imagination du public que ne l'avait fait Deskaheh. À court d'argent, les délégués n'ont d'autre choix que de rentrer au pays.

Le combat pour la souveraineté ne cesse pas pour autant. En 1942, Kahnawake réclame le remplacement de la *Loi sur les Indiens* par les lois de la tribu. À l'occasion du remaniement de la loi en 1951, des Iroquois de diverses réserves organisent une campagne de protestation contre les nouveaux articles, prétendant qu'ils sont dictatoriaux et qu'ils entraveront le progrès de leur nation. Kahnawake, au cours de la même décennie, traduit le gouvernement canadien devant les tribunaux pour contester la décision d'exproprier des terres en vue de la construction de la voie maritime du Saint-Laurent; leur résistance n'empêche nullement la réserve de perdre 526 hectares (1 300 acres) et d'être privée de son accès au fleuve, un dur coup économique et culturel pour une nation reconnue pour sa compétence en navigation fluviale[8]. Ils ripostent en imposant des droits sur les permis des pêcheurs et des chasseurs de canard qui fréquentent les six milles de berges qui longent la voie maritime à l'endroit où elle traverse la réserve. Cette mesure rappelle évidemment les anciens péages qu'exigeaient leurs ancêtres aux beaux jours d'avant les contacts. Après que l'Expo 67 leur ait enlevé une autre île, les Iroquois se retournent contre les Blancs qui vivent dans la réserve et, sous prétexte qu'elle est surpeuplée, ils évincent un millier d'entre eux en 1973[9].

Pendant la période précédente, les rapports de la bande avec la Sûreté du Québec se sont tellement détériorés que le conseil en arrive à mettre sur pied son propre corps de policiers — les «Peacekeepers» (littéralt. «gardiens de la paix») — qui finit par devenir le service officiel chargé de l'application de la loi dans la réserve[10]. Plus récemment, les Warriors — un mouvement décrit comme le bras armé de la Maison longue, mais sans être toutefois reconnu comme tel par tous — ont trouvé un appui parmi ceux qui pensent que les Peacekeepers n'ont pas affirmé suffisamment leur autorité[11]. Lors d'une descente effectuée dans les commerces de tabac[12] de Kahnawake en 1988 par la GRC, les Warriors rallient les Iroquois afin de bloquer l'extrémité sud (située dans la réserve) du pont Mercier, qui relie l'île de Montréal à la rive sud du fleuve. Durant 27 heures, lors du «premier cas de résistance armée autochtone dans l'histoire récente du Canada[13]», des Warriors en armes patrouillent sur le pont. La GRC accuse alors les Warriors d'être «violents[14]». Seize personnes sont accusées de contrebande. Le terrain est prêt pour l'«été indien» de 1990 qui voit le pont bloqué à nouveau par Kahnawake pour appuyer la cause défendue à Oka par les habitants de Kanesatake. Si le blocus dure peu, l'affrontement, lui, s'étire sur 78 jours, durant lesquels les deux communautés assiégées sont virtuellement coupées du reste du monde. L'Association canadienne des policiers traite alors les Mohawks de «terroristes[15]»; et une fois de plus, la conduite du gouvernement du Canada lui attire les reproches de la communauté internationale.

Les Iroquois s'empressent dès lors d'affirmer leur indépendance par rapport au Canada en utilisant leurs propres passeports lors de leurs déplacements à l'étranger; pendant ce temps, les habitants de Kahnawake affirment la leur par rapport au Québec en défiant la *Charte de la langue française*, et s'opposent en cela aux Hurons et aux Iroquois de Wendake (L'Ancienne-Lorette), qui parlent français. Leur geste est souligné avec éclat quand 41 Mohawks accusés de divers délits associés à l'affrontement d'Oka obtiennent le droit de subir leur procès en anglais. Dans une cause précédente, où 3 Mohawks étaient accusés de délits reliés eux aussi à ce conflit, une décision judiciaire avait maintenu le droit des avocats de l'accusation d'exposer la cause en français[16]. L'école Kahnawake Survival School, où l'enseignement se donne en anglais, est solidement implantée sur un campus de quatre millions de dollars.

## La commission Ewing et les Métis de l'Alberta

La commission royale chargée d'enquêter sur la situation des sang-mêlé d'Alberta, créée en 1934, doit tenir des audiences sur la santé, l'éducation et le bien-être général des Métis albertains, fournir un rapport et proposer des recommandations pour améliorer leur situation[17]. L'initiative vient de la province; la question avait été débattue avec le fédéral, surtout parce que nombre de ces Métis réduits à la misère étaient des descendants d'Amérindiens qui avaient signé un traité, mais l'administration fédérale n'estimait pas que les Métis relevaient de sa compétence.

La commission accepte la définition du terme «Métis» fournie par l'Association des Métis de l'Alberta: «Toute personne possédant une quelconque ascendance indienne et qui mène une vie couramment associée à celle des Métis». L'association élargira plus tard sa définition de manière à inclure toute personne qui se considère comme métisse et que la collectivité accepte comme telle. Finalement, lorsque l'Alberta amende sa loi sur l'amélioration de la condition de la population métisse en 1940, elle définit un Métis comme «une personne d'ascendance blanche et indienne qui ne possède pas moins d'un quart de sang indien», mais elle exclut «un Indien ou un Indien n'ayant pas signé de traité, tels que la *Loi sur les Indiens* les définit». Cette définition est rédigée de manière à restreindre le nombre de ceux qui seraient admissibles aux prestations provinciales.

Ainsi que nous l'avons déjà fait observer, les Métis jugent à l'époque que leur héritage amérindien leur accorde un droit foncier inextinguible (chapitres XVIII et XX), et la plupart d'entre eux n'acceptent pas qu'un traité puisse l'éteindre. À mesure que les Blancs colonisent l'Ouest, les Métis se retrouvent en petites bandes très pauvres et de plus en plus dispersées. En 1895, le père Lacombe fait à Ottawa une proposition de création d'une réserve pour les Métis, où, sous la conduite de l'Église catholique, ils pourront être initiés à un nouveau mode de vie reposant sur l'agriculture. Le gouvernement de Wilfrid Laurier (premier ministre libéral de 1896 à 1911) lui donne son approbation, voyant là une solution qui permet d'éviter tout statut particulier, tout en remplaçant les certificats; il n'accorde pourtant que 2 000 $ au projet.

Saint-Paul-des-Métis est fondée tout de suite en 1896; c'est la première fois qu'une portion de territoire est mise de côté pour l'usage exclusif des Métis. Quatre cantons (37 296 hectares ou 92 160 acres), situés près de la réserve indienne du lac Saddle, sont loués à cette intention pour une durée de 99 ans, au coût d'un dollar par année. Une seconde location permet de réserver quatre sections supplémentaires destinées à la construction d'une église, d'une école et d'une habitation pour un prêtre. Un groupement comprenant les évêques de Saint-Boniface, Saint-Albert et Prince Albert, le père Lacombe, un autre ecclésiastique et deux laïcs, assume la direction de ces travaux. Chaque famille doit recevoir 32 hectares (80 acres) de terrain, du bétail, des outils agricoles, en plus de droits de fenaison, de pâturage et de coupe de bois.

Durant la première année, 30 familles d'Alberta et de Saskatchewan viennent s'installer à Saint-Paul; en 1897, ce sont 50 familles, et deux ans plus tard les Sœurs grises ont ouvert un pensionnat semblable à ceux des Amérindiens. L'attribution des fermes s'est faite assez rapidement, mais elles sont éloignées les unes des autres, de telle sorte que la colonie semble éparpillée. Comble de malchance, le bétail et le matériel agricole n'arrivent jamais, et les ressources financières restent généralement insuffisantes. Découragés, les Métis désertent peu à peu les lieux. En 1908, leurs baux prennent fin, et, deux ans plus tard, la réserve est ouverte à la colonisation pour les Canadiens français.

Le gouvernement rejette le blâme de l'échec sur le manque d'intérêt des Métis, affirmant qu'ils ne se sont pas établis en nombre suffisant dans la réserve pour assurer sa viabilité et que ceux qui l'ont fait n'ont pas travaillé assez fort pour se suffire à eux-mêmes. À cause de l'insuffisance des fonds, il ne restait qu'une seule solution: l'ouverture de la réserve à des colons capables de subvenir à leurs propres besoins. Les Métis rétorquent que le fait que le gouvernement n'ait pas rempli ses obligations n'a pas empêché plusieurs d'entre eux de réussir, et que, soutiennent-ils, c'est au fond la perspective d'une voie ferrée du Canadien Pacifique devant traverser la région qui a fait augmenter la valeur des terres et amené des colons blancs à réclamer à cor et à cri que tous puissent profiter de l'ouverture de ce territoire à la colonisation. Les Métis ont la sensation que l'Église, l'État et les Canadiens français se sont ligués pour les faire échouer. Une commission mise sur pied pour enquêter sur les revendications des Métis déboute 19 des 63 demandeurs qui se présentent sous prétexte qu'ils n'habitent pas leur ferme.

Quelques-uns réussissent bien en agriculture, mais la majorité repartent vers le nord, allant squatter des terres publiques qui ne sont pas encore arpentées et où ils peuvent faire de la chasse, du piégeage et de la pêche. Les colonies métisses qui voient le jour ont tendance à être situées aux abords des établissements blancs; ces pauvres gens qui vivent au jour le jour forment bientôt le «peuple des bords de routes[18]». Suivant diverses estimations, la population métisse de la province se situe à l'époque entre 12 000 et 75 000 personnes. Le début de la Grande Dépression annonce alors un véritable désastre pour ces Métis qui arrivent tout juste à gagner leur vie. En 1930, ils créent l'Association des Métis d'Alberta et des Territoires du Nord-Ouest et nomment Joseph Dion (1888-1960) premier président. Enseignant à la réserve indienne de Keehewin, ce neveu émancipé de Gros Ours écrira plus tard *My Tribe the Crees* (littéralt. «*Ma tribu les Cris*»), un ouvrage présentant le point de vue amérindien sur les troubles de 1885. En 1940, les efforts des activistes Malcolm Norris (1900-1967) et James Brady (1908-1967) aboutissent à la restructuration de leur organisation, rebaptisée The Metis Association of

Alberta[19]. Depuis lors, le nombre des membres est passé de 50 à son niveau actuel de 3 000 environ. En reprenant le dossier des projets de colonisation destinés aux Métis, l'Association fait état, à la fin d'octobre 1933, de 348 familles réinstallées dans le nord de l'Alberta. Aussi impressionnant que paraisse ce chiffre, ce n'est rien en comparaison de la misère qui règne.

Les efforts déployés par l'association attirent pourtant l'attention du gouvernement provincial (dirigé à l'époque par le parti United Farmers of Alberta, à tendance réformiste), qui accepte qu'on mette en place une commission d'enquête publique sur la situation des Métis; le juge de la cour suprême de l'Alberta, Albert Freeman Ewing (1871-1946), en assume la présidence en 1934. L'un des premiers exposés qui lui sont présentés soutient que les Métis sont par nature nomades et ne sont aucunement préparés à se convertir à l'agriculture; il est donc inutile de mettre des terres de côté pour eux. Les Métis du nord sont des chasseurs, des trappeurs et des pêcheurs invétérés, capables de subvenir à leurs besoins tant et aussi longtemps que leur environnement demeure écologiquement sain; et certains vivraient même dans l'aisance. On découvre toutefois vite que la situation est totalement différente au centre et dans le sud de l'Alberta, où la culture du sol et l'élevage sont répandus et où l'exploration pétrolière se propage à grands pas, des activités qui jouent toutes contre le maintien du gibier. Dans ces zones, les Métis ne possèdent ni territoire ni source d'approvisionnement alimentaire; en réalité, dénués de tout, mal nourris, ils souffrent de sérieux problèmes de santé et 80 pour cent d'entre eux sont analphabètes.

Le dernier rapport de la commission Ewing qualifie de «misérable» la condition des Métis. Les Blancs regardent avec suspicion et évitent ces pauvres gens installés à proximité de leurs villages, dans des cabanes construites sur l'emprise des routes. Et si ceux qui vivent plus au nord semblent plus riches, leur situation reste précaire. Ni les uns ni les autres n'ont droit à des services d'enseignement ou de santé. Pour la commission, il n'y a qu'un seul moyen de sortir les Métis de leur situation: changer leur mode de vie pour l'adapter à celui de la société dominante. Elle ne comprend pas que le gouvernement est légalement tenu de les aider, cette obligation étant, pour elle, disparue avec l'émission des certificats de concession des terres. Les considérations humanitaires ne manquent pourtant pas. Ewing s'oppose à ce qu'on accorde aux Métis un statut particulier comme celui auquel ont eu droit les Amérindiens, en faisant remarquer qu'un petit groupe de ceux-là, pour la plupart associés à l'expérience infructueuse de Saint-Paul, sont de prospères agriculteurs aux abords du lac Fishing, même s'ils squattent leurs terres; les pétitions qu'ils avaient envoyées en 1929 n'avaient abouti à rien. Selon les rumeurs, le gouvernement aurait maintenant l'intention d'ouvrir à tous la région à la colonisation, répétant ainsi ce qui s'était produit à la Rivière-Rouge et à Saint-Laurent. Dans le temps de le dire, l'Association des Métis de l'Alberta présente au gouvernement provincial une liste de 11 emplacements potentiels pour des colonies métisses. Se servant de ce document comme base, la commission propose la fondation d'établissements agricoles qui devront être situés sur des sols propices à l'agriculture, à proximité de lacs poissonneux et de réserves en bois de construction. Il faudra aussi choisir les emplacements pour qu'ils soient à l'abri de toute ingérence des Blancs et prévoir leur expansion en cas de besoin.

Le gouvernement nomme des surveillants pour administrer ces établissements; il n'y a aucune disposition ayant trait à une quelconque autonomie. Par la suite, la responsabilité administrative passe aux mains de la Division de la réadaptation sociale des Métis du ministère du Bien-Être provincial. On convient en 1989 d'une mesure autonomiste qui est entérinée l'année suivante.

Du point de vue de la commission, l'attribution d'un territoire doit être perçue comme un privilège: «Aucun ne disposera du droit inhérent de se joindre à la colonie, et aucun ne sera contraint non plus de s'y joindre, mais celui qui ne s'y joindra pas ne pourra demander de secours publics». L'établissement des colonies est recommandé en tant que mesure d'aide sociale, qui ne procède nullement d'un quelconque droit ancestral. D'ailleurs, la commission admet que les Métis forment un groupe socio-économique distinct qui a besoin d'aide, mais elle ne va pas jusqu'à les reconnaître comme un groupe culturel unique disposant du droit de conserver son caractère distinctif. Les habitants des colonies ne posséderont aucun statut particulier, mais ce ne seront pas non plus des citoyens ordinaires. On espère en fait qu'à mesure que les Métis deviendront des agriculteurs autonomes les colonies se dissoudront en exploitations agricoles indépendantes, un processus qui pourrait prendre jusqu'à une cinquantaine d'années.

Le rapport contient aussi une autre recommandation: qu'on accorde aux trappeurs et chasseurs métis du Nord des concessions de 130 hectares (320 acres) de terres qu'ils posséderont au même titre que s'ils habitaient les colonies; qu'on leur accorde aussi gratuitement des permis de chasse et de pêche, et que de préférence ils puissent les acquérir dans des régions où il y a des risques de diminution du gibier.

## La mise en œuvre des recommandations

La loi sur l'amélioration de la condition de la population métisse, qui constitue, lorsqu'on l'adopte en 1938, la mesure législative la plus libérale qui soit au Canada à son égard, permet d'appliquer les recommandations de la commission Ewing. C'est l'œuvre du Crédit social albertain (le premier au Canada), qui est arrivé au pouvoir avec une forte majorité en 1935 en défaisant le précédent gouvernement des Fermiers-Unis d'Alberta. La loi est encore caractérisée par le fait qu'elle a été rédigée en collaboration avec les représentants métis. Des amendements seront pourtant apportés subséquemment, fort peu de temps après, de façon unilatérale par le gouvernement: en 1940, on restreint la définition des Métis, ainsi que nous venons de le mentionner; en 1941, le lieutenant-gouverneur en conseil est habilité à créer des réserves fauniques dans les colonies, et, l'année suivante, on accorde au ministre le pouvoir de prélever un impôt annuel; d'autres amendements touchent l'administration et divers problèmes connexes. Dans le but d'améliorer la situation de la population métisse, on crée en 1943 un compte en fidéicommis qui sera converti en fonds en 1979[20].

On sélectionne au départ 12 emplacements, dont 10, tous situés dans la partie centrale de l'Alberta, sont ouverts à la colonisation par les Métis. Il en reste aujourd'hui 8, qui couvrent 539 446 hectares. Les deux fermetures (plus particulièrement celle du lac Wolf en 1960, faite au mépris des protestations d'une douzaine de familles de l'endroit) illustrent bien une des principales faiblesses des établissements, soit le fait que les Métis ne possèdent pas de titre sous-jacent et que leurs terres sont louées. Le plus gros établissement est celui de Paddle Prairie: situé à 724 kilomètres au nord d'Edmonton, il couvre 163 099 hectares et 644 personnes y vivent en 1984. En 1989, la population totale de ces 8 colonies est estimée à 5 500 âmes, tandis qu'ailleurs dans la province on compterait environ 55 000 Métis. Le Conseil de l'association de la colonie est chargé de recevoir les demandes des gens intéressés à s'y établir. Une fois accepté, un Métis dispose de 30 jours pour y emménager, de 90 jours pour construire une maison, et d'un an pour ériger un abri à bétail. Au lieu de disparaître, les colonies sont aujourd'hui devenues, 50 ans plus tard, la patrie des Métis. C'est l'unique programme du genre qui existe pour eux au Canada.

Au départ, chacun des établissements négocie seul à seul avec le gouvernement provincial. Mais comme cela s'avère insatisfaisant, on forme en 1975 la Fédération des associations des établissements métis de l'Alberta, afin de coordonner l'administration et de prévenir d'autres fermetures[21]. Les problèmes ne cessent pourtant pas, et une poursuite intentée par les Métis contre le gouvernement, destinée à recouvrer quelque 100 millions de dollars en revenus provenant de l'exploitation pétrolière ou gazière des terres des colonies métisses se termine en 1979 par des descentes organisées par le ministère provincial des Services sociaux dans six des huit bureaux des colonies, où il confisque des dossiers se rapportant à cette affaire. L'ombudsman de la province doit se prononcer sur la question; il juge que certains des dossiers appartiennent à la province, mais que d'autres doivent être rendus aux colonies. Toute l'affaire a été mal gérée, et des excuses doivent êtres faites aux Métis. L'ombudsman insiste pour qu'on leur donne plus de latitude dans la gestion de leurs affaires et qu'on engage un plus grand nombre d'entre eux dans la fonction publique[22].

Entretemps, la responsabilité des Métis est passée des Services sociaux aux Affaires municipales. Sous le gouvernement provincial conservateur de Peter Lougheed (premier ministre de 1971 à 1985), on constitue un comité chargé de revoir la loi sur l'amélioration de la condition des Métis, sous la présidence de Grant MacEwan, ancien lieutenant-gouverneur de la province de 1965 à 1974. Il publie en 1984 un rapport dans lequel il soutient fortement l'autonomie et préconise le transport du titre des territoires métis aux colonies[23]. La province est alors dirigée par le conservateur Don Getty (au pouvoir de 1985 à 1992); il applique une partie des recommandations en signant en 1989 un pacte qui accorde des droits de propriété sur 512 000 hectares de terres (sensiblement la même dimension que l'Île-du-Prince-Édouard), qui contient un règlement financier de 310 millions de dollars devant être versés sur 70 ans, et qui, de plus, restreint le droit de se gouverner. Cette convention est alors saluée comme faisant jurisprudence[24]. L'Association des Métis de l'Alberta conclut aussi une entente particulière avec le gouvernement provincial; ratifiée en 1987, l'accord-cadre prévoit la collaboration de hauts fonctionnaires provinciaux et de représentants de l'association qui sont chargés d'élaborer des plans pour l'amélioration des services et une plus grande participation des Métis à leur fourniture. D'abord renouvelable tous les ans, l'accord est reconduit pour trois ans en 1989. L'association, qui porte aujourd'hui officiellement le nom de Nation métisse d'Alberta, négocie à l'heure actuelle l'instauration d'une haute autorité métisse sur son système judiciaire[25].

Sur le plan économique, la cotisation de 75 000 $ faite par chacune des huit colonies a permis la création de la Settlement Sooniyaw Corporation (littéralt. «Société financière d'établissement»; en langue crie, le mot Sooniyaw signifie «argent»), alors qu'entretemps le programme provincial de développement économique des Autochtones a, en principe, accepté de fournir 4,2 millions de dollars à un plan quinquennal global de développement. La question des redevances minières, restée sans solution, prend le chemin d'Ottawa. On compte 200 puits de pétrole et de gaz en production dans les colonies métisses, et ils auraient généré quelque 60 millions de dollars en redevances depuis 1938.

## Les Métis au Canada

Des programmes de remise en condition entrepris par la Saskatchewan, le Manitoba et le Québec ont permis de récupérer de belle façon, pour la production de fourrures, des régions au départ surexploitées. Quoiqu'ils ne soient pas directement destinés aux Métis, ils sont de toute évidence importants pour eux dans la mesure où ils concernent pertinemment un mode de vie fondé sur la chasse et le piégeage. Les deux provinces de l'Ouest offrent aussi des terrains de piégeage enregistrés, même si cette façon de faire a d'abord été décriée parce qu'elle entrait en conflit avec les attributions traditionnelles de territoires[26]. Pourtant, une fois mis en place, le système a joué un rôle en disciplinant le trappage, ce qui a permis de maintenir vivant ce mode de vie. Le Manitoba a créé les premiers terrains en 1940, et la Saskatchewan en 1946. Cette dernière a aussi associé son programme de production pelletière avec des programmes d'aide à l'agriculture.

Il reste difficile d'évaluer le nombre de Métis qui habitent le Canada aujourd'hui. L'ethnologue Trudy Nicks a bien fait comprendre que les multiples antécédents familiaux dont sont issues les personnes d'ascendance sang-mêlé ont compliqué la question de l'identité métisse[27]. Et il y a des variations considérables à la fois dans l'emploi du terme et dans sa culture matérielle. Une exposition intitulée «Métis», organisée en 1985 par le musée Glenbow de Calgary et soulignant l'anniversaire du soulèvement de Riel, a plutôt fait ressortir ces problèmes au lieu de leur fournir des réponses[28]. En 1941, avant la disparition de la catégorie «Sang-mêlé» des recensements, on en avait inscrit 27 790 dans les trois provinces des Prairies (un chiffre presque certainement en deçà de la réalité). Une connotation péjorative à l'égard du mot sang-mêlé pourrait bien avoir été à l'origine des réticences de certains à s'identifier comme tel. En 1981, lors de l'ajout de la catégorie «Métis» dans les bulletins de recensement, 100 000 personnes, de partout dans le pays, ont reconnu leur appartenance à ce groupe. Ce qui n'empêche nullement de penser que le nombre véritable des individus possédant un certain pourcentage de sang amérindien doit être plus élevé, et pourrait même atteindre jusqu'à 16 pour cent de la population totale. Presque 60 pour cent de ceux qui sont identifiés ont alors moins de 20 ans. Presque 40 pour cent ont huit années ou moins de scolarité, comparativement à 22 pour cent de la population totale de la même catégorie d'âge. Le taux des sans-emploi, à 34 pour cent, dépasse largement la moyenne nationale. Les Métis partagent avec les Amérindiens l'appartenance à une portion économiquement peu développée de la population canadienne[29].

CHAPITRE XXV

# LE DÉVELOPPEMENT DU NORD

Le déroulement des événements dans le Nord-Ouest est semblable à celui qu'ont connu les régions du Sud-Ouest: le Canada étend ses pouvoirs d'abord par l'intermédiaire des commerçants de fourrures, puis des missionnaires et ensuite de la force policière. Après sa fusion avec la Compagnie du Nord-Ouest, la Compagnie de la baie d'Hudson fonde des postes dans tout le nord-ouest subarctique de l'Amérique du Nord britannique. Cette expansion se poursuit après la cession de la Terre de Rupert à la Grande-Bretagne en 1869 et son transfert au Canada en 1870; cependant, en 1893, la compagnie ferme son dernier poste au Yukon, devant la concurrence des Américains (après l'achat de l'Alaska) et celle des baleiniers[1]. Des missionnaires, pour la plupart en provenance de Grande-Bretagne, de France et de Belgique, commencent à arriver au milieu du siècle. L'Extrême-Arctique n'est soumis à l'autorité judiciaire du Canada qu'en 1880, quand la Grande-Bretagne la lui transfère. Le titre de propriété du Canada ne demeure toutefois pas sans contestation; le Danemark, la Norvège et d'autres pays font valoir leurs prétentions, mais sans trop pousser l'affaire[2]. Un recensement, mené en 1857 lors d'une enquête parlementaire sur la politique de la Grande-Bretagne dans le Nord-Ouest, établit la population de la région (à l'exception de l'Extrême-Arctique) à 147 000 Amérindiens (des Cris et divers groupes d'Athapascans tels que les Dènès, les Chipewyans, les Castors, les Tlingits de l'Intérieur, les Gwichins, les Esclaves et d'autres), dont 4 000 sont «Esquimaux» (à l'époque, les Inuits sont souvent appelés en anglais «*Eskimaux Indians*»). Des calculs plus réalistes établissent le nombre des Inuits à 10 000 dans les années 1880; à cette époque, l'effet des épidémies s'est déjà résorbé[3]. L'Arctique canadien en compte aujourd'hui plus de 25 000.

Le gouvernement canadien n'a au départ aucunement l'intention d'assumer la responsabilité des Autochtones du Nord; toutes les dispositions qui s'avèrent nécessaires sont prises par l'intermédiaire des commerçants de fourrures et des missionnaires. Par conséquent, la présence de Blancs, au départ, ne modifie pas de façon radicale les structures d'approvisionnement alimentaire, même si quelques changements surviennent en raison de l'importance qu'on accorde à la chasse aux animaux à fourrure dans la forêt boréale et à la chasse à la baleine dans l'Arctique, mais aussi en raison de la plus grande disponibilité en produits commerciaux qui les accompagne. Les couteaux, les bouilloires et les haches, tous en métal, démontrent vite leur utilité, comme le font aussi les filets et la ficelle et, bien évidemment, les armes à feu. Bien qu'ils commercent afin de se procurer ces articles (qui sont en réalité des outils de production), les Amérindiens conservent un niveau élevé d'autosuffisance. Chez certaines tribus, le commerce vise d'abord l'acquisition d'articles perçus comme des luxes par les Européens, mais qui peuvent avoir une signification cérémonielle ou mystique pour les Autochtones. Par exemple, les Gwichins (Athapascans) du bassin du fleuve Mackenzie ne manifestent d'intérêt que pour des perles bleues (les perles, ayant la forme de baies, sont censées posséder des vertus curatives). Cette fois-ci pourtant, l'industrialisation, en pénétrant petit à petit les terres du Nord, vient modifier le mode de vie de ses habitants.

## Le Nord s'ouvre

Les premiers changements surviennent dans les transports. Jusqu'en 1856, marchandises et voyageurs à destination du District d'Athabasca-Mackenzie suivent les unes comme les autres les routes de la traite des fourrures — soit en passant par York Factory, sur la baie d'Hudson, soit par le fort William, à l'extrémité ouest du réseau hydrographique du Saint-Laurent[4]. Entre Lac La Loche et le système fluvial du Mackenzie, les 12 milles du portage Methye forment un passage obligé pour tous les voyageurs. La situation n'a pas changé depuis qu'en 1778 des Amérindiens y ont conduit Peter Pond (1739/1740-1807). En 1868, grâce à l'initiative de l'évêque Taché, une route de rechange est construite le long de la Saskatchewan-du-Nord jusqu'au fort Pitt, puis se prolonge jusqu'au lac La Biche, qui se déverse dans l'Athabasca. Ce trajet par le sud contourne le portage Methye, et la CBH finit par l'abandonner en 1886. Le parachèvement, dans les années 1890, de la route charretière entre Edmonton et Athabasca Landing — une conséquence de la ruée vers l'or du Klondyke — fournit une nouvelle voie par laquelle on peut désormais envahir par le sud cette région autrefois isolée qu'est le Nord-Ouest. Les bateaux à vapeur qui naviguent sur les rivières Athabasca et des Esclaves en 1882, puis trois ans plus tard sur le Mackenzie, dépeignent bien cette situation. Dans le sud, les transports connaissent eux aussi une révolution, le chemin de fer atteignant Calgary au début de 1883, puis Edmonton en 1891. Des trajets qui demandaient autrefois des semaines ou des mois, parfois même des années, s'effectuent depuis lors en quelques jours.

Les trappeurs et les prospecteurs ne tardent pas à profiter de cette situation nouvelle. En 1894, des trappeurs blancs sont déjà installés au fort Resolution, au nord du 60e parallèle; d'après un ancien du fort Chipewyan, il y avait des trappeurs blancs partout, et nous étions en très bons termes avec eux. Je suis allé trapper avec eux plusieurs fois [...]. Je les guidais et leur montrais comment tendre des pièges. Ils en étaient très reconnaissants lorsqu'ils ramenaient leurs fourrures chez eux[5].

Il y en a pourtant certains parmi eux qui introduisent l'usage du poison, ce que condamnent totalement les Amérindiens[6]; ceux-ci réagissent si fortement que le gouvernement en bannit l'emploi. Il va sans dire que cela s'avère difficile d'application et qu'un ressentiment croissant se manifeste chez les Amérindiens, alors que les ressources du nord laissent bientôt entrevoir les effets d'une exploitation accrue et que s'intensifient les variations des cycles habituels dans la faune. Ajoutons encore que le commerce reste soumis aux aléas du marché et que la subsistance des habitants du Nord, qu'on ne pouvait jamais tenir pour établie, commence à se révéler problématique. Des gens meurent de faim au cours des hivers de 1887-1888 et 1888-1889, à tel point que le gouvernement est poussé à apporter de l'aide par l'intermédiaire de la CBH et des missions religieuses; la même situation se répétera par la suite toujours plus fréquemment. Il faudra attendre 1938 pour que le Conseil des Territoires du Nord-Ouest offre les permis de piégeage exclusivement aux habitants des Territoires.

Sur un autre plan, tout au moins en principe depuis 1873, le gouvernement accorde de l'aide aux écoles des missions. Pourtant, les conditions stipulées sont telles que peu d'entre elles parviennent à les remplir, et il faut souvent des années avant que l'argent du fédéral se rende véritablement à destination[7]. L'association gouvernement-missionnaires, dans le Nord comme ailleurs, prend fin dans les années 1940, avec le début de la laïcisation des écoles pour les Autochtones. On offre aussi alors des services de santé. L'État maintient officiellement sa position: il n'a aucune responsabilité envers les gens qui n'ont pas signé de traité, et il ne voit à l'époque aucune raison d'en préparer un pour ces régions éloignées. Quand la Police à cheval du Nord-Ouest arrive au Yukon en 1895 pour y fonder son premier poste permanent dans l'Extrême-Nord (au sud du cercle polaire), les policiers reçoivent l'ordre de «ne pas encourager [chez les Indiens] l'idée qu'ils pourraient adhérer à un traité et que le gouvernement prendra soin d'eux[8]». Cette conviction des fonctionnaires, suivant laquelle les Amérindiens n'attendent que la chance de vivre aux crochets de l'État, ne tient nullement compte de la profonde satisfaction psychologique qu'ils éprouvent à vivre des ressources de la terre, qu'importent les privations et les difficultés[9]. C'est une attitude qui ne fait que renforcer la certitude de ceux pour qui la police ne représente, aux dires de l'auteur Hugh Brody, que «le fait qu'une nation est résolue à inclure l'immense arrière-pays arctique non seulement en dedans de ses frontières géographiques, mais encore à l'intérieur de ses frontières morales et juridiques[10]». Les postes de gendarmerie vont jouer un rôle d'importance dans ce contexte, pas seulement en mettant en vigueur les lois de la société dominante, mais aussi en remplissant diverses fonctions gouvernementales, comme l'enregistrement des statistiques de l'état civil, la distribution du courrier et la perception des droits de douane.

### Deux points de vue sur les contacts entre Inuits et Blancs

L'arrivée de la police est une réponse aux pressions exercées par les missionnaires, et surtout aux appels du missionnaire anglican William Carpenter Bompas (évêque de Selkirk, au Yukon, de 1891 jusqu'à sa mort en 1906[11]) qui, tout comme d'autres missionnaires, trouve profondément dérangeantes la libre circulation de l'alcool et la désinvolture des Inuits (ou «Inuvialuits», comme le disent plus précisément eux-mêmes les Inuits canadiens de l'Ouest) et des baleiniers majoritairement originaires des États-Unis. Déjà irrités par l'habitude qu'ont les Inuits de prêter leurs femmes[12], les missionnaires sont consternés de les voir poursuivre de bon coeur cette pratique avec les baleiniers, qui ne sont que trop heureux de leur bonne fortune. À l'ouest de l'embouchure du Mackenzie, dans la mer de Beaufort, l'île Herschel, un lieu d'hivernement pour la flotte de baleiniers de l'Arctique-Ouest depuis 1888, est devenue tristement célèbre pour ce motif[13]. L'atmosphère de «monde hors-la-loi» est plus facilement perceptible parmi les baleiniers de l'ouest que chez ceux des eaux orientales; comme l'a fait remarquer un observateur: «La conscience des baleiniers restait accrochée au cap Horn, aussitôt qu'ils s'engageaient dans le Pacifique[14].» Les policiers, convenant avec les missionnaires que l'eau-de-vie constitue un problème, diffèrent pourtant d'opinion avec eux, surtout Bompas, qui leur paraît se soucier davantage du bien-être des Indiens que de celui des Blancs[15]. Pour sa part, Charles Constantine, de la Police à cheval du Nord-Ouest (au Yukon, inspecteur de 1894 à 1897; puis surintendant de 1897 à 1902), croit que Bompas exagère; ni lui ni ses collègues policiers ne sont en mesure de comprendre que la société inuite se désintègre ainsi que le prétendent les missionnaires[16]. Sur la côte du Labrador, sir Wilfred Grenfell (1865-1940) entreprend son missionnariat médical en 1892, avant de construire un hôpital à Battle Harbour l'année suivante. Il ne tarde pas à faire fonctionner un réseau de petits établissements sanitaires ainsi qu'un orphelinat.

Dans la partie occidentale de l'Arctique, plus d'un millier de baleiniers hivernent dans l'île Hershel et passent la saison morte à vivre et à commercer avec les Inuits. Parmi les quelque 500 Inuvialuits que compte la région, certains, lorsqu'ils se rassemblent pour faire de la traite, campent près des baleiniers, et d'autres dans les îles disséminées sur la côte. Comme l'ont été toutes les rencontres à caractère commercial qui se sont produites entre Européens et Autochtones partout dans les Amériques, celle-ci s'avère à l'origine très rentable pour les deux parties, en tenant compte des conditions culturelles propres à chacune. Un exemple suffira: 100 amorces (masse d'explosif dont la détonation enflamme la charge d'une cartouche), d'une valeur totale de 10 cents à New York, s'échange dans l'Arctique pour une peau de boeuf musqué revendable dans le sud pour 50 $. Accusés de surévaluer leurs articles jusqu'à 20 fois, les commerçants soulignent que leurs dépenses sont élevées[17]; pourtant, ce lucratif commerce permet d'ériger des fortunes comme le Nord n'en a jamais vu. Les Inuits profitent aussi de ces échanges dans la mesure où ils peuvent obtenir des articles, autrement impossibles à se procurer (ou très rares), qui viennent adoucir l'extrême dureté de leur vie; ils recherchent avidement ces nouveaux produits sans pouvoir prévoir, pas plus que les Blancs d'ailleurs, que leur utilisation contribuera en fin de compte à perturber à la fois l'équilibre écologique et leur propre structure sociale[18].

Le Canada est finalement persuadé d'agir devant des risques accrus de violence et un mépris non dissimulé à l'égard de l'autorité. Le Yukon, qui s'étire du Bas-Arctique jusqu'à l'océan Arctique, est constitué en district en 1895, avant de devenir, trois ans plus tard, un territoire distinct placé sous l'autorité d'un commissaire nommé par le ministre fédéral des Mines et des Ressources et d'un conseil désigné pouvant compter jusqu'à six membres[19]. L'année où la Police à cheval du Nord-Ouest arrive dans l'île Herschel, le Canada envoie, à bord du *Neptune*, Albert P. Low (administrateur de la Commission géologique du Canada de 1906 à 1913; premier sous-ministre aux Mines de 1907 à 1913[20]) établir l'autorité du Canada et rendre compte de la situation dans l'est de l'Arctique[21]; son passage sera suivi par d'autres visites officielles dans les diverses régions de l'Arctique. La partie occidentale de l'Arctique compte environ 500 Blancs, venus là pour les fourrures et les minéraux, et près de 2 600 Autochtones. La région a connu une forte diminution de population indigène, qui aurait tourné aux alentours de 8 000 personnes au début du siècle. Les forces policières protestent du contraire, mais les craintes des missionnaires au sujet des Inuits se réalisent: la maladie et les perturbations dans leur mode de vie leur coûtent si cher que, en 1920, il ne reste plus un seul des Inuvialuits d'origine au Yukon, une situation qui n'a toujours pas changé[22]. Certains ont survécu à proximité de Tuktoyaktuk (T.-N.-O.), mais la majorité des Inuvialuits modernes sont venus d'Alaska. En d'autres lieux, ils sont complètement disparus, surtout ces endroits où les Blancs ont pratiqué activement la pêche à la baleine. C'est le cas par exemple d'une bande complète de 28 personnes (des Sadlermiuts, que certains considéraient comme les ultimes descendants des Dorsétiens[23]) qui meurent de faim et de diverses maladies dans l'île Southampton, vraisemblablement des suites des perturbations provoquées par les activités de chasse à la baleine[24]. Plus tard, lorsque, pendant la première décennie du XXe siècle, cette industrie s'effondre à cause de changements dans la mode féminine et du remplacement graduel de l'huile de baleine par les produits pétroliers, les Inuits n'éviteront la catastrophe économique que grâce à une nouvelle mode, celle des fourrures de renard blanc. La demande croissante pour ces peaux incite la CBH à établir un poste à Chesterfield Inlet en 1911, puis d'autres dans la grande région.

## Des Amérindiens veulent un traité

Bien qu'ils se méfient des Blancs et craignent les entraves qui pourraient accompagner un traité, des Amérindiens du Nord font campagne en faveur d'un tel accord depuis les années 1870. Ainsi que l'affirme le capitaine cri Moostoos («The Buffalo»; vers 1850-1918) lors des négociations en vue du traité n° 8 au Petit Lac des Esclaves, «notre pays est en voie de destruction. Je vois arriver l'Homme blanc et je veux que nous soyons amis. Je vois ce qu'il fait, et c'est mieux que nous soyons amis[25].»

Les Amérindiens sont avant toute chose préoccupés par la protection de leurs droits de chasse, de pêche et de piégeage; la menace qui provient des activités des Blancs n'est que trop évidente[26]. Ils espèrent aussi qu'un traité leur servira de protection contre une famine comme celle qui les a frappés à la fin des années 1880. Ottawa, pourtant, ne démord pas de son point de vue: ce n'est pas nécessaire puisqu'on peut difficilement entrevoir un développement industriel ou même un peuplement d'importance par les Blancs au nord du 60e parallèle. Dans les Prairies, le gouvernement pressait les Amérindiens à signer des traités et à s'établir dans des réserves afin de donner la place à la colonisation blanche qu'il encourageait vivement (trop rapidement, de l'avis de certains), mais pendant les années 1890, dans le Nord, il fait tout le contraire à cause des problèmes administratifs et juridiques en jeu. Tout d'abord, l'*Acte concernant les terres publiques de la Puissance* de 1872 en vertu duquel on fait la promotion de la colonisation ne s'applique pas à un territoire dont le titre amérindien n'est pas éteint; et ensuite, la population clairsemée du Nord et son style de vie migratoire en rendent l'administration à la fois difficile et coûteuse, même si des secours sont fournis dans certains cas particuliers. Dans cette affaire de traités, les Autochtones sont pris dans un débat bureaucratique de principe duquel ils paraissent ne pas pouvoir sortir vainqueurs. En ce qui a trait à ceux du Nord, le Canada a démontré qu'il a toujours été beaucoup plus désireux de faire acte de présence auprès d'eux que d'accepter les responsabilités inhérentes à ses prétentions souverainistes, comme par exemple veiller au bien-être de ses sujets[27].

Ce n'est pourtant pas parce que l'État ignore l'existence des riches ressources que possède le Nord. Aussi tôt qu'en 1793, Alexander Mackenzie avait mentionné que du goudron et du pétrole suintaient des berges de l'Athabasca, ce que d'autres avaient ensuite corroboré[28]. Dans les années 1870 et 1880, le gouvernement commence à y prêter attention quand ses propres études géologiques en font elles aussi état. En 1890-1891, une étude géologique évalue à 4 700 millions de tonnes les dépôts de goudron de la région et constate la présence de gaz naturel, de bitume, de pétrole et de poix[29]. Elle signale de plus des dépôts d'argent, de cuivre, de fer, d'asphalte et d'autres minerais. On parle même d'or, mais cela reste relativement inaperçu aussi longtemps que dure l'exploitation des champs aurifères de la Colombie-Britannique. L'éloignement des régions arrosées par les rivières Athabasca et de la Paix et par le fleuve Mackenzie, tout comme les difficultés d'accès et d'extraction, refroidissent l'enthousiasme des développeurs.

Il faut aussi prendre en compte le facteur amérindien; comme cela s'est produit en d'autres lieux et à d'autres époques, les Autochtones acceptent plutôt mal d'assister à l'envahissement de leurs réseaux commerciaux. Les Tlingits se montrent particulièrement agressifs à cet égard, eux qui détiennent une emprise sur les principales voies entre la côte et l'intérieur (par les cols Chilkoot, Chilkat et Taku) et qui exercent leur monopole de traite depuis fort longtemps dans cette région[30]. Ils sont incapables de maintenir leur position quand en 1896, au ruisseau Rabbit (rebaptisé ensuite ruisseau Bonanza), on découvre un gisement qui déclenche la ruée vers l'or. Ironiquement, parmi les trois prospecteurs, deux sont des Tagishs, Skookum Jim et Dawson (Tagish) Charlie, tout comme Kate, l'épouse du troisième, George Carmack[31]. Qu'ils le veuillent ou non, pour eux, les temps sont révolus, alors que s'amorcent les migrations et les expansions économiques les plus rapides de l'histoire[32].

Le Canada commence par réaffirmer sa souveraineté, tout comme la Grande-Bretagne l'a fait auparavant en de semblables circonstances dans les îles de la Reine-Charlotte en 1852 et sur les rives du Fraser en 1857. Au Yukon, le Canada arrive à ses fins en renforçant les effectifs policiers jusqu'à près de 300 hommes. D'autre part, l'exaspération gagne graduellement certains Amérindiens devant l'injustice qu'ils ressentent parce qu'«on permet à ces gens qui ne sont pas propriétaires du pays de leur voler leur subsistance[33]». Les billes de bois que les mineurs envoient au fil de l'eau détruisent les barrages à poisson, et les villages amérindiens sont bondés[34]. L'afflux de ces mineurs trop souvent prêts à faire eux-mêmes la loi ne fait qu'accroître le mécontentement que suscitent déjà les trappeurs blancs; devant les risques de dérapage de la situation, les forces policières instaurent en 1897 des rondes de patrouilleurs[35].

Dans l'ensemble, les Amérindiens ont une opinion positive des patrouilles, sauf quand la Police à cheval du Nord-Ouest commence à mettre en application les règlements sur la chasse au bison des bois, conformément à l'amendement qu'Ottawa apporte en 1890 à la *Loi sur les Indiens* et qui autorise le gouverneur en conseil à déclarer applicables aux Amérindiens les lois sur la chasse votées au Manitoba et dans les Territoires-du-Nord-Ouest[36]. La loi d'autorisation est adoptée dans les territoires en 1894 (loi sur la conservation de la faune dans les territoires non organisés) et sa mise en application débute deux ans plus tard. Elle interdit l'emploi de tout poison et la poursuite du gibier avec des chiens courants, tout en promulguant d'autres dispositions comme des saisons de chasse pour des gibiers particuliers. Le bison des bois, dont dépend l'alimentation des Amérindiens, est du nombre. Il semble que ce soit la seule loi à s'appliquer aux Amérindiens à l'époque, mais une telle volte-face de la part du gouvernement, qui avait donné de façon répétée l'assurance que le mode de vie des Autochtones ne subirait aucune ingérence, est venue renforcer les doutes qu'ils entretenaient déjà sur sa bonne foi. Du reste, une législation ignorante des conditions locales peut aussi mener à de rudes épreuves sur le plan économique, particulièrement quand la diminution du gibier laisse peu de choix aux habitants[37].

### Le traité n° 8 (1899)

La «piste de 1898» voit l'afflux des chercheurs d'or atteindre des proportions considérables, et, à la fin de la même année, 860 prospecteurs sont passés par le fort Simpson. Si quelque 70 d'entre eux s'en retournent, les autres s'installent pour hiverner sur les berges du Mackenzie[38]. La grande majorité de ces mineurs sont venus des États-Unis en longeant le littoral du Pacifique. Nullement attentifs aux droits des Autochtones, ils les traitent avec dédain, tuent au vu et au su de tous leurs chevaux et leurs chiens, perturbent les terrains de piégeage et exploitent sans scrupule les ressources en poisson et en gibier; la police manque d'effectifs et la région est trop vaste pour leur permettre de tenir adéquatement la situation en main[39]. Des centaines d'Indiens remplis d'inquiétude se rassemblent au fort Saint John, dans le nord-est de la Colombie-Britannique, et font savoir qu'ils ne laisseront dorénavant personne, y compris les policiers, franchir leur territoire à moins qu'un traité ne soit signé. Ottawa se plie à leurs demandes en juin 1898. La région définie pour cette négociation englobe à la fois des zones reconnues pour leurs richesses en minerais et leur potentiel agricole, tout comme les routes situées en sol canadien menant aux champs aurifères; elle couvre l'angle nord-est de la Colombie-Britannique, l'angle sud-est du Yukon et une zone située au nord de celle du traité nº 6. La Colombie-Britannique ne proteste nullement, cette portion de son territoire n'intéressant pas particulièrement les colons blancs à l'époque, ce qui fait que, du moins dans cette région, les titres de propriété ne donnent lieu à aucun conflit; par conséquent, la province n'est quasiment pas consultée lors de la négociation du traité[40]. À elle seule, la demande des Amérindiens n'est pas suffisante pour qu'on leur accorde un traité, malgré les épreuves qu'ils endurent, comme le montre le cas des gens d'Île-à-la-Crosse, qui se voient refuser une participation au traité nº 8[41].

C'est l'absence initiale de militantisme face à la défense de leurs droits, chez la majorité des Amérindiens yukonais (à l'exception de certains groupes pour des motifs commerciaux, ainsi que nous l'avons mentionné précédemment, et des Dènès du delta du Mackenzie, dans les Territoires-du-Nord-Ouest), qui semble avoir encouragé le gouvernement à exclure des négociations la majeure partie de leur territoire. On invoque alors que les frais que devrait engager le gouvernement sont injustifiables au vu du potentiel comparativement limité du Yukon[42]. Le missionnaire oblat (aujourd'hui historien) René Fumoleau juge plus probable qu'«Ottawa ait craint que les Indiens ne fixassent un prix trop élevé pour leur riche territoire et ait décidé d'éviter le formalisme d'un traité[43]». Il imagine qu'il manquait au Yukon une population métisse politiquement active, à l'encontre des régions du Petit Lac des Esclaves et de la rivière à la Paix où l'on trouvait de telles communautés et qui furent par conséquent incluses[44]. De l'avis de l'historien William R. Morrison, le gouvernement ne voulait tout simplement pas se charger des obligations d'un traité à moins qu'il ne fût absolument nécessaire; et puisque les Amérindiens du Yukon réussissaient encore à vivre suivant les coutumes traditionnelles, on devrait les encourager à continuer[45]. Le gouvernement accepte un compromis: mettre de côté à l'intention des Amérindiens de petites parcelles qui seront connues sous l'appellation de «réserves domiciliaires». Parce qu'elles ne sont protégées ni par un traité ni autrement, elles sont déplaçables au gré des besoins des Blancs; l'une d'entre elles, située à proximité de Whitehorse, est déplacée quatre fois entre 1915 et 1923. L'historien Kenneth Coates souligne que la situation inverse s'est aussi produite, des terres réservées pour les Amérindiens étant protégées contre tout envahissement par les Blancs; cela s'est notamment produit à Tagish en 1898 et à Little Salmon en 1915[46]. L'absence de traité n'empêche quand même pas Ottawa de diriger encore la vie des Amérindiens yukonais, de leur dire où vivre, comment mener leurs affaires, à quelle école envoyer leurs enfants.

Au Sud, les pressions se font de plus en plus fortes en faveur de la construction d'une route de terre en direction des champs aurifères, d'Edmonton à Pelly Banks, en passant par Peace River. Au printemps de 1899, il y a 350 milles de route déjà construits par le gouvernement des Territoires-du-Nord-Ouest, grâce à une contribution financière fédérale de 15 000 $[47]. Des rumeurs, qui font état de la présence d'or à l'extrémité orientale du Grand Lac des Esclaves, attirent les prospecteurs dans cette région, même si la température y oscille parfois autour des 45 degrés sous zéro; le gouvernement agrandit le territoire devant être couvert par les négociations du traité n° 8 afin qu'il englobe la rive sud du lac, ce qui fait que la convention touchera la plus grande surface jamais protégée par traité jusqu'à ce moment-là, soit 841 491 km carrés (324 000 milles carrés).

Les commissaires du traité, sous la présidence de David Laird, sont vite impressionnés par l'«acuité d'esprit» et «le sens pratique» des hommes du Nord quand vient le temps de faire valoir leurs revendications. «Ils souhaitent tous des conditions aussi, sinon plus généreuses encore que celles accordées aux Indiens dans les plaines»; pour les commissaires, cela signifie qu'ils n'accepteront pas les critères ayant servi aux négociations dans les Prairies[48]. En effet, lorsqu'ils tentent d'imposer les normes suivies dans le Sud, cela provoque une vive réaction chez les gens du Nord: Moostoos fait observer qu'«un Indien des plaines lâché dans les bois s'y perdrait et crèverait de faim[49]». Inquiets à la pensée que la famine pourrait revenir de plus en plus fréquemment, les gens du Nord souhaitent, unanimement, recevoir de l'aide durant ces périodes; ils réclament du gouvernement qu'il prenne soin des vieillards et des pauvres rendus incapables de chasser ou de trapper. Les commissaires notent également qu'«ils semblent désireux de procurer à leurs enfants certains avantages en matière d'éducation, mais spécifient que, dans le domaine scolaire, il ne devra pas y avoir d'ingérence dans leurs croyances religieuses». À cette époque, la plupart des Autochtones sont déjà convertis au catholicisme.

La crainte des Amérindiens face à une restriction de leurs droits de chasse et de pêche (les commissaires parlent plutôt de «privilèges»), tout comme cela se produit déjà avec le bison des bois, constitue de loin la plus importante question sur laquelle doivent se pencher les commissaires. Ils les rassurent en affirmant «qu'on ne prendra que les mesures législatives relatives à la chasse et à la pêche qui iront dans l'intérêt des Indiens et qui s'avéreront nécessaires à la protection du poisson et du gibier à fourrure et qu'ils seront aussi libres de chasser et de pêcher après le traité qu'ils le seraient s'ils ne l'avaient jamais signé». Il s'agit d'une question vitale pour une population habitant un territoire où l'agriculture, ou même l'élevage ne constituent généralement pas une solution de rechange viable. Un approvisionnement en munitions et en ficelle pour la fabrication de filets vient dissiper quelque peu les inquiétudes des Amérindiens.

Une autre crainte qui les tracasse est que les gens se retrouvent confinés dans les réserves, comme c'est le cas dans le Sud, une situation véritablement incompatible avec la vie des chasseurs. Les réserves ne sont évidemment admissibles que dans la mesure où l'agriculture ou l'élevage sont praticables. En conséquence, la sélection de terres réservées est reportée à plus tard. «Il aurait été impossible de conclure un traité sans donner l'assurance que nous n'avions aucunement l'intention de les confiner dans des réserves[50].» À l'époque, les réserves paraissent une question sans importance; d'ailleurs, aux dires des commissaires, «la majeure partie des Indiens continueront à chasser et à trapper[51]». Les habitants du fort Chipewyan réclamant un chemin de fer, les commissaires leur répondent que cela n'entre pas dans leurs pouvoirs d'attribution, mais qu'ils feront connaître leurs désirs dans la capitale. (C'est l'époque où il y a de l'agitation dans le Sud en faveur d'un chemin de fer entre Edmonton et les champs aurifères.) Comme on l'a observé à de nombreuses reprises, ce sont les Amérindiens, et non pas le gouvernement, qui sont à l'origine de l'introduction de la plupart des aspects les plus dynamiques des termes des traités.

Le traité est signé après deux jours de négociations au Petit Lac des Esclaves. Le père Lacombe, qui a connu des succès semblables avec les Pieds-Noirs, exerce une influence majeure afin de convaincre les Amérindiens des bonnes intentions et du bien-fondé de l'engagement du gouvernement[52]. Puisqu'il n'y a qu'environ la moitié des Amérindiens qui sont présents (au départ, 2 217 acceptent le traité), les adhésions doivent se poursuivre, ce qui occasionne neuf rencontres supplémentaires en 1899 et quatre autres en 1900. Le gouvernement considère que le traité, en plus d'éteindre le titre amérindien, prévoit que le droit usufructuaire autochtone sera «sujet à des dispositions comme celles que le gouvernement adopte de temps à autre et [exclura] ces étendues qui peuvent être nécessaires pour la colonisation, l'activité minière ou forestière, le commerce, ou d'autres fins».

Le point de vue des Autochtones est tout à fait différent: ils soutiennent tous que les négociateurs ont garanti sans restriction leurs droits de chasse, de pêche et de trappe[53]. Voici ce qu'en dira plus tard un ancien:

> L'orignal est notre principale source de gagne-pain sur cette terre. [Ce n'est pas] comme l'homme blanc, le Roi; il vit principalement de pain, dit-il. Mais l'Indien vit de poissons, de canards, de tout. Le Roi a demandé à l'Indien ce qu'il souhaitait pour gagne-pain. L'Indien a choisi de ne pas limiter la chasse et la pêche. Tant qu'il vivra[54].

Les Autochtones ne sont toutefois pas d'accord sur ce qu'ils ont dû abandonner en retour de la reconnaissance de ces droits. Certains pensent qu'ils ont dû céder la terre, tandis que d'autres croient avoir simplement accepté de partager la terre et ses ressources. Pas un seul parmi eux n'exprime de préoccupations au sujet de la propriété du sol, un sujet qui ne semble pas avoir été soulevé de façon précise au cours des négociations. Aux yeux d'un Amérindien, «l'homme blanc n'a jamais acheté la terre. S'il l'avait achetée, des sommes d'argent considérables auraient été mises en jeu[55]». Les notions de frontière limitée et d'absolue propriété sont alors inconnues des Amérindiens du Nord. Il ne semble pas y avoir eu de débat sur le partage des droits de surface, tels que ceux sur l'exploitation des forêts et des eaux ou sur des redevances tréfoncières à verser pour l'exploitation pétrolière ou minière. À la place, le gouvernement offre des parcelles de 65 hectares en copropriété non solidaire, étant donné qu'il trouve que les Indiens agissent moins comme un peuple que comme des individus. Un autre domaine où l'interprétation amérindienne du traité diffère grandement des véritables dispositions qu'il renferme a trait aux soins de santé et aux services sociaux, y inclus les soins aux vieillards. Les Amérindiens croient qu'ils leur ont été certifiés, mais ils sont parfaitement absents de la version écrite du traité. Parmi les dispositions mentionnées, comme l'aide au démarrage en agriculture là où elle était possible, certaines ne furent pas toujours honorées, du moins pas comme les Amérindiens s'attendaient à ce qu'elle le fussent.

Ceci nous ramène à la difficile question des langues et des concepts. L'anthropologue June Helm expose ici certains problèmes qui se sont présentés:

> Comment quelqu'un pouvait-il traduire en langue athapascane, à l'intention d'athapascanophones unilingues et par l'intermédiaire d'un interprète métis, le concept de l'abandon de la propriété foncière, je ne sais pas, par des gens qui n'ont jamais pu concevoir qu'une propriété bornée puisse être transférée d'un groupe à un autre[?] Je ne comprends pas comment ils auraient pu en saisir la teneur, traduite de l'anglais dans une langue ignorante de ces concepts et certainement pas dans le sens où l'entendrait la science du droit anglo-saxon[56].

En 1959, le problème des concepts tourmente la Commission Nelson, qui examine les manquements aux dispositions des traités n[os] 8 et 11 dans le district de Mackenzie. La commission rend compte du fait qu'«il est impossible de faire comprendre aux Indiens qu'on peut séparer de la propriété réelle du territoire les droits de chasse ou d'exploitation minière[57]».

Le traité n° 8, pour les Amérindiens, constitue essentiellement un traité de paix et d'amitié. De 1913 à 1915, période au cours de laquelle le gouvernement décide de faire l'arpentage du territoire couvert par ce traité, et en particulier des parcelles individuelles, les Autochtones éprouvent une réaction de méfiance et de crainte, parce qu'ils y voient une menace à leur liberté de mouvement. En 1920, mécontents des tentatives faites en vue de restreindre la chasse et la pêche, les Platscotés-de-Chiens de Fort Resolution refusent les versements prévus au traité. (En 1917, une loi sur la chasse dans le Nord-Ouest impose des saisons de fermeture de la chasse à l'orignal, au chevreuil, au caribou et à d'autres animaux jugés essentiels à l'économie des populations autochtones; en 1918, la *Loi sur la convention concernant les oiseaux migrateurs*, une entente conclue entre le Canada et les États-Unis, vient limiter encore leurs activités de chasse, compte tenu qu'elle ne contient pas de disposition spéciale à l'intention des Amérindiens.) Ils finissent par signer une convention qui reconnaît leur position particulière avant d'accepter les versements prévus au traité. Puis, le document disparaît[58]. Des problèmes semblables se répètent à Fort Rae (le plus grand établissement amérindien des Territoires-du-Nord-Ouest) en 1928 et de nouveau à Fort Resolution en 1937. Les tribunaux canadiens déclarent que les lois fédérales (mais pas celles des provinces ou des territoires) ont préséance sur les droits issus de traité.

Maintenant que l'industrialisation et le peuplement blanc qui l'accompagne pénètrent toujours plus profondément dans le Nord et que la chasse en tant que mode de vie devient secondaire, les réserves apparaissent sous un nouvel angle pour les Amérindiens de la région[59]. Dans les Territoires-du-Nord-Ouest, la première est créée à Hay River en 1974; en Colombie-Britannique, on en établit une en vertu du traité n° 8 à Fort Nelson en 1961 (comme nous l'avons vu au chapitre XVI, la province en aménage depuis les années 1850). En 1979, Ottawa met de côté 7 284 hectares (18 000 acres) de terres dans le parc national Wood Buffalo à l'intention des Cris de Fort Chipewyan, après la rupture de leurs négociations avec l'Alberta; au départ, les Cris avaient demandé 36 422 hectares (90 000 acres). La même bande accepte d'adhérer au traité en 1986, après avoir reçu 4 970 hectares (12 280 acres) de terres de réserve assorties de tous les droits miniers et des droits de chasse, de pêche et de trappe, ainsi que d'une somme de 26,6 millions de dollars.

Au moment de la signature du traité, les Métis de la région peuvent choisir d'y adhérer ou d'accepter un certificat, auquel cas ils reçoivent soit une concession de 240 acres (97 hectares), soit 240 $ en argent.

## *Les traités n^os 9 (1905-1906) et 11 (1921)*

Le gouvernement fédéral, influencé par les perspectives d'exploitation minière et le besoin de libérer de toute charge l'emprise du chemin de fer dans le nord de l'Ontario, finit par céder aux exigences des Amérindiens, qui demandent un traité depuis aussi longtemps que 1884[60]. La venue du chemin de fer intensifie le rythme des changements dans cette région nordique, une situation qui préoccupe fort les Amérindiens. Avant d'entreprendre toute négociation avec eux, les gouvernements fédéral et provincial se mettent d'accord sur les objectifs et sur le partage des coûts, ce qui fait que la demande d'adhésion des Amérindiens habitant du côté québécois de la frontière interprovinciale leur est refusée. Le traité n° 9 couvre un territoire de 336 300 kilomètres carrés (130 000 milles carrés).

Dans les Territoires-du-Nord-Ouest, les années qui suivent la signature du traité n° 8 voient une situation déjà mauvaise empirer, surtout dans les régions situées au nord du Grand Lac des Esclaves et le long du Mackenzie. Bien que cela ne fasse pas partie des pouvoirs rattachés au traité n° 8, le ministère des Affaires indiennes ouvre à Fort Simpson, en 1911, un bureau pour «distribuer des secours et mener des expériences en agriculture» en collaboration avec des missionnaires de la région. Un agent se présente là-bas, l'été suivant, avec deux chevaux, quatre boeufs et dix tonnes de matériel, chez des Amérindiens qui n'ont pas été prévenus et qui refusent de lui serrer la main «vu qu'ils le pensent venu pour leur enlever leur pays». En dépit du fait qu'elle se passe si loin au nord, l'expérience se déroule raisonnablement bien et finit pas dissiper les doutes des Amérindiens. Elle ne modifie pourtant pas leur style de vie étant donné qu'il est adapté à des conditions nordiques; au demeurant, même un missionnaire qui réussit aussi bien que l'oblat Gabriel Breynat (évêque du diocèse de Mackenzie de 1902 à 1943) ne parvient pas à modifier le mode de vie traditionnelle, malgré que son apostolat soit très estimé. La situation suscite des critiques, un observateur écrivant en 1913 que, à l'exception de la fréquentation des offices religieux, les Amérindiens n'ont pas changé leurs habitudes et ne sont pas plus riches[61]. Des bateaux à vapeur naviguent maintenant sur le Mackenzie et d'autres cours d'eau en été, rendant la région accessible aux chasseurs sportifs, aux scientifiques et à d'autres[62].

Le premier poste permanent de la CBH au nord du cercle polaire est fondé en 1908; et 14 autres sont ouverts entre 1910 et 1920, encouragés par la présence de plus en plus grande des trafiquants indépendants, notamment les frères Revillon[63]. Durant la période de tensions, de guerre et de révolution qui déchirent le monde entre 1915 et 1920, la valeur du marché des fourrures atteint un nouveau sommet, alors que l'ancien système de troc cède la place à des opérations en espèces. Les Amérindiens et les Inuits, qui ne connaissent rien à cette forme d'achats et de ventes, se font voler facilement. D'autre part, l'épidémie de grippe d'après la première guerre mondiale frappe durement les gens du Nord, en particulier les Inuits.

Deux événements surviennent en 1920: l'effondrement du marché des fourrures et le forage du premier puits de pétrole, à Norman Wells, dans les Territoires-du-Nord-Ouest («Le plus grand champ pétrolifère au monde» titrent alors les journaux). Ce premier puits produit 1 000 barils à l'heure. La situation incite Ottawa à agrandir le Conseil des Territoires du Nord-Ouest et à créer, au sein du ministère de l'Intérieur, une division des Territoires-du-Nord-Ouest et du Yukon, sous la direction d'O.S. Finnie, un ancien secrétaire à l'exploitation minière du Yukon; la division est abolie en 1931 puisque le boom pétrolier ne se concrétise jamais[64]. Une ordonnance est rapidement émise pour interdire à quiconque de se rendre dans le district de Mackenzie à moins que les autorités policières ne jugent l'individu «capable mentalement et physiquement et muni de l'équipement et du matériel adéquats». L'ordonnance n'est appliquée qu'une seule année, mais cela suffit pour donner à la Gendarmerie royale du Canada du temps pour se préparer aux changements à venir. De l'avis de l'un de ses officiers, «toute tentative visant à créer un boom dans les actions ou les concessions pétrolières de Fort Norman devrait dans la mesure du possible être découragée». Tout d'abord, les transports ne sont pas assez au point pour répondre à une forte augmentation de la circulation des marchandises. Le 18 janvier 1921, l'*Edmonton Journal* rapporte qu'un service de passagers en dirigeable propose l'aller-retour, d'une durée de 36 heures, à 1 500 $ par personne. Toutefois, le transport fluvial est alors plus commode, puisqu'il faut débourser 200 $ pour un trajet identique. Si ces prix constituent un obstacle, ils ne suffisent pas à décourager les intéressés. La large couverture accordée par les journaux aux récents développements dans l'industrie pétrolière ne laisse que trop clairement comprendre où se situe l'intérêt du public; malgré qu'on reconnaisse l'urgence de la signature d'un traité, la presse ne traite que de façon superficielle cet aspect de la situation.

Le traité n° 11, comme le n° 8, n'est signé par les Amérindiens qu'après qu'ils eurent reçu l'assurance de pouvoir chasser, trapper et pêcher en toute liberté et après que l'évêque Breynat leur eut réaffirmé que le gouvernement tiendrait parole. Ils se rappellent qu'on leur a dit que «la terre demeurera comme elle est, [et] vous continuerez à y vivre comme avant». Pour les Dènès, il s'agit d'un traité de paix et d'amitié; la terre n'a jamais été en litige, malgré l'immensité du territoire: 963 480 kilomètres carrés (372 000 milles carrés). Les négociateurs leur ont donné l'assurance que ce territoire leur appartenait. «Vous pouvez faire ce que vous voulez, ont-ils dit, nous n'allons pas vous en empêcher.» Quand le gouvernement ne s'est pas montré à la hauteur de ses engagements, c'est un Breynat désillusionné qui a publiquement fait campagne pour se plaindre du traitement accordé aux Amérindiens du Nord, avant que le père Fumoleau ne reprenne le flambeau[65].

En 1973, les Dènès déposent en Alberta une notification d'opposition alléguant du caractère frauduleux des traités n°s 8 et 11; par la suite, avec le concours de lois rétroactives, on les prive du droit de déposer une telle notification.

Il y a déjà longtemps que l'isolement qui a si longuement servi de barrière protectrice dans le Nord n'est plus; le dernier coup qui lui a été porté l'a été pendant la deuxième guerre mondiale, avec la construction de la route de l'Alaska (terminée en 1945). Les Amérindiens du Yukon, qui participent à son tracé, se trouvent alors à ouvrir leurs territoires à la colonisation par les Blancs[66]. Déjà dans les années 1950, leur liberté de chasse et de pêche n'est plus totale, et, dans certaines régions, ils doivent même faire enregistrer leurs terrains de piégeage[67].

## La recherche d'une solution pour les Inuits

En dépit du séjour de Blancs dans la partie orientale de l'Arctique, à différentes reprises depuis le XIe siècle et de plus en plus fréquemment depuis le XVIIe, la première présence officielle permanente est enregistrée dans l'Ouest de l'Arctique, quand des hommes de la Police à cheval du Nord-Ouest sont envoyés par le Canada, en 1903, afin de fonder des postes dans l'île Herschel et à Fort McPherson; la Patrouille de l'Arctique oriental ne fonctionne pas de façon régulière avant 1922, bien que des fonctionnaires soient allés là-bas à l'occasion depuis la fin du XIXᵉ siècle. Pour de nombreux Inuits, les premières impressions qu'ils retirent de la présence du nouvel ordre surviennent au contact de la police, qui représente les autorités gouvernementales jusqu'à ce que le ministère du Nord canadien et des Richesses nationales prenne sa relève au milieu des années 1950. Dans l'Arctique, les problèmes causés par les premiers contacts se ramènent à des questions d'ordre criminel plutôt que foncier, comme cela a été le cas plus au sud. Jenness estime qu'en 1939 Ottawa dépense 17 dollars par Inuit pour la surveillance de l'Arctique[68]. Le Danemark, une puissance voisine dans l'Arctique, ne maintient alors aucun service policier au Groenland. Les ordres des agents canadiens sont de ne pas se mêler des coutumes autochtones tant et aussi longtemps qu'elles sont «conciliables avec le droit commun». L'infanticide fait pourtant partie des coutumes qu'ils doivent faire disparaître et on effectue notamment une tentative en ce sens dans la région du golfe Coronation, à l'aide d'un programme de «primes d'encouragement à l'enfance» (fourniture de matériel, de vêtements, etc.), qui ne dure que de 1921 à 1926, en partie à cause des difficultés qu'entraîne la localisation des familles dispersées sur un immense littoral[69]. Plus substantiellement, la campagne ne tient pas compte des ramifications culturelles et pratiques de cette habitude[70]. L'introduction des allocations familiales, en 1945, constituera un facteur d'importance dans sa disparition.

Des considérations d'ordre culturel viennent aussi tempérer l'application de la justice canadienne quand d'autres récits de meurtres attirent l'attention des autorités, jusqu'à l'assassinat d'un agent de police, en 1921, en compagnie d'une autre Blanc et de quatre Inuits. Cette fois, sentant qu'il faut faire un exemple, on tient un procès dans l'île Herschel et les deux Inuits jugés coupables subissent la pendaison (une première dans l'Arctique[71]) en 1924; l'un n'a qu'à peu près 16 ans. C'est une illustration dramatique de l'accent que mettent les Blancs sur le délit et son châtiment; les Inuits, eux, sont préoccupés par le maintien de l'équilibre dans leur communauté. Les circonstances entourant le crime ont de l'importance, mais avant tout la punition ne doit jamais faire empirer une situation déjà mauvaise[72].

L'insistance que mettent les Blancs à faire respecter leurs lois par les Inuits finit par produire ce qu'on considère partout comme une injustice sociale; en 1945, des gens sont convaincus que les Inuits ne devaient pas être soumis au Code criminel mais, comme personne ne s'entend sur une autre solution, la situation perdure ainsi. La docilité des Inuits face aux représentants de la loi facilite les choses; Diamond Jenness pense à ce sujet que l'aplomb des Blancs impressionnait les Autochtones[73]. Il ne faut pas entendre par là que les Inuits acceptent d'être considérés comme inférieurs; tout au contraire, comme le rapporte alors un officier supérieur, ils rencontrent les Blancs «de tout rang social ou hiérarchique sur un pied d'égalité sans la moindre gêne[74]». Cela pourrait être à l'origine de la préférence avérée des autorités policières pour les Inuits par rapport aux Indiens, bien qu'il y ait eu moins d'unanimité là-dessus après l'assassinat du policier[75]. Les Amérindiens, d'un autre côté, ont leurs propres doutes sur les hommes de loi: à Churchill, plutôt que de les percevoir comme des protecteurs, ils y font allusion en termes d'«emprisonneurs[76]». Et les policiers ne facilitent pas toujours leurs rapports avec eux en tardant à engager des interprètes, comme cela se produit trop souvent.

Qui doit donc administrer les affaires des Inuits? Après avoir constaté qu'un traitement particulier ne satisfait personne, les autorités décident de mettre les Inuits dans la même catégorie que les Amérindiens. Ils sont donc mentionnés pour la première fois dans un texte législatif du Canada en 1924, alors qu'on amende la *Loi sur les Indiens* pour les y inclure. Ce qui fait dire à Arthur Meighen, qui se trouve alors entre deux mandats comme premier ministre (1920-1921 et 1926): «Je n'aimerais pas voir les Esquimaux se faire appliquer la même politique qu'aux Indiens [...] Après 75 ans de tutelle et de soins [... les Indiens] sont toujours sans défense dans nos mains[77].»

Peut-être faut-il chercher dans ces sentiments la raison pour laquelle la loi ne s'est pas appliquée aux Inuits quand l'autorité judiciaire du gouvernement canadien a été étendue aux îles de l'Arctique. Les Inuits relèvent alors de la compétence fédérale à titre de citoyens ordinaires, puisqu'ils n'ont signé aucun traité; ils ne sont pas non plus considérés comme des pupilles, à l'inverse des Amérindiens. Cela ne tarde pas à entraîner une certaine confusion dans l'administration, surtout quand il est question d'alcool. Dans ce domaine, les policiers traitent les Inuits comme les Indiens, soutenant que, s'ils ne le sont pas légalement, ils sont «moralement» les pupilles du ministère des Affaires indiennes[78]. Finnie exprime des doutes sur la sagesse d'une telle conduite; pour lui, «l'évolution [des Inuits] ne se fera pas dans le meilleur de leurs intérêts avec l'adoption des méthodes [...] utilisées pour négocier avec les Indiens[79]». L'anthropologue danois Knud Rasmussen (1879-1933), qui possédait un quart de sang inuit et avait passé beaucoup de temps dans l'Arctique canadien, déclare, lorsqu'Ottawa lui demande son avis en 1925, que les grandes priorités sont la conservation de la nature, la santé et l'éducation[80].

En 1927, les Territoires-du-Nord-Ouest prennent en charge la gestion des affaires des Inuits. Pourtant, le problème ne va pas se résoudre aussi facilement, d'autant que la diminution du gibier les fait souffrir de faim. Quand la province de Québec emmène le gouvernement fédéral devant les tribunaux pour l'obliger à accepter la responsabilité des Inuits qui habitent la province, la partie défenderesse tente de prouver que ces derniers ne sont pas des Indiens — une position qui, sur le plan anthropologique, ne tient la route que jusqu'à un certain point (les Inuits et les Amérindiens possèdent un patrimoine génétique différent, à l'exception des athapascanophones du Nord-Ouest[81]). Historiquement et politiquement, les Inuits ont toutefois eu l'habitude d'être considérés comme des Indiens, ce que le Québec parvient à démontrer. La coup de grâce arrive avec une correspondance officielle, datant de 1879, dans laquelle les Inuits sont qualifiés d'«Indiens[82]». En 1939, la Cour suprême du Canada déclare que, aux fins de l'administration, les Inuits sont des Indiens et qu'ils sont donc sous la responsabilité du gouvernement fédéral; en 1950, les Inuits sont confiés par décret au ministère des Ressources et du Développement. L'administration des Inuits continue d'être distincte de celle des Amérindiens, et ils sont nommément exclus de la *Loi sur les Indiens* lors du remaniement de 1951. Autrement dit, jamais le statut de citoyens ordinaires des Inuits n'a changé. Ironiquement, le Québec connaît en 1960 un changement d'attitude et se met à revendiquer activement toute autorité sur les Inuits vivant à l'intérieur de ses frontières[83]. À une certaine époque, les autorités fédérales et provinciales construisent même des écoles rivales.

Le problème du maintien des ressources en animaux sauvages pour permettre aux Inuits de continuer, dans une certaine mesure du moins, de vivre de ce que leur offre la terre, est entretemps devenu critique. Les fonctionnaires gardent la conviction qu'il faut encourager les Autochtones à poursuivre leur genre de vie traditionnelle, sous peine de dégénérescence[84]. En 1923, on crée deux immenses réserves de chasse à leur intention exclusive: une qui couvre les bassins hydrauliques des rivières Back et Thelon, et l'autre dans les îles Victoria et Banks. Cette dernière devient la Réserve de chasse des îles de l'Arctique en 1926, quand Finnie donne suite aux recommandations de Rasmussen et l'agrandit pour englober toutes les îles de l'Arctique[85]. On étudie aussi la possibilité d'implanter des hardes de rennes dans l'Arctique canadien, à la suite d'une recommandation en ce sens faite par une commission royale en 1922. L'Alaska y étant parvenue dans les années 1890, cela laisse supposer qu'on puisse faire de même au Canada.

## CHAPITRE XXVI

# La réalité sociale et la théorie du développement

Les 100 ans de la Confédération canadienne, en 1967, offrent aux Amérindiens une occasion trop belle pour la rater: à l'Expo 67, ils érigent, avec l'appui de leur ministère, un pavillon où ils expriment publiquement, pour la première fois à l'échelon national, leur insatisfaction face à leur sort[1]. Et le grand public a une réaction d'étonnement incrédule en apprenant qu'au Canada on traite des gens de cette façon. Plusieurs pensent que les Amérindiens exagèrent. Quelle ingratitude devant toutes ces bonnes choses qui ont été faites pour eux! La plupart des Canadiens n'ont aucun moyen de savoir ce qui se passe dans les réserves et dans le Nord. Pour les Amérindiens, c'est une occasion sans précédent de présenter des griefs remontant à 300 ans et plus. Lloyd Barber fait d'ailleurs observer que les premières nations du pays ne se sont jamais trouvées en position «de prouver ce qu'elles avancent et d'insister sur des droits que le reste d'entre nous tendons à tenir pour acquis[2]».

L'administration centralisée à Ottawa ne quitte pas ce que Louis Saint-Laurent, premier ministre de 1948 à 1957, qualifie en 1954 d'«état d'absence d'esprit quasi permanent[3]». Dans les années 1930, la Grande Dépression a provoqué une désastreuse baisse du prix des fourrures dont les conséquences ont été la famine et les privations généralisées — puisqu'à l'exception des subventions gouvernementales il n'existait aucune mesure de sécurité sociale qui s'adressât aux gens tirant leurs revenus du piégeage. D'après l'historien Morris Zaslow, «le Canada n'a pas compris l'importance du Nord canadien avant la création, en 1953, du ministère fédéral des Affaires du Nord et des Ressources nationales[4]». La nature même de cette région est en grande partie responsable de la lenteur de son évolution: pour la libre entreprise non réglementée, l'Extrême-Nord est inhospitalier. Les coûts y sont si élevés que les projets sont dans les faits restreints aux

grandes sociétés commerciales et aux consortiums qui comptent sur la collaboration de l'État[5].

En 1963, l'équilibre manifestement précaire dans lequel vivent les Amérindiens du Nord et d'ailleurs incite le gouvernement fédéral à charger l'anthropologue Harry B. Hawthorn d'une enquête sur leur situation sociale et économique et sur l'enseignement qu'ils reçoivent. Le rapport qu'il remet en 1966 fait
état de 151 recommandations d'où ressortent deux thèmes sous-jacents: il ne faut
pas forcer les Amérindiens à «acquérir les valeurs de la société dominante qu'ils ne
possèdent pas ou ne souhaitent pas acquérir», et ensuite le ministère doit jouer un
rôle plus actif dans la défense des intérêts des Indiens, au sein à la fois du gouvernement et de la société dans son ensemble[6]. De plus, il appuie le maintien de
l'application de la *Loi sur les Indiens*, mais modifiée. Il insiste sur le fait que les
Autochtones ne tirent aucun profit des faibles possibilités d'autonomie que leur
offre la loi, et révèle que leur revenu annuel moyen par personne est de 600 $
(comparativement à 1 400 $ pour les Canadiens de race blanche), que leur scola-
rité se situe loin en deçà de la moyenne nationale, et que 94 pour cent des élèves
décrochent avant d'obtenir leur diplôme d'études secondaires. Hawthorn préconise qu'on leur offre la possibilité de recevoir un enseignement dans leurs propres
langues. Bien souvent, les textes des manuels ne sont pas seulement inexacts en ce
qui concerne les Amérindiens, ils sont aussi d'habitude injurieux[7].

Au sujet de l'autonomie, Hawthorn note que, de 1951 à 1964, 118 bandes (sur
les 577 de l'époque) ont passé un grand total de 338 règlements, soit en moyenne
3 par bande; 23 pour cent seulement de l'ensemble ont passé au moins un règlement, ce qui reflète bien le droit de veto que pouvait exercer le gouverneur-en-
conseil sur toute décision prise par une bande. Une fois le processus déclenché
toutefois, une bande pouvait se montrer dynamique; parmi les 118 mentionnées,
54 pour cent ont passé 3 règlements ou plus. Quand il a été question de passer des
règlements d'ordre financier, moins de 50 bandes ont été jugées assez «évoluées»
pour exercer ce pouvoir. C'est une réserve d'Iroquois de la rive nord du lac Ontario, la bande de Tyendinaga, qui a été la première à être revêtue de cette autorité,
en 1958.

Les fonds amérindiens en fidéicommis, accumulés à partir des revenus tirés
de la cession de leurs terres, comprennent aussi, au milieu des années 1960, les
rentes capitalisées et des sommes provenant d'autres éléments d'actif. Les sources
de revenus les plus importantes viennent des terres de réserves prises à bail, des
ventes de produits forestiers, des droits d'exploration pétrolière et gazière en
crédit-bail, de la vente de gravier, etc. La dimension de ces fonds varie considérablement d'une bande à l'autre à travers le Canada; certaines possèdent des biens
considérables, et d'autres rien. Le degré d'autonomie d'une bande est directement
proportionnel à l'autorité qu'elle exerce sur ses revenus; les Six-Nations, qui
gèrent elles-mêmes leurs fonds, possèdent une sorte d'administration municipale.
Leurs rapports avec le gouvernement fédéral continuent d'être difficiles, particulièrement quand Ottawa se mêle de l'application des règlements, comme cela se

produit de temps à autre. L'absence d'attributions définies avec clarté, en encourageant la méfiance à l'égard des règlements chez les opposants au système électoral, complique encore la situation. Ailleurs, souligne encore Hawthorn, les conseils de bande n'adoptent pas de règlements parce qu'on s'attend à les voir suivre le modèle établi par Ottawa; ce serait de loin préférable, suggère-t-il, de les laisser créer eux-mêmes leurs propres modèles.

Autrement dit, la présence et l'exercice d'un pouvoir venant de l'extérieur progresse et s'étend dans les réserves. Suivant Hawthorn, la réaction des Amérindiens les pousse à s'orienter avant tout vers la famille, la parenté élargie et d'autres groupements n'étant pas nécessairement liés au monde de la réserve tel qu'Ottawa le définissait. Les conseils de bande persistent, non pas parce qu'ils sont perçus comme une réponse à d'importants besoins d'administration locale, mais parce que l'État insiste pour que les négociations se fassent par leur intermédiaire. Cela signifie que l'administration locale échoue dans certaines réserves, surtout celles des régions rurales ou isolées où le système des agences indiennes reste en vigueur (il dure jusqu'en 1969). En se conformant au système, les bandes s'assurent d'obtenir des subsides d'assistance publique plus généreux; l'absence de responsabilité liée à des décisions ayant des répercussions sur leur vie représente le prix qu'il leur faut payer. L'implantation de ce modèle de dépendance est tellement forte que des bandes vont même jusqu'à voter contre l'autonomie locale. Même des bandes urbanisées, comme celle des Hurons, en banlieue de Québec, adoptent cette position. Le fait d'accepter une assistance publique a aussi pour conséquence un affaiblissement des activités collectives. Les chèques de bien-être social encouragent l'individualisme et la dépendance à l'égard de sources extérieures, et ces facteurs jouent à l'encontre de la solidarité collective. Cette tendance avait débuté avec la traite des fourrures, qui mettait l'accent sur la récompense personnelle de l'effort individuel[8].

Le rapport de Hawthorn est bien reçu dans la communauté amérindienne, qui s'empresse de relever le concept des «citoyens et plus» qui y est ainsi présenté: «[...] en plus des droits et des devoirs normaux [rattachés à la] citoyenneté, les Indiens possèdent certains droits supplémentaires à titre de membres fondateurs de la nation canadienne[9].» Outre l'influence majeure qu'il exerce sur l'assouplissement de la *Loi sur les Indiens*, le rapport est aussi à l'origine du livre blanc de 1969, que les Amérindiens rejetteront de manière catégorique.

## Le livre blanc et ses conséquences

En 1969, Ottawa suggère ce qu'on décrit alors comme «une impressionnante recette gouvernementale en faveur de l'égalité». Il s'agit d'un livre blanc, une proposition qui vise l'éclatement du «moule vieux de 200 ans» et l'abolition du cadre de l'administration amérindienne en place à l'époque, critiquée de partout parce qu'elle met de côté les Amérindiens et gêne leur évolution[10]. Le livre est, en partie, une réponse au mouvement amérindien «Red Power» qui se répand alors au Canada, après sa naissance au Minnesota en 1968, et qui met l'administration au défi d'accorder aux Amérindiens plus de place dans la gestion de leurs affaires. Le gouvernement annonce qu'il va «permettre aux Indiens d'être libres — libres de mettre les cultures indiennes en valeur dans un contexte d'égalité juridique, sociale et économique avec les autres Canadiens[11]». L'objectif sera atteint en amendant l'AANB dans le but de mettre fin à la distinction juridique établie entre les Amérindiens et les autres Canadiens, en abrogeant la *Loi sur les Indiens*, et par une prise en charge graduelle des réserves, soumises aux lois provinciales, par les Amérindiens. On supprimera progressivement le ministère en l'espace de quelques années, tandis que des services autrefois offerts spécialement pour eux seront dorénavant pris en charge par les organismes fédéraux et provinciaux qui desservent le grand public. En bref, les Amérindiens deviendront des Canadiens comme les autres et ils perdront leur statut particulier. Les droits ancestraux ne seront pas reconnus, et la signification des traités sera contestée.

Dans la réalité, les traités devront être résiliés. On peut lire dans le livre blanc qu'«une simple lecture de leurs termes révèle les promesses minimales et restreintes qu'ils contiennent [...]. L'importance des traités en tant qu'instruments pour répondre aux besoins des habitants indiens en matière d'économie, d'enseignement, de santé et d'aide sociale a toujours été réduite et elle continuera à décliner [...] dès que l'autorité des Indiens s'exercera fermement sur leurs territoires, l'anomalie [que représentent] des traités entre certains groupes d'une société et le gouvernement de celle-ci requerra une révision de ces accords afin de comprendre comment on pourra y mettre équitablement un terme». Pour aider les Amérindiens à s'adapter à la nouvelle situation, Ottawa offre de mettre à leur disposition, sur une période de cinq ans, une enveloppe budgétaire de 50 millions de dollars à consacrer au développement économique.

Le gouvernement propose au même moment la création d'un organe consultatif, la Commission d'étude des revendications des Indiens. Une chose est claire, pourtant, dès le départ: en principe, l'État ne reconnaît pas les droits ancestraux. «Ils sont si vagues et indéfinis qu'il n'est pas réaliste de les imaginer comme des revendications précises capables de redresser la situation sauf par l'entremise d'une politique ou d'un plan qui mettrait un terme à l'injustice vécue par les Indiens en tant que membres de la collectivité canadienne.»

Le débat peut se résumer à une question de droits individuels par opposition à des droits collectifs. L'abrogation de la *Loi sur les Indiens* et des traités ferait en sorte qu'on traiterait les Amérindiens comme des individus et non comme des collectivités. Et la perte de leur statut particulier leur enlèverait du coup les indemnités accordées pour la cession de leurs terres ancestrales. Les Canadiens suivent les brisées de deux initiatives américaines: le plan (1952) de l'U.S. Bureau of Indian Affairs, destiné à libérer de l'autorité fédérale certaines tribus sans leur consentement, qui appauvrit les anciennes tribus riches des Minominees et des Klamaths avant qu'on y mette un terme en 1970; et la *General Allotment Act* (littéralt. «loi générale sur les allocations») (loi Dawes, 1887), qui avait entraîné une importante érosion de la surface des territoires amérindiens des États-Unis avant d'être abrogée en 1934[12].

Ottawa n'a pas sollicité la participation des Amérindiens de façon significative dans la préparation du livre blanc, ce qui fait que, lors de sa publication, la politique proposée se heurte à un solide barrage d'opposition. Pour la première fois depuis l'arrivée des Européens, et sans doute pour la première fois de tous les temps, les Amérindiens s'approchent d'une sorte d'unanimité. La Fraternité des Indiens du Canada déclare catégoriquement que les propositions sont inadmissibles pour les Amérindiens du Canada:

> Nous considérons [ce document] comme une politique conçue pour nous priver de nos droits ancestraux, résiduels et statutaires. Si nous l'acceptons et que ce faisant nous perdons nos droits et nos terres, nous participons complaisamment à [notre] génocide culturel. C'est inacceptable[13].

Les Amérindiens interprètent la proposition gouvernementale de transfert de services aux provinces comme une tentative destinée non seulement à rompre les obligations et les liens de responsabilité du fédéral envers les Amérindiens, mais aussi à convertir chaque réserve en une forme de municipalité. Aux dires de Dave Courchesne (Neeghani Binehse, «Leading Thunderbird»), président de la Fraternité des Indiens du Manitoba de 1967 à 1974:

> On a une fois de plus traité l'avenir de la population indienne de manière despotique et arbitraire. Personne ne nous a consultés; nous avons été informés des décisions déjà prises. Je me sens comme un homme qui vient de se faire dire qu'il doit mourir et [qui] doit maintenant être consulté sur les façons de mettre en application cette décision[14].

Quand, plus tard la même année, Barber est nommé au poste de commissaire chargé des revendications territoriales amérindiennes, la Fraternité des Indiens du Canada refuse d'admettre l'existence de son poste sous prétexte qu'il s'agit d'une conséquence du livre blanc et d'une tentative déguisée de leur imposer cette politique. Il ne sera pas autorisé à négocier des droits ancestraux; il devra plutôt se contenter de l'arbitrage des revendications issues des traités et du règlement des griefs, pour la plupart de nature territoriale ou financière. Cela traduit bien le rejet du concept du droit autochtone qu'exprime personnellement à cette époque le premier ministre Trudeau. Afin d'apporter une réponse aux critiques et de promouvoir ses politiques, le gouvernement engage en 1970 William I.C. Wuttunee, un avocat cri de Calgary. Lui-même un ancien chef du Conseil national des Indiens du Canada qui préconisait à une certaine époque la création d'un État amérindien séparé[15], Wuttunee s'est depuis fait le partisan d'une participation active des Amérindiens à la société blanche et il est en faveur du livre blanc. Au lieu de calmer l'opposition, comme l'espère le gouvernement, le fait de l'engager met le feu aux poudres; Wuttunee se voit interdire l'entrée de plusieurs réserves, dont la sienne, celle de Red Pheasant[16]. Il démissionne très vite de son nouveau poste et écrit *Ruffled Feathers* (littéralt. «*Plumes ébouriffées*»), dans lequel il fait observer que les Amérindiens devraient faire plus que «pleurer sur des promesses non tenues et des traités rompus» et s'occuper activement de créer des programmes pour améliorer leur sort. Il ne voit pas qu'une telle ligne de conduite pourrait présenter un danger pour l'identité amérindienne ou l'objectif des autonomistes[17]. Le sénateur autochtone James Gladstone se montre lui aussi sympathique à l'objectif d'égalité pour tous présenté par le livre blanc; comme il l'avait précédemment déclaré, les Amérindiens «représentent le seul groupe ethnique du Canada doté d'une loi particulière». Il est d'avis que la *Loi sur les Indiens* reste une entrave et ne leur est d'aucun secours[18]. D'autres voix se font entendre dans le même sens, en particulier en Colombie-Britannique[19].

Le livre blanc provoque dans son sillage une très forte augmentation de la recherche en matière d'affaires indiennes, non seulement par des universitaires, des fonctionnaires et d'autres intéressés, mais aussi par les Amérindiens eux-mêmes. Dans l'immense lot de rapports et de communications qui s'ensuivent, celui qui est préparé par l'Association des Indiens de l'Alberta, *Citizen Plus* (*Plus que de simples citoyens*; aussi appelé le «Livre rouge»), est adopté en tant que réponse amérindienne officielle. Tout en rejetant la tutelle, l'Association continue de défendre un statut particulier qui serait cette fois défini par les traités[20]. La force de l'opposition finit par amener Trudeau à concéder que le gouvernement s'était montré «très naïf [...] trop théorique [...] trop abstrait [...] pas assez pragmatique ou compréhensif». Il donne à une délégation amérindienne l'assurance «qu'aucune solution ne leur sera imposée, parce que [le gouvernement] ne recherch[e] aucune solution particulière». Le livre blanc est officiellement retiré le 17 mars 1971.

## Motifs d'action

La croissance des coûts de l'administration se trouve au centre de cette initiative gouvernementale. Tandis que les crédits votés par le Parlement à l'intention du ministère des Affaires indiennes doublent en moins de dix ans, la population amérindienne explose dans des proportions quasi identiques. Les terres réservées couvrent alors 2 428 114 hectares, et certaines se situent dans des territoires jamais cédés par les Indiens. De plus, le réseau de formation scolaire créé à leur intention a échoué, et il existe des besoins massifs croissants pour des services sociaux. En réagissant contre ces améliorations, les bandes prennent de plus en plus la direction de leurs propres affaires. En quelques endroits, on demande aux agents des Affaires indiennes de quitter les réserves.

Le livre blanc a pour conséquence indirecte de populariser l'expression «droits ancestraux», qui entre tout juste dans l'usage à l'époque.

D'autre part, le terme «indigène» (équivalent du terme anglais «*aboriginal*» dérivé du latin *ab* («de») et *origo, origines* («origine»)) est défini ainsi en droit international pour la première fois, en 1918:

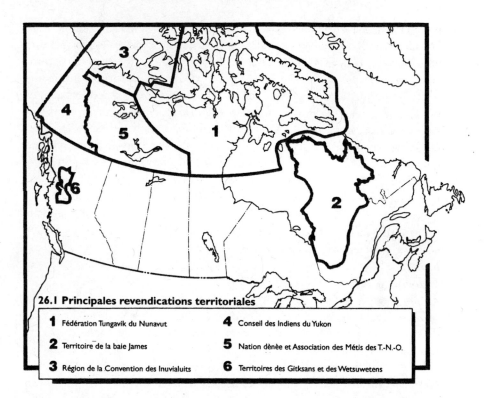

**26.1 Principales revendications territoriales**

**1** Fédération Tungavik du Nunavut      **4** Conseil des Indiens du Yukon

**2** Territoire de la baie James      **5** Nation dènèe et Association des Métis des T.-N.-O.

**3** Région de la Convention des Inuvialuits      **6** Territoires des Gitksans et des Wetsuwetens

Source: «Indian Land Claims Primer», *Globe and Mail Report on Business Magazine*, déc. 1990, 46.

> Les indigènes sont des membres de tribus non civilisées qui habitent une région à l'époque où un État civilisé y étend sa souveraineté, et qui l'ont habitée depuis des temps immémoriaux; ce sont aussi les descendants non civilisés de telles personnes habitant une région donnée[21].

Bien sûr, les Autochtones d'aujourd'hui rejettent unanimement et à bon droit l'idée qu'ils sont des «descendants non civilisés» de «tribus non civilisées». Le terme est pourtant pratique dans la mesure où il comprend à la fois les Amérindiens, les Métis et les Inuits, ce pourquoi ils l'ont tous trois adopté. (N.D.T.: dans les ouvrages lexicographiques français, l'usage semble avoir plutôt imposé «indigène», qui reste encore très vivant. Le mot, dans son sens usuel, est en concurrence avec «autochtone», ce que semble reconnaître implicitement l'usage français d'Amérique qui le retient depuis plusieurs années. Bien que, dans cet ouvrage, «autochtone» ait prévalu, le terme «indigène» a quand même été employé à l'occasion sans la moindre connotation négative ou péjorative.) *«Aborigine»* («autochtone») s'emploie déjà au Canada au début du XIXe siècle[22]; pour sa part, la notion de «droit ancestral» (aussi appelé «droit autochtone») apparaît dans le droit jurisprudentiel canadien en 1965, dans l'arrêt *La couronne c. White and Bob*, une affaire ayant trait aux droits de chasse et de pêche (voir chapitre XXIII). Nous avons déjà mentionné que l'arrêt *St. Catharine's Milling* avait employé l'expression «titre amérindien». À l'origine, les «droits ancestraux» n'avaient trait qu'au territoire; on les définit en 1972 comme «ces droits de propriété qui s'appliquent aux populations indigènes en raison de leur occupation de certains territoires depuis des temps immémoriaux». La plupart des locuteurs amérindiens emploient aujourd'hui l'expression de telle sorte qu'elle inclut les droits à l'autodétermination et à l'autonomie gouvernementale. Les «revendications particulières» et les «revendications globales» passent dans l'usage en 1973 après le jugement sur les Nisgaas, quand Ottawa rend publique sa politique sur les revendications foncières des Amérindiens et des Inuits. Les «revendications particulières» sont celles qui ont trait aux obligations nées des traités, des lois sur les Indiens ou des règlements, tandis que les «revendications globales» ressortent plutôt de domaines où les droits d'utilisation et d'occupation traditionnelles n'ont pas été éteints par un traité ou annulés par une loi[23]. La première revendication globale qu'Ottawa accepte de négocier est celle du Conseil des Indiens du Yukon, une demande qui entre tout juste dans sa phase finale[24].

Le retrait du livre blanc a pour conséquence le maintien en vigueur de la *Loi sur les Indiens*; à l'heure actuelle, la loi donne toujours au gouvernement le droit de prendre unilatéralement des décisions, y compris celle de mettre fin à tout traité. Depuis 1971 toutefois, il subventionne des organismes politiques autochtones qui doivent servir de tribune pour débattre de ses politiques[25]. C'est, on le voit bien, un revirement complet par rapport au bannissement des organismes indiens qui s'est produit dans les années 1920. Dans d'autres domaines, tels les programmes d'aide sociale, personne ne s'attend plus à ce que les Amérindiens s'adaptent aux moeurs des Blancs. Les réserves, qui ne sont plus perçues comme des expédients temporaires servant à les intégrer en douceur au sein de la société dominante, apparaissent aujourd'hui comme autant de patries, de pays que les Amérindiens ont le droit de gouverner. Malgré tout, il faudra beaucoup de temps pour corriger les conditions sociales misérables qui se sont propagées dans tellement d'entre elles[26].

## La prolifération des revendications

La forte hausse du nombre des revendications autochtones au cours des dernières années reflète la liberté d'action dont jouissent maintenant les Amérindiens. Par le passé, certaines règles d'usage qui gênaient peu les Blancs constituaient pour les Autochtones de sérieux handicaps. C'était le cas notamment du règlement qui exigeait l'approbation du gouvernement avant le dépôt de toute requête contre la couronne. Leur statut particulier signifiait des relations quasi exclusives avec le gouvernement, de telle sorte qu'avant l'abrogation du règlement en 1951 il leur était difficile de faire entendre leurs causes; en outre, leur condition de pupilles de l'État (on estimait alors que sur le plan juridique des pupilles ne pouvaient pas mettre leurs tuteurs en cause) venait compliquer encore leur situation. Au sujet de la cession de la réserve de St. Peter, à proximité de Winnipeg, Arthur Meighen mentionne en 1916 que «le gouvernement du Canada représente les Indiens; les Indiens sont nos pupilles, et nous concluons cet accord à titre de tuteurs[27]». Les critiques n'ont pas manqué pour faire ressortir que le déménagement arbitraire de la réserve correspondait mal avec l'idée qu'on avait du comportement d'un tuteur. D'autres réserves ont dû subir de semblables traitements; par exemple, quand l'exploitation agricole des terres a commencé à s'étendre dans les districts des rivières à la Paix et à la Pluie pendant les années 1920, les réserves ont été morcelées en établissements agricoles[28]. L'ambivalence de la position gouvernementale sur le plan politique a mené, dans la pratique, à une valse-hésitation entre l'autoritarisme et la conciliation. D'une main, le gouvernement empêchait l'évolution des revendications, tandis que de l'autre il les encourageait et en assurait le financement par des prêts. Les gros investissements en jeu poussaient à l'ambivalence; seulement en Ontario, autour de 87 pour cent des terres et des eaux appartiennent toujours à l'État.

En règle générale, on s'intéresse plus à la solution des controverses qu'à la recherche de mécanismes efficaces capables d'établir la validité des revendications; ce qui fait que, dans de telles conditions, il est beaucoup plus facile d'imaginer des revendications que d'y trouver des solutions. Ce commentaire adressé par Ellen Fairclough, ministre de la Citoyenneté et de l'Immigration de 1958 à 1962, au ministère de la Justice en 1961, donne une bonne indication des attitudes des fonctionnaires: «Quiconque connaît l'histoire des revendications amérindiennes peut se demander si, en ce qui concerne les Amérindiens, elles seront jamais réglées de façon permanente, même après jugement[29].»

L'une des plus célèbres et des plus longues affaires de renvendications est celle de la bande crie des Lubicons, installée dans le nord de l'Alberta sur des terres riches en pétrole, situées à l'intérieur du territoire du traité n° 8[30]. Cette bande, au nombre de celles qui ont été oubliées lors de la signature du traité, a attendu jusqu'en 1933 pour faire une demande de règlement foncier. Leur tardive décision était motivée par la crainte de voir la Grande Dépression des années 1930 amener en forêt des hordes de Blancs, même dans des régions aussi éloignées que la leur; une situation qui s'est réellement produite dans certains endroits. Ottawa répond en 1939: la bande aura sa réserve. En tenant compte d'une population de 127 personnes et en se fondant sur les termes du traité n° 8, un territoire de 65 kilomètres carrés (25,4 milles carrés) est choisi en 1940 à l'extrémité ouest du lac Lubicon, puis approuvé par les gouvernements provincial et fédéral. Pourtant, jamais on n'en effectue l'arpentage; des disputes au sujet des listes de bandes donnent lieu, en 1944, à une enquête judiciaire d'où il ne ressort aucun règlement acceptable par la bande. Les choses en sont toujours là en 1952, quand l'exploration minière et pétrolière s'étend dans leur région. Dès lors, la situation devient de plus en plus complexe, en particulier après 1979, année de l'ouverture d'une route provinciale qui rend facile d'accès cette région autrefois isolée. La bande s'y est bien opposée, mais sans succès. En 1982, on compte 400 puits de pétrole dans un rayon de 24 kilomètres à l'entour du village de la bande des Lubicons[31]. Puis, de nouvelles complications surgissent lorsque l'Alberta donne son accord à l'installation d'une usine de pâte à papier dans la grande région, même si cela n'affecte pas directement les terres revendiquées par la bande[32]. En 1978, un nouveau jeune chef, Bernard Ominayak, prend la direction de la bande (il est toujours en fonction en 1995).

Débats devant les tribunaux, nouvelles enquêtes judiciaires (y compris celle de l'ancien ministre de la Justice Davie Fulton, en 1985-1986), vigoureuse campagne de relations publiques (qui comporte même une tentative en vue d'interdire la tenue de l'exposition «The Spirit Sings» au musée Glenbow de Calgary), barrages routiers, rien de tout cela n'a encore permis d'arriver à un règlement. La bande continue d'exiger une compensation pour ce qu'elle qualifie de dommages irréparables à son mode de vie, une demande à laquelle ni les tribunaux ni Ottawa ne veulent accéder. Les membres de la bande, qui formaient autrefois un groupe vivant de la chasse, doivent aujourd'hui compter en grande partie sur l'aide gouvernementale, leur approvisionnement en ressources fauniques s'étant érodé.

En 1989, la bande se scinde, et 350 de ses membres obtiennent d'Ottawa le droit de former une bande distincte, celle des Woodland Crees (littéralt. «Cris des Bois»). Ces derniers, en moins d'un an, parviennent, avec les gouvernements fédéral et provincial, à un accord de principe en vertu duquel ils doivent recevoir une réserve de 142 kilomètres carrés, 35 100 000 $ pour la construction d'un nouveau village, 13 000 000 $ encore pour des réformes socio-économiques et enfin 512 000 $ comptant[33]. Aucune annonce n'a été faite au sujet de ce qu'ils ont cédé en contrepartie; il est toutefois évident que la formule choisie par le ministère — diviser pour régner — fonctionne toujours, puisque les chefs signataires du traité nº 8 ont unanimement refusé de reconnaître la nouvelle bande. En 1991, les gens de Loon Lake, un autre sous-groupe de Lubicons, attendent un règlement de 30 000 000 $. Avec les Woodland Crees, ils forment 30 pour cent des effectifs de la bande des Lubicons. Auparavant, Ominayak avait annoncé qu'un accord intervenu entre les Lubicons et Petro-Canada allait permettre l'exploration pétrolière dans certaines conditions sur des terres revendiquées par la bande.

Un autre conflit qui a aussi occupé l'attention du pays, mais pour une plus courte période, est celui des Ojibwés de Kenora, en Ontario, à quelque 160 kilomètres à l'est de Winnipeg et 480 kilomètres à l'ouest de Thunder Bay. La ville est devenue un lieu de rassemblement pour des Amérindiens désemparés dont le mode de vie, reposant sur la chasse, s'est progressivement évanoui au fil des ans. Les bons rapports qui ont existé entre Blancs et Amérindiens au temps de l'association économique de la traite des fourrures ont petit à petit laissé la place aux récriminations et à l'amertume; en remplaçant la traite, le nouvel univers économique fondé sur les emplois à salaire a accordé peu de place aux Amérindiens, désormais perçus comme une ponction inutile sur les ressources de l'État. Dans les années 1960, les divisions sociales et la discrimination sont bien enracinées; en

1964, les Amérindiens, excédés, organisent une marche de protestation sur Ottawa. Première manifestation du genre au Canada, l'événement met en cause 400 personnes et 6 réserves.

Comme c'est l'habitude en de telles occasions, on blâme des agitateurs; et s'il se produit quelque chose, c'est un grossissement des torts des Blancs. Puisque les solutions pacifiques n'ont rien donné, les Autochtones forment, sous la conduite de Louis Cameron, l'Ojibway Warriors Society (littéralt. «Société des guerriers ojibwés») et se barricadent dans un campement armé, dans le parc Anishinabe, sur un territoire qui, prétendent-ils, leur appartient de façon légitime. Acheté par le ministère des Affaires indiennes comme terrain de camping pour les Indiens, il a été vendu, sans consultation des premiers intéressés, à la ville, qui l'a transformé en secteur touristique. Plusieurs Amérindiens eux-mêmes condamnent l'affrontement, qui dure quatre semaines; bon nombre de ceux qui ont participé à la marche de 1964 refusent leur soutien à la société des guerriers. De telles tactiques leur font beaucoup trop penser à l'attitude de confrontation de l'American Indian Movement (AIM), qui réussira bien mieux à encourager les réactions brutales que la découverte de solutions. Ce qui ne manque effectivement pas de se produire[34].

À la fin de 1990, plus de 500 revendications foncières particulières attendent une solution. Les règlements se font à un rythme lent, puisque le gouvernement ne traite jamais plus de six demandes à la fois; en 1991, seules 44 causes ont trouvé une solution depuis 1973. Le processus s'est accéléré par la suite.

## Du côté de l'Alaska

En 1971, à la suite de l'échec du livre blanc, Amérindiens et fonctionnaires canadiens sont bien au fait de l'accord intervenu entre les États-Unis et les nations autochtones de l'Alaska. Les revendications de ces Amérindiens, Inuits, Kupiks et Inupiats, ainsi qu'Aléoutes, couvrent presque tout le territoire de l'État; malgré la poursuite de l'exploration pétrolière et gazière, ils étaient parvenus, en 1966, à obtenir le gel des droits fonciers jusqu'au règlement de leurs revendications. La loi de 1971 sur le règlement des revendications des indigènes de l'Alaska marque un changement radical d'orientation par rapport à toute la pratique précédemment en usage en matière de règlement foncier autochtone aux É.-U. ou ailleurs. Les droits sur le sous-sol apparaissent pour la première fois dans le règlement d'une revendication autochtone. Au Canada, les Amérindiens devront patienter jusqu'à la Convention de la Baie James et du Nord québécois, en 1975, pour obtenir des droits semblables.

La loi accorde aux Autochtones d'Alaska une superficie correspondant à environ 15 pour cent de celle de l'État, soit 16 189 424 hectares de terres (40 millions d'acres), divisés entre 220 villages et 12 municipalités régionales. La propriété des villages s'étend sur 8 903 083 hectares (22 millions d'acres), tandis que les municipalités (toutes dirigées par des Autochtones) détiennent la totalité des droits tréfonciers en plus de tous les titres de propriété sur 6 474 970 hectares (16 millions d'acres). Les 809 371 hectares (2 millions d'acres) restants sont réservés à divers usages, dont les cimetières et les lieux historiques. Des parcelles (ne dépassant pas 65 hectares (160 acres) par personne) découpées à même ce territoire peuvent être attribuées à des Autochtones vivant en-dehors des villages. On crée en outre une commission sur l'utilisation des sols, dont au moins un membre doit être autochtone et dont le mandat est consultatif et non pas réglementaire. Ce vaste programme est financé par une subvention d'un demi-milliard de dollars du ministère des Finances des États-Unis., accordés sur une période de 11 ans, et par un autre demi-milliard provenant des ressources en minerais de terres transférées à l'État. De cette façon, l'État participe au règlement des revendications autochtones. Le fondement logique de cet accord, c'est qu'il ne doit pas seulement satisfaire juridiquement et moralement les revendications, mais fournir de même un fondement pour l'avancement social et économique des populations autochtones.

Acclamée à l'époque, la solution choisie pour l'Alaska a depuis lors révélé des faiblesses d'importance. Tout d'abord, elle ne renferme aucune disposition à l'intention des personnes nées après la signature de l'entente. Ensuite, les municipalités (à une ou deux exceptions près) se sont depuis lors lourdement endettées, à cause de mauvais placements, de faibles rendements sur leurs investissements, de dépenses excédentaires en période d'expansion économique et du prix décroissant des minéraux. Mais avant tout, les Autochtones étaient peu familiers avec les institutions économiques occidentales, et les valeurs qu'ils possédaient différaient de celles du régime capitaliste, fondé sur l'entreprise privée, que tenait à lui faire adopter le gouvernement des États-Unis. Résultat, les municipalités autochtones ont dû utiliser l'argent «excédentaire» du règlement des revendications pour payer leurs dettes et il ne leur est bientôt plus resté que le territoire, inaliénable avant 1990. Dans la coulisse, les créanciers attendent, prêts à se faire rembourser dès que possible à même le fonds de terre. En définitive, en dépit des prolongations de délais négociées, les Autochtones auront dépensé tout l'argent de leurs revendications et perdu leur territoire au moment même où leurs droits auront été éteints[35].

## La déclaration des Dènès

En 1973, répondant à une revendication faite par les Autochtones du Yukon et à diverses requêtes en provenance de la Colombie-Britannique et du Québec, le gouvernement du Canada réaffirme la continuité de sa responsabilité envers les Amérindiens et les Inuits en vertu de l'AANB; il fait aussi allusion à la Proclamation de 1763 «en tant que déclaration fondamentale relative aux droits fonciers des populations indiennes du pays». Il reconnaît en outre des pertes d'utilisation et d'occupation traditionnelles de territoires de la Colombie-Britannique, du nord du Québec, du Yukon et des Territoires-du-Nord-Ouest, dans des régions où «le titre indien n'a jamais été éteint par un traité ou annulé par une loi». Le gouvernement offre pour ces territoires de négocier et d'enchâsser dans les textes de loi un règlement comportant une compensation ou des avantages, contre l'abandon de leurs droits autochtones. Il mentionne toutefois que, s'il lui est loisible de négocier seul dans les deux régions nordiques, ailleurs, les gouvernements provinciaux seront associés aux débats. Les Autochtones montrent pourtant alors plus d'intérêt pour l'enchâssement que pour l'extinction de leurs droits. Ils comptent du reste sur cette déclaration faite par la reine Élisabeth à Calgary en 1973: «Vous pouvez être assurés que mon gouvernement, au Canada, reconnaît l'importance d'agir en pleine conformité avec l'esprit et les termes de vos traités.»

Tandis que se déroulent ces événements, le Conseil mixte des chefs et des anciens adopte en 1975 la *Déclaration des premières nations*:

> Nous, les habitants d'origine de cette Terre, savons que le Créateur nous a placés ici. Le Créateur nous a donné des lois qui gouvernent tous nos rapports afin que nous vivions en harmonie avec la nature et les hommes.
>
> Les lois du Créateur définissent nos droits et nos responsabilités.
>
> C'est le Créateur qui nous a donné nos croyances spirituelles, nos langues, notre culture et, sur la Terre notre Mère, un lieu qui subvient à tous nos besoins.
>
> Depuis des temps immémoriaux, nous avons maintenu notre liberté, nos langues et nos traditions.
>
> Nous continuons d'exercer des droits et de satisfaire aux responsabilités et obligations accordées par le Créateur à l'égard de la Terre où nous fûmes placés.
>
> Le Créateur nous a donné le droit de nous gouverner, ainsi qu'un droit à l'autodétermination.
>
> Aucune autre nation ne peut modifier ni retirer les droits et les responsabilités que nous a donnés le Créateur.

Malgré leur formulation contemporaine, ces observations plongent loin au coeur des traditions amérindiennes, et leurs principes fondamentaux n'auraient dépaysé ni Pondiac ni Tecumseh. Pondiac, en rappelant aux Britanniques que «le pays avait été donné aux Indiens par Dieu», avait aussi ajouté que c'était le rôle des Britanniques de le conserver pour leur utilisation commune[36]. Évidemment, les Britanniques étaient déjà convaincus que le territoire leur appartenait de par leur récent droit de conquête sur les Français et aussi en tant que colonisateurs.

En général, les Canadiens se montrent aujourd'hui favorables — ou du moins ils ne s'opposent pas trop — à la position amérindienne, en particulier en ce qui touche leurs revendications foncières[37]. En outre, un nombre croissant de gens sont au courant que le système judiciaire n'a pas toujours servi correctement les Autochtones; par exemple, ils sont trois fois plus susceptibles de se retrouver en prison que les non-Indiens. L'affaire du Micmac Donald Marshall n'a que trop dramatiquement illustré cette situation en Nouvelle-Écosse. Injustement condamné pour homicide en 1971, il a dû faire onze ans de pénitentier avant d'être innocenté en 1983. Une enquête ultérieure a cloué au pilori le système judiciaire, qui a fait défaut à Marshall à tout bout de champ[38]. En Alberta aussi, une commission royale présidée par le juge Allan Cawsey a constaté qu'«une discrimination générale existe dans le système judiciaire pénal. Il ne fait aucun doute que les Autochtones sont surreprésentés dans ce système et qu'au mieux l'application uniforme de la loi donne des résultats inégaux[39]». Le ministre des Affaires indiennes Tom Siddon se dit d'avis que la justice canadienne, dans son ensemble, a fait preuve d'une «sensibilité insuffisante» à l'égard des besoins particuliers des Autochtones[40]. Dans l'intervalle, la bureaucratie continue de s'étendre. En 1979, le budget du ministère dépasse le milliard de dollars, et son personnel autorisé compte 7 300 personnes[41].

## L'émergence de l'Arctique

L'introduction d'une harde de rennes dans la partie occidentale de l'Arctique canadien dans les années 1930 est un événement aux proportions épiques. Les fonctionnaires, intéressés à offrir aux Inuits un approvisionnement alimentaire stable qui compenserait la diminution du gibier et impressionnés par les succès obtenus en Alaska avec une harde importée dans les années 1890, décident de faire de même. De précédents échecs vécus avec des projets semblables les rendent pourtant prudents[42]. Ils embauchent un spécialiste de l'Arctique, A.E Porsild (qui sera plus tard botaniste en chef du Musée national du Canada, en 1946-1947), et son frère Robert T. pour évaluer la faisabilité de ce projet. Sur les conseils fournis dans leur rapport, suivant lequel l'espace situé entre les fleuves Mackenzie et Coppermine et entre le Grand Lac de l'Ours et l'Arctique peut subvenir aux besoins de 500 000 rennes, le ministère achète en Alaska, en 1929, une harde de près de 3 000 bêtes[43], dont le déplacement est confié à des gardiens de troupeaux lapons dirigés par un sexagénaire, Andrew Bahr. La presse suit avec enthousiasme le récit de leur progression sur une distance d'environ 3 200 kilomètres (2 000 milles) sur «le toit du monde»; finalement, en 1935, 2 370 bêtes (moins de 700 d'entre elles font partie de celles qui ont quitté Nome cinq ans auparavant) arrivent à Kittigazuit, dans la partie orientale du delta du Mackenzie. La harde reste ensuite durant 40 ans sous la responsabilité du gouvernement avant d'être cédée à des intérêts privés en 1974. La harde prospère depuis ce temps; elle compte aujourd'hui autour de 16 000 têtes, mais n'a toujours pas atteint la dimension qu'avaient imaginée les Porsild. Le gouvernement ne voit se réaliser qu'en partie ses espoirs de transformer les chasseurs inuits en gardiens de troupeaux[44]. Depuis, les bêtes ont quand même approvisionné la région en viande, en peaux et en cornes (pour l'exportation en Corée) et elles sont une promesse pour l'avenir. On a entrepris plus à l'est la création de deux autres hardes d'environ 800 têtes[45].

D'autres efforts ont pourtant connu moins de succès, à tous points de vue; il y a eu des tentatives d'introduction de moutons et de cochons, ainsi que des expériences avec des graminées, des pommes de terre et d'autres cultures. L'historien Richard Diubaldo est d'avis que la précipitation et l'absence de recherches appropriées ont caractérisé la majorité de ces tentatives.

Les sources naturelles d'approvisionnement alimentaire de l'Extrême-Nord se détruisent beaucoup plus vite qu'on ne les remplace, malgré quelques réussites, comme les plans de réinsertion du castor et du rat musqué dans les régions sur-exploitées par le piégeage[47]. L'effondrement du marché du renard blanc, en 1948-1950, au moment même où le reste du Canada est en pleine expansion écono-mique, constitue une autre manifestation des changements complexes et étendus qui balaient cette grande région. La campagne que mènent les groupes d'oppo-sants au commerce des fourrures fait empirer les difficultés de l'industrie du trappage, qui, dans les années 1990, traverse une autre dure crise.

L'évaluation que fait l'État de l'Arctique arrive à un moment critique pendant et après la deuxième guerre mondiale, quand son importance stratégique sur le plan géopolitique finit par crever les yeux. Le rôle crucial que jouent dans les opérations militaires les stations météorologiques et le réseau avancé de pré-alerte radar amènent les autorités à considérer autrement le territoire et ses habitants. Ce qui ne signifie pas que les attitudes changent d'un instant à l'autre: lors de l'introduction des allocations familiales et des pensions de vieillesse, par exemple, on hésite à les accorder aux Autochtones du Nord; s'ils ne reçoivent tout d'abord aucun chèque, on prend quand même des dispositions pour qu'ils puissent obtenir à crédit des produits alimentaires choisis dans les magasins de la CBH[48]. En outre, comme les allocations familiales ne sont accordées qu'à la condition que les enfants fréquentent l'école, le gouvernement est contraint, dans les années 1940, de construire les établissements nécessaires, ce qui l'amène en fin de compte à cesser de compter sur les missions.

Durant toute cette période, le gouvernement applique avec vigueur sa poli-tique d'«encouragement» au rétablissement des Inuits dans des régions qu'il a choisies; Jenness fait observer que les villages permanents n'existaient pas chez les Inuits avant l'arrivée des Blancs et que pas un seul de ceux construits depuis ce temps ne l'a été sur un emplacement sélectionné par eux[49]. Au début, les nouveaux établissements sont coordonnés avec la traite des fourrures; en 1934, on informe la CBH que, si elle veut poursuivre ses activités dans le Nord, elle doit assumer la responsabilité du bien-être des Autochtones, sans qu'il en coûte un sou au minis-tère[50]. Les échecs qui surviennent sont donc peu surprenants. Les considérations qui dictent les choix d'emplacements ne s'accordent pas toujours avec les condi-tions qu'exige la survie des Inuits. La série de tentatives qui débutent en 1934 avec le transport à Dundas Harbour de 22 Inuits de Cape Dorset, 18 de Pond Inlet et 12 de Pangnirtung, illustre bien ce phénomène. Apparu aux yeux des fonction-naires comme convenable, accessible par la mer, riche en ressources marines et prometteur pour la chasse aux fourrures, l'emplacement s'avère connaître en hiver des conditions d'englacement telles qu'elles rendent impossibles la chasse et le transport en traîneaux à chiens qu'exige le maintien des lignes de trappage. Deux ans plus tard, il faut évacuer les Inuits, parmi lesquels certains sont obligés de retourner dans leurs foyers d'origine alors que d'autres doivent encore tenter de se réinstaller ailleurs. Les années suivantes voient des Inuits se faire transporter en divers endroits (Croker Bay, Arctic Bay, Fort Ross, Spence Bay), qui tous se révèlent incompatibles avec la vie de chasse et de trappage que les fonctionnaires sont convaincus de devoir préserver[51].

Ce mouvement d'une population inuite qui recherche frénétiquement des lieux où elle pourrait allier son mode de vie traditionnelle avec le piégeage culmine entre 1958 et 1962, mais ne cesse pas vraiment avant la fin des années 1970[52]. La quantité de gibier diminue encore, et des Inuits continuent de mourir de faim et de maladie tandis qu'on les déplace à gauche et à droite. Suite à la lecture de rapports leur affirmant que les lacs regorgent de poisson, des fonctionnaires accablés expédient des filets maillants à un groupe installé aux abords du lac Baker, affectant d'ignorer ou méprisant un tabou des Inuits de la région à l'égard de la consommation des poissons noyés quand on les capture de cette façon. Ils n'avaient pourtant rien contre ceux pêchés sans être noyés.

Au milieu des années 1950 et au début des années 1960, les Inuits possèdent le plus haut taux de tuberculose au monde; d'après l'anthropologue Robert Williamson, en 1964, plus de 70 pour cent des Inuits de Keewatin ont passé entre trois mois et neuf ans de convalescence au sanatorium[53]. Ceux qui partent se faire soigner «à l'extérieur» disparaissent parfois sans laisser de traces, du moins par rapport à leur famille ou leurs amis; parfois, quand il s'agit d'enfants, ils sont adoptés par des familles du sud du pays sans que les parents en soient informés[54]. Toujours aussi persuadé de la nécessité de les réinstaller ailleurs, le gouvernement étudie, puis rejette un projet de déplacement des Inuits dans le sud du Canada. Le Nord a toujours besoin de ses habitants, surtout de ceux qui savent comment affronter les rigueurs de son climat. Un nouveau motif est aussi venu au renfort du débat en faveur d'une utilisation mieux équilibrée des ressources naturelles: des établissements doivent être maintenus pour appuyer les prétentions du Canada à la souveraineté sur l'Arctique. Poussé par un tel impératif de politique internationale, le gouvernement entreprend en 1953 un déplacement d'Inuits vivant à Inukjuak (ancienn. Port Harrisson), dans le Nord québécois, où la population est devenue trop nombreuse pour vivre des ressources environnantes, vers l'île d'Ellesmere, située 3 200 kilomètres plus au nord, où les ressources en gibier sont encore intactes. On y transporte également d'autres Inuits à partir de Pond Inlet, dans le nord de l'île de Baffin. En tout, près de 90 personnes sont réinstallées à Grise Fiord et à Resolute Bay. Leur déplacement forcé n'entraîne pas de réconciliation entre les deux collectivités inuites qui, malgré leur cohabitation à Grise Fiord, ne se sont toujours pas intégrées. Celles de Resolute Bay ont fait plus de progrès dans ce sens. Il faut ajouter à cela le fait que les ressources exploitables en gibier différaient de celles auxquelles étaient habitués les nouveaux venus; on commence seulement à évaluer les conséquences sociales et collectives de ce brusque changement. Comme l'a bien expliqué l'anthropologue Milton Freeman, l'intégrité de l'approvisionnement alimentaire et l'identité culturelle sont intimement liées chez les chasseurs de l'Arctique[55].

Malgré le fait que la deuxième génération ait mieux réussi que la première, et que le gouvernement ait perçu Grise Fiord comme un bon exemple de la réussite de sa politique, digne d'être montré avec fierté à ses visiteurs d'importance, il reste des problèmes fondamentaux à résoudre, comme la gestion des ressources locales en gibier. Les vieux Inuits, qui sont petit à petit rentrés dans leurs collectivités d'origine, demandent une compensation de 10 millions de dollars, plus le remboursement de leurs frais de retour. Quand le comité sur les affaires autochtones de la Chambre des communes se prononce en faveur d'une compensation, le gouvernement offre 200 000 $, plus une plaque reconnaissant le rôle joué par les Inuits dans la confirmation des prétentions territoriales du pays dans les régions éloignées[56]. Depuis ce temps, le Canada prétend que le principal objectif recherché par ces déplacements était l'amélioration du sort des Inuits, ce que conteste l'historienne Shelagh Grant[57], pour qui la principale motivation de l'État canadien dans ce programme de repeuplement (qu'elle qualifie de «mésaventure») a toujours été sa préoccupation en matière de souveraineté dans l'Arctique. Les Inuits expriment cela plus brutalement: de leur point de vue, ils ont été les sujets d'une expérience sociale et politique.

De l'avis de Freeman, «la viabilité à long terme d'une petite collectivité artificielle comme Grise Fiord a toujours été sujette à caution[58]». Abe Okpik, qui en 1967 devient le premier Inuit à être nommé au Conseil des Territoires du Nord-Ouest, est un de ceux dont le discours se fait entendre sur les problèmes des nouvelles collectivités. Il attire l'attention des fonctionnaires par sa fructueuse campagne en faveur de l'abolition du système d'identification par plaques de métal numérotées dont on se sert alors pour identifier les Inuits lors d'un recensement ou d'une distribution de prestations sociales[59]. Pour Okpik, la pauvreté n'a pas sa place dans le mode de vie traditionnel; elle apparaît «quand une personne est perplexe et n'a pas la possibilité d'imposer ses propres façons de faire dans un milieu parfaitement nouveau pour elle[60]».

Tandis que les Inuits deviennent «l'une des populations les plus soutenues financièrement, gouvernées et étudiées de la planète[61]», on trouve de plus en plus d'attraits à ce conseil de l'explorateur canadien Vilhjalmur Stefansson (1879-1962[62]): qu'on laisse les Inuits trouver leurs propres solutions en réponse aux spectaculaires changements de leur situation, et qu'une aide ne leur soit accordée qu'en cas de besoin. Stefansson soutient qu'on a exagéré les difficultés de la vie dans l'Arctique; on lui doit d'ailleurs un mot célèbre: l'Arctique est en fait un milieu «amical[63]». Au lieu de tenir les Inuits à distance des établissements blancs, comme le gouvernement l'a fait jusqu'alors avec un désespoir croissant, qu'on les laisse y aller et qu'on leur offre tous les emplois possibles. Le gouvernement a donné suite à cette réorientation fondamentale de sa politique, et le sous-ministre Gordon Robertson en a fait l'annonce officielle au Conseil législatif des Territoires du Nord-Ouest en 1958[64].

L'année suivante, en 1959, deux coopératives, destinées à favoriser une mainmise des régions sur leurs ressources renouvelables, sont fondées dans le district de Baie d'Ungava. D'autres surgissent rapidement partout dans l'Arctique et dans les Territoires-du-Nord-Ouest; elles s'engagent tout d'abord dans les activités d'exploitation des ressources en poisson, gibier et fourrures, avant de s'intéresser bientôt à l'artisanat et aux arts, puis à la gestion de projets résidentiels, de magasins de détail et à d'autres entreprises commerciales[65]. L'installation des Inuits dans des villages permanents crée un problème de logement qu'Ottawa s'empresse de compliquer en décrétant que les maisons doivent être semblables sur l'ensemble du territoire; il faut aussi utiliser du bois scié en usine au lieu des rondins, et chauffer au mazout plutôt qu'au bois. Lancé dans les années 1950, le programme ne parvient jamais à répondre complètement aux besoins; en 1991, des rumeurs font état d'une maison inadéquate où vivraient 16 personnes. Enfin, Nellie Cournoyea, la ministre de la Santé des territoires de 1987 à 1991, lorsqu'elle devient chef du gouvernement, estime qu'il existe un besoin immédiat pour 2 000 unités supplémentaires de logement, avant même de tenir compte qu'on prévoit que la population doublera en 30 ans[66].

En mai 1959, le tout premier Inuit canadien à prendre la parole à titre officiel s'adresse au Comité des affaires esquimaudes, réuni dans l'Édifice de l'Est de la colline parlementaire. Le premier ministre conservateur de 1957 à 1963, John Diefenbaker, est dans la salle. George Koneak, de Fort Chimo, vient de rentrer d'un voyage au Groenland, où la prospérité des Inuits l'a impressionné: ils «travaillent et font de l'argent — pêcheurs, agriculteurs, travailleurs dans différentes usines»; ils possèdent «beaucoup de bateaux, beaucoup de maisons». Pour Koneak, «les Esquimaux ne veulent plus retourner dans l'ancien temps». Ils veulent qu'on les aide à entrer dans ce vingtième siècle qui les a engloutis[67].

CHAPITRE XXVII

# LE DUR CHEMIN
# VERS L'AUTONOMIE GOUVERNEMENTALE

La *Loi sur les Indiens*, mais aussi la Constitution canadienne et les traités déterminent la situation juridique des Amérindiens au pays. Malgré la *Charte canadienne des droits et libertés*, qui prévaut théoriquement sur tous les autres actes du Parlement, la *Loi sur les Indiens*, même si «elle fait si peu confiance aux Indiens», continue de définir leurs droits[1]. Loin de les voir comme des égaux, ses objectifs de protection et d'assimilation ont fini par mettre l'accent sur leur domination plus que sur leur évolution[2]. Par la répression de l'initiative et de l'esprit d'entreprise, on a assuré un haut niveau de pauvreté et un faible taux d'accomplissement. De la bouche même de Harold Cardinal, un porte-parole autochtone, «elle a soumis à l'autorité coloniale ces mêmes gens qu'elle était censée protéger[3]». Fondamentalement, la situation ne change pas plus quand les Amérindiens se font accorder le droit de vote en 1960, sans concession à leur statut particulier. À cette époque, les anciens combattants amérindiens prennent part aux élections, tout comme les individus vivant en dehors des réserves et ceux des réserves qui ont accepté d'être soumis à l'impôt; les Inuits, eux, votent depuis 1950. Même une fois émancipés, les Amérindiens, anciens combattants ou autres, ne peuvent profiter des programmes d'égalité des chances ou de prestations sociales. Max Yalden, le président de la Commission canadienne des droits de l'homme depuis 1987, a rejoint les rangs de ceux qui soulèvent à nouveau le tollé qui a suivi le livre blanc de 1969 et réclament tant l'abolition du ministère que le remplacement de la «paternaliste et vieillotte» *Loi sur les Indiens* par de nouvelles mesures législatives[4].

Des améliorations technologiques attirent l'attention des industriels vers les ressources du Nord. En 1957, en rassemblant les conservateurs autour de sa vision du «Nouveau Nord», Diefenbaker les mène à une écrasante victoire. Il suit un modèle colonialiste: l'amélioration des transports dans le Nord permettra aux gens et au savoir-faire industriel de se rendre exploiter les ressources du Nord pour ramener ensuite les profits dans le Sud. Cette attitude se reflète aussi par des changements dans la ligne de conduite fédérale; en 1966, un nouveau ministère, celui des Affaires indiennes et du Nord canadien, se voit confier l'administration des Indiens et la gestion des ressources du Nord. Les choses ne changeront pas par la suite, si l'on excepte l'abréviation du nom en ministère des Affaires indiennes et du Nord. L'industrialisation continue de se faire de la même façon, en tenant peu compte de l'environnement culturel du Nord ou des besoins des populations qui l'habitent.

Il faut plus d'une dizaine d'années pour parachever les premiers travaux organisés sous Diefenbaker, soit un réseau routier dont la construction débute à la fin des années 1950. La route qui part d'Edmonton atteint Hay River en 1960, puis Yellowknife l'année suivante. Une fois achevée, au début des années 1970, la route Dempster relie Dawson City et Inuvik[5]. Sa construction n'a pas tant pour objectif de desservir les collectivités nordiques que de faciliter l'exploitation par le Sud des ressources du Nord. Par chance, son impact n'est pas aussi dévastateur que celui de l'autoroute de l'Alaska, dont la construction a été suivie par des vagues d'épidémies dans la population autochtone. Pendant l'hiver de 1942-1943, huit épidémies de six différentes maladies frappent la seule petite communauté de Teslin, dans les Territoires-du-Nord-Ouest[6].

Les Ojibwés des réserves de Grassy Narrows et de Whitedog, à 90 kilomètres au nord de Kenora, en Ontario, sur le territoire du traité n° 9, font les frais d'une nouvelle forme de dangers potentiels associés à une activité industrielle déréglée. Dans les années 1950, les réserves d'eau potable montrent des signes de pollution par le mercure; pourtant, il faut attendre 1970 avant de découvrir qu'une filiale de la multinationale britannique Reed International, la Reed Paper International, rejette du méthylemercure dans le réseau fluvial de l'English et de la Wabigoon. Reed avait acheté en 1961 cette usine construite en 1911 et située 170 kilomètres en amont, à Dryden, en Ontario. La contamination contraint les réserves à fermer leurs pêcheries commerciales; même mis en présence des problèmes de santé croissants qu'éprouvent les deux villages, le gouvernement se traîne les pieds. Les Ojibwés finissent par prendre eux-mêmes les choses en main et invitent des spécialistes de Minamata (Japon), où l'on a connu une situation similaire, à venir faire un bilan sur place. Résultat, ces derniers confirment la présence de la «maladie de Minamata», une affection des centres moteurs et des nerfs causée par l'empoisonnement au mercure. Les assurances données par les traités n'offrent qu'une faible protection; et lorsque Reed annonce son intention de bâtir une nouvelle usine en 1974, les Autochtones sont obligés de préparer eux-mêmes leur réquisitoire sur l'utilisation des terres et la gestion des forêts. C'est au milieu d'un scandale public qu'on signe, en 1976, un accord sur la construction de la nouvelle usine, renfermant certaines dispositions en matière de protection environnementale. Même si les seuils de contamination se sont lentement abaissés au point «qu'ils ne s'écartent maintenant plus trop des autres systèmes», les gens doivent restreindre leur consommation de poisson pour éviter que les taux de méthyle-mercure n'atteignent des niveaux inacceptables dans leur organisme, comme l'illustre si bien l'exemple récent d'une fillette de 3 ans[7]. On n'a toujours pas pris en considération les conséquences potentielles de l'exploitation forestière sur l'approvisionnement alimentaire traditionnel en riz sauvage, pour ne rien dire de la pêche, la chasse ou le piégeage[8].

## Oléoducs et chantiers hydroélectriques

Une découverte de pétrole à Prudhoe Bay, en Alaska, en 1968, sept ans après le commencement de l'exploration pétrolière dans le Haut-Arctique canadien, est à l'origine d'une proposition en vue de la construction d'un oléoduc qui remonterait la vallée du Mackenzie vers le sud sur 3 800 kilomètres afin de se raccorder aux oléoducs existants et traverserait des régions couvertes par les traités n[os] 8 et 11. Trois ans plus tard, en 1971, le Québec annonce son intention de transformer en gigantesque chantier hydroélectrique la région de la baie James, où aucun traité n'a jamais été signé. Ni dans un cas ni dans l'autre on n'a pensé un instant à consulter les habitants des régions en question[9]; après tout, on a par le passé construit des voies ferrées et des barrages sans de telles consultations, même quand des villages entiers devaient être déménagés et quand les sources locales d'approvisionnement alimentaire étaient détruites sans la moindre compensation (cela avait été notamment le cas à la Manicouagan, au Québec, dans les années 1960, et à Southern Indian Lake, au Manitoba, dans les années 1970, quand on a construit un barrage sur le fleuve Churchill). Qu'importe la profondeur du bouleversement social, jamais la priorité du développement sur le bien-être des collectivités locales n'est sérieusement remise en question[10].

Pourtant, les temps changent, et même ces instruments traditionnels d'assimilation, ces défenseurs de la politique gouvernementale que sont les Églises s'interrogent sur le coût social élevé d'un développement économique entrepris sans souci des conditions locales. Les anglicans expriment leurs préoccupations dans une brochure intitulée *Beyond Traplines*[11] (littéralt. «*Par delà les lignes de trappage*»), et les catholiques dans *Northern Development: At What Cost?*[12] («*Quel prix faut-il payer pour développer le Nord?*»). En 1986, le Conseil général de l'Église Unie du Canada demande publiquement pardon aux nations autochtones pour avoir cherché à leur imposer «[sa] civilisation comme condition à l'acceptation de l'Évangile», un objectif qui n'a apporté à tous les intéressés qu'une plus grande pauvreté. Conscient que des excuses demeureront en soi insuffisantes, le Conseil général crée en 1988 un forum sur l'autonomie des Autochtones au sein de l'Église, l'All Native Circle Conference. Cela signifie en pratique, selon Sam Bull, de la réserve de Goodfish Lake, que les Autochtones peuvent désormais siéger sur un pied d'égalité aux assemblées religieuses traitant des questions qui les regardent. On assiste la même année à une première dans l'Église anglicane: l'élection du révérend Charles Arthurson, un Cri, au poste d'évêque suffragant du diocèse de la Saskatchewan[13]. Trois ans plus tard, le Conseil des Églises du Canada se réunit au Nayo-Skan Development Centre, dans la réserve d'Hobbema, à l'extérieur d'Edmonton, pour venir entendre Nelson Okeymaw parler des croyances spirituelles des Cris, qui mettent l'accent sur le respect de leur Mère la Terre. Il y a seulement quelques décennies, une rencontre interconfessionnelle de cette nature aurait encore été inimaginable[14]. Plus tard durant l'été, à l'occasion du pèlerinage annuel au lac Sainte-Anne, au nord d'Edmonton, les Oblats du Canada s'excusent des «torts causés à certains des habitants autochtones par les internats» et expriment le souhait de faire «partie du processus de guérison là où il le faudra[15]».

Sur le plan industriel, le projet de la baie James est lancé sans consultation préalable, ni prévisible, avec les Amérindiens et les Inuits qui seront affectés par les travaux. Robert Bourassa, premier ministre libéral du Québec de 1970 à 1976, puis de 1986 à 1994, annonce le 30 avril 1971 que les travaux doivent débuter sur-le-champ. Les Inuits réagissent en formant, la même année, un certain nombre d'associations[16] dont la coordination est ensuite confiée à Tagak Curley (petit-fils d'un baleinier) et à Meeka Wilson, et qui sont chapeautées par une nouvelle structure, l'Inuit Tapirisat du Canada. L'organisme, qui devient une voix prépondérante des Inuits à travers l'Arctique, travaille à «obtenir la direction économique et politique [du territoire], à préserver la culture, l'identité et le mode de vie des Inuits, et à les aider à trouver leur rôle dans une société en mutation». Par exemple, l'enseignement de l'inuktitut dans les écoles québécoises, entrepris en 1965, avait peu progressé; il prend dès lors un nouvel élan et devient un élément ordinaire du programme scolaire. Les groupements régionaux d'Inuits prospèrent; dans le Nord québécois, certains d'entre eux coopèrent avec le Grand Conseil des Cris pour arriver au règlement de revendications territoriales en attente depuis l'expansion des frontières du Québec vers le nord en 1898 et en 1912. Ces agrandissements étaient conditionnels à la reconnaissance et à l'obtention de l'abandon des droits territoriaux autochtones par la province, une obligation qui n'est toujours pas remplie.

En outre, la province est réputée pour refuser d'arrêter ses travaux de mise en valeur en attendant de trouver une solution aux revendications autochtones. En 1972, le juge Albert Malouf autorise l'application d'une injonction, demandée par le Grand Conseil des Cris (Québec) et l'Association des Inuits du Nouveau-Québec, en vue de la cessation des travaux du chantier hydroélectrique de la baie James; l'injonction est levée, en appel, une semaine plus tard. La cour d'appel du Québec juge ultérieurement que la charte de 1670 de la CBH a éteint les droits ancestraux sur ce territoire; elle n'explique pas sur quel fondement le droit international a admis une telle action unilatérale de la part d'un roi étranger.

Les Inuits et les Cris élèvent alors des protestations d'une ampleur inégalée; en plus des discours, rencontres et manifestations publiques habituels à Ottawa, Montréal et Québec, entre autres lieux, les Autochtones tiennent des soirées de théâtre au cours desquelles ils montent divers spectacles allant du traditionnel au contemporain. Les Cris de région de la baie James brûlent sur la place publique un communiqué de l'État québécois rédigé dans un dialecte cri ne correspondant pas à celui de la région où on l'a expédié. La presse écrite et électronique couvre la situation en long et en large; on réalise des films, et des livres sont mis sous presse en toute hâte. Constatant que se cantonner dans l'opposition ne suffit pas et qu'ils doivent négocier, les Autochtones fondent leur défense sur le besoin de réciprocité. Après en être arrivé à un accord, le chef de la bande Waskaganish des Cris de la baie James, Billy Diamond, déclare: «La lutte a été dure, et nos gens sont toujours très opposés au projet; mais ils comprennent qu'il leur faut partager leurs ressources[17].»

La Convention de la Baie James et du Nord québécois de 1975 — on n'emploie plus le terme «traité» — est décrite comme le dernier des traités d'autrefois, malgré quelques innovations[18]. On la qualifie aussi de premier règlement moderne en matière de revendications autochtones au Canada, dans la mesure où il accorde désormais aux collectivités inuites et cries du Québec une autorité considérable sur leurs affaires politiques, économiques et sociales, même si le gouvernement continue d'avoir le dernier mot[19]. En plus d'une somme de 232,5 millions de dollars versée en 21 ans et d'une aide particulière au développement économique, les Autochtones restent propriétaires de 5 543 kilomètres carrés (2 140 milles carrés) de terres de la catégorie n° I entourant leurs villages et de droits de chasse et de pêche sur d'autres territoires. Le Québec conserve les droits de surface et tréfonciers, mais les Autochtones disposent dorénavant d'un veto sur l'utilisation de ces droits par la province et pourront toucher une compensation si les terres sont mises en valeur. Les terres de la catégorie n° II couvrent 62 160 kilomètres carrés (24 000 milles carrés) sur lesquels les Cris possèdent des droits exclusifs de chasse, de pêche et de piégeage et qui sont gérés en commun par les Cris et la municipalité non autochtone de la Baie-James. Les Cris cèdent à la province les terres de la catégorie n° III, beaucoup plus vastes, mais à la condition que leurs activités traditionnelles recevront une attention particulière. La Convention du Nord-Est québécois, conclue avec les Innus (Naskapis) de Schefferville en 1978 et signée à la fois par Hydro-Québec et les gouvernements fédéral et provincial, vient confirmer et étendre les frontières des régions auxquelles s'applique la Convention de la Baie James.

Bien qu'elle soit plus généreuse que les traités numérotés, la convention est encore loin de l'enchâssement des droits des Autochtones, et, en ce qui les concerne, elle ne remplit pas les promesses qu'on en attendait[20]. Des critiques en ont souligné le prix: l'inondation de 10 500 kilomètres carrés de terres autrefois bonnes pour la chasse. Ensuite, si la deuxième phase du chantier est mise en exploitation, la surface de territoire inondé atteindrait 15 519 kilomètres carrés. Diamond fait remarquer que cela correspondrait à noyer tout le nord de l'Irlande[21]. L'image est en deçà de la réalité. Le projet prévoyait à l'origine qu'en quatre phases une série de barrages et de digues viendrait modifier profondément une superficie équivalente à celle de la France. Les travaux auraient atteint 50 milliards de dollars[22]. Les conséquences pour la population de la région promettaient d'être catastrophiques. Une mise en demeure de la part des Cris, portant sur la nature juridique de la convention de 1975, en vertu de laquelle les travaux se déroulent, est à l'origine d'un jugement de cour suivant lequel elle a force de loi[23]. Au nombre des meneurs autochtones les plus conciliants se trouve le sénateur inuit Charlie Watt, à cette époque président de la puissante Société Makivik, dans le Nord québécois, créée pour administrer les 90 millions de dollars reçus par les Inuits en vertu de la Convention de la Baie James. Réélu président en 1991 pour trois ans, Watt a même l'appui du village inuit (Kuujjuaraapik) qui sera le plus durement touché par les travaux[24]. En fin de compte, les nombreux retards encourus pendant la première phase du projet Grande Rivière à la Baleine, ainsi que l'incessante controverse et un marché en réduction pour l'hydroélectricité, ont amené, en 1994, le gouvernement du Québec à mettre le projet indéfiniment en attente.

L'enquête menée entre 1974 et 1977 sur l'oléoduc de la vallée du Mackenzie ne tarde pas, elle non plus, à occuper le devant de la scène publique. C'est le dépôt d'une notification d'opposition touchant près du tiers des Territoires-du-Nord-Ouest, par les chefs des bandes amérindiennes de la vallée du Mackenzie, qui déclenche les hostilités. Bien qu'en 1975 ils perdent en appel, pour des questions de procédure, le droit de déposer une telle notification, la décision du juge William Morrow soulève des doutes à savoir si les traités ont éteint le droit autochtone. À la tête d'un gouvernement minoritaire, le premier ministre Trudeau avait été en 1974 poussé par le Nouveau Parti démocratique à nommer le juge Thomas Berger à la présidence d'un comité chargé d'enquêter sur la question. En plus de décider d'une consultation directe de la population, Berger rompt avec la tradition en s'assurant que les médias seront tenus au courant et pourront rendre compte des séances. La publicité qui s'ensuit dépasse ce qu'on a connu dans le cas de la baie James; le public se passionne pour l'affaire, les Canadiens du Sud prenant connaissance, pour la première fois dans plusieurs cas, de la vie menée dans le Nord. Cela leur rappelle que les habitants de ces régions ont un mode de vie à protéger:

> Je me demande comment les habitants de Toronto réagiraient si ceux d'Old Crow y descendaient et disaient: «Bien, voyez-vous , nous allons jeter à terre tous ces gratte-ciel et ces grands édifices [...] creuser quelques lacs à coups d'explosifs afin de trapper le rat musqué, et vous, vous n'aurez qu'à vous en aller et à arrêter de conduire des autos et à déménager dans des cabanes[25].

Un autre témoin prend encore moins de détours:

> Votre nation détruit la nôtre [...]. Nous sommes une nation. Nous avons nos propres terres, nos propres façons de faire, notre propre civilisation. [...] votre premier ministre est prêt à dire que Louis Riel n'avait pas tout à fait tort. Il est prêt à le dire, cent ans plus tard; mais est-il prêt à changer la démarche qui a détruit Riel[26]?

Le rapport de Berger devient un best-seller dès sa publication en 1977[27].

Nombre de Canadiens habitués à toujours voir la mise en valeur des ressources avoir préséance sur tout trouvent choquant qu'il recommande l'arrêt des travaux sur l'oléoduc pendant 10 ans pour pouvoir examiner les préoccupations des Autochtones. Dans l'étude officielle la plus complète à jamais avoir été rédigée sur le sujet, Berger démontre l'importance économique des sources d'approvisionnement alimentaire des Amérindiens. Sur le plan affectif, les gens ont parlé avec éloquence de leur pays, le Nord, et du fait qu'il n'était pas simplement une extension du Sud, destinée à être mise en valeur au profit du Sud. En fin de compte, l'oléoduc prévu à l'origine s'avère inutile, la découverte de grandes réserves de gaz naturel en Alberta et en Colombie-Britannique offrant un stock de carburant plus facile d'accès. En 1985, soit deux ans avant l'expiration théorique du moratoire de Thomas Berger, on termine la construction d'un oléoduc couvrant la moitié de la longueur de la vallée du Mackenzie, soit à partir de Norman Wells jusqu'au nord de l'Alberta.

Deux autres commissions ont un effet sur l'évolution des revendications autochtones: l'enquête sur un tracé d'oléoduc qui remplacerait celui de la vallée du Mackenzie, faite par le professeur de droit Kenneth Lysyk, et une étude sur l'environnement du Nord ontarien, par le juge Patrick Hartt[28]. La commission ontarienne a été mise en place en 1978, afin d'harmoniser les négociations entre la province, Ottawa et les Amérindiens.

## Sur le front politique

Protestations, conflits, dissensions bureaucratiques, confusion dans les décisions marquent la période qui sépare le rejet du livre blanc de 1969 et le rapatriement de l'*Acte de l'Amérique du Nord britannique* en 1982[29]. L'affrontement qui survient à Ottawa en 1974 entre des Amérindiens de la côte ouest et la brigade antiémeutes de la GRC, et qui vient interrompre la rentrée des Chambres, caractérise bien la période. Quelque 200 Autochtones étaient venus de Vancouver participer à ce qui était censé être une protestation sans violence contre leurs misérables conditions d'existence. Prenant peur, les autorités font appel à la brigade avant de faire venir l'armée; c'est la première fois que de telles mesures sont prises contre des manifestants autochtones[30]. Par la suite, une agitation considérable secoue les milieux autochtones à l'occasion des négociations qui précèdent l'adoption de la Constitution canadienne; comme le fait alors observer à Michael Asch un leader dènè: «Tandis que d'autres tentent de négocier leur sortie de la confédération, nous, nous essayons de négocier notre entrée[31].»

Préoccupés par l'enchâssement de leurs droits ancestraux dans la nouvelle Constitution et convaincus que personne n'écoute ce qu'ils ont à dire au Canada, les Amérindiens, les Inuits et les Métis envoient délégation sur délégation en Grande-Bretagne et sur le Vieux Continent pour faire avancer leur cause sur la scène internationale. Leur raisonnement est le suivant: comme le Canada a signé divers engagements internationaux l'obligeant à protéger et promouvoir les droits de ses premières nations, des pressions internationales peuvent l'amener non seulement à se montrer à la hauteur de ses obligations, mais encore à convaincre les Canadiens qu'il irait du meilleur de leurs intérêts de ce faire. Trois cents Amérindiens se rendent à l'époque en Grande-Bretagne pour exposer leur situation à Élisabeth II; à la requête du gouvernement conservateur de Joe Clark (1979-1980), ils se font cependant refuser toute audience.

En fin de compte, quand se termine le processus de rapatriement de la Constitution en 1982, les nations autochtones obtiennent la reconnaissance des droits ancestraux «existants», mais sans définition du terme; d'autre part, une clause prévoit alors que ces droits ne peuvent être affectés de quelque manière par la *Charte canadienne des droits et libertés*[32]. Les Métis sont aussi admis parmi les Autochtones, à la suite de leur précédente reconnaissance par la *Loi de 1870 sur le Manitoba*. Afin de consoler les Autochtones de leur exclusion des négociations constitutionnelles, des dispositions sont prises pour la tenue de trois conférences avec les premiers ministres, après le rapatriement.

Le terme «constitution» tel que nous l'employons ici est un concept politique occidental. Il décrit «un ensemble de règles, de conception et de mise en forme rationnelles, servant à l'exercice des pouvoirs politiques et, de façon tout aussi importante, à une limitation du pouvoir politique[33]». Pour les Amérindiens, la Constitution non seulement incarne la souveraineté interne de la tribu, mais symbolise aussi l'aspiration à l'autodétermination pour les gens eux-mêmes. À cette époque, l'expression «droits ancestraux» recouvre déjà beaucoup plus que les simples questions foncières; en ce qui concerne les Amérindiens, elle inclut aussi l'autonomie gouvernementale. C'est ce que précise l'avocate crie Delia Opekokew quand elle écrit que les droits ancestraux «reconna[issent la] propriété [des Autochtones] sur des terres qu'[ils ont] traditionnellement occupées et utilisées et [leurs] mainmise et propriété sur les ressources du territoire — eaux, minerais, bois, faune et pêcheries[34]». Qui plus est, ajoute-t-elle, ces droits «reconna[issent] la souveraineté du gouvernement indien sur [la] population, les terres et les ressources».

Les Amérindiens, ainsi que le fait remarquer le sociologue J. Rick Ponting, ne cherchent pas tant à se faire *concéder* une autonomie qu'à obtenir la reconnaissance de l'existence de gouvernements amérindiens viables longtemps avant l'arrivée des Européens[35], autrement dit, qu'on reconnaisse qu'ils disposent d'un droit inhérent à se gouverner eux-mêmes. Les types de gouvernements tribaux vont de l'ostensiblement très simple, comme ces meneurs de bande qu'on trouve chez les chasseurs de l'Arctique et du Bas-Arctique, aux chefferies hiérarchisées des côtes pacifique et atlantique, et jusqu'aux confédérations huronnes-iroquoises, avec leurs réseaux interdépendants de villages et de conseils tribaux et intertribaux. Au milieu du XXᵉ siècle, les formes électorales imposées par le ministère des Affaires indiennes ont supplanté ces formes traditionnelles d'autonomie gouvernementale dans une certaine mesure; malgré tout, ce processus n'est en aucune façon arrivé à terme. Le mouvement en faveur de l'autonomie, bien que fortement malmené, a survécu, et certaines voix non amérindiennes se sont élevées pour le défendre. Par exemple, en 1891, la Canadian Research and Aid Society, dans sa revue *The Canadian Indian*, a publié une série d'articles favorables à la prise en main de leurs affaires par les Amérindiens. On y maintenait que les Autochtones avaient droit à une «collectivité indienne indépendante» disposant de ses propres pouvoirs de législation et que cela ne menacerait en rien le Canada[36].

Ce point de vue reçoit en 1983 une forte impulsion grâce à la publication du rapport du Comité spécial de la Chambre des communes sur l'autonomie politique des Indiens (appelé rapport Penner, du nom du président du comité, le député libéral Keith Penner, de la circonscription de Kenora). Admettant que les Amérindiens préféreraient l'autonomie à une représentation parlementaire, le rapport préconise qu'on les laisse créer leur propre échelon gouvernemental, distinct de ceux des municipalités et de la *Loi sur les Indiens*. Ces changements devraient être enchâssés dans la loi, ce qui impliquerait une réorganisation fondamentale des rapports entre les Amérindiens et le gouvernement fédéral, et notamment la suppression graduelle de la *Loi sur les Indiens* et du ministère des Affaires indiennes, ce qui devrait prendre environ cinq ans. Une des principales conséquences en serait le renforcement des droits ancestraux.

Quand débutent les Conférences des premiers ministres, en 1983, les espoirs sont grands. Ainsi que le déclare Pierre Elliott Trudeau, «nous ne sommes pas ici pour examiner le besoin en institutions autonomes, mais plutôt de quelle façon ces institutions doivent être mises en place [...et] comment elles s'insèrent dans l'enchevêtrement de pouvoirs législatifs par lequel l'État gouverne le pays». Ou, comme le dit si bien le bouillant délégué inuit Zebedee Nungak: «Nous sommes là pour causer des dégâts utiles au statu quo[37].» C'est précisément ce que craignent certains premiers ministres provinciaux, puisque les idées qu'il faut explorer et peut-être mettre en pratique n'ont dans une large mesure jamais été mises à l'épreuve en politique pratique. Et comme cela s'est trop souvent produit dans l'histoire de l'Homme, les maux connus sont mieux tolérés que ceux dont on ne sait rien. Pour couronner le tout, Brian Mulroney, premier ministre conservateur de 1984 à 1993, qui s'est tout d'abord montré enthousiaste à l'idée de trouver une solution à la question des droits ancestraux, fait marche arrière; la troisième et dernière conférence, en 1987, finit par être au bout du compte plus frustrante que les deux premières.

Peu de semaines après l'échec de cette ultime conférence, l'Accord du lac Meech, qui reconnaît le Québec comme société distincte et lui concède un statut particulier, est signé par M. Mulroney et les premiers ministres provinciaux; il doit être ratifié moins de trois ans plus tard. Profonde désillusion chez les Amérindiens et les Inuits, alors que le Québec se fait maintenant donner ce qu'on leur a refusé à eux. Ils rassemblent leurs forces et, lorsque l'occasion se présente à eux d'envoyer l'accord *ad patres* par des moyens législatifs, ils ne la manquent pas. Quand les corps législatifs provinciaux doivent ratifier, à l'unanimité, la convention, Elijah Harper, un chef oji-cri de Red Sucker Lake et le seul député autochtone de l'assemblée manitobaine (NPD, Rupertsland)[38], refuse de voter, sous prétexte qu'on ne suit pas les règles de procédure. Le président de la Chambre en convient, qui fait observer que l'Accord est trop important «pour laisser la moindre chance à une opposition juridique future parce que toutes les règles n'ont pas été observées». Le temps est alors une donnée essentielle, étant donné que le projet a été déposé en Chambre à la dernière minute. Les tactiques dilatoires de Harper font en sorte qu'il est impossible de respecter la date limite du 23 juin pour la ratification; jamais l'Accord n'entre en vigueur[39]. Notons au passage que Harper était au nombre des chefs qui sont allés à Londres en 1980 pour demander à la reine un traitement équitable pour les Autochtones à l'occasion du rapatriement de la Constitution du Canada; il a en outre refusé d'assister à la signature officielle des documents par la souveraine à Ottawa en 1982[40].

Ce n'est pourtant pas parce que les Amérindiens s'opposaient à la reconnaissance du Québec en tant que société distincte, comme l'a bien fait comprendre Phil Fontaine, le chef de l'Assemblée des chefs du Manitoba. Tout au contraire, dit-il alors: «Nous admettons et appuyons cette position. Mais si le Québec est distinct, nous le sommes encore plus. C'est la reconnaissance que nous voulons et nous n'accepterons rien de moins.» Dans une lettre au premier ministre Bourassa, les chefs manitobains écrivent en termes familiers aux Québécois:

> Nous, les habitants primitifs de ce pays, avons hérité, grâce aux traditions d'origine de nos ancêtres, de cinquante-cinq langues originales distinctes. Cinquante-deux de ces langues du Canada sont maintenant au bord de l'extinction. Contrairement à vous, notre mère patrie ne peut nous aider à les sauver. Notre mère patrie, c'est le Canada[41].

Fontaine met la reconnaissance sur le même pied que le pouvoir: «Comme le Québec, nous voulons être reconnus comme société distincte parce que la reconnaissance signifie le pouvoir.» Celui que recherchent les Amérindiens est celui de l'autonomie, de «la capacité de voter des lois qui gouverneront [leurs] collectivités et [ils veulent] un système de justice qui soit plus compatible avec les traditions de [leur] peuple[42]».

## Le lent cheminement vers le pouvoir politique

Une lente évolution vers la reconnaissance des droits ancestraux aux échelons locaux, commencée longtemps avant le rapport Penner mais encouragée par lui, fait dans une certaine mesure contrepoids au blocage du dossier à l'échelon constitutionnel[43]. L'efficacité des organisations autochtones augmente; les arts indigènes (par lesquels s'exprime leur identité) attirent l'attention à l'échelle internationale, et on élabore de nouvelles méthodes pour traiter des questions politiques. Par exemple, entre 1913 et 1954, le sous-ministre de l'Intérieur ainsi qu'un conseil formé de missionnaires anglicans et catholiques, d'un commissaire de la traite de la CBH et d'un commissaire de la GRC gouvernent les trois districts de Keewatin, Mackenzie et Franklin, dans les Territoires-du-Nord-Ouest. Après que des épidémies eurent frappé les populations dènèes et inuites, l'autorité politique est transférée au ministère des Affaires indiennes et du Nord canadien. Un gouvernement plus représentatif des T.-N.-O. est formé en 1967, quand l'administration quitte Ottawa pour s'installer à Yellowknife. Depuis lors, le mouvement n'a cessé en faveur d'un transfert des responsabilités à l'échelon local[44]. La situation est semblable au Yukon, où un conseil électoral existe depuis 1908; la capitale a d'abord été Dawson, puis, à compter de 1953, Whitehorse. D'ailleurs, on est probablement allé plus loin encore que dans les T.-N.-O.[45] Aux deux endroits, le pouvoir est officiellement détenu par un commissaire nommé par Ottawa, mais, dans la pratique, il n'agit que sur l'avis d'un conseil d'administration nommé par l'assemblée législative élue. Malgré cela, une autorité locale plus grande ne peut être efficace que dans la mesure où les gens participent individuellement aux affaires publiques. Le chef John Tetlichi, de Fort McPherson, devient en 1969 le premier Amérindien nommé au Conseil des Territoires du Nord-Ouest; dès l'année suivante, Louis Rabesca, de Fort Rae, y entre lui aussi en tant que premier membre élu d'origine amérindienne. Chez les Inuits, Simonie Michael est élu en 1967, l'année même de la nomination d'Abe Okpik. C'est un Métis à moitié Esclave de Fort Simpson, Nick Sibbeston, qui vient porter le flambeau pour son peuple au conseil en 1970; il deviendra plus tard chef du gouvernement.

Un nombre croissant d'Autochtones suivent l'exemple de Louis Riel en prenant part à la vie politique du Canada. Les premiers le font au sein des gouvernements provinciaux ou territoriaux; au moins un Amérindien, John Brant, est élu au cours de la période coloniale, mais il est privé de son mandat[46]. À l'échelon fédéral, Len Marchand, représentant libéral de la circonscription de Kamloops-Cariboo de 1968 à 1979, est le premier de la douzaine d'Amérindiens élus à la Chambre des communes depuis 1867; il devient aussi le premier ministre d'origine amérindienne dans un cabinet fédéral, à titre de ministre d'État à la Petite Entreprise en 1976-1977, puis de ministre d'État à l'Environnement de 1977 à 1979; il est au Sénat depuis 1984 (nous avons déjà mentionné la nomination de James Gladstone en tant que premier sénateur amérindien du Canada). En 1988, l'année même où Ethel Blondin devient la première députée autochtone (PLC, Arctique-Ouest), l'élection de Wilton Littlechild (PC, Westakiwin) fait de lui le premier Amérindien signataire de traité à entrer aux Communes. En 1974, l'Amérindien Ralph Steinhauer (1905-1987) est nommé lieutenant-gouverneur de l'Alberta et il occupe ce poste jusqu'en 1979. Le premier député inuit à la Chambre des communes est Peter Freuchen Ittinuar (NPD, Nunatsiaq), petit-fils d'un explorateur; il remporte l'élection de 1979, change ensuite de parti pour se joindre aux libéraux en 1982 et perd finalement son siège en 1984, à la suite de difficultés financières. L'Inuit Charlie Watt est fait sénateur en 1984, après Willie Adams, entré en 1977. Pour faire adopter la taxe sur les biens et services en 1990, Brian

Mulroney se compose une Chambre haute favorable en y nommant huit nouveaux sénateurs; le chef de la bande albertaine de Sawridge, Walter Twinn, se trouve parmi eux, ce qui porte à cinq le nombre d'Autochtones ayant accédé à ce poste. On racontera plus tard qu'il a songé à quitter son poste devant l'opposition des Amérindiens face à cette taxe[47]; ce qu'il n'a finalement pas fait. Dans l'intervalle, le nombre des Autochtones élus à des fonctions publiques augmente constamment, dans les administrations tant fédérales que provinciales. En 1994, Mary Simon, du Nunavik, devient la première Inuite à entrer dans les rangs de la diplomatie; elle porte le titre d'ambassadrice circumpolaire.

La décision des Autochtones de prendre eux-mêmes les choses en main est aussi perceptible dans d'autres domaines. Par exemple, en 1984, un tribunal de la Colombie-Britannique arrive à la conclusion que le ministère des Affaires indiennes n'agit pas dans le meilleur des intérêts de la bande de Musqueam en ce qui a trait aux terres qu'elle possède dans la région de Vancouver. Le ministère a loué 65 hectares de ces terres à un club de golf de la ville à un prix locatif très inférieur aux loyers courants et a ensuite présenté à la bande une image déformée de la situation. Quand, 12 ans plus tard, une copie du bail parvient enfin dans les mains des membres de la bande, ils emmènent l'affaire devant les tribunaux qui constatent que les Affaires indiennes ont failli à leurs devoirs de fidéicommissaires des Amérindiens (*Guérin c. la couronne* (1984))[48].

La *Loi sur les Cris et les Naskapis du Québec* (1984) est le résultat du rapport Penner, tout en étant une conséquence des conventions de la Baie James datant de 1975 à 1978. Accueillie à l'époque comme la première mesure législative en matière d'autonomie au Canada, elle a remplacé la *Loi sur les Indiens* dans les régions qu'elle dessert, tout en constituant les collectivités en personnes morales, outrepassant l'existence juridique de ses membres en tant que personnes[49]. La loi s'applique aux terres de la catégorie n° I, créées par la Convention de la Baie James et transférées par le Québec au gouvernement fédéral à l'usage et au profit exclusifs des Cris de la baie James, ainsi qu'aux terres innues (naskapies) de la même catégorie. Juridiquement, elle prime sur toute la législation, ne cédant la priorité qu'à la *Loi sur le règlement des revendications autochtones de la Baie James et du Nord québécois*, le texte juridique fédéral qui a validé la *Convention de la Baie James et du Nord québécois*. En outre, suivant les données utilisées, il y a désaccord sur la question de savoir dans quelle mesure Ottawa a mis en oeuvre la formule de financement arrêtée d'un commun accord. Le gouvernement maintient qu'il a rempli ses obligations dans une proportion de 80 pour cent, tandis que le chef Henry Mianscum, de la bande des Mistissinis, ne voit pas du tout les choses de cette façon: «Il est probable que 70 pour cent de la Convention n'a pas été exécuté[50]». De l'avis de l'anthropologue Sally Weaver, l'affaire des Cris et des Innus (Naskapis), en tant qu'«expérience prototype en matière d'autonomie gouvernementale [...] n'inspire pas confiance dans l'engagement du gouvernement conservateur envers l'autonomie ou dans la volonté du Conseil du Trésor de fournir des ressources à un groupe des Premières Nations à compter du moment où il est légalement engagé sur le chemin de l'autonomie gouvernementale[51]». À l'évidence, ainsi que le recommande le *Rapport de la commission crie-naskapie*, publié en 1988, ceux qui sont mis en cause «devraient préparer un bilan financier commun exposant les coûts de mise en œuvre». Parmi les autres besoins essentiels à satisfaire se trouvent des services juridiques complets et un programme de développement économique administré localement[52].

Une entente sur les revendications foncières dans l'Arctique de l'Ouest (*Convention définitive des Inuvialuits*) est aussi signée en 1984[53]. Elle éteint le titre autochtone des Inuvialuits sur l'Arctique de l'Ouest contre la propriété de 96 000 kilomètres carrés de territoire s'étendant jusqu'à l'île Banks, en sus d'un versement de 45 millions de dollars d'indemnités et de 10 autres millions destinés au développement économique. L'administration du territoire et des fonds est confiée à la direction de la Société régionale inuvialuite, constituée l'année suivante et dont l'Inuit Roger Gruben est le conseiller régional en chef. La Société inuvialuite de développement (direction commerciale de la S.R.I.) acquiert, au coût de 27 millions de dollars, une société de transport détenant un véritable monopole sur le transport par barge dans l'Arctique canadien. La S.R.I. s'intéresse aussi à la création de la Société inuvialuite de mise en valeur des ressources renouvelables, qui travaille à la création de marchés internationaux et canadiens pour la viande et la laine de bœuf musqué. Les Inuvialuits sont d'ailleurs les propriétaires exclusifs des contingents gouvernementaux de cet animal dans la région[54]. La liste des entreprises ne s'arrête pas là, puisqu'elle comprend encore la plus grande ligne aérienne de l'Arctique de l'Ouest, ainsi que des projets dans les domaines de l'énergie et de l'immobilier; des succursales de la S.R.I. ont ouvert des bureaux dans plusieurs villes. De plus, la S.R.I. a donné aux aînés inuvialuits au moins 1 000 $ par année depuis 1986 (une année, ils ont reçu 2 500 $); enfin, en 1990, l'organisme a distribué à chaque Inuvialuit de plus de 18 ans une somme de 100 $. Ces sommes sont prises à même les profits.

Au Yukon, après presque deux décennies de négociations, on arrive en 1990 à un accord provisoire en vertu duquel les 14 bandes amérindiennes habitant le territoire restent propriétaires de 41 440 kilomètres carrés (8,6 pour cent de la surface totale) et doivent recevoir 257,3 millions de dollars comptant en 15 ans. On garantit aussi leur représentation au sein des commissions de gestion des ressources fauniques et de gestion du territoire; l'entente n'inclut cependant aucun enchâssement constitutionnel en matière d'autonomie gouvernementale[55]. Une convention générale définitive a été signée avec le Conseil des Indiens du Yukon en 1993; elle préparait le terrain à quatre accords distincts sur l'autonomie de quatre bandes: les Vuntuts Gwitchins, les Nachos Nyaks Duns, le Teslin Tlingit Council et les Premières Nations champagne et aishihik (comptant pour une bande).

L'annulation, à la toute fin de l'année 1990, de la convention sur les revendications foncières des Dènès et des Métis dans l'Arctique de l'Ouest est un exemple frappant du fait que le gouvernement fédéral est encore loin d'avoir concédé l'enchâssement des droits ancestraux en tant qu'élément caractéristique des règlements d'ordre foncier[56]. Aboutissement de 14 années de négociations, l'accord aurait donné aux Dènès et aux Métis des droits de surface sur 181 230 kilomètres de terres (dans une région à laquelle les Dènès ont donné le nom de Denendeh en 1981), des droits tréfonciers sur 10 000 kilomètres carrés, ainsi que 500 millions de dollars comptant et des droits de chasse et de pêche particuliers[57]. Le point litigieux restait l'exigence dènèe-métisse de renégociation d'une clause faisant partie de l'accord préliminaire et requérant, en échange d'un règlement, l'abandon des droits ancestraux et issus de traités. Depuis, parmi les cinq zones revendiquées, deux ont pris leurs distances sur cette question à l'égard de l'organisation bicéphale qui les chapeaute, formée de la Nation dènèe (12 000 membres) et de l'Association des Métis (3 000 membres); le gouvernement fédéral s'est empressé de tirer profit de la situation et a annoncé le début de pourparlers avec le conseil sécessionnaire des Gwichins du Delta du Mackenzie et celui des Dènès et Métis sahtus. En dépit des protestations de l'organisation principale dènèe-métisse, les négociations aboutissent six mois plus tard (en 1991); les Gwichins acceptent l'offre d'Ottawa: 15 000 kilomètres carrés de territoire chevauchant la frontière Yukon-T.-N.-O. et une somme de 75 millions de dollars devant être versés en 15 ans. Contre l'abandon de leur revendication, ils reçoivent, pour le territoire en question, un titre de propriété en fief simple. L'accord reçoit la sanction royale en 1992, tandis que celui du Sahtu est proclamé en 1994[58].

On étudie depuis 1978 une proposition de l'Inuit Tapirisat en vue de la création du Nunavut, un territoire devant être administré selon les concepts traditionnels inuits de propriété et d'utilisation de la terre[59]. En 1981, la Fédération Tungavik du Nunavut (littéralt. «Notre pays»), représentante des habitants de l'Arctique du Centre et de l'Est, et le gouvernement fédéral signent un accord sur la gestion des ressources fauniques. En 1990, un accord de principe sur la création du Nunavut est signé à l'occasion d'une cérémonie à Igloolik; entériné en 1992, l'accord sera finalement mis en application en 1999. Le prix payé est une fois de plus l'abandon du titre autochtone, en contrepartie de la création d'un nouveau territoire de deux millions de kilomètres carrés, soit près d'un cinquième de la superficie du Canada. Les habitants recevront 580 millions de dollars en 14 ans, et les 17 500 Inuits de la région deviendront propriétaires en fief simple de 350 000 kilomètres carrés, une surface équivalant à la moitié de la Saskatchewan[60]. L'approbation de l'accord fera de la fédération le plus grand propriétaire foncier privé en Amérique du Nord. La transformation du titre autochtone en fief simple implique la reconnaissance, par les Autochtones, d'un titre de la couronne sous-jacent; à la limite, elle pourrait préparer le terrain en vue du morcellement de leurs territoires[61]. Le Nunavut pourrait relever d'une administration politique distincte en 1999.

La décision prise en 1985 par les États-Unis. d'envoyer le *Polar Sea* franchir le passage du Nord-Ouest sans la permission du Canada vient servir de façon inespérée la cause de la création du Nunavut. C'est la seconde fois que les États-Unis, qui demandent que ces eaux soient déclarées «eaux internationales» portent atteinte à la souveraineté du Canada (la première fois, c'est quand le *Manhattan* a fait la traversée en 1971). Vu que les Inuits habitent la région depuis plus de 1 000 ans et constituent plus de 80 pour cent de la population actuelle, la création d'une province autonome constituerait la plus belle démonstration d'une véritable occupation et renforcerait vigoureusement les prétentions souverainistes du Canada sur l'Arctique.

La fixation de la frontière orientale du Nunavut (qui compte 17 000 Inuits) par rapport à celle du Denendeh (avec ses 15 000 Dènès et Métis), qui coupe les Territoires-du-Nord-Ouest en deux, reste une question épineuse. Après 20 ans de négociations souvent âpres, un arbitre est nommé en janvier 1991; il s'agit de John Parker, le commissaire des T.-N.-O. de 1979 à 1989, qui recommande un tracé partant de la frontière Manitoba-Saskatchewan vers le nord, jusqu'au centre du Sanctuaire faunique Thelon, pour obliquer ensuite vers le nord-ouest jusqu'à la frontière inuvialuite, à quelque distance de Paulatuk. L'arrangement ne satisfait pas les Dènès, qui se trouvent à y perdre dans la zone contestée du lac Contwoyto, dans la partie centrale de l'Arctique[62]. Le différend a été réglé en faveur du Nunavut en 1993[63].

Entretemps, Ottawa a autorisé, pour certaines bandes d'Amérindiens, une forme d'autonomie gouvernementale à l'échelon municipal, conformément à une vieille position juridique qui veut que, si les Amérindiens possèdent le droit de vote à l'échelon national, ils devraient être autorisés à gérer leurs propres affaires au municipal. En 1986, après avoir consacré 10 ans d'efforts à cette cause, les 650 membres de la bande des Sechelts assument l'autorité juridique et politique inconditionnelle d'une réserve de 26 kilomètres carrés (10 milles carrés) à 50 kilomètres au nord de Vancouver. Plusieurs Amérindiens voient là un compromis vis-à-vis de leur prétention à un droit inhérent en matière d'autonomie gouvernementale sur le plan national. En 1981, les conseils de bande administraient 60 pour cent des quelque 600 millions de dollars de fonds prévus à l'intention des Amérindiens; mais leur administration restait dans la majeure partie des cas soumise aux directives émises par le ministère.

Lors des trois jours du Symposium sur l'autodétermination tenu à l'Université de Toronto en octobre 1990 par l'Assemblée des premières nations, les délégués arrivent à la conclusion que la restructuration du fédéralisme canadien, objet de multiples débats depuis l'échec de l'Accord du lac Meech, doit tenir compte de nouvelles dispositions à l'égard des Amérindiens. Le Dènè George Erasmus, président de l'Assemblée de 1985 à 1991, nomme divers éléments de la vision amérindienne d'un nouvel ordre des choses: «Partage, reconnaissance et affirmation[64].» Il souligne les qualités du modèle étatsunien: «Les États-Unis ne sont pas gênés de reconnaître que les nations tribales [...] ont le droit de se gouverner elles-mêmes dans de nombreux domaines [...]. C'est à peine si nous parvenons à amener le gouvernement à prononcer l'expression «de nation à nation[65].» Le chef des Innus Ben Michel propose la désobéissance civile comme solution de rechange. Il fait valoir qu'«une attaque contre la base économique du Canada» ne pourrait être perçue comme une insurrection, étant donné que le pays se sert de son pouvoir économique pour abolir la souveraineté autochtone. Il s'agirait plutôt, dit-il, d'un exercice de souveraineté, du moins pour les Innus, qui n'y ont jamais renoncé[66].

## Chasseurs, bombardiers et dissidence

Les Innus du Labrador font campagne pendant une année sur un autre front; ils parviennent à obtenir en 1989 une injonction interdisant à l'armée de poursuivre ses vols à basse altitude au-dessus de leurs terres. L'injonction est renversée plus tard. James Igloliorte, le juge qui s'est montré sympathique à la requête innue, était un Inuit; il a fait observer dans sa décision que les terres dont il était question étaient exclues de tout traité: «Personne parmi ces gens n'a jamais cédé de droits fonciers au Canada, et c'est ce que chacun croit en toute honnêteté[67].» Il vaut la peine d'examiner son jugement sous certains rapports:

> Aucun Innu n'apparaît dans les lois provinciales ou fédérales à titre de tiers ou de signataire. J'ai la conviction que les quatre [appelants] croient que leurs ancêtres étaient là avant toute prétention du Canada en matière d'ascendance sur ce territoire. Puisque l'idée même de la propriété du sol reste un concept inconnu des populations autochtones, la cour ne doit pas présumer qu'une croyance «raisonnable» soit fondée sur les normes juridiques britanniques et donc canadiennes. Il faut permettre aux Innus d'exprimer leur entendement d'un concept étranger en leurs termes, ou même simplement d'exprimer ce qu'ils croient.

Les Innus, poursuit Igloliorte, ne croient pas que leurs droits ont été touchés par la Proclamation de 1763 ou par l'«occupation actuelle».

> Tous les raisonnements juridiques sont établis en partant du principe que, de quelque façon, la couronne a par magie acquis, de par sa propre déclaration de titre au fief, une obligation fiduciaire logique à l'égard de la population d'origine. Il est temps de remettre en question cette prémisse fondée sur un raisonnement du XVIIe siècle à la lumière de la réalité du XXIe [...]. Les 40 années d'histoire de ces Innus sont un rappel patent que l'intégration ou l'assimilation seules ne feront pas d'eux une collectivité en santé.

Le juge en arrive à la conclusion que la criminalisation de la prise de position des Innus sous-entend que «le tribunal aura été incapable de reconnaître le droit fondamental de toute personne à un traitement équitable devant la loi».

Tandis que le gouvernement lambine, l'appui du public à la campagne des Innus s'accroît. Deux marches sur Ottawa (une première au départ de Halifax, et une seconde de Windsor, en Ontario) se terminent par des rassemblements sur la colline parlementaire et une manifestation qui donne lieu à l'arrestation de 116 personnes. On compte environ 12 000 Innus au Labrador; ils prétendent que les pilotes du Canada et de l'OTAN effectuent chaque année près de 7 000 vols au-dessus de leurs terres, parfois même à quelques mètres seulement du sol. Ils se plaignent du fait que cela effraie le gibier, qu'il s'ensuit une diminution du gibier, et qu'au fond cela menace leur style de vie. *Hunters and Bombers*, un film produit à l'Office national du film par Hugh Brody, jette un éclairage révélateur sur l'attitude des militaires, qui perçoivent l'intérieur du Labrador comme un espace vide.

En 1968, Johnny Bob (Robert) Smallboy (Apitchitchiw, 1898-1984), un chef héréditaire de la bande des Ermineskins, installée à Hobbema, en Alberta, quitte la réserve avec 143 partisans et installe un campement sur un ancien terrain de chasse amérindien sur les rives du lac Muskiki, à 65 kilomètres au nord-ouest de Nordegg. Il y a déjà un certain temps que le chef est préoccupé par la surpopulation dans la réserve; mais son grand souci, c'est la perte des valeurs traditionnelles sous la pression des mœurs contemporaines, dominées par la technologie. D'après les Amérindiens, l'âme qui se profilait derrière ce geste de réaffirmation était Lazarus Roan (1903-1978), un ancien qui avait eu une vision de la catastrophe qui attendrait les hommes s'ils ne se conformaient pas aux instructions des esprits. Pour y échapper, Lazarus et les siens doivent quitter la réserve, camper en un endroit choisi par les esprits et observer l'ancien mode de vie.

En mettant à exécution cette directive, non seulement Smallboy affronte-t-il le gouvernement parce que lui et ses partisans ont campé sur des terres publiques, mais il se sépare de plusieurs autres membres de la bande qui ne partagent pas la vision de Lazarus. D'après le conseiller en orientation des Autochtones à Emploi Canada Randall J. Brown, qui a passé quelque temps dans le campement, l'élan initial de revivification des coutumes traditionnelles se modifie rapidement, et, deux ou trois ans plus tard, les occupants du campement habitent dans des camps en rondins (puis dans des maisons en bois) plutôt que dans des tentes, possèdent des postes de radio et des téléviseurs et ne tentent déjà plus de vivre uniquement de ce que leur donne la terre. Le campement survit, sur le plan économique, grâce aux redevances pétrolières que ses habitants reçoivent à titre de membres des bandes d'Hobbema. D'autres aspects de la tradition, qu'on retrouve dans la célébration de la danse de la Soif et dans l'observation des rites de tremblement de tente, sont pourtant restés bien vivants. Le fait de décerner l'Ordre du Canada à Smallboy en 1979 montre vraiment combien la sympathie du public était grande à l'égard du geste des Cris. Son campement existe toujours à Kootenay Flats[68]; on y a élaboré un programme de séjours dans la nature destiné à la réinsertion des jeunes en difficulté, aux «pires parmi les pires des rues et des réserves, aux rejets de la société», selon les mots mêmes de Wayne Roan, président de la Société Nihtuskinan, qui gère ce centre[69].

## Quelques données statistiques

Le nombre des Indiens inscrits, au Canada, s'établissait en 1989 à 466 337, un chiffre qui devrait s'élever à 503 000 en 1990, par suite du dépôt du projet de loi C-31. La majorité appartiennent aux 607 bandes qui habitent les 2 283 réserves du pays[70]. On a estimé que la population amérindienne totale, à la signature de la

Confédération, se situait entre 100 000 et 125 000, avant de chuter à son point le plus bas dans les années 1920. Elle a depuis ce temps plus que quadruplé, son taux de croissance subissant une très forte hausse pendant les années 1960 et dépassant alors celle du Canada dans son ensemble. Représentant à peine 1,0 pour cent de la population du Canada en 1960, la proportion des Amérindiens atteint 1,3 pour cent 20 ans plus tard, et un étonnant 4,3 pour cent aujourd'hui. Cette croissance et leur plus faible espérance de vie font que l'âge moyen des Amérindiens est moins élevé que celui de la population canadienne en général. En 1989, l'espérance de vie d'un Autochtone atteignait 68 ans, tandis que les Canadiens pouvaient compter vivre jusqu'à 76,5 ans[71]. Lors du recensement de 1981, les 491 460 Autochtones se répartissaient ainsi: 25 395 Inuits, 98 255 Métis et 367 810 Amérindiens inscrits et non-inscrits. Le taux de fécondité des Amérindiennes (3,15 naissances) dépasse presque du double celui des non-Amérindiennes (1,7 naissance). D'autre part, le taux de mortalité n'atteint, lui, que la moitié de celui de l'ensemble des Canadiens. La population inuite croît à un rythme annuel de 3,1 pour cent, trois fois plus vite que le taux national moyen; il s'agit en fait du plus haut taux de croissance démographique du monde. S'il se maintient, il fera doubler la population inuite en 22 ans[72]. Le taux de suicide chez les Autochtones, six fois plus élevé que celui de la population canadienne dans son ensemble, vient faire contrepoids à cette croissance. Chez les moins de 25 ans, c'est le plus haut du monde. Plus de la moitié des Indiens du Canada, des gens autrefois indépendants et capables de subvenir à leurs besoins, touchent aujourd'hui des prestations d'assistance sociale.

Le budget de fonctionnement du gouvernement fédéral pour les Affaires indiennes a été évalué en 1990 à 2,5 milliards de dollars, soit un peu moins de la moitié de ce qu'Ottawa dépense chaque année pour des programmes s'adressant aux Autochtones. La majeure partie des fonds en question passent en administration et une petite partie seulement profite directement aux gens. Manifestement, l'argent n'est pas la seule solution aux problèmes des Amérindiens.

# ÉPILOGUE

S'il est une chose qu'il faut retenir de l'histoire des Amérindiens du Canada, c'est la persistance de leur identité. Attendue avec une tranquille assurance par les Européens, la disparition des premiers habitants du pays, dont les ultimes représentants auraient dû finir absorbés par la société dominante, n'a jamais eu lieu. Si on peut dire, ils sont aujourd'hui plus visibles que jamais dans la conscience collective du pays, et s'il y a un groupe qui en absorbe un autre, c'est plutôt celui des Amérindiens. Leur capacité d'adaptation a toujours été la clé de leur survie, et c'est la plus forte de toutes leurs traditions. Tout comme la société dominante l'a appris à leur contact, les Amérindiens ont assimilé bon nombre d'aspects de cette même société, mais de la façon qui leur convenait. Autrement dit, ils ont survécu en tant qu'Indiens et ils ont préféré rester comme ils sont, au prix d'une inégalité sociale et économique[1]. Cela ne s'est pas fait sans perte sur le plan culturel, en particulier dans le domaine des langues. Parmi les quelque 50 idiomes indigènes parlés au Canada à l'époque des contacts, certains sont déjà éteints (béothuk, huron, neutre) et la plupart des autres sont menacés, dont certains sérieusement. Le cri, l'ojibwé et l'inuktitut paraissent avoir les meilleures chances de survie de toutes[2]. D'un autre côté, les croyances spirituelles autochtones ont fait montre d'une vitalité remarquable et ont effectivement bénéficié d'une renaissance. Ceci s'est fait de pair avec l'accroissement de l'activisme politique et avec la campagne en faveur de l'autodétermination et de l'autonomie. C'est le contraire d'un mouvement séparatiste; les Indiens demandent une participation complète et égale dans le Canada d'aujourd'hui et de demain.

La réaffirmation de l'identité autochtone n'est pas surgie du néant; les Amérindiens ont toujours eu une idée nette de ce qu'ils étaient. La nouveauté réside dans le fait qu'ils exigent de la société dominante qu'elle reconnaisse cette identité. De nombreux facteurs, certains en jeu depuis assez longtemps et d'autres très récents, ont contribué à cette évolution.

Avant tout, on a connu depuis la deuxième guerre mondiale une reconnaissance croissante de l'art autochtone sur le plan international. L'art de la côte du Pacifique est apprécié depuis longtemps — en fait, cela remonte aux jours des premiers contacts, au XVIII<sup>e</sup> siècle —, tandis que celui des autres régions a tardé à recevoir une reconnaissance. Dans les années 1940, les Inuits ont appris la gravure, surtout grâce aux efforts de l'artiste torontois James A. Houston. La sculpture sur stéatite ou ivoire et la création de tapisseries sont aussi encouragées; l'art inuit s'est fait connaître dans le monde entier, grâce à l'appui du gouvernement du Canada, de la Compagnie de la baie d'Hudson et de la Canadian Handicrafts Guild, et avec la mise en place de coopératives pour soutenir la production et la mise en marché. Une autre belle réussite, celle de l'art des Forêts de l'Est, est survenue plus tard: c'est la peinture, plutôt que la gravure, qui a été favorisée, même si les deux formes d'art ont été pratiquées[3]. L'artisanat, comme l'ornementation avec des piquants de porc-épic, la broderie perlée, d'autres ouvrages de broderie et de cuir, a fini par être reconnu et est maintenant très en demande. La floraison de l'artisanat d'art autochtone démontre très bien la capacité qu'ont les Amérindiens de s'approprier des techniques nouvelles pour apporter au monde contemporain des arts traditionnels dont l'antiquité s'approche de celles d'Europe, d'Afrique et d'Australie[4]. De même, en littérature et en arts de la scène, l'expression artistique autochtone mérite l'attention et le respect. Le message est clair: les Premières Nations du pays, loin d'être devenues d'intéressantes reliques du passé, forment un élément vital de la personnalité du Canada d'hier et de demain.

Ce ne fut qu'une question de temps pour que cette confiance en soi croissante, sur le plan culturel, arrive à s'exprimer et à être entendue dans d'autres sphères. En éducation, un domaine fondamental, les Autochtones ont démontré leurs capacités en prenant en main la direction de l'enseignement de leurs enfants. La justice a réagi plus lentement mais, là encore, l'apport autochtone se manifeste de plus en plus, à mesure qu'il acquiert de l'assurance. S'il fallait mettre le doigt sur l'instant de vérité de cet essor culturel, ce serait le moment où Elijah Harper a dit «Non» à l'Accord du lac Meech. L'occasion ne pouvait être plus appropriée, puisqu'il n'y avait pas seulement l'attention du pays entier qui était tournée dans sa direction, mais aussi celle d'une grande partie du monde. Se montrant à la hauteur de la situation, Harper a résisté aux pressions exercées pour le ramener dans le rang; il a parlé pour lui-même et pour son peuple. Il en a même été le premier surpris: «Je ne m'étais pas rendu compte que j'aurais un tel effet sur le pays[5].» Les Autochtones du Canada ont finalement attiré l'attention de leurs compatriotes blancs, mais aussi celle de la communauté internationale. Ils ont aussi modifié à sa base le cours des événements dans le pays. L'affrontement d'Oka a suivi peu après, quand les Amérindiens ont adopté une position ferme et déterminée contre une vieille injustice.

Un autre message est aussi devenu clair: plus jamais les Autochtones du Canada n'attendront docilement pendant que la majorité blanche mène le pays comme bon lui semble, sans prendre sérieusement en considération ceux qui habitaient là en premier lieu. La Confédération canadienne est peut-être jeune, mais certaines de ses composantes sont très vieilles.

# NOTES

## Introduction

1. Le 18 juin 1936, William Lyon Mackenzie King, premier ministre libéral du Canada de 1921 à 1926, de 1926 à 1930, et de 1935 à 1948, fait observer à la Chambre des communes «que si certains pays ont trop d'histoire, nous avons trop de géographie» (John Robert Colombo, éd., *Colombo's Canadian Quotations*, Edmonton, Hurtig, 1974: 306). 2. Shimada et Merkel: 80-86. 3. Hodder: 102, 147-170. 4. «Professor warns of native rift», *Edmonton Journal*, 19 oct. 1990; «Oka standoff sparked fears of IRA-type crisis, Ciaccia says», *Globe and Mail*, Toronto, 15 janv. 1991. 5. Voir l'étude d'Ives Goddard sur ce sujet dans *HNAI*, vol. 5: 5-7. 6. Delâge (1991): 64. 7. MacLaren (1991): 25-51; *id.*, (1989): 6-88.

## Chapitre Premier

1. Voir l'explication de ce terme dans l'introduction. 2. On a décrit les cultures comme des structures symboliques permettant de satisfaire les humains, une fois que leur survie est assurée. Voir Rindos: 326. 3. Dillelay: 13. 4. Fagan: 26.·5. Voir par exemple Goodman. Quelques-unes des diverses façons d'aborder l'étude des premiers hommes dans les Amériques se retrouvent dans Laughlin et Harper, éd. 6. Fladmark (1986) démontre la complémentarité du mythe et du discours scientifique en se servant de légendes pour paraphraser son texte. 7. Morrisseau: 15; Eliade: 135-136. 8. On trouve une variation de ce mythe chez les Wetsuwetens (Athapascans) du plateau de la Cordillère. Voir Morice: 76-78. 9. Rooth (: 497-508) a publié une étude sur les mythes de la création et leur distribution en Amérique du Nord. 10. Un exemple, «The Origin of Gitxawn Group at Kitsumkalem», dans Barbeau et Beynon: 1-4; d'autres exemples sont aussi présentés dans Barbeau (1961). 11. Acosta, vol. I: 57-61; publié à l'origine en latin en 1589. Une farce qui a cours actuellement chez les Amérindiens illustre bien leur attitude envers la route migratoire du détroit de Béring: c'est parce qu'«ils n'ont pas pu s'orienter correctement» que leurs ancêtres ont abouti dans les Amériques plutôt que de rester en Asie. 12. Steven B. Young, «Beringia: An Ice-Age View», dans Fitzhugh et Crowell, éd.: 106-110. 13. Ackerman. 14. Alan L. Bryan, anthropologue; communication personnelle. Dikov (: 14) maintient que la Sibérie n'était toujours pas habitée il y a 20 000 ans. 15. Morell: 441. 16. Sauer, 1969: 300-312. 17. Schledermann: 314-315. McGhee (1978: 18-21) présente sous une forme schématisée quatre façons possibles qui auraient pu mener au peuplement de l'Arctique. 18. Knut R. Fladmark, «The Feasibility of the Northwest Coast as a Migration Route for Early Man», , dans Bryan, éd., 1978: 119-128. 19. Knut R. Fladmark, «Times and Places: Environmental Correlates of Mid-to-Late Wisconsinan Human Population Expansion in North America», dans Shutler, éd.: 27. 20. Voir Richard Shutler, Jr., «The Australian Parallel to the Peopling of the New World», dans Shutler, éd.: 43-45. 21. Gruhn: 77-100. 22. Greenberg: 331-337. Greenberg épouse la classification de toutes les langues du monde en 15 grandes souches, auxquelles il faudrait ajouter un certain nombre de langues isolées. À la limite, il cherche à les relier en une seule grande famille linguistique. Jared M. Diamond (: 589-590) traite de certains des arguments favorables et défavorables aux théories de Greenberg. 23. Guidon et Delibrias: 769-771. Aussi, «American visitors 32,000 years ago», *The Times*, Londres, 8 août 1986. 24. Guidon: 8. La datation des vestiges

carbonisés d'un feu découvert dans l'île Santa Rosa, au large de la Californie du Sud, les fait remonter à 30 000 ans, mais ceci est fortement contesté. Voir Cressman: 69-70; William J. Wallace, «Post-Pleistocene Archaeology, 9000 to 2000 B.C.», dans *HNAI*, vol. 8: 30. 25. «Relics suggest that humans came to New World 36,000 years ago», *Edmonton Journal*, 2 mai 1991. 26. Irving: 8-13. Irving et le paléobiologiste Richard Harrington prétendent qu'un campement situé à Old Crow River remonte à 150 000 ans. Voir Estabrook: 84-96. 27. Cinq-Mars: 9-32. Voir aussi McClellan, 1987: 50-51. Au sujet du débat qui entoure les sites pré-clovissiens, voir Eliot Marshall: 738-741. 28. McClellan, 1987: 49-50. 29. Fladmark, nov. 1986: 8-19. Pour obtenir un point de vue sur l'utilisation possible du corridor par des migrants, voir Rutter: 1-8. Tout ce numéro du *Canadian Journal of Anthropology* est consacré aux études sur le corridor. 30. Moodie, Abel, et Catchpole. Voir aussi McClellan, 1987: 54-55. 31. Voir, par exemple, Wallace, Garrison et Knowles: 149-155. 32. Thornton: 15-41; Dobyns: 34-45. Voir aussi Chaunu: 21. 33. Dobyns: 42; Thornton: 25-33. 34. On a commencé au début du siècle à réviser les évaluations de la population précolombienne. En 1913, par exemple, l'U.S. Bureau of Ethnology a estimé que la population amérindienne des États-Unis avait chuté de 65 % depuis l'arrivée des Européens. Dixon: 6. De récentes recherches ont souligné les risques qu'il y a à présumer que les premières épidémies ont à elles seules entraîné des baisses de population catastrophiques. Dans le nord du Manitoba, malgré les forts taux de mortalité causés par l'épidémie de grippe qui a suivi la première guerre mondiale, le rétablissement démographique a pu se faire rapidement là où aucun autre facteur n'est entré en jeu (Herring). 35. Schurr *et al.*: 613-623. Pour une interprétation différente de la preuve, voir l'article de Milford H. Wolpoff, dans Erik Trinkaus, éd., *Emergence of Modern Humans: Biocultural Adaptations in the Late Pleistocene*, Cambridge, Cambridge University Press, 1989. 36. Greenberg, Turner et Zegura: 477-497. 37. La population totale du monde néolithique d'il y a 10 000 ans, d'après une évaluation, s'établissait à 75 000 000 d'habitants, organisés en quelque 150 000 nations tribales (Bodley, éd.: 1). La population des nations tribales qui existent encore de par le monde pourrait atteindre 200 000 000 (*ibid.*, iii). 38. Schledermann: 319. 39. Paul S. Martin, «Prehistoric Overkill», dans Martin et Wright, éd.: 75-105. Aussi, Martin, «The Pattern and Meaning of Holarctic Mammoth Extinctions», dans Hopkins *et al.*, éd.: 399-408. 40. William H. Hodge: 15-16. 41. Harris, éd., pl. 2. 42. *Ibid.*, pl. 5 et 6. 43. Fagan: 8. 44. Sauer, 1969: 237-240; Boyd: 227. 45. Michael H. Brown: 315. 46. Sauer, 1969: 239. 47. Christy G. Turner II, «Ancient Peoples of the North Pacific Rim», dans Fitzhugh et Crowell, éd.: 113-115. Les Amérindiens partagent avec les Asiatiques la forme particulière de leurs incisives creusées à l'arrière, en forme de pelle. Turner croit que cette caractéristique, associée à d'autres preuves génétiques, laisse entrevoir trois groupes fondamentaux chez les premiers Amérindiens: Amérinds, Na-Dènès et Aléoutes-Inuits. 48. Emöke J.E. Szathmary, «Human Biology of the Arctic», dans *HNAI*, vol. 5: 70-71. 49. Nous avons extrait cette section en partie de l'article Dickason (1980): 19-27. 50. Malgré qu'ils fussent d'habiles métallurgistes, les Incas utilisaient leurs talents principalement, sinon entièrement, à des fins cérémonielles. Pourtant, de récentes recherches ont démontré que la métallurgie des alliages du cuivre était plus importante qu'on ne l'avait supposé auparavant et répondait à des besoins plus banals. Voir Shamada et Merkel: 80-86. L'architecture, la voirie et les travaux d'ingénierie, chez les Incas, reposaient sur la technologie de l'âge de pierre. Évidemment, celle-ci n'était pas plus confinée à la pierre que celle de l'âge du bronze ne l'a été au bronze, ou celle de l'âge du fer au fer. Il est possible que les os et le bois aient compté tout autant que la pierre ou même plus; le fait que ces matériaux — surtout le bois — soient destructibles par nature rend fortement improbable qu'on parvienne jamais à déterminer leur importance avec précision. Quand la pierre et les os ont cédé la place aux métaux, certaines populations tribales se sont mises à considérer les outils de pierre comme des produits de la foudre. Voir Gullick: 25. 51. Alan L. Bryan, «An Overview of Paleo-American Prehistory from a Circum-Pacific Perspective», dans Bryan, éd.: 306-327. 52. J.Z. Young *et al.*: 207-208. De même, on a accordé au rouge, la couleur de la vie, une signification symbolique forte. L'ocre rouge était donc prisé par les populations tribales du monde entier. 53. Il y a au moins 10 000 ans que le tir à l'arc est pratiqué au Japon (Fumiko Ikawa-Smith, «Late Pleistocene and Early Holocene Technologies», dans Pearson, éd.: 212). 54. Sauer, 1969: 284. 55. *Ibid.*, 175. La découverte récente d'un trottoir en bois vieux de 6 000 ans dans une tourbière d'Angleterre a attiré l'attention sur l'existence de communautés stables très anciennes. Voir Coles: 100-106. On trouve des renseignements sur les difficultés d'interprétation des données archéologiques dans Hodder. 56. Fladmark, «Times and Places», dans Shutler, éd.: 41. 57. Une carte des réseaux commerciaux historiques entre la Sibérie et l'Amérique du Nord révèle probablement aussi des routes plus récentes. Voir Fitzhugh et Crowell, éd.: 236-237.

## Chapitre II

1. Sauer, 1971: 178. L'archéologue Norman Clermont (: 75-79) a fait observer que, dans la vallée du Saint-Laurent, l'expansion des premières collectivités agricoles s'est faite conjointement avec celle des lieux de pêche. Suivant sa théorie, vers l'an 1000, une série d'hivers rigoureux a encouragé le travail de la terre comme moyen de se procurer suffisamment de vivres pour affronter les jours froids. 2. Kaye et Moodie: 329-336. L'utilisation du chou-rave comme aliment s'est intensifiée avec la croissance démographique qui a suivi la venue du cheval. La farine qu'on tire de cette racine est une bonne source de vitamine C. 3. Lewis et Ferguson: 57-77. Il est évident que le feu servait à de nombreuses autres fins que les seules agriculture et gestion du gibier. Voir «Our Grandfather Fire: Fire and the American Indian», dans Pyne: 71-83. 4. La section sur l'agriculture est partiellement adaptée d'O. P. Dickason, «"For Every Plant There is a Use": The Botanical World of Mexica and Iroquoians», dans *Aboriginal Resource Use in Canada: Legal and Historical Aspects* (Winnipeg: University of Manitoba Press, 1991): 11-34. Mes remerciements à M. Walter Moser, de l'Université d'Alberta, qui m'a fourni les noms latins des plantes. 5. S.G. Stephens, «Some Problems of Interpreting Transoceanic Dispersal of the New World Cottons», dans Riley *et al.*, éd.: 401-405. 6. Hutchinson, Silow, et Stephens: 74-80. Fiedel (: 161) a traité de la question de la création des deux espèces du Nouveau Monde dans les Amériques avec des plants venus d'Afrique. La domestication du coton à partir de plants hybridés naturellement et croissant à l'état naturel dans les Amériques a été abordée par Needham et Gwei-Djen: 62. Voir aussi chapitre III. 7. Au sujet de la contribution des agriculteurs amérindiens à l'agriculture mondiale, voir Earl J. Hamilton, «What the New World Gave to the Economy of the Old», dans Chiapelli éd., vol. II: 853-884; Kavash; et Weatherford. Le maïs entre aussi comme matière première dans une vaste gamme de produits industriels. On a estimé qu'à elle seule la récolte du maïs vaut chaque année plus que tout l'or et l'argent dont se sont emparés les conquistadors (Warman: 22). À propos, le maïs servait d'aliment de base sur les négriers transatlantiques, puisqu'il permettait d'éviter le scorbut. 8. Seulement 20 pour cent des cultures andines se reproduisent spontanément au-dessus de 2 700 mètres. Au sujet de l'aire de répartition de la culture du maïs, voir Shnirelman: 23-28, et surtout la carte de la page 25. 9. Il faut 60 à 70 jours au maïs pour pouvoir être récolté, tandis que le riz en prend de 120 à 140 (Chaunu: 19). En Europe à l'époque des contacts, le rendement normal d'une culture céréalière de l'Ancien Monde équivalait à 6 grains récoltés pour chaque grain mis en terre, un taux qui pouvait s'élever, quand les conditions étaient favorables, jusqu'à 10 pour 1; la norme, pour le maïs, était de 150 grains pour 1, mais elle pouvait descendre à 70 pour 1 si la récolte était mauvaise (Warman: 21). 10. L'origine du maïs en tant que cultigène a donné lieu à un vif débat, et il existe par conséquent une longue liste de publications sur le sujet. Parmi les articles, plus courts et peut-être plus accessibles, on trouve: Mangelsdorf: 20-24; *id.*, (1983): 215-247; *id.*, (1986): 80-86; Beadle: 112 119; Galinat: 447-478; Wet et Harlan; ainsi que Kempton. Pour obtenir un compte rendu archéologique sur le sujet, voir Byers et MacNeish, éd. Le botaniste soviétique V.I. Vavilov (1931 et 1939) a mené très tôt des recherches sur la domestication du maïs et ses découvertes ont été publiées en 1931 et 1939. 11. Les piments, d'abord domestiqués sur la côte du golfe du Mexique, sont parvenus jusqu'en Inde, où ils font désormais partie de la cuisine traditionnelle. Ce pays est aussi le premier producteur d'arachide, une plante du Nouveau Monde. 12. Lewandowski: 45. L'histoire d'O-na-tah, l'esprit du maïs, raconte comment le maïs s'est retrouvé séparé de ses plantes soeurs en agriculture moderne («O-na-tah Spirit of Corn», *ibid.*: 40). 13. Bridges: 385-394. Des études de squelettes révèlent également des changements dans le partage des travaux entre hommes et femmes par suite de l'adoption de la culture du maïs: les tâches deviennent plus diversifiées chez les femmes, mais il y a moins de changements chez les hommes. 14. Pour une vue d'ensemble des modes de subsistance, voir Driver: 53-83. 15. Sauer, 1971: 181. 16. Malgré leur utilité, les chiens apparaissaient aux populations nordiques comme des animaux fondamentalement hostiles aux humains; ils étaient associés au mal et à la sorcellerie. Voir McClellan, 1975, I: 161-167. 17. Sauer, 1971: 239, 293. On s'est servi des chiens pour porter des charges avant de les utiliser pour les tirer. Dans le sud du Yukon, par exemple, les attelages de chiens pour tirer des luges ne sont pas apparus avant le XIXᵉ siècle (McClellan, 1975, I: 162). 18. Le Clercq, 1910: 296. Voir aussi Thwaites, éd., vol. XXII: 293. 19. Vogel: 9; Moermon; Charles H. Talbot, «America and the European Drug Trade», dans Chiapelli, éd., II: 813-832. Les premiers colons ont vite appris à apprécier le savoir traditionnel médical des Amérindiens et ils l'ont incorporé dans leur propre pratique. Voir Bailey: 120-121. 20. Swarbrick: 50-51. 21. Harris, éd., pl. 8 et 14. 22. Reeves: 156, 190-193. 23. Richard G. Forbis, dans Caldwell, éd.: 44. Un village en terre, décrit par Peter Fidler (1769-1822), qui se trouvait en Saskatchewan à la fin du XVIIIᵉ siècle, n'a pu être localisé. Voir Thomas F. Kehoe et Alice Kehoe, «Saskatchewan», *ibid.*, 32). 24. John R. Topic, «The Ostra Site: The Earliest Fortified Site in the New World», dans Tkaczuk et Vivian, éd.: 215-227. 25. Ames (: 789-805) a examiné les

processus qui sont à l'origine de ces changements. En prenant l'exemple de la côte du Pacifique, il laisse entrevoir que la conjonction de facteurs tels que la spécialisation de l'approvisionnement alimentaire, un milieu circonscrit et la croissance de la population pourraient avoir mené à l'apparition de rangs sociaux en tant que système de maximisation des ressources. La guerre pourrait aussi avoir été un facteur. Une théorie différente souligne l'aspect économique de la production: quand la période qui sépare la contribution du travail et la concrétisation de ses résultats est considérable, des mécanismes sociaux doivent être mis en place pour garantir à ceux qui ont fait l'ouvrage la chance de profiter d'au moins une partie des bénéfices (Brunton: 673-674). **26.** Brunton: 673. **27.** À la racine du mot cri qui traduit «meneur» (rendu entre autres par «*okima*»), on retrouve «faire cadeau de». Voir Colin Scott (1986): 171 n2. Pour comprendre ce qu'on attendait des chefs montagnais, voir Thwaites, éd., vol. XXVI: 155-163. **28.** Le Clercq, 1691, vol. I: 379-381. **29.** Thwaites, éd., vol. VI: 243. **30.** Une étude va jusqu'à dire que l'autorité d'un chef était «absolue» dans certains domaines, mais qu'elle était restreinte par le bien-être de la collectivité. Voir Hippler et Conn. Ceci serait conforme, du moins en partie, avec l'observation du capitaine au service de la CBH Zachariah Gillam (1636 (vieux style)-1682) selon lequel il se trouvait parmi les Amérindiens «des chefs qui [étaient] au-dessus des autres, mais qui travaill[ai]ent avec eux». Cité par Toby Morantz dans son mémoire «Old Texts, Old Questions[...]». **31.** Jefferys: 67. **32.** Thwaites, éd., vol. IX: 235. **33.** Le Clercq, 1691, vol. I : 381-386. **34.** Dans les plaines, par exemple, on avait une forte tendance à coordonner la chasse et la guerre, ce qui était particulièrement vrai de la chasse au bison. Voir les chapitres IV et XIII. **35.** La torture telle qu'on la pratiquait en Europe faisait plus partie du processus judiciaire que de l'activité guerrière. À une époque où les États-nations consolidaient leurs positions, ils s'en servaient comme moyen de répression contre certains éléments appartenant à leurs propres sociétés et qui, pour des motifs divers, étaient perçus comme indésirables. La majorité des Amérindiens qui la pratiquaient (plus répandue dans l'Est) appartenaient à des sociétés sans État et ils torturaient leurs ennemis étrangers afin de démontrer leur solidarité commune et leur supériorité à l'égard de forces extérieures hostiles. Ils ne torturaient pas les membres de leurs propres collectivités. Voir Dickason, 1984: xi; et *id.*, (1976): 91-92. **36.** Godelier (: 763-771) soutient que la force entrait en jeu une fois que des inégalités s'étaient établies. **37.** L'un des plus anciens objets en provenance de la côte nord-ouest à avoir été découverts et datés est un manche d'outil en corne venu du site de Glenrose Cannery, sur le Fraser. Il date d'environ 4 500 ans. Voir Fladmark: 1986: 63; McMillan: 176. **38.** Fiedel: 137. **39.** Fowler présente une description du site de Cahokia. On trouve un étude complète dans Emerson et Lewis, éd. **40.** Robert McGhee (1981): 11-13; *id.*, 1989: 47-54. Tuck et McGhee: 122-129. **41.** Warman, 21.

## Chapitre III

**1.** Harris, éd., pl. 8. **2.** Julian H. Steward défend l'idée d'une évolution multilinéaire dans *Theory of Culture Change*. **3.** Connolly et Anderson. **4.** Lekson, Windes, Stein et Judge: 100-109. **5.** Heyerdahl: 3-26. **6.** Caley: 5. **7.** L'étude la plus exhaustive (*Beothuk Bark Canoes*) à jamais avoir été réalisée sur la forme du canot béothuk est celle d'Ingeborg C.L. Marshall. **8.** Ingeborg Marshall souligne que les connaissances sur le canot béothuk reposent uniquement sur des modèles. Personne n'en a encore jamais construit un en grandeur nature pour vérifier sa navigabilité (Ingeborg C.L. Marshall, 1982: 12). **9.** Ingeborg C.L. Marshall, 1985: vi, 128-129. **10.** Greenman: 61. Voir aussi Adney et Chapelle: 94-98; et Alice B. Kehoe, «Small Boats upon the North Atlantic», dans Riley *et al.*, éd.: 275-292. **11.** John Barber: 92. **12.** Chang: 525-528. **13.** Au sujet de la variété aux os blancs et à la viande blanche, voir George F. Carter, «Pre-Columbian Chickens in America», dans Riley *et al.*, éd.: 178-218; *idem* (1976): 10-24. Au sujet des poulets «mélanosiques», aux os noirs et à la chair foncée, qu'on trouve au Mexique, en Amérique centrale et au Guatemala, voir Johannessen (1981): 427-434; *idem* (1982): 73-89. On ne mangeait pas les poulets mélanosiques; les Mayas et les Chinois s'en servaient dans leurs rites de magie et de guérison. **14.** Caley: 8-9. Bien qu'il ait vécu en Chine, Hwui Shan était Afghan et parlait mal le chinois, ce qui, à son retour, a nui à sa crédibilité. Son récit a quand même été officiellement consigné, mais sous une forme condensée. À partir de cette mince preuve, on a déduit qu'il était arrivé dans les Aléoutiennes avant de se rendre vers le sud, au Fou-Sang, que certains croient être le Mexique. **15.** John R. Swanton, «The First Description of an Indian Tribe in the Territory of the Present United States», dans Caffee et Kirby, éd.: 326-338. **16.** La poterie japonaise date d'avant 12 000 avant maintenant (Fumiko Ikawa-Smith, «Late Pleistocene and Early Holocene Technologies», dans Pearson, éd.: 199-216). Childe (: 76) dit de la poterie qu'elle est «la plus ancienne utilisation consciente d'un changement chimique par l'homme». Les premières poteries sont associées à la cuisine. **17.** Kehoe, «Small Boats», dans Riley *et al.*, éd.: 288-289; Fiedel: 109. **18.** Grieder (1979) soutient qu'il existe des preuves que des potiers se sont servis de tours pour créer les céramiques de Recuay (290-360 ap. J.-C.). **19.** Les sarbacanes sont nées dans des régions où il existait du bambou. Elles sont les ancêtres des canons de fusil. 20. *Sweat of the Sun. Gold of Peru*, Édimbourg, City of Edinburgh Museum and Art Gallery, 1990. Il s'agit du catalogue d'une exposition portant le même titre. 21. McClellan (1987): 55-56. Les Béothuks de Terre-Neuve semblent en avoir fait autant avec le fer. (Voir chap. V.) 22. Stephen Jett, «Trans-oceanic Contacts», dans Jesse D. Jennings, éd., (1978): 623. 23. Voir Gordon F. Ekholm, «A Possible Focus of Asiatic Influence in the Late Classic Cultures of Mesoamerica», dans Jesse D. Jennings, éd., (1953): 72-97. 24. Hutchison, Silow et Stephens (: 79-80, 136-139) présentent une position en faveur de l'origine indienne du coton du Nouveau Monde, tant comme culture que comme produit transformé en textiles. 25. Jett, dans Jesse D. Jennings, éd.: 636; John Barber: 86. Voir aussi M.D.W. Jeffreys, «Pre-Columbian Maize in Asia», dans Riley *et al.*, éd.: 376-400; Hugh C. Cutler et Leonard W. Blake, «Travels of Corn and Squash», *ibid.*, 367-375. 26. On ignore combien de temps l'amarante a été cultivée dans les provinces chinoises de Yun-Nan et de Kouei-Tcheou. En Chine occidentale, on en fait une friandise après avoir fait éclater les graines qu'on trempe ensuite dans un sirop. Needham et Gwei-Djen: 62-63. 27. On trouve une description détaillée de ces corrélations dans John Barber: 82-95. Aussi, Meggers: 1-27. 28. Heyerdahl: 376-377. 29. David H. Kelley (: 1-10) fait une évaluation raisonnée des forces et des faiblesses de Fell. Il conclut en écrivant: «Il faut nous interroger non seulement sur ce que Fell a mal fait dans son épigraphie, mais aussi sur la mauvaise direction que nous avons prise en tant qu'archéologues [...]». 30. Kelley, «Diffusion: Evidence and Process», dans Riley *et al.*, éd.: 60-65. 31. Davies. 32. *Ibid.*, 253. 33. Rowe: 334-337. 34. À leur arrivée au XVIe siècle, les Espagnols ont dénombré 18 systèmes d'écriture différents en Mésoamérique. Voir Kehoe, 1981: 41. 35. Heyerdahl: 84-91. 36. Un tesson de poterie, découvert dans l'île Saturna, a été identifié comme étant d'origine orientale et daté des années 300 avant J.-C. Par malheur, il était sorti de son contexte au moment où il est venu à l'attention des autorités d'un musée (Caley: 10). 37. Rooth: 508. 38. Michael H. Brown: 315. Pour leur part, les Polynésiens sont semblables aux Chinois et aux Amérindiens sur le plan génétique. 39. Needham et Gwei-Djen: 64.

## Chapitre IV

1. Régions écologiques, population et subsistance au Canada dans les années 1500 sont illustrées dans Harris, éd., pl. 17, 17A et 18. Les cycles d'activité saisonnière des Algonquiens et des Iroquoiens sont schématisés à la pl. 34. 2. Ridington: 469-481. 3. Thornton: 32. L'ethnologue June Helm (*HNAI*, vol. 6: 1), de l'Université d'Iowa, divise ainsi la zone subarctique: le bouclier avec les terres basses de la baie d'Hudson et les régions limitrophes du Mackenzie; la cordillère; le plateau alaskien; et la région au sud de la chaîne de l'Alaska. La première division, celle du bouclier subarctique et des terres limitrophes, couvre environ les trois quarts de la masse terrestre de l'Arctique. 4. Robert T. Boyd, «Demographic History, 1774-1874», dans *HNAI*, vol. 7: 135. Richard Inglis, conservateur des collections en ethnologie au Royal British Columbia Museum, évalue à 500 000 personnes la population d'avant les contacts, sur la côte ouest, de la Californie à l'Alaska (*Vancouver Sun*, 21 nov. 1987). 5. Harris, éd., pl. 9. 6. Gruhn: 77-79. 7. Voir Harris, éd., pl. 66, au sujet des témoignages d'ordre linguistique révélant une habitation extrêmement ancienne sur la côte du nord-ouest. La découverte d'une maison longue remontant à 9 000 ans, à proximité de Mission, en Colombie-Britannique, semble être une découverte capitale. Voir *Alberta Report* 18, 34 (1991): 50-51. 8. Il existe des témoignages de l'existence de chefferies parmi certains des groupes Iroquois. Voir Noble: 131-146. 9. Un effet secondaire de la division du travail et des responsabilités entre les sexes était qu'elle empêchait le célibat. Voir Thwaites, éd., vol. XVI: 163. Cela avait aussi pour conséquence de définir les rôles avec clarté, un facteur d'importance dans l'harmonie qui régnait dans les campements (*Ibid.*, VI: 233-234). 10. *Ibid.*, VI: 243; V: 195. 11. León-Portilla: 71-79. 12. Thwaites, éd., vol. IX: 59-61; XII: 9-11, 225. 13. Ames: 797. 14. «Moitié». Cette division d'une collectivité en deux demies servait à des fins cérémonielles. 15. Piddocke (: 244-264) présente des descriptions de divers aspects cérémoniaux des potlatchs; Coderre; et Frederica de Laguna, «Potlatch Ceremonialism on the Northwest Coast», dans Fitzhugh et Crowell, éd.: 271-280. 16. Ernest S. Burch Jr., «War and Trade», dans Fitzhugh et Crowell, éd.: 231-232. 17. Gary Coupland, «Warfare and Social Complexity on the Northwest Coast», dans Tkaczuk et Vivian, éd.: 205-214. L'explication fournie par les Quinaults est plus pacifique: les distinctions sociales proviennent selon eux de ce que la richesse tendait à se concentrer dans les mains de certaines familles ou groupes familiaux qui fournissaient ainsi plus facilement des chefs; quand cela s'étalait sur plusieurs générations, une classe naissait (Capoeman, éd.: 73-74). 18. Les langues iroquoiennes sont apparentées aux siouses et aux caddoennes. Les Caddos du sud des É.-U. étaient structurés en chefferies hiérarchisées à l'époque des contacts avec les Européens; les Sioux avaient été associés précédemment avec les bâtisseurs de tumulus mississipiens.

19. Harris, éd., pl. 12. 20. Le «succotash», un mets amérindien adopté par les premiers colons, était fait de maïs et de haricots bouillis avec du poisson ou de la viande. 21. Thwaites, éd., (vol. XVI: 225-237) présente une description de la Huronie telle que les Européens l'ont découverte. 22. À propos de la possibilité d'une origine basque pour le mot «iroquois», voir Bakker (1990): 89-93. Il pose en hypothèse que le mot est dérivé de deux éléments basques qui signifient ensemble «peuple tueur». Suivant une explication antérieure, le terme à une origine algonquienne et signifie «serpent». Les Ojibwés donnaient aux Hurons et aux Cinq-Nations le surnom de «Nahdoways», ou «Serpents» (Jones: 111). 23. Ils se donnaient le nom de «Wendats» (Gens de la Péninsule) et appelaient leur pays «Wendake». «Wendats» pouvait aussi se rapporter à la confédération. Les Français les ont appelés «Hurons» en raison des coiffures des guerriers, qui leur rappelaient les soies sur l'échine d'un sanglier. Jenness, 1932: 82. La coupe de cheveux des Outaouais était semblable. Apparemment, le terme «huron» avait aussi trait à la façon de s'habiller, sous-entendant une certaine rusticité. 24. Sagard (1939): 104. 25. Sagard, 1636, vol. III: 728. 26. Le chiffre approximatif de 30 000 Hurons a été fourni par Champlain, qui a passé un hiver en Huronie. Le géographe Heidenreich (: 96-103) croit à une surévaluation d'environ un tiers et il parle plutôt d'une population d'environ 20 000 personnes. 27. Les Ahrendarrhonons, ou «Peuple de la pierre», formaient la deuxième tribu, parmi les plus grandes de la confédération huronne. Il se peut qu'ils aient été les derniers à y entrer, vers 1590, laissant à penser qu'ils pourraient être venus de Stadaconé. 28. Thwaites, éd., X: 279-317; Trigger, 1976, vol. I: 85-90; Jenness, 1932: 293. 29. Trigger, 1976, vol. I: 197. 30. D'après l'historienne huronne Margaret Vincent Tehariolina (: 96-97), les Hurons étaient un groupe issu des Tsonnontouans et ils constituaient essentiellement la même nation. 31. «Oka and its Inhabitants»: 167. 32. Hiaouatha a été identifié comme Onontagué de naissance et Agnier d'adoption, et aussi comme Huron. Christopher Vecsey (: 79-106) rapporte quelques-unes des versions du récit des origines de la ligue. L'historien amérindien Bernard Assiniwi (vol. I: 111-124) fournit aussi sa propre version. 33. Kehoe, 1989: 115. Hiaouatha a mérité son surnom, «Celui qui peigne», parce qu'il a enlevé, en les peignant, les serpents de la chevelure de Thadodaho. Il y a plusieurs versions de cette histoire, dont l'une est rapportée par Paul A.W. Wallace (: 11-17). 34. Daniel K. Richter, «War, Peace, and Politics in Seventeenth Century Huronia», dans Tkaczuk et Vivian, éd.: 285-286. 35. On rapporte dans les *Relations des jésuites* que, chez les Onontagués, il y avait alternance des hommes et des femmes comme grands sachems (Thwaites, éd., XXI: 201). 36. Knowles. 37. «Anishinabe» (en cri, au pluriel, «Anishinabeg») signifie «les gens». Le mot «Ojibwé» se traduit par «le chant du merle». 38. On trouve une étude détaillée de l'exploitation du riz sauvage et de ses ramifications culturelles dans Vennum. Voir aussi Avery et Pawlick: 32-47, 107. 39. Sagard, vol. IV: 846. 40. Communication verbale avec Catharine McClellan. 41. Le jésuite Pierre Biard (1567?-1622) en a fait une des premières descriptions dans Thwaites, éd., II: 73-81. À Québec, le jésuite Paul Le Jeune a été vivement impressionné par les visages peints des Amérindiens, ainsi que par leur apparence générale quand il a vu un groupe de 600 guerriers «grands, puissants» qui portaient des peaux de divers animaux, entre autres, d'élan, d'ours et de castor (Thwaites, éd., vol. V: 23; VI: 25). 42. McMillan: 246. 43. Hearne: 163. 44. J. Garth Taylor, «The Case of the Invisible Inuit: Reconsidering Archaeology, History and Oral Tradition in the Gulf of St. Lawrence», dans McCartney, éd. Au sujet de l'opinion précédemment émise selon laquelle les Inuits avaient atteint le golfe du Saint-Laurent, voir Jenness, 1972: 7. Il s'agit d'un volume qui fait partie d'une série de cinq, portant sur l'administration inuite de l'Alaska au Groenland et publié par l'Institut de l'Arctique entre 1962 et 1968. 45. L'expression est empruntée de la cérémonie navajo dite «Blessingway». 46. Des anthropologues ont déjà soutenu que les plaines étaient peu habitées avant l'apparition du cheval et du fusil. Clark Wissler (: 39-52) a écrit en 1906 que «le peuplement des plaines proprement dites était un phénomène récent causé en partie par l'introduction du cheval et le déplacement de tribus entraîné par le peuplement blanc». Même si Wissler a par la suite modifié sa position, A.L. Kroeber (1939: 76) soutenait encore en 1939 que l'évolution culturelle des plaines a commencé «seulement depuis l'acquisition de chevaux [fournis par] des Européens». 47. Thomas F. Kehoe, «Corralling Life», dans Foster et Botscharow, éd.: 175-193. 48. Head-Smashed-In est un «site du patrimoine mondial» désigné par l'Unesco. 49. Verbicky-Todd: 25-32. Plus tard, un délinquant risquait d'être fouetté ou même (chez les Kiowas), de voir son cheval abattu. 50. Forbis: 27. 51. Harris, éd., pl. 15. Voir aussi Reeves; ainsi que Wormington et Forbis, en particulier le résumé et la conclusion, p. 183-201. 52. Brink et Dawe: 298-303. 53. Thwaites, éd., vol. X: 225. 54. Au sujet de l'importance de la générosité et de la réciprocité, voir Chrestien Le Clercq (1691: 403-406). Les Européens, qui n'ont pas compris la nature réciproque de l'échange de présents entre Amérindiens, ont rapidement dénigré cette coutume en la traitant de «cadeau d'Indien», en particulier quand les Amérindiens, qui s'apercevaient que les Blancs ne voulaient rien donner en retour, ont demandé la remise de leurs cadeaux. 55. Le Clercq (1881) I: 124. 56. Fladmark, 1986: 50. Autrement dit, le commerce se pratique depuis au moins 10 000 ans dans la région.

57. De récentes recherches faites par l'historien Laurier Turgeon ont révélé que le cuivre, en particulier sous la forme de chaudrons, tenait une part importante dans les premiers échanges commerciaux basco-amérindiens. Voir Turgeon: 81-87. **58.** Richter (1982): 286. **59.** Harris, éd., pl. 14. **60.** Lancre: 30; Isasti: 164. Un observateur du début du XVIIIᵉ siècle a rapporté que l'inuktitut ressemblait au basque (Jérémie: 17). Il avait raison sur un point: la langue des Basques est une langue agglutinante, comme celle des Amérindiens et des Inuits. L'ouvrage qui fait aujourd'hui le plus autorité sur les Basques en Amérique est *Los vascos en el marco Atlantico Norte Siglos XVI y XVII*, par Huxley, éd. **61.** Communication personnelle. Le mot «adesquidex» apparaît dans Thwaites, éd., vol. III: 81. D'autres termes sont présentés dans Bakker (1989: 258-260). Une autre indication possible d'une association basco-amérindienne est la fréquence du motif «lauburu» chez les Micmacs et d'autres populations amérindiennes, ainsi que chez les Basques. Ces derniers considèrent ce motif comme une sorte de symbole national et croient qu'ils en sont les créateurs. Voir Bakker (1991): 21-24. **62.** Coues, éd., I: 383. **63.** *The Canadian Encyclopedia*, vol. I: entrée «Chinook Jargon»; Geographic Board: 94; Driver: 213. Une des premières études portant sur le chinook, «Chinook Songs», a été préparée par l'anthropologue Franz Boas (: 220-226); voir aussi Reid: 1-11. George Woodcock (1989: 20-22) décrit la *lingua franca* (langue véhiculaire) chinook comme une simplification du chinook proprement dit, une langue wakashane à laquelle on a ajouté d'autres éléments. Woodcock, 1989: 20-22. **64.** A.I. Hallowell «Some Psychological Characteristics of the Northeastern Indians», dans Johnson, éd.: 225. Les Amérindiens admiraient beaucoup la maîtrise des émotions, ce qui a entraîné l'apparition du stéréotype européen de l'«Indien arrogant». **65.** Caley: 4. **66.** Thwaites, éd., vol. VI: 233. Le Jeune fera plus tard allusion aux Montagnais en les traitant de «vrais bouffons» (*ibid.*, 243). **67.** La remarque de Le Clercq (1691: 388) se rapportait aux Micmacs; toutefois, l'hospitalité est caractéristique des sociétés tribales en général. Elle se pratiquait aussi dans l'Europe d'avant la Renaissance. Par malheur, les Européens ont oublié leurs propres traditions et n'ont généralement pas rendu aux Amérindiens la pareille en cette matière. Ces derniers ont donc poursuivi entre eux la coutume, tandis qu'ils se sont bientôt mis à demander aux Européens qu'ils les paient, ce qui a grandement dégoûté les Européens. Le Clercq, 1910: 246. **68.** *An Account of the Customs...*: 4. **69.** Jay Miller: 274-287. Voir aussi Colin Scott (1989): 193-208, surtout 194-195. Stephen A. McNeary traite de ces croyances telles que les exprimaient les Tsimshians dans «Image and Illusion in Tsimshian Mythology», publié chez Miller et Eastman, éd. Voir aussi la description de l'opinion des Amérindiens à l'égard de la capacité de raisonnement des castors dans Lahontan, 1703: 155-159. Les jésuites ont observé que les Amérindiens considéraient que toutes les âmes — esprits — étaient immortelles, qu'elles fussent humaines ou autres (Thwaites, éd., VI: 175-177). **70.** A. Irving Hallowell, «Ojibway Ontology, Behavior and World View», dans Hallowell, 1976. Voir aussi McClellan, 1975: 86-88; et Swarbrick: 50-51, au sujet de la croyance des Amérindiens stalos de la Colombie-Britannique, d'après laquelle certaines pierres «transformatrices» étaient en réalité des «hommes de pierre». Les Indiens croyaient qu'être transformé en pierre était le sort réservé aux chefs qui ne partageaient pas leur richesse avec leurs gens. **71.** Claude Lévi-Strauss a exploré la nature universelle de ces mythes dans *The Jealous Potter. Sous le signe de l'ours*, une étude réalisée par Emmanuel Désveaux sur les mythes d'un groupe particulier, les Ojibwés de Big Trout Lake, dans le Bas-Arctique canadien, montre le rapport qu'ils entretiennent avec les mythes amérindiens dans leur ensemble. Nicolas Denys (: 418-419) décrit l'amour des Indiens pour la narration de récits. **72.** Jenness, 1932: 173. **73.** Le Clercq, 1691: 89. **74.** Pour une étude générale du phénomène, voir Tkaczuk et Vivian, éd. **75.** À la fin du XVIIᵉ siècle, un officier français allait remarquer que les Indiens du Nord-Est «ne se précipitaient jamais pour déclarer la guerre; ils tenaient de fréquents conseils avant de s'y résoudre» (Lahontan, 1905, vol. II: 507). Le Clercq (1910) 269) était du même avis: la guerre, écrivait-il, n'était jamais déclarée autrement qu'en dernier recours sur les conseils des Anciens. Au milieu du XVIIIᵉ siècle, Thomas Jefferys (: 53, 68) exprimait un point de vue différent; il était rare que les Indiens, écrivait-il, «refus[ass]ent de s'engager dans une guerre à laquelle ils avaient été invités par leurs alliés: au contraire, ils attend[ai]ent rarement d'y être appelés pour prendre les armes, le moindre motif étant suffisant pour les y résoudre.» Le Jeune a fait remarquer que, même durant les conflits, un «certain ordre» était maintenu et qu'ils ne les entreprenaient pas «sans motif, et le motif le plus ordinaire pour prendre les armes [était] quand une nation refus[ait] de donner satisfaction pour la mort de quelqu'un et de fournir les cadeaux exigés par les ententes survenues entre elles» (Thwaites, éd., X: 225). **76.** Richter (1982): 528-559. **77.** La même chose est vraie des sociétés tribales du monde entier (Trigger, 1970: 4). **78.** Nordenskiöld: 6-11, 74-76. Un exemple particulièrement intéressant de «saute-mouton» semblable est celui du canot koutanis en forme de kayak; le seul autre endroit où l'on retrouve une embarcation fluviale de ce type, c'est sur le fleuve Amour, sur la frontière sino-sibérienne. **79.** John W. Grant (: 24) fait ressortir que le cercle, représentant le circuit des cieux, constitue le symbole religieux ultime chez les Indiens; il ajoute que, pour les chrétiens, le symbole pourrait

être la flèche qui franchit dans l'air l'espace qui va de la Création à l'Apocalypse. 80. Par exemple, les *Relations des jésuites* (XLIV: 277-309) renferment un chapitre consacré aux différences entre Européens et Amérindiens, mais on n'y mentionne pour ainsi dire aucune ressemblance. 81. Le Clercq, 1691: 379-381. 82. Thwaites, éd., III: 91. Même si Biard parlait des Micmacs, on en a dit autant d'autres sociétés amérindiennes. Par exemple, voir Loskiel: 132; et Perrot 1864: 78. 83. Une variante de cette histoire a paru dans *The Christian Science Monitor* du 19 octobre 1989 (: 10).

## Chapitre V

1. «Three Worlds, One Focus: Europeans Meet Inuit and Amerindians in the Far North» (dans Davis, éd.: 51-78) a servi de base à ce chapitre. Le terme «Inuit» («Inuit» au singulier, mais «*Inuk*» en inuktitut), qui signifie «êtres humains» et dont se servent partout ces gens pour se désigner eux-mêmes, a été adopté en 1977 par la Conférence circumpolaire inuite à l'intention de tous ceux qu'on appelait auparavant «Esquimaux». D'origine algonquienne, ce dernier terme se traduit habituellement par «mangeurs de viande crue». Les gens de l'Arctique occidental sont appelés «Inuvialuits»; il existe d'autres appellations régionales, dont «Inuinait» et «Inumagit» (Bishop John R. Sperry, Yellowknife: 364). Le Canada a officiellement adopté les termes «Inuk» et «Inuit». Voir Mailhot: 59-69; et Csonka: 11, 18. 2. William R. Morrison, 1984: 97. 3. *Ibid.*, 100. 4. Bitterli. 5. Birket-Smith: 13. Un récit de la première rencontre des Skraelings du Groenland avec des Norois est reproduit dans *ibid.*, 28-29. Voir aussi L.H. Neatby, «Exploration and History of the Canadian Arctic», dans *HNAI*, vol. 5: 337-390. 6. Oswalt: 11. 7. Christy, vol. I: 104-105, «Plefkins on Greenland». 8. «Arctic "little people" reported sighted», *Edmonton Journal*, 4 nov. 1990. 9. Par exemple, le cosmographe français André Thevet (vers 1517-1592; 1878: 139-140) a rapporté que les Amérindiens ont d'abord honoré les Espagnols comme des prophètes et même comme des dieux. 10. Margry, vol. VI: 181-182, extrait d'une lettre du sieur de Bienville au ministre, 10 avril 1706. 11. Wachtel: 13-24; Sahagún (mort en 1590), vol. XII: 4; Garcia: 68, 102, 125. Le mythe du héros qui revient est loin d'être disparu. Au Pérou, par exemple, le mythe dit que la tête de l'Inca Ri, vivante, a un corps qui grandit en direction des pieds. Quand le corps sera complet, l'Inca reviendra. Dans ce contexte, l'Inca est le «principe d'origine de tout être» et il se reconstruit dans les Enfers des Andes. 12. Connolly et Anderson: 34-55. Les explorateurs qui visitaient les îles des mers du Sud pour la première fois étaient pris pour des esprits (ou des dieux, comme on l'a souvent dit); le capitaine James Cook (1728-1779) a connu cette réaction à Hawaï en 1778. 13. Gradie: 144, 148. 14. Wraxall: xxiii-xxvii. 15. Harris, éd., pl. 16; Berglund: 109-135. 16. Voir le graphique des températures dans Harris, éd., pl. 16. 17. Le raisonnement selon lequel les collectivités noroises ne se sont pas adaptées culturellement ou technologiquement à des conditions en changement est présenté par Thomas H. McGovern, «The economics of extinction in Norse Greenland», dans T.M. Wigley, M.J. Ingram et G. Farmer, éd., *Climate and History*, Cambridge, Cambridge University Press, 1981, p. 404-433. Par exemple, ils n'ont jamais adopté la technologie inuite de chasse des mammifères marins (les plus évoluées du monde à l'époque), ni les embarcations en peaux, malgré l'absence de bois. Sur le plan culturel, ils se sont concentrés sur des églises plus grosses et de style plus recherché, ainsi que sur les dernières nouveautés européennes en matière de mode et d'habillement. 18. Au XVIIIᵉ siècle, les sentiments avaient changé, et, lorsque le célèbre explorateur Louis-Antoine de Bougainville (1729-1811) a ramené un Tahitien à Paris, on l'a durement critiqué pour avoir enlevé un jeune homme à la sécurité de son pays natal afin de l'exposer aux influences corruptrices d'une métropole européenne. Bougainville a vainement protesté, affirmant que le Tahitien était venu de son propre chef. Le jeune homme est mort pendant le voyage de retour, en 1771. 19. Kenyon: 121. 20. On croit que le terme «Qallunaat» ou «Kabloona» est venu d'un mot inuit signifiant «gens qui dorlotent leurs sourcils», peut-être une variante de «*qallunaaraaluit*», qui fait référence au matérialisme, à l'interférence avec la nature et à l'avidité (Minnie A. Freeman, après la préface). On a proposé une autre traduction: «gens aux sourcils touffus». 21. Charles F. Hall: 251, 290, 385. 22. Christy, vol. I: 90-91. 23. *Ibid.*, vol. I: 50ff.; Jérémie: 16. 24. Les Thulés de l'Arctique de l'Est ainsi que les Punuks de l'Ouest se sont servis de cette technologie; et des chasseurs de baleines de la côte du Pacifique tels que les Nuuchahnulths (Nootkas) de l'île de Vancouver les ont aussi adoptées. Voir Jean-Loup Rousselot, William W. Fitzhugh et Aron Crowell, «Maritime Economics of the North Pacific Rim», dans Fitzhugh et Crowell, éd.: 163-172. Un harpon détachable trouvé à L'Anse Amour Mound, au Labrador, remontant à 7500 ans avant maintenant, pourrait être le plus vieux harpon du monde (Tuck et McGhee (1975): 76-91). Pour lire une description générale des techniques inuites de chasse à la baleine, voir J. Garth Taylor, «Inuit Whaling Technology in Eastern Canada and Greenland», dans McCartney, éd: 292-300. 25. Si on remplace le deuxième «o» par un «e», Oupeeshepow devient Oupeeshepew, qui signifie "toujours affairé", d'après Reg

Louttit, chef des Cris d'Attawapiskat, au nord de Moose Factory (communication personnelle). 26. Glyndwr Williams, éd., 1969: 204. 27. Morantz, 1984: 181-182. 28. Christy, vol. I: 137. 29. Long (1988): 230. 30. Hickey: 13-35. Hickey émet aussi l'hypothèse que le développement culturel riche et diversifié qu'ont connu les Inuits d'Alaska témoigne de l'efficacité de leur commerce traditionnel avec la Sibérie. Ses racines plongent loin dans la préhistoire de la Béringie et des régions environnantes («The Historic Beringian Trade Network: Its Nature and Origins», dans McCartney, éd.: 411-434). 31. Harris, éd., pl. 23. 32. Colonial Office 194/27: 263, Palliser to the Secretary of the Admiralty, 25 août 1766. Cité par Whiteley: 31, 39-40. 33. Alfonce: 27v; Ramusio: 111. 34. J. Callum Thomson, «Cornered: Cultures in Conflict in Newfoundland and Labrador», dans Tkaczuk et Vivian, éd.: 199. Voir le chap. III, pour une tradition semblable chez les Tutchonis du Sud, au Yukon. 35. Whitbourne: 2-4. 36. Voir *DBC*, vol. VI, entrée "Shawnadithit".

## Chapitre VI

1. Biggar, éd., 1924: 61-62. Pour obtenir un point de vue amérindien sur «un aventurier nommé Jacques Cartier» sur le Saint-Laurent, voir Assiniwi, vol. II: 29-81. 2. La version généralement acceptée de l'origine du nom «Canada», c'est qu'il découle du mot iroquoien «ka-na-ta», signifiant «village». On pourrait aussi bien soutenir qu'il provient du mot montagnais «ka-na-dun», signifiant «terre propre». Pendant le XVIe siècle, le mot «Canadien» s'appliquait aux habitants de la Côte-Nord, les actuels Montagnais, qui sont étroitement apparentés aux Cris, et parlent un dialecte de la même langue. Les Montagnais ont été parmi les premiers partenaires commerciaux des Français, ce qui n'a pas été le cas des Iroquois. 3. Olive P. Dickason, «Concepts of Sovereignty at the Time of First Contacts», dans Green et Dickason: 223-224. 4. Belleforest et Münster, vol. II: 2190-2192. 5. Biggar, éd., 1924: 264; *idem*, 1930: 463. 6. Trudel, 1963: 151-175; Montchrestien: 214. 7. Bruce G. Trigger et J.F. Pendergast, «Saint Lawrence Iroquoians» dans *HNAI*, vol. 15: 358-359. 8. Biggar, éd., 1924: 158. Il faut rappeler que Cartier n'a passé qu'une seule journée à Hochelaga. 9. Belleforest et Münster, vol. II: 2190-2192. 10. Thwaites, éd., vol. I: 105. 11. Biggar, éd., 1922-1936, vol. 5: 78. 12. Trigger, 1985: 146. Règle générale, je suis Trigger, qui traite en détail de la question des Iroquoiens du Saint-Laurent (:144-148). 13. Le compte rendu de Christopher Carlile, dans Hakluyt, vol. 8: 145-146; Charlevoix, vol. I: 21. 14. Witthoft: 57. 15. Biggar, éd., 1922-1936, vol. 2: 96. 16. Trigger, 1985: 96-100 et 105-108. 17. Biggar, éd., 1924: 177-178. Voir aussi Trigger, 1985: 137, 147. Bien que le récit de Cartier soit de seconde main et qu'il faille le traiter avec circonspection, il existe des preuves archéologiques d'une guerre à grande échelle, comme le signale Trigger. 18. Trigger, 1985: 106-108. Voir aussi J.B. Jamieson: 79-86. Jamieson soutient que la dynamique de la disparition des Iroquoiens du Saint-Laurent n'a rien à voir avec le commerce avec les Européens. 19. Bailey: xviii. 20. Biggar, éd., 1924: 76. 21. Martijn: 227-264. 22. Thwaites, éd., vol. VI: 233. 23. Biggar, éd., 1922-1936, vol. I. 98-102. 24. Trigger, 1970: 10-11. 25. Leacock et Lurie, éd.: 351. 26. Kupp: 367-388. 27. Glover, éd.: 45. 28. Thwaites, éd., vol. V: 97. 29. *Ibid.*, XXVI: 155-163; XVIII: 205; Avity: 42-43. Voir aussi Trigger, 1985: 204-205. 30. «Étouat» peut être une variante d'Erouachy, nom d'un chef montagnais à Tadoussac vers 1618-1636. Au sujet d'Erouachy, voir *DBC*, vol. I. Il n'y a pas d'entrée pour Étouat. 31. Voir par exemple Trigger, (1971): 94-100. Il s'agissait d'un numéro spécial consacré aux essais en l'honneur de l'anthropologue Diamond Jenness. 32. Thwaites, éd., vol. VI: 7-19; Trudel, 1979: 128. 33. Trigger, 1970: 15; Delâge, 1985: 108. 34. Sagard, 1636, vol. II: 512. 35. Sagard, 1939: 45-46, 268. 36. Le Clercq, 1881, vol. I: 136. Voir aussi Lescarbot, 1907-1914, vol. III: 25-26; Denys: 447-448; Thwaites, éd., vol. III: 81. 37. Charlevoix, vol. III: 87-88. 38. Tyrrell, éd., 1916: 206. 39. Bacqueville de la Potherie, vol. III: 176-177; Lahontan, 1905, vol. I: 82. Il y a aussi des récits de chasse inutile pour s'alimenter. Voir par exemple Glyndwr Williams, 1969: 154, 280. 40. Charlevoix, vol. I: 126. 41. Laet: 36. 42. Hoffman; Sanger: 60-75. Sanger a écrit sur l'«ahurissante» quantité de restes d'espadons retrouvés dans l'île Monhegan, douze milles au large de Pemaquid, dans le Maine. Voir Kehoe, 1981: 212-213. Une chasse à la baleine par les Pentagouets est décrite dans «A True Relation of the Voyage of Captaine George Waymouth, 1605, by James Rosier», dans Burrage, éd.: 392. Pierre-Antoine-Simon Maillard (: 303) mentionne la graisse de baleine et l'huile de phoque comme principaux éléments d'un banquet micmac. L'huile de phoque était à la base du régime alimentaire des premiers Micmacs. L'abbé J.A. Maurault (1819-1870) a établi (: 9) que tous les indigènes d'Acadie et de Nouvelle-Angleterre partageaient une même culture et vivaient sensiblement de la même façon. 43. Thwaites, éd., vol. XLVII: 223; Denys: 196; Quinn, éd., vol. III: 348; Lescarbot, 1907-1914, vol. II: 309. 44. Il est communément accepté que le mot «micmac» signifie «alliés» (Jenness, 1932: 267), bien qu'aucune certitude n'existe vraiment. Les Micmacs eux-mêmes utilisaient le terme «El'nu» («vrais hommes»). Il s'agissait probablement des Toudamans de Cartier et certainement des Souriquois de Lescarbot; ils s'appelaient aussi Tarrantines, une allusion à leurs penchants

pour le commerce. Les Malécites étaient connus de Champlain et des premiers jésuites sous le nom d'Etchemins ou Étéminquois. La langue des Micmacs partage certaines caractéristiques avec celle des Cris, la langue la plus répandue du groupe algique, ainsi qu'avec celle des Arapahos des plaines centrales. **45.** Lescarbot, 1907-1914, vol. III: 358-359. **46.** *Ibid.*, 312-313. **47.** O'Callaghan et Brodhead, éd., vol. IX: 161. **48.** Denys: 446-449. **49.** Charlevoix, vol. I: 128; Denys: 195-196. **50.** Archives de la Marine, série B3, vol. IX, Sieur de Narp au ministre de la Marine, 23 sept. 1671, f. 374. Cité par Jeanen, *Friend and Foe* [...]: 123. **51.** Virginia Miller, «Social and Political Complexity on the East Coast: The Micmac Case», dans Nash, éd.: 51. Dans un autre article, Nash soutient que, au moment du contact, les Micmacs étaient en voie de s'organiser en chefferies («An Alternative History: Uninterrupted Views of Micmac Society», dans Tkaczuk et Vivian, éd.: 187-194). **52.** ANC, AC, C11B 10: 4-5, lettre de Joseph de Monbeton de Brouillan, dit Saint-Ovide (gouverneur de l'île Royale, de 1718 à 1739), le 13 sept. 1727 en délibération du conseil, le 17 fév. 1728. Des épisodes semblables se sont produits dans les Caraïbes. Voir Gullick: 25. **53.** Gonzalez: 63, 87-88. **54.** Le reste de ce chapitre est fondé sur mon article «Amerindians between French and English in Nova Scotia, 1713-1763», *American Indian Culture and Research Journal*, 20, n° 4 (1986): 31-56. **55.** Voir par exemple l'autorisation du roi de France à Pierre-Charles Le Sueur (1657-1704), un coureur des bois, d'examiner la possibilité d'exploiter des dépôts de cuivre et de plomb dans la région du Mississippi. Le document ne fait pas la moindre allusion à un quelconque titre amérindien à prendre en considération (Margry, vol. VI: 62, extrait d'un lettre du Ministre de la Marine à Champigny, 27 avril 1697). **56.** L'article 17 se lit ainsi: «Les Sauvages qui seront amenés à la foi et en feront profession seront censés et réputés naturels français, quand bon leur semblera, et y acquérir, tester, succéder et accepter donations et legs, tous ainsi que les vrais régnicoles et originaires françois, sans être tenus de prendre aucune lettre de déclaration ni de naturalité.» *(Édits, ordonnances* [...]*,* vol. I: 10.) **57.** *Collection de documents inédits [...]*, vol. I: 196. **58.** *Collection de manuscrits [...]*, vol. I: 175, Instructions pour le Sieur de Courcelle au sujet des Indiens. Voir aussi Dickason, (1976): 38, 109-125. **59.** De même, lors de la défaite de la France en 1760, des tribus du Sud ont refusé de reconnaître la prise de pouvoir de l'Angleterre, puisqu'ils n'avaient jamais abandonné leurs territoires (Sosin: 66). **60.** «Memorial for the Motives of the Savages, called *Mickmakis* and *Maricheets* for continuing the war with *England* since the last peace» dans *An Account of the Manners* [...]: 62-72. Il s'agit d'une traduction, à l'exception d'un court paragraphe manquant, d'un des documents reproduits dans Du Boscq de Beaumont: 248-253. **61.** C'était l'avis de sir Edward Coke (1552-1634), influent juge en chef de la cour d'appel de l'Angleterre. Voir Holdsworth: 83-84; aussi Robert A. Williams: 269-270. **62.** «Les sauvages sont peu de chose, étant nos alliés, mais pourraient devenir quelque chose de considérable, étant nos ennemis» (ANC, AC, C11B 4: 251-256, 17 nov. 1719). **63.** ANC, AC, C11B 12: 37v, Saint-Ovide à Maurepas, 25 nov. 1731. Voir aussi *An Account of the Customs* [...]: 85, «Letter from Mons. de la Varenne». La compilation de documents de Lucien Campeau (*Monumenta Novae Franciae I*, parue en 1967; suivie en 1979 de *Monumenta Novae Franciae II:*) constitue un ouvrage d'importance sur l'activité missionnaire française en Acadie. **64.** ANC Nova Scotia A 32: 222, Maillard to Peregrine Hopson (gouverneur de Nouvelle-Écosse, de 1752 à 1755), 11 sept. 1748. **65.** Pichon: 101-102. **66.** Akins, éd.: 178-179, Cornwallis to Captain Sylvanus Cobb, 13 janv. 1749. **67.** ANC, AC, C11B, vol. 31: 63, Raymond au ministre, 19 nov. 1751. Au sujet du souci qu'ont pris les Français pour éviter que les Micmacs (de même que leurs autres alliés) n'aient aucun motif de se plaindre des distributions de cadeaux, voir ANC, AC, B, vol. 45/2: 260-266 [122-129]; et *ibid.*, 267-273 [129-134]. **68.** Dickason (1976): 111-114. **69.** Thwaites, éd., vol. I: 177. Il courait aussi des rumeurs selon lesquelles ils avaient vécu très vieux par le passé. Denys (: 400, 403, 410) a mentionné le cas d'un Micmac qui aurait atteint 160 ans. Il attribuait cette longévité à l'habitude de boire «seulement de la bonne soupe, très grasse». Il rapportait aussi que certains Micmacs pouvaient réciter la liste de leurs ancêtres, en remontant jusqu'à 20 générations. **70.** ANC, AC, C11A, vol. 122: 13, 30 sept. 1705.

## Chapitre VII

**1.** On a plus tard fait allusion à eux sous le nom de «Canibas» (loups). **2.** Ce chapitre est une révision et un développement d'un article d'O.P. Dickason, «The French and the Abenaki: A Study in Frontier Politics», paru dans *Vermont History*, 58, n° 2 (1990): 82-98. **3.** Tehariolina: 94. **4.** Dean R. Snow: 38; Thwaites éd., vol. III: 111. **5.** Lescarbot, «La Deffaite des Sauvages Armouchiquois», *History of New France*, vol. III: 497-508. Une version anglaise du poème, traduite par Thomas Goetz, a paru dans William Cowan, éd., *Papers of the Sixth Algonquian Conference*, 1974 (Ottawa, Musées nationaux du Canada, 1975): 159-177. Voir aussi Seeber: 203-214; et Salisbury: 68-70. **6.** Cayet, vol. 2: 423. Cette description a été reprise par Marc Lescarbot, 1907-1914, vol. II: 169. L'ayant tout d'abord attribuée à Champlain, il a ensuite affirmé que ce dernier avait admis qu'il s'agissait d'une fable et que les Armouchiquois étaient en réalité des «hommes aussi beaux [...] que nous [les Français] bien constitués et agiles» (*Ibid.*, 172). Il est intéressant de noter qu'on a aussi dit des Tartares qu'ils étaient difformes d'une manière semblable. **7.** Biggar, éd., 1922-36, vol. I: 356-357; Marc Lescarbot exprime les mêmes sentiments dans *History of New France*, vol. II: 327. Les soupçons de cannibalisme se retrouvent dans Corneille, vol. I, entrée «Armouchiquois»; et Thwaites, éd., vol. II: 73. **8.** Seeber: 210. **9.** En 1613, on rapportait qu'il y «a toujours eu de la guerre [...] entre les Souriquois [Micmacs] et les Iroquois». (Thwaites éd., vol. I: 105). **10.** Asticou (*circa* 1608-1616) était un sagamo pentagouet, tout comme, vraisemblablement, Aguigueou. **11.** Thwaites, éd., vol. III: 71. **12.** Biggar, éd., vol. I: 103, 109; vol. V: 313-316; Sévigny: 64-65. **13.** Thwaites, éd., vol. XII: 187; XXXIV: 57; XXXVIII: 41. **14.** Gordon M. Day, «Western Abenaki», dans *HNAI*, vol. 15: 150. Voir aussi Thwaites, éd., vol. XXIV: 183-185; XXXVI: 103. **15.** Des modèles d'établissements indigènes pour la période de 1625 à 1800 sont décrits dans Harris, éd., pl. 47. **16.** L'expression est utilisée par Gordon Day (: 28). **17.** Charland: 44, 75-76; Lunn: 61-76. **18.** *An Account of the Customs* [...]: 89, «Letter from Mons. de la Varenne». **19.** L'abbé Joseph A. Maurault (: 75) soutient que les mariages interraciaux en Nouvelle-France ont atteint leur apogée pendant les 75 premières années du XVII$^e$ siècle. **20.** *Documentary History of the State of Maine, Baxter Manuscripts*, Portland, Maine Historical Society, 1916, vol. XXIII: 56. Conférence avec cinq Indiens de l'Est, Boston, 11 janv. 1713. **21.** O'Callaghan et Brodhead, éd., vol. IX: 871, M. de Vaudreuil au duc d'Orléans, 1716; ANC, CO 217/1: 364-66, «Answer of Indians of Penobscot to the Commissioners», avril 1714; ANC AC C11B 1: 340v-42, lettre de Bégon, 25 sept. 1715, dans les délibérations du Conseil; 28 mars 1716, *ibid.*, lettre de Costebelle, 7 sept. 1715: 335-336; Pierre-François-Xavier de Charlevoix, «Mémoire sur les limites de l'Acadie», dans *Collections de manuscrits* [...], vol. III: 50-51. Aussi, *idem*, *Histoire*, vol. II: 377. **22.** *Journal of* [...] *Massachusetts-Bay in New-England*, Boston, 1744: 57, William Shirley to the General Court, 18 juillet 1744. **23.** *Rapport de l'Archiviste de la Province de Québec*: 269, Vaudreuil au ministre, Québec, 16 sept. 1714. **24.** O'Callaghan et Brodhead, éd., vol. IX: 940, «Memoir on the Present Condition of the Abenaquis, 1724». **25.** Dickason (1976): 66-69; voir aussi la mise en garde du jésuite Pierre de La Chasse (1670-1749) au sujet de ce que pourrait être la réaction des Abénaquis à une telle proposition, dans *Collection de manuscrits* [...], vol. III: 51, Mémoire sur les limites de l'Acadie. **26.** ANC, AC, B, vol. 47: 1263-1264 [279], 16 juin 1724; *ibid.*, C11B, vol. 7: 191-193V, 10 déc. 1725. **27.** Sévigny: 160-161. **28.** ANC, AC, C11B, vol. 5: 187-187v, Saint-Ovide au ministre, 5 sept. 1720. **29.** O'Callaghan et Brodhead, éd., vol. IX: 902, Vaudreuil au gouverneur William Burnett, 11 juillet 1721. **30.** Dickason (1976): 111-114; Morin. **31.** Charlevoix, vol. I: 541 et II: 404; Thwaites, éd., vol. LXVII: 121, lettre du jésuite Jean-Baptiste Loyard (1678-1731), écrite en 1721. **32.** O'Callaghan et Brodhead, éd., vol. IX: 948-949, Abstract of M. de Vaudreuil's Despatch; *ibid.*, 939-940, Memoir on the Present Condition of the Abenaquis, 1724. **33.** John A. Dickinson (1985: 87-108) présente une vue d'ensemble des contributions amérindiennes à l'établissement de la Nouvelle-France. **34.** Le développement de la ville est une suite de la mission fondée par Sébastien Rale à Narantsouak (actuellement Old Point, South Madison, Maine) en 1694. Rale et Mog y furent tous deux tués en 1724. **35.** *Massachusetts Historical Society Collections*, second series, 8 (1826): 260, Eastern Indians' Letter to the Governor, 27 juillet 1721. **36.** Kenneth M. Morrison, 1984: 155-193; *DBC*, vol. II, entrée «Rale, Sébastien». **37.** MacFarlane: 160. **38.** Kenneth M. Morrison, 1984: 182-183. **39.** Pour un épisode de ce type, voir Charland: 83. **40.** *DBC*, vol. III, entrée «Atecouando». Il ne faut pas confondre ce chef avec un autre du même nom, qui a vécu plus tôt (*circa* 1701-1726). On faisait allusion aux chefs en utilisant leurs titres plutôt que leurs noms propres. **41.** *DBC*, vol. III, entrée «Nodogawerrimet». **42.** On trouve d'anciens récits de deux expéditions militaires dans Maurault (: 178-184 et 186-193); toutefois, ces épisodes sont régulièrement compris dans les histoires de la Nouvelle-France. Le Febvre de La Barre (1622-1688) fut gouverneur de la Nouvelle-France de 1682 à 1685. **43.** *Collection de manuscrits* [...], II: 54, Mémoire sur les limites de l'Acadie. **44.** Calloway, 1990: 248-251.

## Chapitre VIII

**1.** Thwaites, éd., XVI: 231; XXXIX: 49. Le chef des Français était Samuel de Champlain (vers 1570-1635), qui est donc le Père de la Nouvelle-France, même s'il n'a jamais été nommé gouverneur. **2.** Thwaites, éd., XVI: 229; XXXIX: 49. Il y a une possibilité que les Hurons aient rencontré les Français plus tôt, peut-être en l'an 1600. Voir Trigger, 1976, vol. I: 246. **3.** *Ibid.*, I: 59. Thwaites, éd., vol. XVI: 227-29. **4.** Trigger, 1976, vol. I: 226-227. Les réfugiés de Hochelaga pourraient s'être joints aux Abénaquis et aux Cinq-Nations (Thwaites, éd., vol. XXII: 215). **5.** Trigger, 1976, vol. I: 244; Thwaites, éd., vol. XVI: 227-229. Des modèles d'établissements hurons et de missions sont illustrés dans Harris, éd., pl. 34. Une brève vue d'ensemble, bien faite, des Hurons est présentée par Conrad E. Heidenreich, sous le titre «Huron», dans *HNAI*, vol. 15: 368-388. 6. Trigger, 1976, vol. I: 30. Trigger a souligné le fait que les Ataronchronons n'étaient pas mentionnés dans la description de la confédération huronne effectuée par les jésuites. Voir Thwaites, éd., XVI: 227-29. 7. Trigger, 1976, vol. I: 220-221. Pour une illustration des types de commerce et de guerre du XVIᵉ siècle dans la vallée du Saint-Laurent, voir Harris, près du, pl. 33. 8. Sagard, 1636, vol. I: 170. 9. Thwaites, éd., vol. XXV: 27. 10. *Ibid.*, vol. XX: 221. 11. Le nom de Montmagny, qui fait allusion à une montagne, a suggéré aux Iroquois un terme pour désigner le gouverneur français, «Onontio», qui signifie «montagne». À partir de ce moment-là, le plus haut fonctionnaire de la Nouvelle-France a porté ce titre. Bien qu'on ait souvent fait référence à lui comme premier gouverneur de la Nouvelle-France, Champlain n'a jamais reçu réellement ce titre. 12. Au XVIIᵉ siècle, trois chefs hurons ont porté ce nom. Les deux autres ont été baptisés, Jean-Baptiste Atironta (mort en 1650), et Pierre Atironta (mort en 1672). Voir *DBC*, vol. I. 13. L'île aux Allumettes porte aujourd'hui le nom d'île Morrison (près de Pembroke, en Ontario). 14. Parmi les deux autres chefs connus qui ont porté le nom de Tessouat, l'un a rencontré Champlain en 1603; son successeur, aussi appelé Le Borgne de l'Isle, est mort en 1636. Voir *DBC*, vol. I. 15. Trigger (vol. I: 281-286) donne un compte rendu détaillé des tractations de Champlain avec Tessouat dans *Children of Aataentsic*. 16. *Ibid.*, vol. I: 311. Trigger n'a pas tenu compte du fait que Biggar a identifié ce village comme étant onontagué. 17. Thwaites, éd., vol. XXI: 203-205. 18. *Ibid.*, vol. XI: 207-209. 19. Trigger, 1976, vol. II: 473-476. Brûlé avait apparemment conservé plus de contacts avec les Français que ce qu'on avait pensé précédemment. Voir Campeau, 1979: 808-809. 20. Thwaites, éd., vol. I: 103-107. 21. Il faudrait toutefois noter que les armes et le matériel de Champlain avaient la réputation d'être parmi les plus modernes et les meilleurs. 22. Charlevoix décrit l'affrontement dans *Histoire et description*, vol. I: 150-152. 23. *Ibid.*, I: 142. Voir aussi Trigger, 1976, vol. I: 220. 24. Charlevoix (vol. III: 94-107) présente la description d'un castor, de ses habitudes de vie, de la façon dont on le chasse et de la manière de traiter les peaux pour la pelleterie. Voir aussi Tyrrell, éd., 1916: 1-4, 10-11, 198-200; et Innis, 1930. Heidenreich (: 242-299) examine en détail le commerce huron. 25. Thwaites, éd., vol. IV: 207; Trigger, 1976, vol. I: 336; Heidenreich, *Huronia*: 250. 26. Thwaites, éd., vol. V: 239; pour les années 1645 et 1646, vol. XXVII: 85 et XXVIII: 235. Voir aussi Trigger, 1976, vol. II: 479; et Heidenreich: 280. 27. Thwaites, éd., vol. XXVII: 89-91; Trigger, 1976, vol. II: 604-605. 28. Jacquin: 251 n. 37. 29. Eccles, 1972: 57. 30. Thwaites, éd., vol. V: 263-265. 31. *Ibid.*, X: 77. 32. Il y a eu des conflits entre jésuites et commerçants en Acadie (Lescarbot, 1907-1914, vol. III: 48, 53). 33. Le premier missionnaire à venir au Canada a été le prêtre séculier Jessé Fleché (décédé en 1611?), qui a passé en Acadie quelques semaines (en 1610) au cours desquelles il a baptisé le grand chef Membertou, sa famille et des membres de sa bande, en tout 21 personnes. Il a été suivi dès l'année suivante, en 1611, par des jésuites, qui ont été rendus furieux en découvrant un Micmac qui vivait avec huit femmes et se considérait comme chrétien (Thwaites, éd., I: 109-113). Les deux premiers jésuites à oeuvrer au Canada ont été Pierre Biard (1567-1622) et Énemond Massé (1575-1646). Ce dernier, en essayant de vivre à l'amérindienne au cours de l'hiver de 1611-1612, a tellement perdu de poids que son hôte Louis Membertou (fils du célèbre chef) a craint qu'il ne meure et que les Français n'accusent les Micmacs de l'avoir tué (Lescarbot, 1907-1914, vol. III: 56). 34. Naturellement, les récollets en furent désappointés. Pour lire leur points de vue sur les jésuites, voir Margry, vol. I: 5-15. 35. *Treizième tome du Mercure François*: 32; Thwaites, éd., vol. VI: 25; Lescarbot, 1907-1914, vol. I: 184. Aussi Dickason, 1984: 251. 36. Thwaites, éd., vol. VI: 25. 37. Le dictionnaire de Sagard est reproduit dans le vol. IV de son *Histoire du Canada*. Au sujet de Le Caron, voir Le Clercq, 1881, vol. I: 248-250. La traduction du catéchisme de Ledesma en langue huronne par Brébeuf est reproduite par Tehariolina (: 436-450). 38. Jaenen, *Friend and Foe* [...]: 75. 39. Thwaites, éd., vol. VI: 147; XXV: 113. 40. *Ibid.*, XI: 2, 147. 41. Sagard, 1636, vol. I: 165. «...le sang me gelle quand je r'entre en moy-mesme, & considere qu'ils faisoient plus d'estat d'un castor que du salut d'un peuple...» Lomasney (: 139-150) a écrit un article démentant l'engagement des jésuites dans le commerce des fourrures. 42. Thwaites, éd., vol. V: 83; IX: 171-173; VI: 80-82. Voir aussi Jacquin: 74-75. 43. Thwaites, éd., vol. IX: 53. 44. *Ibid.*, XVI: 53-55; IX: 239. 45. Trigger, 1976, vol. I: 429-433; Sagard, 1939: 118, 183. 46. Thwaites, éd., vol. VIII: 109-113; Trigger, 1976, vol. II: 495. Les jésuites ne se sont pas beaucoup servis de leur moulin, étant donné qu'ils trouvaient la sagamité meilleure quand elle était faite de maïs broyé dans un mortier de bois, à la manière des Hurons. 47. Apparemment, la réaction des Hurons a été plus mesurée, et ils ont refusé de consommer des aliments salés parce que, disaient-ils, ils sentaient mauvais (Sagard, 1939: 118). Parmi les Amérindiens, la croyance s'est répandue selon laquelle la grande consommation de sel des Français était la raison pour laquelle ils pouvaient résister à la sorcellerie amérindienne. 48. Thwaites, éd., vol. V: 237; VIII: 119; XIII: 171. Biard a fait état d'une réaction semblable chez les Micmacs (*Ibid.*, III: 123, cité par Dickason, 1984: 276). 49. Jaenen (1974): 261-291. 50. Thwaites, éd., vol. XV: 163. 51. *Ibid.*, XXVIII: 41. 52. *Ibid.*, VIII: 43;

XV: 113. 53. *Ibid.*, XIII: 147. 54. *Ibid.*, XXXI: 121; XIX: 197-199; XX: 29. 55. Bruce G. Trigger, «Early Iroquoian Contacts with Europeans», dans *HNAI*, vol. 15: 352; Schlesier: 129-145. 56. Delâge, 1985: 106. 57. *DBC*, vol. I, entrée «Oumasasikoueie». 58. Biggar, éd., 1922-1936, vol. VI: 379. Champlain, dans sa lettre du 18 août 1634 à Richelieu, écrivait: «Pour les vaincre et réduire en l'obéissance de Sa Majesté, six-vingt hommes de France bien équipés avec les sauvages nos alliés suffiraient pour les exterminer ou les faire venir à la raison.» 59. Thwaites, éd., vol. XXVII: 89-91; XXVIII: 47. 60. Voir plus loin, chap. X. 61. Laflèche, vol. I: 32. 62. Thwaites, éd., vol. XXXII: 99. 63. Il s'agissait de Brébeuf et Gabriel Lalemant (1610-1649). Ils ont été canonisés en 1930, en compagnie de six autres, tous jésuites, sauf le donné Jean de la Lande (Laflèche, vol. I: 33, 299). 64. Tehariolina: 47. 65. *DBC*, vol. III, entrée «Orontony». 66. Thwaites, éd., vol. XLIII: 265. 67. Delâge (1991): 64. 68. *Ibid.*, 59-70. 69. Tehariolina: 306-309; *DBC*, vol. II. Kondiaronk s'appelait «Adario» dans les dialogues de Lahontan. 70. «230-year-old treaty guaranteeing Hurons' rights is valid: top court», *The Gazette*, Montréal, 25 mai 1990, A5. Pour les aspects historiques, voir Sioui: 111-130. Les Hurons se sont faits arrêter pour avoir coupé des jeunes arbres dans un parc provincial situé au nord de Québec, dans le but de se construire un sudatoire (appelé aussi suerie). Voir aussi le chap. XXIII. 71. John W. Grant: 45-46. 72. Thwaites, éd., vol. XVIII: 103-107. L'historien jésuite Lucien Campeau (1987: 276-278) conteste cette affirmation sous prétexte que la tradition amérindienne de tolérance permettait aux chrétiens et aux non-chrétiens de vivre en paix. 73. Thwaites, éd., vol. LII: 179; Bowden: 88; Trigger, 1985: 255. 74. Thwaites, éd., vol. XVI: 33; Trigger, 1976, vol. II: 547, 700; *idem*, 1985: 254-255; Bowden: 87-88. Les convertis niaient avoir des motifs commerciaux d'agir ainsi (Thwaites, éd., vol. XX: 288). 75. John W. Grant: 42; Thwaites, éd., vol. XVII: 47-49. Chihouatenha a été tué en 1640, paraît-il par les Tsonnontouans; Bruce Trigger (1985: 249) maintient toutefois que c'était le fait de gens de son propre village, qui le croyaient sorcier et s'étaient retournés contre lui. Voir aussi Thwaites, éd., vol. XIX: 151-157, et XXIII: 195. 76. ANC, MG1, C11C, vol. 16: 4 (seconde pièce, Mémoire sur l'Isle Royale, 1750. 77. John S. Long démontre ceci en rapport avec les Cris et les Montagnais de la baie James dans «*Manitu* [...]», (1987): 1-30. 78. Thwaites, éd., vol. V: 153-155. 79. Ce même comportement a été observé chez des Amérindiens du Nord. Voir Goulet: 1-18. 80. Thwaites, éd., vol. XVII: 211; XXII: 73. 81. *Ibid.*, XXXIV: 123. 82. *Ibid.*, XXXIV: 105, 217. On autorisait à l'occasion les jésuites à prendre la parole devant les conseils, comme ce fut le cas de Brébeuf en 1638, lors d'une réunion convoquée expressément pour l'entendre (*ibid.*, XV: 113-115). 83. *Ibid.*, XXII: 179, 307, au sujet du nombre de fusils que possédaient les Hurons; Tooker: 115-123. Pour connaître les motifs qui ont mené les Iroquois à l'adoption des armes à feu malgré leur inefficacité à cette époque, voir Thomas B. Abler, «European Technology and the Art of War in Iroquoia», dans Tkaczuk et Vivian, éd.: 173-282. Certains fonctionnaires français avaient l'impression que les Iroquois étaient les premiers à s'en servir (ANC AC C11A 122: 202-203). 84. Campeau, 1987: 345-359. 85. Voir Eccles, 1969, chap. 6. 86. Thwaites, éd., vol. XL: 215.

## Chapitre IX

1. La majeure partie de la documentation de ce chapitre a été tirée d'Olive P. Dickason, «Three Worlds, One Focus: Europeans Meet Inuit and Amerindians in the Far North», dans Davis, éd.: 51-78. 2. Au sujet du commerce préhistorique fait par les Hurons, voir Trigger, 1976, vol. I: 176-186; sur son évolution après l'arrivée des Français, *idem*, vol. II: 608-612. 3. Thwaites, éd., vol. I: 101. 4. Les jésuites ont décrit cinq routes du nord (certaines, paraît-il, anciennes), ajoutant qu'elles étaient «plus difficiles à utiliser que la grand-route de Paris à Orléans». La cinquième route desservait les populations du nord et de l'ouest du lac Supérieur (Thwaites, éd., vol. XLIV: 239-245; LVI: 392). Voir aussi Morantz, «The Fur Trade and the Cree of James Bay», dans Judd et Ray, éd: 23-24. 5. Kehoe, 1989: 115. 6. James W. VanStone, «Northern Athapaskans: People of the Deer», dans Fitzhugh et Crowell, éd.: 68. L'accroissement des problèmes de famine s'est manifesté très tôt. En 1635, des Amérindiens de la Gaspésie, affamés, ont paraît-il tué et mangé un jeune garçon que les Basques leur avaient laissé pour apprendre leur langue (Thwaites, éd., vol. VIII: 29). Charlevoix allait plus tard faire observer (vol. III: 338) que, si les Amérindiens savaient comment endurer la faim, ils en mouraient encore. 7. Denys: 440-441. 8. Missionnaires et commerçants remarquèrent vite la grande valeur qu'accordaient les hommes du Nord au tabac (Thwaites, éd., vol. LVI: 189). 9. Miller et Hamell: 311-328. 10. Margry, vol. I: 119. Au sujet du danger représenté par les cours d'eau, *ibid.*, 164-165. 11. Margry, vol. VI: 482, extrait des lettres du Sieur de Fabry à l'occasion du voyage à Santa Fé. Les voyageurs expérimentés transportaient avec eux des rouleaux d'écorce de bouleau, non seulement pour réparer les canots, mais encore pour construire des abris (*ibid.*, I: 120, Récit de ce qui s'est passé de plus remarquable dans le voyage de MM. Dollier et Galinée, 1669-1670). 12. *Ibid.* I: 118. Voir aussi Burrage

éd.: 368. 13. Hudson's Bay Official London Correspondence Book Outwards, 1679-1741, A.6/1:86-86v, HBC Archives. Voir aussi Ray, 1974: 75-79. Quelques historiens maintiennent que le fusil fut initialement d'une utilité très limitée. Voir Toby Morantz, «The Fur Trade and the Cree of James Bay»: 41, et Arthur S. Ray, «Indians as Consumers», dans Judd et Ray, éd.: 261. 14. Hearne: 310. 15. Knight, 1968: 20. 16. Francis et Morantz: 61-63, 86 et 170. John M. Cooper décrit les anciennes techniques de piégeage dans un ouvrage publié en 1938. 17. Morantz, 1989. 18. Dobbs: 59. 19. Tyrrell, éd., 1916: 164. On trouve un résumé d'anciens récits de cet événement dans Ray, 1974: 4-11. 20. Cumming et Mickenberg, éd.: 142. 21. HBC Official London Correspondence Book Outwards 1679-1741, A.6/1.6, HBC Archives; Rich, éd.: 9; Cumming et Mickenberg, éd.: 142, n. 36; Francis et Morantz: 23. Ces instructions ont été retransmises au successeur de Nixon, Henry Sergeant, en 1683. Voir A.6/1:30v, HBC Archives. 22. Oldmixon: 400-401. Voir aussi Ray et Freeman: 60-61; Rich (1970): 5-20; et Rotstein: 1-28. 23. Francis et Morantz: 213-224; Denig: 112. 24. Black-Rogers: 368; Bruce M. White, «"Give Us a Little Milk": The Social and Cultural Significance of Gift Giving in the Lake Superior Fur Trade», dans Buckley, éd.: 187. 25. Les Français avaient éprouvé auparavant des difficultés du même ordre. Galinée a raconté que même à son époque (seconde moitié du XVII$^e$ siècle) ils ne maîtrisaient toujours pas les techniques de pêche dans les rivières du Nord (Margry, vol. I: 163-164). 26. Carol M. Judd, «Sakie, Esquawenoe, and the Foundation of a Dual-Native Tradition at Moose Factory», dans Krech III, éd.: 87. 27. Hearne: 185n. Pour le récit d'une réaction semblable de la part des Inuits à une époque plus tardive, voir Charles Francis Hall: 297. Les jésuites relatèrent en 1646 que les Amérindiens tuaient des animaux, «& encore en mange-ils la viande sans pain, sans sel sans autre saulce que l'appetit» (Thwaites, éd., vol. XXIX: 75). «L'appétit supplée à tous les ragouts, il passe devant toutes les sauces [...] On disna sans pain & sans vin [...] (Ibid. XXXII: 265). 28. HBC Archives, 1742, B.135/a/11: 67, Moose Fort Journal, 1742; cité par Francis et Morantz: 58-59. 29. Hearne: 306. 30. Dobbs: 42. 31. Hearne: 85-86n. 32. Van Kirk (1974): 40-45. Le roman historique Running West (Houston) décrit la vie de Thanadelthur. 33. Il y avait longtemps que les Français avaient appris combien cela était vrai. Gabriel Sagard (1636, vol. I: 466-467; II: 429-430) affirmait que les Français ne devraient jamais aller en forêt sans un guide expérimenté, puisque même du matériel de survie comme un compas pouvait faire défaut. Il a parlé d'Étienne Brûlé, coureur des bois d'expérience qui, s'étant un jour égaré, a abouti par erreur dans un village iroquois où il n'a échappé à la torture et à la mort que par un heureux hasard. Champlain aussi s'était perdu en Huronie (Trudel, 1966: 221). Un jeune garçon amérindien, élevé par les Français et baptisé Bonaventure, est mort après s'être égaré en forêt par suite d'un accident (Thwaites, éd., IX: 221). Il n'y a jamais eu d'étude de la valeur économique des contributions amérindiennes aux voyages d'exploration menés par les Européens au coeur des Amériques. On ne sait si elles sont quantifiables, mais elles doivent avoir été considérables. 34. Glover, éd.: 90. 35. En fait, les Français avaient rencontré des bisons en «Floride» beaucoup plus tôt, comme en fait foi une gravure de chasse au bison présentée dans Thevet (1575, vol. II: 1007v). 36. Au retour de son voyage, les guides de Hearne, Matonabbee et Idotlyazee, ont fourni une carte des territoires qu'ils avaient visités. L'étude qu'en a fait June Helm (: 28-47) révèle comment elle s'agence avec les cartes modernes. Pour une illustration d'autres cartes amérindiennes, voir Harris, éd., pl. 59. L'explorateur de l'Arctique sir John Franklin (1786-1847) s'est servi de cartes esquissées par des Amérindiens et des Inuits (Mair: 96-97). Une centaine de cartes inuites dessinées sur papier pour des explorateurs ont survécu jusqu'à nos jours. Entre eux, les Inuits choisissaient de donner des instructions verbales ou de dessiner des cartes sur le sable ou la neige. Voir Pelly: 58-64. 37. Bob Beal, «French Reap Reward from Western Posts», Edmonton Journal, 24 sept. 1986, E1. 38. Trigger, 1985: 184-194. Au sujet des divers effets du commerce sur les sociétés et les économies indigènes du Nord, voir Krech III, éd. 39. Pour une remarque datant du XIX$^e$ siècle sur cette caractéristique, voir Ray, 1990: 91. C'est encore évident aujourd'hui. 40. HBC Archives B.135/a/11: 69; cité par Francis et Morantz: 59. 41. HBC Archives B.135/a/31: 27v-29v, Moose Fort Journal 1758-1759. 42. HBC Archives A.6/4: 86v, cité par Francis et Morantz: 91. 43. Long, «Manitu [...]» (1987): 8-9. 44. Eric Ross: 29-31. 45. Ibid., 31. 46. Harmon: 55. 47. Bishop: 36-41; Van Kirk, 1983: 43-44. Marcel Giraud (1986, vol. I: 141) a écrit que des coureurs des bois ont été à l'origine du massacre. 48. Perrot (vers 1644-1717), 1973: 126-128, 292-294; Thwaites, éd., vol. LV: 105-115; Margry, vol. I: 96-99. 49. Warren: 131. 50. Ibid., 131-132. 51. «Ainsy cette nation peut connoistre qu'on prétend d'en demeurer le maistre.» (Margry, vol. I: 89, second extrait de «l'addition au mémoire de Jean Talon au Roy», 10 nov. 1670.) On entreprenait habituellement les voyages d'exploration pour des motifs d'expansion territoriale; par exemple, lors de son voyage dans l'Ouest, La Vérendrye a parsemé le trajet de plaques de plomb indiquant que la France revendiquait ces régions (ibid., VI: 609), tout comme l'ont fait Galinée et Dollier de Casson, qui avaient ostensiblement pour mission la propagation de la foi. 52. Thwaites, éd., vol. LXVIII: 283. **53.** Donald B. Smith, (1975): 211-223; Eid: 297-324. **54.** James G.E. Smith: 434-448. **55.** Burpee, éd.: 25. **56.** Milloy: 41-66, 119-120.

## Chapitre X

**1.** Il existe une énorme masse de documents sur les guerres iroquoises. Hormis l'ouvrage de George T. Hunt, on peut consulter Eccles, 1964, surtout les chapitres 7 à 10; *idem*, 1959, surtout les chapitres 8 à 10; et Francis Jennings, 1984. Un récit détaillé de la guerre jusqu'en 1646 a été publié par Leo-Paul Desrosier en 1947. Trigger traite de certains aspects des conflits iroquoiens dans *Natives and Newcomers*. Au nombre des articles qui ne sont pas cités dans la bibliographie se trouvent ceux de Keith F. Otterbein, «Why the Iroquois Won: An Analysis of Iroquois Military Tactics», *Ethnohistory* 11 (1964): 56-63; et *idem*, «Huron vs Iroquois: A Case Study of Intertribal Warfare», *Ethnohistory* 26, n° 2 (1979): 141-152. **2.** *DBC*, vol. 1, entrée «Pieskaret»; Bacqueville de la Potherie, vol. I: 297-303. Aussi, Laflèche, vol. II: 159-160, 162-163. **3.** Desrosier: 304. **4.** Charlevoix, vol. II: 160-161. **5.** Dollier de Casson: 131. Publié tout d'abord à Montréal en 1868, à partir de la copie d'un manuscrit parisien rapporté au Canada par Louis-Joseph Papineau, chef de la rébellion de 1837-1838 au Bas-Canada. Le manuscrit ne porte pas le nom de Dollier de Casson, mais lui a été attribué en vertu d'une preuve interne. **6.** *Ibid.*, 117-118, 139. **7.** ANC, MG7, Ia, 10, Collection Moreau, vol. 841: 251v, d'Endemare à François de la Vie, Fort Richelieu, 2 sept. 1644. **8.** Bibliothèque Nationale, Paris, Fonds français, vol. 10204, ff. 203-204. **9.** Thwaites, éd., vol. XXVIII: 57. **10.** Cité par Kip: 54. Des observations quasi similaires seront faites par les Britanniques en Australie quand ils s'installeront, au XIXe siècle, sur des terres que les Aborigènes considéraient comme leur appartenant. Voir par exemple Reynolds: 3-57. **11.** Thwaites, éd.: XXXIII: 229-249; Trigger, 1976: 265. **12.** Dollier de Casson: 127, 143, 155. **13.** Dickinson (1982): 31-47; Bruce G. Trigger, «Early Iroquoian Contacts with Europeans», dans *HNAI*, vol. 15: 352. **14.** ANC, AC, C11G, vol. 6: 69-70v, Mémoire sur les compagnies sauvages proposées par le Sieur de La Motte envoyé à Monseigneur en 1708; *ibid.*, C11A, vol. 122: 10-42, lettre non signée en provenance de Québec, 30 sept. 1705. Au sujet des chefs qui ont reçu des commissions, voir ANC, AC, C11B, vol. 23: 28v, Du Quesnel à Maurepas, 19 oct. 1741; *ibid.*, vol. 29: 63v, Des Herbiers à Rouillé, 27 nov. 1750; *ibid.*, 68, Des Herbiers à Rouillé, 6 déc. 1750. **15.** Margry, vol. I: 141, «Récit de ce qui c'est passé de plus remarquable dans le voyage de MM. Dollier et Galinée, 1669-1670». **16.** O'Callaghan et Brodhead, éd., vol. IX: 95, Journal of Count de Frontenac's Voyage to Lake Ontario in 1673. **17.** Pour un récit circonstancié de cette expédition et des facteurs qui y ont mené, voir Eccles, 1959: 161-172. **18.** Louis Armand de Lom d'Arce de Lahontan (1703, vol. I: 238-239) fut l'un des officiers français qui trouvèrent des avantages au style de guerre amérindien. **19.** Bacqueville de la Potherie (vol. I: 332-333) affirme que 40 Iroquois furent pris. **20.** Richter (1982): 548-553. **21.** Zoltvany: 304. **22.** Richter (1982): 549. **23.** Anthony F.C. Wallace, 1969: 111-114; *idem* (1957): 223-235. **24.** Zoltvany: 302-305. **25.** Les Iroquois ont prétendu avoir conquis des territoires allant des Appalaches à la rivière Kentucky et ensuite à partir de la rivière Ohio et du Mississippi jusqu'aux Grands Lacs et la rivière des Outaouais. Cela comprenait des conquêtes qui dataient depuis longtemps et étaient contestées, plutôt qu'un territoire vraiment occupé (Sosin: 74 n58). **26.** *Ibid.*, 551. **27.** Lahontan, 1703, vol. II: 84-89. **28.** Jefferys (vol. I: 62-63) en fait une description détaillée. Il n'y a pas uniquement les Iroquois qui pratiquaient l'adoption des prisonniers de guerre. **29.** Bacqueville de la Potherie, vol. I: 346-364. Il a écrit que la foi catholique était la seule base commune entre les nouveaux arrivants et les Français. **30.** Béchard: 57-65; Delâge (1991): 62. Pour des raisons obscures, Ateriata est plus tard tombé en défaveur auprès des Français, mais il leur est toujours resté loyal. **31.** Richter (1985): 1-16; et *DBC*, vol. I, entrée «Garakontié». **32.** Quaife, éd.: 67-68. **33.** À propos de Chabert de Joncaire dans un autre contexte, voir plus loin, chap. XI. **34.** Fils aîné de Nicolas-Antoine de Villiers qui a mené un raid à Grand-Pré contre les Anglais, à l'hiver de 1749. **35.** Peyser ((1989-1990): 93) fait le récit de la dernière phase de la guerre des Renards. **36.** Kellogg, 1908: 178. **37.** Akins, AC: 486, General Edward Whitmore to Lawrence, Louisbourg, 20 juin 1760. Voir McLellan; et Dickason (1976): 72-79. **38.** Les textes de ces traités sont présentés dans Cumming et Mickenberg, éd.: 300-306; Daugherty: 75-78; et *Canada, Indian Treaties and Surrenders*, vol. II: 199-204. **39.** ANC, AC, B 49/2: 705-707, de Maurepas, 28 mai 1726, et B 8: 34-38v, 18 sept. 1726. L'accusation se trouvait dans une lettre de Longueuil et Bégon, 31 oct. 1725 (*Collection de manuscrits [...]*, vol. III: 126). **40.** ANC, AC, C11B 35: 125, Chevalier Augustin Boschenry de Drucour (gouverneur de l'île Royale de 1754 à 1758), au ministre, 18 nov. 1755. **41.** ANC, MG18, E 29, vol. 2, section 4, Discours fait aux sauvages du Canada par M. de Saint-Ovide, gouverneur de l'Acadie avec les Responses que les sauvages on faites. À propos des tentatives faites par les Français pour mettre un frein aux raids micmacs, voir ANC, AC, C11B, vol. 28: 75-78, Des Herbiers à Rouillé, 9 août 1749. **42.** Il y a deux versions de cette déclaration. La plus ancienne est reproduite dans *Report Concerning Canadian Archives*, 1905, vol. 2: appendice A, part. III, dans «Acadian Geneaology and Notes» par Placide Gaudet (: 239). La plus récente se trouve dans *Collection de documents inédits [...]*, I: 17-19. 43. Akins, éd.: 581, Council aboard the *Beaufort*, 1er oct. 1749; *ibid.*, 581-582, Proclamation of Governor Cornwallis, oct. 1749. 44. ANC Nova Scotia A 17: 129-132; Nova Scotia B 1: 53-55. 45. Dickason (1976): 99-100. Un observateur de l'époque a écrit : «L'humanité proteste contre de telles choses qui devraient susciter une juste horreur.» (ANC, AC, C11C, vol. 8: 88v, Couagne à Acaron, directeur du Bureau des Colonies, 4 nov. 1760.) 46. Brebner: 33-36. 47. ANC, AC, C11B, vol. 31: 62-63. 48. ANC, AC, C11B, vol. 32: 163-166, Prevost à Antoine Louis Rouillé, Comte de Joüy (ministre de la Marine, 1749-1754), 10 sept. 1752; *ibid.*, vol. 33: 159v, Prevost à Rouillé, 12 mai 1753; Akins, éd.: 672-674, Council minutes, Halifax, 16 sept. 1752. 49. ANC CO 217/18: 277-284, Ceremonials at Concluding a Peace..., 25 juin 1761. 50. ANC, AC, C12, vol. 1: 3v, Mémoire du Roy pour servir d'instruction au Sr. Dangeac nommé au gouvernement des Isles St. Pierre et de Miquelon, 23 fév. 1763. 51. Bartels et Janzen. 52. Kenyon et Turnbull; Morton, 1973: 92-103. 53. C.S. Mackinnon, «The 1958 Government Policy Reversal in Keewatin», dans Coates et Morrison, éd., 1989: 159.

## Chapitre XI

1. Cette partie suit l'article «Louisbourg and the Indians [...]», d'Olive P. Dickason ((1976): 39-41), avec des ajouts et quelques modifications. 2. Jaenen (1984) a préparé une minutieuse étude des tractations des Français avec les Amérindiens au Canada. 3. O'Callaghan et Brodhead, éd., IV: 206-211, London Documents 10, «Mr. Nelson's Memorial about the State of the Northern Colonies in America», 24 sept. 1696. 4. *Ibid.* Les Anglais ont rapidement repris le flambeau. L'un des plus fameux de ces épisodes est survenu en 1710, quand quatre sachems iroquois ont été emmenés à Londres et présentés à la reine Anne à titre de rois de la Ligue des Cinq-Nations. Voir Garratt. 5. ANC, AC, B, vol. 57/1: 639 [139], Maurepas à Beauharnois, 8 avril 1732. 6. O'Callaghan et Brodhead, éd., IV: 206-211. 7. Pichon: 140. 8. Selon ses propres paroles, «heureux celui qui en sçait monter les ressorts pour les faire jouer à Sa Volonté, depuis tout ce tems je n'ai encore pu parvenir à ce point de Science» (ANC, CO, Nova Scotia A, vol. 32: 232, Maillard à Hopson, 11 sept. 1748). 9. Haliburton, vol. I: 101. 10. O'Callaghan et Brodhead, éd., vol. X: 14, Paris Documents 9, Beauharnois et Hocquart à Maurepas, 12 sept. 1745. 11. Parkman: 44. 12. *Collection de manuscrits [...]*, vol. I: 175, «Instructions pour le Sieur de Courcelle au sujet des indiens», 1665. 13. Dickason, 1984: 217-220. 14. Thwaites, éd., vol. V: 145; VI: 85; VII: 227; IX: 105; XI: 53. 15. Dickason, 1984: 219-220. À propos de l'échec du programme, et en particulier avec le Montagnais Pierre Pastedechouan (*circa* 1620-1636), voir Thwaites, éd., vol. VI: 85-89. 16. Ces efforts ont été résumés par Jaenen, *The Role* [...], chap. II; *idem*, «Education for Francization: The Case of New France in the Seventeenth Century», dans Barman, Hébert, et McCaskill, éd., vol. I: 45-63; et dans Trigger, 1976, vol. I et II ssq. 17. Dickason, 1984: 258-262. 18. Le récit suivant suit celui paru dans Dickason (1976): 26-27. 19. Biggar, éd., 1922-36, vol. V: 66-68, 76, 103-107; *DBC*, vol. I, entrée «Cherououny»; Trudel, 1966: 359-360. 20. *Jugements et délibérations [...]*, vol. I: 129-130, 174-175. Voir aussi Eccles, 1969: 77-79. 21. ANC, AC, F3, article 95: 35, Reglements faits par les chefs sauvages de l'Isle Royale, de Nartigonneiche, et de Chikpenakady et de Monsieur de Bienville dans le conseil tenu au Port Toulouse pour la distribution des presents, 9 juillet 1739. Le texte est écrit en français et deux fois en micmac, en lettres et en idéogrammes. Voir aussi ANC, AC, C11B, vol. 22: 118-124, Bourville à Maurepas, 26 oct. 1740. 22. Ulloa (1716-1795), vol. II: 376-377. 23. Eccles, 1969: 78. 24. Delâge (1991): 65. 25. Lunn: 61-76. Delâge affirme n'avoir trouvé qu'un seul cas d'Indien accusé de contrebande. 26. *An Account of the Customs [...]*: 88-89. 27. Le mélange interracial a atteint de telles proportions que les Malécites ont fini par passer pour être des descendants de Malouins (Jacquin: 32). Ceci est rapporté par Joseph A. Maurault (: 6 n3), qui prétend que les Abénaquis appelaient les sang-mêlé «Malécites» parce que la plupart de leurs pères venaient de Saint-Malo. 28. Thwaites, éd., vol. V: 211; X: 26. 29. Le Clercq, 1881, vol. I: 74-77, «Brief of Pope Paul V for the Canada mission, 1618». 30. Dickason, 1984: 241. 31.Voir, par exemple, les ruminations de Biard à ce sujet. Il a conclu que le Canada devait son climat rigoureux à la présence d'une grande quantité d'eau et au fait que la terre n'avait pas été défrichée et cultivée (Thwaites, éd., vol. III: 55-61). 32. Les Amérindiens, dont l'alimentation dépendait de la chasse et de la cueillette, n'utilisaient en général aucun sel, qui, prétendaient-ils, écourtait la vie, et que certains percevaient même comme un poison (les populations d'agriculteurs, toutefois, l'appréciaient et il faisait partie de leurs articles de traite). Voir Dickason, 1984: 325 n.50; et Thwaites, éd., vol. V: 103. La «neige des Français» (le sucre) était perçue sous un jour semblable (*ibid.*, XIV: 51). Des régimes alimentaires imposés par des modes de vie différents influençaient les préférences pour le sel. 33. «[...] l'horreur de nos forêts, ces vastes Pays inhabités

où je périrais infailliblement, si j'étais abandonné, se présentaient à mon esprit, et m'ôtaient presque tout courage» (extrait d'une lettre écrite en 1712 par le père Pierre-Gabriel Marest (1662-1714). Thwaites, éd., vol. LXVI: 269). Voir aussi Trudel, 1966: 384-386. 34. Voir Jennifer S.H. Brown, 1980; Van Kirk, 1983. 35. Bacqueville de la Potherie, vol. IV: 180-181. 36. Moogk: 27. 37. Chaunu: 109. 38. Trigger, 1976, vol. I: 325. 39. Dickason, 1984: 144-147; Biggar, éd., vol. II: 48. Le Jeune partageait cette croyance: «Leur couleur naturelle est comme celle des gueux de France qui sont demy rostis au soleil, & je ne doute point que les Sauvages ne fussent très-blancs s'ils estoient bien couverts» (Thwaites, éd., vol. V: 23). Certains en ont même étendu la croyance aux Africains: «Les enfants de ce pays naissent blancs et la couleur de leur peau devient parfaitement noire en deux jours.» (Ravenstein, éd.: 49.) 40. Thwaites, éd., vol. IX: 219. 41. Ibid., VIII: 49; X: 27; XIV: 19. Les jésuites étaient fort conscients de la nécessité de fonder des écoles pour les Français, «sans cela nos François deviendront Sauvages, & auroient moins d'instructions que les Sauvages mesmes» (ibid., XXXVI: 175). 42. Le Clercq, 1691: 285-286; Sagard, 1636, vol. I: 166-167; Thwaites, éd., vol. VIII: 5-59. 43. Thwaites, éd., vol. XXVIII: 49-65. 44. Ibid. 45. Ibid., XXI: 45. 46. Sagard, 1636, vol. I: 166. Voir aussi Scalberg: 82-95. 47. Sagard, 1636, vol. II: 457. 48. Thwaites, éd., vol. XIV: 19-21. 49. Ibid., III: 105. 50. Ibid., XLVII: 203. Pour un examen de ces problèmes, voir Dickason (1982): 1-21. 51. Abbé H.R. Casgrain, I: 116-117. 52. Account of the Customs [...]: 89-90. La lettre a été attribuée à l'abbé Pierre Maillard. 53. Ibid., 101-102. 54. Du Boscq de Beaumont: 85. 55. Margry, vol. V: 146, Lamothe Cadillac, mémoire adressé au Maurepas. 56. Diéreville: 187. 57. Des travaux classiques à ce sujet: Jennifer S.H. Brown (1980) et Many Tender Ties, deVan Kirk. 58. Margry, vol. V: 120, Nations habitans dans le gouvernement de La Mothe Cadillac; ibid., 107, Usages des sauvages. Voir aussi Lahontan, 1703, vol. II: 143, où l'on dit des Amérindiennes qu'elles sont maîtresses de leur propre corps. 59. Séguin, vol. I: 47. Plusieurs membres des familles Chabert de Joncaire et Le Moyne ont suivi cette voie. Voir ANC AC C11A 18:82, 147-148; Giraud, 1986, vol. I: 232-234. On trouve des biographies de membres de la famille Chabert de Joncaire dans le DBC, vol. II, III et IV; et des biographies de Le Moyne de Maricourt et de son frère Charles Le Moyne de Longueuil dans DBC, vol. II. Voir aussi O'Callaghan et Brodhead, éd., vol. IX: 580. L'index de la NYCD présente Philippe-Thomas Chabert de Joncaire (1707- vers 1766) comme un Indien français. 60. Charlevoix, vol. III: 89. 61. Thwaites, éd., vol. XIV: 261-263; XVI: 263; et XXI: 137-139. 62. ANC, AC, F1A, Fonds des Colonies, I-X; O'Callaghan et Brodhead, éd., IX: 207, La Barre à Seignelay, 4 nov. 1683; ibid., 269-271. 63. Importé de France, le mariage «à la gaumine» est aussi apparu dans la colonie. Le couple contractant, désireux d'éviter les formalités prescrites, assistait à la messe et levait la main ensemble au moment où le célébrant bénissait les fidèles, sanctifiant involontairement l'union. 64. Thwaites, éd., vol. LXV: 69, 263. Voir aussi la liste des mariages de Michillimakinac, de 1698 à 1765, dans Peterson: 50; Giraud, 1953-1958, vol. I: 315-316; Kellogg, 1968: 386-405; et Belting: 13-16. 65. Pour connaître les objections de certains Français aux mariages mixtes, voir Margry, vol. V: 158-159, Lamothe Cadillac, rapports des débats qui ont eu lieu à propos de son projet dans l'assemblée ordonnée par le roi et dans sa conférence avec M. de Callières. 66. ANC, C13A 3: 819-824, Duclos au ministre, 25 déc. 1715. 67. Un exemple intéressant d'un tel messager fut le «Colonel Louis» (Atiatoharongwen, ou «Louis Cook», vers 1740-1814) de l'armée américaine, Abénaquis de Caughnawaga par sa mère, qui a servi d'intermédiaire aux Onneiouts pendant la guerre d'Indépendance américaine. Son père était un Noir (DBC, vol. V, entrée «Atiatoharongwen»; Hough: 182). 68. ANC, AC, C11C, vol. 16, pièce 28, lettre sans signature, 6 juillet 1746. 69. Belting: 74-75; Jaenen, Friend and Foe [...]: 164-165. 70. Bakker (1988): 1-3. 71. Voir ci-dessus chap. IV et n. 63. 72. George Lang, «Voyageur Discourse and the Absence of Fur Trade Pidgin», exposé présenté à l'American Society for Ethnohistory, à Toronto, en 1990; dans Canadian Literature, 130, hiver 1991. 73. Bakker, 1990 :12-35; et idem, 1989. Aussi, Thomason et Kaufman: 228-233. Patline Laverdure et Ida Rose Allard ont compilé The Michif Dictionary: Turtle Mountain Chippewa Cree, publié en 1983. 74. Thomason et Kaufman: 232-233. 75. Papen: 57-70. 76. «A dying language. French dominates tongue spoken by Manitoba Metis», The Gazette, Montréal, 15 mars 1991. 77. Charlevoix, vol. III: 322. 78. «On ne peut arracher tout d'un coup les coutumes et façons de faire invétérées d'une peuple quel que soit.» («La relation dernière de Marc Lescarbot, Paris, 1612», dans Campeau, 1967: 184.)

## Chapitre XII

1. Dickason, «Concepts of Sovereignty at the Time of First Contact», dans Green et Dickason: 221. 2. Thwaites, éd., vol. XXXVI: 250-251. 3. Montchrestien: 218. 4. [Razilly]: 374-383, 453-464. Biet (préface) exprimera plus tard des sentiments semblables. 5. Dorothy V. Jones, «British Colonial Indian Treaties», dans HNAI, vol. 4: 185. 6. Torrelli: 227-249. 7. Le texte du traité se trouve dans Cumming et Mickenberg, éd.:

296-298. Du point de vue amérindien, c'était une garantie pour les droits préexistants. Voir Federation of Saskatchewan Indians. **8.** Pour lire le point de vue malécite sur les deux traités de 1725, voir Nicholas: 215-229. **9.** Le texte est présenté dans Cumming et Mickenberg, éd.: 302-306. **10.** Ghere: 3-26. **11.** Sagard, 1636, vol. II: 444. «...Truchemens, qui souvent ne rapportent pas fidellement les choses qu'on leur dit, ou par ignorance ou par mespris, qui est une chose fort dangereuse, & de laquelle on a souvent veu arriver de grands accidents.» **12.** Maillard: 358-359. Ainsi qu'il l'a rapporté en une occasion, la circonlocution était la seule réponse possible: «Je leur fis voir qu'il étoit impossible de conserver en françois le sens de ce qu'ils vouloient dire, en le rendant de mot à mot; que le tour que j'avois pris, étoit le véritable; qu'il étoit au-dessus d'eux d'exprimer aussi fidèlement en françois de pareilles phrases mikmaques.» De même, ce n'était pas toujours facile d'expliquer les Saintes Écritures (*ibid.*, 409-410). **13.** Daugherty: 69, 77, 83. Cette ratification a suivi la déclaration de guerre de 1744, faite par William Shirley (gouverneur du Massachusetts de 1741 à 1749 et de 1753 à 1756) contre les Malécites du fleuve Saint-Jean et les Micmacs du cap Sable (Lincoln, éd., vol. I: 150-151, Shirley to the Lords of Trade, 16 oct. 1744). **14.** Akins, éd.: 682-685; Daugherty: 50-51, 84-85; Cumming et Mickenberg, éd.: 307-309. **15.** Akins, éd.: 671, Council minutes, Halifax, 14 sept. 1752. La résistance amérindienne aux arpentages a longtemps été une source d'ennuis pour les Britanniques (*ibid.*, Council minutes, Halifax, 4 sept. 1732). **16.** L'article 40 se lit ainsi: «Les sauvages ou Indiens alliés de Sa Très Chrétienne Majesté devront être maintenus sur les terres qu'ils habitent, s'ils choisissent d'y demeurer; ils ne devront être molestés sous quelque prétexte que ce soit, parce qu'ils ont porté des armes et servi Sa Très Chrétienne Majesté; ils auront, tout comme les Français, la liberté de religion et garderont leurs missionnaires.» Voir aussi Torrelli: 236. **17.** Sullivan, Flick, et Hamilton, éd., vol. VII: 785. **18.** Voir, par exemple, les récriminations des Tsonnontouans: Anthony F.C. Wallace, 1969: 114-115. **19.** Johnson's Journal of Indian Affairs, 9-12 déc. 1758, dans *Papers of Sir William Johnson*, X: 69, 73. Les récriminations des Amérindiens à cet égard existaient depuis longtemps, et ils avaient demandé à de nombreuses reprises aux autorités d'interdire la vente de l'alcool. Voir par exemple l'appel de 1722 des Mohicans à William Burnett, gouverneur en chef des États de New York et de New Jersey, de 1720 à 1728 (O'Callaghan et Brodhead, éd., vol. V: 663-664). **20.** Le gouverneur de la Virginie en a fait état au Board of Trade en 1756. Voir Sosin: 30. **21.** Wraxall: ix, 153 n2. **22.** Armour, éd.: 25. Il s'agit d'une reproduction de *Travels and Adventures in Canada and the Indian Territories between the Years 1760 and 1764*, par Alexander Henry, New York, 1809. **23.** Sosin: 31. **24.** Gordon M. Day et Bruce G. Trigger, «Algonquin», dans *HNAI*, vol 15: 795; Robert J. Surtees, «The Iroquois in Canada», dans Francis Jennings, éd., 1985: 70. **25.** Delâge (1991). **26.** *Papers of Sir William Johnson*, III: 965. L'orthographe de cette citation a été corrigée; celle de Croghan est si mauvaise qu'elle complique la lecture. **27.** La question des origines de Pondiac n'est toujours pas résolue. Howard H. Peckham examine les témoignages dans *Pontiac and the Indian Uprising*: 15-16 n2. Des récits d'époque nous indiquent qu'il était plus grand que la moyenne et n'était pas beau (*ibid.*, 28-29). **28.** Peckham: 29. **29.** Rogers: 240, 243. Un extrait est repris dans Peckham: 59-62 n8. **30.** *DBC*, vol. III, entrée «Pondiac». **31.** Klinck éd.: 184-185. Voir aussi Calloway, 1987: 217. **32.** Tanner, éd.: 48. On trouve un récit circonstancié du soulèvement aux pages 48 à 53. Voir aussi Peckham: 99-100. **33.** Peckham: 316. **34.** À l'époque où le fort a été construit, la guerre entre les Dakotas et les Sauteux durait déjà depuis environ un siècle. Durant une cessation temporaire des hostilités, en 1787, les belligérants ont accepté de reconnaître le roi de Grande-Bretagne (McCall: 367-383). **35.** Mary (Molly) Brant, l'épouse de sir William Johnson, surintendant du département des Affaires des Indiens du Nord décédé en 1774, fut un personnage beaucoup plus influent dans la société matrilinéaire agnière que son célèbre jeune frère. On a dit, au sujet de son importance parmi les siens, qu'«un seul mot d'elle avait plus de portée pour eux que mille mots de n'importe quel Blanc, sans exception, qui doit en général y mettre le prix fort pour les intéresser». Les Iroquois ne considéraient pas Joseph comme leur principal chef de guerre; cet honneur allait au Tsonnontouan Kaien?kwaahtoñ (Sayenqueraghta, mort en 1786), qui avait aussi combattu aux côtés des Britanniques. Voir Graymont: 159. **36.** Red Jacket a pris part à un conseil qui a relevé Brant de ses fonctions en 1805, mais Brant est parvenu à rester en poste pendant deux autres années. Red Jacket, coureur à l'emploi des Britanniques au cours de la guerre d'Indépendance américaine, a reçu un manteau rouge orné d'une riche broderie en récompense de ses services. Il s'est plus tard rangé du côté des Américains, malgré qu'il eût préféré rester neutre. Voir Eastman: 9-13. **37.** Au sujet de la participation des Six-Nations à la guerre d'Indépendance américaine, lire Stanley (1964): 217-232. **38.** Stanley, 1983: 13-14. **39.** Le texte des proclamations de 1761 et 1762, ainsi que des passages de celle de 1763 sont reproduits dans Cumming et Mickenberg, éd.: 285-292. Voir aussi Morse, éd.: 52-54 et 191-196. **40.** Stagg étudie les proclamations en détail. **41.** Jones, «British Colonial Treaties»: 189-190. **42.** Robert J. Surtees, «Canadian Indian Treaties», dans *HNAI*, vol. 4: 202. **43.** Stagg: 386. **44.** Torrelli: 237-239. **45.** Robert J. Surtees, «Canadian Indian Treaties», dans *HNAI*, vol. 4: 202. **46.** Lisa

Patterson: 15. **47**. Donald B. Smith (1981): 72. Wabakinine fut signataire de plusieurs traités de cession territoriale (*DBC*, vol. IV). **48**. *Canada. Indian Treaties and Surrenders*, vol. I: 42ssq. **49**. Gates: 49, 51. Suivant l'historien Robert J. Surtees, le prix moyen se situait à quatre pence à l'acre (Surtees, «Canadian Indian Treaties», 204). **50**. Le texte de la concession est reproduit dans Kelsay: 363. Voir aussi Gates: 14-15. **51**. Charles M. Johnston, éd.: 52. Voir aussi Kelsay: 370. **52**. Gates: 49. Au sujet de la lutte de Brant contre l'administration, voir Charles M. Johnston: 267-282. **53**. Une cause juridique ultérieure, *Sheldon c. Ramsay* (en 1852), a mis en lumière les activités de location à bail de Brant. Il s'agissait de savoir si des terres censées appartenir à un certain Mallory (qui n'était pas un indigène) seraient confisquées pour trahison. Il s'est trouvé que les terres en question avaient été louées par Brant, et la cour a décidé que le chef agnier n'avait jamais eu le pouvoir d'agir ainsi, ni lui ni les Six-Nations n'ayant jamais eu de titre de pleine propriété. Voir Clark, 1990: 19 et n15. **54**. Surtees, «The Iroquois in Canada»: 76. Une vue d'ensemble des transactions foncières de Brant est présentée dans Johnston, éd.: xlii-liv. **55**. Kelsay: 555-556. Il est assez intéressant de savoir qu'à l'origine Brant avait soutenu que l'achat fait aux Mississagués n'avait pas été nécessaire, puisqu'il s'agissait de territoires iroquois depuis des temps immémoriaux. Il est plus tard devenu agent des terres pour les Mississagués, faisant comprendre qu'il reconnaissait *de facto* leur titre. **56**. Surtees, «Canadian Indian Treaties»: 203; Richardson: 16. **57**. *Canada. Indian Treaties and Surrenders* I: 47. La bande de Musquakie a fini par s'installer dans le canton de Rama en 1839, après plusieurs déplacements. La région de Muskoka, au nord de Toronto, pourrait devoir son nom à celui du chef. **58**. Humphreys: 166-169.

## Chapitre XIII

**1**. Ce chapitre est une adaptation de mon article «A Historical Reconstruction for the Northwestern Plains», paru dans *Prairie Forum* V, 1 (1980): 19-37. **2**. Jablow: 14; Lowie: 45. **3**. Strong (: 271-287) soutient que le nomadisme à cheval n'a pas représenté plus qu'un «vernis mince et remarquablement uniforme» à la surface des manifestations culturelles plus anciennes. Au sujet de l'absence, chez les Cris des plaines, de rites particuliers afin de faire augmenter le nombre de chevaux alors même qu'ils étaient un symbole de richesse, voir Mandelbaum, 1979: 63. **4**. Roe, 1951: 54. **5**. Ewers 1955: 2-3. **6**. Roe, 1951: 74-75. **7**. John Price: 176. **8**. Gunnerson: 2. On a émis l'hypothèse que l'habitude de faire des brûlis modifiait l'écologie des vallées fluviales, minant ainsi la source d'approvisionnement alimentaire des collectivités. La durée moyenne d'existence d'un village agricole des plaines a été estimée à une trentaine d'années. **9**. T.H. Lewis, éd.: 213. **10**. Kelsey: 13. Cité par Verbicky-Todd: 134. **11**. George W. Arthur: 72. **12**. Oscar Lewis: 38-40. **13**. Coues, éd., vol. II: 526. **14**. *Ibid.*, I: 352; II: 526. **15**. Mishkin: 10; Glover, éd.: 267-268. Pour le récit d'autres incursions, voir Morton, éd.: 27. **16**. McDougall: 132-150. **17**. Glover, éd.: 241-242; Secoy: 33; Oscar Lewis: 11; Hyde: 121, 133-134. Voir aussi Harris, éd., pl. 57, pour obtenir un schéma de la diffusion des chevaux. **18**. Teit: 109-110; Mishkin: 9. **19**. Secoy: 36-38. **20**. Glover, éd.: 240-244. **21**. John C. Ewers, «Was There a Northwestern Plains Subculture? An Ethnographic Appraisal», dans Caldwell éd.: 71. Voir aussi Hugh A. Dempsey, 1986. **22**. John C. Ewers, *The Blackfeet*, Norman, University of Oklahoma Press, 1958, 6-7; Oscar Lewis: 7-9. **23**. L'appellation «Gros-Ventre» (littéral «*Big Bellies*» en anglais) aurait été donnée en raison du gros appétit de ces Indiens. Eux-mêmes se donnaient le nom de «Gens des Saules» (F. W. Hodge: 51-52). **24**. Ewers, «Ethnographic Appraisal»: 73. «Atsinas» était le terme pied-noir de ces gens, et «Gros-Ventre» leur nom français. Ils s'appelaient eux-mêmes «Haåninins», «hommes de craie» ou «hommes de la pierre blanche tendre». **25**. Ewers, *Blackfeet*, 24-25. **26**. Les sociétés d'hommes classés par tranches d'âge avaient différents niveaux d'affiliation, chacune avec des fonctions et des honneurs particuliers. **27**. Flannery: 5; Kroeber, 1908: 145. Un autre trafiquant de fourrures les trouvait pourtant paresseux et «seulement bons à voler des chevaux» (Morton, éd.: 26-27, 73-74). **28**. *Cf.* Howard, 1965. Edwin Thompson Denig dit que les Sauteux et les Cris étaient si intimement mêlés qu'ils se distinguaient avec peine. Voir Ewers éd., 1961: 100. **29**. Coues, éd., vol. II: 713-714. Lire dans Moorhead (: 127-128) l'ingénieux argument d'un gouverneur espagnol à l'appui de la fourniture de fusils à des «*indios barbaros*» de manière à les rendre moins redoutables. **30**. Une tradition des Cris de la région du fleuve Churchill veut qu'à leur première rencontre avec des Blancs on leur ait présenté un fusil, mais sans balles réelles. Une fois qu'ils ont eu des munitions, les Cris ont trouvé que le fusil était «une bonne arme de chasse». Long (1968): 230, 231. **31**. Secoy: 52. **32**. Brian J. Smith, «How Great an Influence was the Gun in Historic Northern Plains Ethnic Movements?», dans Tkaczuk et Vivian, éd.: 253-261; pour sa part, Diamond Jenness (1972: 7) n'a jamais douté que le fusil avait détruit l'équilibre non seulement entre les hommes et les animaux qu'ils chassaient, mais aussi entre les groupes d'humains. **33**. Des délégués à un conseil de paix peigan-salish (Têtes-Plates) ont décrit de façon vivante la conséquence que pourraient avoir les fusils. Voir Glover, éd.: 390-391.

34. *Ibid.*, 393. 35. *Ibid.*, 207, 240. Les Shoshones ont été doublement malchanceux, puisqu'ils devaient aussi affronter des Sioux armés de fusils qui les repoussaient vers l'ouest dans les montagnes et le désert d'armoise. 36. Hyde: 164-165. 37. Coues, éd., vol. II: 726. 38. Peter Fidler's Journal, HBC Archives, E 3/2: 19, 31 déc. 1792. Voir aussi Howay (1933): 337. George Bird Grinnell (: 224-240) relate un émouvant récit de la première rencontre des Pieds-Noirs avec des Blancs. 39. Morton (1973: 263-290) décrit divers voyages vers l'intérieur. 40. Glyndwr Williams (1978): 53. 41. Oscar Lewis: 17-18. 42. Morton, éd.: 31. Les habitudes des Français en matière de commerce huron, dans lequel un traitement préférentiel était accordé aux convertis, indiquent que les soupçons des Pieds-Noirs pouvaient être fondés. Voir ci-dessus chap. VIII. 43. Rich, 1967: 158. Il faudrait noter que les Amérindiens se servaient régulièrement du feu pour lutter contre la végétation, ce qui en retour influençait les mouvements des troupeaux. 44. Howay (1933): 335; Glover, éd.: 272-279, 389. 45. Oscar Lewis: 23. 46. Tyrrell, éd., 1916: xc; pour une version différente, voir Macleod: 273-279. 47. Oscar Lewis: 24. 48. Glover, éd: 229. Évidemment, Thompson répétait des rumeurs. 49. *Ibid.*, 392-394. Il a traité les intrus de «Canadiens français». 50. Le pemmican était fait de viande de bison séchée et réduite en bouillie, qu'on mélangeait à du gras de bison à raison de cinq parties de viande pour quatre de gras et à laquelle on ajoutait parfois des baies. Un kilo de pemmican possédait la valeur nutritive de quatre à huit kilos de viande fraîche ou de poisson. 51. Oscar Lewis, 1942: 35-36. 52. Mandelbaum, 1940: 246. Lewis dit que, chez les Pieds-Noirs, la condition sociale de la troisième ou quatrième épouse était si inférieure qu'on lui faisait allusion comme à une «esclave». Oscar Lewis, 1942: 38-40. 53. Mandelbaum, 1940: 57. 54. Harmon: 69. 55. Glover, éd.: 177-178. 56. Mandelbaum, 1967: 6. 57. *Ibid.* 58. Coues, éd., vol. I: 292-293 et II: 498-499; Morton, 1973: 253; Mackenzie: xiii-xiv. L'ouvrage de Mackenzie aurait, paraît-il, été écrit par quelqu'un d'autre. Voir Franz Montgomery: 301-304.

## Chapitre XIV

1. W.J. Eccles, «The Fur Trade in the Colonial Northeast», dans *HNAI*, vol. 4: 332. 2. Witthoft: 56-57. 3. Hearne: 330n. L'archéologue Clifford Hickey suppose que ces perles ont pu être d'origine russe; Hearne croyait qu'elles pouvaient venir de Danois du détroit de Davis. 4. Trudy Nicks, «The Iroquois and the Fur Trade in Western Canada», dans Judd et Ray, éd.: 86. Voir aussi Nicks, «Origins of the Alberta Metis: Land Claims Research Project 1978-1979», document de travail pour l'Association des Métis d'Alberta. 5. Hudson's Bay Company Archives, B.60/e/3, Edmonton District Report for 1819. Cité par Nicks: 20. 6. Nicks (1985): 106. 7. Trudy Nicks et Kenneth Morgan, «Grand Cache: the historic development of an indigenous Alberta Metis population», dans Peterson et Brown, éd.: 163-181. 8. Le portage La Loche portait aussi le nom de portage Methye. «Methye» est le nom cri d'un poisson d'eau douce: la lotte. 9. Rich (1970): 5-20. 10. Glover, éd.: 273-274. 11. Sloan. 12. Morton, éd.: 56. 13. Glover, éd.: 305-306; Coues, éd., vol. II: 713. 14. Kehoe, 1989: 100. 15. Upton (1980): 103-115. Aussi, Harris éd., pl. 66. 16. Robert T. Boyd, «Demographic History, 1774-1784», dans *HNAI*, vol. 7: 135. 17. Howay, 1932: 5-14. 18. Robin Fisher, 1977: 3; Howay (1923): 26-44. 19. Upton (1980): 103-115. 20. Un «*made-beaver*» était une peau de castor nettoyée, tendue et séchée pour le commerce. 21. Gibson: 177. 22. Robin Fisher, 1977: 16. Voir aussi Howay (1925): 287-309. 23. *DBC*, vol. IV, entrée «Koyah». 24. Robin Fisher, 1977: 15. Howay ((1929): 114-123) donne diverses versions de l'incident. 25. L'un des survivants fut John Jewitt, qui a écrit ce qu'il a vécu dans *A Journal Kept at Nootka Sound...* 26. Robin Fisher (1977: 16) examine les motivations possibles. 27. Franchère: 124-127. 28. Robin Fisher, 1977: 30. 29. *Ibid.*, 35. 30. Né en Guyane britannique, Douglas était le fils d'un commerçant écossais et d'une «femme libre de couleur». 31. Provincial Archives of British Columbia, Correspondance Inward, Douglas to McLoughlin, Fort Vancouver, 10 oct. 1840; cité par Robin Fisher, 1977: 32. 32. Robin Fisher, 1977: 31. 33. Certains chefs étaient connus sous les titres de «legaic» et de «wiiseak». Par exemple, on connaît cinq chefs du clan de l'Aigle qui ont porté le titre de «legaic». Le premier legaic connu a édifié dans la seconde moitié du XVIIIᵉ siècle un empire de traite que le deuxième titulaire allait étendre en établissant avec la CBH des rapports commerciaux qui ont été cimentés en 1832 par le mariage de sa fille au médecin de la compagnie John Frederick Kennedy (Robinson: 61-87; *DBC*, vol. XII, entrée «Legaic, Paul»). On peut lire des récits tsimshians de legaics et de wiiseaks dans Barbeau et Beynon. 34. Robin Fisher, 1977: 32. 35. Selon certaines évaluations, la population d'avant les contacts aurait été de beaucoup inférieure, et son point le plus bas se serait situé autour de 10 000 personnes. Voir Berger, 1981: 229. 36. Au sujet de Kwah, voir Charles A. Bishop, «Kwah: A Carrier Chief», dans Judd et Ray, éd.: 191-204. On se rappelle principalement Kwah pour son affrontement avec Douglas, à qui il épargna la vie. 37. Voir Knight, 1978.

## Chapitre XV

1. Pour répondre à des besoins administratifs, les colonies anglaises ont été divisées en départements du Sud et du Nord. 2. Horsman, 1967: 171. 3. Au sujet de l'intolérance des frontaliers américains face aux droits amérindiens, voir Robert L. Fisher: 272. 4. Stanley (1950): 152-153. 5. Stanley, 1983: 64-65. 6. Les visées de la Grande-Bretagne, au cours des guerres napoléoniennes, l'ont fait insister sur son droit d'arraisonnement, en haute mer, des vaisseaux de non-belligérants afin d'y rechercher des contrebandiers et des déserteurs britanniques. Quand en 1807 le navire américain *Cheasapeake* a refusé de laisser les Britanniques emmener de présumés fugitifs, le *H.M.S. Leopard* (britannique) a ouvert le feu, tuant trois hommes d'équipage. Les représailles des Américains, prises sous forme de sanctions économiques contre la Grande-Bretagne, n'ont rien donné. Voir Sugden: 20. 7. Stanley (1950); *idem*, (1963), 215-231. 8. Haldimand Papers 21783: 276-277, Seneca chief to council, Detroit, 1er déc. 1782. Cité par Calloway, 1987: 61. 9. Edmunds, 1983: 28-41. 10. Pour lire une réaction à cette politique, voir «Tecumseh's Claims: An American View», dans Klinck: 75. 11. Apparemment, l'admiration était mutuelle. Voir «Brock and Tecumseh», dans Klinck: 138. 12. Edmunds, 1984: 148-153. 13. Calloway, 1987: 11. 14. Haldimand Papers 21763: 225-226, Brigadier General Allen Maclean to Haldimand, 8 août 1783. Cité par Calloway, 1987: 62. 15. *Ibid.*, 69. 16. *DBC*, vol. VI. Les Dakotas appellent la guerre de 1812 «*Pahinshashawacikiya*» («quand Tête rouge a sollicité notre aide»). Elias: 8. 17. Lowrie et Clarke, éd., vol. I: 322; Calloway, 1987: 116-120. 18. Stanley, 1983: 95-96. 19. La bataille est décrite dans Edmunds, 1984: 180. 20. «Tekarihogen» était le titre d'un chef des Six-Nations (supposément le chef en titre chez les Agniers), héréditaire dans la famille de la mère de Brant. *DBC*, vol. VI, entrée «Tekarihogen». 21. Stanley, 1983: 65-66, 122, 128-131. 22. Edmunds, 1984: 192-193. 23. Horsman (1970): 179-183. 24. Calloway, 1987: 202-203; Stanley, 1983: 196-199. 25. La description de la bataille faite par Matthew Elliott est présentée dans Calloway, 1987: 236-237; on en trouve une autre version dans Stanley: 211-212. Au sujet de la profanation annoncée de la dépouille de Tecumseh, voir Sugden: 136-181. 26. Seaborn: 9-10. Pour lire d'autres versions, voir Klinck, éd.: 200-219. 27. Sugden (: 193-195) insiste tout particulièrement sur ce point. Voir aussi la liste des affrontements auxquels ont pris part les Amérindiens et le pourcentage de leur participation dans Tanner, éd.: 108-115. Plus d'un tiers de ces batailles eurent lieu après celle de Moraviantown. 28. Stanley, 1983: 394. 29. Trask: 1-27. 30. Leslie, (1985): 944-949. 31. Robert J. Surtees, «Canadian Indian Treaties», dans *HNAI*, vol. 4: 204. 32. Delâge, 1985: 339-347.

## Chapitre XVI

1. On allait plus tard prôner l'agriculture, puisque ce «travail conv[enait] mieux aux Indiens». En outre, cette activité pouvait être coordonnée avec la chasse. Du point de vue de Police à cheval du Nord-Ouest, «l'élevage est un travail trop stable et monotone pour eux, bien que quelques-uns aient de beaux champs» (Canada. *N.W.M.P. Report, 1895*: 5). 2. Comme Alexandre Taché (évêque de Saint-Boniface, au Manitoba, de 1853 à 1871, et archevêque de 1871 à 1894) l'a fait observer d'un ton mordant, l'agriculture «bien que tellement souhaitable, n'est pas la seule condition dans l'état [actuel] de la civilisation». Canada. *Sessional Papers 1885*, n° 116, «Papers...in connection with the extinguishment of the Indian title preferred by Half-breeds resident in the North-West Territories»: 85, Taché to Col. J.S. Dennis, deputy minister of the interior, 29 janv. 1879. 3. Cité par Upton (1973): 59. 4. Donald B. Smith, 1987. Il s'agit d'une biographie du révérend Peter Jones (Kahkewaquonaby), qui a consacré sa vie à faire entrer son peuple dans le nouveau monde. 5. J. Garth Taylor; W. Gillies Ross, 1975. 6. *DBC*, vol. IV, entrée «Haven, Jens». Aussi, Jenness, 1972: 9-10. 7. *DBC*, vol. IV, entrée «Mikak». 8. Barnett Richling, «Without Compromise: Hudson's Bay Company and Moravian Trade Rivalry in Nineteenth Century Labrador», dans Trigger, Morantz et Dechêne: 456-484. 9. Une baleine adulte pouvait posséder dans ses mâchoires jusqu'à 2 000 livres de fanon de baleine (aussi appelé baleine); en 1883, ce produit se vendait 4,75 $ la livre. 10. W. Gillies Ross, 1975: 138. 11. À propos de l'adaptation à la nourriture des Blancs, voir Zaslow, 1988: 153. 12. Bockstoce: 130, 136. 13. *Ibid.*, 135-142. 14. Zaslow, 1971: 258. 15. Au sujet des conséquences d'un changement de régime alimentaire, voir William R. Morrison, 1984: 74-76. 16. «Yukon» («Youcon, Ou-kun-ah») est dérivé d'un mot indien, probablement gwichin, qui signifie «grande rivière» ou «rivière d'eau blanche». Si l'hypothèse de la migration par le détroit de Béring se confirme, le Yukon constitue donc, avec l'Alaska, la plus vieille région habitée d'Amérique du Nord. Coates et Morrison, éd., 1988: 2, 5. 17. *Ibid.*, 1988: 13, 25, 50. 18. McClellan, 1987: 67-70, 75-84; Coates et Morrison, éd., 1988: 23-30. 19. Upton, 1979: 82-87. 20. *Ibid.*, 91. 21. Douglas Sanders, «Government Indian Agencies in Canada», dans *HNAI*, vol. 4: 279. 22. Upton,

1979: 95. 23. Pendant le XIXᵉ siècle, le marsouin était particulièrement prisé pour son huile qu'on utilisait dans la fabrication et l'entretien des montres de qualité. À la Chambre d'assemblée de Nouvelle-Écosse, un projet de loi visant à interdire la chasse au marsouin dans la baie avait franchi deux lectures lorsque Meuse est venu présenter des arguments qui ont conduit à son abandon. 24. Upton, 1979: 96. 25. *Ibid.*, 99; Cumming et Mickenberg, éd.: 308-309. 26. Upton, 1979: 99-100. 27. Cumming et Mickenberg, éd.: 102. 28. Upton, 1979: 112. 29. Journals of the Legislative Assembly of Prince Edward Island, 7 janv. 1812: 11-12. Cité par Upton, 1979: 115. 30. *Ibid.*, 118. 31. Thwaites, éd., vol. VI: 151; Lucien Campeau, «Roman Catholic Missions», dans *HNAI*, vol. 4: 465-468. Voir aussi Ronda: 1-18. 32. Henderson: 2-5. 33. Stanley (1950): 178; Thwaites, éd., vol. LXVI: 43. 34. Thwaites, éd., vol. XXIII: 303; LX: 131. 35. Stanley (1950): 185. 36. Gérin: 75-115. Voir aussi Georges E. Sioui: 124-125. 37. Thwaites, éd., vol. XLVII: 263, 299; LXVI: 43-47; Henderson: 3. Au sujet de l'échec religieux et social de Sillery en ce qui regarde les Montagnais, voir Kenneth M. Morrison (1990): 416-437. 38. Plus exactement, une réserve est «une portion de territoire dont la jouissance est maintenue en permanence pour un groupe particulier d'indigènes» (Woodward: 222). Voir aussi Slattery (1987): 743-744, 769-771. Le mot cri «iskonikun», qui s'applique aux réserves, signifie «ce qui reste, rebuts». C'est une allusion au fait que plusieurs réserves ne conviennent pas à l'agriculture et ne servent plus depuis longtemps ni à la chasse ni au trappage. Voir Brass, 1987: 71. 39. Henderson: 4-5. 40. Les réserves de Sarnia, Kettle Point et Stony Point, ainsi que le canton de Moore. Henderson: 10 et n56. 41. Richardson: 18. 42. Donald B. Smith (1987), chap. 6 et 7. Les autres ecclésiastiques amérindiens, tous des méthodistes, comprenaient George Copway (Kahgegagahbowh, «Celui qui se tient debout à jamais», 1818-1869); Peter Jacobs (Pahtahsaga, «Celui qui rend le monde plus lumineux», vers 1807-1894); et l'ancien combattant de la guerre de 1812 John Sunday (Shah-wun-dais, «Chaleur suffocante», vers 1795-1875). Deux d'entre eux, Copway et Jacobs, ont connu des difficultés financières qui ont abouti à l'expulsion de leurs ministères. 43. Leslie et Maguire: 18-19. 44. Schmaltz, 1977: 82-84. «Saugeen» signifie en ojibwé «embouchure de la rivière». 45. *DBC*, vol. IX, entrée «Musquakie»; VIII, entrée «Aisance». Pour en connaître plus sur Aisance, voir Donald B. Smith, 1987: 212-213. 46. *Ibid.*, 349. 47. Au sujet de ces mouvements en général, voir Anthony F.C. Wallace (1956): 264-281. Voir aussi Dewdney, 1975; et Landes. 48. Head, vol. V: 337-339. Sir Francis a été fait chevalier en 1831, parce qu'il aurait démontré l'utilité militaire du lasso. 49. Donald B. Smith, 1987: 163-164; Schmaltz, 1977: 56-148. 50. B.E. Hill: 31-40; Daniel: 122-130. 51. D'après Daniel (: 198), Chisholm a été le plus actif des avocats à s'être chargé de causes amérindiennes. Parmi les autres: R.V. Sinclair, d'Ottawa, et Walter O'Meara, de Colombie-Britannique. 52. Doll, Kidd et Day: 13-14. 53. Kane: 89. 54. Spry: 60. 55. Roe (1952): 109. Au sujet de l'agriculture et des contacts dans la région de la rivière Rouge, voir *Prehistory of the Lockport Site* (: 11). Le désir d'adopter l'agriculture a aussi été remarqué par John Leonard Taylor: 188, 242-243. 56. À eux seuls, les Nor'Westers préparaient d'ordinaire 30 à 50 tonnes de pemmican chaque saison à l'intention des convois de trappeurs (Morton, 1938: 208). 57. Peers: 265-269. 58. La loi sur la compétence (1803) et la loi sur la traite des fourrures (1821) concernaient l'extension du système juridique canadien dans le Nord-Ouest. La loi de 1803 avait été inspirée par l'achat de la Louisiane par les États-Unis la même année. 59. Morton, 1973: 628. 60. Foster: 6. 61. Bennett et Berry. 62. Une page de la lettre est reproduite dans Fumoleau (: 33). 63. Duncan C. Scott: 581-582. Au nombre de ceux qui applaudirent la réussite d'Evans du temps de son vivant se trouvait William Case, qui a fondé le village modèle situé dans l'île Grape. Voir Landon: 6-7. 64. Jennifer S.H. Brown, 1982: 59. Aussi, *DBC*, vol. VII, entrée «Abishabis»; et Long, «The Cree Prophets [...]» (1989): 3-13. 65. Voir, par exemple, Moore et Wheelock, éd. Compilé par la Dene Wodih Society, cet ouvrage traite des prophètes dènès, surtout le dènè dháa Nógha («Wolverine», *circa* années 1920), et présente des récits de carcajous à la manière populaire. Au sujet du chamanisme dans le nord, voir McClellan, 1975, vol. II: 529-575. 66. Francis et Morantz: 158-160. 67. Long: «No Basis for Argument? [...]» (1989): 38. Un exemple moins empreint de violence d'une réaction amérindienne à la transgression du protocole de traite autochtone par un Blanc est raconté par A. McClellan, 1985, vol. II: 507-508. Dans ce cas, les Chilkats avaient eu l'impression qu'on avait porté atteinte à leurs privilèges de traite. 68. Tennant, 1990: 20. 69. Knight, 1978: 236. 70. Robin Fisher, 1977: 154-156. 71. Tennant, 1990: 21-38. 72. Par exemple, d'après Robert Cail (: 179), «Aussi longtemps que Douglas a été gouverneur, une simple demande de la part des Indiens suffisait pour qu'ils reçoivent d'autres terres.» 73. Tennant, 1990: 30-38. 74. Cumming et Mickenberg, éd.: 176-180; Robin Fisher, 1977: 153-156; Duff: 61. 75. Robin Fisher, 1977: 156. 76. Madill: 31. 77. Gough. 78. J.E. Michael Kew, «History of Coastal British Columbia since 1846», dans *HNAI*, vol. 7: 159. 79. Robin Fisher, 1977: 208. 80. Gough: 205-208. 81. L'écrit le plus complet qui soit sur Duncan est *William Duncan of Metlakatla*, de Jean Usher, qui a aussi écrit «Duncan of Metlakatla: the Victorian origins of a model Indian community» (1968: 286-310). Voir aussi Robin Fisher, 1977: 125-136; et John W. Grant: 129-

132. Sur Legaic, voir *DBC*, vol. XII, entrée «Legaic, Paul»; et Robinson. 82. Beaver a poursuivi sa critique même après être parti. Pipes (: 332-342) reproduit une lettre qu'il a écrite à ce sujet en 1892. 83. Fort Simpson avait été surnommé le «Londres de la côte du Nord-Ouest» parce que c'était le plus grand établissement de la région et le centre des activités commerciales. 84. Usher, 1974: 135. Jean Friesen s'appelait précédemment Jean Usher. 85. Frederick Temple Blackwood, 1ᵉʳ marquis de Dufferin et Ava, gouverneur général du Canada de 1872 à 1878. 86. Crosby: 65-66.

## Chapitre XVII

1. Bodley, éd.: 63-69. 2. Certains de ces problèmes perdurent. La municipalité de Shannonville (Ont.), par exemple, occupe des terres que les Iroquois de Tyendinaga ont louées pour une durée de 999 ans, au début du XIXᵉ siècle, à un certain Turton Penn (Henderson: 38, n48). 3. Leslie et Maguire: 11. 4. «Policy of Colonial Governments towards Native Tribes, as Regards Their Protection and Their Civilization», dans Bodley, éd. (: 95-104), offre un exposé précis d'Herman Merivale sur cette position. 5. L'expression «Fardeau de l'homme blanc» doit son existence à Rudyard Kipling, qui faisait alors allusion aux Amérindiens des États-Unis. 6. Leslie et Maguire: 12. Voir aussi Allen (1975). 7. Élu à la Chambre d'assemblée du Haut-Canada dans la circonscription de Haldimand en 1830, John Brant voit toutefois sa victoire contestée sous prétexte que le scrutin était entaché de vices de forme et il perd son siège l'année suivante. Chez les Six-Nations, on croit généralement que la vraie raison de cet échec venait du fait que Brant était Indien. 8. Dennis Madill, «Band Council Powers», dans *Indian Government under Indian Act Legislation 1868-1951*. 9. Hodgetts: 223. 10. McNab (1978): 21-38. 11. Ce rapport fut publié en deux parties, dans *Journals of the Legislative Assembly of the Province of Canada*, 1844-1845, appendice EEE; et *ibid.*, 1847, appendice T. 12. Cité par Richardson: 23. Les commissaires paraissent avoir considéré que les Amérindiens ont généralement perdu leurs terres parce qu'ils les avaient eux-mêmes aliénées. L'absence de poursuites amérindiennes pour violation de territoire ou dans le but de récupérer des terres perdues pourrait avoir renforcé ce point de vue. 13. *Journals of the Legislative Assembly of the Province of Canada*, 1847, appendice T. 14. Leslie et Maguire: 21. 15. Donald B. Smith, 1987: 184. 16. Robin Fisher, 1977: 86. 17. *Schedule of Indian Bands* [...]: 15-25. Des établissements amérindiens, une douzaine environ, ne sont pas inclus, ne comportant pas de terres mises spécifiquement de côté pour eux. 18. Certains réservent le terme «Indien» aux inscrits. Voir par exemple Ponting et Gibbins: xv. 19. Voir le chapitre XVIII pour des développements ultérieurs à cet égard. 20. Tobias (1976): 16. Cet article a été repris dans Getty et Lussier, éd.: 39-55. 21. John S. Milloy, «The Early Indian Acts: Developmental Strategy and Constitutional Change», dans Getty et Lussier, éd.: 59. 22. Henderson: 15. 23. *DBC*, vol. IX, entrée «Assikinack, Francis». 24. Leighton; Richardson: 24-27; Brown et Maguire, éd.: 26. 25. Robert J. Surtees, «Canada's Indian Treaties», dans *HNAI*, vol. 4: 203, 206. 26. Ce point de vue est exprimé dans la brochure *Indian Treaty Rights* (s.d., s.p.), publiée par la Federation of Saskatchewan Indians. 27. Harper (1945): 132. Voir aussi Roger Gibbins et J. Rick Ponting, «Historical Overview and Background», dans Ponting, éd.: 25. 28. Hodgetts: 209-210. 29. Une façon empirique d'en déterminer la dimension consistait à accorder 32 hectares par famille; dans la pratique, il y avait toutefois des variations considérables.

## Chapitre XVIII

1. Douglas Sanders, «Government Indian Agencies», dans *HNAI*, vol. 4: 279. 2. Malcolm Montgomery: 13. 3. Recensement du Canada, 1871, I: 332-333; 1881, I: 300-301; et 1941: 684-691. 4. Wayne Daugherty, «The Elective System», dans *Indian Government under Indian Act Legislation, 1868-1951*: 4. 5. Cité par Richardson: 31. 6. Au sujet des sens juridiques du mot «Indian» («Indien», en français), voir Woodward: 5-12. 7. Daugherty, «The Elective System»: 3. 8. Tobias (1976): 17-18. 9. *Ibid.*, 22-23. 10. Dennis Madill, «Band Council Powers», dans *Indian Government under Indian Act Legislation, 1868-1951*: 2. 11. Daugherty, «The Elective System»: 2. 12. Berger, 1981: 222. 13. Barlee: 13-23. Une version différente de la conduite de Klatsassin veut que les siens aient été décimés par la petite vérole en 1862; et quand un Blanc l'a menacé d'un retour de la maladie, il s'est déchaîné. Voir *DBC*, vol. IX, entrée «Klatsassin». 14. Robin Fisher (1971-72): 17. 15. «Ordinance further to define the law regulating acquisition of Land in British Columbia». 16. CP Canada Statutes 39 Vic Cap 18, articles 74-78. Ces dispositions ont par la suite été retirées de la *Loi sur les Indiens*, quand fut généralisé le droit de témoigner par affirmation. 17. J.E. Michael Kew, «History of Coastal British Columbia since 1849», dans *HNAI*, vol. 7: 159. 18. ANC, MG, 26A, Macdonald Papers, vol. 278: 127650-127651, Trutch to Macdonald, 14 oct. 1872. cité par Leslie et Maguire: 58. 19. Berger,

1981: 228. 20. J.E. Michael Kew, «History of Coastal British Columbia since 1849», dans *HNAI*: 160. 21. Cité par Morton, 1938: 214. Simpson fut auparavant gouverneur du département du Nord de la CBH de 1821 à 1826. 22. Pour connaître l'histoire de Grant, voir MacLeod et Morton. 23. M. Elizabeth Arthur: 151-162; *DBC*, vol. VII. Certains supposent que Dickson pourrait avoir été associé à Robert Dickson et son épouse siouse. 24. Barry Cooper: 44-63; *DBC*, vol. XI, entrée «Isbister, Alexander Kennedy». Il s'était rendu en Angleterre à 20 ans. On trouve son portrait à la National Portrait Gallery, à Londres. 25. La majorité des Métis de la Rivière-Rouge étaient d'ascendance crie et avaient du coup hérité de l'animosité qui existait entre les Cris et les Sioux. 26. Pour en savoir plus long sur les idées du secrétaire aux Colonies, voir Herman Merivale, «Policy of Colonial Governments towards Native Tribes, as Regards Their Protection and Their Civilization», dans Bodley, éd.: 95-204; David T. McNab, «Herman Merivale and Colonial Office Indian Policy in the Mid-Nineteenth Century», dans Getty et Lussier, éd.: 85-103. 27. Morris: 169. 28. ANC, RG6, C-1, vol. 316, dossier 995, William McDougall to Secretary of State for the Provinces, 5 nov. 1869; «Copy of the Indian Agreement», *The Globe*, Toronto, 4 sept. 1869: 3. Deux références citées par Daniel (: 3). 29. Pour obtenir des détails sur ces troubles, voir Pannekoek. 30. Bien que l'usage du français prédominât parmi les Métis de la Rivière-Rouge, sur le plan biologique, le mélange interracial était plus prononcé que ne l'indique ce facteur. L'historienne Diane Payment (: 1) l'a illustré à partir de leurs noms: MacGillis (Magillice), Bruce (Brousse), Sayer (Serre), McKay (Macaille) et McDougall (McDoub). 31. Elias relate leur histoire. Voir aussi Howard, 1984; Meyer, 13-28; et George F.G. Stanley, «Displaced Red Men: The Sioux in Canada», dans Getty et Smith, éd.: 55-81. 32. D'après Elias (: 23), ils ont été pris par des Américains dans un raid. Voir aussi Howard, 1984: 28. 33. Daniel (: 4), qui cite John Leonard Taylor, «The Development of an Indian Policy for the Canadian North-West, 1869-1870» (thèse de doctorat Université Queen's): 28. 34. Il était le petit-fils de Jean-Baptiste Lagimodière (1778-1855) et de Marie Anne Gaboury (1780-1875), première femme blanche dans l'Ouest. Pendant l'hiver de 1816-1817, Jean-Baptiste et un compagnon ont marché de la Rivière-Rouge à Montréal (17 oct. 1816 au 10 mars 1817) afin d'informer lord Selkirk de la bataille de Seven Oaks. 35. Au sujet du commerce avec Saint-Paul, voir Gilman, Gilman et Stultz. 36. ANC, Macdonald Papers, vol. 516, Macdonald to McDougall, 27 nov. 1869. Cité par Creighton, vol. II: 51. 37. En Ontario, on était particulièrement enragé parce que la cour matiale qui avait condamné Scott était formée de Métis et d'Amérindiens (Silver: 91-113). 38. Stanley, 1960: 129, 135-136. 39. En 1872, Macdonald, par l'intermédiaire de l'archevêque Taché, a fait parvenir 1 000 $ à Riel et Ambroise-Dydime Lépine (1834-1923) pour qu'ils demeurent à l'extérieur du pays. Riel s'est prévalu de l'offre, mais Lépine, ancien président de la cour martiale qui avait condamné Scott, est revenu. En 1874, Lépine a été jugé et condamné pour le meurtre de Scott; sa sentence a été réduite à deux ans de prison et à la perte de ses droits civiques, malgré la campagne menée par l'Ontario pour qu'il soit exécuté. Lépine a recouvré ses droits sept ans avant sa mort.

## Chapitre XIX

1. Ainsi que nous l'avons fait remarquer dans le chapitre XII, on trouve la liste de 483 accords dans *Canada. Indian Treaties and Surrenders from 1680 to 1902*. Un petit nombre de nouveaux se sont ajoutés depuis. 2. Brown et Maguire, éd.: 32. 3. Daniel, 1977, chapitre 2. 4. John Leonard Taylor: 45-46. 5. Les États-Unis ont arrêté de conclure des traités avec des Amérindiens en 1871, l'année où le Canada a signé le premier de ses onze traités numérotés. 6. Long, «No Basis for Argument?» (1989): 36. 7. Canada, Parliament, *Sessional Papers*, 1867-1868, n° 81: 18; et 1869, n° 42: 20-21. 8. On trouve une étude des négociations en vue du traité n° 1 dans David J. Hall: 321-358. 9. Cardinal, 1969: 36. 10. Daniel: 12. Le Canada avait convenu en 1894 que tout traité qui surviendrait sur le territoire de l'Ontario exigerait l'assentiment de la province. De même, les adhésions subséquentes ont offert peu, ou n'en était, d'occasions de négocier. Les territoires mis en cause pouvaient être considérables — lors du traité n° 9, par exemple, la majeure partie du nord de l'Ontario a été touchée par l'adhésion de 1929. 11. David J. Hall: 325. 12. Morris: 62. 13. *Ibid.* 14. L'idée des billets de train gratuits n'était pas dénuée de sens, évidemment. Les chemins de fer les accordaient à des clients privilégiés, comme les membres de certaines professions. Aux États-Unis, les Amérindiens pouvaient prendre gratuitement le train dans l'Ouest, mais n'avaient pas droit à des sièges gratuits; ils pouvaient monter dans les wagons de marchandises. 15. Morris: 69. 16. John S. Long, «Treaty No. 9 and fur trade company families: Northeastern Ontario's halfbreeds, Indians, petitioners and métis», dans Peterson et Brown, éd.: 145. 17. Morris: 293-295. George F.G. Stanley (1960: 214) a fait allusion à «l'inestimable aide des sang-mêlé» dans le maintien d'un calme relatif sur la frontière canadienne. Voir aussi MacEwan. 18. Friesen: 47. 19. Payment: 2-3; Giraud, 1986, vol. II: 253-278. Le travail de Giraud est empreint d'une vision péjorative des Métis; il conclut aussi que seulement leur absorption par les Blancs les épargnerait.

20. Richardson: 28. 21. John Leonard Taylor: 191. 22. *Ibid.*, 29. 23. En 1904, cette force policière, appelée en anglais North-West Mounted Police, est rebaptisée Royal North-West Mounted Police; en 1920, elle devient la Royal Canadian Mounted Police, nom qu'elle porte toujours aujourd'hui. Au sujet de la Police à cheval du Nord-Ouest, voir Macleod, *The NWMP and Law Enforcement 1873-1905* (Toronto, University of Toronto Press, 1976). 24. Sharp: 81-99; Zaslow, 1971: 15-17. 25. Fardy. 26. Hugh A. Dempsey a écrit une biographie en 1972 (*Crowfoot [...]*). Il y faisait ressortir (: 93-107) que Pied de Corbeau n'était pas le grand chef de la Confédération des Pieds-Noirs, comme le croyaient en général les Blancs, mais l'un des chefs des Pieds-Noirs proprement dits. Les autres membres de la confédération (Gens-du-Sang, Sarcis et Peigans) avaient chacun leurs propres chefs et prenaient tous part aux négociations des traités. Pied de Corbeau, jouissait d'une grande considération auprès des Blancs, et cela accroissait son influence auprès des autres chefs. 27. Leslie et Maguire: 59. Voir aussi Cumming et Mickenberg, éd.: 124-125. 28. Hugh A. Dempsey, 1972: 102. 29. Meyer: 13-28; Kehoe, 1970: 148-182. 30. Elias: 172. Beal et Macleod (: 327-330) examinent plus attentivement le procès de «White Cap». 31. Leslie et Maguire, éd.: 60. 32. *Ibid.*, 100. 33. Maintenu par le gouvernement, le Registre des Indiens comprend les listes des bandes et la liste générale. On y trouve le nom des «Indiens inscrits», qui sont soumis à la *Loi sur les Indiens*. 34. Leslie et Maguire, éd.: 65. 35. Thwaites, éd., vol. XVIII: 101-106. 36. *Ibid.*, vol. XX: 143-153. 37. Leslie et Maguire, éd.: 67. 38. Le «potlatch» désignait plusieurs types différents de festins, dont celui de «remises de cadeaux». Pour Jay Miller, les festins étaient semblables à des «noeuds tenant ensemble le [...] tissu social». Miller, «Feasting with the Southern Tsimshian», dans Seguin, éd.: 27-39. 39. Pour un point de vue contemporain sur ce sujet, voir Morice: 146-161. 40. Ahenakew, 1973: 182. 41. Cité par Poulton. 42. Kehoe, 1989: 129-134; Barron: 31. 43. ANC, RG 10, vol. 2116, dossier 22: 155, letter to Sir John A Macdonald from Chief Peter Jones, 11 fév. 1884. Cité par Wayne Daugherty, «The Elective System», dans *Indian Government under Indian Act Legislation, 1868-1951*: 14. 44. Tobias (1976): 19-20. 45. Leslie et Maguire, éd.: 77, 85-86. 46. *Ibid.*, 81. 47. *Ibid.*, 87. 48. L'auteur de cette affirmation était David Mills, qui avait été ministre de l'Intérieur de 1876 à 1878, dans le gouvernement du premier ministre Alexander Mackenzie (CP, House of Commons Debates, 1885, vol. 2, 1580: The Franchise Bill, 4 mai 1885; cité par Leslie et Maguire, éd.: 86) 49. Malcolm Montgomery: 20.

## Chapitre XX

1. À la même époque, on connaissait une situation semblable (et pour des motifs économiques similaires) avec les troupeaux de baleines et de morses dans l'Arctique occidental (Bockstoce, chap. 7 et 8). Les similitudes s'arrêtent là, puisque l'extermination des mammifères marins n'entraînait pas d'avantages secondaires, comme la libération de terres pour l'établissement d'agriculteurs. 2. John L. Tobias, «Indian Reserves in Western Canada: Indian Homelands or Devices for Assimilation», dans Muise, éd.: 89-103. 3. Hind, vol. I: 360-361; Milloy: 107-108. 4. Hind, vol. II: 110. 5. Chambre des communes, *Sessional Papers*, vol. 10, n° 7 (1877), appendice spécial A (n° 11): xxxv-xxxvi. 6. Sarah A. Carter, 1990: 36. 7. Morton, 1938: 236-238. 8. Beal et Macleod: 41. 9. Flanagan a fait une analyse détaillée de la situation dans *Riel and the Rebellion: 1885 Reconsidered*. 10. Certains soutiennent que Clarke était, à la solde de Macdonald, un agent provocateur qui fomentait activement des troubles afin de se sortir des difficultés financières auxquelles était en proie la construction du chemin de fer du Canadien Pacifique. Voir McLean. 11. Woodcock, 1975: 81-84. 12. Dans le sud, là où les moyens de transport étaient meilleurs, le commerce des peaux de bison était un marché actif depuis la seconde moitié du XVIIIᵉ siècle. 13. Roe, 1970: 467ssq. 14. Les Métis du Manitoba ont à présent déposé des poursuites contre Ottawa en faisant valoir qu'ils ont été frustrés de la majeure partie de ce qui leur avait été concédé. Pour leur part, les Amérindiens des traités nᵒˢ 1 et 3 ont contesté la revendication des Métis en se basant sur le fait que leur titre n'était pas éteint au moment de l'adoption de la *Loi sur le Manitoba*. 15. Le moins qu'on puisse dire, c'est que le soutien de Nolin à la cause métisse paraît avoir été douteux. S'étant brouillé avec ses collègues métis, il est apparu comme témoin à charge lors des procès qui ont suivi la rébellion. Il a par après été nommé juge. Purich, 1968: 102-103. 16. Mailhot et Sprague: 1-30. 17. Moodie et Ray (: 45-51) font remarquer que les chasseurs comprenaient les facteurs qui influençaient le comportement des bisons, de sorte qu'ils savaient où retrouver les hardes. 18. Verbicky-Todd: 243-245. 19. Hind, vol. I: 311. 20. Alexander Johnston. La rivière Belly a été rebaptisée Oldman en 1890. 21. Herbe odoriférante était devenu chef après avoir réussi là où avait échoué Maskepetoon: entré seul dans un campement pied-noir, il y avait tué un guerrier et s'était emparé de 40 chevaux. En 1870, il était devenu le principal chef des Cris du pays de la Saskatchewan; il avait auparavant, en 1865, adopté le nom d'Abraham après que le père Albert Lacombe l'eût converti. La CBH

l'avait surnommé «Chef du pays». Voir *DBC*, vol. X, entrée «Wikaskokiseyin». 22. Ray, 1974: 228. 23. Hugh A. Dempsey, 1984: 77-78. 24. *Ibid.*; Allen (1972): 1-17; Fraser: 1-13; et *DBC*, vol. XI, entrée «Mistahimaskwa». 25. Hugh A. Dempsey: 74, 80. Voir aussi Morris: 240. 26. Avant les contacts, il n'y avait pas de ces distinctions nettes entre les «tribus» qu'ont plus tard imposées les Européens. De sorte que, malgré le fait que les Pieds-Noirs et les Cris se considéraient mutuellement comme des ennemis, Pied de Corbeau n'a rien vu d'anormal à adopter Poundmaker parce qu'il ressemblait de façon frappante à un fils qu'il avait perdu. 27. *DBC*, vol. XI, entrée «Mimiy». 28. Jugé pour ce meurtre, le Gens-du-Sang Kukatosi-Posi (Starchild, Kucka-toosinah, vers 1860-1889) a été acquitté pour insuffisance de preuves (*DBC*, vol. XI). 29. Brasser: 3. 30. Sarah A. Carter, 1990: 30. Cette étude soigneusement documentée impute l'échec des programmes d'agriculture à la politique gouvernementale plutôt qu'à une supposée incapacité des Amérindiens à devenir des agriculteurs. 31. Bockstoce: 139. 32. Moodie et Kaye (1986): 171-184; *idem*, (1969): 513-529. On a découvert sur le site de Lockport des preuves archéologiques de la pratique de l'agriculture dans le sud du Manitoba durant la période ancienne des bois (800-1700 ap. J.-C.). Des changements climatiques, vers les années 1500, semblent avoir découragé les agriculteurs. *Prehistory of the Lockport Site*: 16. 33. Sarah A. Carter, 1990: 112. 34. Saskatchewan Archives Board, Campbell Innes Papers, 5, Rev. J.A. Mackay Papers, box 5, Indians Schools, 1907-1908; cité par Sarah A. Carter, 1990: 246. 35. Cité par Beal et Macleod: 74. 36. *Report of the Commissioner of the North-West Mounted Police Force, 1884*. Commissioner A.G. Irvine: 8. 37. R.C. Macleod, *The North-West Mounted Police and Law Enforcement 1873-1905*, Toronto, University of Toronto Press, 1976: 29.

## Chapitre XXI

1. Tobias (1983): 539; *DBC*, vol. XI, entrée «Kapapamahchakwew». 2. Leslie et Maguire, éd.: 81. 3. Beal et Macleod: 63, 115-116, 120; Andrews: 41-51. Mistawasis, qui était l'oncle de Poundmaker, était un chasseur réputé. 4. L'une des exceptions fut un agent des terres dans la région de Battleford pendant les années 1880, Robert Jefferson, qui s'est montré bien disposé à l'égard des Indiens. Il se trouvait avec la bande de Poundmaker pendant les troubles, et il a rassemblé ses observations dans un petit ouvrage intitulé *Fifty Years on the Saskatchewan: Being a history of the Cree in Canadian domestic life and the difficulties which led to the serious agitation and conflict of 1885 in the Battleford locality* (Battleford, Sask., Canadian North-West Historical Society, 1929). 5. La déclaration des droits des Métis est reproduite intégralement dans Beal et Macleod: 136. 6. Pihew-kamihkosit (Red Pheasant), dont la réserve se trouvait aussi dans la région, était mort juste avant que ne débute la sortie. 7. Le docteur Ahenakew ((1966): 9-15) offre un point de vue de laïc anglican cri. Un autre point de vue, celui d'un neveu de Gros Ours cette fois, est celui de Joseph F. Dion, dans *My Tribe the Crees*. Des récits d'époque ont été compilés et publiés par Wiebe et Beal dans *War in the West. Voices of the 1885 Rebellion*. 8. Payment: 61-62. Malgré la défaite et les difficultés qui s'ensuivirent, Batoche s'est agrandie et a par la suite prospéré (*ibid.*, 136). 9. *Manitoba Free Press*, 7 avril 1885: 1. 10. Will Jackson (1861-1952), ancien secrétaire de Riel. Tous deux avaient des points de vue divergents sur les droits autochtones. L'autre était Tom Scott, leader blanc des Métis anglophones. 11. C'était la même loi en vertu de laquelle huit hommes avaient été pendus à Burlington Heights, en Ontario, en 1814, pour haute trahison durant la guerre de 1812. Voir Riddell: 107-125. Esprit errant se trouvait parmi ceux qui ont été pendus à North Battleford. 12. D.H. Brown: 65-73. 13. Nous avons mentionné l'autre occasion à la note 11 ci-dessus. Dans ni l'un ni l'autre des deux les conséquences ont été comparables avec celles de la révolte des Sioux aux États-Unis en 1862-1863. Sur les 303 Sioux condamnés à la peine capitale, 38 ont été exécutés, à Fort Snelling au Minnesota, lors de la plus grande pendaison de masse de l'histoire américaine. Sluman: 270. Voir aussi Barnett. 15. Morris: 294. 16. Flanagan, 1983: viii. Voir aussi l'étude de Flanagan sur le millénarisme de Riel, publiée en 1979. 17. Sprague, 1988: 184. 18. John E. Foster, «The Plains Metis», dans R. Bruce Morrison et C. Roderick Wilson, éd., *Native Peoples. The Canadian Experience*, Toronto, McClelland and Stewart, 1986: 397-398. 19. Tobias (1983): 547-548. 20. Barron: 28; Sarah A. Carter (1985): 8-9. Le système s'est maintenu jusqu'en 1941. 21. *Annual Report of the North-West Mounted Police*, 1895, appendice B, Superintendent W.B. Steele: 45. 22. Coates et Morrison, éd., 1988: 206-207. 23. Hugh A. Dempsey, 1978; Anderson. 24. Barron: 39. En 1902, une délégation est venue d'Afrique du Sud étudier le système des laissez-passer en tant que mode d'imposition de règlements sociaux. 25. La majeure partie de ces noms ont été fournis par M. Donald B. Smith, de l'Université de Calgary. 26. Voir Sprague, 1988: 104-105, 124. L'affaire de la distribution des terres mises de côté à l'intention des Métis lors de la création de la province du Manitoba est actuellement devant les tribunaux. Thomas Berger représente les Métis. 27. Payment: 73-74. 28. Joanne Overvold croit que le rôle des femmes est au centre de la lutte des Métis en

vue de maintenir leur identité distincte. Elle décrit les Métis des Territoires-du-Nord-Ouest dans *Our Metis Heritage [...] a portrayal*. Son commentaire sur le rôle des femmes est en page 103. 29. Voir le chap. XXV. 30. Fumoleau: 207-208; Daniel: 24. 31. Fumoleau: 76. 32. Giraud (1956): 5. 33. Une étude circonstanciée de la situation est présentée dans l'ouvrage de Paul L.A.H. Chartrand. 34. Charles Mair a publié en 1908 un compte rendu d'époque lisible des deux commissions. 35. Au sujet du traité n° 8, voir le chap. XXV. 36. Zaslow, 1971: 225-226. 37. Daniel: 25.

## Chapitre XXII

1. La mainmise du gouvernement sur la vente des récoltes amérindiennes a officiellement été décrite comme une «bienveillante surveillance» destinée à s'assurer que les Amérindiens «recev[aient] un traitement équitable». Voir Ahenakew, 1973: 147. Ce livre décrit avec éloquence la vie des Cris des plaines avant et après les contacts. 2. Brass (1953): 66. Mme Brass est la fille de Fred Dieter, l'un des plus exceptionnels agriculteurs de la colonie, à qui on a décerné une médaille d'argent. Née et élevée dans la colonie, elle se rappelle ce que fut sa vie dans son autobiographie *I Walk in Two Worlds*. Voir aussi Titley, 1986: 18-19; *idem* (1983): 25-41; et «Indian students forced into marriage, farm life», *Globe and Mail*, 10 déc. 1990. 3. La sœur du comte Grey, lady Minto, prétendait qu'elle et son frère étaient des descendants de Pocahontas. Voir Donald B. Smith, 1990: 227, n. 15. 4. «Assault, death common at schools, natives say», *Globe and Mail*, 11 déc. 1990. On a exprimé des plaintes contre des écoles de mission au moins depuis les années 1940. 5. Wayne Daugherty, «The Elective System», dans *Indian Government under Indian Act Legislation, 1868-1951*: 6. 6. On a traité en détail les difficultés de scrutin de la bande de Cowessess dans Daugherty, «The Elective System»: 28-35. 7. *Ibid.*, 39-45. 8. Stone: 381. 9. Tobias (1976): 21, 24. 10. *Ibid.*, 21. 11. Canada, Affaires indiennes, *Report, 1910-11*, 196; cité par Zaslow, 1971: 232-233. De 1909 à 1914, Laird a été conseiller aux Affaires indiennes à Ottawa. 12. Gilbert Malcolm Sproat (1876-1879, pour les deux premières années de son mandat, avec deux autres commissaires: Alexander C. Anderson et Archibald McKinley), Peter O'Reilly (1880-1898) et A.W. Vowell (1899-1910) dirigeaient la commission. En 1892, la commission concédait des réserves dont la dimension variait de 3 à 93 hectares par personne, suivant les régions. Les plaintes des colons blancs au sujet de ces dimensions ont amené la province à refuser de sanctionner d'autres concessions, ce qui a entraîné la dissolution de la commission en 1910. 13. La délégation de 1906 était menée par le chef Joe Capilano, des Squamishs de Vancouver-Nord, et d'autres chefs. On les a écoutés poliment, mais sans rien faire. Voir Cumming et Mickenberg, éd.: 188; Shankel: 193-194. 14. Cumming et Mickenberg, éd.: 188-189. 15. Appelée habituellement Commission McKenna-McBride, d'après J.A.J. McKenna, commissaire adjoint aux Affaires amérindiennes pour le Nord-Ouest de 1901 à 1909, et Richard McBride, premier ministre de la C.-B. de 1903 à 1915. McBride n'a pas vraiment exercé ses fonctions de commissaire. 16. Berger, 1981: 231. Durant cette même période, aucun permis de pêche commerciale n'était délivré à des Indiens de la côte ouest; ils seront autorisés à en faire la demande en 1923. Voir Laviolette: 138. 17. Lloyd Barber (9 mars 1978) les a qualifiés d'«excellentes terres à mettre en valeur». 18. Ware: 1; J.E. Michael Kew, «History of Coastal British Columbia since 1849», dans *HNAI*, vol. 7: 160. 19. Le texte du rapport de la commission est reproduit dans Ware (: 179-198), avec ceux de ses 98 rapports intérimaires qui proposaient, pour diverses raisons, l'aliénation de territoires (: 114-177). Cail (chap. 11, 12 et 13) a publié une étude qui présente un point de vue sympathique à la position de la C.-B. au sujet de la question des terres. 20. Tennant ((1982): 3-49) raconte l'histoire de l'adaptation politique des Indiens de la C.-B. aux pressions des Blancs et celle de l'évolution des organisations autochtones dans la province. 21. Daniel: 50-52. Voir aussi Duff: 69-70; et Cail: 243. 22. La question des terres est devenue un facteur dans la saga du plus célèbre des hors-la-loi de la C.-B., Peter Simon Gunanoot («Little Bear that Walks up a Tree»; vers 1874-1933), qui a échappé aux policiers pendant 13 ans, de 1906 à 1919. Ce prospère trappeur et commerçant gitksan de Hazelton (Gitenmaks), en C.-B., quand il fut recherché pour meurtre, s'est enfui dans la forêt avec sa famille. S'il a réussi à éviter d'être pris, c'est en partie grâce à la complicité des Amérindiens de la région, qui faisaient campagne en faveur d'un agrandissement de leur réserve et pour le paiement des terres occupées par des Blancs. Gunanoot s'est finalement rendu délibérément; il a été jugé et acquitté (David R. Williams). 23. Par exemple, le litige entourant l'île Walpole. Dans ce cas-ci, une entente-cadre a finalement été conclue en 1989 (McNab, 1990). 24. Coates et Morrison, éd., 1988: 289. 25. Hugh A. Dempsey, 1986: 50-52. 26. James Dempsey: 1. 27. Hugh A. Dempsey, 1986: 49. De même, des Inuits, même ceux des villages éloignés, ont recueilli de l'argent pour soulager la famine en Éthiopie en 1984 («Northern Generosity Snowballs», *Globe and Mail*, Toronto, 29 nov. 1984). Voir aussi Gaffen; et Lusty. 28. Cité par James Dempsey: 5, 6. 29. Schmaltz, 1991, 233-234; Gaffen: 70-72. 30. Asch, 1988: 89-97. 31. Zaslow,

1988: 162. 32. Titley, 1986: 50. 33. Harper (1945): 127. 34. Leslie et Maguire, éd.: 191. 35. *How A People Die*, d'Alan Fry, est un documentaire romancé qui dépeint de façon vivante l'incompréhension et la frustration des Blancs qui sont très désireux de venir en aide aux Amérindiens, mais pensent pouvoir y arriver en leur disant quoi faire. Shelagh D. Grant ((1983): 21-39) exprime son opinion suivant laquelle l'administration se préoccupait en réalité des objectifs des Blancs et non de ceux des Amérindiens. 36. Frideres: 233-266; Leslie et Maguire, éd.: 120. L'anthropologue Peter Kulchyski ((1991): 5) croit que cettte mesure pourrait avoir contribué à l'éclatement de l'Alliance des tribus de la C.-B. en 1927. 37. Titley, 1986: 96. 38. Pour un exemple de cette politique, voir Coates (1984): 179-204. 39. Kulchyski (1988): 95-113; Stan Cuthand, «The Native Peoples of the Prairie Provinces in the 1920's and 1930's», dans Getty et Smith, éd.: 31-35; Titley, 1986: 102-109; et Zaslow, 1988: 165-166. 40. On trouve une histoire circonstanciée de la National Indian Brotherhood et une analyse de son fonctionnement dans Ponting et Gibbins: 195-279. La compilation des organismes indiens, *Historical Development [...]*, préparée par Whiteside (1973) est vieillie, mais elle est toujours utile; voir aussi Whiteside, *Aboriginal People [...]*, publié la même année. 41. Des années plus tard, le sort des anciens combattants amérindiens donnait encore lieu à des récriminations et à des enquêtes. Voir, par exemple, «Indian war veterans mistreated: report», dans *Globe and Mail*, 7 juin 1984. Au cours de ses trois années d'existence, le comité mixte a entendu 122 témoins et examiné 411 mémoires (Zaslow, 1988: 298). 42. *Indian Conditions*: 84. 43. Voir par exemple Kehoe (1980): 17-26. 44. E. Palmer Patterson II: 171-172. 45. L'affaire du *Procureur général du Canada c. Lavell* (1974) est la plus connue en matière de contestation pour la perte de statut chez les Amérindiennes qui épousaient des non-Amérindiens. L'Ojibwée Jeannette Lavell a porté sa cause jusque devant la Cour suprême du Canada, dont la décision lui a été contraire. Voir K. Jamieson: 79-88. 46. Robert Robson a examiné les conséquences du projet de loi C-31 sous l'angle de ce qui a été vécu au Manitoba, dans «The Indian Act: A Contemporary Perspective» (30 pages dactylographiées, accompagnées de cartes et de tableaux). 47. «Few reinstated status Indians return to reserves in province», *Edmonton Journal*, 15 avril 1991. 48. *Indian Conditions*: 85. 49. Federation of Saskatchewan Indians, *Indian Treaty Rights*, dépliant sans date. 50. Brass, 1987: 45. 51. Geoffrey York a écrit sur certaines de ces écoles dans *The Dispossessed, Life and Death in Native Canada*. 52. *Annual Report, Department of Indian Affairs, 1900*, 26-45; Recensement du Canada 1941 I: 684-691. Cité par Jean Barman, Yvonne Hébert et Don McCaskill, «The Legacy of the Past: An Overview», dans Barman, Hébert et McCaskill, vol. I: 7. 53. D.J.Hall, «Clifford Sifton and Canadian Indian Administration 1896-1905», dans Getty et Lussier, éd.: 126. 54. Titley, 1986: 78-80. 55. Brass, 1987: 45. Linda R. Bull jette un regard beaucoup plus critique sur les conséquences de l'enseignement dans les internats. 56. Titley, 1986: 82-87. 57. The Fifth Estate, CBC-TV, 8 janv. 1991. 58. Cité par Barman *et al.*, «Legacy of the Past», vol. I: 9. 59. Titley, 1986: 91, 93. 60. Barman *et al.*, «Legacy of the Past», vol. I: 7. 61. Hallowell, 1955: 308. Au XVIIᵉ siècle, les Français avaient fait tout ce qu'ils pouvaient pour transformer les Amérindiens en Français et les résultats obtenus avaient été tout aussi décourageants. Voir Dickason, 1984: 217-221, 251-270. 62. Hall, «Clifford Sifton and Canadian Indian Administration», dans Getty et Lussier, éd.: 126. 63. Sluman et Goodwill: 109; cité par Barman *et al.*, «Legacy of the Past»: 11. Au sujet des internats de Colombie-Britannique, voir Haig-Brown. 64. Toronto, Key Porter Books, 1988. Aussi, «Indian School "wasn't all bad" — ex-student», *Edmonton Journal*, 11 juin 1991. 65. Coates et Morrison, éd., 1988: 141-142; Shelagh D. Grant, 1988: 33-34 et n37. 66. Barman *et al.*, «Legacy of the Past», vol. I: 13. 67. J. Donald Wilson, «"No Blanket to be Worn in School": The Education of Indians in Nineteenth-Century Ontario», dans Barman, Hébert et McCaskill, vol. I: 82. 68. Rousseau: 2-21. 69. L'histoire de la prise de pouvoir de l'école par les Amérindiens est racontée par Diane Persson dans «The Changing Experience of Indian Residential Schooling: Blue Quills, 1931-1970», dans Barman, Hébert et McCaskill, vol. I: 150-167. 70. Adams, 213-214. 71. «A lesson in misery. Canadian Indians look back in anger at residential school days», *Globe and Mail*, 2 déc. 1989. Il s'agit d'un extrait de *The Dispossessed [...]*, par York. 72. *Recent Development in Native Education*: 14. Cité par Barman *et al.*, «The Legacy of the Past», vol. I: 16. 73. Barman *et al.*, «Legacy of the Past», I: 16-17. Un des premiers exemples de la mise au point d'un programme d'études autochtones a été le Cree Way Project de Rupert House, durant les années 1970. Voir Preston: 92-101. 74. Voir par exemple «Sweet success for native school», *Edmonton Journal*, 1ᵉʳ oct. 1990; «Bias absent in all-native school», *ibid.*, 25 nov. 1989. 75. Armstrong, Kennedy et Oberle, VII. 76. «Racism forcing natives from civil service: report», *Ottawa Citizen*, 12 fév. 1991. L'Assemblée des chefs du Manitoba avait auparavant déposé des plaintes contre 28 ministères et agences du gouvernement fédéral, qu'elle accusait de discrimination dans l'emploi à l'égard des Amérindiens. «Natives file job bias complaints against federal government», *Edmonton Journal*, 4 déc. 1990.

## Chapitre XXIII

1. Donald B. Smith (1987): 7. Aussi, Anthony J. Hall, «The St. Catharine's Milling...»: 10. Voir aussi Morse, éd.: 57-59; et Zaslow, 1971: 150-151. 2. Sur les antécédents de Boyd, voir Donald B. Smith (1987): 7-10. L'un des professeurs de Boyd, à l'Université de Toronto, avait été sir Daniel Wilson (1816-1885), un célèbre ethnologue auteur de *Prehistoric man: researches into the origin of civilisation in the Old and the New World*, Cambridge et Édimbourg, 1862. Voir *DBC*, vol. XII, entrée «Wilson, sir Daniel». 3. Le plaidoyer suit la pensée de Hall, «St. Catharine's Milling»: 10-15. 4. *Reports of the Supreme Court of Canada*, vol. 13, 1887: 596-597. 5. Donald. B. Smith (1987): 12. 6. *Ontario Reports, 1885*, 231. 7. Donald B. Smith (1987): 15. 8. Clark, 1987: 113. Les juges canadiens sont Boyd, Henri-Elzéar Taschereau et Steele. 9. Morris: 44-76. 10. Jones: 71. 11. Copway: 20. 12. Ce récit suit Daniel: 77-83. Donald Smith a compilé la bibliographie la plus complète qui soit sur Oka dans *Le Sauvage [...]* (: 129-131). 13. «Oka and Its Inhabitants», dans *The Life of Rev. Amand Parent [...]*: 186. Voir aussi Beta : 8. 14. Stanley (1950): 206-207. Le contrat de 1718 (traduit en anglais) ainsi que d'autres documents relatifs à l'affaire sont reproduits dans Beta: 77-92. 15. Suivant les mots mêmes de Philippe de Vaudreuil, gouverneur général de la Nouvelle-France de 1703 à 1725, les Amérindiens «ne sont point capables de conserver les choses qui leur sont les plus nécessaires». Stanley (1950): 206. 16. Lacan: 14-17. 17. ANC, C11A, 106: 422-424, Arrêt du Conseil sur le changement proposé pour la Mission du Sault-aux-Récollets, 31 mars 1716. Les Amérindiens d'Oka ont combattu aux côtés des Canadiens à la bataille de Châteauguay, en 1812 («Oka and Its Inhabitants»: 188-190). 18. Grabowski: 12. 19. Au sujet de Kahnawake, voir le chap. XVI; au sujet de Lorette, voir le chap. VIII. 20. «Oka and its Inhabitants»: 190-191 et 193; Beta: 14-15. En 1870, Parent faisait état de 110 méthodistes amérindiens à Oka. 21. Rév. William Scott: 53. 22. *Ibid.*, 29; «Oka and Its Inhabitants»: 191, 202, 235. 23. En 1874, Chief Joseph est devenu un adjoint d'Amand Parent. Il a traduit les Quatre Évangiles en langue iroquoise. Pour en savoir plus à son sujet, voir *DBC*, vol. XI; et MacLean: 167-179. 24. Hassard: 106-123. 25. «Oka and its Inhabitants»: 205-218; Beta: 15. 26. William Scott: 53-54. 27. *Ibid.*, 59. 28. Girard, oct. 1990: 4-8. Le Native History Study Group fait partie de l'Association canadienne d'histoire. 29. Daniel: 79-82. 30. Bureau d'enregistrement, district des Deux-Montagnes, Acte de vente entre la Compagnie de Saint-Sulpice et la Compagnie immobilière Belgo, 21 oct. 1936. Cité par Girard: 1990. 31. Ministère des Affaires indiennes et du Nord, correspondance diverse, Oka, 1945-1953, vol. 1, dossier 0/121-1-5, décret du 2 avril 1945. 32. Pindera (:30-39) décrit les événements ayant mené au raid et le raid lui-même. 33. «Army charges $60.6 million for Oka», *Edmonton Journal*, 22 nov. 1990: 1; «The high cost of Oka», *ibid.*, 6 mai 1991; «Tories reverse position, agree to Oka enquiry», *Globe and Mail*, Toronto, 29 nov. 1990; «Quebec deeper in red», *Calgary Herald*, 29 nov. 1990. 34. «Oka still confounds us», *Edmonton Journal*, 9 mai 1991. À l'occasion de sa convention de 1991, le Parti québécois a adopté une résolution suivant laquelle un État québécois souverain reconnaîtrait des nations autochtones autonomes à l'intérieur de ses frontières. Rédigée avec l'aide d'Autochtones, elle prévoit que les lois indigènes auraient préséance sur les lois du Québec dans les domaines précis où une entente aura été conclue entre les deux parties. «Delegates agree on allowing native autonomy», *Globe and Mail*, Toronto, 1991. 35. Cumming et Mickenberg, éd.: 98. Il s'agit de l'affaire *Rex vs. Syliboy* [1929]1 D.L.R. 307 (1928), 50 C.C.C. 389 (N.S. Cty. Ct.). 36. Cumming et Mickenberg, éd.: 99. 37. *The Mi'kmaq Treaty Handbook* : 13. Aussi, Donald Marshall Sr., Alexander Denny et Putus Simon Marshall, «The Covenant Chain», dans Richardson, éd.: 71-104. 38. Cumming et Mickenberg, éd.: 210. 39. Voir National Indian Brotherhood. 40. Cumming et Mickenberg, éd.: 216-220. 41. Calder est sorti de l'Anglican Theological College de la University of British Columbia et a été élu en 1949 au Parlement de la C.-B. où il a siégé 26 ans, d'abord pour le Parti néo-démocrate, puis pour le Crédit social. Il a été ministre du cabinet pendant une brève période (1972-1973). 42. La déclaration a à l'origine été faite par un chef de Greenville, David McKay, à la commission mixte sur l'attribution des réserves qui avait été mise sur pied en 1876. Voir Raunet: 90. 43. La cause avait été portée en Cour suprême sans l'autorisation de la province. 44. Elliott: 74. 45. Voir Cumming et Mickenberg, éd.: 331-332; Berger (1983): 16. 46. «The Bear Island Decision»: 353-490. Une analyse des questions en jeu, en particulier celles ayant trait à la gestion des forêts, a été préparée par Hodgins et Benidickson. Le point de vue indien est présenté par Gary Potts, «Last-Ditch Defence of a Priceless Homeland», dans Richardson, éd.: 203-228. 47. Anthony J. Hall, «The Ontario Supreme Court [...]»: 2. 48. Von Haast, éd.: 390, *The Queen (or the Prosecution of C.H. McIntosh) v. Symonds*. 49. Lire, par exemple, les idées de Harold Cardinal à ce sujet dans *The Rebirth of Canada's Indians*. 159-162. 50. *Ibid.*, 164-165. 51. Daniel: 237-238. 52. Heidenreich: 168-171. 53. Pour lire un exemple de la méprise des Ojibwés à ce sujet, voir Donald B. Smith: 1987: 24-25. 54. Cumming et Mickenberg, éd.: 17-19; Clark, 1990: 13-19. 55. Purich, 1986: 57. 56. Clark, 1990: 31. 57. Au sujet de l'adoption de la

constitution, voir le chap. XXVII. **58.** Woodward: 66-67. **59.** Pour obtenir des détails sur l'affaire Sioui, voir le chap. VIII; aussi, «Confrontation gets natives into land talks», *The Edmonton Journal*, 20 août 1990. **60.** Clark, 1990: 31. **61.** «Land claim dismissed», *Edmonton Journal*, 8 mars 1991; *ibid.*, «Judge heard 100 witnesses, read 10,000 documents»; «Natives hit another dead end», *ibid.*, 17 mars 1991; «A stunning blow to native rights», *The Gazette*, Montréal, 13 mars 1991. **62.** Neil J. Sterritt présente la position des Amérindiens dans «Unflinching Resistance to an Implacable Invader», dans Richardson, éd.: 265-294. Sterritt a été président du Conseil tribal des Gitksans-Wetsuwetens de 1981 à 1987.

## Chapitre XXIV

**1.** Des remerciements particuliers à Titley (1986: 110-134), pour cette section; Joëlle Rostkowski, «The Redman's Appeal for Justice: Deskaheh and the League of Nations», dans Feest, éd.: 435-453; et Charney: 14-22. **2.** L'histoire de Handsome Lake est racontée par Kehoe, 1989: 116-123. L'ouvrage de base sur le prophète est celui d'Anthony F.C. Wallace, publié en 1969. **3.** Stacey: 319-340; Jackson. Jackson, meneur des hommes de canot de Caughnawaga (Kahnawake), raconte les aventures des Iroquois, membres non combattants de la force expéditionnaire. Un court extrait est reproduit dans Petrone, éd., 1983: 136-138. **4.** Les cornes (bois de cerfs, cornes de bison; (N.D.T.: «horn», d'où «Dehorner»)) étaient traditionnellement considérées comme des instruments de pouvoir et étaient portées par les chamanes et les meneurs. Les Dehorners s'opposaient à la structure traditionnelle du pouvoir. **5.** Tehariolina: 317-318. **6.** Titley, 1986: 133. **7.** *Ibid.* **8.** La concession originale de la seigneurie du Sault Saint-Louis était de 17 806 hectares (44 000 acres); Kahnawake couvre aujourd'hui 5 261 hectares (13 000 acres). **9.** Charney: 14, 17. **10.** *Ibid.*, 16. **11.** Le mot iroquoien qui se traduit en anglais par «*warrior*» s'approcherait plus de «jeune homme». La signification du terme et le rôle des «*warriors*» dans la société iroquoise sont étudiés dans les *Akwesasne Notes* 22 n° 4 (1990): 6. Cette publication mohawke, dont la première parution remonte à 1969, est éditée dans la section newyorkaise de la réserve de Saint-Régis. **12.** Puisqu'un article de la *Loi sur les Indiens* dit qu'on ne peut taxer tout bien appartenant à un Amérindien ou utilisé par lui sur un territoire amérindien, les cigarettes peuvent être vendues dans les réserves moins cher qu'ailleurs. Le commerce des cigarettes est devenu une importante source de revenus pour certaines réserves, en particulier celles qui sont situées à proximité de la frontière internationale. Voir Charney: 17-18. **13.** *Ibid.*, 14. **14.** «"Armed, violent" poster stuns fugitive Mohawks», *Edmonton Journal*, 20 oct. 1988. **15.** «Police call Mohawks "terrorists" in national ad», *Edmonton Journal*, 19 sept. 1990. L'annonce, intitulée «We Oppose Terrorism», a paru le même jour dans des journaux du Canada. Le rôle des Warriors dans l'affrontement de 1990 est examiné dans les *Akwesasne Notes* 22 n° 4 (1990): 8. **16.** «Language issue raised anew at Mohawks' trial», *The Gazette*, Montréal, 23 avril 1991; «Quebec Mohawks have right to English at trial, court rules», *Edmonton Journal*, 3 mai 1991; «Right to English trial granted. Judge contradicts earlier ruling in parallel Mohawk case», *Globe and Mail*, 2 mai 1991. **17.** Les sources de cette section sont Judith Hill et The Metis Association of Alberta *et al.* **18.** Voir *Halfbreed*, un classique de Maria Campbell. **19.** Murray Dobbin raconte leur histoire. Norris et Brady sont des anciens combattants de la deuxième guerre mondiale, Norris dans l'Aviation royale du Canada, et Brady dans l'Artillerie royale canadienne. Le docteur Adam Cuthand, un ancien membre de l'armée canadienne, a été le président fondateur de la Fédération des Métis du Manitoba en 1968. **20.** Purich, 1968: 144. **21.** Nicks (1985): 110. **22.** Purich, 1968: 148-149. **23.** Pour lire une étude des Métis et du droit autochtone, voir *Metisism [...]*. **24.** «Pact makes history. "It's our land," Metis say as Getty signs», *The Edmonton Journal*, 2 juillet 1989: 1; aussi, «Historic vote on Metis deal known today», *ibid.*, 21 juin 1989. **25.** «Metis seek talks leading to control of own justice system», *Edmonton Journal*, 23 oct. 1990. **26.** Par exemple, en 1949, dans les Territoires-du-Nord-Ouest, des missionnaires oblats ont remarqué que les Indiens ne voulaient pas de terrain de piégeage enregistré, mais demandaient plutôt la concession d'un grand territoire qu'ils pourraient utiliser en commun. Oblate Archives, St. Albert, Alberta, Fort Good Hope File n° 1, vol. 5: 28. **27.** Un récit personnel sur l'identité métisse a été rédigé par Dorothy Daniels (: 7-15). Voir aussi Redbird. **28.** Voir la critique de Nicks (1986): 52-58. Le catalogue de l'exposition, intitulé *Métis* et préparé par Julia Harrison, retrace brièvement l'histoire des Métis de l'Ouest. **29.** James S. Frideres fait un survol de la situation des Métis dans *Native Peoples in Canada* (: 267-292).

## Chapitre XXV

**1.** Morrison, 1984: 32-34; Coates et Morrison, éd., 1988: 43-47; et Morton, 1973: 708-709. Quant aux baleiniers qui faisaient du commerce, voir Bockstoce: 192-194. **2.** William R. Morrison, 1984: 31-41. Au sujet du processus qui a mené à l'acquisition de l'archipel de l'Arctique par le Canada, voir Zaslow, 1971: 88-100, et W. Gillies Ross, «Whaling, Inuit, and the Arctic Islands», dans Zaslow, éd.: 33-50. 3. Zaslow, 1971: 93-94. 4. Fumoleau: 27-30; Zaslow, 1971: 88-100. 5. Interview avec Felix Gibot enregistrée par Richard Lightning; «Treaty and Aboriginal Rights Research of the Indian Association of Alberta», 5 fév. 1974, dans Richard Price, éd.: 157. 6. *Report of the North-West Mounted Police 1898*, partie II, rapport de patrouille, Fort Saskatchewan au Fort Simpson, inspecteur W.H. Routledge: 96. 7. Kerry Abel, «"Matters are growing worse": Government and Mackenzie Missions, 1870-1921», dans Coates et Morrison, éd., 1989: 75. Au Yukon, le premier internat pour Indiens a été fondé à Carcross en 1901 par l'évêque anglican W.C. Bompas. 8. Department of Indian Affairs, vol. 1115, Deputy Superintendent's Letterbook, Hayter Reed to Charles Constantine, commander of the first Yukon police contingent, 29 mai 1894. Cité par Coates (1984): 181. Cet article est tiré de la thèse de Kenneth S. Coates, 1984. 9. Par exemple, Tetso; Maxwell Paupanekis, «The Trapper», dans Bolus: 137-143. 10. Brody: 29. 11. Bompas a été évêque de l'Athabasca de 1874 à 1884, et évêque du Mackenzie de 1884 à 1891. Il habitait le Nord depuis 1865, établissant un record pour un missionnaire du XIXe siècle. Un de ses confrères qui deviendra une voix prépondérante à la défense des Amérindiens a été I.O. Stringer, qui est arrivé dans le Nord en 1894 et qui a succédé à Bompas comme évêque de Selkirk, au Yukon. 12. Il serait plus approprié d'appeler «partage d'épouses» le «prêt de femmes». Quand les capitaines de baleiniers partageaient les femmes de leurs associés inuits, ces dernières estimaient qu'elles-mêmes partageaient les capitaines avec leurs épouses au loin. 13. William R. Morrison, 1984: 45-46; Jenness, 1972: 14; Abel, «Matters are growing worse», dans Coates et Morrison, éd., 1989: 76; Bockstoce: 276-279. Comme l'a souligné Thomas Stone («Atomistic Order [...]»: 327-339), les baleiniers, contraints par leur vie à bord fortement structurée, n'ont pas mis au point de mécanismes publics leur permettant de traiter des situations conflictuelles au sein d'une plus grande collectivité, ainsi que l'ont fait les mineurs au Yukon. Voir aussi *idem*, «Flux and Authority [...]» (1983): 203-216. Quand les forces policières sont arrivées, la plupart des baleiniers hivernaient dans l'île Baillie, à 483 kilomètres à l'est. 14. Beaglehole: 70; cité par W. Gillies Ross, 1975: 138. Voir aussi Bockstoce. 15. Coates et Morrison, éd., 1988: 112-113. 16. Diubaldo, 1985: 13-14. 17. Morrison, 1984: 87. 18. Un film de Barry Greenwald, *Between Two Worlds*, raconte l'histoire de Joseph Idlout, de Pond Inlet et Resolute Bay, un grand chasseur qui a embrassé les coutumes blanches. Il a si bien réussi que lui et sa famille ont été le sujet d'un classique de l'Office national du film, *Land of the Long Day*, mis en scène par Doug Wilkinson en 1951; la famille a aussi illustré le verso du billet canadien de 2 dollars. Idlout a fini sa vie comme pilier de bar, vivant de petits boulots. Le 2 juin 1968, il est mort dans un accident. Une critique de *Between Two Worlds* a paru dans l'*Edmonton Journal* du 11 sept. 1990. L'histoire plus heureuse d'un chasseur qui a fait la même transition est racontée par Nuligak. 19. Dacks: 90. 20. Low, qui avait beaucoup fait pour explorer le Labrador, avait commandé en 1903 l'Expédition gouvernementale vers la baie d'Hudson et le Nord. F.J. Alcock, «Albert Peter Low», dans Wonders, éd.: 76-81. 21. W. Gillies Ross (1976): 87-104. 22. McClellan, 1987: 43; Jenness (1972: 14) affirme qu'en 1930 pas plus d'une douzaine, s'il en était, pouvaient prétendre avoir pour ancêtre des habitants originaux de l'Arctique de l'Ouest. 23. McMillan: 246. 24. Jenness, 1972: 11 et n1. Selon un compte rendu, quatre enfants survécurent. 25. Mair: 60. La phrase a aussi été attribuée à Wahpeehayo («White Partridge»), qui se trouvait là lui aussi. 26. Long, 1978; James Morrison. 27. Jenness (1972: 17) s'est montré ferme à ce sujet et très critique à l'égard de l'action du Canada. 28. Richard C. Daniel, «Spirit and Terms of Treaty Eight», dans Richard Price, éd.: 58. 29. McConnell. Cité par Fumoleau: 39, et Daniel, «Spirit and Terms of Treaty Eight»: 58-59. 30. Cruikshank et Robb: 2. 31. Leur soudaine richesse n'a pas rendu la vie meilleure pour Skookum Jim Mason ou Dawson Charlie, les frères de Kate. Ce dernier s'est noyé en 1908 après être tombé d'un pont, tandis que Skookum Jim a pris sa retraite sur ses terres à Carcross, où il est mort 1916. Kate Carmack a été abandonnée par son mari qui est parti pour la Californie et s'est remarié. Kate est restée à Carcross, où elle est devenue une sorte d'attraction touristique (Zaslow, 1971: 145). 32. Innis, 183. 33. *Report of the Commissioner of the North-West Mounted Police*, Northern Patrol 1897: 170. Cette observation a été faite en rapport avec l'habitude prise par des trappeurs blancs de se servir d'appâts empoisonnés. 34. Pour lire des souvenirs d'Indiens sur ce qui s'est produit sur la rivière Klondyke, voir Cruikshank et Robb: 13-15. 35. Fumoleau: 58; Daniel, «Spirit and Terms of Treaty Eight»: 63. L'histoire de la «patrouille perdue» (1919-1921), qui se termine par la perte de quatre hommes, n'est qu'un des nombreux rappels des dangers que fait courir dans le Nord une trop grande confiance en soi. La patrouille devait se rendre de Dawson à Fort McPherson; l'inspecteur F.J. Fitzgerald, qui la menait, en plus de ne pas prendre avec lui un guide autochtone, avait refusé de l'aide quand on lui en a offert. L'histoire a servi de sujet à une dramatique à la CBC. Voir North. 36. Tobias (1976): 21; Zaslow, 1971: 96-97. Les Métis étaient aussi contrariés par la législation. Mair: 92. 37. Le problème tel qu'il s'appliquait dans le Nord en général est abordé par Ray, 1990: 197-221. 38. Fumoleau: 47. Voir aussi MacGregor. 39. Mair: 23-24. 40. Madill: 63. 41. Daniel, «Spirit and Terms of Treaty Eight»: 58. 42. Fumoleau: 59. 43. *Ibid.*, 51. 44. *Ibid.*, 60. 45. William R. Morrison, 1984: 52. 46. Coates (1984): 184. Coates maintient qu'Ottawa avait des réticences face à l'attribution de réserves de crainte qu'on y découvre plus tard de l'or. 47. Daniel, «Spirit and Terms of Treaty Eight»: 65. 48. Rapport officiel de la commission du traité n° 8, 1899, dans Fumoleau: 84. Le récit qui suit est tiré de ce rapport. 49. *Ibid.*, 74, qui cite une déclaration assermentée de James K. Cornwall («Peace River Jim», en 1937), portant sur ses souvenirs des négociations en vue du traité. Cornwall a été engagé dans des projets de transport. 50. Fumoleau: 86. 51. *Ibid.* 52. Mair: 63. 53. Richard Price, éd.: 106. 54. Daniel, «Spirit and Terms of Treaty Eight»: 82. 55. Entrevue avec Felix Gibot, dans Richard Price éd.: 159. 56. Cité dans *ibid.*, 95. Ce commentaire fut fait lors de la cause Paulette *et al.*, Cour suprême des Territoires-du-Nord-Ouest, 1973-1977. 57. Daniel, «Spirit and Terms of Treaty Eight»: 95-96. 58. Fumoleau: 192-196. 59. Daniel, «Spirit and Terms of Treaty Eight»: 96-97. 60. Long, «No Basis for Agreement?» (1989): 26. 61. Fumoleau: 142. 62. Zaslow, 1971: 90-91. 63. Jenness, 1972: 23. Aussi, Ray, 1990; et Zaslow, 1988. 64. Shelagh D. Grant, 1988: 14-19. 65. Abel, «Matters are growing worse», dans Coates et Morrison, éd., 1989: 82. Les Alberta Provincial Archives (17.220, Item 994, box 25) possèdent une copie dactylographiée (datant du 5 juin 1938) de la note de Breynat dans laquelle il dénonçait le traitement accordé aux Indiens par le gouvernement. Une note dans la marge dit qu'elle a été publiée dans le *Toronto Star* vers la fin de juin et dans *Le Soleil* (Québec) le 3 juillet 1938. 66. McClellan, 1987: 90. 67. Au sujet de certains des problèmes liés au trappage aujourd'hui, voir James W. VanStone, «Changing Patterns of Indian Trapping in the Canadian Subarctic», dans Wonders, éd.: 170-186. 68. Crowe: 163. 69. Diubaldo, 1985: 17-18. 70. Milton Freeman a associé la pratique chez les Inuits netsiliks au besoin qu'il y a à maintenir un équilibre culturel dans les rôles sexuels («*Ethos* [...]», 1968). 71. Pour obtenir des détails sur cette affaire et d'autres de la même époque, voir Diubaldo, 1985: 15-17. Une étude détaillée du premier procès pour meurtre dans l'Arctique (1917), au terme duquel deux accusés inuits ont été trouvés coupables mais pour lesquels le tribunal a fait preuve de clémence, a été préparée par Moyles. 72. *The Inuit Way* [...]: 6; une version moins idéalisée, telle que la pratiquaient les Inuits du Cuivre, est décrite par Jenness, 1922: 94-96. Assez curieusement, les villages miniers de Blancs remontant avant la ruée vers l'or au Yukon ont inventé un système judiciaire qui ressemblait dans une certaine mesure à celui des Inuits. On n'y jugeait pas seulement l'offense, mais aussi le caractère de l'accusé et ce qu'il allait vraisemblablement faire dans l'avenir. On appelait cela une «justice tournée vers l'avenir». Coates et Morrison, éd., 1988: 60-61. 73. Jenness, 1922: 232. 74. Diubaldo, 1985: 36. Le commentaire était aussi révélateur de l'attitude de l'officier que de celle des Inuits. 75. William R. Morrison: 127-130. 76. *Ibid.*, 94. 77. Leslie et Maguire éd.: 119. 78. Jenness, 1972: chap. 2. 79. Diubaldo, 1985: 32. 80. C.S. Mackinnon, «The 1958 Government Policy Reversal in Keewatin», dans Coates et Morrison, éd., 1989: 160. 81. Au sujet de la distinction, voir Michael H. Brown: 315; au sujet des liens génétiques avec les athapascanophones, voir Emöke J.E. Szathmary, «Human Biology in the Arctic», dans *HNAI*, vol. 5: 70-71. Aussi Diubaldo (1981) 34-40. 82. Les lettres sont reproduites dans Diubaldo, 1985: 46-47. L'habitude de classer les «Esquimaux» parmi les Amérindiens s'est prolongée longtemps au XXᵉ siècle. Voir par exemple l'édition de 1934 du *Webster's International Dictionary* (cité dans *ibid.*, 45). 83. Hamelin, chap. 6. 84. Mackinnon, «Government Policy Reversal»: 161. 85. Diubaldo, 1985: 57. Aussi, Constance Hunt.

## Chapitre XXVI

1. Le dépliant *Indians of Canada Pavilion*, donné aux visiteurs, reflète peu cette situation, même s'il présente une gamme de points de vue amérindiens. La phrase: «Je vois un Indien, grand et fort de la fierté de son patrimoine. Il se tient avec nos fils, homme parmi les hommes» exprime son ton général; pourtant, ce romantisme était plus efficace en littérature qu'en politique. 2. Lloyd Barber. Officiellement, il y a eu des réticences à laisser les Amérindiens plaider leur cause. 3. Débats de la Chambre des communes, 8 déc. 1953: 698. Sir John Seeley (*The Expansion of England*, 1883), professeur d'histoire moderne à Cambridge, fut le premier à utiliser l'expression, en faisant allusion à l'expansion de l'empire britannique au cours de la période de 1688 à 1815. 4. Zaslow, 1971: 278. 5. Brody: 220. 6. Hawthorn, vol. I: 6. 7. Un article qui a fait école sur la façon dont les historiens abordent les Amérindiens a été rédigé par Walker: 21-51. Un rapport complémentaire, «The Indian in Canadian Historical Writing, 1971-1981», aussi de Walker, est paru dans Getty et Lussier, éd.: 340-357. 8. Divers aspects des perturbations sociales auxquelles ont donné lieu ces changements de valeurs et de situations ont été le sujet d'un rapport spécial: «A Canadian Tragedy»: 12-25. 9. Hawthorn, vol. I: 13. 10. Dunning: 206-207. Une analyse détaillée de la naissance du livre blanc, *Making*

*Canadian Indian Policy*, a été préparée par Weaver. Voir aussi Ponting et Gibbins: 25-29. 11. *Statement of the Government of Canada on Indian Policy, 1969*: 3. Voir aussi Bradford W. Morse, «The Resolution of Land Claims», dans Morse, éd.: 618-621. 12. Gibson: 550-555, 486-512. 13. «Statement of National Indian Brotherhood», dans *Recent Statements by the Indians of Canada*, Anglican Church of Canada General Synod Action 1969, bulletin 201, 1970: 28. 14. Cité par Weaver, 1981: 174. Voir aussi Marie Smallface Marule, «The Canadian Government's Termination Policy: From 1969 to the Present Day», dans Getty et Smith: 103-116. 15. Ponting et Gibbins: 197. 16. «Wuttunee Termed "Traitorous", Barred from his Home Reserve», *Globe and Mail*, Toronto, 4 mai 1970. 17. Wuttunee: 136-141. 18. Hugh A. Dempsey, 1986: 204-206. 19. À une conférence d'Amérindiens à Kamloops en nov. 1969, certains ont exprimé des regrets à la suite du rejet de tout le livre blanc (Tennant, 1990: 153). 20. Le texte de *Citizens Plus* a été reproduit dans *The First Citizen* 7 (juin 1970). D'autres réactions d'Amérindiens ont paru dans *ibid.* 8 (juillet 1970). 21. Alpheus H. Snow: 7. 22. Une circulaire du 20 octobre 1830, publiée par la Société pour la conversion et la civilisation des Indiens du Haut-Canada, se lit en partie ainsi: «[...] ce doit être un sujet de grande préoccupation que de réfléchir à l'existence dans cette province d'un très grand nombre d'indigènes du pays, possesseurs originaux du sol sur lequel nous vivons maintenant, qui profitent des bienfaits de la vie civilisée, qui ne savent encore rien de cette Bonne Nouvelle du Salut qu'annonce l'évangile de Jésus Christ.» (Metropolitan Toronto Public Library, History, H-1830.) 23. Slattery (1983) a étudié certaines causes ayant trait au droit autochtone dans le monde anglophone. 24. William R. Morrison, 1983: 44-53. D'après l'accord de 1993, 44 440 km² (8,6 pour cent de la masse territoriale du Yukon) sont réservés pour les 14 bandes yukonnaises, qui recevront aussi un montant compensatoire de 280 millions de dollars. 25. Douglas Sanders, «Government Agencies in Canada», dans *HNAI*, vol. 4: 282. 26. Voir, par exemple, Robertson. 27. Daniel: 118-121. 28. Zaslow, 1988: 151. 29. DINA File 1/3-11, vol. 1, E. Fairclough à E.D. Fulton, 9 nov. 1961. Cité par Daniel: 217. 30. Ce récit est fondé sur la thèse de Ferreira. Voir aussi Clerici; et Boyce Richardson, «Wrestling with the Canadian System: A Decade of Lubicon Frustration», dans Richardson, éd.: 231-264. 31. Ferreira: 93. 32. «Lubicon Cree Defy Japanese Logging Plans», Akwesasne Notes 22 nᵒ 6 (1991): 10-19. 33. «Cree sign land-claim agreement», *Edmonton Journal*, 20 déc. 1990: 1. 34. Shkilnyk: 123-132. 35. Ponting, éd.: 299. Pour connaître l'impression de Thomas R. Berger, voir *Village Journey*, New York, Hill and Wang, 1985. 36. Peckham: 66. 37. Ponting et Gibbins: 81. 38. Les conclusions de la Commission royale sur l'accusation de Donald Marshall Jr. ont été publiées dans le *Globe and Mail*, 27 janv. 1990, A9. 39. «Justice on trial», *Edmonton Journal*, 30 mars 1991, H1, H3. 40. «Justice system falls short, Siddon says», *Edmonton Journal*, 27 mars 1991. 41. Ponting et Gibbins: 97. 42. Ponting, 1978: 145-160. 43. Diubaldo, 1985: 74. Voir aussi R.M. Hill, «Reindeer Resource in the Mackenzie Delta — 1968», dans Wonders, éd.: 225-229. 44. Canada. Ministère des Mines et des Ressources, 1944: 70. Aussi Stager: 127-136. 45. Zaslow, 1988: 145. 46. Diubaldo, 1985: 130-131. 47. Zaslow, 1988: 145-146. 48. C.S. Mackinnon, «The 1958 Government Policy Reversal in Keewatin», dans Coates et Morrison, éd., 1989: 162. 49. Jenness, 1972: 9. 50. Diubaldo, 1985: 118. 51. Jenness, 1972: 59-64; Zaslow, 1988: 168-173. Voir aussi «Displaced Inuit wait six years for a new village», *Globe and Mail*, Toronto, 14 août 1984; et Lyall. 52. Diubaldo, 1985: 118-130; Mackinnon, «Government Policy Reversal»: 166-167. Un observateur a comparé les fonctionnaires du Nord qui furent chargés de ces villages aux agents des réserves amérindiennes. 53. Williamson: 82. Voir aussi David E. Young, éd.; et Nixon: 67. L'adoption très répandue de l'alimentation, de l'habillement et du mode d'habitation des Blancs a été perçue comme préjudiciable à la santé des Autochtones (Zaslow, 1988: 153). 54. «Decades later, Inuit far from home», *Toronto Star*, 27 déc. 1988; «Lost Inuk's family found, N.W.T. brings him home», *Edmonton Journal*, 5 janv. 1989; «Families still search for Inuit sent south in '40s and '50s», *ibid.*, 23 janv. 1989; «Inuit unlock mystery of 1950s epidemic», *ibid.*, 23 janv. 1989; «Inuit Teen finds his family — at last», *ibid.*, 6 juillet 1989; «Burial locations bring peace of mind», *ibid.*, 24 juin 1990. 55. Milton M.R. Freeman, 1988: 166. 56. «Ottawa must pay Inuit for relocation: report», *The Gazette*, Montréal, 20 juin 1990, B4. Pour des renseignements sur le contexte, voir Milton M.R. Freeman, «The Grise Fiord Project», dans *HNAI*, vol. 5: 676-682. 57. «No apology from the federal government to uprooted Inuit», *Edmonton Journal*, 20 nov. 1990; «Ottawa uprooted Inuit for Arctic "sovereignty"», *ibid.*, 26 juin 1991; «Study disputes Inuit relocation», *ibid.*, 26 juin 1991. 58. Freeman, «The Grise Fiord Project»: 682. Aussi, *idem*, «Patrons, Leaders [...]», 1968. 59. Traditionnellement, les Inuits ne portaient aucun nom de famille; il s'agit évidemment d'une caractéristique qu'on retrouvait partout chez les peuples tribaux. 60. Okpik: 48-50. 61. Zaslow, 1988: 301. 62. Stefansson a dirigé l'Expédition canadienne de l'Arctique de 1913-1918, à caractère scientifique, qui a, entre autres travaux, cartographié le terrain et mené des recherches géologiques. 63. Stefansson. Voir aussi William R. Morrison, 1984: 74-77. 64. Mackinnon, «Government Policy Reversal»: 166-167. 65. Zaslow, 1988: 277-279. 66. «Prescription for North begins with better housing», *Edmonton Journal*, 19 mai 1991. Nellie Cournoyea, fille d'un trappeur norvégien et d'une Inuvialuite, a grandi sur un terrain de piégeage du delta du Mackenzie. 67. Diubaldo, 1985: 1-7. Aussi, *idem*, «You Can't Keep the Native Native», dans Coates et Morrison, éd., 1989: 171-185.

## Chapitre XXVII

1. Harper (1946): 313. 2. Ponting et Gibbins: 100; Dacks: 199. 3. Cardinal, 1969: 44. 4. «Indian Affairs' $2.5-billion buys a lot of red tape», *Edmonton Journal*, 24 nov. 1980. Voir aussi «Scrap Indian Affairs, report urges», *ibid.*, 22 nov. 1990; et «Scrap the Indian Act», *ibid.*, 23 nov. 1990. 5. Coates et Morrison, éd., 1988: 281-282. 6. Marchand: 1019-1020. 7. «Indians eating contaminated fish», *Globe and Mail*, Toronto, 5 nov. 1990: A4. 8. De'Ath et Michalenko: 177-178; Shkilnyk; Hutchison et Wallace; Aikenhead 19. 9. Dacks: 148. 10. Toutefois, certains milieux étaient préoccupés. Voir Charest: 323-337; et Manitoba Environmental Council. 11. Hendry. Voir aussi McCullum. Un précédent examen de la question a été préparé par Melling. 12. La déclaration catholique, rédigée par le conseil d'administration de la Conférence catholique des évêques du Canada, est d'abord parue dans *The Catholic Register*, 11 oct. 1975, et a ensuite été publiée sous forme de dépliant. 13. «New role in church could aid self-government, natives say», *Edmonton Journal*, 18 août 1988; «Anglicans choose first native bishop», *ibid.*, 5 nov. 1988. 14. «Investigating a different faith», *Globe and Mail*, Toronto, 18 mai 1991. 15. *Catholic New Times*, 8 sept. 1991: 1. 16. Au nombre de celles-ci, une association remarquable, le Comité d'étude des droits des Autochtones (CEDA), fondé en 1969 par Agnes Semmler, une Métisse loucheux qui en fut la première présidente, et Nellie Cournoyea. Avec son siège social à Ottawa, le Comité est devenu la voix des Inuvialuits. 17. Cité par Colin Scott, 1989: 103. 18. La convention a été signée par le gouvernement du Québec, trois sociétés publiques du Québec, le Grand Conseil des Cris (du Québec), l'Association des Inuits du Nouveau-Québec et le gouvernement du Canada; elle mettait en cause 6 650 Cris de 8 communautés et 4 386 Inuits de 15 autres communautés. 19. Harvey Feit, «Legitimation and Autonomy in James Bay Cree Responses to Hydro-Electric Development», dans Dyck, éd.: 28-29. 20. *James Bay and Northern Quebec [...]*, Ottawa, ministère des Affaires inidiennes et des Ressources du Nord, 1982. 21. Billy Diamond: 26. 22. Circulaire signée Stephen Hazell, directeur administratif du Comité canadien des ressources arctiques, s.d. D'autres évaluations se sont élevées jusqu'à 62 milliards de dollars. 23. «James Bay agreement is law, court rules», *The Gazette*, Montréal, 14 mars 1991. 24. *The Gazette*, Montréal, 23 mars 1991. 25. Audiences publiques Berger, Reiner Genelli, Whitehorse, vol. 23: 2374-2375. Cité par Page: 212. 26. Audiences publiques Berger, Philip Blake, Fort McPherson, vol. 12: 1081. Cité par Page: 213. 27. Berger, 1977. Voir aussi O'Malley; et McCullum et Olthuis. 28. Daniel: 226. 29. Ponting, éd.: 34-41. 30. «Status Indians number half a million», *Globe and Mail*, Toronto, 30 août 1990, A5. 31. Asch, 1984: 105. 32. Au sujet des répercussions possibles des clauses constitutionnelles, voir Slattery (1982): 232-273. 33. Long, Little Bear et Boldt: 194. 34. Opekokew, 1980. 35. Ponting, éd.: 318. Schwartz a étudié les aspects juridiques en jeu. 36. Nock: 136-137. Les articles, parus sous le pseudonyme «Fair Play», ont été attribués à E.F. Wilson. 37. Ponting, éd.: 321. Nungak est premier vice-président de la Société Makivik du Québec. Avec Eugene Arima, il a publié *Eskimo stories—unikkaatuat*. Les récits sont illustrés de photographies de sculptures inuites. 38. Harper, un Amérindien signataire de traité, fut ministre provincial des Affaires du Nord de 1986 à 1988. Ovide Mercredi, un Cri de Grand Rapids (Man.), à cette époque chef régional manitobain de l'Assemblée des Premières Nations, ainsi que Phil Fontaine, grand chef ojibwé de l'Assemblée des chefs du Manitoba, servaient de conseillers à Harper au sujet de l'Accord du lac Meech. 39. «Foes stall accord again», *Edmonton Journal*, 15 juin 1990. 40. «Elijah Harper: one man, one feather», *The Gazette*, Montréal, 23 juin 1990. 41. «Native leaders turn tables on Quebec», *ibid.* 18 juin 1990. 42. «Give us a government of first nations», *ibid.*, 1990. 43. L'Institut de recherches politiques a préparé une étude sur l'autonomie gouvernementale amérindienne (Cassidy et Bish). 44. Au sujet du besoin en faveur de pouvoirs locaux dans des domaines comme les soins de santé, voir Nancy Gibson, «Northern Medicine in Transition», dans David E. Young: 110-121. Au sujet des premières luttes pour un gouvernement responsable, voir Thomas: 234-263. 45. Dacks: 92-93; Coates et Powell. 46. Chap. XVII, n7. 47. «Alberta native senator considered quitting over GST», *Edmonton Journal*, 5 janv. 1991. 48. Purich, 1986: 58-59; J.R. Miller: 263. 49. *Report of the Cree-Naskapi Commission*, 1988: 10. 50. *Ibid.*: 45. 51. Weaver (1986): 23. 52. *Report of the Cree-Naskapi Commission*: 1988: 45-47. 53.Le gouvernement du Canada et le Comité d'étude des droits des Autochtones, au nom des Inuvialuits, ont signé cette convention. 54. «Gourmets from New York to Tokyo feast on North's woolly musk-ox», *Edmonton Journal*, 21 mai 1991. La viande de boeuf musqué a reçu récemment une médaille d'or de l'association Chefs of America; sa laine, huit fois plus chaude (en proportion de son

poids) que la laine de mouton, se compare au poil de chèvre du Cachemire. **55.** «Siddon says Yukon land claim deal won't mean Indian self-government», *Edmonton Journal*, 22 oct. 1990. **56.** Dans ce domaine, le gouvernement n'a pas suivi le compte rendu du Groupe de travail sur l'examen de la politique des revendications globales des Autochtones, qui préconisait l'abandon de l'extinction de tous les droits ancestraux comme exigence préalable au règlement d'une revendication. Voir *Living Treaties: Lasting Agreements*: 43. **57.** «Dene-Metis land deal dead, Siddon says», *Edmonton Journal*, 8 nov. 1990; et «Land claims back to square one», *ibid.*, 24 nov. 1990. **58.** «Indians reach regional deal», *Edmonton Journal*, 14 juillet 1991; «Gwich'in Indians back $75M land-claims deal», *Edmonton Journal*, 22 sept. 1991. **59.** Le pour et le contre de la proposition du Nunavut sont examinés dans Merritt *et al.* **60.** Watt: 46-47; «Inuit, gov't strike land deal» et «Inuit dream carries high price tag», *Edmonton Journal*, 17 déc. 1991. **61.** Rudnicki: 83-84. **62.** «Dene feel cheated by government deal with Inuit», *Edmonton Journal*, 20 juin 1991. **63.** «Boundary ruling paves way for N.W.T. split», *Edmonton Journal*, 20 avril 1991. **64.** *Self-Determination Symposium Summary Report*: 60. Erasmus a été président de la Nation dènèe, dans les Territoires-du-Nord-Ouest, de 1976 à 1983. **65.** *Christian Science Monitor*, 18 oct. 1990: 11. **66.** «Innu chief warns government», *Globe and Mail*, 2 oct. 1990. Une étude des diverses priorités des Amérindiens est présentée dans Richardson, éd. Voir aussi Long et Boldt, éd.; Littlebear, Boldt et Long, éd. **67.** Judgment of Igloliorte, P.C.J., dans *Regina v. Daniel Ashini et al.*, Cour provinciale de Terre-Neuve, district de Happy Valley/Goose Bay, Labrador, 18 avril 1989. Aussi Daniel Ashini, «David Confronts Goliath: The Innu of Ungava versus the NATO Alliance», dans Richardson, éd.: 45-70. **68.** Randall J. Brown. La presse a largement couvert l'événement; par exemple, «Here we are, here we stay, chief says: Smallboy's squatters look to old ways», *Edmonton Journal*, 30 mai 1975; «I'd trade my award for more real estate», *ibid.*, 17 janv. 1980; «Cree leader: "I'll hang before moving"», *Akwesasne Notes* 3, nº 4 (1971), à la une. **69.** «Smallboy's Camp seeks support», *Edmonton Journal*, 13 oct. 1991. **70.** Une étude de la situation juridique des Indiens au Canada est présentée par Paul Williams dans «Canada's Laws about Aboriginal Peoples: A Brief Overview», dans *Law and Anthropology* I (1986): 93-120. Il s'agit d'un annuaire international publié par l'Université de Vienne. **71.** «Status Indians number half a million», *Globe and Mail*, 30 août 1990: A5. **72.** «Explosion of Inuit to double numbers within two decades», *Edmonton Journal*, 10 sept. 1990.

## *Épilogue*

**1.** Boldt: 205-231. **2.** McMillan: 6. **3.** Dewdney, «Birth of a Cree-Ojibway Style of Contemporary Art»: 117-125. **4.** Guidon: 10. **5.** «Harper speaks on Native Awareness», *Native Sports, News, and Culture*, 2, nº 4 (1991): 26.

# BIBLIOGRAPHIE

*Sources manuscrites*

Archives nationales du Canada, Ottawa
   MG 1: Archives des Colonies
      Série B. Lettres envoyées.
      Série $C^{11}$A. Correspondance générale, Canada.
      Série $C^{11}$B. Correspondance générale, Île Royale.
      Série $C^{11}$C. Amérique du Nord.
      Série $C^{11}$G. Correspondance Raudot-Pontchartrain, domaine de l'Occident à l'Île Royale.
      Série $C^{12}$. Correspondance générale, Saint-Pierre et Miquelon.
      Série $C^{13}$A. Correspondance générale, Louisiane.
      Série $F^{1}$A. Fonds des colonies.
      Série $F^{3}$. Collection Moreau de Saint-Méry.
  MG 2: Archives de la Marine.
      Série $B^{3}$. Lettres reçues.
  MG 7: Bibliothèques de Paris.
      Bibliothèque nationale, département des manuscrits.
      1A, 2, Fonds français.
      1A, 10, Collection Moreau.
  MG 11: Colonial Office.
      Nova Scotia Papers.
      Nova Scotia A.
      Nova Scotia B.
  MG 18: Pre-Conquest Papers.
      E29: Pierre-François-Xavier Charlevoix Papers
  MG 21: British Museum. Sloane and Additional Manuscripts.
      Haldimand Papers.
  MG 26A: Macdonald Papers.
  RG 6: Secrétariat d'État
  RG 10: Affaires indiennes et du Nord.
      Journal du surintendant adjoint.
      Correspondance diverse, Oka.
Provincial Archives of Alberta.
   Oblats de Marie-Immaculée.
Oblate Archives, Saint-Albert, Alberta.
Provincial Archives of British Columbia.
      Correspondance Inward.

Saskatchewan Archives Board.
    Campbell Innes Papers.
    Rev. J.A. Mackay Papers.
    Indian Schools, 1907-1908.
Hudson's Bay Company Archives, Winnipeg.
    HBC Official Correspondence Book Outwards.
        Moose Fort Journal.
        Peter Fidler's Journal.
Provincial Court of Newfoundland, District of Happy Valley/Goose Bay, Labrador, Judgement of Igloliorte, P.C.J., in Regina v. Daniel Ashini *et al.*, 18 avril 1989, texte dactylographié.

### *Thèses, documents et manuscrits non publiés*

Ackerman, Robert E., «A Siberian Journey: Research Travel in the USSR, July 20-August 20, 1990», rapport non publié présenté au National Endowment for the Humanities et à la Washington State University, 25 sept. 1990.

Barber, Lloyd, «The Implications of Indian Claims for Canada», allocution donnée à la Banff School of Advanced Management, Banff, Alberta, 9 mars 1978.

Bartels, Denis A., et Olaf Uwe Janzen, «Micmac Migration to Western Newfoundland», mémoire présenté à la Canadian Historical Association, Victoria, 1990.

Bennett, J.A.H., et J.W. Berry, «The Future of Cree Syllabic Literacy in Northern Canada», mémoire présenté à la Fifteenth Algonquian Conference, Winnipeg, 1986.

Brown, Randall J., «Smallboy's Camp: A Contemporary Example of a Revitalization Movement», texte dactylographié.

Bull, Linda R., «Indian Residential Schooling: The Native Perspective» (thèse de M. Ed, University of Alberta, 1991).

Coates, Kenneth S., «Best Left as Indians: Indian-White Relation in Yukon Territory, 1840-1950» (thèse de Ph. D., University of British Columbia, 1984).

Daniel, Richard C., «Indian Rights and Hinterland Provinces: The Case of Northern Alberta» (thèse de M. A., University of Alberta, 1977).

Ferreira, Darlene Abreu, «Need Not Greed: The Lubicon Lake Cree Band Claim in Historical Perspective» (thèse de M. A., University of Alberta, 1990).

Hall, Anthony J., «The St. Catharine's Milling and Lumber Company vs. The Queen: A Study in the Relationship of Indian Land Rights to Federal-Provincial Relations in Nineteenth-Century Canada», texte dactylographié.

———— «The Ontario Supreme Court on Trial: Justice Donald Steele and Aboriginal Right», texte dactylographié.

Hamilton, John David, «The Absent-Minded Revolution. A Political and Social History of the NWT, 1990», manuscrit de 385 pages.

Hazell, Stephen, directeur administratif, Comité canadien des ressources arctiques, circulaire, s.d.

Herring, Ann, «The 1918 Flu Epidemic in Manitoba Aboriginal Communities: Implications for Depopulation Theory in the Americas», mémoire présenté à l'American Society for Ethnohistory, Toronto, 1990.

Hill, Judith, «The Ewing Commission, 1935: A Case Study of Metis Government Relations» (thèse de M.A., University of Alberta, 1977).

Leighton, Douglas, «The Historical Significance of the Robinson Treaties of 1850», mémoire présenté à la Canadian Historical Association, Ottawa, 1982.

Manitoba Environmental Council, «Southern Indian Lake and Hydro Development», comptes rendus publiés à Winnipeg le 19 janv. 1973.

McNab, David T., «Exchanging Time and the Ojibwa: An Exploration of the Notions of Time and Territoriality», mémoire présenté à l'American Ethnohistory Society, à Toronto, 1990.

Moodie, D. Wayne, Kerry Abel, et Alan Catchpole, «Northern Athapaskan Oral Traditions and the White River Volcanic Eruption», mémoire présenté à la conférence Aboriginal Resource Use in Canada: Historical and Legal Aspects, University of Manitoba, 1988.

Morantz, Toby, «Old Texts, Old Questions — Another Look at the Issue of Continuity and the Early Fur Trade Period», mémoire présenté à l'American Society for Ethnohistory, Chicago, 1989.

Poulton, Cody, «Songs from the Gods: "Hearing the Voice" in the Ascetic Rituals of West Coast Indians and Japanese Liturgic Drama», mémoire présenté au Thirty-third International Congress of Asian and North African Studies, University of Toronto, 1991.

Robson, Robert, «The Indian Act: A Contemporary Perspective», University of Manitoba, texte dactylographié.

Shankel, G.E, «The Development of Indian Policy in British Columbia» (thèse de Ph.D., University of Washington, 1945).

Sloan, W.A., «The Columbia link — native trade, warfare, and European penetration of the Kootenays», mémoire présenté au Orkney-Rupert's Land Colloquium, Orkney Islands, 1990.

Stagg, Jack, «Anglo-Indian Relations in North America to 1763 and an Analysis of the Royal Proclamation of 7 October 1763», Ottawa, ministère des Affaires indiennes et des Ressources du Nord, Division de la recherche, 1981.

Taylor, John Leonard, «The Development of an Indian Policy for the Canadian North-West, 1869-70» (thèse de Ph.D., Queen's University, 1975).

### Documents et rapports imprimés

Akins, Thomas B., *Selections from the Public Documents of the Province of Nova Scotia*, Halifax, Annand, 1869.

Bagot Commission Report, *Journals of the Legislative Assembly of the Province of Canada*, 1844-45, appendice EEE; et 1847, appendice T.

«The Bear Island Decision», *Ontario Reports* (deuxième série), 49, partie 7, 17 mai 1985, p. 353-490.

Berger, Thomas R., *Northern Frontier, Northern Homeland*, 2 vol., Ottawa, Approvisionnements et Services Canada, 1977.

Berger Community Hearings.

Biggar, Henry P., éd., *A Collection of Documents Relating to Jacques Cartier and the Sieur de Roberval*, Ottawa, Archives publiques du Canada, 1930.

——— éd., *The Voyages of Jacques Cartier*, Ottawa, Acland, 1924.

——— éd., *The Works of Samuel de Champlain*, 6 vol., Toronto, The Champlain Society, 1922-1936.

Campeau, Lucien, *Monumenta Novae Franciae I: La première mission d'Acadie (1602-1616)*, Québec, Les Presses de l'Université Laval, 1967; et *II: Établissement à Québec (1616-1634)*, 1979.

Canada. Rapports annuels du ministère des Affaires indiennes.

Canada. Ministère des Mines et des Ressources. *Report of the Department for the Fiscal Year Ended March 31, 1944*, Ottawa, Imprimeur du roi, 1944.

Canada. *Indian Treaties and Surrenders*, 3 vol., Ottawa, Brown Chamberlin, 1891-1912 (Coles Facsimile, 1971).

Canada. Parlement. *Débats de la Chambre des communes.*

Canada. Parlement. *Documents parlementaires de la Chambre des communes.*

Canada. Rapports de la Police à cheval du Nord-Ouest.

*Collection de documents inédits sur le Canada et l'Amérique publiée par le Canada français*, 3 vol., Québec, Demers, 1888-1890.

*Collection de manuscrits contenant lettres, mémoires et autres documents historiques relatifs à la Nouvelle-France*, 4 vol., Québec, A. Côté, 1833-1885.

*Culture Change in the Northern Plains: 1000 B.C.-A.D. 1000*, Edmonton, Archaeological Survey of Alberta, Occasional Papers n° 20, 1983.

*Documents Relating to the Constitutional History of Canada: 1759-1791*, partie 1, Adam Shortt et Arthur G. Doughty, Ottawa, 1918.

*Édits, ordonnances royaux, déclarations et arrêts du Conseil d'état du roi concernant le Canada*, 3 vol., Québec, Fréchette, 1854-1856.

*Indian Treaty Rights*, Federation of Saskatchewan Indians, s.d.

*Indians of Canada Pavilion*, brochure du MAIRN pour l'Expo 67.

Johnston, Charles M., éd., *The Valley of the Six Nations: A Collection of Documents on the Indian Lands of the Grand River*, Toronto, 1964.

*Journals of the Honorable House of Representatives of His Majesty's Province of Massachusetts-Bay in New England*, Boston, 1744.

Journals of the Legislative Assembly of Prince Edward Island.

*Journals of the Legislative Assembly of the Province of Canada.*

*James Bay and Northern Quebec Agreement Implementation Review February 1982*, Ottawa, ministère des Affaires indiennes et des Ressources du Nord, 1982.

*Jugements et délibérations du Conseil souverain de la Nouvelle-France*, 7 vol., Québec, A Côté, 1885-1891.

Kelsey, Henry, *The Kelsey Papers*, Ottawa, Archives publiques du Canada et le Public Record Office of Northern Ireland, 1929.

Lincoln, Charles Henry, éd., *The Correspondence of William Shirley*, 2 vol., New York, Macmillan, 1912.

*Living Treaties: Lasting Agreements*, Ottawa, ministère des Affaires indiennes et des Ressources du Nord, 1985.

Lowrie, Walter, et Matthew St. Clair Clarke, éd., *American State Papers. Class II. Indian Affairs, 1789-1827*, 2 vol., Washington, 1832-1834.

Maine Historical Society Collections

Massachusetts Historical Society Collections.

McConnell, R.B., *Report on a Portion of the District of Athabasca Comprising the Country between the Peace River and the Athabasca River North of Lesser Slave Lake*, Ottawa, Imprimeur de la reine, 1983.

*The Mi'kmaq Treaty Handbook*, Sydney et Truro (N.-É.), Native Communications Society of Nova Scotia, 1987.

National Indian Brotherhood, *Inquiry into the Invasion of Restigouche*, rapport préliminaire, 15 juillet 1981.

O'Callaghan, E.B., et J.R. Brodhead, éd., *Documents Relative to the Colonial History of the State of New York*, 15 vol., Albany, Weed Parsons, 1853-1887.

Ontario Reports.

*Rapport de l'Archiviste de la Province de Québec*, 1947-1948.

Recensement du Canada

*Recent Development in Native Education*, Toronto, Canadian Education Association, 1984.

*Report Concerning Canadian Archives, 1905*, 3 vol., 1906.

Report of Treaty Eight Commission, 1899.

*Reports of the Cree-Naskapi Commission*, Ottawa, 1968, 1988.

Reports of the Supreme Court of Canada.

Rich, E.E., éd., *Letters Outward 1679-1694*, Toronto, The Champlain Society, 1948.

*Schedule of Indian Bands, Reserves and Settlements*, Ottawa: Affaires indiennes et du Nord canadien, 1987.

Scott, William, *Report Relating to the Affairs of the Oka Indians, made to the Superintendent General of Indian Affairs*, Ottawa, [1883].

*Self-Determination Symposium Report*, Ottawa, Assemblée des Premières Nations, 1990.

*Statement of the Government of Canada on Indian Policy*, 1969.

Statutes of Canada.

Sullivan, James, Alexander C. Flick et Milton W. Hamilton éd., *The Papers of Sir William Johnson*, 14 vol., Albany, N.Y., University of the State of New York, 1921-1965.

Surtees, Robert J., *Canadian Indian Policy: A Critical Bibliography*, Bloomington, Indiana University Press, 1982.

Thwaites, Reuben Gold, éd., *Jesuit Relations and Allied Documents*, 73 vol., Cleveland, Burrows Bros., 1896-1901.

Tyrrell, J.B., éd., *Documents Relating to the Early History of Hudson Bay*, Toronto, The Champlain Society, 1931.

### Médias (journaux, émissions de télévision)

*Akwesasne Notes.*
*Calgary Herald.*
*Catholic Register.*
*Christian Science Monitor.*
*Edmonton Journal.*
*The Fifth Estate*, CBCTV.
*First Citizen.*
*The Gazette*, Montréal.
*The Globe and Mail*, Toronto.
*Manitoba Free Press.*

*Native Sports, News, and Culture*, Edmonton.
*Ottawa Citizen.*
*The Press Independent*, Somba K'e, T-N-O.
*The Times*, Londres.
*The Toronto Star.*
*Treizième Tome du Mercure François*, Paris, Estienne Richer, 1629.
*The Vancouver Sun.*

### Ouvrages de référence

*The Canadian Encyclopedia*, éd. en chef James H. Marsh, 4 vol., Edmonton, Hurtig, 1988.
DBC: *Dictionnaire biographique du Canada*; voir *The Dictionary of Canadian Biography*.
*The Dictionary of Canadian Biography*, George W. Brown, David M. Hayne, and Frances G. Halpenny, éd., 12 vol. (jusqu'à 1910), Toronto, University of Toronto Press, 1966-.
*Dictionnaire universel, géographique et historique...*, Thomas Corneille éd., 3 vol., Paris, Jean-Baptiste Coignard, 1708.
Laverdure, Patline, et Ida Rose Allard, *The Michif Dictionary. Turtle Mountain Chippewa Cree*, John C. Crawford éd., Winnipeg, Pemmican Publishers, 1983.
Whiteside, Don, *Aboriginal People: a selected bibliography concerning Canada's first people*, Ottawa, National Indian Brotherhood, 1973.
Whiteside, Don, *Historical Development of Aboriginal Political Association in Canada: Documentation*, Ottawa, National Indian Brotherhood, 1973.

### Livres et articles

«A Canadian Tragedy», *Maclean's* 99 n° 28 (14 juillet 1986).
Abel, Kerry, et Jean Friesen, éd., *Aboriginal Resource Use in Canada. Historical and Legal Aspects*. Winnipeg, University of Manitoba Press, 1991.
Acosta, Joseph de, *The Natural and Morall History of the East and West Indies*, E.G., trad., 2 vol., Londres, Hakluyt Society, 1880 (réimpression de l'édition de 1604).
Adams, Howard, *Prison of Grass. Canada from the native point of view*, Toronto, New Press, 1975.
Adney, Edwin Tappen, et Howard I. Chapelle, *The Bark Canoes and Skin Boats of North America*, Washington, D.C., Smithsonian Institution, 1964.
Ahenakew, Edward, *Voices of the Plains Cree*, Toronto, McClelland and Stewart, 1973.
Ahenakew, Edward, «An Opinion of The Frog Lake Massacre», *Alberta Historical Review* VIII n° 3 (1966), 9-15.
Aikenhead, Sherri, «Tough Struggle Back», *Maclean's* 99 n° 28 (1986), 19.
Alfonce, Jean (Jean Fonteneau), *Les Voyages avantureux du Capitaine Ian Alfonce, Sainctongeois*, Poitiers, Ian le Marnef, 1559.
Allen, R.S., «Big Bear», *Saskatchewan History* XXV, n° 1 (1972), 1-17.
————, «The British Indian Department and the Frontier in North America, 1755-1830», *Occasional Papers in Archaeology and History* n° 14, Ottawa, Canadian Historic Sites, 1975, 5-125.
Ames, Kenneth M., «The Evolution of Social Ranking on the Northwest Coast of North America», *American Antiquity* 46, n° 4 (1981), 789-805.
*An Account of the Customs and Manners of the Micmakis and Maricheets, Savage Nations, Now Dependent on the Government of Cape Breton*, Londres, 1758.
Anderson, Frank W., *Almighty Voice*, Aldergrove, B.C., Frontier Publishing, 1971.
Andrews, Isabel, «Indian Protest against Starvation: The Yellow Calf Incident of 1884», *Saskatchewan History* XXVIII n° 2 (1975), 41-51.
Armour, David A., éd., *Attack at Michilimackinac 1763*, Mackinac Island, Michigan, Mackinac Island State Park Commission, 1988. Il s'agit d'une reproduction de l'ouvrage d'Alexander Henry, *Travels and Adventures in Canada and the Indian Territories between the Years 1760 and 1764*, New York, 1809.
Armstrong, Robin, Jeff Kennedy, et Peter R. Oberle, *University Education and Economic Well-Being: Indian Achievement and Prospects*, Ottawa, Affaires indiennes et du Nord, Canada, 1990.
Arthur, George W., *An Introduction to the ecology of early historic communal bison hunting among the Northern Plains Indians*, Ottawa, Musées nationaux du Canada, 1975.

Arthur, M. Elizabeth, «General Dickson and the Indian Liberating Army in the North», *Ontario History* LXII n° 3 (1970), 151-162.

Asch, Michael, *Home and Native Land: Aboriginal Rights and the Canadian Constitution*, Toronto, Methuen, 1984.

———— *Kinship and the Drum Dance in a Northern Dene Community*, Edmonton, The Boreal Institute for Northern Studies, 1988.

Assiniwi, Bernard, *Histoire des Indiens du Haut et du Bas-Canada: moeurs et coutumes des Algonkins et des Iroquois*, 3 vol., Québec, Leméac, 1973.

Avery, Kathi, and Thomas Pawlick, «Last Stand in Wild Rice Country», *Harrowsmith* n° 19, vol. III:7 (mai 1979), 32-47.

Avity, Pierre d', *Description générale de l'Amérique, troisième partie du Monde...*, Paris, Claude Sonnius, 1660.

Axtell, James, The Invasion Within.The Contests of Cultures in Colonial North America, Oxford, Oxford University Press, 1985.

Bacqueville de la Potherie, Claude C. Le Roy, dit, *Histoire de l'Amérique septentrionale*, 4 vol., Paris, J.L. Nion et F. Didot, 1722.

Bailey, Alfred Goldsworthy, *The Conflict of European and Eastern Algonkian Cultures 1504-1700*, Toronto, University of Toronto Press, 1969 (première édition à Saint-Jean, New Brunswick Museum Monograph Series n° 2, 1937).

Bakker, Peter, «A Basque Etymology for the Word Iroquois», *Man in the Northeast* 40 (1990), 89-93.

———— «Canadian Fur Trade and the Absence of Creoles», *The Carrier Pidgin*,16, n° 3 (1988), 1-3.

———— «The Genesis of Michif: A First Hypothesis», *Papers of the Twenty-first Algonquian Conference*, William Cowan éd., Ottawa, Carleton University, 1990, 12-35.

———— «The Mysterious Link between Basque and Micmac Art», *European Review of Native American Studies*, 5 n° 1 (1991), 21-24.

———— «Relexification: the case of the Métif (French Cree)», dans N. Baretzy, W. Enninger et Th. Stolz, éd., *Sprachkontakt. Beiträge zum s. Essener Kolloquium über Grammatikalisierung: Naturlichkeit un System Okonomie. Band II*, Bochum, Brockreyer, 1989.

———— «Two Basque Loanwords in Micmac», *International Journal of American Linguistics* 55 n° 2 (1989), 258-260.

Barbeau, Marius, *Tsimshian Myths*, Ottawa, Bulletin du Musée national du Canada, n° 174, 1961.

Barbeau, Marius, et William Beynon, coll., *Tsimshian Narratives 2*, Ottawa, Musée canadien de la Civilisation, Mercury Series Paper n° 3, 1987.

Barber, John, «Oriental Enigma», *Equinox*, n° 49 (1990), 83-95.

Barlee, N.L., «The Chilcotin War of 1864», *Canada West Magazine* VI n° 4 (1976), 13-23.

Barman, Jean, Yvonne Hébert et Don McCaskill, éd., *Indian Education in Canada*, 2 vol., Vancouver, University of British Columbia Press, 1986.

Barnett, Donald C., *Poundmaker*, Don Mills, Ont., Fitzhenry & Whiteside, 1976.

Barron, F.L., «The Indian Pass System in the Canadian West, 1882-1935», *Prairie Forum* 13 n° 1 (1988), 25-42.

Barron, F.L., et James B. Waldram, éd., *1885 and After. Native Society in Transition*, Regina, University of Regina, 1986.

Beadle, George W., «The Ancestry of Corn», *Scientific American* 242 n° 2 (1980), 112-119.

Beaglehole, Ernest, *Social Change in the South Pacific: Rarotonga and Aitutaki*, Aberdeen, Écosse, University Press, 1957.

Beal, Bob, et Rod Macleod, *Prairie Fire. The 1885 North-West Rebellion*, Edmonton, Hurtig, 1984.

Béchard, Henri, *The Original Caughnawaga Indians*, Montréal, International Publishers, 1976.

Belleforest, François de, et Sebastian Münster, *La Cosmographie universelle de tout le monde...*, 2 vol., Paris, Michel Sonnius, 1575.

Belting, Natalie Maree, *Kaskaskia under the French Regime*, New Orleans, Polyanthos, 1975.

Berger, Thomas R., *Fragile Freedoms. Human Rights and Dissent in Canada*, Toronto, Clarke, Irwin, 1981.

———— «Native History, Native Claims and Self-Determination», *B.C. Studies*, n° 57 (1983), 10-23.

———— *Village Journey*, New York, Hill and Wang, 1985.

Berglund, Joel, «The Decline of the Norse Settlements in Greenland», *Arctic Anthropology* 23 n° 142 (1986), 109-135.

Beta (pseud.), *A Contribution to a Proper Understanding of the Oka Question; and a Help to its Equitable and Speedy Settlement*, Montréal, 1879.

Biet, Antoine, *Voyage de la France Équinoxiale en l'isle de Cayenne, entrepris par les François en l'année 1652*, Paris, François Clouzier, 1664.

Birket-Smith, Kaj, *Eskimos*, Copenhague, Rhodos, 1971.

Bishop, Charles, «The Henley House Massacres», *The Beaver* 307 (1976), 36-41.

Bitterli, Urs, *Cultures in Conflict. Encounters between European and Non-European Cultures, 1492-1800*, Ritchie Robertson, trad., Londres, Polity Press, 1989 (première édition en allemand en 1986).

Black-Rogers, Mary, «Varieties of "Starving": Semantics and Survival in the Subarctic Fur Trade, 1750-1850», *Ethnohistory* 33 n° 4 (1986), 353-383.

Boas, Franz, «Chinook Songs», *Journal of American Folk-Lore* I (1888), 220-226.

Bockstoce, John R., *Whales, Ice, and Men: The History of Whaling in the Western Arctic*, Seattle et London, University of Washington Press, 1986.

Bodley, John H., éd., *Tribal Peoples and Development Issues: A Global Overview*, Mountain View, California, Mayfield Publishers, 1988.

Boldt, Menno, «Social Correlates of Nationalism: A Study of Native Indian Leaders in a Canadian Internal Colony», *Comparative Political Studies* 14 n° 2 (1981), 205-231.

Bolus, Malvina, éd., *People and Pelts, selected papers of the second North American fur trade conference*, Winnipeg, Peguis, 1972.

Bowden, Henry Warner, *American Indians and Christian Missions*, Chicago et Londres, University of Chicago Press, 1981.

Boyd, W.C., *Genetics and the Races of Man: An Introduction to Modern Physical Anthropology*, Boston, Little, Brown, 1950.

Brass, Eleanor, «The File Hills Ex-Pupil Colony», *Saskatchewan History* VI, n° 2 (1953) 66-69.

————— *I Walk in Two Worlds*, Calgary, Glenbow Museum, 1987.

Brasser, T.J., *Blackfoot*, Ottawa, Musée national du Canada, Canada's Visual History, vol. 46, s.d.

Brebner, J.B., «Subsidized intermarriage with the Indians», *Canadian Historical Review* VI n° 1 (1925), 33-36.

Bridges, Patricia S., «Changes in Activities with the Shift to Agriculture in the Southeastern United States», *Current Anthropology* 30 n° 3 (1989), 385-394.

Brink, Jack, et Bob Dawe, *Final Report of the 1985 and 1986 Field Season at Head-Smashed-In Buffalo Jump*, Edmonton, Archaeological Survey of Alberta, n° 16, 1989.

Brody, Hugh, *People's Land. Eskimos and Whites in the Eastern Arctic*, Harmondsworth, England, Penguin, 1975.

Brown, D.H., «The Meaning of Treason in 1885», *Saskatchewan History* XXVIII n° 2 (1975), 65-73.

Brown, Jennifer S.H., *Strangers in Blood. Fur Trade Company Families in Indian Country*, Vancouver, University of British Columbia Press, 1980.

————— «The Track to Heaven: The Hudson Bay Cree Religious Movement of 1842-1843», dans William Cowan, éd., *Papers of the Thirteenth Algonquian Conference*, Ottawa, Carleton University, 1982, 53-63.

Brown, Michael H., *The Search for Eve. Have Scientists Found the Mother of Us All?*, New York, Harper & Row, 1990.

Brown, George, et Ron Maguire, éd., *Indian Treaties in Historical Perspective*, Ottawa, Affaires indiennes et du Nord, 1979.

Brunton, Ron, «The Cultural Instability of Egalitarian Societies», *Man* 24 n° 4 (1989), 673-681.

Bryan, Alan Lyle, éd., *Early Man in America from a Circum-Pacific Perspective*, Edmonton, Archaeological Researches International, 1978.

Buckley, T.C., éd., *Rendezvous: Selected Papers of the Fur Trade Conference 1981*, St. Paul, Minnesota Historical Society, 1984.

Burpee, L.J., éd., *Journals and Letters by Pierre Gaulthier de Varennes et de La Vérendrye*, Toronto, The Champlain Society, 1927.

Burrage, Henry Sweetser, éd., *Early English and French Voyages, Chiefly from Hakluyt, 1534-1608*, New York, Barnes & Noble, 1952.

Byers, Douglas S., et Richard S. MacNeish, éd., *The Prehistory of Teohuacan Valley*, 5 vol., Austin et Londres, University of Texas Press, 1967-1972.

Caffee, Nathaniel M., et Thomas A. Kirby, éd., *Studies for William A. Read*, Baton Rouge, Louisiana State University Press, 1940.

Cail, Robert, *Land, Man, and the Law: The Disposal of Crown Lands in British Columbia, 1871-1913*, Vancouver, University of British Columbia Press, 1974.

Caldwell, Warren W., éd., *The Northwestern Plains: A Symposium*, Billings, Montana, Center for Indian Studies, Rocky Mountain College, 1968.

Caley, Peter, «Canada's Chinese Columbus», *The Beaver*, Outfit 313, 4 (1983), 4-11.

Calloway, Colin G., *Crown and Calumet: British-Indian Relations, 1783-1815*, Norman, University of Oklahoma Press, 1987.

Calloway, Colin G., *The Western Abanakis of Vermont, 1600-1800*, Norman, University of Oklahoma Press, 1990

Campbell, Maria, *Halfbreed*, Toronto, McClelland and Stewart, 1973.

Campeau, Lucien, *La Mission des Jésuites chez les Hurons 1634-1650*, Montréal, Bellarmin, 1987.

Capoeman, Pauline K., éd., *Land of the Quinault*, Taholah, Washington, Quinault Indian Nation, 1990.

Cardinal, Harold, *The Rebirth of Canada's Indians*, Edmonton, Hurtig, 1977.

———— *The Unjust Society. The Tragedy of Canada's Indians*, Edmonton, Hurtig, 1969.

Carter, George F., «Chinese Contacts with America: Fu Sang Again», *Anthropological Journal of Canada* 14 n° 1 (1976), 10-24.

Carter, Sarah A., «Controlling Indian Movement: The Pass System» *Newest Review* (mai 1985), 8-9.

————, *Lost Harvests. Prairie Indian Reserve Farmers and Government Policy*, Montréal et Kingston, McGill-Queen's University Press, 1990

Casgrain, H.R., «Coup d'oeil sur l'Acadie», *Le Canada Français*, I (1888), 116-117.

Cassidy, Frank, et Robert L. Bish, *Indian Government: Its Meaning in Practice*, Halifax et Lantzville, B.C., Oolichan Books, 1989.

Cayet, Pierre-Victor, *Chronologie septenaire de l'Histoire de la Paix entre les Roys de France et d'Espagne*, 2 vol., Paris, J. Richer, 1605.

Chang, Kuang-chih, «Radiocarbon dates from China: some initial interpretations», *Current Anthropology*, 14, 5 (1973), 525-528.

Charest, Paul, «Les barrages hydroélectriques en territoire montagnais et leurs effets sur les communautés amérindiennes», *Recherches amérindiennes au Québec*, IX, n° 4 (1980), 323-337.

Charland, Thomas, *Histoire des Abénakis d'Odanak (1675-1937)*, Montréal, Lévrier, 1964.

Charlevoix, Pierre-François-Xavier de, *Histoire et description générale de la Nouvelle France*, 3 vol., Paris, Giffart, 1744 (en anglais, 1866-1872).

Charney, Ann, «The Last Indian War», *The Idler*, n° 29 (juillet-août 1990), 14-22.

Chartrand, Paul L.A.H., *Manitoba's Métis Settlement Scheme of 1870*, Saskatoon, Native Law Centre, University of Saskatchewan, 1991.

Chaunu, Pierre, *L'Amérique et les Amériques*, Paris, Armand Colin, 1964.

Chiapelli, Fredi, éd., *First Images of America. The Impact of the New World on the Old*, 2 vol., Berkeley, University of California Press, 1976.

Childe, V.G., *Man makes himself*, New York, Mentor Books, 1951. Première édition à Londres en 1936.

Christy, Miller, *The Voyages of Captain Luke Foxe of Hull, and Captain Thomas James of Bristol, in search of a North-West Passage, in 1631-32*, 2 vol., Londres, Hakluyt Society, 1894.

Cinq-Mars, Jacques, «La place des grottes du Poisson-Bleu dans la préhistoire beringienne», *Revista de Arqueología Americana* 1 (1990), 9-32.

*Citizens Plus*, texte reproduit dans *The First Citizen*, 7 (juin 1970).

Clark, Bruce A., *Indian Title in Canada*, Toronto, Carswell, 1987.

———— *Native Liberty, Crown Sovereignty*, Montréal et Kingston, McGill-Queen's Press, 1990.

Clerici, Naila, «The Spirit Still Sings at Lubicon Lake: Indian Rights in Canada, a Case Study», *Proceedings of the 7th International Convention of Canadian Studies*, Catania, Italie, 1988.

Clermont, Norman, «Why Did the St. Lawrence Iroquois Become Agriculturalists?», *Man in the Northeast*, n° 40 (1990), 75-79.

Coates, Kenneth S., «Best Left as Indians: the Federal Government and the Indians of the Yukon, 1894-1950», *The Canadian Journal of Native Studies/La revue canadienne des études autochtones*, IV, n° 2 (1984), 179-204.

Coates, Kenneth S., et William R. Morrison, éd., *For Purposes of Dominion*, Toronto, Captus University Publications, 1989.

———— *Land of the Midnight Sun: A History of the Yukon*, Edmonton, Hurtig, 1988.

Coates, Kenneth S., et Judith Powell, *The Modern North: People, Politics, and the Rejection of Colonialism*, Toronto, Lorimer, 1989.

Coderre, Helen, *Fighting With Property: a study of Kwakiutl potlatching and warfare, 1792-1930*, New York, Augustin, American Ethnological Society Monograph n° 18, 1950.

Coles, John M., «The World's Oldest Road», *Scientific American*, 201, n° 5 (1989), 100-106.

Connolly, Bob, et Robin Anderson, *First Contact. New Guinea Highlanders Encounter the Outside World*, Londres, Penguin, 1988.

Cooper, Barry, «Alexander Kennedy Isbister: A Respectable Victorian», *Canadian Ethnic Studies/Études ethniques au Canada*, XVII, n° 2 (1985), 44-63.

Cooper, John M., *Snares, Deadfalls, and Other Traps of the Northern Algonquians and Northern Athapaskans*, Washington, Catholic University of America, 1938.

Copway, George, *Life, History and Travels of Kah-ge-ga-gah-bowh*, Philadelphia, James Harmstead, 1847.

Coues, Elliott, éd., *New Light on the Early History of the Great Northwest 1799-1814*, 3 vol., New York, Harper, 1897.

Creighton, Donald, *John A. Macdonald*, 2 vol., Toronto, Macmillan, 1966 (première édition en 1955).

Cressman, L.S., *Prehistory of the Far West: Homes of Vanquished Peoples*, Salt Lake City, University of Utah Press, 1977.

Crosby, Thomas, *Up and Down the Pacific Coast by Canoe and Mission Ship*, Toronto, Missionary Society of the Methodist Church, 1914.

Crowe, Keith J., *A History of the Original Peoples of Northern Canada*, Montréal et Kingston, McGill-Queen's Press, 1974.

Cruikshank, Julie, et Jim Robb, *Their Own Yukon*, Whitehorse, Yukon Indian Cultural Education Society and Yukon Native Brotherhood, 1975.

Csonka, Yvon, *Collections arctiques*, Neuchâtel, Musée d'Ethnologie, 1988.

Cumming, Peter A. et Neil H. Mickenberg, éd., *Native Rights in Canada*, Toronto, General Publishing, 1972 (première édition en 1970).

Dacks, Gurston, *A Choice of Futures. Politics in the Canadian North*, Toronto, Methuen, 1981.

Daniel, Richard C., *A History of Native Claims Processes in Canada 1867-1979*, Ottawa, Ministère des Affaires indiennes et du Nord, 1980.

Daniels, Dorothy, «Metis Identity: A Personal Perspective», *Native Studies Review*, 3, n° 2 (1987), 7-15.

Daugherty, William, *Maritime Indian Treaties in Perspective*, Ottawa, Affaires indiennes et du Nord, 1983.

Davies, Nigel, *Voyagers to the New World*, Albuquerque, University of New Mexico Press, 1979.

Davis, Richard C., éd., *Rupert's Land: A Cultural Tapestry*, Calgary, The Calgary Institute for the Humanities, 1988.

Day, Gordon, «English-Indian Contacts in New England», *Ethnohistory* 9 (1962), 24-40.

De'Ath, Colin, et Gregory Michalenko, «High Technology and Original Peoples: The Case of Deforestation in Papua New Guinea and Canada», dans Bodley, éd., *Tribal Peoples*, 177-178.

Delâge, Denys, «Les iroquois chrétiens des "réductions", 1667-1770. I-Migration et rapports avec les Français», *Recherches amérindiennes au Québec*, XXI, n°ˢ 1-2 (1991), 59-70.

————— *Le pays renversé. Amérindiens et Européens en Amérique du Nord-Est, 1600-1664*, Montréal, Boréal Express, 1985.

Dempsey, Hugh A., Big Bear. *The End of Freedom*, Vancouver, Douglas & McIntyre, 1984.

————— *Charcoal's World*, Saskatoon, Western Producer, 1978.

—————*Crowfoot, Chief of the Blackfeet*, Edmonton, Hurtig, 1972.

—————*The Gentle Persuader. A Biography of James Gladstone, Indian Senator*, Saskatoon, Western Producer, 1986.

—————*Indian Tribes of Alberta*, Calgary, Glenbow-Alberta Institute, 1986 (première édition 1978).

Dempsey, James, «Problems of Western Canadian Indian War Veterans after World War One», *Native Studies Review*, 5, n° 2 (1989), 1-18.

Denig, Edwin Thompson, *Five Indian Tribes of the Upper Missouri*, John C. Ewers éd., Norman, University of Oklahoma Press, 1961.

Denys, Nicholas, *The Description and Natural History of the Coasts of North America (Acadia)*, William F. Ganong éd., Toronto, The Champlain Society, 1908.

Desrosier, Léo-Paul, *Iroquoisie*, Montréal, Les Études de l'Institut d'histoire de l'Amérique française, 1947.

Désveaux, Emmanuel, *Sous le signe de l'ours*, Paris, Éditions de la Maison des sciences de l'Homme, 1988.

Dewdney, Selwyn, *The Sacred Scrolls of the Southern Ojibway*, Toronto, University of Toronto Press, 1975.

Dewdney, Selwyn, «Birth of a Cree-Ojibway Style of Contemporary Art», dans Getty and Smith, éd., *One Century Later*.

Diamond, Billy, «Villages of the Dammed», *Arctic Circle*, 1, n° 3 (1990), 24-30.

Diamond, Jared M., «The Talk of the Americas», *Nature* 344 (1990), 589-590.

Diamond, Stanley, éd., *Culture in History*, Columbia University Press, 1960.

Dickason, Olive Patricia, «A Historical Reconstruction for the Northwestern Plains», *Prairie Forum*, V, n° 1 (1980), 19-27.

———— «Amerindians between French and English in Nova Scotia, 1713-1763», *American Indian Culture and Research Journal*, 20, n° 4 (1986), 31-56.

Dickason, Olive Patricia, «The French and the Abenaki: A Study in Frontier Politics», *Vermont History*, 58, n° 2 (1990), 82-98.

Dickason, Olive Patricia, «From "One Nation" in the Northeast to "New Nation" in the Northwest: A Look at the Emergence of the Metis», *American Indian Culture and Research Journal*, 6, n° 2 (1982), 1-21.

———— «Louisbourg and the Indians: A Study in Imperial Race Relations, 1713-1760», *History and Archaeology* 6 (1976), 1-206.

———— *The Myth of the Savage and the Beginnings of French Colonialism in the Americas*, Edmonton, University of Alberta Press, 1984.

Dickason, Olive Patricia, *The Law of Nations and the New World*, Edmonton, University of Alberta Press, 1989.

Dickinson, John A., «La guerre iroquoise et la mortalité en Nouvelle-France, 1608-1666», *Revue d'histoire de l'Amérique française*, 36, n° 1 (1982), 31-47.

Dickinson, John A., «Les Amérindiens et les débuts de la Nouvelle-France», *6ᵉ Convegno Internazionale di studi canadesi*, Selva di Fasano, Biblioteca della Ricerca Cultura Straniera 13, 1985. Sezione III.

Diéreville, Sieur de, *Relation of the Voyage to Port Royal in Acadia or New France*, John C. Webster éd., Toronto, The Champlain Society, 1933.

Dikov, Nikolai N., «On the Road to America», *Natural History*, 97, n° 1 (1988), 10-14.

Dillehay, Tom D., «The Great Debate on the First Americans», *Anthropology Today* 7, n° 4 (1991), 12-13.

Dion, Joseph F., *My Tribe the Crees*, Calgary, Glenbow Museum, 1979.

Diubaldo, Richard J., «The Absurd Little Mouse: When Eskimos became Indians», *Journal of Canadian Studies*, 16, n° 2 (1981), 34-40.

———— *The Government of Canada and the Inuit, 1900-1967*, Ottawa, Affaires indiennes et du Nord, 1985.

————, *Stefansson and the Canadian Arctic*, Montréal et Kingston, McGill-Queen's Press, 1978.

Dixon, Joseph K., *The Vanishing Race. The Last Great Indian Council*, Garden City, N.Y., Doubleday, 1913.

Dobbin, Murray, *The One-and-a-Half Men*, Vancouver, New Star Books, 1981.

Dobbs, Arthur, *An Account of the Countries adjoining to Hudson's Bay*, Londres, 1744 (réimpression New York, Johnson, 1967).

Dobyns, Henry F., *Their Number Become Thinned. Native American Population Dynamics in Eastern North America*, Knoxville, University of Tennessee Press, 1983.

Doll, Maurice F.V., Robert S. Kidd, John P. Day, *The Buffalo Lake Métis Site: A Late Nineteenth Century Settlement in the Parkland of Central Alberta*, Edmonton, Provincial Museum of Alberta, 1988.

Dollier de Casson, François, *A History of Montreal 1640-1672*, Ralph Flenley, trad. et éd., Londres, Dent, 1928 (première édition en 1868).

Driver, Harold E., *Indians of North America*, Chicago, The University of Chicago Press, 1970 (première édition en 1961; révision en 1969).

Du Boscq de Beaumont, Gaston, comp. et éd., *Les derniers jours de l'Acadie (1748-1758)*, Paris, E. Lechevalier, 1899.

Duff, Wilson, *The Indian History of British Columbia, vol. 1, The Impact of the White Man*, Victoria, Provincial Museum of Natural History and Anthropology, 1964.

Dunning, R.W., «Indian Policy — a proposal for autonomy», *Canadian Forum*, XLIX (déc. 1969), 206-207.

Dyck, Noel, éd., *Indigenous Peoples and the Nation-State: 'Fourth World' Politics in Canada, Australia and Norway*, St. John's, Memorial University of Newfoundland, 1985.

Eastman, Mary H., *The American Aboriginal Portfolio*, Philadelphia, Lippincott, 1853.

Eccles, W.J., *Canada under Louis XIV 1663-1701*, Toronto, McClelland and Stewart, 1964.

———— *The Canadian Frontier, 1534-1760*, Toronto, Holt, Rinehart and Winston, 1969.

———— *France in America*, New York, Harper & Row, 1922.

———— *Frontenac the Courtier Governor*, Toronto, McClelland and Stewart, 1959.

Edmunds, R. David, *Tecumseh and the Quest for Indian Leadership*, Boston, Little, Brown, 1984.

———— *The Shawnee Prophet*, Lincoln, University of Nebraska Press, 1983.

Eid, Leroy V., «The Ojibway-Iroquois War: The War the Five Nations did not Win», *Ethnohistory*, 17, n° 4 (1979), 297-324.

Eliade, Mircea, *Gods, Goddesses, and Myths of Creation*, New York, Harper & Row, 1974.

Elias, Peter Douglas, *The Dakota of the Canadian Northwest: Lessons for Survival*, Winnipeg, University of Manitoba Press, 1988.

Elliott, David W., «Aboriginal Title», dans Morse, éd., *Aboriginal Peoples and the Law: Indian, Metis and Inuit Rights in Canada*, Ottawa, Carleton University Press, 1985.

Emerson, Thomas E., et R. Barry Lewis, *Cahokia and the Hinterlands*, Urbana, University of Illinois Press.

Estabrook, Barry, «Bone Age Man», *Equinox*, 1, n° 2 (1982), 84-96.

Ewers, John C., éd., *Five Indian Tribes of the Upper Missouri*, Norman, University of Oklahoma Press, 1961.

———— *The Horse in Blackfoot Indian Culture*, Washington, Smithsonian Institution, 1955.

Fagan, Brian M., *The Great Journey*, Londres, Thames and Hudson, 1987.

Fardy, B.D., *Jerry Potts, Paladin of the Plains*, Langley, B.C., Mr. Paperback, 1984.

Federation of Saskatchewan Indians, *Indian Treaty Rights*, s.d.

Feest, Christian, éd., *Indians and Europe*, Aachen, Rader Verlag, 1987.

Fiedel, Stuart J., *Prehistory of the Americas*, Cambridge, Cambridge University Press, 1987.

Fisher, Robert L., «The Western Prologue to the War of 1812», *Missouri Historical Review*, XXX, n° 3 (1936), 267-281.

Fisher, Robin, *Contact and Conflict. Indian-European Relations in British Columbia 1774-1890*, Vancouver, University of British Columbia Press, 1977.

———— «Joseph Trutch and Indian Land Policy», *B.C. Studies*, n° 12 (1971-72), 3-33.

Fitzhugh, William W., et Aron Crowell, éd., *Crossroads of Continents: Cultures of Siberia and Alaska*, Washington, Smithsonian Institution, 1988.

Fladmark, Knut R., *British Columbia Prehistory*, Ottawa, Musées nationaux du Canada, 1986.

———— «The First Americans Getting One's Berings» *Natural History* (nov. 1986), 8-19.

Flanagan, Thomas, *Louis 'David' Riel Prophet of the New World*, Toronto, University of Toronto Press, 1979.

———— *Riel and the Rebellion: 1885 Reconsidered*, Saskatoon, Western Producer Prairie Books, 1983.

Flannery, Regina, *The Gros Ventres of Montana*, Part I: Social Life, Anthropological Series, n° 15, Washington, The Catholic University of America Press, 1953.

Forbis, Richard G., *A Review of Alberta Archaeology to 1964*, Ottawa, Musée national du Canada, 1970.

Foster, Hamar, «Long-Distance Justice: The Criminal Jurisdiction of Canadian Courts West of the Canadas, 1763-1859», *American Journal of Legal History*, XXXIV, n° 1 (1990), 1-48.

Foster, Mary LeCron, et Lucy Jane Botscharow, éd., *The Life of Symbols*, Boulder, Colorado, Westview Press, 1990.

Fowler, Melvin, *The Cahokia Atlas*, Springfield, Ill., Illinois Historic Preservation Agency, 1989.

Franchère, Gabriel, *Journal of a Voyage to the Northwest Coast of North America during the Years 1811, 1812, 1813 and 1814*, W. Kaye Lamb éd., Toronto, The Champlain Society, 1969.

Francis, Daniel, et Toby Morantz, *Partners in Furs: A History of the Fur Trade in Eastern James Bay 1600-1870*, Montréal et Kingston, McGill-Queen's University Press, 1983.

Fraser, William B., «Big Bear, Indian Patriot», *Alberta Historical Review*, 14, n° 2 (1966), 1-13.

Freeman, Milton M.R., «Ethos, Economics and Prestige, a Re-Examination of Netsilik Eskimo Infanticide», *Vernhandlungen des XXXIII. Internationalen Amerikanistenkongresses II*, Stuttgart-Munich, 1968.

———— «Patrons, Leaders and Values in an Eskimo Settlement», mémoire présenté au symposium The Contemporary Cultural Situation of the Northern Forest Indians of North America and the Eskimo of North America and Greenland, dans *Verhandlungen des XXXVIII. Internationalen Amerikanistenkongresses*, Stuttgart-Munich, 1968.

———— «Tradition and change: problems and persistence in the Inuit diet», dans I. de Garine et G.A. Harrison, éd., *Coping with Uncertainty in Food Supply*, Oxford, Clarendon Press, 1988

Freeman, Minnie Aodla, *Life Among the Qalunaat*, Edmonton, Hurtig, 1978.

Frideres, James S., *Native People in Canada. Contemporary Conflicts*, Scarborough, Ont., Prentice-Hall, 1983 (première édition en 1974).

Friesen, Gerald, *The Canadian Prairies: A History*, Toronto, University of Toronto Press, 1984.

Friesen, Jean, «Magnificent Gifts: The Treaties of Canada with the Indians of the Northwest 1869-70», *Transactions of the Royal Society of Canada, Series V*, vol. I (1986), 41-51.

Fry, Alan, *How A People Die*, Toronto, Doubleday, 1970.

Fumoleau, René, *As Long As This Land Shall Last*, Toronto, McClelland and Stewart, 1973.

Gaffen, Fred, *Forgotten Soldiers*, Pentiction, B.C., Theytus Books, 1985.

Galinat, Walton C. , «The Origin of Maize», *Annual Review of Genetics* 5 (1971), 447-478.

Garcia, Albert, *La découverte et la conquête du Pérou d'après les sources originales*, Paris, Klincksieck, 1975.

Garratt, John G., *The Four Indian Kings*, Ottawa, Archives publiques du Canada, 1985.

Gates, Lillian F., *Land Policies of Upper Canada*, Toronto, University of Toronto Press, 1968.

Geographic Board, *Canada, Handbook of Indians of Canada*, Ottawa, 1913.

Gérin, Léon, «La Seigneurie de Sillery et les Hurons», *Mémoires de la Société Royale du Canada*, série. 2, vol. 6 (1900), sec. 1, 75-115.

Getty, Ian A.L., et Antoine S. Lussier, éd., *As Long As The Sun Shines and Water Flows*, Vancouver, University of British Columbia Press, 1983.

Getty, Ian A.L., et Donald B. Smith, éd., *One Century Later. Western Canadian Reserve Indians since Treaty 7*, Vancouver, University of British Columbia Press, 1978.

Ghere, David L., «Mistranslations and Misinformation: Diplomacy on the Maine Frontier, 1725 to 1755», *American Indian Culture and Research Journal*, 8, n° 4 (1984), 3-26.

Gibson, Arrell Morgan, *The American Indian Prehistory to the Present*, Lexington, Mass., D.C. Heath, 1980.

Gilman, Rhoda R., Carolyn Gilman, et Deborah M. Stultz, *The Red River Trails: Oxcart Routes between St. Paul and the Selkirk Settlement 1820-1870*, St. Paul, Minnesota Historical Society, 1979.

Girard, Michel F., *Étude historique sur la forêt du village d'Oka*, Québec, Ministère de l'Environnement, 1990.

——— «La crise d'Oka à la lumière de l'écologie historique», *NHSG Newsletter*, oct. 1990, 4-8.

Giraud, Marcel, *Histoire de la Louisiane française*, 2 vol., Paris, Presses universitaires de France, 1953-1958.

———, *The Métis in the Canadiana West*, George Woodcock, trad., 2 vol., Edmonton, University of Alberta Press, 1986.

———, «The Western Metis after the Insurrection», *Saskatchewan History*, IX, n° 1 (1956), 1-15.

Glover, Richard, éd., *David Thompson's Narrative 1784-1812*, Toronto, Champlain Society, 1962.

Godelier, Maurice, «Infrastructures, societies and history», *Current Anthropology*, 19, n° 4 (1978), 763-771.

Gonzalez, Ellice B., *Changing Economic Role for Micmac Men and Women: An Ethnohistorical Analysis*, Ottawa, Musée national de l'Homme, 1981.

Goodman, Jeffrey, *American Genesis*, New York, Summit Books, 1981.

Gough, Barry M., *Gunboat Frontier: British Maritime Authority and Northwest Coast Indians, 1846-1890*, Vancouver, University of British Columbia Press, 1984.

Goulet, Jean-Guy, «Religious Dualism among Athapaskan Catholics», *Canadian Journal of Anthropology/ Revue canadienne d'anthropologie*, 3, n° 1 (1982), 1-18.

Grabowski, Jan, «Mohawk Crisis at Kanasatake and Kahnawake», *European Review of Native American Studies*, 5, n° 1 (1991), 11-14.

Gradie, Charlotte M., «Spanish Jesuits in Virginia. The Mission That Failed», *The Virginia Magazine of History and Biography*, 96, n° 2 (1988), 131-156.

Grant, John Webster, *Moon of Wintertime. Missionaries and the Indians of Canada in Encounter since 1534*, Toronto, University of Toronto Press, 1984.

Grant, Shelagh D., «Indian Affairs under Duncan Campbell Scott: The Plains Cree of Saskatchewan, 1913-1931», *Journal of Canadian Studies*, 18, n° 3 (1983), 21-39.

——— *Sovereignty or Security? Government Policy in the Canadian North, 1936-1950*, Vancouver, University of British Columbia Press, 1988.

Graymont, Barbara, *The Iroquois in the American Revolution*, Syracuse, N.Y., Syracuse University Press, 1972.

Green, L.C., et Olive P. Dickason, *The Law of Nations and the New World*, Edmonton, University of Alberta Press, 1989.

Greenberg, Joseph H., *Language in the Americas*, Stanford, Calif., Stanford University Press, 1987.

Greenberg, J.H., C.G. Turner II et S.L. Zegura, «The Settlement of the Americas: A Comparison of the Linguistic, Dental, and Genetic Evidence», *Current Anthropology*, 27, n° 4 (1986), 477-497.

Greenman, E.F., «Upper Paleolithic in the New World», *Current Anthropology*, 3 (1962), 41-91.

Greenwald, Barry, *Between Two Worlds*, Office national du film, 1990.

Grieder, Terry, *Art and Archaeology in Pashash*, Austin, University of Texas, 1979.

Grinnell, George Bird, *The Story of the Indians*, New York et Londres, Appleton, 1911.

Gruhn, Ruth, «Linguistic Evidence in Support of the Coastal Route of Earliest Entry into the New World», *Man* (N.S.), 23, n° 2 (1988), 77-100.

Guidon, Niède, «Cliff Notes», *Natural History* 96, n° 8 (1987), 6-12.

Guidon, Niède, et G. Delibrias, «Carbon-14 dates point to man in the Americas 32,000 years ago», *Nature*, 321 (1986), 769-771.

Gullick, C.J.M.R., *Myths of a Minority*, Assen, Van Gorcum, 1985.

Gunnerson, Dolores A., «Man and Bison on the Plains in the Protohistoric Period», *Plains Anthropologist*, 17, n° 55 (1972), 1-10.

Haig-Brown, Celia, *Resistance and Renewal. Surviving the Indian Residential School*, Vancouver, Tillacum Library, 1988.

Hakluyt, Richard, *The Principal Navigations, Voyages, Traffiques and Discoveries of the English Nation*, 12 vol., Glasgow, James MacLehose, 1903-1905.

Haliburton, Thomas C., *An Historical and Statistical Account of Nova Scotia*, 2 vol., Halifax, Joseph Howe, 1829.

Hall, Charles Francis, *Arctic Researches and Life among the Esquimaux*, New York, Harper, 1865.

Hall, David J., «"A Serene Atmosphere?" Treaty 1 Revisited», *Canadian Journal of Native Studies*, IV, n° 2 (1984), 321-358.

Hallowell, A.Irving, *Contributions to Anthropology*, Chicago, University of Chicago Press, 1976.

————, *Culture and Experience*, Philadelphia, University of Pennsylvania Press, 1955.

Hamelin, Louis-Edmond, *Canadian Nordicity: It's Your North Too*, W. Barr, trad., Montréal, Harvest House, 1979.

*Handbook of North American Indians*, William C. Sturtevant éd. général, Washington, D.C., Smithsonian Institution, 1978-; vol. 4, History of Indian-White Relations, Wilcomb E. Washburn éd., 1988; vol. 5, Arctic, David Damas éd., 1984; vol. 6, Subarctic, June Helm éd., 1981; vol. 7, Northwest Coast,, Wayne Suttles éd., 1990; vol. 8, California, Robert F. Heizer éd., 1978; vol. 15, Northeast, Bruce G. Trigger éd., 1978.

Harmon, Daniel Will, *Sixteen Years in the Indian Country: The Journals of Willam Harmon 1800-1816*, W. Kaye Lamb éd., Toronto, Macmillan, 1957.

Harper, Alan G., «Canada's Indian Administration: Basic Concepts and Objectives», *América Indigena*, V, n° 2 (1945), 119-132.

———— «Canada's Indian Administration: The "Indian Act"», *América Indigena*, 5, n° 3 (1946), 297-314.

———— «Canada's Indian Administration: The Treaty System», *América Indigena*, n° 7 (1947), 129-148.

Harris, R. Cole, éd., *Historical Atlas of Canada*, vol. 1, Toronto, University of Toronto Press, 1987.

Harrison, Julia, *Metis*, Vancouver, Douglas & McIntyre, 1985.

Hassard, Albert R., «When the Oka Seminary Went Up in Flames», *Famous Canadian Trials*, Toronto, Carswell, 1924.

Hawthorn, H.B., *A Survey of the Contemporary Indians of Canada: Economic, Political, Educational Needs and Policies*, 2 vol., Ottawa, Affaires indiennes, 1966-1967.

Head, Francis Bond, *A Narrative*, Londres, Murray, 1839 (première édition en 1838), appendice A. «Memorandum on the Aborigines of North America». Ce mémoire est partiellement reproduit dans Adam Shortt et Arthur G. Doughty, éd., *Canada and Its Provinces*, 23 vol., Toronto, Glasgow, Brook and Company, 1914-1917, vol. V: 337-339.

Hearne, Samuel, *A Journey from Prince of Wales's Fort in Hudson's Bay to the Northern Ocean 1769-1770-1771-1772*, Richard Glover éd., Toronto, The Champlain Society, 1911.

Heidenreich, Conrad, *Huronia: A History and Geography of the Huron Indians 1600-1650*, Toronto, McClelland and Stewart, 1971.

Helm, June, «Matonabbee's Map», *Arctic Anthropology*, 26, n° 2 (1989), 28-47.

Henderson, William, *Canada's Indian Reserves: Pre-Confederation*, Ottawa, Affaires indiennes et du Nord, 1980.

Hendry, Charles E., *Beyond Traplines: Assessment of the Work of the Anglican Church of Canada with Canada's Native Peoples*, Toronto, Anglican Church, 1969.

Hereditary Chiefs of the Gitksan and Wet'suwet'en People, *The Spirit of the Land. The Opening Statement of the Gitskan and Wet'suwet'en Hereditary Chiefs in the Supreme Court of British Columbia May 11, 1987*, Gabriola, B.C., Reflections, 1989.

Heyerdahl, Thor. *Early Man and the Ocean. A Search for the Beginnings of Navigation and Seaborne Civilizations*, New York, Vintage Books, 1980.

Hickey, Clifford G., «An Examination of Processes of Cultural Change among Nineteenth Century Copper Inuit», *Études/Inuit/Studies*, 8, n° 1 (1984), 13-35.

Hill, B.E., «The Grand River Navigation Company and the Six Nations Indians», *Ontario History*, LXIII, n° 1 (1971), 31-40.

Hind, Henry Youle, *Narrative of the Canadian Red River Exploring Expedition of 1857, and of the Assiniboine and Saskatchewan Exploring Expedition of 1858*, 2 vol. en 1, Edmonton, Hurtig, 1971 (publié d'abord à Londres en 1860).

Hippler, Arthur E., et Stephen Conn, *Traditional Athabascan Law Ways and Their Relationship to Contemporary Problems of «Bush Justice»*, Fairbanks, University of Alaska, 1972.

*HNAI*, voir *Handbook of North American Indians*.

Hodder, Ian, *Reading the Past*, Cambridge, Cambridge University Press, 1986.

Hodge, F.W., *Handbook of Indians of Canada*, Ottawa, Imprimeur du roi, 1913.

Hodge, William H., *The First Americans Then and Now*, New York, Holt, Rinehart and Winston, 1981.

Hodgetts, John E., *Pioneer Public Service: An Administrative History of the United Canadas, 1841-1867*, Toronto, University of Toronto Press, 1955.

Hodgins, Bruce W., et Jamie Benidickson, *The Temagami Experience*, Toronto, University of Toronto Press, 1989.

Hoffman, Bernard G., *Cabot to Cartier*, Toronto, University of Toronto Press, 1961.

Holdsworth, W.S., *A History of English Law*, IX, Londres, Methuen, 1944.

Hopkins, David M., *et al.*, éd., *Paleoecology of Beringia*, New York, Academic Press, 1982.

Horsman, Reginald, *Expansion and American Indian Policy, 1783-1812*, East Lansing, Michigan State University Press, 1967.

————*The frontier in the formative years, 1783-1815*, New York, Holt, Rinehart and Winston, 1970.

Hough, F.B., *A History of St. Lawrence and Franklin Counties, New York, from their Earliest Period to the Present Time*, Albany, 1853.

Houston, James, *Running West*, Toronto, McClelland and Stewart, 1989.

Howard, James H., *The Canadian Sioux*, Lincoln, University of Nebraska Press, 1984.

———— *The Plains-Ojibwa or Bungi, Hunters and Warriors of the Northern Prairie*, Vermillion, South Dakota Museum, University of South Dakota, 1965.

Howay, F.W., «An Outline Sketch of the Maritime Fur Trade», *Canadian Historical Association Report*, 1932, 5-14.

———— «The Ballad of the Bold Northwestman: An Incident in the Life of Captain John Kendrick», *Washington Historical Quarterly*, 20 (1929), 114-123.

————«David Thompson's Account of his First Attempt to Cross the Rockies», *Queen's Quarterly*, XL (1933), 333-356.

———— «Early Days of the Maritime Trade on the Northwest Coast», *Canadian Historical Review*, 4 (1923), 26-44.

———— «Indian Attacks upon Maritime Traders of the Northwest Coast, 1785-1805», *Canadian Historical Review*, VI, n° 4 (1925), 287-309.

Howley, Richard P., *The Beothuks or Red Indians*, Cambridge, Cambridge University Press, 1915 (Coles Reprint, 1980).

Humphreys, R.A., «Governor Murray's Views...», *Canadian Historical Review*, XVI (1935), 166-169.

Hunt, Constance, «The Development and Decline of Northern Conservation Reserves», *Contact*, 8, n° 4 (1976).

Hunt, George T., *The Wars of the Iroquois*, Madison, University of Wisconsin Press, 1967.

Hutchison, George, et Dick Wallace, *Grassy Narrows*, Toronto, Van Nostrand Reinhhold, 1977.

Hutchinson, J.B., R.A. Silow, et S.G. Stephens, *The Evolution of Gossypium and Differentiation of the Cultivated Cottons*, Londres, Oxford University Press, 1947.

Huxley, Selma, éd., *Los vascos en el marco Atlantico Norte Siglos XVI y XVII*, San Sebastian, Eusko Kultur Egintza Etor S.A., 1988.

Hyde, George E., *Indians of the High Plains*, Norman, University of Oklahoma Press, 1959.

*Indian Conditions. A Survey*, Ottawa, Affaires indiennes et du Nord, 1980.

*Indian Government under Indian Act Legislation, 1868-1951*, Ottawa, Affaires indiennes et du Nord, 1980.

Innis, Harold A., *The Fur Trade in Canada*, New Haven, Yale University Press, 1930.

———— «Settlement and the Mining Frontier», dans W.A. Mackintosh et W.L.G. Joerg, éd., *Canadian Frontiers of Settlement* IX, partie II, Toronto, Macmillan, 1936.

*The Inuit Way: A Guide to Inuit Culture*, Ottawa, Pauktuutit, Inuit Women's Association, 1990?

Irving, William N., «The First Americans: New Dates for Old Bones», *Natural History*, 96, n° 2 (1987), 8-13.

Isasti, Lope de, *Compendio Historial de la M.N.Y.M.L. Provincia de la Guipúzcoa*, San Sebastian, Ignacio Ramon Baroja, 1850.

Jablow, Joseph, *The Cheyenne in Plains Indian Trade Relations 1795-1840*, monographie de l'American Ethnological Society, XIX, Seattle, University of Washington Press, 1950.

Jackson, Louis, *Our Caughnawagas in Egypt*, Montréal, Drysdale, 1885.

Jacquin, Philippe, *Les Indiens blancs*, Paris, Payot, 1989.

Jaenen, Cornelius J., «Amerindian Views of French Culture in the Seventeenth Century», *Canadian Historical Review*, LV, n° 3 (1974), 261-291.

————— *The French Relationship with the Native People of New France and Acadia*, Ottawa, Affaires indiennes et du Nord, 1984.

————— *Friend and Foe. Aspects of French-Amerindian Cultural Contact in the Sixteenth and Seventeenth Centuries*, Toronto, McClelland and Stewart, 1976.

————— *The Role of the Church in New France*, Toronto, McGraw-Hill Ryerson, 1976.

Jamieson, J.B., «Trade and Warfare: Disappearance of the St. Lawrence Iroquoians», *Man in the Northeast*, n° 39 (1990), 79-86.

Jamieson, Kathleen, *Indian Women and the Law in Canada: Citizens Minus*, Ottawa, Approvisionnements et Services, 1978.

Jefferys, Thomas, *The Natural and Civil History of the French Dominions in North and South America I: A Description of Canada and Louisiana*, Londres, 1760.

Jenness, Diamond, *Eskimo Administration: II. Canada*, Montréal, Arctic Institute of North America, 1972 (reimpression). Ce volume fait partie d'une série de cinq sur l'administration des Inuits de l'Alaska au Groenland, publiés par l'Arctic Institute, en 1962-1963.

————— *Indians of Canada*, Ottawa, Acland, 1932.

————— *Report of the Canadian Arctic Expedition 1913-18, vol. XII: The Life of the Copper Eskimos*, Ottawa, Acland, 1922.

Jennings, Francis, *The Ambiguous Iroquois Empire*, New York, Norton, 1984.

————— éd., *The History and Culture of Iroquois Diplomacy*, Syracuse, Syracuse University Press, 1985.

Jennings, Jesse D., éd., *Ancient Native Americans*, San Francisco, Freeman, vers 1978.

————— éd., *Memoirs of the Society for American Archaeology* n° 9, supplément d'*American Antiquity*, XVIII, n° 3, part 2 (1953), 72-97.

Jérémie, Nicholas, *Twenty Years at York Factory, 1694-1714*, Ottawa, Thorburn and Abbott, 1926.

Jewitt, John, *A Journal Kept at Nootka Sound...* Boston, J. Jewitt, 1807.

Johannessen, Carl L., «Folk Medicine Uses of Melanotic Asiatic Chickens as Evidence of Early Diffusion to the New World», *Social Science and Medicine*, 15D (1981), 427-434.

—————, «Melanotic Chicken Use and Chinese Traits in Guatemala», *Revista de Historia de América*, n° 93 (1982), 73-89.

Johnson, Frederick, éd., *Man in Northeastern North America*, Andover, Mass., Philips Academy, 1940.

Johnston, Alexander, comp., *The Battle at Belly River. Stories of the Last Great Indian Battle*, Lethbridge, Lethbridge Branch of the Historical Society of Alberta, 1966.

Johnston, Basil, *Indian School Days*, Toronto, Key Porter Books, 1988.

Johnston, Charles M., «Joseph Brant, the Grand River Lands and the Northwest Crisis», *Ontario History*, LV (1963), 267-282.

Jones, Peter, *History of the Ojebway Indians*, Londres, Bennett, 1861.

Judd, Carol M., et A.J. Ray, éd., *Old Trails and New Directions: Papers of the Third North American Fur Trade Conference*, Toronto, University of Toronto Press, 1980.

Kane, Paul, *Wanderings of an Artist*, Edmonton, Hurtig, 1968 (première édition en 1859).

Kavash, Barrie, *Native Harvests*, New York, Random House, 1979.

Kaye, Barry, et D.W. Moodie, «The Psoralea Food Resource of the Northern Plains», *Plains Anthropologist*, 23, 82, partie 1 (1978), 329-336.

Kehoe, Alice B., «The Dakotas in Saskatchewan», dans Ethel Nurge, éd., *The Modern Sioux*, Lincoln, University of Nebraska Press, 1970.

————— *The Ghost Dance*, Toronto, Holt, Rinehart, and Winston, 1989.

————— «The Giveaway Ceremony of Blackfoot and Plains Cree», *Plains Anthropologist*, 25, n° 87 (1980), 17-26.

————— *North American Indians, A Comprehensive Account*, Englewood Cliffs, N.J., Prentice Hall, 1981.

Kelley, David H., «Proto-Tifinagh and Proto-Ogham in the Americas», *The Review of Archaeology*, 11, n° 1 (1990), 1-10.

Kellogg, Louise Phelps, *The Fox Indians during the French Regime*, reimpression à partir de *Proceedings of the State Historical Society of Wisconsin 1907*, Madison, 1908, 142-188.

————— *The French Régime in Wisconsin and the Northwest*, New York, Cooper Square, 1968.

Kelsay, Isabel Thompson, *Joseph Brant 1743-1807 Man of Two Worlds*, Syracuse, Syracuse University Press, 1984.

Kempton, James H., «Maize as a Measure of Indian Skill», *Symposium on Prehistoric Agriculture*, University of New Mexico. Millwood, N.Y., Kraus Reprint, 1977.

Kenyon, W.A., *Tokens of Possession*, Toronto, Royal Ontario Museum, 1975.

Kenyon, W.A., et J.R. Turnbull, *The Battle for the Bay 1686*, Toronto, Macmillan, 1971.

Kip, William, *The Early Jesuit Missions in North America*, New York, Wiley and Putnam, 1846.

Klinck, Carl F., *Tecumseh, Fact and Fiction in Early Records*, Englewood Cliffs, N.J., Prentice Hall, 1961, 184-185.

Knight, Rolf, *Ecological Factors in Changing Economy and Social Organization among the Rupert House Cree*, Ottawa, Musée national du Canada, Anthropology Papers, n° 15, 1968.

————— *Indians at Work: An Informal History of Native Indian Labour in British Columbia 1858-1930*, Vancouver, New Star Books, 1978.

Knowles, Nathaniel, «The Torture of Captives by the Indians of Eastern North America», *Proceedings of the American Philosophical Society* 82, n° 2 (mars 1940), réimprimé dans *Scalping and Torture: Warfare Practices among North American Indians*, Ohsweken, Iroqrafts Reprints, 1985.

Krech III, Shepard, éd., *The Subarctic Fur Trade*, Vancouver, University of British Columbia Press, 1984.

Kroeber, Alfred L., *Cultural and Natural Areas of Native North America*, Berkeley, University of California, 1939.

————— *Ethnology of the Gros Ventre*, New York, Anthropological Papers of the American Museum of Natural History, I, 1908.

Kulchyski, Peter, «"A Considerable Unrest": F.O. Loft and the League of Indians», *Native Studies Review*, 4, n°s 1 et 2 (1988), 95-113.

————— «Headwaters. A new history», *The Press Independent*, Somba K'e, NWT, 21, n° 27 (12 juillet 1991), 5.

Kupp, Jan, «Could the Dutch Commercial Empire have influenced the Canadian Economy during the First Half of the Eighteenth Century?», *Canadian Historical Review*, LII, n° 4 (1971), 367-388.

Lacan, Jean, *An Historical Notice on the Difficulties Arisen between the Seminary of St. Sulpice of Montreal and Certain Indians, at Oka, Lake of Two Mountains: A Mere Case of Right of Property*, Montréal, La Minerve, 1876.

Laet, Joannes de, *L'Histoire du Nouveau Monde, ou Description des Indes occidentales...*, Leyden, B.& A. Elzevier, 1640.

Laflèche, Guy, *Les saints martyrs canadiens*, 2 vol., Québec, Singulier, 1988.

Lahontan, Louis Armand de Lom d'Arce de, *New Voyages to North America by Baron de Lahontan*, R.G. Thwaites éd., 2 vol., Chicago, A.C. McClurg, 1905.

————— *Nouveaux Voyages de M^r le Baron de Lahontan dans l'Amérique septentrionale*, 2 vol., La Haye, Honoré Frères, 1703.

Lancre, Pierre de, *Tableau de l'inconstance des mauvais anges et démons, ou il est amplement traicté des sorciers et de la sorcellerie...* Paris, A. Berjon, 1612.

Landes, Ruth, *Ojibwa Religion and Midéwiwin*, Madison, University of Wisconsin, 1968.

Landon, Fred, Selections from the Papers of James Evans, Missionary to the Indians, *Ontario Historical Society Papers and Records*, XXVI (1930), 6-7.

Lang, George, «Voyageur Discourse and the Absence of Fur Trade Pidgin», *Canadian Literature*, 130 (hiver 1991).

Laughlin, William S., et Albert B. Harper, éd., *The First Americans: Origins, Affinities and Adaptation*, New York et Stuttgart, Gustav Fischer, 1979.

Laviolette, E.E., *The Struggle for Survival*, Toronto, University of Toronto Press, 1973.

Le Clercq, Chrestien, *First Establishment of the Faith in New France*, John Gilmary Shea trad., 2 vol., New York, John G. Shea, 1881 (première édition à Paris, en 1691).

———— *New Relation of Gaspesia*, William F. Ganong éd., Toronto, Champlain Society, 1910.

———— *Nouvelle relation de la Gaspésie*, Paris, Auroy, 1691.

Leacock, Eleanor Burke, et Nancy Oestreich Lurie, éd., *North American Indians in Historical Perspective*, New York, Random House, 1971.

Lekson, Stephen H., Thomas C. Windes, John R. Stein, et W. James Judge, «The Chaco Canyon Community», *Scientific American*, 259, n° 1 (1988), 100-109.

León-Portilla, Miguel, *Aztec Thought and Culture*, Norman, University of Oklahoma Press, 1963.

Lescarbot, Marc, «La Deffaite des Sauvages Armouchiquois», Thomas Goetz, trad., dans William Cowan éd., *Papers of the Sixth Algonquian Conference*, Ottawa, Musées nationaux du Canada, 1975, 159-177.

———— *The History of New France*, W.L. Grant, éd., 3 vol., Toronto, Champlain Society, 1907-1914 (fondé sur la troisième édition, 1618; première édition en 1609).

Leslie, John F. «Buried Hatchet», *Horizon Canada*, 4, n° 40 (1985), 944-949.

Leslie, John F, et Ron Maguire, *The Historical Development of the Indian Act*, Ottawa, Affaires indiennes et du Nord, 1978.

Lévi-Strauss, Claude, *The Jealous Potter*, Bénédicte Chorier, trad., Chicago, University of Chicago Press, 1988 (édition originale: *La potière jalouse*, Paris, Plon, 1985).

Lewandowski, Stephen, «Three Sisters — An Iroquoian Cultural Complex», *Northeast Indian Quarterly*, VI, n° 1 et 2 (1989), 41-45.

Lewis, Henry T., et Theresa A. Ferguson, «Yards, Corridors, and Mosaics: How to Burn a Boreal Forest», *Human Ecology*, 16, n° 1 (1988), 57-77.

Lewis, John C., *The Blackfeet*, Norman, University of Oklahoma Press, 1958.

———— *The Horse in Blackfoot Indian Culture*, Washington, Smithsonian Institution Press, 1955.

Lewis, Oscar, *The Effects of White Contact upon Blackfoot Culture with Special References to the Fur Trade*, monographies de l'American Ethnological Society, n° 6, New York, 1942.

Lewis, T.H., éd., «The Narrative of the Expedition of Hernando de Soto by the Gentleman of Elvas», dans *Spanish Explorers in the Southern United States 1528-1543*, Frederick W. Hodge, éd., New York, Scribner's, 1907.

*The Life of Rev. Armand Parent, the first French-Canadian ordained by the Methodist Church*, Toronto, Briggs, 1887.

Little Bear, Leroy, Menno Boldt et J. Anthony Long, *Pathways to Self-Determination: Canadian Indians and the Canadian State*, Toronto, University of Toronto Press, 1984.

*Living Treaties: Lasting Agreements*, Ottawa, Ministère des Affaires indiennes et du Nord, 1985.

Lomasney, Patrick J., «The Canadian Jesuits and the Fur Trade», *Mid-America*, XV (nouvelle série, vol. IV), n° 3 (1933), 139-150.

Long, John S., «The Cree Prophets: oral and documentary accounts», *Journal of the Canadian Church Historical Society*, XXXI, n° 1 (1989), 3-13.

———— «Manitu, Power, Books and Wiihtikow: Some Factors in the Adoption of Christianity by Nineteenth-Century Western James Bay Cree», *Native Studies Review* 3, n° 1 (1987), 1-30.

———— «Narratives of Early Encounters between Europeans and the Cree of Western James Bay», *Ontario History*, LXXX, n° 3 (1988), 227-245.

———— «"No Basis for Argument"?: The Signing of Treaty Nine in Northern Ontario, 1905-1906», *Native Studies Review*, 5, n° 2 (1989), 19-54.

———— *Treaty No. 9: The Indian Petition, 1889-1927*, Cobalt, Highway Book Shop, 1978.

Long, J. Anthony, Leroy Little Bear, Menno Boldt, «Federal Indian Policy and Indian Self-government in Canada: An Analysis of a Current Proposal», *Canadian Public Policy — Analyse de politiques*, VIII, n° 2, 188-194.

Long, J. Anthony, et Menno Boldt, éd., *Governments in Conflict? Provinces and Indian Nations and the Canadian State*, Toronto, University of Toronto Press, 1988.

Loskiel, George Henry, *History of the Missions of the United Brethren among the Indians in North America*, C.I. LaTrobe, trad., Londres, The Brethren's Society for the Furtherance of the Gospel, 1794.

Lowie, Robert H., *Indians of the Plains*, New York, American Museum of Natural History, 1963 (première édition en 1954).

Lunn, Jean, «The Illegal Fur Trade out of New France, 1713-60», *Canadian Historical Association Annual Report 1939*, 61-76.

Lusty, Terry, *Metis, Social-Political Movement*, Calgary, Metis Historical Society, 1973.

Lyall, E., *An Arctic Man*, Edmonton, Hurtig, 1979.

MacEwan, Grant, *Métis Makers of History*, Saskatoon, Western Producer, 1981.

MacFarlane, R.O., «British Policy in Nova Scotia to 1760», *Canadian Historical Review*, 19, n° 2 (1938), 154-167.

MacGregor, J.G., *The Klondike Rush through Edmonton 1897-1898*, Toronto, McClelland and Stewart, 1970.

Mackenzie, Alexander, *Voyages from Montreal on the River St. Lawrence through the Continent of America*, Londres, 1801.

Maclane, Craig, et Michael Baxendale, *This Land is Our Land. The Mohawk Revolt at Oka*, Montréal et Toronto, Optimum Publishing International, 1990.

MacLaren, Ian S., «"I came to rite thare portraits": Paul Kane's Journal of his Western Travels, 1846-1848», *American Art Journal*, 21, n° 2 (1989), 6-88.

MacLaren, Ian S., «Samuel Hearne's Accounts of the Massacre at Bloody Fall, 17 July 1771», *Ariel: A Review of English Literature*, 22, n° 1 (1991), 25-51.

MacLean, John, *Vanguards of Canada*, Toronto, Missionary Society of the Methodist Church, 1918.

Macleod, J.E.A., «Peigan Post and the Blackfoot Trade», *Canadian Historical Review*, XXIV, n° 3 (1943), 273-279.

MacLeod, Margaret, et W.L. Morton, *Cuthbert Grant of Grantown*, Toronto, McClelland and Stewart, 1974.

Madill, Dennis, *British Columbia Treaties in Historical Perspective*, Ottawa, Indian and Northern Affairs, 1981.

Madill, Dennis, et Wayne Daugherty, *Indian Government under Indian Act Legislation 1868-1951*, Ottawa, Affaires indiennes et du Nord, 1980.

Mailhot, José, «L'Étymologie de "Esquimau" revue et corrigée», *Études/Inuit/Studies*, 2, n° 2 (1978), 59-69.

Mailhot, P.R., et D.M. Sprague, «Persistent Settlers: The Dispersal and Resettlement of the Red River Metis, 1870-1885», *Canadian Journal of Ethnic Studies*, 17 (1985), 1-30.

Maillard, Pierre-Antoine-Simon, «Lettre de M. l'Abbé Maillard sur les missions de l'Acadie, et particulièrement sur les missions micmaques», *Soirées canadiennes*, 3 (1863), 290-426.

Mair, Charles, *Through the Mackenzie Basin*, Toronto, William Briggs, 1908.

Mandelbaum, David G., *Anthropology and People: The World of the Plains Cree*, Saskatoon, University of Saskatchewan Lectures, n° 12, 1967.

————— *The Plains Cree*, Regina, Canadian Plains Research Centre, 1979, 63 (première parution dans American Museum of Natural History Anthropological Papers, n° 37, partie 2, 1940).

Mangelsdorf, Paul C., «Mystery of Corn», *Scientific American*, 183, n° 1 (1950), 20-24.

————— «Mystery of Corn: New Perspectives», *Proceedings of the American Philosophical Society*, 127, n° 4 (1983), 215-247.

————— «The Origin of Corn», *Scientific American* 255, n° 2 (1986), 80-86.

Marchand, J.F., «Tribal Epidemics in Yukon», *Journal of the American Medical Association*, 123 (1943), 1019-1020.

Margry, Pierre, *Découvertes et établissements dans l'ouest et dans le sud de l'Amérique septentrionale (1614-1754)*, 6 vol., Paris, Jouaust, 1976-1986 (première édition en 1880).

Marshall, Eliot, «Clovis Counterrevolution», *Science*, 249 (1990), 738-741.

Marshall, Ingeborg Constanze Luise, *Beothuk Bark Canoes: An Analysis and Comparative Study*, Ottawa, Musée national de l'Homme, Mercury Series Paper n° 102, 1985.

————— *The Red Ochre People*, Vancouver, Douglas & McIntyre, 1982.

Martijn, Charles A., «Innu (Montagnais) in Newfoundland», dans William Cowan éd., *Papers of the Twenty-first Algonquian Conference*, Ottawa, Carleton University, 1990.

Martin, Paul S., et H.E. Wright, Jr., éd., *Pleistocene Extinctions: The Search for a Cause*, New Haven, Yale University Press, 1967.

Maurault, Joseph A., *Histoire des Abénakis depuis 1606 jusqu'à nos jours*, Sorel, Atelier typographique de la Gazette de Sorel, 1866 (reimpression S.R. Publishers, 1969).

McCall, Clayton W., «The Peace of Michilimackinack», *Michigan History Magazine* 28, n° 3 (1944), 367-383.

McCartney, Allen P., éd., *Thule Eskimo Culture: An Anthropological Perspective*, Ottawa, Musée national de l'Homme, Mercury Series, Archaeological Survey of Canada Paper n° 88, 1979.

McClellan, Catharine, *My Old People Say: An Ethnographic Survey of Southern Yukon Territory*, 2 vol., Ottawa, Musée national de l'Homme, 1975.

———— *Part of the Land, Part of the Water. A History of the Yukon Indians*, Vancouver, Douglas & McIntyre, 1987.

McCullum, Hugh et Karmel, *This Land Is Not for Sale*, Toronto, Anglican Book Centre, 1975.

McCullum, Hugh et Karmel, et John Olthuis, *Moratorium: Justice, Energy, the North, and the Native People*, Toronto, Anglican Book Centre, 1977.

McDougall, John, *Wa-pee Moostooch or White Buffalo*, Calgary, Herald Job Printing, 1908.

McGhee, Robert, *Ancient Canada*, Ottawa, Musée canadien de la Civilisation, 1989.

———— *Canadian Arctic Prehistory*, Toronto, Van Nostrand Reinhold, 1978.

McGhee, Robert, «Labrador's Mysterious Burial Mound», *Canadian Heritage* (déc. 1981), 11-13

McGovern, Thomas M., «Contributions to the Paeloeconomy of Norse Greenland», *Acta Archaeologica* (Copenhague), 54 (1983), 73-122.

McLean, Don, *Home from the Hill. A History of the Metis in Western Canada*, Regina, Gabriel Dumont Institute of Native Studies and Applied Research, 1987.

McLellan, John Stewart, *Louisbourg from its Foundation to its Fall, 1713-1758*, London, Macmillan, 1918.

McMillan, Alan D., *Native Peoples and Cultures of Canada: An Anthropological Overview*, Vancouver, Douglas & McIntyre, 1988.

McNab, David T., «The Colonial Office and the Prairies in the Mid-Nineteenth Century», *Prairie Forum*, 3, n° 1 (1978), 21-38.

Meggers, B.J., «The Trans-Pacific Origin of Meso-American Civilization: A Preliminary Review of the Evidence and its Theoretical Implications», *American Anthropologist*, 77 (1975), 1-27.

Melling, John, *Right to a Future. The Native Peoples of Canada*, Toronto, Anglican Church of Canada et United Church of Canada, 1967.

Merritt, John, *et al.*, *Nunavut political choices and manifest destiny*, Ottawa, Comité canadien des ressources arctiques, 1989.

Metis Association of Alberta *et al.*, *Metis Land Rights in Alberta: A Political History*, Edmonton, The Metis Association of Alberta, 1981.

*Metisism. A Canadian Identity*, Edmonton, Alberta Federation of Metis Settlement Associations, 1982.

Meyer, Roy W., «The Canadian Sioux Refugees from Minnesota», *Minnesota History*, XLI, n° 1 (1968), 13-28.

Miller, Christopher L., et George R. Hamell, «A New Perspective on Indian-White Contact: Cultural Symbols and Colonial Trade», *Journal of American History*, 73, n° 3 (1986), 311-328.

Miller, J.R., *Skyscrapers hide the heavens*, Toronto, University of Toronto Press, 1989.

Miller, Jay, «People, Berdaches, and Left-handed Bears», *Journal of Anthropological Research*, XXXVIII, n° 3 (1982), 274-287.

Miller, Jay, et Carol M. Eastman, éd., *Tsimshian and Their Neighbors of the North Pacific Coast*, Seattle, University of Washington Press, 1984.

Milloy, John S., *The Plains Cree: Trade, Diplomacy and War, 1790-1870*, Winnipeg, University of Manitoba Press, 1988.

Mishkin, Bernard, *Rank and Warfare among Plains Indians*, monographies de l'American Ethnological Society, n° 3, Seattle, University of Washington Press, 1940.

Moermon, Daniel E., *Medicinal Plants of Native America*, 2 vol., Ann Arbor, University of Michigan Museum of Anthropology Technical Report, n° 19, 1986.

Montchrestien, Antoine de, *Traicté de l'oeconomie politique...*, s.l., s.d

Montgomery, Franz, «Alexander Mackenzie's Literary Assistant», *Canadian Historical Review*, XVIII, n° 3 (1937), 301-304.

Montgomery, Malcolm, «The Six Nations Indians and the Macdonald Franchise», *Ontario History*, LVI (1964), 13-25.

Moodie, D. Wayne, et Arthur J. Ray, «Buffalo Migrations in the Canadian Plains», *Plains Anthropologist*, 21, n° 71 (1976), 45-51.

Moodie, D.Wayne, et Barry Kaye, «Indian Agriculture in the Fur Trade Northwest», *Prairie Forum*, 11, n° 2 (1986), 171-184.

———— «The Northern Limit of Indian Agriculture in North America», *The Geographical Review* 59, n° 4 (1969), 513-529.

Moogk, Peter N., «Les Petits Sauvages: The Children of Eighteenth Century New France», dans Joy Parr, éd., *Childhood and Family in Canadian History*, Toronto, McClelland and Stewart, 1982.

Moore, Pat, et Angela Wheelock, éd., *Wolverine Myths and Visions. Dene Traditions from Northern Alberta*, Edmonton, University of Alberta Press, 1990.

Moorhead, Max L., *The Apache Frontier*, Norman, University of Oklahoma Press, 1968.

Morantz, Toby, «Oral and Recorded History in James Bay», dans William Cowan éd., *Papers of the Fifteenth Algonquian Conference*, Ottawa, Carleton University, 1984, 171-191.

Morell, Virginia, «Confusion in Earliest America», *Science* 248 (1990), 439-441.

Morice, A.G., *Au pays de l'ours noir*, Paris, Delhomme et Briguet, 1897.

Morin, Victor, *Les médailles décernées aux Indiens. Étude historique et numismatique des colonisations européennes en Amérique*, Ottawa, 1916.

Morris, Alexander, *The Treaties of Canada with the Indians*, Toronto, Belfords Clark, 1880 (Coles Reprint, 1971).

Morrison, James, *Treaty Nine (1905-06): The James Bay Treaty*, Ottawa, Ministère des Affaires indiennes, 1986.

Morrison, Kenneth M., «Baptism and Alliance: The Symbolic Mediations of Religious Syncretism», *Ethnohistory*, 37, n° 4 (1990), 416-437.

————*The Embattled Northeast. The Elusive Ideal of Alliance in Abenaki-Euramerican Relations*, Berkeley, University of California Press, 1984.

Morrison, R. Bruce, et C. Roderick Wilson, éd., *Native Peoples. The Canadian Experience*, Toronto, McClelland and Stewart, 1986

Morrison, William R., *A Survey of the History and Claims of the Native Peoples of Northern Canada*, Ottawa, Treaties and Historical Research Centre, 1983.

———— *Under the Flag: Canadian Sovereignty and the Native People in Northern Canada*, Ottawa, Affaires indiennes et du Nord, 1984.

Morrisseau, Norval, *Legends of My People the Great Ojibway*, Toronto, Ryerson, 1965.

Morse, Bradford W., éd., *Aboriginal Peoples and the Law: Indian, Metis and Inuit Rights in Canada*, Ottawa, Carleton University Press, 1985.

Morton, Arthur S., *A History of the Canadian West to 1870-71*, Lewis G. Thomas éd., Toronto, University of Toronto Press, 1973 (première édition en 1939).

———— *History of Prairie Settlement and Dominion Lands Policy*, Toronto, Macmillan, 1938.

———— éd., *The Journal of Duncan M'Gillivray of the Northwest Company at Fort George on the Saskatchewan, 1794-1795*, Toronto, Macmillan, 1979.

Moyles, R.G., *British Law and Arctic Men*, Saskatoon, Western Producer Prairie Books, 1979.

Muise, D.A., *Approaches to Native History in Canada*, Ottawa, Musée national de l'Homme, 1977.

Nash, Ronald J., éd., *The Evolution of Maritime Cultures on the Northeast and Northwest Coasts of America*, Burnaby, Simon Fraser University Archaeology Publication, n° 11, 1983.

Needham, Joseph, et Lu Gwei-Djen, *Trans-Pacific Echoes and Resonances: Listening Once Again*, Singapour et Philadelphie, World Scientific, 1985.

Nicholas, Andrea Bear, «Maliseet Aboriginal Rights and Mascarene's Treaty, not Dummer's Treaty», dans William Cowan éd., *Actes du dix-septième congrès des Algonquinistes*, Ottawa, Carleton University, 1986.

Nicks, Trudy, «Mary Anne's Dilemma: The Ethnohistory of an Ambivalent Identity», *Canadian Ethnic Studies/Études ethniques au Canada*, XVII, n° 2 (1985), 103-114.

———— «Metis: A Glenbow Museum Exhibition», *Muse* III, n° 4 (1986), 52-58.

———— «Origins of the Alberta Metis: Land Claims Research Project 1978-1979», document de travail pour l'Association des Métis de l'Alberta.

Nixon, P.G., «Early Administrative Developments in Fighting Tuberculosis among Canadian Inuit: Bringing State Institutions Back In», *The Northern Review*, n° 2 (1988), 67-84.

Noble, William C., «Tsouharissen's Chiefdom: An Early Historic 17th Century Neutral Iroquoian Ranked Society», *Canadian Journal of Archaeology* 9, n° 2 (1985), 131-146.

Nock, David A., *A Victorian Missionary and Canadian Indian Policy. Cultural Synthesis vs Replacement*, Waterloo, Ont., Wilfrid Laurier University Press, 1988.

Nordenskiöld, Erland, *Origin of the Indian Civilizations in South America*, Göteborg, Elanders Boktryckeri Aktiebolag, 1931.

North, Dick, *The Lost Patrol*, Anchorage, Alaska, Northwest Publishing, 1978.

*Northern Development: At What Cost?*, *The Catholic Register*, 11 oct. 1975.

Nuligak, I, *Nuligak*, Maurice Metayer éd. et trad., Toronto, Peter Martin Associates, 1966.

Nungak, Zebedee, et Eugene Arima, *Eskimo stories — unikkaatuat*, Ottawa, Musées nationaux du Canada, 1969.

«Oka and Its Inhabitants», dans *The Life of Rev. Amand Parent, the first French-Canadian ordained by the Methodist Church*, Toronto, Briggs, 1887, 157-235.

Okpik, Abe, «Bewildered Hunters in the 20th Century», *North*, XIII, n° 4 (1966), 48-50.

Oldmixon, John, *The History of Hudson's-Bay, Containing an Account of its Discovery and Settlement, the Progress of It, and the Present State; of the Indians, Trade and Everything Else Relating to It*, dans J.B. Tyrrell, éd., *Documents Relating to the Early History of Hudson Bay*, Toronto, The Champlain Society, 1931.

O'Malley, Martin, *The Past and Future Land*, Toronto, Peter Martin, 1976.

«O-na-tah Spirit of Corn», *Northeast Indian Quarterly*, VI, n°s 1 et 2 (1989), 40.

Opekokew, Delia, *The First Nations: Indian Government and the Canadian Confederation*, Saskatoon, Sask., Federation of Saskatchewan Indians, 1980.

Opekokew, Delia, *The First Nations: Indian Governments in the Community of Man*, Regina, Federation of Saskatchewan Indians, 1982.

Oswalt, Wendell H., *Eskimos and Explorers*, Novato, Calif., Chandler and Sharp, 1979.

Overvold, Joanne, *Our Metis Heritage... a portrayal*, The Metis Association of the Northwest Territories, 1976, s.p.

Page, Robert, *Northern Development: The Canadian Dilemma*, Toronto, McClelland and Stewart, 1986.

Pannekoek, Frits, *A Snug Little Flock. The Social Origins of the Riel Resistance of 1869-70*, Winnipeg, Watson & Dwyer, 1991.

Papen, Robert A., «Le Métif: Le nec plus ultra des grammaires en contact», *Revue québécoise de linguistique théorique et appliquée*, 6, n° 2 (1987), 57-70.

Parkman, Francis, *The Jesuits in North America in the Seventeenth Century*, Toronto, Morang, 1907 (première édition en 1867).

Patterson II, E. Palmer, *The Canadian Indian A History since 1500*, Toronto, Collier-Macmillan Canada, 1972.

Patterson, Lisa, «Errant Peace Treaty», *The Archivist*, 16, n° 6 (1989).

Payment, Diane, *Batoche (1870-1970)*, Saint-Boniface, Man., Éditions du Blé, 1983.

Pearson, Richard, éd., *Windows on the Japanese: Studies in Archaeology and Prehistory*, Ann Arbor, Center for Japanese Studies, University of Michigan, 1986.

Peckham, Howard H., *Pontiac and the Indian Uprising*, Chicago, University of Chicago Press, 1947.

Peers, Laura I., «Rich Man, Poor Man, Beggarman, Chief: Saulteaux in the Red River Settlement, 1812-1833», dans Wiliam Cowan éd., *Papers of the Eighteenth Algonquian Conference*, Ottawa, Carleton University, 1987, 261-270.

Pelly, David F., «How Inuit find their way in the trackless Arctic», *Canadian Geographic*, III, n° 4 (1991), 58-64.

Perrot, Nicholas, (vers 1644-1718), *Mémoire sur les moeurs, coustumes et relligion des sauvages de l'Amérique septentrionale*, Leipzig et Paris, A. Franck, 1864 (Johnson Reprint, 1968).

Perrot, Nicholas (1644-1717), *Mémoire sur les moeurs, coustumes et relligion des sauvages de l'Amérique septentrionale*, J. Tailhan éd., Montréal, Éditions Élysées, 1973 (première édition 1864).

Peterson, Jacqueline, «A Social Portrait of the Great Lakes Métis», *Ethnohistory*, XXV, n° 1 (1978), 41-67.

Peterson, Jacqueline, et Jennifer S.H. Brown, éd., *The New Peoples: Being and Becoming Metis in North America*, Winnipeg, University of Manitoba Press, 1985.

Petrone, Penny, éd., *First Peoples, First Voices*, Toronto, University of Toronto Press, 1983.

———— *Northern Voices. Inuit Writing in English*, Toronto, University of Toronto Press, 1988.

Peyser, Joseph L., «The Fate of the Fox Survivors: A Dark Chapter in the History of the French in the Upper Country, 1726-1737», *Wisconsin Magazine of History*, 73, n° 2 (1989-1990), 82-110.

———— *Letters from New France*, South Bend, Indiana, Joseph L. Peyser, 1983 (révision en 1988).

Pichon, Thomas, *Lettres et mémoires pour servir à l'histoire naturelle, civile et politique du Cap Breton*, La Haye et Londres, 1760 (Johnson Reprint, 1966).

Piddocke, Stuart, «The Potlatch System of the Southern Kwakiutl: A New Perspective», *Southwestern Journal of Anthropology*, 21 (1965), 244-264.

Pindera, Loreen, «The Making of a Warrior», *Saturday Night*, 106, n° 3 (1990), 30-39.

Pipes, Nellie B., «Indian Conditions in 1836-38», *The Oregon Historical Quarterly*, XXXII, n° 4 (1931), 332-342.

Ponting, J. Rick, éd., *Arduous Journey. Canadian Indians and Decolonization*, Toronto, McClelland and Stewart, 1986.

Ponting, J. Rick, et Roger Gibbins, *Out of Irrelevance. A socio-political introduction to Indian affairs in Canada*, Toronto, Butterworths, 1980.

*Prehistory of the Lockport Site*, Winnipeg, Manitoba Department of Cultural Affairs and Historic Resources, 1985.

Preston, Richard, «The Cree Way Project: an experiment in grassroots curriculum development», dans William Cowan, éd., *Papers of the Tenth Algonquian Conference*, Ottawa, Carleton University, 1979.

Price, John, *Indians of Canada. Cultural Dynamics*, Scarborough, Ont., Prentice-Hall, 1979.

Price, Richard, éd., *The Spirit of Alberta Indian Treaties*, Edmonton, Pica Pica Press, 1987 (première édition en 1979).

Purich, Donald, *The Metis*, Toronto, James Lorimer, 1968.

————— *Our Land. Native Rights in Canada*, Toronto, Lorimer, 1986.

Pyne, Stephen J., *Fire in America*, Princeton, N.J., Princeton University Press, 1982.

Quaife, Milo Milton, éd., *The Western Country in the 17th Century. The memoirs of Antoine Lamothe Cadillac and Pierre Liette*, New York, Citadel Press, 1962.

Quinn, D.B., éd., *New American World: A Documentary History of North America to 1612*, 5 vol., New York, Arno and Bye, 1979.

Ramusio, Giovanni Battista (1485-1557), *Navigations et Voyages (XVIe siècle)*, Général Langlois et M.J. Simon trad., Paris, Centre de documentation André-Thevet, 1933 (première édition en trois vol. en 1554-1606).

Raunet, David, *Without Surrender without Consent A History of the Nishga Land Claims*, Vancouver, Douglas & McIntyre, 1984.

Ravenstein, E.G., éd., *The Strange Adventures of Andrew Battell of Leigh in Angola and the Adjoining Regions*, Londres, Hakluyt Society, 1901 (Kraus Reprint, 1967).

Ray, Arthur J., *The Canadian Fur Trade and the Industrial Age*, Toronto, University of Toronto Press, 1990.

————— *Indians in the Fur Trade: their role as trappers, hunters, and middlemen in the lands southwest of Hudson Bay 1660-1870*, Toronto, University of Toronto Press, 1974.

Ray, Arthur J., et Donald Freeman, *"Give Us Good Measure": An Economic Analysis of Relations between the Indians and the Hudson's Bay Company before 1763*, Toronto, University of Toronto Press, 1978.

[Razilly, Claude], «Mémoire du Chevalier de Razilly», *Revue de Géographie*, 19 (1886), 374-383, 453-464.

Redbird, Duke, *We are Metis: A Metis view of the Development of a Native Canadian People*, Willowdale, Ont., Ontario Metis & Non-Status Indian Association, 1980.

Reeves, Brian O.K., *Culture Change in the Northern Plains 1000 BC-AD 1000*, Edmonton, Archaeological Survey of Alberta, Occasional Paper, n° 20, 1983.

Reid, Robert L., «The Chinook Jargon and British Columbia», *British Columbia Historical Quarterly*, VI, n° 1 (1942), 1-11.

Reynolds, Henry, *Frontier*, Sydney et Londres, Allen & Unwin, 1987.

Rich, E.E., *The Fur Trade in the Northwest to 1857*, Toronto, McClelland and Stewart, 1967.

————— «Trade habits, economic motivation, among the Indians of North America», *Canadian Journal of Economic and Political Science*, XXVI, n° 1 (1960), 35-53. Article réimprimé, avec ajout d'illustrations, sous le titre «The Indian Traders», dans *The Beaver*, Outfit 301 (1970), 5-20.

Richardson, Boyce, éd., *Drum Beat. Anger and Renewal in Indian Country*, Ottawa, Assemblée des Premières Nations, 1989.

————— «Kind Hearts or Forked Tongues?», *The Beaver*, Outfit 67:1 (1987), 16-41.

Richter, Daniel K., «Iroquois versus Iroquois: Jesuit Missions and Christianity in Village Politics, 1642-1686», *Ethnohistory*, 32, n° 1 (1985), 1-16.

————— «War and Culture: The Iroquois Experience», *William and Mary Quarterly*, XL, n° 4 (1982), 528-559.

Riddell, William R., *The Ancaster "Bloody Assize" of 1814*, Toronto, 1923 (réimpression tirée des *Ontario Historical Society Papers and Records*, XX (1923), 107-125).

Ridington, Robin, «Technology, world view, and adaptive strategy in a northern hunting society», *Canadian Review of Sociology and Anthropology*, 19, n° 4 (1982), 469-481.

Riley, Carroll, *et al.*, éd., *Man across the Sea: Problems of Pre-Columbian Contact*, Austin, University of Texas Press, 1971.

Rindos, David, «The Evolution of the Capacity for Culture: Sociobiology, Structuralism, and Cultural Evolution», *Current Anthropology*, 27, n° 4 (1986), 315-332.

Robertson, Heather, *Reservations are for Indians*, Toronto, Lewis and Samuel, 1970.

Robinson, Michael P., *Sea Otter Chiefs*, Vancouver, Friendly Cove Press, vers 1978.

Roe, Frank Gilbert, «Early Agriculture in Western Canada in Relation to Climatic Stability», *Agricultural History*, 26, n° 3 (1952), 104-123.

————— *The Indian and the Horse*, Norman, University of Oklahoma Press, 1951.

————— *The North American Buffalo*, Toronto, University of Toronto Press, 1970 (première édition en 1951).

Rogers, Robert, *Concise Account of North America...*, Londres, J. Millan, 1765.

Ronda, James P., «The Sillery Experiment: A Jesuit-Indian Village in New France, 1637-1663», *American Indian Culture and Research Journal*, 3, n° 1 (1979), 1-18.

Rooth, Anna Birgitta, «The Creation Myths of the North American Indians», *Anthropos*, 52 (1957), 497-508.

Ross, Eric, *Beyond the River and the Bay*, Toronto, University of Toronto Press, 1970.

Ross, W. Gillies, «Canadian Sovereignty in the Arctic: the Neptune expedition of 1903-04», *Arctic*, 29, n° 2 (1976), 87-104.

————— *Whaling and Eskimos: Hudson Bay 1860-1915*, Ottawa, Musées nationaux du Canada, Publications in Ethnology, n° 10, 1975.

Rotstein, A., «Trade and Politics: An Institutional Approach», *The Western Canadian Journal of Anthropology*, III, n° 1 (1972), 1-28.

Rousseau, Jacques, «The Northern Québec Eskimo Problem and the Ottawa-Québec Struggle», *Anthropological Journal of Canada*, VII, n° 2 (1968), 2-21.

Rowe, John Howland, «Diffusionism and Archaeology», *American Antiquity*, 31, n° 3, partie 1 (1966), 334-337.

Rudnicki, Walter, «The Politics of Aggression: Indian Termination in the 1980s», *Native Studies Review*, 3, n° 1 (1987), 81-93.

Rutter, N.W., «Late Pleistocene History of the Western Canadian Ice-Free Corridor», *Canadian Journal of Anthropology*, 1, n° 1 (1980), 1-8.

Sagard, Gabriel, *Histoire du Canada, et voyages que les frères mineurs Recollects y ont faicts pour la conversion des infidelles*, 4 vol., Paris, Sonnius, 1636.

————— *The Long Journey to the Country of the Hurons*, H.H. Langton trad., Toronto, The Champlain Society, 1939 (première édition à Paris en 1632).

Sahagún, Bernardino de (mort en 1590), *Florentine Codex. General History of the Things of New Spain*, Arthur J.O. Anderson et Charles E. Dibble éd., 12 vol., Santa Fe, Nouveau-Mexique, The University of Utah and Santa Fe et The School of American Research, 1970-75 (première édition à Mexico en trois vol., en 1829-1830).

Salisbury, Neal, *Manitou and Providence. Indians, Europeans, and the Making of New England, 1500-1643*, Oxford et New York, Oxford University Press, 1982.

Sanger, David, «Culture Change as an Adaptative Process in the Maine-Maritimes Region», *Arctic Anthropology*, XII, n° 2 (1975), 60-75.

Sauer, Carl Ortwin, *Land and Life*, John Leighly éd., Berkeley et Los Angeles, University of California Press, 1969 (première édition en 1963).

————— *Sixteenth Century North America. The Land and People As Seen by the Europeans*, Berkeley, University of California Press, 1971.

Scalberg, Daniel A., «Seventeenth and Early Eighteenth-Century Perceptions of Coureurs-de-Bois Religious Life», *Proceedings of the Annual Meeting of the Western Society for French History*, 17 (1990), 82-95.

Schledermann, Peter, *Crossroads to Greenland. 3000 Years of Prehistory in the Eastern High Arctic*, Calgary, The Arctic Institute of North America, 1990.

Schlesier, Karl H., «Epidemics and Indian Middlemen: Rethinking the Wars of the Iroquois, 1609-1653», *Ethnohistory*, 23, n° 2 (1976), 129-145.

Schmaltz, Peter S., *The History of the Saugeen Indians*, Ottawa, Ontario Historical Society Research Publication, n° 5, 1977.

————— *The Ojibwa of Southern Ontario*, Toronto, University of Toronto Press, 1991.

Schurr, Theodore, *et al.*, «Amerindian Mitochondrial DNA Have Rare Asian Mutations at High Frequencies, Suggesting They Derived from Four Primary Maternal Lineages», *American Journal of Human Genetics*, 46 (1990), 613-623.

Schwartz, Brian, *First Principles: Constitutional Reform with Respect to the Aboriginal Peoples of Canada, 1982-1984*, Kingston, Institute of Intergovernmental Relations, 1985.

Scott, Colin, «Hunting Territories, Hunting Bosses and Communal Production among Coastal James Bay Cree», *Anthropologica*, 28, n⁰ˢ 1 et 2 (1986), 163-173.

——— «Ideology of Reciprocity between the James Bay Cree and the Whiteman State», dans Peter Skalník, éd., *Outwitting the State*, New Brunswick, New Jersey, Transaction Publishers, 1989.

——— «Knowledge Construction among Cree Hunters: Metaphors and Literal Understanding», *Journal de la Société des Américanistes*, LXXV (1989), 193-208.

Scott, Duncan Campbell, «The Last of the Indian Treaties», *Scribner's Magazine*, 40, n⁰ 5 (1906), 573-583.

Seaborn, Edwin, *The March of Medicine in Western Ontario*, Toronto, Ryerson, 1944.

Secoy, Frank Raymond, *Changing Military Patterns on the Great Plains*, monographies de l'American Ethnological Society, XXI, Seattle, University of Washington Press, 1953.

Seeber, Pauline MacDougall, «The European Influence on Abenaki Economics before 1615, dans William Cowan éd., *Papers of the Fifteenth Algonquian Conference*, Ottawa, Carleton University, 1984.

Seguin, Margaret, éd., *The Tsimshian. Images of the Past: Views for the Present*, Vancouver, University of British Columbia Press, 1984.

Séguin, Robert-Lionel, *La vie libertine en Nouvelle-France au XVIIᵉ siècle*, 2 vol., Montréal, Leméac, 1972.

Sévigny, P.-André, *Les Abénaquis, habitat et migrations (17ᵉ et 18ᵉ siècles)*, Montréal, Bellarmin, 1976.

Sharp, Paul F., «Massacre at Cypress Hills», *Saskatchewan History* VII (1954), 81-99.

Shimada, Izumi, et John F. Merkel, «Copper Alloy Metallurgy in Ancient Peru», *Scientific American*, 265, 1 (1991), 80-86.

Shkilnyk, Anastasia M., *A Poison Stronger Than Love: The Destruction of an Ojibwa Community*, New Haven, Yale University Press, 1985.

Shnirelman, Victor A., «Origin and Early History of Maize», *European Review of Native American Studies*, 3, n⁰ 2 (1989), 23-28.

Shortt, Adam, et Arthur G. Doughty, éd., *Canada and Its Provinces*, 23 vol., Toronto: Glasgow, Brook and Company, 1914-1917.

Shutler, Jr., Richard, éd., *Early Man in the New World*, Beverley Hills, Sage Publications, 1983.

Silver, Arthur, «French Quebec and the Métis Question, 1869-1885», dans Carl Berger et Ramsay Cook éd., *The West and the Nation.* Toronto, McClelland & Stewart, 1976, 91-113.

Sioui, Georges, *Pour une autohistoire amérindienne. Essai sur les fondements d'une morale sociale*, Québec, Les Presses de l'Université Laval, 1989.

Slattery, Brian, *Ancestral Lands, Alien Laws: Judicial Perspectives on Aboriginal Title*, Saskatoon, University of Saskatchewan Law Centre, 1983.

——— «The Constitutional Guarantee of Aboriginal and Treaty Rights», *Queen's Law Journal*, 8, n⁰ˢ 1 et 2 (1982), 232-273.

——— «Understanding Aboriginal Rights», *Canadian Bar Review* 66 (1987), 727-783.

Sluman, Norma, *Poundmaker*, Toronto, Ryerson Press, 1967.

Sluman, Norma, et Jean Goodwill, *John Tootoosis*, Ottawa, Golden Dog Press, 1982.

Smith, Donald B., «Aboriginal Rights A Century Ago», *The Beaver*, 67, n⁰ 1 (1987), 4-15.

——— «The Dispossession of the Mississauga Indians: a Missing Chapter in the Early History of Upper Canada», *Ontario History*, 73, n⁰ 2 (1981), 67-87.

——— *From the Land of Shadows: The Making of Grey Owl*, Saskatoon, Western Producer Prairie Books, 1990.

——— *Le Sauvage. The Native People in Quebec historical writing on the Heroic Period (1534-1663) of New France*, Ottawa: Musées nationaux du Canada, 1974.

——— *Sacred Feathers. The Reverend Peter Jones (Kahkewaquonaby) and the Mississauga Indians*, Toronto, University of Toronto Press, 1987.

——— «Who are the Mississauga?», *Ontario History*, 67, n⁰ 4 (1975), 211-223.

Smith, James G.E., «The Western Woods Cree: anthropological myth and historical reality», *American Ethnologist*, 14 (1987), 434-448.

Snow, Alpheus Henry, *The Question of Aborigines in the Law and Practice of Nations*, New York et Washington, Government Printing Office, 1919.

Snow, Dean R., *The Archaeology of New England*, New York, Academic Press, 1980.

Society for Converting and Civilizing the Indians of Upper Canada, circulaire, 20 oct. 1830, dans Metropolitan Toronto Public Library, History, H-1830.

Sosin, Jack M., *Whitehall and the Wilderness: The Middle West in British Colonial Policy, 1760-1775*, Lincoln, University of Nebraska Press, 1961 (réimpression en 1980).

Sperry, John R., lettre publiée dans *Arctic*, 40, n° 4 (1987), 364.

Sprague, D.N., *Canada and the Metis, 1869-1885*, Waterloo, Ont., Wilfrid Laurier University Press, 1988.

Sprague, D.N., et R.P. Frye, comp., *The Genealogy of the First Metis Nation*, Winnipeg, Pemmican, 1983.

Spry, Irene M., *The Palliser Expedition: An Account of John Palliser's British North American Expedition 1857-1860*, Toronto, Macmillan, 1963.

Stacey, C.P., «Canada and the Nile Expedition of 1884-1885», *Canadian Historical Review*, 33 (1952), 319-340.

Stager, J.K., «Reindeer herding as private enterprise in Canada», *Polar Record*, 22, n° 137 (1984), 127-136.

Stagg, Jack, «Anglo-Indian Relations in North America to 1763 and an Analysis of the Royal Proclamation of 7 October 1763», Ottawa, Ministère des Affaires indiennes et du Nord, Division de la recherche, 1981.

Stanley, George F.G., *The Birth of Western Canada: A History of the Riel Rebellion*, Toronto, University of Toronto Press, 1960 (première édition en 1936).

——— «The First Indian "Reserves" in Canada», *Revue d'histoire de l'Amérique française*, 4 (1950), 178-209.

——— «The Indians in the War of 1812», *Canadian Historical Review*, XXXI, n° 2 (1950), 145-165.

——— «The Significance of the Six Nations' Participation in the War of 1812», *Ontario History*, LV, n° 4 (1963), 215-231.

——— «The Six Nations and the American Revolution», *Ontario History*, LVI, n° 4 (1964), 217-232.

———*The War of 1812: Land Operations*, Toronto, Macmillan, 1983.

Stefansson, Vilhjalmur, *The Friendly Arctic: The Story of Five Years in Polar Regions*, New York, Macmillan, 1943.

Steward, Julian H., *Theory of Culture Change*, Urbana, University of Illinois Press, 1976.

Stone, Thomas, «Atomistic Order and Frontier Violence: Miners and Whalemen in the Nineteenth Century Yukon», *Ethnology*, XXII n° 4 (1983), 327-339.

——— «Flux and Authority in a Subarctic Society: the Yukon Miners in the Nineteenth Century», *Ethnohistory*, XXX, n° 4 (1983), 203-216.

——— «Legal Mobilization and Legal Penetration: The Department of Indian Affairs and the Canada Party at St. Regis, 1876-1918», *Ethnohistory*, 22, n° 4 (1975), 375-408.

Strong, William Duncan, «The Plains Culture Area in the Light of Archaeology», *American Anthropologist*, 35, n° 2 (1933), 271-287.

Such, Peter, *Riverrun*, Toronto, Clarke, Irwin, 1973

——— *Vanished Peoples. The Archaic Dorset & Beothuk People of Newfoundland*, Toronto, NC Press, 1978.

Sugden, John, *Tecumseh's Last Stand*, Norman, University of Oklahoma Press, 1985.

Swarbrick, Brian, «A 9,000-year-old housing project», *Alberta Report*, 18, n° 34 (1991), 50-51.

*Sweat of the Sun. Gold of Peru*, Édimbourg, City of Edinburgh Museum and Art Gallery, 1990.

Tanner, Helen Hornbeck, éd., *Atlas of Great Lakes Indian History*, Norman, University of Oklahoma Press, 1987.

Taylor, J. Garth, *Labrador Eskimo Settlements of the Early Contact Period*, Ottawa, Musées nationaux du Canada, 1974.

Teit, James, «The Salishan Tribes of the Western Plateau», *45th Annual Report, U.S. Bureau of Ethnology (1927-1928)*, Washington, 1930, 28-396.

Tehariolina, Margaret Vincent, *La nation huronne, son histoire, sa culture, son esprit*, Québec, Éditions du Pélican, 1984.

Tennant, Paul, *Aboriginal Peoples and Politics. The Indian Land Question in British Columbia, 1849-1989*, Vancouver, University of British Columbia Press, 1990.

——— «Native Political Organization in British Columbia, 1900-1960: A Response to Internal Colonialism», *B.C. Studies*, n° 55 (1982), 3-49.

Tetso, John, *Trapping is My Life*, Toronto, Peter Martin Associates, 1970.

Thevet, André, *La Cosmographie universelle*, 2 vol., Paris, Chaudière, 1575.

——— *Les singularitez de la France Antarctique*, Paul Gaffarel éd., Paris, Maisonneuve, 1878 (réimpression de l'édition de 1558).

Thistle, Paul C., *Indian-European Trade Relations in the Lower Saskatchewan River Region to 1840*, Winnipeg, University of Manitoba Press, 1986.

Thomas, Lewis H., *The Struggle for Responsible Government in the North-West Territories 1870-97*, Toronto, University of Toronto Press, 1978 (première édition en 1956).

Thomason, Sarah Grey, et Terrence Kaufman, *Language Contact, Creolization, and Genetic Linguistics*, Berkeley, University of California Press, 1988.

Thornton, Russell, *American Indian Holocaust and Survival. A Population History since 1492*, Norman, University of Oklahoma Press, 1987.

Titley, E. Brian, *A Narrow Vision. Duncan Campbell Scott and the Administration of Indian Affairs in Canada*, Vancouver, University of British Columbia Press, 1986.

————— «W.M. Graham: Indian Agent Extraordinaire», *Prairie Forum*, n° 1 (1983), 25-41.

Tkaczuk, Diana Claire, et Brian C. Vivian, éd., *Cultures in Conflict: Current Archaeological Perspectives*, Calgary, University of Calgary, 1989.

Tobias, John L., «Protection, Civilization, Assimilation: An Outline History of Canada's Indian Policy», *Western Canadian Journal of Anthropology*, 6, n° 2 (1976), 13-30.

————— «The Subjugation of the Plains Cree, 1879-1885», *Canadian Historical Review*, XLIV, n° 4 (1983), 519-548.

Tooker, Elizabeth, «The Iroquois Defeat of the Huron: A Review of Causes», *Pennsylvania Archaeologist*, 33, n$^{os}$ 1-2 (1963), 115-123.

Torrelli, Maurice, «Les Indiens du Canada et le droit des traités dans la jurisprudence canadienne», *Annuaire français de Droit international*, XX (1974), 227-249.

Trask, Kerry A., «Settlement in a Half-Savage Land: Life and Loss in the Metis Community of La Baye», *Michigan Historical Review*, 15 (1989), 1-27.

Trigger, Bruce G., «Champlain Judged by his Indian Policy: A Different View of Early Canadian History», *Anthropologica*, 13 (1971), 85-114.

————— *The Children of Aataentsic. A History of the Huron People to 1660*, 2 vol., Montréal et Kingston, McGill-Queen's University Press, 1976.

————— *The Huron Farmers of the North*, Toronto, Rinehart & Winston, 1990, deuxième édition.

————— *The Indian and the Heroic Age of New France*, Ottawa, Canadian Historical Association Booklet, n° 30, 1970.

————— *Natives and Newcomers. Canada's «Heroic Age« Reconsidered*, Montréal et Kingston, McGill-Queen's University Press, 1985.

Trigger, Bruce G., Toby Morantz, et Louise Dechêne, éd., *Le Castor Fait Tout*, Montréal, Lake St. Louis Historical Society, 1987.

Trudel, Marcel, *Histoire de la Nouvelle-France I: Les vaines tentatives, 1524-1603*, Montréal, Fides, 1963.

————— *Histoire de la Nouvelle France II: Le comptoir 1604-1627*, Montréal, Fides, 1966.

————— *Histoire de la Nouvelle France III: La seigneurie des Cent-Associés, 1627-1663*, Montréal, Fides, 1979.

Tuck, James A., et Robert McGhee, «Archaic Cultures in the Strait of Belle Isle Region, Labrador», *Arctic Anthropology*, XII, n° 2 (1975), 76-91.

Tuck, James A., et Robert McGhee, «An Archaic Burial Mound in Labrador», *Scientific American*, 235, n° 5 (1976): 122-127

Turgeon, Laurier, «Basque-Amerindian Trade in the Saint-Lawrence during the Sixteenth Century: New Documents, New Perspectives», *Man in the Northeast*, n° 40 (1990), 81-87.

Tyrrell, J.B., éd., *David Thompson's Narrative of his Explorations in Western America, 1784-1812*, Toronto, The Champlain Society, 1916.

Ulloa, Antonio de, *A Voyage to South America...*, 2 vol., John Adams trad., Londres, J. Stockdale, 1806 (publié en espagnol en 1748; première édition en anglais en 1758).

Upton, Leslie F.S., «Contact and Conflict on the Atlantic and Pacific Coasts of Canada», *B.C. Studies*, n° 45 (1980), 103-115.

————— *Micmacs and Colonists. Indian-White Relations in the Maritimes, 1713-1867*, Vancouver, University of British Columbia Press, 1979.

————— «The Extermination of the Beothuks of Newfoundland», *Canadian Historical Review*, vol. LVIII, n° 2 (1977), 133-153.

————— «The Origins of Canadian Indian Policy», *Journal of Canadian Studies*, X, n° 4 (1973), 51-61.

Usher, Jean, «Duncan of Metlakatla: the Victorian origins of a model Indian community« dans W.L. Morton éd., *The Shield of Achilles: Aspects of Canada in the Victorian Age*, Toronto, McClelland and Stewart, 1968.

Usher, Jean, *William Duncan of Metlakatla*, Ottawa, Musées nationaux du Canada, 1974.

Van Kirk, Sylvia, *Many Tender Ties. Women in Fur-Trade Society 1670-1870*, Norman, University of Oklahoma Press, 1983 (première édition à Winnipeg en 1980).

Van Kirk, Sylvia «Thanadelthur», *The Beaver*, Outfit 304, n° 4 (1974), 40-45.

Vavilov, V.I., «Mexica i Tsentralnaia Amerika kak osnovnoi tsentr proiskoozhdenia kulturnykh rasternii», *Trudy po prikladnoi botanike, genetike i selektsii*, 26, n° 3 (1931).

———— «Velikiye zemledeltsheskie kultury dokolumbovoi Ameriki i ikh vzaimootnosheniia», *Izvestiia Gosudarstvennogo Geografocheskogo Obshchestva*, 71, n° 10 (1939).

Vecsey, Christopher, «The Story of the Iroquois Confederacy», *Journal of the American Academy of Religion*, LIV, n° 1 (1986), 79-106.

Vennum, Thomas, *Wild Rice and the Ojibway People*, St. Paul, Minnesota Society Press, 1988.

Verbicky-Todd, Eleanor, *Communal Buffalo Hunting among the Plains Indians. An Ethnographic and Historical Review*, Edmonton, Archaeological Survey of Alberta Occasional Papers, n° 24, 1984.

Vogel, Virgil J. *American Indian Medicine*, Norman, University of Oklahoma Press, [1970].

Von Haast, H.F., éd., *New Zealand Privy Council Cases 1840-1932*, Wellington, Butterworth, 1938.

Wachtel, Nathaniel, *The Vision of the Vanquished: the Spanish Conquest of Peru through Indian Eyes, 1530-1570*, Londres: Hassocks, 1977.

Walker, James W. St. G., «The Canadian Indian in Historical Writing», *Historical Papers*, Ottawa, Canadian Historical Association, 1971, 21-51.

———— «The Indian in Canadian Historical Writing, 1971-1981», Vancouver, University of British Columbia Press, 1983.

Wallace, Anthony F.C., *Death and Rebirth of the Seneca*, New York, Vintage Books, 1969.

———— «Origins of Iroquois Neutrality: The Grand Settlement of 1701», *Pennsylvania History*, XXIV (1957), 223-235.

———— «Revitalization Movements: Some Theoretical Considerations for their Comparative Study», *American Anthropologist*, 58, n° 2 (1956), 264-281.

Wallace, Douglas C., Katherine Garrison, et William Knowles, «Dramatic Founder Effects in Amerindian Mitochondrial DNAs», *American Journal of Physical Anthropology*, 68 (1985), 149-155.

Wallace, Paul A.W., *The White Roots of Peace*, Port Washington, N.Y., Ira J. Friedman, 1968.

Ware, Reuben, *The Lands We Lost: A History of Cut-Off Lands and Land Losses from Indian Reserves in British Columbia*, Vancouver, Union of B.C. Chiefs Land Claims Research Centre, 1974.

Warman, Arturo, «Corn as Organizing Principle», *Northeast Indian Quarterly*, VI, n°s 1 et 2 (1989), 20-27.

Warren, William W., *History of the Ojibway People*, St. Paul: Minnesota Historical Society Press, 1984 (première édition en 1885).

Watt, Keith, «Uneasy Partners», *The Globe and Mail Report on Business Magazine*, Toronto, sept. 1990, 42-49.

Weatherford, Jack, *Indian Givers: How the Indians Transformed the World*, New York, Crown Publishers, 1988.

Weaver, Sally, «Indian Policy in the New Conservative Government, Part II: The Nielsen Task Force in the Context of Recent Policy Initiatives», *Native Studies Review*, II, n° 2 (1986), 1-84.

———— *Making Canadian Indian Policy: The Hidden Agenda 1968-1970*, Toronto, University of Toronto Press, 1981.

Wet, J.M.J. de, et J.R. Harlan, «Origin of Maize: The Tripartite Hypothesis», *Euphytica*, 21 (1972).

Whitbourne, Sir Richard, *A Discourse and Discovery of New-found-land, with many reasons to prove how worthy and beneficiall a Plantation may there be made, after a far better manner than now is*, Londres, Felix Kyngston, 1620.

Whiteley, W.H., «The Establishment of the Moravian Mission in Labrador and British Policy, 1763-83», *Canadian Historical Review*, XLV, n° 1, 1964, 29-50.

Wiebe, Rudy, et Bob Beal, *War in the West. Voices of the 1885 Rebellion*, Toronto, McClelland and Stewart, 1985.

Wilkinson, Doug, *Land of the Long Day*, Office national du film, 1951.

Williams, David R., *Simon Peter Gunanoot: Trapper Outlaw*, Victoria, Sono Nis Press, 1982.

Williams, Glyndwr, éd., *Andrew Graham's Observations on Hudson's Bay 1767-91*, Londres, Hudson's Bay Record Society, 1969.

———— «The Puzzle of Anthony Henday's Journal, 1754-55», *The Beaver*, Outfit 309, n° 3 (1978), 40-56.

Williams, Paul, «Canada's Laws about Aboriginal Peoples: A Brief Overview», *Law and Anthropology*, I (1986), 93-120.

Williams, Robert A., *The American Indian in Western Legal Thought*, New York, Oxford, 1990.

Williamson, Robert G., *Eskimo Underground: Socio-Cultural Change in the Canadian Central Arctic*, Uppsala, Institutionen för Allmän och Jämförande Etnografi Vid Uppsala Universitet, 1974.

Winter, Keith, *Shananditti. The Last of the Beothuks*, Vancouver, J.J. Douglas, 1975.

Wissler, Clark, «Diffusion of Culture in the Plains of North America», *International Congress of Americanists*, 15th session (Québec, 1906), 39-52.

Witthoft, John, «Archaeology as a Key to the Colonial Fur Trade» dans *Aspects of the Fur Trade*, St. Paul: Minnesota Historical Society, 1967.

Wonders, William C., éd., *Canada's Changing North*, Toronto, McClelland and Stewart, 1976.

Woodcock, George, *Gabriel Dumont*, Edmonton, Hurtig, 1975.

————— *A Social History of Canada*, Toronto, Penguin, 1989.

Woodward, Jack, *Native Law*, Toronto, Carswell, 1989.

Wormington, H.M., et Richard G. Forbis, *An Introduction to the Archaeology of Alberta, Canada*, Denver, Colorado, Denver Museum of National History, 1965.

Wraxall, Peter, *An Abridgement of the Indian Affairs Contained in Four Folio Volumes transacted in the Colony of New York, from the Year 1678 to the Year 1751*, C.H. McIlwain éd., Cambridge, Mass., Harvard University Press, 1915.

Wuttunee, William I.C., *Ruffled Feathers*, Calgary, Bell Books, 1971.

York, Geoffrey, *The Dispossessed, Life and Death in Native Canada*, Londres, Vintage U.K., 1990 (première édition en 1989).

Young, David E., éd., *Health Care Issues in the Canadian North*, Edmonton, Boreal Institute for Northern Studies, 1989 (première édition en 1988).

Young, J.Z, *et al.*, *The Emergence of Man*, Londres, The Royal Society et The British Academy, 1981.

Zaslow, Morris, éd., *A Century of Canada's Arctic Islands*, Ottawa, Royal Society of Canada, 1981.

————— *The Northward Expansion of Canada 1914-1967*, Toronto, McClelland and Stewart, 1988.

————— *The Opening of the Canadian North*, Toronto, McClelland and Stewart, 1971.

Zoltvany, Yves F., «New France and the West, 1701-1713», *Canadian Historical Review*, XLVI, n° 4 (1965), 301-322.

# INDEX

# TABLE DES MATIÈRES

CET OUVRAGE EST COMPOSÉ EN MINION CORPS 10.5
SELON UNE MAQUETTE RÉALISÉE PAR PIERRE LHOTELIN
CE SIXIÈME TIRAGE A ÉTÉ ACHEVÉ D'IMPRIMER EN MAI 2014
SUR LES PRESSES DE L'IMPRIMERIE MARQUIS
À MONTMAGNY
POUR LE COMPTE DE GILLES HERMAN
ÉDITEUR À L'ENSEIGNE DU SEPTENTRION